Reforma Trabalhista

análises e comentários sobre a Lei n. 13.467/2017

3ª obra coletiva do FNPT

Autores:

Carlos Henrique Bezerra Leite
Edilton Meireles
Marco Antonio dos Santos
Fernanda Antunes Marques Junqueira
João Renda Leal Fernandes
Cleber Martins Sales
Ana Paula Tauceda Branco
Vitor Salino de Moura Eça
Hamilton Hourneaux Pompeu
Maximiliano Pereira de Carvalho
Lorena de Mello Rezende Colnago
Jorge Cavalcanti Boucinhas Filho
Sandro Antonio dos Santos
Francisco Ferreira Jorge Neto e Jouberto de Quadros Pessoa Cavalcante
Enoque Ribeiro dos Santos
Cleber Lúcio de Almeida
Antonio Umberto de Souza Júnior, Ney Maranhão, Fabiano Coelho de Souza e Platon Teixeira de Azevedo Neto
Kleber de Souza Waki
André Araújo Molina
Rafael Lara Martins
Patrícia Miranda Centeno
Ben-Hur Silveira Claus e Roberta Ferme Sivolella
Rodolfo Pamplona Filho e Leandro Fernandez
Reinaldo Branco de Morais

Antonio Umberto de Souza Júnior
Lorena de Mello Rezende Colnago
Fernanda Antunes Marques Junqueira
Ney Maranhão
Coordenadores

Reforma Trabalhista

Análises e comentários sobre a Lei n. 13.467/2017

3ª obra coletiva do FNPT

LTr®

LTr®
EDITORA LTDA.

Rua Jaguaribe, 571
CEP 01224-003
São Paulo, SP – Brasil
Fone (11) 2167-1101
www.ltr.com.br
Setembro, 2018

Produção Gráfica e Editoração Eletrônica: LINOTEC
Capa: FABIO GIGLIO
Impressão: META BRASIL

Versão impressa: LTr 6110.3 — ISBN: 978-85-361-9813-2
Versão digital: LTr 9438.4 — ISBN: 978-85-361-9802-6

Dados Internacionais de Catalogação na Publicação (CIP)
(Câmara Brasileira do Livro, SP, Brasil)

Reforma trabalhista : análises e comentários sobre a Lei n. 13.467/2017 / Antonio Umberto de Souza Júnior...[et al.]. -- São Paulo : LTr, 2018.

Vários autores.

Outros coordenadores: Lorena de Mello Rezend Colnago, Fernanda Antunes Marques Junqueira, Ney Maranhão

Bibliografia.

1. Direito do trabalho 2. Direito do trabalho - Brasil 3. Direito do trabalho - Legislação - Brasil 4. Lei 13.467, de 2017 - Comentários 5. Reforma constitucional I. Souza Júnior, Antonio Umberto de. II. Colnago, Lorena de Mello Rezende. III. Junqueira, Fernanda Antunes Marques. IV. Maranhão, Ney.

18-19732 CDU-34:331.001.73(81)(094.56)

Índice para catálogo sistemático:

1. Brasil : Reforma trabalhista : Leis : Comentários :
Direito do trabalho 34:331.001.73(81)(094.56)

Cibele Maria Dias – Bibliotecária - CRB-8/9427

Sumário

Prefácio

O direito processual do trabalho é uma obra em contínua construção. Fruto da necessidade de um sistema de resolução de conflitos que combinasse simplicidade, acessibilidade, flexibilidade procedimental, relevo da conciliação, eficácia na execução e, em especial, muita celeridade, o direito processual do trabalho é, sem dúvida nenhuma, desafiador e apaixonante.

Esse desafio e essa paixão forjaram, quando se aproximava o início da vigência do novo CPC, no início de 2016, um movimento nacional e multiprofissional de estudos e proposições acerca dos rumos do processo do trabalho – o Fórum Nacional de Processo do Trabalho (FNPT).

As três primeiras edições do FNPT, realizadas em encontros memoráveis em Curitiba, Belo Horizonte e Gramado, concentraram-se no inevitável diálogo com a legislação processual civil nascente, discutindo possibilidades e limites do novo diploma como fator de aprimoramento do sistema processual laboral.

Já o IV FNPT foi programado sob o impacto forte da chamada "Reforma Trabalhista", resultante da rápida e polêmica aprovação da Lei n. 13.467/2017.

Sabedores de que a dita "Reforma Trabalhista" foi também uma profunda "Reforma Processual Trabalhista", os advogados, auditores fiscais, defensores, estudantes, magistrados, pesquisadores, procuradores, professores e demais segmentos de alguma forma envolvidos com a jurisdição trabalhista debruçaram sobre as novidades, confrontando-as com o direito positivo superado, com os princípios gerais de processo e específicos do processo do trabalho, com as normas constitucionais e a vigorosa jurisprudência para entender-lhes o significado e alcance, visando construir uma hermenêutica crítica e responsável sobre as novas perspectivas que se apresentavam.

Assim, no período de 16 a 18 de novembro de 2017, foi realizado o IV Fórum Nacional de Processo do Trabalho, do qual tive a honra de ser seu coordenador geral, pela primeira vez exclusivamente nas dependências de um tribunal – o Tribunal Regional do Trabalho da 10ª Região, sediado em Brasília-DF.

Como marca indelével deste enriquecedor momento, com acirrados e respeitosos debates, que gerou 66 novos enunciados, quase todos dedicados à compreensão das diversas novidades processuais trazidas pela Lei n. 13.467/2017, os participantes do FNPT entregam à comunidade de operadores jurídicos, estudantes e ao público em geral mais uma obra publicada, desta feita, como não poderia deixar de ser, completamente voltada a esta reformulação da legislação processual trabalhista.

O leitor encontrará nas próximas páginas um material rico e abrangente a abordar todas as principais alterações que transformaram a fisionomia do processo do trabalho.

Em nome da Comissão Científica do IV FNPT, agradeço a todos os juristas que se dispuseram a participar desta coletânea de artigos doutrinários para celebrar a realização de mais esta edição do Fórum, emprestando suas luzes para nortear operadores e estudiosos do processo do trabalho sobre as novas trilhas a percorrer a partir do novo cenário normativo.

Agradecemos publicamente ao Presidente do TRT da 10ª Região à época da realização do IV FNPT, Desembargador Pedro Foltran, pelo apoio inestimável para o sucesso do evento, à Editora LTr, por aceitar a missão de viabilizar a publicação deste livro, e de modo muito especial à parceira de FNPT Lorena de Mello Rezende Colnago, idealizadora desta obra coletiva e que se dedicou com afinco a convidar os colegas de diversas partes do país e das mais variadas profissões a participarem desta empreitada literária e a organizar os escritos recebidos para composição desta coletânea que com muito orgulho tenho a honra de prefaciar.

A história do processo do trabalho passa por mais um momento de transição. Que saibamos uma vez mais extrair dessa crise, que assola a Justiça do Trabalho e o país como um todo, um horizonte que continue a prestigiar o esforço de edificação de uma ciência processual consistente e socialmente responsável.

Apreciem sem moderação!

Antonio Umberto de Souza Júnior

Coordenador Geral do IV FNPT.

Juiz do trabalho e Professor universitário

Apresentação

Em março de 2016, tomava corpo uma ideia há muito costurada diante de tantos eventos acadêmicos regionalizados e não afetos à especificidade do Processo do Trabalho: como viabilizar um debate amplo e democrático, entre vários nichos profissionais e acadêmicos, sem fins lucrativos e que possibilitasse aos amantes do Direito Processual Trabalhista estabelecer orientações desvinculadas de entidades ou grupos específicos mediante um evento acessível a todos?

Da junção dessas ideias e de um grupo estimulado pela liberdade do debate e por poder dar, finalmente, a importância merecida ao nosso tão peculiar Processo do Trabalho, nascia em Curitiba o I Fórum Nacional do Processo do Trabalho, evento tão feliz e tão oportuno, que teve como uma de suas primeiras premissas aprovadas a chancela da autonomia científica deste grande ramo do Direito Processual.

A riqueza dos debates e necessidade de troca de ideias de maneira periódica levou à realização dos Fóruns que se seguiram, respectivamente, em Belo Horizonte, Gramado e Brasília. Os tempos urgiam (como ainda urgem) de uma reação acadêmica vigorosa e aprofundada frente às incessantes e inquietantes alterações legislativas trazidas, no primeiro ano, pelo então novo Código de Processo Civil, e, em 2017, pela Reforma Trabalhista. O resultado não poderia ser diferente: cada um dos Fóruns realizados rendeu ensejo a uma obra acadêmica única, calcada nos temas que mais instigam os estudiosos e amantes do Processo do Trabalho.

Como resultado do III FNPT, realizado em novembro de 2017 em Brasília, e do contexto pós Lei n. 13.467/2017, foram elaborados os textos que se seguem e que, mais uma vez, dão forma e consistência às ideias semeadas no Fórum Nacional de Processo do Trabalho acerca da interpretação e aplicação da reforma trabalhista no âmbito processual.

Iniciando esse convite à reflexão, o professor *Carlos Henrique Bezerra Leite* tece importantes considerações acerca do acesso à justiça frente à nova legislação, ao que se seguem os artigos de *Edilton Meireles* e *Fernanda Antunes Marques Junqueira,* que abordam com maestria, respectivamente, os temas da aplicação intertemporal da novel lei e a limitação da atividade interpretativa do Juiz.

As novidades trazidas pela Lei n. 13.467/2017, muitas ainda objeto de grande polêmica como a arbitragem em conflitos individuais trabalhistas, o processo de jurisdição voluntária para homologação de acordo extrajudicial, as alterações legais em relação às despesas processuais e à necessidade de liquidação da petição inicial são retratadas em análise ímpar pelos artigos de *João Renda Leal Fernandes, Cleber Martins Sales, Ana Paula Tauceda Branco, Vitor Salino de Moura Eça e Maximiliano Pereira de Carvalho.* A interpretação dos dispositivos atinentes ao cotidiano da audiência trabalhista e seus efeitos (como, por exemplo, a revelia), por sua vez, passam pelo exame percuciente de *Lorena de Mello Rezende Colnago* e *Jorge Cavalcanti Boucinhas Filho,* bem como a responsabilidade da parte em relação aos atos praticados no processo a partir da nova lei, desta feita sob a escrita de *Ney Maranhão, Antonio Umberto, Platon Teixeira de Azevedo Neto, Fabiano Coelho* e *Kleber de Souza Waki.* A celeuma acerca do arbitramento judicial da indenização por danos morais, do procedimento necessário à desconsideração da personalidade jurídica, da supremacia do negociado e legislado e dos honorários sucumbenciais também não poderiam ficar de fora de tão importante debate, sendo responsáveis pela rica abordagem de tais temas, respectivamente *Sandro Antônio dos Santos, Francisco Ferreira Jorge Neto (em coautoria com Jouberto de Quadros Pessoa Cavalcante), Enoque Ribeiro dos Santos e Rafael de Lara Martins.*

Os recursos mereceram grande destaque, por meio dos artigos de *André Araújo Molina* e *Patrícia Miranda Centeno,* assim como o inquietante tema da execução de ofício e seu respaldo constitucional, que ficou sob minha responsabilidade em coautoria com *Ben-Hur Silveira Claus.* Fechando com chave de ouro, a prescrição de ofício, e a discussão acerca de sua aplicação no processo do trabalho esmiuçada por *Rodolfo Pamplona Filho e Leandro Fernandez,* antecedendo, como de praxe, os enunciados sistematizados em todas as edições do FNPT até a 4ª edição (*Reinaldo Branco de Moraes*).

Muitas são as perguntas que ainda inquietam os estudiosos deste ramo do Direito, e mais variadas são as vertentes de reflexões que se apresentam. Os temas objeto desta coletânea dispensam maiores apresentações, e falam por si. Por certo, ainda há muito a debater, e juntos temos muito orgulho de publicar esta obra que é o resultado de tudo o que o Processo do Trabalho para nós representa: diálogo, vanguarda, acesso e reflexão. Boa leitura, e até o próximo FNPT!

Roberta Ferme Sivolella

A Lei n. 13.467/2017 e a Desconstitucionalização do Acesso à Justiça do Trabalho

CARLOS HENRIQUE BEZERRA LEITE

Doutor e mestre em Direito (PUC/SP). Professor de Direitos Humanos Sociais e Metaindividuais (mestrado e doutorado) e Direito Processual do Trabalho (graduação) da Faculdade de Direito de Vitória-FDV. Desembargador do TRT/ES. Membro da Academia Brasileira de Direito do Trabalho.

1. INTRODUÇÃO

O PL n. 38/2017 tramitou em tempo recorde na Câmara e no Senado Federal, tendo sido sancionado na íntegra pelo Presidente da República Michel Temer e convertido na Lei n. 13.467, de 13 de julho de 2017, publicada no DOU de 14 de julho de 2017, cujo artigo previa a entrada em vigor 120 dias após a data de sua publicação, ou seja, entrou em vigor a partir de 11.11.2017.

Sem embargo do elevado déficit democrático da forma do encaminhamento e tramitação no Congresso Nacional, diferentemente do que se deu, por exemplo, com o projeto de lei que culminou no Código de Processo Civil de 2015, optamos por tecer, neste singelo artigo, breves comentários sobre os dispositivos da Lei n. 13.467/2017 que alteram a parte processual da CLT com enfoque específico para aqueles que poderão impactar direta ou indiretamente o direito fundamental de acesso dos trabalhadores à Justiça do Trabalho.

2. RESTRIÇÃO À LIBERDADE DE PRODUZIR JURISPRUDÊNCIA: REDUÇÃO DOS TRIBUNAIS TRABALHISTAS À ULTRAPASSADA FIGURA DO "JUIZ BOCA DA LEI"

> "Art. 8º. ....
>
> ....
>
> § 2º. Súmulas e outros enunciados de jurisprudência editados pelo Tribunal Superior do Trabalho e pelos Tribunais Regionais do Trabalho não poderão restringir direitos legalmente previstos nem criar obrigações que não estejam previstas em lei.
>
> § 3º. No exame de convenção coletiva ou acordo coletivo de trabalho, a Justiça do Trabalho analisará exclusivamente a conformidade dos elementos essenciais do negócio jurídico, respeitado o disposto no art. 104 da Lei n. 10.406, de 10 de janeiro de 2002 (Código Civil), e balizará sua atuação pelo princípio da intervenção mínima na autonomia da vontade coletiva." (NR)

Esses novos dispositivos (§§ 2º e 3º do art. 8º da CLT), embora integrem a parte material introdutória da CLT, acabam atingindo o direito processual do trabalho, porquanto violam os princípios que asseguram o amplo acesso dos trabalhadores à Justiça, já que lei não pode impedir a qualquer órgão do Poder Judiciário brasileiro apreciar e julgar ação que veicule lesão ou ameaça a qualquer direito (CF, art. 5º, XXXV).

Além disso, a lei não é o único elemento de criação de direitos. A jurisprudência também é fonte do direito como, aliás, o prevê expressamente o *caput* do art. 8º da CLT.

Na verdade, em direção oposta ao neoconstitucionalismo (ou neopositivismo), que enaltece a força normativa da Constituição e adota o primado dos princípios e dos direitos fundamentais, a Lei n. 13.467/2017 restringe a função interpretativa dos Tribunais e Juízes do Trabalho, como se infere da leitura dos novos §§ 2º e 3º do art. 8º da CLT, os quais revelam a verdadeira *mens legislatoris*: desconstitucionalizar o Direito do Trabalho e o Direito Processual do Trabalho e introduzir o chamado modelo da supremacia do negociado sobre o legislado.

Entretanto, esse mesmo legislador (praticamente os mesmos Deputados Federais e Senadores) que aprovou o Código de Processo Civil de 2015, cujos arts. 1º e 8º reconhecem a constitucionalização do Direito

Processual Civil, enaltecendo como dever do juiz, ao interpretar e aplicar o ordenamento jurídico, observar a supremacia dos "valores e normas fundamentais estabelecidos na Constituição", restringiu, com a Lei n. 13.467/2017, o papel dos magistrados trabalhistas, pois estes, na dicção dos novos §§ 2º e 3º do art. 8º da CLT, deverão apenas aplicar o que dispõe a lei. É dizer, a nova lei transforma juízes do trabalho em meros "servos da lei", tal como ocorria no Estado Liberal.

Esses novos dispositivos (§§ 2º e 3º do art. 8º da CLT) são inconstitucionais, por violarem os princípios que asseguram o amplo acesso à Justiça, pois nenhuma lei pode impedir a qualquer órgão do Poder Judiciário brasileiro apreciar e julgar ação que veicule lesão ou ameaça a qualquer direito, bem como os princípios de autonomia e independência do Poder Judiciário, na medida em que os juízes, no Estado Democrático de Direito – e no modelo constitucional de processo – têm a garantia (e o dever) de interpretar a lei e todos os dispositivos que compõem o ordenamento jurídico conforme os valores e normas da Constituição, cabendo-lhes, ainda, nessa perspectiva, atender aos fins sociais e às exigências do bem comum, resguardando e promovendo a dignidade da pessoa humana e observando a proporcionalidade, a razoabilidade, a legalidade, a publicidade e a eficiência, como se infere dos arts. 1º e 8º do CPC de 2015, os quais devem ser aplicados ao processo do trabalho por força do art. 15 do mesmo Código e do art. 769 da CLT.

Em rigor, os novos §§ 2º e 3º da CLT violam os princípios da autonomia e da independência dos Juízes e Tribunais do Trabalho como órgãos do Poder Judiciário, pois os submetem à condição de meros aplicadores da lei ("juiz boca da lei").

Vê-se, claramente, que o tratamento legislativo dado aos magistrados do trabalho configuram autêntica *capitis diminutio* em relação aos demais magistrados do Poder Judiciário, deixando evidenciados o preconceito e a discriminação contra os membros da Justiça Especializada. Aliás, é fato público e notório amplamente noticiado na grande mídia que parcela considerável de deputados e senadores defendem a própria extinção da Justiça do Trabalho.

3. TRANSFORMAÇÃO DA JUSTIÇA DO TRABALHO EM ÓRGÃO HOMOLOGADOR DE LIDES SIMULADAS

> "Art. 652. Compete às Varas do Trabalho:
>
> ....
>
> f) decidir quanto à homologação de acordo extrajudicial em matéria de competência da Justiça do Trabalho.
>
> Art. 855-B. O processo de homologação de acordo extrajudicial terá início por petição conjunta, sendo obrigatória a representação das partes por advogado.
>
> § 1º. As partes não poderão ser representadas por advogado comum.
>
> § 2º. Faculta-se ao trabalhador ser assistido pelo advogado do sindicato de sua categoria.
>
> Art. 855-C. O disposto neste Capítulo não prejudica o prazo estabelecido no § 6º do art. 477 desta Consolidação e não afasta a aplicação da multa prevista no § 8º art. 477 desta Consolidação.
>
> Art. 855-D. No prazo de quinze dias a contar da distribuição da petição, o juiz analisará o acordo, designará audiência se entender necessário e proferirá sentença.
>
> Art. 855-E. A petição de homologação de acordo extrajudicial suspende o prazo prescricional da ação quanto aos direitos nela especificados.
>
> Parágrafo único. O prazo prescricional voltará a fluir no dia útil seguinte ao do trânsito em julgado da decisão que negar a homologação do acordo.

Por força da alínea *f* do art. 652 da CLT, acrescentado pela Lei n. 13.467/2017, as Varas do Trabalho, ou melhor, os juízos trabalhistas de primeira instância, passaram a ter competência para: "decidir quanto à homologação de acordo extrajudicial em matéria de competência da Justiça do Trabalho".

Explicitando o procedimento de homologação de acordo extrajudicial, o art. 855-B da CLT dispõe que ele "terá início por petição conjunta, sendo obrigatória a representação por advogado", sendo facultada a ambas as partes serem "representadas por advogado comum", podendo o trabalhador ser "assistido pelo advogado de sua categoria".

Vê-se, pois, que o procedimento de homologação de acordo extrajudicial não permite o *jus postulandi* (CLT, art. 791), pois as partes devem estar obrigatoriamente representadas por advogado.

Não nos parece razoável a possibilidade de as partes (empregado e empregador) serem representadas por advogado comum, pois o empregado é a parte vulnerável na desigual relação de direito material de trabalho e o acordo entabulado, na verdade, caracterizar autêntica renúncia de direitos, mormente em situações de desemprego estrutural como a que vivemos atualmente.

De toda a sorte, pensamos que o Juiz do Trabalho deve ter a máxima cautela para "decidir quanto à homologação de acordo extrajudicial" (CLT, art. 652, *f*), sob pena de se tornar o principal protagonista do desmonte do sistema de proteção jurídica dos direitos humanos dos trabalhadores brasileiros.

Exatamente por isso, deve o magistrado observar o disposto no art. 855-D da CLT, segundo o qual: "No prazo de quinze dias a contar da distribuição da petição, o juiz analisará o acordo, designará audiência se entender necessário e proferirá sentença".

Vale dizer, é imprescindível a oitiva das partes em audiência, para que ratifiquem perante o Juiz os termos do acordo extrajudicial, evitando-se, assim, eventuais fraudes ou lides simuladas.

Do contrário, a Justiça do Trabalho se transformará em mero órgão cartorário homologador de rescisões de contratos de trabalho em substituição aos sindicatos e aos órgãos do Ministério do Trabalho, Ministério Público, Defensoria Pública ou Juiz de Paz, como previam o §§ 1º e 3º do art. 477 da CLT, revogados expressamente pelo art. 5º, I, *j*, da Lei n. 13.467/2017.

É importante assinalar que o procedimento de homologação de acordo extrajudicial não prejudica o prazo estabelecido no § 6º e não afasta a aplicação da multa prevista no § 8º, ambos do art. 477 da CLT, que não foram revogados pela Lei n. 13.467/2017.

De acordo com o art. 855-E e seu parágrafo único, da CLT, "a petição de homologação de acordo extrajudicial suspende o prazo prescricional da pretensão deduzida na ação", voltando "a fluir no dia útil seguinte ao do trânsito em julgado da decisão que negar a homologação do acordo".

Como o art. 855-D fala em "sentença" e o parágrafo único do art. 855-E utiliza o termo "decisão", certamente surgirão discussões sobre: a) a natureza jurídica do ato que homologa ou rejeita a homologação do acordo extrajudicial; b) a possibilidade ou não de interposição de recurso contra tal decisão; c) a possibilidade ou não de ajuizamento de ação rescisória; d) impetração de mandado de segurança contra a decisão que homologa ou rejeita total ou parcialmente a homologação do acordo extrajudicial.

A nosso ver, o ato que homologa ou rejeita a homologação de acordo extrajudicial tem natureza jurídica de decisão judicial irrecorrível em procedimento de jurisdição voluntária, sendo, portanto, irrecorrível (salvo para a Previdência Social quanto às contribuições que lhe forem devidas) e não impugnável por mandado de segurança.

Por interpretação analógica do art. 831, parágrafo único, da CLT e da Súmula n. 259 do TST, somente por ação rescisória poderá ser desconstituída a decisão que se referem os arts. 855-D e 855-E, parágrafo único, da CLT.

É claro que do ato judicial em comento caberão embargos de declaração nas hipóteses do art. 897-A da CLT e arts. 1.022 a 1.026 do CPC/2015.

4. RETIRADA DE RECEITAS DO FGTS E REDUÇÃO DO PRINCÍPIO DE PROTEÇÃO PROCESSUAL DOS TRABALHADORES

> Art. 899. ....
>
> ....
>
> § 4º. O depósito recursal será feito em conta vinculada ao juízo e corrigido com os mesmos índices da poupança.
>
> § 5º. (Revogado).
>
> § 9º. O valor do depósito recursal será reduzido pela metade para entidades sem fins lucrativos, empregadores domésticos, microempreendedores individuais, microempresas e empresas de pequeno porte.
>
> § 10. São isentos do depósito recursal os beneficiários da justiça gratuita, as entidades filantrópicas e as empresas em recuperação judicial.
>
> § 11. O depósito recursal poderá ser substituído por fiança bancária ou seguro garantia judicial." (NR)

A Lei n. 13.467/2017 alterou a redação do art. 899 da CLT, dando nova redação ao seu § 4º, tendo revogado expressamente o § 5º e acrescentado os §§ 9º, 10 e 11.

Assim, com as novas regras impostas pela Lei n. 13.467/2017:

a) o depósito recursal deixou de ser feito na conta vinculada do FGTS e passou a ser realizado em conta vinculada do juízo e corrigido pelos mesmos índices da poupança, o que redundará em redução da receita do FGTS;
b) o valor do depósito recursal será reduzido pela metade para entidades sem fins lucrativos, empregadores domésticos, microempreendedores individuais, microempresas e empresas de pequeno porte;
c) são isentos do depósito recursal os beneficiários da justiça gratuita, as entidades filantrópicas e as empresas em recuperação judicial;
d) o depósito recursal poderá ser substituído por fiança bancária ou seguro garantia judicial.

A nova redação dada pela Lei n. 13.467/2017 aos §§ 4º e 11 do art. 899 da CLT, coloca em risco existencial o princípio da proteção processual ao trabalhador, na medida em que o depósito recursal, além de não mais ser feito em conta vinculada do FGTS do trabalhador, e sim em conta vinculada ao juízo e corrigido pelos mesmos índices da caderneta de poupança, também poderá ser substituído por fiança bancária ou seguro garantia judicial. Fica, assim, superado o entendimento constante da Súmula n. 426 do TST.

Com isso, torna-se possível exigir do trabalhador esse novo "depósito recursal" quando sucumbente em obrigação pecuniária quando pretender interpor recurso ordinário, recurso de revista, embargos de divergência, recurso extraordinário ou agravo de instrumento para destrancar tais recursos. Logo, haverá redução do princípio de proteção processual ao trabalhador.

5. FAVORECIMENTO DO GRANDE LITIGANTE NA JUSTIÇA DO TRABALHO EM RELAÇÃO AO PAGAMENTO DE CUSTAS PROCESSUAIS

> "Art. 789. Nos dissídios individuais e nos dissídios coletivos do trabalho, nas ações e procedimentos de competência da Justiça do Trabalho, bem como nas demandas propostas perante a Justiça Estadual, no exercício da jurisdição trabalhista, as custas relativas ao processo de conhecimento incidirão à base de 2% (dois por cento), observado o mínimo de R$ 10,64 (dez reais e sessenta e quatro centavos) e o máximo de quatro vezes o limite máximo dos benefícios do Regime Geral de Previdência Social, e serão calculadas:
>
> ...." (NR)

A fixação do valor máximo das custas beneficia indubitavelmente os grandes litigantes causadores de macrolesões aos direitos sociais dos trabalhadores e que figuram como réus em reclamatórias plúrimas ou em ações civis públicas, pois é sabido que nessas demandas há, via de regra, condenações em quantias vultosas.

Nessa ordem, o estabelecimento do valor máximo do pagamento das custas, que é espécie do gênero tributo, na modalidade de taxa, viola o princípio da igualdade, pois confere tratamento diferenciado em benefício justamente do litigante habitual e contumaz violador dos direitos fundamentais sociais dos trabalhadores.

6. NECESSIDADE DE COMPROVAÇÃO DA HIPOSSUFICIÊNCIA ECONÔMICA: REDUÇÃO DO DIREITO FUNDAMENTAL DE ACESSO À JUSTIÇA

> "Art. 790. ....
>
> ....
>
> § 3º. É facultado aos juízes, órgãos julgadores e presidentes dos tribunais do trabalho de qualquer instância conceder, a requerimento ou de ofício, o benefício da justiça gratuita, inclusive quanto a traslados e instrumentos, àqueles que perceberem salário igual ou inferior a 40% (quarenta por cento) do limite máximo dos benefícios do Regime Geral de Previdência Social.
>
> § 4º. O benefício da justiça gratuita será concedido à parte que comprovar insuficiência de recursos para o pagamento das custas do processo." (NR)

Os §§ 3º e 4º do art. 790 e o art. 790-B, *caput* e § 4º, da CLT (redação dada pela Lei n. 13.467/2017) dificultam o acesso à Justiça do Trabalho, pois não permitem a concessão do benefício da justiça gratuita aos trabalhadores que percebam salário superior a 40% (quarenta por cento) do limite máximo dos benefícios do Regime Geral de Previdência Social ou que não consigam comprovar a insuficiência de recursos para custear as despesas do processo, sendo certo que mesmo se obtiver o benefício da gratuidade da justiça o trabalhador poderá ser responsabilizado pelo pagamento de honorários periciais.

Nos termos do art. 14 da Lei n. 5.584, de 26 de junho de 1970, na Justiça do Trabalho, a Assistência Judiciária a que se refere a Lei n. 1.060, de 5 de fevereiro de 1950, será prestada pelo Sindicato da categoria profissional a que pertencer o trabalhador.

O § 1º do art. 14 da Lei n. 5.584 estabelece que a assistência judiciária é devida a todo trabalhador que perceber salário igual ou inferior ao dobro do salário mínimo legal, ficando, porém, assegurado idêntico direito ao trabalhador de maior salário, uma vez provado que sua situação econômica não lhe permita demandar, sem prejuízo do sustento próprio ou de sua família.

A Lei n. 10.288, de 20 de setembro de 2001, revogou, tácita e parcialmente, o § 1º do art. 14 da Lei n. 5.584/1970, ao acrescentar o § 10 ao art. 789 da CLT, nos seguintes termos:

> O sindicato da categoria profissional prestará *assistência judiciária gratuita* ao trabalhador desempregado ou que perceber *salário inferior a cinco salários mínimos* ou que declare, sob responsabilidade, não possuir, em razão dos encargos próprios e familiares, condições econômicas de prover à demanda. (grifos nossos)

Demonstrando desconhecimento do ordenamento jurídico, o legislador editou a Lei n. 10.537, de 28 de agosto de 2002, que, dando nova redação ao art. 789 da CLT, simplesmente suprimiu o § 10. Além disso, a Lei n. 10.537 acrescentou o § 3º ao art. 790, facultando aos juízes conceder o *benefício da justiça gratuita* "àqueles que perceberem salário igual ou inferior ao dobro do mínimo legal, ou declararem, sob as penas da lei, que não estão em condições de pagar as custas do processo sem prejuízo do sustento próprio ou de sua família".

Por força da Lei n. 13.467/2017, o § 3º do art. 790 da CLT passou a ter a seguinte redação:

> É facultado aos juízes, órgãos julgadores e presidentes dos tribunais do trabalho de qualquer instância conceder, a requerimento ou de ofício, o benefício da justiça gratuita, inclusive quanto a traslados e instrumentos, àqueles que perceberem salário igual ou

inferior a 40% (quarenta por cento) do limite máximo dos benefícios do Regime Geral de Previdência Social.

Diante dessa confusão legislativa, indaga-se: será que a assistência judiciária na Justiça do Trabalho constitui "monopólio" das entidades sindicais dos trabalhadores(1)?

Primeiramente, parece-nos importante distinguir *assistência judiciária gratuita* de *benefício da justiça gratuita*, porquanto, a nosso ver, a assistência judiciária, nos domínios do processo do trabalho, continua sendo monopólio das entidades sindicais, pois a Lei n. 10.288/2001 apenas derrogou (revogação parcial) o art. 14 da Lei n. 5.584/70, mesmo porque o seu art. 18 prescreve que a "assistência judiciária, nos termos da presente lei, será prestada ao trabalhador ainda que não seja associado do respectivo sindicato". Na assistência judiciária, portanto, temos o *assistente* (sindicato) e o *assistido* (trabalhador), cabendo ao primeiro oferecer serviços jurídicos em juízo ao segundo.

A assistência judiciária gratuita abrange o benefício da justiça gratuita e talvez por isso tenha surgido a confusão a respeito destes dois institutos.

Com efeito, o benefício da justiça gratuita, que é regulado pelo art. 790, § 3º, da CLT, pode ser concedido, a requerimento da parte ou de ofício, por qualquer juiz de qualquer instância a qualquer trabalhador, independentemente de ser ele patrocinado por advogado ou sindicato, que litigue na Justiça do Trabalho, desde que perceba salário igual ou inferior a 40% (quarenta por cento) do limite máximo dos benefícios do Regime Geral de Previdência Social. Nesse sentido:

> JUSTIÇA GRATUITA. ISENÇÃO DO PAGAMENTO DE CUSTAS. Nos termos do art. 790-A da CLT, são isentos do pagamento de custas os beneficiários da justiça gratuita, aí incluídos aqueles que litigam sob o pálio da assistência judiciária sindical (Lei n. 5.584/70, art. 14) ou aqueles que tenham obtido o benefício da gratuidade (CLT, art. 790, § 3º). Estando o autor assistido por advogado particular, não está presente a hipótese que ensejaria ao juízo deferir-lhe o benefício da assistência judiciária gratuita. Entretanto, havendo declaração de hipossuficiência financeira, possível o deferimento da justiça gratuita (TRT 17ª R., 0019900-54.2011.5.17.0011, 3ª T., Rel. Des. Carlos Henrique Bezerra Leite, *DEJT* 4.8.2011).

O benefício da justiça gratuita, que "será concedido à parte que comprovar insuficiência de recursos" (CLT, art. 790, § 4º), implicaria a isenção do pagamento de despesas processuais, abrangendo as custas, emolumentos, honorários advocatícios e periciais, como se vê do seguinte julgado:

> HONORÁRIOS PERICIAIS. A teor do disposto no art. 790-B da CLT, o ônus pelo pagamento dos honorários periciais é da parte sucumbente no objeto da perícia, salvo se beneficiária de justiça gratuita. Constatada a insalubridade e tendo sido deferida a gratuidade da justiça, deve o perito habilitar-se para receber seus honorários na forma do disposto no art. 158 da Consolidação dos Provimentos deste Regional (TRT 17ª R., RO 0003200-32.2009.5.17.0121, 2ª Turma, Rel. Des. Carlos Henrique Bezerra Leite, *DEJT* 3.3.2011).

Ocorre que nos termos do art. 790-B, § 4º, da CLT (com redação dada pela Lei n. 13.467/2017):

> Art. 790-B. A responsabilidade pelo pagamento dos honorários periciais é da parte sucumbente na pretensão objeto da perícia, ainda que beneficiária da justiça gratuita.
>
> (...) § 4º Somente no caso em que o beneficiário da justiça gratuita não tenha obtido em juízo créditos capazes de suportar a despesa referida no *caput*, ainda que em outro processo, a União responderá pelo encargo."

Outra diferença era que na assistência judiciária, em caso de procedência total ou parcial da demanda, caberão honorários advocatícios de sucumbência reversíveis ao sindicato assistente (Lei n. 5.584/70, art. 16), o que não ocorria na hipótese de benefício da justiça gratuita. Entretanto, por força do art. 791-A da CLT (com redação dada pela Lei n. 13.467/2017), os honorários advocatícios passaram a ser devidos em qualquer ação na Justiça do Trabalho, sendo certo que: "Vencido o beneficiário da justiça gratuita, desde que não tenha obtido em juízo, ainda que em outro processo, créditos capazes de suportar a despesa, as obrigações decorrentes de sua sucumbência ficarão sob condição suspensiva de exigibilidade e somente poderão ser executadas se, nos dois anos subsequentes ao trânsito em julgado da decisão que as certificou, o credor demonstrar que deixou de existir a situação de insuficiência de recursos que justificou a concessão de gratuidade, extinguindo-se, passado esse prazo, tais obrigações do beneficiário" (CLT, art. 791-A, § 4º).

(1) Autores há, não obstante, que sustentam que o art. 5º, LXXIV, da CF teria "revogado" o art. 14 da Lei n. 5.584/1970. Nesse sentido: Martins, Sergio Pinto. Direito processual do trabalho. 21. ed. p. 201.

A jurisprudência vem admitindo a distinção entre o benefício da justiça gratuita e a assistência judiciária, como se vê dos seguintes arestos:

> MANDADO DE SEGURANÇA. JUSTIÇA GRATUITA E ASSISTÊNCIA JUDICIÁRIA. A assistência judiciária é fornecida pelo Estado, possibilitando o acesso aos serviços profissionais do advogado e dos demais auxiliares da Justiça, inclusive peritos, seja mediante a Defensoria Pública ou da designação de um profissional liberal pelo Juiz. No âmbito da Justiça do Trabalho, ela se dá através dos sindicatos de classe (art. 789, § 10, da CLT). Já a Justiça gratuita, instituto de direito processual, consiste na isenção de todas as despesas inerentes à demanda. Estará presente sempre que concedida a assistência judiciária, porém não é dela dependente, podendo ser concedida ainda que a parte disponha de advogado particular (TRT 2ª R., MS 12749.2002.000.02.00-9, SDI, Rel. Juíza Sônia Maria Prince Franzini. j. 1º.4.2004, Publ. 14.5.2004).

> JUSTIÇA GRATUITA. ISENÇÃO, DE OFÍCIO, DE RECOLHIMENTO DE CUSTAS. Nos termos do art. 790-A da CLT são isentos do pagamento de custas os beneficiários da justiça gratuita, aí incluídos aqueles que litigam sob o pálio da assistência judiciária sindical (Lei n. 5.584/70, art. 14) ou aqueles que tenham obtido o benefício da gratuidade (CLT, art. 790, § 3º). Estando o autor assistido por advogado particular, não está presente a hipótese que ensejaria ao juízo deferir-lhe o benefício da assistência judiciária gratuita. Entretanto, tendo declarado sua hipossuficiência financeira, possível o deferimento da justiça gratuita de ofício (TRT 17ª R., 0015800-11.2010.5.17.0005, 3ª T., Rel. Des. Carlos Henrique Bezerra Leite, *DEJT* 18.10.2011).

> ASSISTÊNCIA JUDICIÁRIA GRATUITA E BENEFÍCIO DA JUSTIÇA GRATUITA. DISTINÇÃO. No Processo do Trabalho, a assistência judiciária gratuita não se confunde com a simples isenção de custas. Os beneficiários da assistência judiciária gratuita são os que preenchem os requisitos da Lei n. 5.584/70: assistência por Sindicato de Classe e percepção de remuneração igual ou menor que o dobro do salário mínimo ou impossibilidade de demandar sem prejuízo do sustento próprio ou da família; enquanto o benefício da gratuidade da justiça, que é regulado pelo art. 790, § 3º, da CLT, implica apenas isenção do pagamento de despesas processuais. Assim, se o autor está assistido por advogado particular, mas declara, na exordial, que não pode arcar com as custas do processo sem prejuízo de sua manutenção e de sua família, faz jus ao benefício da justiça gratuita (...) (TRT 17ª R., RO 0084100-93.2008.5.17.0005, 2ª T., Rel. Des. Carlos Henrique Bezerra Leite, *DEJT* 31.8.2010).

A prova da situação de precariedade econômica pode ser feita mediante simples declaração, na própria petição inicial ou em documento a ela anexado, consoante previsão do § 1º do art. 4º da Lei n. 1.060/50 (redação dada pela Lei n. 7.510/86). Nesse sentido, a SDI-1 do TST editou a OJ n. 304, *in verbis*:

> HONORÁRIOS ADVOCATÍCIOS. ASSISTÊNCIA JUDICIÁRIA. DECLARAÇÃO DE POBREZA. COMPROVAÇÃO. Atendidos os requisitos da Lei n. 5.584/70 (art. 14, § 2º), para a concessão da assistência judiciária, basta a simples afirmação do declarante ou de seu advogado, na petição inicial, para considerar configurada a sua situação econômica (art. 4º, § 1º, da Lei n. 7.510/86, que deu nova redação à Lei n. 1.060/50)(2).

Essa OJ n. 304 da SBDI-1 do TST foi cancelada em decorrência da sua aglutinação ao item I da Súmula n. 463 do TST que, por sua vez, dispõe:

> ASSISTÊNCIA JUDICIÁRIA GRATUITA. COMPROVAÇÃO (conversão da Orientação Jurisprudencial n. 304 da SBDI-1, com alterações decorrentes do CPC de 2015) – Res. n. 219/2017, republicada em razão de erro material – DEJT divulgado em 12, 13 e 14.07.2017 I – A partir de 26.06.2017, para a concessão da assistência judiciária gratuita à pessoa natural, basta a declaração de hipossuficiência econômica firmada pela parte ou por seu advogado, desde que munido de procuração com poderes específicos para esse fim (art. 105 do CPC de 2015); II – No caso de pessoa jurídica, não basta a mera declaração: é necessária a demonstração cabal de impossibilidade de a parte arcar com as despesas do processo.

Como se extrai desse verbete sumular, a simples declaração de hipossuficiência econômica firmada pessoalmente pelo próprio trabalhador ou por seu advogado com procuração com poderes especiais para firmar tal declaração são condições suficientes para a obtenção do benefício processual, sendo, pois, presumida a prova da situação de precariedade econômica.

Ocorre que o novel § 4º do art. 790 da CLT, com a redação dada pela Lei n. 13.467/2017, dispõe que o "benefício da justiça gratuita será concedido à parte que

(2) . Há erro de remissão na parte final desta OJ, pois o art. 4º, § 1º, é da Lei n. 1.060/50, com redação dada pela Lei n. 7.510/86.

comprovar insuficiência de recursos para o pagamento das custas do processo". Vale dizer, pela literalidade do novo preceito, não bastará simples declaração, pois a parte só obterá o benefício da justiça gratuita se provar que recebe remuneração mensal igual ou inferior a quarenta por cento do teto dos benefícios do regime geral da Previdência Social (CLT, art. 790, § 3º).

Essa exigência de comprovação do estado de hipossuficiência econômica constitui violação ao princípio da vedação do retrocesso social e obstáculo direito/princípio fundamental do acesso à Justiça (do Trabalho) para o trabalhador, especialmente aqueles mais pobres, analfabetos ou de baixa qualificação profissional.

BENEFICIÁRIO DA JUSTIÇA GRATUITA RESPONDE PELO PAGAMENTO DE HONORÁRIOS PERICIAIS: REDUÇÃO DO DIREITO FUNDAMENTAL DE ACESSO À JUSTIÇA

> "Art. 790-B. A responsabilidade pelo pagamento dos honorários periciais é da parte sucumbente na pretensão objeto da perícia, ainda que beneficiária da justiça gratuita.
>
> § 1º. Ao fixar o valor dos honorários periciais, o juízo deverá respeitar o limite máximo estabelecido pelo Conselho Superior da Justiça do Trabalho.
>
> § 2º. O juízo poderá deferir parcelamento dos honorários periciais.
>
> § 3º. O juízo não poderá exigir adiantamento de valores para realização de perícias.
>
> § 4º. Somente no caso em que o beneficiário da justiça gratuita não tenha obtido em juízo créditos capazes de suportar a despesa referida no *caput*, ainda que em outro processo, a União responderá pelo encargo." (NR)

Esses dispositivos, a par de estabelecerem redução do direito fundamental de acesso dos trabalhadores com hipossuficiência econômica, além de desestimularem os pedidos concernentes à tutela do meio ambiente do trabalho, pois nessas demandas há, muitas vezes, obrigatoriedade de produção de prova pericial (CLT, art. 195, § 2º).

De tal arte, se o reclamante formular na ação dez pedidos que não demandem perícia e um que exija a prova pericial, *v.g.* adicional de insalubridade, havendo indeferimento deste último pedido será o reclamante condenado a pagar os honorários periciais, ainda que beneficiário da justiça gratuita. Neste caso, se ele obteve o benefício da justiça gratuita, mas se os demais créditos decorrentes da ação (ou em outros processos judiciais) forem superiores ao valor devido a título de honorários periciais, o trabalhador sucumbente no pedido objeto da perícia será responsável pelo pagamento dessa despesa processual.

Em outras palavras, a União somente arcará com o pagamento dos honorários periciais se o sucumbente no pedido que ensejou a prova pericial for beneficiário da justiça gratuita e não obtiver em juízo créditos capazes de suportar essa verba pericial.

Há, portanto, necessidade de alteração parcial do entendimento adotado pela Súmula n. 457 do TST.

7. OBRIGATORIEDADE DE PEDIDO LÍQUIDO EM QUAISQUER AÇÕES TRABALHISTAS VIOLA O DIREITO FUNDAMENTAL DE ACESSO À JUSTIÇA

De acordo com a literalidade do § 1º do art. 840 da CLT, com nova redação dada pela Lei n. 13.467/2017, a petição inicial escrita nos dissídios individuais deverá conter:

a) a designação do presidente da Vara, ou do juiz de Direito, a quem for dirigida;
b) a qualificação do reclamante e do reclamado;
c) uma breve exposição dos fatos de que resulte o dissídio;
d) o pedido, que deverá ser certo, determinado e com indicação de seu valor;
e) a data; e
f) a assinatura do reclamante ou de seu representante.

Foram, assim, por força da Lei n. 13.467/2017, instituídos novos requisitos da petição inicial da reclamação trabalhista no tocante ao pedido, o qual deverá ser: I – certo; II – determinado; III – com indicação de seu valor (líquido).

Ocorre que o novel § 3º do art. 840 da CLT (com redação dada pela Lei n. 13.467/2017), aplicável ao procedimento comum, passou a dispor que os pedidos que não atenderem ao disposto no § 1º (ou seja, se o autor não formular pedido certo, determinado e com indicação de seu valor), os pedidos "serão julgados extintos sem resolução do mérito".

Assim, a diferença básica entre o § 2º do art. 852-B e o § 3º do art. 840 da CLT reside no procedimento:

a) no **procedimento sumaríssimo**, haverá extinção do processo (arquivamento da reclamação) e condenação ao autor ao pagamento das custas sobre o valor da causa);
b) no **procedimento comum ordinário** (ou sumário), haverá extinção do(s) pedido(os) sem resolução do mérito, continuando a

tramitação do processo em relação aos demais pedidos.

Parece-nos que esses dispositivos devem ser interpretados conforme a Constituição, de modo a se afastar a interpretação que implique obstáculo do direito fundamental de acesso da parte ao Poder Judiciário, especialmente à Justiça do Trabalho tem razão da sua notória função social e onde há o *jus postulandi* (CLT, art. 791).

Especificamente, em relação ao novel § 3º do art. 840 da CLT, indaga-se: e se a petição inicial tiver apenas um pedido não líquido? Neste caso, penso que o juiz deverá interpretar essa regra conforme a Constituição (CF, art. 5º, XXXV), de modo a considerar que a liquidez do pedido é faculdade do autor, e não obrigação. Trata-se de interpretação analógica dada pelo STF ao art. 625-D da CLT, que foi interpretado conforme a Constituição no sentido de ser faculdade do autor a submissão da demanda à CCP (STF ADI n. 2.139-7), de modo que qualquer juiz ou tribunal pode/deve, incidentalmente, interpretar o § 3º do art. 840 da CLT conforme a CF para assegurar ao autor o pleno exercício do seu direito fundamental de acesso à justiça.

Ainda que assim não fosse, parece-nos que se o juiz deverá, caso interprete literalmente o § 3º do art. 840 da CLT, evitar a decisão surpresa, ou seja, antes de extinguir o processo ou o pedido sem resolução do mérito, deverá dar oportunidade à parte para sanar eventual defeito, falha ou irregularidade na petição inicial.

O novel § 3º do art. 840 da CLT, com redação dada pela Lei n. 13.467/2017, dispõe que se a petição inicial não contiver pedido certo, determinado e com indicação de seu valor, implicará extinção dos pedidos sem resolução do mérito. E se a petição inicial tiver apenas um pedido sem aqueles requisitos, especialmente se o pedido não for líquido? Penso que o juiz deverá interpretar o § 3º do art. 840 da CLT conforme a Constituição (CF, art. 5º, XXXV), de modo a considerar que a liquidez do pedido é faculdade do autor, e não obrigação. Trata-se de situação semelhante à obrigatoriedade de passagem pela Comissão de Conciliação Prévia, como consta do art. 625-D da CLT, que foi interpretado conforme a Constituição no sentido de ser faculdade do autor a submissão da demanda à CCP (STF ADI n. 2.139-7).

8. CONCLUSÃO

Optamos por fazer, neste artigo, breves comentários a alguns dispositivos acrescentados ou modificados da CLT que estão mais diretamente vinculados ao direito/princípio do acesso à Justiça do Trabalho e que tendem a reduzir (ou eliminar) o seu reconhecido papel de órgão especializado na promoção da prestação jurisdicional célere e justa.

É factível afirmar, portanto, que a parte processual da chamada Reforma Trabalhista, instituída pela Lei n. 13.467/2017 altera diversos dispositivos da CLT sem se preocupar com a efetividade do direito fundamental de acesso à Justiça do Trabalho e os princípios fundamentais da cidadania, da dignidade da pessoa humana, do valor social do trabalho e do valor social da livre-iniciativa, o que nos autoriza concluir, nesses breves comentários, que a nova lei aponta no sentido da desconstitucionalização do direito processual do trabalho.

Nesse sentido, alertamos os juízes e tribunais trabalhistas para que estejam atentos para a adequada interpretação e aplicação dos novos dispositivos da CLT e não lhes pode faltar coragem e determinação para adotarem as técnicas da hermenêutica constitucional concretizadora dos direitos e garantias fundamentais, especialmente dos cidadãos trabalhadores mais vulneráveis e hipossuficientes econômicos que têm na Justiça do Trabalho a última trincheira para reivindicarem ou resgatarem os seus direitos lesados ou ameaçados de lesão.

9. REFERÊNCIAS BIBLIOGRÁFICAS

BUENO, Cassio Scarpinella. *Manual de direito processual civil*. São Paulo: Saraiva, 2015.

LEITE, Carlos Henrique Bezerra. *Curso de direito processual do trabalho*. 16. ed. São Paulo: Saraiva, 2018 (no prelo).

Reforma Trabalhista e a Retroatividade da Lei mais Benéfica ao Trabalhador

EDILTON MEIRELES

Pós-doutor em Direito pela Faculdade de Direito da Universidade de Lisboa. Doutor em Direito pela Pontifícia Universidade Católica de São Paulo (PUC/SP). Professor de Direito Processual Civil na Universidade Federal da Bahia (UFBa). Professor de Direito na Universidade Católica do Salvador (UCSal). Desembargador do Trabalho na Bahia (TRT 5ª Região).

1. INTRODUÇÃO

A Lei n. 13.467/2017[1], ao lado de introduzir significativas mudanças na legislação do trabalho, trouxe à tona a velha questão relativa à retroatividade da lei incidente sobre o ato jurídico perfeito.

Se, por um lado, é pacífico que a lei nova não retroage para atingir fatos ocorridos na vigência da lei anterior, cujos efeitos também já se concretizaram, por outro há forte controvérsia quanto a sua incidência sobre fatos ainda pendentes de gerar efeitos e sobre os fatos futuros.

A problemática em relação ao contrato de trabalho, por sua vez, ainda mais se agrava por se entender que a lei nova, por ter natureza imperativa aquela que trata do direito do trabalho, impõe alteração aos antigos contratos, ainda que seja para o futuro. Essa incidência, porém, além de questionável, suscita debate quando se trata de lei posterior que regula o instituto de forma menos favorável ao trabalhador.

Assim é que, no presente trabalho, buscamos tratar de todas essas questões, procurando apontar o entendimento prevalecente quanto à retroatividade ou não da lei trabalhista.

Cabe destacar, ainda, que neste trabalho nos limitamos a abordar a eficácia da lei nova em face do ato jurídico perfeito regido pela legislação de natureza privada, ainda que dele participe eventualmente o Poder Público. Deixamos de lado, portanto, questões relacionadas às relações regidas pelo direito público e aquelas que envolvem o direito adquirido e a coisa julgada.

2. DAS ESPÉCIES DE RETROATIVIDADE

Antes de avançarmos no debate acerca da retroatividade da lei trabalhista é preciso ter em mente as três situações nas quais pode ocorrer a incidência da lei nova em relação ao ato jurídico perfeito. Aqui, então, cabe distinguir a retroatividade máxima, média e mínima.

Retroatividade máxima ocorre quando a lei nova retroage para atingir os atos ou fatos já consumados na vigência da lei anterior. Seria o exemplo da lei nova que estabelecesse um percentual máximo de juros e ordenasse a restituição de tudo que foi pago a maior antes da vigência da lei nova, mesmo que quitado na égide da lei anterior mais liberal.

Retroatividade média se tem quando a lei nova, sem atingir os atos ou fatos anteriores à sua vigência, alcança os seus efeitos ainda não ocorridos (efeitos pendentes). É o exemplo da nova lei que impõe a redução da taxa de juros, passando ela a incidir sobre as prestações já vencidas (fato passado) de um contrato, mas ainda não pagas (efeitos pendentes).

Por fim, temos a retroatividade mínima que seria aquela que se verifica quando a nova lei incide imediatamente sobre os efeitos futuros dos atos ou fatos passados, não alcançando, porém, aqueles cujos efeitos estão pendentes. É o exemplo da lei nova que reduz a taxa de juros e que somente se aplica às prestações que irão vencer após a sua vigência (prestações vincendas). Aqui neste caso, tem-se a retroatividade da lei nova na medida em que ela passa a incidir sobre o ato jurídico

(1) BRASIL. Lei n. 13.467, de 13 de julho de 2017. Altera a Consolidação das Leis do Trabalho (CLT), aprovada pelo Decreto-lei n. 5.452, de 1º de maio de 1943, e as Leis ns. 6.019, de 3 de janeiro de 1974, 8.036, de 11 de maio de 1990, e 8.212, de 24 de julho de 1991, a fim de adequar a legislação às novas relações de trabalho.

perfeito firmado anteriormente à sua vigência, atingindo-o para o futuro. Não afeta os fatos anteriores, nem os efeitos pendentes, mas atinge o ato jurídico perfeito para o futuro.

Vejam, assim, que nas duas primeiras hipóteses a lei age sobre o passado (*facta praeterita* e *facta pendetia*), ainda que, na retroatividade média, apenas sobre os efeitos pendentes. Atinge, assim, neste caso, os fatos geradores de direitos ocorridos na vigência da lei anterior.

Controversa, porém, é a terceira situação apontada como de retroatividade mínima. Isso porque há autores[(2)] que sustentam que, neste caso, inexiste a situação de retroatividade. Argumenta-se que a lei nova não estaria voltada para os fatos passados, mas apenas para regular os efeitos de fatos ou atos que venham a ocorrer já na vigência da lei nova (*facta futura*).

Paul Roubier[(3)] segue a mesma linha, adotando o que se denominou de teoria subjetiva. Contudo, ele reconhece que se a lei nova afeta, ainda que somente os efeitos que decorrem da aplicação da cláusula contratual em relação a fatos ocorridos na vigência da lei nova, sem dúvida ela terá efeito retroativo[(4)]. Esse autor, porém, procurou distinguir o que seria fruto de acerto contratual dos contratantes do que é inserido ao contrato por força do estatuto legal, que, neste caso, teria efeito imediato[(5)].

Já Colin e Capitant[(6)] apontam que em matéria de direito contratual ou obrigacional descaberia esse efeito mínimo, por exceção à regra da aplicação imediata da lei nova aos atos jurídicos firmados anteriormente, reconhecendo que, de fato, estar-se-ia diante da retroatividade da nova lei.

No Brasil, por sua vez, o STF[(7)], ao julgar a ADI n. 493, adotou o entendimento de que mesmo a retroatividade mínima não encontra agasalho no direito constitucional. Essa, pois, é a teoria adotada pela Corte Suprema brasileira, reiterada em diversas outras decisões posteriores[(8)], não admitindo, assim, a incidência da lei nova aos contratos firmados anteriormente à sua vigência. Adotou, assim, a teoria objetiva, defendida por Carlo Francesco Gabba[(9)], rejeitando a doutrina aceita por parte dos juristas brasileiros[(10)].

Esse mesmo entendimento é compartilhado por Orlando Gomes[(11)], para quem "um contrato perfeito e acabado na vigência de uma lei permanece intocável, nas suas disposições, ainda no que diz respeito aos seus efeitos futuros". No caso, segue-se a lógica de que "todas as consequências de um contrato concluído sob o império de uma lei, inclusivamente seus efeitos futuros, devem continuar a ser reguladas por essa lei"[(12)]. E "se a lei alcançar os efeitos futuros de contratos celebrados anteriormente a ela, será essa lei retroativa (retroatividade mínima) porque vai interferir na causa, que é um ato ou fato ocorrido no passado"[(13)]. Isso porque, a aplicação da lei posterior incidirá sobre o fato gerador que decorre do cumprimento do contrato. Logo, sua incidência implicará em aplicação retroativa.

Essa questão, porém, deve ser bem delimitada quando se trata de direito contratual.

E aqui ainda cabe lembrar que o entendimento do STF quanto à não retroatividade da lei, por certo, não se aplica às situações excepcionadas na Constituição, a exemplo da lei penal mais benéfica ao réu, bem como àquelas nas quais se torna impossível a execução do contrato anteriormente firmado diante da lei nova. É o caso da lei nova que muda o padrão monetário[(14)]. Na hipótese, se o contrato estabelece o pagamento de uma prestação na moeda então corrente e o padrão monetário é modificado pela lei nova, ou bem o pacto contratual deve ser resolvido em face da impossibilidade de satisfação do pagamento na moeda antiga ou se dar efeito retroativo à lei nova de modo a impor uma

---

(2) PLANIOL, Michel; RIPERT, Georges; BOULANGER, Jean. *Tratado de derecho civil según el Tratado de Planiol*, p. 95.
(3) *Le droit transitoire*. Conflits des lois dans le temps, p. 177.
(4) *Idem*, p. 415.
(5) *Idem, Ibidem*.
(6) *Cours élémentaire de droit civile français.*, p. 160.
(7) BRASIL. Supremo Tribunal Federal. Ação direta de inconstitucionalidade n. 493, p. 303.
(8) BRASIL. Supremo Tribunal Federal. Recurso extraordinário n. 205.193. Julgado em 25 fev. 1997; BRASIL. Supremo Tribunal Federal. Agravo regimental em agravo de instrumento n. 363.159.
(9) Teoria della retroativitá delle lege, p. 182-183.
(10) FRANÇA, Rubens Limongi. *Direito intertemporal brasileiro*. Doutrina da irretroatividade das leis e do direito adquirido, p. 420-422.
(11) *Questões mais recentes de direito privado*, p. 4.
(12) *Idem*.
(13) BRASIL. Supremo Tribunal Federal. Ação direta de inconstitucionalidade n. 493, p. 260.
(14) BRASIL. Supremo Tribunal Federal. Recurso extraordinário n. 114.982. Julgado em 30 out. 1990.

modificação no pactuado quanto à moeda a ser utilizada. No caso, prefere-se dar efeito retroativo à lei.

3. O BLOCO NORMATIVO CONTRATUAL

Ao apreciar a ADI n. 493, o STF[15] abordou a questão da incidência da lei nova mesmo quando esta contém dispositivos de ordem pública. Na oportunidade, ainda, tratou da incidência ou não da lei nova aos contratos regidos por normas imperativas[16].

Em relação às leis de ordem pública, o STF deixou claro que, como a garantia da proteção do ato jurídico perfeito tem categoria constitucional e a Constituição não faz qualquer distinção entre as espécies normativas, logo nem as leis de ordem pública podem retroagir de modo a afetar o ato jurídico perfeito[17].

O STF, ainda, na mesma oportunidade, definiu que mesmo os contratos nos quais as cláusulas são mais fruto da incidência das normas imperativas do que do acerto individual de vontade, mesmo assim, eles não sofrem os efeitos da lei nova. Entende-se, com acerto, que *"apesar de impostas pela lei certas cláusulas como obrigatórias num contrato, uma vez apostas a ele passam a integrá-lo como fruto de ato de vontade inclusive da parte que a ele adere, consequentemente, daí resulta que esse contrato, como ato jurídico perfeito, tem os seus efeitos futuros postos a salvo de modificações que lei nova faça com relação a tais cláusulas, as quais somente são imperativas para os contratos que vierem a celebrar-se depois de sua entrada em vigor"*[18].

No caso, ainda que a norma contratual decorra da incidência da lei de ordem pública imperativa, *"não por isso essas cláusulas deixam de integrar o contrato, que, como ato jurídico perfeito, está a salvo das modificações posteriores que outras leis de ordem pública venham impor à redação dessas cláusulas"*[19].

Aliás, foi com base neste entendimento que, posteriormente, o STF, confirmando-o, decidiu, por exemplo, que o Código de Defesa do Consumidor não tinha efeito retroativo, sequer em sua feição mínima, de modo que esse diploma legal não afetou os contratos firmados anteriormente à sua vigência[20].

Aqui, então, é preciso ter em mente que o contrato se regula pela lei em vigor na data de sua celebração. A ele se integram não somente as cláusulas livremente pactuadas pelos contratantes, nos limites da autonomia da vontade, mas também as regras que lhe são inseridas em face de leis imperativas ou de ordem pública. Regras expressas no contrato e regras impostas pela lei, portanto, formam um corpo ou bloco de cláusulas indivisíveis[21] e que devem ser apreciadas e cumpridas à luz da legislação vigente à época em que foram pactuadas[22]. O contrato, portanto, enquanto ato jurídico perfeito, rege-se pelas regras individuais, livremente pactuadas pelos contratantes, como pelas leis imperativas que agregam ao mesmo cláusulas imperativas. O bloco contratual, portanto, é composto pelas cláusulas pactuadas individualmente (ou coletivas) e pelas leis imperativas que vigoravam à época da celebração do contrato.

Aqui não se pode confundir a relação contratual das relações estatutárias. Naquela prevalece a vontade das partes, daí porque de natureza contratual, ainda que todas as suas cláusulas sejam decorrentes de leis imperativas. Já na relação estatutária, como, por exemplo, naquela mantida pelo Poder Público com seus servidores, o que se tem é o predomínio da vontade de um sobre o outro. E esse outro se submete ao estatuto imposto pelo Poder Público, não lhe sendo assegurado o direito de negociar, salvo o de aderir ou não ao vínculo permitido, quando não obrigatória essa adesão (v. g. no serviço militar obrigatório). E neste tipo de relação, o disposto no estatuto não se adere de forma definitiva ao vínculo jurídico que dele decorre. Isso porque o regramento, nos limites constitucionais, fica a critério do Poder Público.

A partir, então, do entendimento predominante no STF se pode concluir, em interpretação rigorosa, que a lei nova não afeta o contrato firmado na égide de lei anterior em qualquer hipótese. Nem para o bem, nem para o mal. Não prejudica ou beneficia qualquer das partes contratantes, ainda que a relação jurídica esteja regulada por normas de ordem pública. Logo, a princípio, o contrato de trabalho firmado na égide da

---

(15) BRASIL. Supremo Tribunal Federal. Ação direta de inconstitucionalidade n. 493, p. 304.

(16) *Ibidem*, p. 315.

(17) *Ibidem*, p. 304.

(18) *Ibidem*, p. 315.

(19) *Ibidem*, p. 316.

(20) BRASIL. Supremo Tribunal Federal. Recurso extraordinário n. 205.999. Julgado em 16 nov. 1999b.

(21) ROUBIER, Paul. *Le droit transitoire*. Conflits des lois dans le temps, p. 385-393.

(22) TEIXEIRA, Anderson V. *O direito adquirido e o direito intertemporal a partir do debate entre Roubier e Gabba*. Disponível em: <http://www.tex.pro.br/home/artigos/62-artigos-ago-2008/5927-o-direito-adquirido-e-o-direito-intertemporal-a-partir-do-debate--entre-roubier-e-gabba>. Acesso em: 24 ago. 2017.

lei anterior continua a ser regulado pelas leis então vigentes[(23)].

A se adotar esse entendimento, então, teríamos, em face da Lei n. 13.467/2017 (BRASIL, 2017), os trabalhadores cujos contratos continuariam a ser regidos pela "CLT-getulista" e os empregados contratados a partir de 11 de novembro de 2017 que seriam protegidos pela "CLT-temerista". Em outras palavras, cabe respeitar a ultratividade[(24)] ou pós-atividade[(25)] da lei anterior, que continuará a reger os contratos firmados à época de sua vigência.

Esse entendimento, porém, bate de frente com a doutrina trabalhista que sustenta que a nova lei incide sobre as relações de emprego firmadas anteriormente à vigência da lei nova, mas somente naquilo que seja mais favorável ao trabalhador[(26)].

4. LEI NOVA TRABALHISTA MAIS BENÉFICA

Como já visto, a se adotar, rigorosamente, o entendimento pacificado no STF, a lei nova trabalhista não retroage nem para beneficiar os empregados contratados sob a égide da lei anterior. Isso porque, em incidindo, estar-se-á diante de uma situação de retroatividade mínima.

O STF, porém, ainda não teve oportunidade de se manifestar precisamente sobre a retroatividade ou não da lei trabalhista no ponto no qual favorece o trabalhador em relação às obrigações principais do contrato de emprego. Em decisão sexagenária, porém, ao apreciar a questão sobre a incidência de lei nova que alterou a forma de incidência dos juros moratórios sobre créditos trabalhistas (que tem natureza de direito material – obrigacional), o STF decidiu que ela não retroage[(27)]. Logo, não retroagia para beneficiar o trabalhador, não tendo sido adotada a posição da doutrina trabalhista[(28)].

Esse precedente, porém, pode ser afastado, pois lançado à luz de outra ordem constitucional, isto é, na vigência da Constituição de 1946.

Já à luz da nossa atual Constituição Federal[(29)] não encontramos decisão do STF tratando especificamente da incidência da lei nova para beneficiar o trabalhador, ainda que de forma retroativa.

É certo, no entanto, que, em face da relação jurídica consumerista, cujos princípios protetores se assemelham aos que predominam no direito do trabalho, o STF se manifestou contra a incidência da lei nova mais favorável ao consumidor[(30)]. A partir, então, desse entendimento se poderia alcançar a mesma conclusão em relação ao contrato de emprego.

Contudo, é preciso mencionar que, em relação ao contrato de emprego, outros valores constitucionais podem ser postos à apreciação de modo a atingir conclusão diversa. E aqui podemos lembrar que a garantia da não retroatividade da lei de modo a evitar que ela atinja o ato jurídico perfeito pode ceder, ou ser excepcionada, quando diante de outros direitos constitucionais em juízo de ponderação. E foi o próprio STF que, em juízo de ponderação, em caso de ações de paternidade, afastou a eficácia da coisa julgada quando diante de demanda julgada improcedente sem que nela tivesse sido realizada a perícia técnica (DNA), de modo a permitir que outra ação pudesse ser proposta em proteção ao direito à identidade genética[(31)]. Ponderaram os valores constitucionais, permitindo que a coisa julgada fosse afastada, privilegiando-se, no caso, a garantia constitucional de proteção à identidade genética.

É certo que, neste caso, não se estava diante de uma lei nova violadora da coisa julgada. Mas a decisão confirma que nenhuma garantia individual é absoluta, nem a coisa julgada. Logo, igualmente se pode concluir em relação à proteção contra a retroatividade da lei.

Pode-se, no entanto, concluir que, em tese, num juízo de ponderação e em casos excepcionais, a lei nova pode retroagir de modo a atingir o ato jurídico perfeito. Resta saber, no entanto, se assim podemos concluir em relação ao direito do trabalho.

Neste caminhar, então, é preciso lembrar as lições de Carlos Maximiliano, para quem, "preceitos imperativos ulteriores, inspirados pelo interesse social e pela necessidade de proteção ao trabalho, atingem os contratos

(23) ROUBIER, Paul. *Le droit transitoire*. Conflits des lois dans le temps, p. 399.

(24) CARDOZO, José Eduardo Martins. *Da retroatividade da lei*, p. 326.

(25) NORONHA, Fernando. *Indispensável reequacionamento das questões fundamentais de direito intertemporal*, p. 8.

(26) BATALHA, Wilson de Souza Campos. *Direito intertemporal*, p. 542.

(27) BRASIL. Supremo Tribunal Federal. Recurso extraordinário n. 33.011. Julgado em 14 nov. 1957.

(28) GUIMARÃES, José Alfredo Cruz. *O princípio da irretroatividade da lei e a questão da aplicação das novas regras sobre juros nos processos trabalhistas*; SAMPAIO, Anníbal. *A questão da nova incidência dos juros de mora. Boletim Amatra-V*, p. 5-9, Salvador: AMATRA-V, 1988.

(29) BRASIL. Constituição da República Federativa do Brasil de 1988.

(30) BRASIL. Supremo Tribunal Federal. Recurso extraordinário n. 205.999. Julgado em 16 nov. 1999b.

(31) BRASIL. Supremo Tribunal Federal. Recurso extraordinário n. 363.889. Julgado em 06 fev. 2011.

em curso"[32]. Isso porque, neste caso, têm-se "em vista os homens obreiros, não como contratantes"[33]. No caso, caberia distinguir que o seria direito dirigido ao trabalhador enquanto pessoa humana do que seria mera estipulação contratual em face da liberdade dos contratantes[34]. A condição jurídica da pessoa e não do contratante, quando levada em consideração pela lei, estabeleceria um critério diferenciador para incidência da lei nova no direito transitório[35].

Carlos Maximiliano chama a atenção para um aspecto importantíssimo e inerente ao contrato de emprego, a demandar apreciação diversa. É que o contrato de emprego é o único contrato no qual, necessariamente, uma pessoa física deve ser parte integrante da relação jurídica (o trabalhador). Em todo e qualquer outro contrato, mesmo o de mandato judicial, as partes contratantes podem ser pessoas jurídicas. Daí porque, em relação ao contrato de emprego, a lei visa a proteger o homem e não o contratante[36].

Vejam, inclusive, que mesmo no contrato de consumo duas pessoas jurídicas podem ser os contratantes. A lei, então, busca proteger o consumidor, seja ele pessoa física ou jurídica. Já no contrato de emprego, a lei protege o homem.

Contudo, até aqui esses argumentos, em síntese, acabam por pretender a incidência da lei trabalhista em face da sua natureza de ordem pública. E é preciso lembrar que em países como a França[37], Itália[38] e Alemanha[39] a garantia da irretroatividade não está assegurada na Constituição. E mesmo na União Europeia se admite a retroatividade por "motivos imperativos de interesse geral"[40]. Logo, a partir desse panorama legislativo é que se argumenta de que a lei de ordem pública posterior pode estabelecer exceções à lei ordinária anterior que veda a retroatividade. Conquanto se possa alegar que a lei que impede a retroatividade também é de ordem pública, não se podendo objetar com outra lei de mesma natureza para pretender estabelecer exceções[41].

Esse argumento, porém, já foi superado pelo STF[42], pois, no Brasil, a garantia da não retroatividade da lei é mandamento constitucional, não havendo distinção de sua natureza (da lei). Essa mesma garantia, em amplitudes diversas, no entanto, é encontrada nas Constituições de Portugal[43] e da Espanha[44].

Daí porque, aliada à característica de pessoalidade do contrato de emprego, devemos procurar na própria Constituição fundamento para aplicação da lei trabalhista mais benéfica de forma retroativa, ao menos em sua feição mínima. No plano infraconstitucional, portanto, descabe se pensar em afastar a incidência da garantia constitucional da não retroatividade.

Neste caminhar, devemos lembrar que toda a preocupação com o homem trabalhador está refletida na Constituição Federal quando ela dispõe que a nossa República tem como um dos seus fundamentos o valor social do trabalho (art. 1º, inciso IV), assegura o direito social ao trabalho (art. 6º), estabelece que nossa ordem econômica está fundada na valorização do trabalho humano (art. 170, *caput*), estabelecendo, ainda, que aquela (ordem econômica) tem como um dos seus princípios a "busca do pleno emprego" (inciso VIII do art. 170), além de preceituar que a nossa ordem social "tem como base o primado do trabalho" (art. 193)[45].

E essa preocupação com o homem trabalhador, outrossim, está flagrantemente refletida, como corolário da intenção do constituinte, no disposto no art. 7º da Constituição, quando este aponta um longo rol de direitos trabalhistas fundamentais. Isso sem se falar na proteção aos direitos coletivos dos trabalhadores nos arts. 8º a 11 da Constituição[46].

(32) *Direito intertemporal ou teoria da retroatividade das leis*, p. 232.
(33) MAXIMILIANO, Carlos. *Direito intertemporal ou teoria da retroatividade das leis*, p. 323.
(34) ESPÍNOLA, Eduardo; ESPÍNOLA FILHO, Eduardo. *A lei de introdução ao Código Civil Brasileiro*, p. 345.
(35) GABBA, Carlo Francesco. *Teoria della retroatività delle lege*, p. 209-210.
(36) ROUBIER, Paul. *Le droit transitoire*. Conflits des lois dans le temps, p. 399-400.
(37) FRANÇA. Constitution Française. 03 jun. 1958.
(38) ITÁLIA. Costituzione Della Repubblica Italiana. 27 dez. 1947.
(39) ALEMANHA. Lei Fundamental da República Federal da Alemanha. 8 de maio de 1949.
(40) VALENTINO, *Alessia. Il principio d'irretroattività della legge civile nei recenti sviluppi della giurisprudenza costituzionale e della Corte Europea dei Diritti dell'Uomo*, p. 14.
(41) BAYEUX FILHO, José Luiz. *O Código do Consumidor e o direito intertemporal*, p. 10.
(42) BRASIL. Supremo Tribunal Federal. Ação direta de inconstitucionalidade n. 493. Julgado em 25 jun. 1992.
(43) PORTUGAL. Constituição da República Portuguesa. 02 abr. 1976.
(44) ESPANHA. Constitución Española. 27 dez. 1978.
(45) BRASIL. Constituição da República Federativa do Brasil de 1988.
(46) *Idem*.

Da análise da Constituição se percebe, pois, claramente, que o constituinte se preocupou em proteger a pessoa do trabalhador[(47)]. E, por isso mesmo, mais do que em qualquer outra espécie contratual, foi tão explícito em assegurar um rol de direitos especificamente contratuais (art. 7º).

Mas, o que devemos chamar a atenção é para o disposto na parte final do *caput* do art. 7º da Constituição, quando este dispõe que "são direitos dos trabalhadores urbanos e rurais" aqueles elencados em seus trinta e quatro incisos que se seguem, mas ressalvando a autorização para criação de "outros que visem à melhoria de sua condição social". Aqui estabeleceu verdadeira regra do avanço social[(48)].

Observem que o legislador constituinte, ao final do *caput* do art. 7º da Constituição[(49)], autorizou ao legislador infraconstitucional e ao legislador coletivo (inciso XXVI do art. 7º da CF) a criação de outros direitos em favor dos trabalhadores, mas limitando essa delegação de poderes, ao condicioná-lo à melhoria da condição social do trabalhador. Daí se tem, então, que o legislador infraconstitucional pode legislar de forma a melhorar a condição social do trabalhador. E, em tese, a lei posterior menos benéfica pode ser tida como inconstitucional (cuja análise não é objeto deste trabalho).

A questão então a se definir é se a lei nova mais benéfica, que busca a melhoria da condição social do trabalhador, tem ou não efeito retroativo mínimo, passando a incidir nos contratos de trabalho firmados anteriormente à sua vigência, de modo a reger as situações jurídicas surgidas posteriormente.

E aqui, seja em juízo de ponderação, seja muito mais em interpretação sistemática da Constituição, concluímos que, em face do disposto na parte final do art. 7º da CF, a lei nova trabalhista, quando disciplina para melhorar a condição social do trabalhador, ela incide de forma retroativa mínima, passando a reger os fatos ocorridos posteriormente, mesmo quando diante de contratos firmados anteriormente à sua vigência. E, como é óbvio, como se parte do pressuposto de que a lei nova deve ser mais benéfica, ela não derroga as cláusulas contratuais mais favoráveis, ainda que estas decorram da incidência da lei imperativa anterior.

É certo que se pode afirmar que quando o legislador constitucional quis dar efeito retroativo à lei ela foi expressa, como ocorre em relação à lei penal mais benéfica ao réu (inciso XL do art. 5º)[(50)].

Contudo, essa mesma conclusão se pode extrai do *caput* do art. 7º quando se estabeleceu que o legislador infraconstitucional deve legislar para a melhoria social do trabalhador. E quando a Constituição assim dispôs, sem fazer qualquer distinção, ela quis se referir a todos os trabalhadores, sejam aqueles com contratos já firmados, como em relação aos que ainda irão celebrar contratos de emprego. Isso sem se argumentar que é mais concreto se falar em melhoria social (novos direitos) do trabalhador empregado do que regular a melhoria social somente em abstrato, estabelecendo novos direitos ao trabalhador desempregado (sem contrato vigente). Logo, a lei mais benéfica, por certo busca beneficiar os empregados (com contratos vigentes) e não os desempregados (que podem vir a celebrar contrato de emprego). Daí porque ela incide sobre os contratos em vigor na data da vigência da nova lei, retroagindo de maneira mínima para assegurar novos direitos aos trabalhadores em busca da melhoria de sua condição social.

Pode-se, porém, chegar à mesma conclusão se se partir do entendimento de que a regra posta no *caput* do art. 7º da Constituição é cláusula inserida nos contratos de emprego.

Ora, se se entende que as leis de ordem pública, ao se inserirem nos contratos, passam a integrar seu bloco normativo, impondo a integração de cláusulas imperativas, pode-se então também afirmar que a regra do art. 7º da CF, ao prever que novos direitos podem ser criados para melhoria da condição social do trabalhador, também é uma cláusula contratual. Ou seja, ao celebrar o contrato de emprego, as partes pactuam que novos direitos podem ser estabelecidos, desde que visem à melhoria da condição social do trabalho. Logo, a lei nova mais favorável não incidirá de forma retroativa, mas, sim, atuará muito mais como meramente cláusula modificadora do pactuado anteriormente. Fenômeno este, aliás, também encontrado em face da incidência da norma coletiva, que, assim como a lei estatal, ainda que contra a vontade da parte contratante e sem sua intervenção, pode incidir sobre as relações individuais[(51)].

Por esta linha de raciocínio, então, trabalhador e empregador, ao celebrarem o contrato de emprego, já

(47) MEIRELES, Edilton. *A constituição do trabalho*, p. 119-137.

(48) MEIRELES, Edilton. *Princípio do não retrocesso social no direito do trabalho.*

(49) BRASIL. Constituição da República Federativa do Brasil de 1988.

(50) BRASIL. Constituição da República Federativa do Brasil de 1988.

(51) MEIRELES, Edilton. *Trabalho negociado e legislado: normas de mesma hierarquia.*

estão certos e pactuado de que ao contrato de emprego podem ser agregadas novas cláusulas contratuais (novas condições de trabalho), em decorrência da incidência das leis imperativas mais favoráveis ao trabalhador, por força do que dispõe a parte final do art. 7º da Constituição Federal.

A lei nova, no entanto, não retroage para excluir direitos dos empregados ou incidir de forma menos favorável aos trabalhadores. A retroatividade somente ocorre em favor dos trabalhadores e se for mais benéfica a lei nova.

Independentemente, no entanto, do que foi acima definido, nada impede que as partes interessadas, por acordo de vontade, introduzam modificações ao contrato já juridicamente aperfeiçoado. E isso nos remete à outra questão que deve ser bem definida.

5. ALTERAÇÃO DO ATO JURÍDICO POR ACORDO DE VONTADE

A Constituição, por certo, apenas salvaguardou o ato jurídico perfeito da intervenção retroativa do legislador. Por óbvio, no entanto, que as partes podem introduzir modificações no contrato, de modo que ele passe a se submeter a novos regramentos.

A reforma trabalhista implantada em 2017, por sua vez, introduziu diversos dispositivos legais que ampliam a autonomia da vontade, seja individual, seja a autonomia coletiva trabalhista.

É preciso, então, tratar de algumas questões que podem gerar dúvidas quanto à incidência da lei nova.

Antes de analisarmos algumas dessas novas regras trabalhistas, é preciso destacar que a lei nova que amplia a autonomia da vontade, por certo, tem incidência imediata. Logo, se antes uma pessoa não possuía capacidade para agir (menor de 21 anos), com a lei nova pode adquirir essa capacidade (a partir dos 18 anos). A lei, porém, não poderá retroagir para, por exemplo, validar ato praticado à época em que vigia lei que considerava a pessoa incapaz. Com a nova lei, porém, adquirida a capacidade, ela poderá celebrar o negócio jurídico validamente[52].

E, vejam, que a regra que regula a capacidade de agir, seja excluindo-a, seja limitando-a, não se cuida de norma de contrato em si. Trata-se de regra que regula a capacidade da pessoa. Assim, por exemplo, quando a lei veda que o menor celebre contrato sem a assistência de seus responsáveis, ela não está proibindo em si a celebração do pacto. A lei, na realidade, apenas limita a autonomia da vontade.

Assim, quando a lei nova amplia essa autonomia da vontade, não se pode afirmar que ela incide retroativamente, ainda que de forma mínima, sobre os contratos firmados anteriormente à sua vigência. Isso porque a lei nova não está disciplinando de modo a interferir nos efeitos do contrato em suas cláusulas pactuadas. Ela apenas se dirige a regular a capacidade da pessoa.

É o caso, por exemplo, do pedido de demissão de empregado com menos de um ano de emprego. Na vigência da CLT[53], não reformada pela Lei n. 13.467/2017[54], o trabalhador somente poderia romper o contrato por iniciativa própria se contasse com a assistência sindical. Essa regra foi suprimida. Logo, doravante o empregado passa a ter autonomia para pedir demissão validamente sem necessidade da assistência sindical.

E esse entendimento, por sua vez, deve estar em mente quando diante das situações nas quais anteriormente não se admitia a contratação pelo trabalhador.

É o exemplo do acordo individual para o trabalho em regime de banco de horas. Na vigência da lei anterior, esse pacto não poderia ser firmado individualmente. Logo, o trabalhador, individualmente, não possuía capacidade para firmar esse pacto contratual. Com a nova lei, o empregado retoma sua plena autonomia neste ponto.

Assim, no caso, como a lei nova apenas regulou aspecto relacionado à capacidade de agir (autonomia da vontade), ela passa a incidir sobre os atos pactuados sob sua vigência.

Mas daí surge o questionamento se aos contratos anteriormente firmados se pode, agora, incluir cláusula que era vedada celebrar anteriormente por acordo individual entre as partes.

Poder-se-ia pretender sustentar que, como quando celebrado o contrato esse pacto individual era vedado, logo, a lei nova não pode incidir sobre o mesmo, sob pena de ter eficácia retroativa. Para tanto seria preciso, ainda, ter em mente que uma das cláusulas inseridas

(52) FARIA, Antonio Bento de. *Aplicação e retroatividade da lei*, p. 98; PLANIOL, Michel; RIPERT, Georges; BOULANGER, Jean. *Tratado de derecho civil segun el Tratado de Planiol*, p. 13; MAXIMILIANO, Carlos. *Direito intertemporal ou teoria da retroatividade das leis*, p. 70.

(53) BRASIL. Decreto-lei n. 5.452, de 1º de maio de 1943.

(54) BRASIL. Lei n. 13.467, de 13 de julho de 2017.

no contrato firmado anteriormente era a que proibia o pacto individual para estabelecer o regime de banco de horas. Logo, neste sentido, a lei nova seria retroativa, já que introduziria um novo regramento ao contrato. O que antes era vedado por acerto individual, passou a ser permitido.

A questão somente se resolve pela definição da regra. Ou bem se tem que se trata de regra contratual, incerta no bloco normativo contratual, de modo a se impedir a incidência da lei retroativa, ou bem se tem como uma regra que rege a capacidade de agir[(55)]. Logo, neste caso, ela teria efeito imediato, podendo a pessoa, já na vigência da lei, dispor o que antes lhe era vedado.

Entendemos que, nesse caso, cuida-se de regra relativa à capacidade (de agir) da pessoa. Logo, a lei nova incide de imediato, podendo a pessoa firmar contrato (alteração contratual) ao derredor daquilo que lhe era vedado contratar[(56)]. Essa possibilidade de pactuação posterior, no entanto, não gera direito à convalidação dos atos celebrados antes da vigência da nova lei e que eram vedados sob a égide da lei anterior[(57)]. Se assim se pensar, a lei nova acabará por ter efeito retroativo sobre o contrato firmado anteriormente, ainda que a convalidação dependa do acerto de vontade.

No caso, então, o acerto pode ser firmado para o futuro, não retroagindo para convalidar o ato proibido na vigência da lei anterior.

Neste ponto, então, antes de avançarmos, é preciso, ainda, ter em mente que a regra do art. 468 da CLT se insere em todos os contratos de trabalho, de modo que a alteração contratual somente pode decorrer, por óbvio, "por mútuo consentimento", mas "desde que não resultem, direta ou indiretamente, prejuízos ao empregado, sob pena de nulidade da cláusula infringente desta garantia"[(58)]. E no exemplo acima, da pactuação pelo regime de banco de horas, em tese, não se pode afirmar que ele insere uma condição mais prejudicial ao trabalhador, já que se trata de mero acordo de compensação de horas de trabalho. Não se reduzem ou ampliam direitos, mas apenas se estabelece uma regra de compensação de horas de trabalho. Diante de caso concreto, no entanto, pode-se concluir que ele seja mais prejudicial.

A partir desse entendimento, então, não se constitui incidência retroativa da lei nova todas as situações nas quais o empregado pode celebrar pactos que alteram o contrato de trabalho firmados na égide da lei anterior, inserindo novas modificações nas condições de trabalho, mas desde que respeitada a regra do art. 468 da CLT (não prejudicial).

Assim, por exemplo, será lícito aos antigos empregados, com contrato em execução na data de início da vigência da lei nova, firmarem pacto de arbitragem (art. 507-A), dar quitação anual, desde que assistido pelo sindicato (art. 507-B), firmar acordo extrajudicial (art. 855-B) e estabelecer regras "com a mesma eficácia legal e preponderância sobre os instrumentos coletivos" (parágrafo único do art. 444), tudo nos limites permitidos e autorizados pela Lei n. 13.467/2017[(59)].

6. CONCLUSÃO

Em regra geral, a lei nova não retroage para incidir sobre o ato jurídico perfeito firmado na vigência da lei anterior, nem para disciplinar os fatos ocorridos já na sua vigência (fatos futuros).

Em juízo de ponderação entre valores e direitos constitucionais, no entanto, pode-se concluir, em casos excepcionais, pela retroatividade da lei nova em sua feição mínima, de modo a incidir sobre os fatos ocorridos durante sua vigência.

A garantia constitucional da não retroatividade da lei, no entanto, não prevalece quando há norma constitucional estabelecendo exceção à regra geral. É o caso da lei penal mais benéfica ao réu (inciso XL do art. 5º) e da lei trabalhista que visa à melhoria social do trabalhador (art. 7º, *caput*).

A lei nova trabalhista tem efeito retroativo mínimo, passando a incidir sobre os contratos firmados anteriormente à sua vigência, sendo aplicáveis aos fatos futuros, desde que mais favorável ao trabalhador em relação à condição contratual anteriormente pactuada. Naquilo que não for mais favorável, no entanto, a lei nova não teria efeito retroativo mínimo.

Ainda que assim não se pense, pode-se afirmar que a lei nova se insere como cláusula modificadora do pactuado, já que trabalhador e empregador, ao celebrarem o contrato de emprego, por força do disposto no *caput* do art. 7º da CF, já estão certos e pactuados de que ao contrato de emprego podem ser agregadas novas

(55) GABBA, Carlo Francesco. *Teoria della retroativitá delle lege*, p. 238.
(56) *Ibidem*, p. 239.
(57) *Ibidem*, p. 241-252.
(58) BRASIL. Decreto-lei n. 5.452, de 1º de maio de 1943.
(59) BRASIL. Lei n. 13.467, de 13 de julho de 2017.

cláusulas contratuais em decorrência da incidência das leis imperativas mais favoráveis ao trabalhador.

Por fim, deve ser ressaltado que as leis que ampliam a autonomia da vontade cuidam de regra que tratam da capacidade da pessoa. Logo, elas têm efeito imediato, podendo a pessoa dispor, para o futuro, no âmbito do que lhe está autorizado, ainda que inserindo cláusula alteradora do pactuado anteriormente. Essa ampliação da autonomia privada ou da vontade, no entanto, não autoriza a convalidação dos atos considerados nulos na vigência da lei anterior.

7. REFERÊNCIAS BIBLIOGRÁFICAS

ALEMANHA. Lei Fundamental da República Federal da Alemanha. 08 maio 1949. Disponível em: <https://www.btg-bestellservice.de/pdf/80208000.pdf>. Acesso em: 29 ago. 2017.

BATALHA, Wilson de Souza Campos. *Direito intertemporal*. Rio de Janeiro: Forense, 1980.

BAYEUX FILHO, José Luiz. O Código do Consumidor e o direito intertemporal. *Revista de Direito do Consumidor*. v. 5, p. 54-73, 1993.

BRASIL. Decreto-lei n. 5.452, de 1º de maio de 1943. Aprova a Consolidação das Leis do Trabalho. Disponível em: <http://www.planalto.gov.br/ccivil_03/decreto-lei/Del5452.htm>. Acesso em: 28 ago. 2017.

BRASIL. Supremo Tribunal Federal. Recurso extraordinário n. 33.011. Julgado em 14 nov. 1957. Disponível em: <http://redir.stf.jus.br/paginadorpub/paginador.jsp?docTP=AC&docID=133572>. Acesso em: 28 ago. 2017.

BRASIL. Constituição da República Federativa do Brasil de 1988. Disponível em: <http://www.planalto.gov.br/ccivil_03/constituicao/constituicaocompilado.htm>. Acesso em: 28 ago. 2017.

BRASIL. Supremo Tribunal Federal. Recurso extraordinário n. 114.982. Julgado em 30 out. 1990. Disponível em: <http://redir.stf.jus.br/paginadorpub/paginador.jsp?docTP=AC&docID=205249>. Acesso em: 28 ago. 2017.

BRASIL. Supremo Tribunal Federal. Ação direta de inconstitucionalidade n. 493. Julgado em 25 jun. 1992. Disponível em: <http://redir.stf.jus.br/paginadorpub/paginador.jsp?docTP=AC&docID=266383>. Acesso em: 28 ago. 2017.

BRASIL. Supremo Tribunal Federal. Recurso extraordinário n. 205.193. Julgado em 25 fev. 1997. Disponível em: <http://redir.stf.jus.br/paginadorpub/paginador.jsp?docTP=AC&docID=133572>. Acesso em: 28 ago. 2017.

BRASIL. Supremo Tribunal Federal. Recurso extraordinário n. 188.366. Julgado em 19 out. 1999a. Disponível em: <http://redir.stf.jus.br/paginadorpub/paginador.jsp?docTP=AC&docID=230304>. Acesso em: 28 ago. 2017.

BRASIL. Supremo Tribunal Federal. Recurso extraordinário n. 205.999. Julgado em 16 nov. 1999b. Disponível em: <http://redir.stf.jus.br/paginadorpub/paginador.jsp?docTP=AC&docID=240245>. Acesso em: 28 ago. 2017.

BRASIL. Supremo Tribunal Federal. Agravo regimental em agravo de instrumento n. 363.159. Julgado em 16 ago. 2005. Disponível em: <http://redir.stf.jus.br/paginadorpub/paginador.jsp?docTP=AC&docID=305219>. Acesso em: 28 ago. 2017.

BRASIL. Supremo Tribunal Federal. Recurso extraordinário n. 363.889. Julgado em 06 fev. 2011. Disponível em: <http://redir.stf.jus.br/paginadorpub/paginador.jsp?docTP=TP&docID=1638003>. Acesso em: 28 ago. 2017.

BRASIL. Lei n. 13.467, de 13 de julho de 2017. Altera a Consolidação das Leis do Trabalho (CLT), aprovada pelo Decreto-lei n. 5.452, de 1º de maio de 1943, e as Leis ns. 6.019, de 3 de janeiro de 1974, 8.036, de 11 de maio de 1990, e 8.212, de 24 de julho de 1991, a fim de adequar a legislação às novas relações de trabalho. Disponível em: <http://www.planalto.gov.br/ccivil_03/_ato2015-2018/2017/lei/L13467.htm>. Acesso em: 28 ago. 2017.

CARDOZO, José Eduardo Martins. *Da retroatividade da lei*. São Paulo: Revista dos Tribunais, 1995.

COLIN, Ambroise; CAPITANT, Henri. *Cours élémentaire de droit civile français*. 2. ed. Paris: Dalloz, 1953.

ESPANHA. Constitución Española. Disponível em: 27 dez. 1978. <https://www.boe.es/legislacion/documentos/ConstitucionCASTELLANO.pdf>. Acesso em: 29 ago. 2017.

ESPÍNOLA, Eduardo; ESPÍNOLA FILHO, Eduardo. *A lei de introdução ao Código Civil Brasileiro:* (Dec-lei n. 4.657, de 4 de setembro de 1942, com as alterações da Lei n. 3.238, de 1º de agosto de 1957, e leis posteriores): comentada na ordem de seus artigos. V. I. 2. ed. Atualizada por Silva Pacheco. Rio de Janeiro: Renovar, 1995.

FARIA, Antonio Bento de. *Aplicação e retroatividade da lei*. Rio de Janeiro: Coelho Branco, 1934.

FRANÇA, Rubens Limongi. *Direito intertemporal brasileiro. Doutrina da irretroatividade das leis e do direito adquirido*. 2. ed. São Paulo: Revista dos Tribunais, 1968.

FRANÇA. Constituition Française. 03 jun. 1958. Disponível em: <http://www.conseil-constitutionnel.fr/conseil-constitutionnel/root/bank_mm/portugais/constitution_portugais.pdf>. Acesso em: 29 ago. 2017.

GABBA, Carlo Francesco. *Teoria della retroatività delle legge*. V. I. 3. ed. Torino: Unione, 1891.

GOMES, Orlando. *Questões mais recentes de direito privado*. São Paulo: Saraiva, 1988.

GUIMARÃES, José Alfredo Cruz. *O princípio da irretroatividade da lei e a questão da aplicação das novas regras sobre juros nos processos trabalhistas*. SAMPAIO, Anníbal. *A questão da nova incidência dos juros de mora. Boletim Amatra-V*, p. 5-9, Salvador: AMATRA-V, 1988.

ITÁLIA. Costituzione Della Repubblica Italiana. 27 dez. 1947. Disponível em: <http://www.quirinale.it/qrnw/costituzione/pdf/costituzione.pdf>. Acesso em: 29 ago. 2017.

MAXIMILIANO, Carlos. *Direito intertemporal ou teoria da retroatividade das leis*. 2. ed. São Paulo/Rio de Janeiro: Freitas Bastos, 1955.

MEIRELES, Edilton. *A constituição do trabalho*. O trabalho nas Constituições da Alemanha, Brasil, Espanha, França, Itália e Portugal. 2. ed. São Paulo: LTr, 2014.

_______. Princípio do não retrocesso social no Direito do Trabalho. Gênesis – *Revista de Direito do Trabalho*, Curitiba, v. 129, p. 339-342, 2003.

_______. Trabalho negociado e legislado: normas de mesma hierarquia. *Revista LTr Legislação do Trabalho*, v. 80, p. 1.194-1.202, 2016.

NORONHA, Fernando. Indispensável reequacionamento das questões fundamentais de direito intertemporal. *Revista dos Tribunais*, v. 837, p. 55-78, 2005.

PLANIOL, Michel; RIPERT, Georges; BOULANGER, Jean. Tratado de derecho civil según el Tratado de Planiol. T. I. Trad. Delia Garcia Daireaux. Buenos Aires: La Ley, 1965.

PORTUGAL. Constituição da República Portuguesa. 02 abr. 1976. Disponível em: <http://www.parlamento.pt/Legislacao/Paginas/ConstituicaoRepublicaPortuguesa.aspx>. Acesso em: 29 ago. 2017.

ROUBIER, Paul. *Le droit transitoire. Conflits des lois dans le temps*. 2 ed. Paris: Dalloz et Sirey, 1960.

SAMPAIO, Anníbal. A questão da nova incidência dos juros de mora. *Revista de Direito do Trabalho*. v. 74, p. 46-52, 1988.

TEIXEIRA, Anderson V. *O direito adquirido e o direito intertemporal a partir do debate entre Roubier e Gabba*. Disponível em: <http://www.tex.pro.br/home/artigos/62-artigos-ago-2008/5927-o-direito-adquirido-e-o-direito-intertemporal-a-partir-do-debate-entre-roubier-e-gabba>. Acesso em: 24 ago. 2017.

VALENTINO, Alessia. Il principio d'irretroattività della legge civile nei recenti sviluppi della giurisprudenza costituzionale e della Corte Europea dei Diritti dell'Uomo. Rivista Telematica Giuridica dell'Associazione Italiana dei Costituzionalisti. n. 3, p. 1-32. 2012. Disponível em: <http://www.rivistaaic.it/il-principio-d-irretroattivit-della-legge-civile-nei-recenti-sviluppi-della-giurisprudenza-costituzionale-e-della-corte-europea-dei-diritti-dell-uomo.html>. Acesso em: 24 ago 2017.

As Alterações do Art. 8º da CLT com o Advento da Lei n. 13.467/2017

Marco Antonio dos Santos

Juiz do Trabalho Titular da 27ª Vara do Trabalho do Tribunal Regional do Trabalho da 2ª Região. Graduado pela Faculdade de Direito da Universidade das Faculdades Metropolitana Unidas. Pós-Graduado em Direito Processual do Trabalho pela PUC/SP. Mestrando em Direito do Trabalho pela PUC/SP.

1. INTRODUÇÃO

2. MUDANÇA DE PARADIGMA INTERPRETATIVO

A novel redação do art. 8º da CLT alterado pela Lei n. 13.467/2017 traz uma mudança de paradigma quanto aos princípios norteadores de hermenêutica do Direito do Trabalho mitigando o conceito de hipossuficiente e o caráter tuitivo do mesmo.

Destarte, surge um novo critério e/ou princípio interpretativo das normas incidentes sobre o Direito do Trabalho (Hermenêutica) que pode ensejar uma modificação sistêmica profunda.

2.1. Hermenêutica

"Interpretação consiste no processo intelectual mediante o qual se busca compreender e desvelar um determinado fenômeno ou realidade de natureza ideal ou fática. É, portanto, uma dinâmica de caráter intelectual voltada a assegurar a seu agente uma aproximação e conhecimento da realidade circundante.(1)

A Hermenêutica Jurídica, do ponto de vista estrito, corresponde, tecnicamente, à ciência (ou ramo da Ciência do Direito) que trata do processo de interpretação das normas jurídicas."(2)

"A interpretação das normas jurídicas hermenêutica – interpretar é fixar o verdadeiro sentido e alcance de uma norma jurídica; é a ciência que fornece os elementos e processos aplicáveis na interpretação – utiliza-se de cinco métodos: a gramatical, histórica, lógica, sistemática e teleológica."(3)

Evidente que a interpretação deve observar os cinco métodos em conjunto, sempre que possível, para extrair da norma a efetiva, plena e justa aplicação ao caso concreto.

Desta forma, a interpretação da norma jurídica positivada deve observar os cinco métodos em consonância com os princípios próprios do Direito do Trabalho.

O nosso ordenamento jurídico coloca a Constituição Federal no topo da pirâmide jurídica, cujos princípios positivados nesta norteiam e delimitam a legislação infraconstitucional.

Nesse diapasão, importante verificar os princípios afeitos ao Direito do Trabalho constantes da Carta Magna para conformação e interpretação da legislação infraconstitucional como a Lei n. 13.467/2017.

2.2. Princípios do direito do trabalho

Princípios são verdades fundantes de um sistema de conhecimento, ou seja, as assertivas sustentam, como alicerces, a própria ciência. E, na qualidade de verdades fundantes da própria ciência, os princípios não podem ser contrariados pelas normas jurídicas positivadas, atribuindo assim, uma força normativa aos princípios.

"Em conclusão, para a Ciência do Direito os princípios conceituam-se como proposições fundamentais que informam a compreensão do fenômeno jurídico. São diretrizes centrais que se inferem de um sistema

---

(1) DELGADO, Maurício Godinho. *Curso de direito do trabalho.* 11. ed. 2012, LTr, p. 215/216.

(2) *Idem*, p. 219.

(3) MONTORO, André Franco. *Introdução à ciência do direito.* p. 369.

jurídico e que, após inferidas, a ele se reportam informando-o."[(4)]

Nessa seara, o Direito do Trabalho, como ciência, possui princípios próprios, os quais servem como orientação na interpretação das normas positivadas e como elemento integrativo na lacuna desta.

A doutrina aponta o Princípio da Proteção como o cardeal do Direito do Trabalho por influir em toda a estrutura e características próprias deste ramo jurídico especializado, com suas subdivisões: norma mais favorável, condição mais benéfica, *in dubio pro* operario (Américo Plá Rodrigues).

"**A) Princípio da Proteção** – Informa este princípio que o Direito do Trabalho estrutura em seu interior, com suas regras, institutos, princípios e presunções próprias, uma teia de proteção à parte hipossuficiente na relação empregatícia – o obreiro –, visando retificar (ou atenuar), na plano jurídico, o desequilíbrio inerente ao plano fático do contrato de trabalho."[(5)]

Há outros princípios próprios do Direito do Trabalho como da Inalterabilidade Contratual Lesiva (art. 468 da CLT), Intangibilidade Contratual Objetiva (arts. 10 e 448 da CLT), Primazia da Realidade sobre a Forma e Continuidade da Relação de Emprego, consoante conceitos abaixo:

"**F) Princípio da Inalterabilidade Contratual Lesiva** – O princípio da inalterabilidade contratual lesiva é especial no Direito do Trabalho. Contudo, sua origem é claramente exterior ao ramo justrabalhista, inspirado no princípio geral do Direito Civil da inalterabilidade dos contratos. Tanto que normalmente, é estudado como exemplo do princípio geral do Direito (ou de seu ramo civilista) aplicável ao segmento juslaboral."

"O princípio geral da inalterabilidade dos contratos sofreu forte e complexa adequação ao ingressar no Direito do Trabalho – tanto que passou a se melhor enunciar, aqui, através de uma diretriz específica, a da inalterabilidade contratual lesiva.

Em primeiro lugar, a noção genérica de inalterabilidade perde-se no ramo justrabalhista. É que o Direito do Trabalho não contingencia – ao contrário, incentiva – as alterações contratuais favoráveis ao empregado; estas tendem a ser naturalmente permitidas (art. 468 da CLT).

Em segundo lugar, a noção de inalterabilidade torna-se sumamente rigorosa caso contraposta a alterações desfavoráveis ao trabalhador – que tendem a ser vedadas pela normatividade justrabalhista (art. 444 e 468 da CLT)."[(6)]

"**Intangibilidade Contratual Objetiva** – Registre-se, por fim, a existência de uma particulização do princípio da inalterabilidade contratual lesiva, que se conhece no Direito do Trabalho através do epíteto específico – o princípio da intangibilidade contratual objetiva do contrato de trabalho.

Tal diretriz acentuaria que o conteúdo do contrato empregatício não poderia ser modificado (como já ressaltado pelo princípio da inalterabilidade contratual lesiva) mesmo que ocorresse efetiva mudança no plano do sujeito empresarial. Ou seja, a mudança subjetiva perpetrada (no sujeito-empregador) não seria apta a produzir mudança no corpo do contrato (em seus direitos e obrigações, inclusive passados). Trata-se da sucessão trabalhista, como se percebe (também conhecida como alteração subjetiva do contrato de trabalho). O contrato de trabalho seria intangível, do ponto de vista objetivo, embora mutável do ponto de vista subjetivo, desde que a mudança envolvesse apenas o sujeito-empregador"

H) Princípio da Primazia da Realidade sobre a Forma – O princípio da primazia da realidade sobre a forma (chamado ainda de princípio do contrato realidade) amplia noção civilista de que o operador jurídico, no exame das declarações volitivas, deve atentar mais à intenção dos agentes do que ao envoltório formal através de que transpareceu a vontade (art. 85, CCB/1916, art. 112, CCB/2002)."

I) Princípio da Continuidade da Relação de Emprego – Informa tal princípio que é de interesse do Direito do Trabalho a permanência do vínculo empregatício, com a integração do trabalhador na estrutura e dinâmica das empresariais. Apenas mediante tal permanência e integração é que a ordem justrabalhista poderia cumprir satisfatoriamente o objetivo teleológico do Direito do Trabalho, de assegurar melhores condições, sob a ótica obreira, de pactuação e gerenciamento da força de trabalho em determinada sociedade."[(7)]

Tais princípios visam equilibrar ou diminuir a assimetria existente na relação empregatícia entre o empregado e o empregador (trabalho x capital), portanto atuam como norteadores para o intérprete na aplicação das normas que regem os contratos de trabalho.

---

(4) DELGADO, Mauricio Godinho. *Curso de direito do trabalho*. 11. ed. LTr, 2012. p. 183.

(5) *Idem*, p. 193.

(6) DELGADO, Mauricio Godinho. *Curso de direito do trabalho*. 11. ed. LTr, 2012. p. 198/199.

(7) DELGADO, Mauricio Godinho. *Curso de direito do trabalho*. 11. ed. LTr, 2012. p. 200/203.

2.3. Previsão constitucional

A Constituição Federal de 1988 estabeleceu a dignidade do trabalhador, o primado do trabalho, os valores sociais do trabalho, a função social da propriedade (nesta incluída a empresa), a igualdade, busca do pleno emprego e justiça social, como princípios fundantes do Estado Democrático de Direito.

> CONSTITUIÇÃO FEDERAL DO BRASIL
>
> "Art. 1º A República Federativa do Brasil, formada pela união indissolúvel dos Estados e Municípios e do Distrito Federal, constitui-se em Estado Democrático de Direito e tem como fundamentos:
>
> I – a soberania;
>
> II – a cidadania
>
> III – a dignidade da pessoa humana;
>
> IV – os valores sociais do trabalho e da livre-iniciativa;
>
> V – o pluralismo político.
>
> Parágrafo único. Todo o poder emana do povo, que o exerce por meio de representantes eleitos ou diretamente, nos termos desta Constituição.
>
> Art. 3º Constituem objetivos fundamentais da República Federativa do Brasil:
>
> I – construir uma sociedade livre, justa e solidária;
>
> II – garantir o desenvolvimento nacional;
>
> III – erradicar a pobreza e a marginalização e reduzir as desigualdades sociais e regionais;
>
> IV – promover o bem de todos, sem preconceitos de origem, raça, sexo, cor, idade e quaisquer outras formas de discriminação.
>
> Art. 5º Todos são iguais perante a lei, sem distinção de qualquer natureza, garantindo-se aos brasileiros e aos estrangeiros residentes no País a inviolabilidade do direito à vida, à liberdade, à igualdade, à segurança e à propriedade, nos termos seguintes:
>
> Art. 170. A ordem econômica, fundada na valorização do trabalho humano e na livre-iniciativa, tem por fim assegurar a todos existência digna, conforme os ditames da justiça social, observados os seguintes princípios:
>
> I – soberania nacional;
>
> II – propriedade privada;
>
> III – função social da propriedade;
>
> IV – livre concorrência;
>
> V – defesa do consumidor;
>
> VI – defesa do meio ambiente, inclusive mediante tratamento diferenciado conforme o impacto ambiental dos produtos e serviços e de seus processos de elaboração e prestação;
>
> VII – redução das desigualdades regionais e sociais;
>
> VIII – busca do pleno emprego;
>
> IX – tratamento favorecido para as empresas de pequeno porte constituídas sob as leis brasileiras e que tenham sua sede e administração no País.
>
> Parágrafo único. É assegurado a todos o livre exercício de qualquer atividade econômica, independentemente de autorização de órgãos públicos, salvo nos casos previstos em lei.
>
> TÍTULO VIII – Da Ordem Social
>
> CAPÍTULO I
>
> DISPOSIÇÃO GERAL
>
> Art. 193. A ordem social tem como base o primado do trabalho, e como objetivo o bem-estar e a justiça sociais." (destaques nosso)

Portanto, a Lei Maior colocou tais princípios no ápice do ordenamento jurídico em conformidade com os princípios de proteção (valorização do trabalho humano), hipossuficiência (igualdade), norma mais favorável e condição mais favorável (função social da empresa / bem-estar social / justiça social).

Como é pacífico na doutrina, a Carta Constitucional deve ser interpretada aplicando-se os princípios da unidade, razoabilidade/proporcionalidade e efetividade, com a consequente conclusão de que a legislação infraconstitucional não pode inibir sua efetiva e completa aplicação.

Conceituam-se tais princípios:

"Princípio da Unidade da Constituição

Já se consignou que a Constituição é o documento que dá unidade aos sistemas jurídicos, pela irradiação de seus princípios aos diferentes domínios infraconstitucionais. O princípio da unidade é uma especificação da interpretação sistemática, impondo ao intérprete o dever de harmonizar as tensões e contradições entre normas jurídicas. A superior hierarquia das normas constitucionais impõe-se na determinação de sentido de todas as normas do sistema.

Princípio da Razoabilidade ou da Proporcionalidade

O princípio da razoabilidade-proporcionalidade, termos aqui empregados de modo fungível, não está expresso na Constituição, mas tem seu fundamento nas ideias de devido processo legal substantivo e na justiça. Trata-se de um valioso instrumento de proteção dos direitos fundamentais e do interesse público, por permitir o controle da discricionariedade dos atos do Poder Público e por funcionar como a medida com que uma norma deve ser interpretada no caso concreto para a melhor realização do fim constitucional nela embutido ou decorrente do sistema. Em resumo sumário, o princípio da razoabilidade permite ao Judiciário invalidar atos legislativos ou administrativos quando: a) não haja adequação entre o fim perseguido e o instrumento empregado (adequação); b) a medida não seja exigível ou necessária, havendo meio alternativo menos gravoso para chegar ao mesmo resultado (necessidade/vedação do excesso); c) os custos superem os benefícios, ou seja, o que se perde com a medida é de maior relevo do que aquilo que se ganha (proporcionalidade em sentido estrito). O princípio pode operar, também, no sentido de permitir que o juiz gradue o peso da norma, em determinada incidência, de modo a não permitir que ela produza um resultado indesejado pelo sistema, fazendo assim, a justiça ao caso concreto.

Princípio da Efetividade

Consoante doutrina clássica, os atos jurídicos em geral, inclusive as normas jurídicas, comportam análise em três planos distintos: os da sua existência, validade e eficácia. No período imediatamente anterior e ao longo da vigência da Constituição de 1988, consolidou-se um quarto plano fundamental de apreciação das normas constitucionais: o da sua efetividade. Efetividade significa a realização do Direito, a atuação prática da norma, fazendo prevalecer no mundo dos fatos os valores e interesses por ela tutelados. Simboliza, portanto, a aproximação, tão íntima quanto possível, entre o dever-ser normativo e o ser da realidade social. O intérprete constitucional deve ter compromisso com a efetividade da Constituição: entre interpretações alternativas e plausíveis, deverá prestigiar aquela que permita a atuação da vontade constitucional, evitando, no limite do possível, soluções que se refugiem no argumento da não autoaplicabilidade da norma ou da ocorrência de omissão do legislador."[8]

Assim, as normas infraconstitucionais devem ser interpretadas a lume de tais princípios afastando-se do sistema legislações que os contrariem por violarem a Carta Magna (inconstitucionalidade).

Além dos princípios já mencionados há também outros que, de forma expressa, ou seja, positivada na Carta Magna, impõem limite e estabelecem a garantia mínima sobre a qual não pode ser modificada por outra norma por representar base sobre a qual se estrutura o Estado de Direito, como por exemplo: o acesso ao Judiciário, *in verbis*:

> "XXXV – a lei não excluirá da apreciação do Poder Judiciário lesão ou ameaça a direito;
>
> LXXIV – o Estado prestará assistência jurídica integral e gratuita aos que comprovarem insuficiência de recursos;" (destaque nosso)

Como se depreende da tipificação legal, há garantia de acesso ao Judiciário, sem qualquer limitação, quer seja jurídica, quer seja de caráter econômico/ financeira, como pedra fundante do princípio da igualdade.

3. MODIFICAÇÕES DO ART. 8º DA CLT

O art. 8º da CLT, modificado pela Lei n. 13.467/2017, alterou significativamente a integração dos princípios protetores do Direito do Trabalho e, como já analisado, constantes da Carta Magna.

> CONSOLIDAÇÃO DAS LEIS DO TRABALHO
>
> "Art. 8º – As autoridades administrativas e a Justiça do Trabalho, na falta de disposições legais ou contratuais, decidirão, conforme o caso, pela jurisprudência, por analogia, por equidade e outros princípios e normas gerais de direito, principalmente do direito do trabalho, e, ainda, de acordo com os usos e costumes, o direito comparado, mas sempre de maneira que nenhum interesse de classe ou particular prevaleça sobre o interesse público
>
> § 1º O direito comum será fonte subsidiária do direito do trabalho.
>
> (EXCLUÍDO: NAQUILO EM QUE NÃO FOR INCOMPATÍVEL COM OS PRINCÍPIOS FUNDAMENTAIS DESTE)
>
> § 2º Súmulas e outros enunciados de jurisprudência editados pelo Tribunal Superior do Trabalho e pelos Tribunais Regionais do Trabalho não poderão restringir direitos legalmente previstos nem criar obrigações que não estejam previstas em lei.
>
> § 3º No exame de convenção coletiva ou acordo coletivo de trabalho, a Justiça do Trabalho analisará exclusivamente a conformidade dos elementos essenciais do negócio jurídico, respeitado o disposto no art. 104 da Lei n. 10.406, de 10 de janeiro de 2002 (Código Civil), e balizará sua atuação pelo princípio da intervenção mínima na autonomia da vontade coletiva." (destaques nosso)

Com a nova redação do art. 8º, houve alteração de paradigma quanto a forma de interpretação e integração da norma trabalhista, desconsiderando a hipossuficiência do trabalhador e, portanto, a desigualdade em relação ao empregador, bem como o acesso ao Judiciário.

Isto porque, de plano, retira-se da redação originária a aplicação do direito civil "desde que compatível

(8) BARROSO, Luís Roberto. Curso de direito constitucional contemporâneo – Os conceitos fundamentais e a construção do novo modelo. 4. ed. 2013, 2ª tiragem 2014, Saraiva, p. 326/329.

como os princípios do Direito do Trabalho," o que coloca a relação empregatícia no mesmo patamar da relação civil, olvidando-se que são relações distintas em face da assimetria da primeira, inexistente na segunda.

Registre-se a opinião de doutrinadores em sentido contrário, ou seja, que tal alteração mostra-se inócua pois não se poderia aplicar substratos legislativos de contextos diferentes e sem a assimetria inerentes à relação empregatícia.(9)

Data vênia, tal afirmativa é contrariada quando analisada de forma global (sistêmica) as alterações trazidas pela Lei n. 13.467/2017, que, como já frisado, trouxe novos princípios interpretativos e novas figuras justrabalhistas mitigando-se os conceitos de hipossuficiência e subordinação (pode recusar o trabalho) cominada com a não eventualidade (contrato intermitente).

Confirma tal assertiva a criação da figura do empregado hipersuficiente, nesse sentido preceitua o art. 444 da CLT

> "Art. 444 – As relações contratuais de trabalho podem ser objeto de livre estipulação das partes interessadas em tudo quanto não contravenha às disposições de proteção ao trabalho, aos contratos coletivos que lhes sejam aplicáveis e às decisões das autoridades competentes.
>
> Parágrafo único. A livre estipulação a que se refere o *caput* deste artigo aplica-se às hipóteses previstas no art. 611-A desta Consolidação, com a mesma eficácia legal e preponderância sobre os instrumentos coletivos, no caso de empregado portador de diploma de nível superior e que perceba salário mensal igual ou superior a duas vezes o limite máximo dos benefícios do Regime Geral de Previdência Social." (destaque nosso)

A limitação interpretativa quanto à validade da convenção coletiva ou acordo coletivo sob o novel denominado princípio de "intervenção mínima na autonomia da vontade" também viola o princípio constitucional de acesso ao Judiciário, aliás, numa análise com maior profundidade, a própria independência do Poder Judiciário em interpretar e aplicar as normas jurídicas.

Exemplificando para ilustrar tal entendimento:

O sindicato de classe e a empresa entabulam acordo coletivo no qual fica expresso que o grau de insalubridade para determinado setor será no patamar mínimo (10%) e que haverá prorrogação habitual de jornada, conforme autorizam os incisos XII e XIII do art. 611-A, da CLT. Mas nesse setor já está constatado, quer seja por laudos periciais judiciais, quer seja por laudos elaborados pela própria empresa, que o ambiente insalubre enseja o pagamento máximo do adicional (40%).

Nesse exemplo há agente capaz, objeto lícito (segundo a norma celetizada), e ainda em observância aos novos princípios estabelecidos pela Lei n. 13.467/2017 de prevalência do negociado sobre o legislado e intervenção mínima na autonomia da vontade coletiva.

Destarte, o empregado, que sofrerá os efeitos maléficos de laborar em ambiente insalubre de forma prolongada, não poderá requerer, em ação individual, a invalidade de tal cláusula porque foi pactuada pelo sindicato de classe? E, ainda que tente, deverá obrigatoriamente colocar o sindicato signatário como litisconsórcio necessário, nos termos do § 5º do art. 611-A da CLT.

Ora, dispõe o art. 7º *caput* e incisos XXII e XXIII da Constitucional Federal, *verbis*:

> "Art. 7º São direitos dos trabalhadores urbanos e rurais, além de outros que visem à melhoria de sua condição social:
>
> XXII – redução dos riscos inerentes ao trabalho, por meio de normas de saúde, higiene e segurança;
>
> XXIII – adicional de remuneração para as atividades penosas, insalubres ou perigosas, na forma da lei;

A Lei Maior disciplina como direitos dos trabalhadores além de outros que visem à melhoria da sua condição social redução de riscos à saúde e remuneração do adicional de insalubridade (como exemplo proposto) na forma da lei, o que há, consoante dispõe art. 192 da CLT.

Portanto, fica evidente que tal acordo coletivo viola as normas expressas na Constituição Federal por contrariar o comando de melhoria da condição do trabalhador e, ao contrário, piora, pois pode ensejar enfermidade ou perda da saúde ao longo do tempo, onerando todo o sistema de proteção, utilizando a previdência social, bem como contraria o adicional previsto em lei celetizada.

Importante destacar que o mesmo art. 7º no inciso XXVI, reconhece a validade das convenções e acordos coletivos de trabalho, assim poder-se-ia embasar a validade da novel redação do art. 8º da CLT nesse princípio normativo, contudo a interpretação constitucional deve ser feita de forma a evitar a colisão de princípios,

---

(9) SILVA, Homero Batista Mateus da, Comentários à reforma trabalhista – Análise da Lei 13.467/2017 – Artigo por Artigo, *Revista dos Tribunais*, Edição 2017. p. 25.

buscando a harmonia e adequação de forma sistêmica (princípio da Unidade Constitucional).

Nesse diapasão, a interpretação mais adequada, salvo melhor juízo, é de que as convenções coletivas e acordos coletivos são reconhecidos desde que respeitem a saúde do trabalhador e busquem a melhoria da sua condição (princípio da Razoabilidade/Proporcionalidade da Constituição)

Impossível não destacar a alteração legislativa introduzida no parágrafo único do art. 611-B da CLT, a qual estabelece que duração de trabalho e intervalos não são consideradas normas de saúde, higiene e segurança do trabalho, contrariam a História do Direito do Trabalho (interpretação histórica) e a própria limitação de jornada estabelecida por normas, com vistas a garantir a saúde do trabalhador (interpretação teleológica), pois é cediço que jornadas extensas de forma habitual ensejam enfermidades e aumentam consideravelmente o risco de acidentes.

3.1. Jurisprudência, analogia, equidade

A Lei n. 13.467/2017 não alterou o *caput* do art. 8º da CLT mantendo a jurisprudência, analogia, equidade e outros princípios e normas gerais do direito como fonte integrativa / interpretativa.

Conceitua a Doutrina:

> "Jurisprudência traduz a reiterada interpretação conferida pelos tribunais às normas jurídicas, a partir dos casos concretos colocados a seu exame jurisdicional. Trata-se da conduta normativa uniforme adotada pelos tribunais em face de semelhantes situações fáticas trazidas a seu exame. Segundo a conceituação clássica, consubstancia a autoridade das coisas decididas similarmente em juízo (*autorictas rerum similiter judicatorum*).
>
> Equidade – De acordo com a primeira de tais concepções (de matriz grega, em especial fundada na teorização de Aristóteles), equidade (epiqueia) traduz a retificação das distorções da lei, corrigindo as injustiças do comando abstrato perante a situação fática concreta. Corresponde ao processo de adequação e atenuação do preceito normativo – sempre naturalmente amplo e abstrato – em face das particularidades inerentes ao caso concreto ventilado apenas genericamente pela norma. A equidade (epiqueia) emerge, pois, como critério adequador a ser observado no momento da aplicação final da norma: em síntese, um "critério de aplicação das leis, o qual permite adaptá-las a cada caso particular e temperar-lhes o rigor da adequação.
>
> Analogia – A analogia, diz respeito, na verdade, apenas à operação lógico-comparativa pela qual o operador jurídico, em situações de lacuna nas fontes normativas principais do sistema, busca preceito adequado existente em outro segmento do universo jurídico. A analogia é, pois, instrumento de concretização da chamada integração jurídica, pela qual se pesquisam outras fontes normativas para aplicação do caso concreto figurado. É mecanismo de pesquisa, encontro e aplicação de fonte subsidiária, e não uma fonte em si mesma."(10)

No tocante especificamente à jurisprudência, o acréscimo do parágrafo segundo do referido artigo delimita o alcance de sua aplicação ou, mais propriamente, de sua elaboração.

Ab initio, cumpre destacar que o Poder Judiciário jamais deteve o poder de criar direitos (tecnicamente: legislar), embora é sabido que o Tribunal Superior do Trabalho, em alguns entendimentos jurisprudenciais, acabou fazendo isso, vide a interpretação do preposto ser empregado (Súmula n. 377 do C. TST).

Assim, parece que o legislador quis combater e impedir tal situação com a alteração legislativa, contudo, foi além, ao estabelecer severos limites para a criação de súmulas, consoante dispõe o art. 702, letra f da CLT.

Nada obstante, a jurisprudência serve como parâmetro (segurança jurídica) para o jurisdicionado saber como são interpretadas majoritariamente as normas positivadas, demonstrando um direcionamento no cumprimento destas.

Todavia, agora com viés de novos paradigmas estabelecidos pelo art. 8º, ou seja, negociado sobre o legislado, intervenção mínima na autonomia da vontade coletiva e mitigação da hipossuficiência, inclusive com a criação do empregado hipersuficiente, verifica-se que a jurisprudência até então posta fica prejudicada e a criação de nova jurisprudência praticamente inviabilizada, resultando num hiato perigoso que levará a insegurança jurídica, vale dizer, efeito exatamente contrário ao que se pretendeu com a reforma trabalhista.

---

(10) DELGADO, Mauricio Godinho. *Curso de direito do trabalho*, 11. ed. LTr, 2012. p. 167, 170 e 172.

4. OUTROS EFEITOS DA NOVEL REDAÇÃO DO ART. 8º

Assentou-se o entendimento que o art. 8º da CLT diz respeito ao direito material do trabalho, mormente no que pertine à aplicação subsidiária do direito comum, pois a aplicação subsidiária no direito processual do trabalho está prevista no art. 769 da CLT.

Ocorre que, como já assinalado nos itens anteriores, a aplicação do § 3º do art. 8º deve ser feita em consonância com o § 5º do art. 611-A da CLT, que diz respeito à matéria processual (litisconsórcio necessário).

Nesse diapasão, há uma aparente contradição (salvo com utilização de métodos de interpretação gramatical, sistêmica, histórica, lógica e finalística), posto que o art. 769, expressamente, impõe a compatibilidade para aplicação, *verbis*:

"Art. 769 – Nos casos omissos, o direito processual comum será fonte subsidiária do direito processual do trabalho, <u>exceto naquilo em que for incompatível com as normas deste Título</u>." (destaque nosso)

Ora, no Título está a possibilidade do empregado demandar (reclamar) pessoalmente na Justiça do Trabalho, ou seja, exercer o *jus posutlandi*, o qual, como é cediço, não detém conhecimentos jurídicos processuais e, portanto, desconhece a figura do litisconsórcio necessário.

Ainda que o juízo determine a inclusão *ex officio* do sindicato, o reclamante ficará fragilizado em sua reclamatória se o sindicato defender (o que se espera) a validade da cláusula entabulada, podendo resultar em verdadeira denegação da justiça ou obstáculo de acesso ao Judiciário, mormente pela adstrição do juiz aos limites da lide.

Aliás, com relação ao exercício do *jus postuland*, cabe destacar a mitigação desse instituto no acordo extrajudicial, o qual impõe o patrocínio de advogado, situação que inverte a lógica do vetusto ditado popular: "quem pode o mais, pode o menos", porque aqui o trabalhador pode ingressar com ação (reclamatória) sem advogado (pode o mais), mas não pode fazer acordo extrajudicial (não pode o menos).

Nesse sentido leciona Delgado, Mauricio Godinho:

"**2. – Máximas e Brocardos Jurídicos**

Existem ainda outras diretrizes gerais que se estendem, em certa medida, ao Direito do Trabalho, respeitadas as adaptações que a especificidade desse ramo especializado sempre há de impor. Trata-se de máximas, parêmias e/ou brocardos jurídicos, que não chegam a ter generalidade, o *status* e a natureza inerentes aos princípios, mas guardam importância para o conhecimento e utilização empírica do Direito.

Apontem-se neste grupo, ilustrativamente, a parêmia que fala da não exigência do impossível a qualquer pessoa, ou a que se reporta à prerrogativa menor autorizada pela prerrogativa maior ("quem pode o mais, pode o menos"); ou ainda a parêmia que sustenta a regra do perecimento da coisa em função do perecimento do seu dono ou, se se preferir, do perecimento da coisa sob ônus de seu dono (*res perit domino*)"[11]

Note-se que tal situação também contraria o novo paradigma trazido pelo art. 8º da CLT, mormente no § 1º, pois equipara a autonomia do empregado à relação do direito civil, mas, ao mesmo tempo, retira-lhe a capacidade de realizar um acordo extrajudicial sozinho.

Tal situação fica mais contraditória quando se tem a figura do empregado hipersuficiente, o qual pode negociar diretamente com o empregador cláusulas contratuais, inclusive em seu prejuízo, mas não pode assinar um acordo extrajudicial sem advogado.

Outro aspecto contraditório diz respeito ao ponto central da reforma, ou seja, o negociado sobre o legislado com intervenção mínima na vontade coletiva, já que a reforma legislativa alterou os requisitos e formas de rescisão contratual (mitigando o princípio da continuidade).

Equiparou a rescisão individual às dispensas imotivadas plúrimas e coletivas, consoante dispõe o art. 477-A:

> "Art. 477-A. As dispensas imotivadas individuais, plúrimas ou coletivas equiparam-se para todos os fins, não havendo necessidade de autorização prévia de entidade sindical ou de celebração de convenção coletiva ou acordo coletivo de trabalho para sua efetivação."

Ora, a legislação trata, com igualdade, situações totalmente distintas, pois na demissão imotivada unitária pode-se justificar o desempenho deficitário do empregado ou ausência de adaptação, enquanto a coletiva e plúrima contrariam os dispositivos constitucionais da busca do pleno emprego, função social da empresa

(11) *Curso de direito do trabalho*. 11. ed. LTr, 2012. p. 190.

e especificamente o art. 7º, I da Constituição Federal, quanto à dispensa arbitrária.

Note-se que, sem a negociação sindical, impossível constatar se realmente foi necessária a demissão coletiva ou plúrima, com a verificação de outros meios negociais para manutenção do pacto tais como: redução de jornada, férias e etc.

Destarte, tais contradições deverão ser resolvidas com a interpretação utilizando-se os métodos hermenêuticos com vistas a evitar a resultados tão contraditórios, ilógicos e injustos.

5. CONCLUSÃO

A novel redação do art. 8º da CLT advindo da Lei n. 13.467/2017 introduziu novos paradigmas (princípios) interpretativos nas normas trabalhistas como: mitigação da hipossuficiência, negociado sobre legislado e intervenção mínima na vontade coletiva.

Tais princípios confrontam as garantias fundantes da Carta Constitucional de valorização do trabalho humano, igualdade, norma mais favorável e condição mais favorável (função social da empresa / bem-estar social / justiça social) e acesso ao Judiciário, bem como os princípios norteadores do Direito do Trabalho até então aplicáveis, mormente o da proteção.

A adequação infraconstitucional mostra-se também tormentosa tendo em vista as contradições sistêmicas advindas na novel legislação, a qual aumenta a autonomia de vontade ao empregado (hipersuficiente), mas de forma concomitante, não permite que faça acordo extrajudicial sem advogado.

Retira a necessidade de negociação coletiva para as dispensas coletivas ou plúrimas, contrariando o novo princípio de negociado sobre legislado com intervenção mínima estatal.

Por fim, até mesmo o posicionamento esperado do Judiciário com a finalidade de pacificar e orientar a correta aplicação da novel legislação resta prejudicado diante das inúmeras restrições à criação e adequação jurisprudencial.

6. REFERÊNCIAS BIBLIOGRÁFICAS

DELGADO, Mauricio Godinho. *Curso de direito do trabalho.* 11. ed. LTr, 2012.

BARROSO, Luís Roberto. *Curso de direito constitucional contemporâneo – Os conceitos fundamentais e a construção do novo modelo.* 4. ed. 2ª tiragem 2014, Saraiva, 2013.

MONTORO, André Franco. *Introdução à ciência do direito.*

SILVA, Homero Batista Mateus da. Comentários à reforma Trabalhista – Análise da Lei 13.467/217 – Artigo por artigo, *Revista dos Tribunais*, Edição 2017.

MARTINS, Antero Arantes, e Pedreira, Christina de Almeida. *Reflexões sobre a reforma trabalhista (Lei 13.467/2017)* – Editora Scortecci, 2017.

RIBEIRO, Rafael E. Pugliese. *Reforma trabalhista comentada – Análise da lei e comentários aos artigos alterados da CLT e leis reformadas.* Juruá, 2018.

A Limitação da Função Interpretativa do Juiz: Era do Cabresto?

Fernanda Antunes Marques Junqueira

Mestre em Direito Material e Processual do Trabalho pela Universidade Federal de Minas Gerais; Autora de obras, capítulos de livros e artigos publicados em revistas especializadas; Juíza do Trabalho do Tribunal Regional do Trabalho da Décima Quarta Região.

"Se, por vezes, o juiz deixar vergar a vara da justiça, que não seja sob o peso das ofertas, mas sob o da misericórdia."
(Miguel de Cervantes)

1. PARA COMEÇAR: ANTES, UM DEDO DE PROSA

Século XVI. Cidade de Florença. Como era de costume, estavam seus habitantes em suas casas ou a trabalhar em seus cultivos, dedicados cada um aos seus afazeres, quando, de súbito, ouviram o soar do sino da Igreja. Fato este por deveras regular naqueles tempos sombrios.

Todavia, aquele cântico entoado das batidas do sino carregava um ar melancólico, assemelhando-se a finados, o que era surpreendente, uma vez que não constava que alguém daquela aldeia se encontrasse em vias de falecimento.

Pela estranheza do acontecimento, voltaram-se os habitantes daquela aldeia em direção ao adro da Igreja, à espera de que lhes dissessem a quem deveriam chorar. As batidas do sino permaneceram por alguns minutos, quando, então, emudeceram-se. Instantes depois, um camponês, que não era o sineiro, apareceu, abrindo as portas. Inquietos, os presentes na Igreja indagaram ao humilde camponês onde se encontrava o sineiro e quem era o morto. "*O sineiro não está aqui, eu é que toquei o sino*", foi a resposta do camponês. "*Mas então não morreu ninguém?*", indagaram os habitantes. E o camponês respondeu: "*Ninguém que tivesse nome e figura de gente, toquei a finados pela Justiça porque a Justiça está morta*".

Século XXI. Ano de 2017. Brasil. Como de costume, nas Casas do Congresso Nacional, estavam seus representantes, devidamente aprumados, embriagados pela ambição que os contagia, de costas para uma Nação inteira, sem conversa e técnica, conduzindo, a toque de caixa, a aprovação de um marco regulatório que mudará os rumos das relações de trabalho brasileiras. É o ano da Lei n. 13.467/2017.

Em nome do progresso, a bancarrota da Constituição de 1988. A empregabilidade, ao custo da reificação do ser humano. O autoritarismo, à democracia. A deslegitimação do Poder Judiciário, em todas as suas esferas. A retomada do intérprete boca da lei, em detrimento do intérprete pós-positivista. A era do cabresto. É o retorno da *roda viva*, que carrega o destino pra lá...[1]

Anos de amadurecimento jurisprudencial, semeados diuturnamente, ceifados numa penada apenas. Onde se enxergou que o tempo de trajeto deveria ser computado na jornada de trabalho, em locais ermos e de difícil acesso, não servido por transporte público, a lei sinalizou o contrário. Quando se atribuía às parcelas natureza jurídica salarial, a lei liberalizou o rombo aos cofres públicos. Adeus aos salários! Abram alas para as diárias, bonificações, premiações. Nada tributável. Viva o sistema previdenciário!

E a Justiça do Trabalho? Dizem por aí, aos quatro ventos, em congressos, vídeos, áudios e panfletos, que mais se presta a palco de anedotas, fanfarras e peraltas. Juízes desavisados, com seus supersalários, sem formação. Julgam além da lei, criam direitos onde não

(1) BUARQUE, Chico. *Roda viva*. Disponível em: <https://www.letras.mus.br/chico-buarque/45167>. Acesso em: 26 ago. 2017.

existem. Ah, essa Justiça do Trabalho, de palavras loucas e ouvidos moucos... Tão inconsequente. Por um acaso não se sabe que o caos instalado se atribui à sua mísera existência? Seus portais emperram o desenvolvimento econômico; seus átrios corroem o sopro de esperança para a retomada da empregabilidade.

Discurso reiteradamente repetido, em alto e bom som. Sem filtro ou discernimento.

E ninguém parece notar que, ao fundo, o sino volta a tocar.

Novamente se questiona: *onde está o sineiro? A quem se deve prantear?*

Por isso, longe de ser o prelúdio de mudança – esse breve ensaio não tem tamanha pretensão – mas, sobretudo, um meio de resistência, para que gerações futuras não se envergonhem da passividade da presente. Uma exortação aos intérpretes do direito para que não se curvem ao peso do autoritarismo prenunciado pela Lei n. 13.467/2017.

A Justiça do Trabalho, ao contrário das vozes e ecos, *não está morta*, tampouco seus alvissareiros juízes, a quem incumbe a responsabilidade social de garantir a plena realização dos direitos fundamentais.

É importante, portanto, que ouçam: sua voz não será calada; sua liberdade não será tolhida. Se é para se vergar, que seja para promover o projeto social arquitetônico desenhado pela Constituição de 1988. Mesmo porque, como professa Eduardo Juan Couture: "teu dever é lutar pelo Direito, mas se um dia encontrares o Direito em conflito com a Justiça, luta pela Justiça."

2. PARA REFLETIR: INTERPRETAÇÃO E HERMENÊUTICA JURÍDICA – A NECESSIDADE DE (RE) VISITAÇÃO DOS CONCEITOS

Em todo texto, para além das palavras, há sempre um contexto, um transtexto, um metatexto. Quem dá sentido e vida ao conjunto de expressões, frases e símbolos, é o intérprete. Do mesmo modo que não existe vida sem luz, não existe linguagem sem metáfora, sem um dizer para além das meras palavras.

Uma partitura somente ganha som pela interpretação do musicista. E mesmo que se reviva a criação de Bach, ainda assim, é impossível para o músico moderno reproduzir o exato espírito do compositor (que viveu em uma era diferente; em um contexto nada semelhante ao atual).

O mesmo acontece com a lei. A lei é estática. Nasce com o propósito auspicioso de reger situações abstratas, pertencentes ao *mundo do ser*, dinâmico e vivaz por excelência. Daí dizer que "a lei é um silêncio".[(2)] Na sua textura aberta é preciso interpretar o silêncio; o *não dito*. É preciso despertá-la de seu réquiem, porque nem sempre soa; quando muito, apenas sussurra melindrosamente. "A lei não dá todas as medidas da escala. Ela introduz uma pausa: quem define a extensão é o intérprete."[(3)]

Carlos Maximiliano afirmava que:

> [...] com a promulgação, a lei adquire vida própria, autonomia relativa; separa-se do legislador; contrapõe-se a ele como um produto novo; dilata e até substitui o conteúdo respectivo sem tocar nas palavras; mostra-se, na prática, mais previdente que o seu autor.[(4)]

Nessa conjectura, tudo depende mais do intérprete, do que do próprio texto, cuja tessitura ganha corpo, dimensão e extensão pelas mãos solitárias do julgador. "Tenho apenas duas mãos e o sentimento do mundo", declamava Carlos Drummond de Andrade, num misto de lamento e de regozijo. Os juízes igualmente. Têm eles o ordenamento jurídico e a dor do mundo. De um lado, a lei, com sua aparente deficiência, ora faltando, ora sobrando palavras; em determinado ponto, clarividente em seus termos; mais adiante, por deveras oculta, obscura. De outro, o intérprete, a quem incumbe a hercúlea tarefa de dar sentido e vivacidade ao texto inanimado, orbitando dentro e fora da norma jurídica, em seu interior e em seu exterior, ainda que enclausurado na *mens legislatoris*, sem perder de vista a realidade social que o circunda, a paisagem desenhada e redesenhada pela velocidade dos tempos, condensando o passado, o presente e o futuro.

Hermenêutica[(5)] é isso: "a teoria científica da arte de interpretar"[(6)], com a finalidade de determinar o sentido e o alcance das expressões do Direito. A razão

---

(2) TIMSIT, Gérard. *La science juridique, science du texte*. In: BOUCIER, Danièle; MACKAY, Pierre. *Lire le droit*: langue, texte, cognition. Paris: LGDJ, 1992. p. 462.

(3) LOPES, Mônica Sette. *Uma metáfora*: música & direito. São Paulo: LTr, 2006. p. 30.

(4) MAXIMILIANO, Carlos. *Hermenêutica e aplicação do direito*. Rio de Janeiro: Freitas Bastos, 1965. p. 42-43.

(5) Hermenêutica advém de Hermes, personagem da mitologia grega encarregado de transmitir ou interpretar as mensagens das divindades. Hermes significa, portanto, *mensageiro dos deuses*.

(6) MAXIMILIANO, Carlos. *Hermenêutica e aplicação do direito*. Rio de Janeiro: Freitas Bastos, 1965. p. 1.

é simples: a alvura cáustica do papel, bordado com palavras e expressões, não consegue abarcar todos os fenômenos sociais. Dessa feita, limitada que é, em comprimento e em extensão, prefere "pairar nas alturas, fixar princípios, estabelecer preceitos gerais, de largo alcance"(7), relegando ao intérprete do Direito a tarefa de definição dos conceitos e intenções.

Hermenêutica e interpretação não se confundem, a despeito de suas inegáveis conexões. Esta última é a aplicação daquela; a primeira sistematiza e fixa os princípios que regerão a segunda. É, por isso, mais abrangente.

A interpretação, por sua vez, é o processo de lapidação da norma jurídica, extraindo do seu interior o mais puro refinamento. Semelhante ao ourives, que refina sua valiosa peça para o uso, o aplicador do direito tem na lei a sua pedra preciosa ainda envolta de impurezas. Ou porque diz além da conta; ou porque lhe faltam palavras; ou porque a clareza não lhe favorece; ou porque ofuscada pela névoa que a encobre.

Interpretar é, portanto, explicar, esclarecer, dar o significado de determinado vocábulo e, sobretudo, "revelar o sentido apropriado para a vida real e conducente a uma decisão reta".(8)

Nesse encalço e dentro disso, o exegeta tem nas mãos a atribuição de intelecção e indução de sentidos, conceitos e símbolos, utilizando-se, para tanto, do emprego de técnicas e processos interpretativos adequados, em ordem a superar possíveis antinomias e a colmatar lacunas existentes no ordenamento jurídico.

Por óbvio, dado que o Direito é essencialmente social – porque produto cultural – sua análise não se resume ao plano jurídico, blindando-se dos aspectos ordinários e extraordinários da vida. Assim o fazendo, perde o oxigênio de sua existência. Não é possível a realização de justiça sem, antes, conhecer o *ser*. A lei é concisa, enquanto a realidade é proteiforme:

> [...] o intérprete é o renovador inteligente e cauto, o sociólogo do Direito. O seu trabalho rejuvenesce e fecunda a fórmula prematuramente decrépita, e atua como elemento integrador e complementador da própria lei escrita. Esta é a estática, e a função interpretativa, a dinâmica do Direito [...].(9)

Anote-se que toda regra jurídica está sujeita ao processo de interpretação. Até mesmo aquelas luzentes, aparentemente sem ofuscação, estão carpidas aos métodos interpretativos.

O próprio conceito de clareza é relativo: o que parece evidente para um, pode transparecer obscuro e dúbio a outro, seja porque menos atilado e culto, seja porque inserido em contexto social peculiar, exigindo do intérprete um exame clínico diverso e mais acurado.

Jerome Frank, a esse respeito, esclarece que: "mesmo em relação às palavras mais precisas, há sempre uma larga margem de ambiguidade, que só pode ser dissipada pela consideração do contexto e do *background.* "(10)

Vale dizer, somente se verifica a clareza de um texto, após a definição de seu sentido, daí porque "ao invés de dispensar a exegese, implica-a".(11)

A construção (*construction*), diferentemente da interpretação, orbita além do texto da lei, recompondo a norma, a partir da análise sistêmica do ordenamento jurídico. Não raras vezes, a pauta textual abre um espaço para o improviso. O compositor, diante dessa lacuna, tem o papel fundamental de preenchê-la e, ao longo desse processo, recria novos tons, sonoriza novas notas e declama novos sonetos.

Luís Roberto Barroso, ao tratar dos aspectos que as diferem, ensina que:

> [...] a interpretação consiste na atribuição de sentido a textos ou a outros signos existentes, ao passo que a construção significa tirar conclusões que estão fora e além das expressões contidas no texto e dos fatores nele considerados. São conclusões que se colhem no espírito, embora não na letra da norma. A interpretação é limitada à exploração do texto, ao passo que a construção vai além e pode recorrer a considerações extrínsecas.(12)

A construção, nessa medida, tem um caráter evolutivo. Não se atém ao texto da lei, como se espera do

(7) MAXIMILIANO, Carlos. *Hermenêutica e aplicação do direito*. Rio de Janeiro: Freitas Bastos, 1965. p. 11.

(8) MAXIMILIANO, Carlos. *Hermenêutica e aplicação do direito*. Rio de Janeiro: Freitas Bastos, 1965. p. 8.

(9) MAXIMILIANO, Carlos. *Hermenêutica e aplicação do direito*. Rio de Janeiro: Freitas Bastos, 1965. p. 10.

(10) FRANK, Jerome. *Words and music*: legislation and judicial interpretation. In: FRANK, Jerome. *Courts on trial:* mith and reality in American Justice. Princeton: Princeton University, 1973. p. 299.

(11) MAXIMILIANO, Carlos. *Hermenêutica e aplicação do direito*. Rio de Janeiro: Freitas Bastos, 1965. p. 30.

(12) BARROSO, Luís Roberto. *Curso de direito constitucional contemporâneo*. 5. ed. São Paulo: Saraiva, 2015. p. 305.

processo interpretativo, mas vai além, deduzindo a norma a partir do sistema, revelando-a desde o todo orgânico.

A *construction* tem destaque no direito norte-americano, a par dos referenciais hermenêuticos adotados pelas correntes *originalista* e *não originalista*. A primeira assenta-se sua base teórica no pressuposto de que o intérprete deve seguir a literalidade do texto constitucional, de modo a alcançar a intenção exata dos constituintes norte-americanos do século XVIII (*drafters*). Os não originalistas, a seu turno, apontam a necessidade de se atualizar o texto constitucional, de forma construtiva e criativa, em ordem a adequá-lo às mutações sociais.

De todo modo, é certo dizer que o Direito Romano recusou validade ao método construtivo. Sua base interpretativa assentava-se na recuperação da vontade do legislador, estando os pretores enclausurados ao texto da lei, sem liberdade para voar, pensar ou recriar, o que, de antemão, evidencia a sua grande falha. Justiniano idolatrava o *Digesto* e repudiava o hermeneuta. Contudo, ao reduzir o método interpretativo à procura do intento do legislador confunde-se o *todo* com a *parte*.

Explica-se. No meio musical, por mais que se anseie, não é possível tocar com exatidão e com a mesma sensibilidade as notas criadas pelo seu antecessor. O concertista, com suas mãos debruçadas sobre o piano, assistido por um auditório que espera o cumprimento de uma convenção ou programa, sabe de suas limitações físicas, espaciais e contextuais para reviver o espírito de seu preceptor.

Por isso, no espaço deixado entre as notas desenhadas na partitura, improvisa, marcando esteticamente a música tocada pelo seu instrumento. O mesmo acontece com o intérprete do direito. O texto de sua partitura, até então sem vida, regressa-o ao passado, mas nele não se atém. Do contrário, inquieta-se com o presente, projetando-o para o futuro. O enredo a que se chega não é o mesmo daquele orquestrado pelo legislador. Nem poderia, sob pena de se tornar indiferente aos progressos sociais; não só indiferente, mas, mais grave ainda, injusto:

> [...] Deste modo [...] estamos submetidos a um processo dialético de compreensão; vemos aqui que na aplicação da lei há algo que vai e vem através da lei, algo que pomos nela e extraímos da conduta que se considera. Em outras palavras, estamos às voltas com o mesmo problema da interpretação de uma partitura musical, porque também o violinista dá um sentido com sua interpretação da partitura, mas a seu turno extrai da mesma partitura que tem que tocar. Tanto é assim que se duas pessoas executam a mesma partitura, seguramente a interpretam de maneira distinta.[13]

Por essas razões, não demorou muito para que a velha escolástica fosse superada pelo arvorecer dos códigos. A promulgação do Código de Napoleão, já no início do século XIX, contribuiu para a evolução do método hermenêutico, muito embora de índole codicista, cuja análise era feita de modo inorgânico, preso, ainda, à vontade do legislador.

Todavia, em vista das transformações sociais que se sucederam a partir da Revolução Industrial, assomaram-se as insuficiências do método hermenêutico tradicional, abrindo espaço para a cimentação do método *histórico-evolutivo*, cujo nome se atribui a Carlos Maximiliano, que assim observa: "[...] não só o que o legislador *quis*, mas também o que ele *quereria*, se estivesse no *meio* atual, enfrentasse determinado caso concreto hodierno, ou se compenetrasse das necessidades contemporâneas".[14]

Em referência a Jean Cruet, sonoriza que:

> [...] O juiz, esse ente inanimado, de que falava Montesquieu, tem sido na realidade a alma do progresso jurídico, o artífice laborioso do Direito novo contra as fórmulas caducas do Direito tradicional. Esta participação do juiz na renovação do Direito é, em certo grau, um fenômeno constante, podia-se dizer uma lei natural da evolução jurídica: nascido da jurisprudência, o Direito vive pela jurisprudência, e pela jurisprudência que vemos muitas vezes o Direito evoluir sob uma legislação imóvel. É fácil dar a demonstração experimental deste acerto, por exemplos tirados das épocas mais diversas e dos países mais variados.[15]

A bancarrota do dogmatismo e de seus movimentos no intento de reacender os *pandectas* fizeram com

---

(13) COSSIO, Carlos. *El derecho en el derecho judicial. Las lagunas del derecho. La valoración jurídica*. Buenos Aires: El foro, 2002. p. 42.

(14) MAXIMILIANO, Carlos. *Hermenêutica e aplicação do direito*. Rio de Janeiro: Freitas Bastos, 1965. p. 38-39.

(15) CRUET, Jean. *In*: MAXIMILIANO, Carlos. *Hermenêutica e aplicação do direito*. Rio de Janeiro: Freitas Bastos, 1965. p. 39.

que a vida do direito deixasse o *locus* seguro dos códigos e ganhasse cena multiforme, valorativa do realismo sociológico, psicológico e linguístico.

Dado o contexto social oriundo do século XIX, marcado pela angústia da luta de classes, decifradas na perspectiva marxista da história da humanidade, e da alma humana, escandida na teoria freudiana, constatou-se que a interpretação não poderia ficar imune ao alcance da conformação do espetáculo fenomenológico.

Nascia então o movimento do direito livre, de origem francesa e alemã, liderado por *François Geny* e *Eugen Ehrlich*, cujo assentamento teórico repousava na função criadora do direito pelo seu aplicador. O juiz, então, estaria livre para julgar, inclusive, contrariamente ao texto da lei, desde que atingisse o viés teleológico fundante do direito. Chegou-se ao extremo em HERMANN ISAY, para quem a decisão baseava-se preponderantemente em ideias preconcebidas pelo juiz, que depois procuraria os suportes de sua fundamentação. Tudo estaria, portanto, reduzido ao voluntarismo do juiz.[16]

Se, de um lado, o apego exacerbado ao texto de lei conduz a inevitáveis injustiças, de outro, o excesso criativo condena a segurança jurídica. O juiz que improvisa além da conta esboroa com a estabilidade necessária e ínsita ao Direito, convertendo a lide em jogo lotérico, do qual "[...] ninguém sabe como cumprir a lei a coberto das condenações forenses".[17]

Por isso, tanto a sobra interpretativa quanto a sua deficiência, denunciam o perigo de utilização indevida do direito positivado, porque servem de reduto para o cometimento das mais graves atrocidades, sob o *império da lei* ou sob o *império do juiz*. Em referência à obra de FRITZ BEROLZHEIMER, CARLOS MAXIMILIANO reporta que o abandono da lei, "[...] sob o pretexto de atingir o ideal de justiça, importaria em criar mal maior, porque a vantagem precípua das codificações consiste na certeza, na relativa estabilidade do Direito".[18]

Mais adequada, então, é a busca do exegeta por uma postura moderada, que retire do Direito, como conjunto, as deduções exigidas pelo meio social, mas sem afrontar arbitrariamente a letra da lei. Prefere-se, nesse contexto, o *Direito à regra*. O *todo à parte*, sem agredir a liberdade funcional do juiz, que assume, nessa condição, o papel de agente transformador da realidade social:

> [...] desapareceu nas trevas do passado o método lógico, rígido, imobilizador do Direito: tratava todas as questões como se foram problemas de Geometria. O julgador hodierno preocupa-se com o bem e o mal resultantes de seu *veredic- tum*. Se é certo que o juiz deve buscar o verdadeiro sentido e alcance do texto; todavia este alcance e aquele sentido não podem estar em desacordo com o fim colimado pela legislação – o bem social.[19]

À visão geométrica da ciência jurídica, de simples subsunção do fato à norma jurídica, à consagração da visão social elementar do Direito.

3. PARA APRENDER: O FRACASSO DA TEORIA FUNDADA NA PUREZA DOS SENTIDOS

A partir de um longo processo de laicização e de cientização do direito, que se deflagrou no século XVIII e se sedimentou definitivamente nos princípios do século XX, a concepção metódica que rompesse com a liberdade proveniente do movimento do direito livre ganhou força, assentando-se suas premissas basicamente no primado da lei.

Retomou-se, nessa perspectiva, o apego exacerbado à lei, concebida como única fonte formal válida da ciência jurídica. A lei é. Se é, não comporta interpretação.

HANS KELSEN, precisamente por suas naturais contradições, despontou-se como um dos nomes mais simbólicos daquele tempo. Judeu, nascido em Praga, no ano de 1881, KELSEN e sua teoria fundada na pureza dos sentidos pretendiam a catarse do direito, expurgando de sua essência todo elemento exógeno, numa crítica ao sincretismo que acolhia outros métodos de conhecimento e de intelecção jurídicos e, mesmo, os padrões científicos de ordem diversa.[20]

O ordenamento jurídico, na esteira do purismo científico, estaria organizado em uma estrutura piramidal, da qual estão alocadas as normas jurídicas, segundo critérios de hierarquização, cuja vigência e validade seriam obtidas mediante a análise formal e materialmente imposta por aquelas normas situadas em plano superior. Compreender a dinâmica jurídica dentro desse enquadramento seria essencial para a análise do Direito,

(16) LARENZ, Karl. *Metodologia da ciência do direito*. 2. ed. Trad. José Lamego. Lisboa: Calouste Gulbenkian, 1989. p. 72.
(17) MAXIMILIANO, Carlos. *Hermenêutica e aplicação do direito*. Rio de Janeiro: Freitas Bastos, 1965. p. 36.
(18) MAXIMILIANO, Carlos. *Hermenêutica e aplicação do direito*. Rio de Janeiro: Freitas Bastos, 1965. p. 66.
(19) MAXIMILIANO, Carlos. *Hermenêutica e aplicação do direito*. Rio de Janeiro: Freitas Bastos, 1965. p. 169.
(20) KELSEN, Hans. *Reine rechtslehre*. Wien: Franz Deuticke, 1983. p. 1.

todo ele baseado numa ordem conceitual estaticamente montada como pioneiramente sistematizou *Austin*.

A crítica a essas apropriações talvez possa ser resumida no excessivo formalismo que "pasteuriza ou alimpa artificiosamente a vida e parece querer introduzir um círculo de irrealidade em que o conflito não existe, com suas dissonâncias e assimetrias, em que o risco do inesperado pode ser deixado de lado".(21)

Tão evidente foi o apego à pureza do direito que suas bases suplantaram a linhagem do mero discurso. Assistiu-se, sob o império da lei, a uma das maiores atrocidades cometidas pelo homem contra a humanidade. Hitler, em conduta similar ao que se fazia do direito, perscrutava a catarse da raça humana:

> [...] Ali toda a tradição jurídica que se baseava no caráter sedimentado dos valores da liberdade, da igualdade e da segurança, inerentes no direito e na montagem formal do arcabouço jurídico, viu-se atarantada pela experiência de uma ordem formalmente estruturada segundo os mais detalhados recursos da ciência jurídica, notadamente a partir da composição formal do positivismo, mas que condensou todo tipo de violações que já se acreditavam superadas.(22)

Na verdade, o direito se amoldou nos anos da implantação nazista ao programa de autoridade. Suas estruturas foram colocadas a serviço das forças de dominação. De sua tessitura, mantiveram apenas a forma. A substância perdeu-se no medo ou foi sobreposta pela *banalidade do mal* que Hannah Arendt descreve com extraordinária racionalidade.

O direito constituiu-se, então, em instrumento de escravização e de dominação. No sistema em que o poder tem um dono que dilacera a integridade humana, aguidiza-se a fragilidade das noções de justiça. A funcionalidade exacerba-se com vistas a estabelecer o *padrão nacional do opressor* no lugar do *padrão nacional do oprimido*.

Ao aplicador do direito incumbia a autômata tarefa de subsunção do fato à norma, em juízo absolutamente acrítico, não se autorizando a utilização de recurso outro a ela externo. A lei é. Nada mais importa, a não ser a subserviência aos seus comandos, quaisquer forem eles.

A esse respeito, Carl Schmitt, em 1912, frisou que "o juiz não é nenhum legislador. Ele não cria nenhum direito, mas remete-se ao direito". Segundo o autor, o juiz é apolítico, de modo que a aplicação do direito por ele realizada constitui-se apenas como uma derivação lógico-dedutiva da norma posta. Isso equivale, por óbvio, a negar qualquer possibilidade hermenêutica, bem como a dispensar o juiz do fardo ético relativo à decisão.(23)

Por conta disso, associado, é claro, a outros fatores contextuais, não conseguiram os juristas, à época, estancar a insanidade gregária instalada pelo regime nazista, carpidos que estavam ao jugo do chamariz da morte; ou, quando pior, sucumbidos ao fascínio da doutrina, abdicando-se do atributo que os diferenciava de qualquer outro ser vivente: a capacidade de pensar. Algo semelhante a *Eichmann*, em cujo julgamento, diferentemente da pessoa demoníaca que a sociedade judaica o rotulava, mostrou-se convencido de que seus atos se conformavam à lei da Alemanha nazista, agindo, portanto, como autêntico e honrado cidadão, fiel aos comandos positivados:

> [...] Era assim que as coisas eram, essa era a nova lei da terra, baseada nas ordens do *Führer*; tanto quanto podia ver, seus atos eram os de um cidadão respeitador das leis. Ele cumpria o seu dever, como repetiu insistentemente à polícia e à corte; ele não só obedecia ordens, ele também obedecia à lei. [....] Terminou frisando alternativamente as virtudes e os vícios da obediência cega, ou a 'obediência cadavérica', (*kadavergehorsam*), como ele próprio a chamou.(24)

A questão não é nova. *Spinoza*, certa vez, já havia se indagado, no *Tratado Teleológico-Político*, o motivo pelo qual as pessoas tendiam a obedecer e a se conformar aos decretos das autoridades civis e religiosas, independentemente de sua natureza ou substância. Como Deleuze pontuou:

> [...] as principais interrogações do Tratado Teológico-Político são: por que o povo é profundamente irracional? Por que ele se orgulha de sua própria escravidão? Por que os homens lutam por sua escravidão como se fosse sua liberdade? Por que é tão difícil não apenas conquistar

(21) LOPES, Mônica Sette. *Uma metáfora*: música & direito. São Paulo: LTr, 2006. p. 108.

(22) LOPES, Mônica Sette. *Uma metáfora*: música & direito. São Paulo: LTr, 2006. p. 30.

(23) SCHMITT, Carl. O Führer protege o direito. Tradução Peter Naumann. In: MACEDO JR., Ronaldo Porto. *Carl Schmitt e a fundamentação do direito*. São Paulo: Max Limonad, 2001. p. 219-225.

(24) ARENDT, Hannah. *Eichmann em Jerusalém – um relato sobre a banalidade do mal*. 1. ed. São Paulo: Companhia das Letras: 1999. p. 56.

> mas suportar a liberdade? Por que uma religião que reivindica o amor e a alegria inspira a guerra, a intolerância, a malevolência, o ódio, a tristeza e o remorso? É possível fazer da multidão uma coletividade de homens livres, em vez de um ajuntamento de escravos?[25]

Esse estado *inconsciente-consciente*, precisamente no período de 1933 a 1945, resultou no genocídio[26] de aproximadamente seis milhões de judeus, sob a sicária justificativa de cumprimento fiel às ordens emanadas pelas autoridades superiores.

Porém, a recusa da responsabilidade (*estou apenas seguindo ordens*), a latente inércia de pensar (*o meu líder pensa em meu lugar*), o colapso da capacidade de reflexão ética (*bem e mal é aquilo que o Führer diz que é*), tudo isso conduz à catástrofe. Numa espécie de diálogo com Hannah Arendt, Stanley Milgram escreve que:

> [...] *Eichmann* ficava abatido ao visitar os campos de concentração, mas para participar de assassinatos em massa precisava apenas sentar-se em seu gabinete e mexer em seus papéis. Por sua vez, o homem do campo que acionava as câmaras de gás podia justificar a sua conduta dizendo que estava apenas cumprindo ordens superiores. A pessoa que assume total responsabilidade pelo ato evaporou-se. Talvez seja esta a mais comum característica do mal, socialmente organizado, da sociedade moderna.[27]

Em relação aos juristas, o próprio Carl Schmitt, a respeito do *reich*, em texto escrito no período em que recolhido à prisão, respondendo às acusações de seu envolvimento com o regime nacional-socialista, afirmou que "a história do mundo não é território de felicidade" e "mostra a precariedade do papel que os juristas desempenham na contenção deste processo".[28]

Todavia, se é certo que o mal não pode ser contido por estruturas pré-fabricadas, já que sua banalidade envolve os tempos e os espaços e se inocula nos espíritos humanos com uma força que nem a história, nem as perplexidades da humanidade podem conter, o que se pode extrair é que a devoção do purismo, em juízo acrítico, assemelha-se, em tudo, ao nazismo.

Exige-se, portanto, *awareness*. Desenvolvimento do senso crítico, da vigilância, da lucidez, da autonomia, se não se quiser soçobrar à obediência vil a pérfidas autoridades.

Heiddegger, em uma cena do filme de *M. Von Trotta*, expressa a Hannah Arendt que "pensar é um ato solitário". Talvez ela preferisse dizer que pensar é *um ato de autonomia*, não de subserviência, e isto cada um tem que fazer por si, por suas próprias forças, ainda que a ação efetiva só possa se dar no coletivo, na mobilização-com-outros, *in concert*.

Ao juiz, intérprete da lei, espera-se a inquietação, o ativismo e o compromisso com a ética. O exegeta *boca da lei* nada difere de *Eichmann*. O ativista, do contrário, que enxerga o Direito como um todo, em seu interior e exterior, tem na *mitezza*[29] a sua grande virtude.

Imbuído desse espírito é que se deve apreender a Lei n. 13.467/2017, integrando-a ao sistema de modo coerente e harmônico, a partir das lentes hermenêuticas do juiz, a quem incumbe a responsabilidade social de pautar-se segundo os mandamentos constitucionais, sempre atento à especial atenção dedicada pelo constituinte originário à dignidade da pessoa humana e ao valor social do trabalho.

4. PARA DESCONSTRUIR: A LEI N. 13.467/2017 E A LIMITAÇÃO DA ARTE DO INTERPRETAR

Com o lema desenvolvimentista e com a promessa de retomada da empregabilidade, o governo atual – legal, porém, ilegítimo – costurou, a conchavos, uma nova legislação que afetará sobremaneira a relação entre capital/trabalho, acentuando o gargalo entre os detentores dos meios de produção e os despossuídos.

Enquanto as Casas Legislativas se sucumbiam a um processo legislativo inidôneo, sem, antes, promover

(25) DELEUZE, GILLES. *Spinosa – Filosofia prática*. São Paulo: Escuta, 2002. p. 56.

(26) Hannah Arendt prefere o uso da expressão "assassinato administrativo" para caracterizar o crime nazista.

(27) MILGRAM, Stanley. *Obediência à autoridade – uma visão experimental*. Trad. Luiz Orlando Coutinho Lemos. Rio de Janeiro: Francisco Alves, 1983. p. 28.

(28) SCHMITT, Carl. O Führer protege o direito. Tradução Peter Naumann. In: MACEDO JR., Ronaldo Porto. *Carl Schmitt e a fundamentação do direito*. São Paulo: Max Limonad, 2001. p. 153.

(29) Norberto Bobbio, no texto *Elogio da Mitezza*, refere-se à *mitezza* como a maior das virtudes: "[...] os senhores entenderam: identifico o *mite* com o não violento, a *mitezza* com a recusa do exercício da violência contra quem quer que seja. A *mitezza* é pois uma virtude não política. Ou, num mundo ensanguentado pelos ódios das grandes (e das pequenas) potências, chega a ser a antítese da política". In: BOBBIO, Norberto. *O final da longa estrada:* considerações sobre a moral e as virtudes. Trad. Léa Novaes. Rio de Janeiro: Tempo Brasileiro, 2006. p. 76.

uma análise dialética e concatenada com a opinião pública, os meios de comunicação em massa, financiados pelos grandes agentes econômicos, sonorizavam a necessidade de se reformar a legislação trabalhista, cuja conformação – segundo dizem – data de 1943.

Ledo engano pensar que o marco regulatório que orienta a relação capital/trabalho tenha se encapsulado no tempo, imune a qualquer mudança legislativa. Mal sabem – ou melhor, bem sabem – que, desde a sua promulgação, inúmeras foram as alterações por que passou, flexibilizando-o para dar conta dos fenômenos que acometem a sociedade moderna.

Mesmo assim, o discurso foi avassalador. O desvario retórico, entretanto, não se ateve à linhagem das palavras. Atingiu seu ápice com a sanção presidencial. Mais de 100 artigos foram modificados, os quais não contaram com prévio estudo acerca de seu impacto, viabilidade ou compatibilidade.

Não bastasse a extirpação de direitos conquistados a duras penas, cometeu o desatino de conspurcar toda a estrutura axiológica e principiológica que orbita em torno do valor social do trabalho. Até o princípio da proteção, espinha dorsal do Direito do Trabalho, diante da esquizofrenia legislativa, foi objeto de catarse com vistas a dar maior guarida a quem emprega em detrimento de quem é empregado.

A Justiça do Trabalho não ficou a salvo dos detratores. Muito pelo contrário. Inúmeros dispositivos da Lei n. 13.467/2017 achincalharam anos de amadurecimento jurisprudencial, com o nítido propósito de deslegitimar o Poder Judiciário Trabalhista. E assim o fazem blindados por um discurso que está na moda: a Justiça do Trabalho obsta o desenvolvimento econômico e o progresso, como se em seu vestíbulo contivesse os seguintes dizeres: "*deixai, ó vós que entrais, toda a esperança*".(30)

Os juízes do trabalho também integram este *circo*. Rotulados de paternalistas, parciais e acrobatas hermenêuticos, descompromissados com a acerbidade do momento histórico vivenciado pela Nação. São a *geni* da vez.

A solução, então, é *calá-los*. Enclausurá-los à tessitura da lei, a ponto de impedir o *drible da vaca hermenêutico*.(31)

A nova redação do art. 8º da CLT(32), atribuída pela Lei n. 13.467/2017, é um dos inúmeros exemplos deste movimento de resgaste do *juiz boca fria da lei*. A despeito da manutenção do *caput* do art. 8º, fazendo alusão à equidade como meio de integração legislativa, tônica do Direito do Trabalho, o legislador, nos parágrafos seguintes, dedicou especial atenção à censura ao papel protagonizado pelo Tribunal Superior do Trabalho.

4.1. O direito comum como fonte subsidiária do Direito do Trabalho

Em seu § 1º, manteve o entendimento da disposição normativa pretérita no sentido de que o direito comum se presta a subsidiar o Direito do Trabalho, em casos de omissão. Todavia, a nova redação suprimiu a expressão "*naquilo em que não for compatível com os princípios fundamentais deste*".

Aparentemente, então, bastaria a existência de lacuna normativa para se transportar a norma alienígena, despicienda a análise de compatibilidade desta com o conteúdo axiológico, principiológico e gnosiológico intrínseco ao Direito do Trabalho.

Todavia, a exegese que se intenta emprestar ao § 1º do art. 8º da CLT acabaria por autorizar a incorporação de normas colidentes com as bases estruturantes do Direito do Trabalho, com o grave risco de esboroamento de sua autonomia científica pelo fenômeno da *civitização*. A prevalecer este referencial interpretativo, poder-se-ia afirmar, inclusive, que o art. 940 do Código

---

(30) ALIGHIERI, Dante. *Divina comédia*. Canto III. Inferno, Purgatório e Paraíso. Tradução e notas de Ítalo Eugênio Mauro. Em português e italiano (original). São Paulo: Editora 34, 1999.

(31) Expressão cunhada por Lênio Luiz Streck.

(32) Art. 8º As autoridades administrativas e a Justiça do Trabalho, na falta de disposições legais ou contratuais, decidirão, conforme o caso, pela jurisprudência, por analogia, por equidade e outros princípios e normas gerais de direito, principalmente do direito do trabalho, e, ainda, de acordo com os usos e costumes, o direito comparado, mas sempre de maneira que nenhum interesse de classe ou particular prevaleça sobre o interesse público.

§ 1º O direito comum será fonte subsidiária do direito do trabalho.

§ 2º Súmulas e outros enunciados de jurisprudência editados pelo Tribunal Superior do Trabalho e pelos Tribunais Regionais do Trabalho não poderão restringir direitos legalmente previstos nem criar obrigações que não estejam previstas em lei.

§ 3º No exame de convenção coletiva ou acordo coletivo de trabalho, a Justiça do Trabalho analisará exclusivamente a conformidade dos elementos essenciais do negócio jurídico, respeitado o disposto no art. 104 da Lei n. 10.406, de 10 de janeiro de 2002 (Código Civil), e balizará sua atuação pelo princípio da intervenção mínima na autonomia da vontade coletiva. (NR)

Civil[33] tem plena aplicabilidade ao Direito do Trabalho, dada a omissão do texto consolidado, ainda que avesso ao princípio da proteção.

Portanto, a interpretação a que se imprime ao epigrafado preceito normativo é que permanece – sólida e hígida – a *regra de contenção*, sendo possível a integração nas hipóteses de lacunas normativas, axiológicas e ontológicas, desde que compatíveis com a constelação valorativa inerente ao Direito do Trabalho, com destaque para o princípio da proteção.

4.2. A limitação ao ativismo judicial

O § 2º, a seu turno, é dedicado à função uniformizadora de jurisprudência, a quem incumbe, segundo os critérios de organização judiciária, ao Tribunal Superior do Trabalho. Pela nova proposição normativa, observa-se nitidamente o intento do legislador de açoitar a legitimidade da Justiça do Trabalho.

Não é demais relembrar que, dentre as fontes do Direito, a jurisprudência cumpre papel de notória relevância, conformando-se a *mens legislatoris* às necessidades sociais. A lei, engessada ao papel, não tem aptidão de acompanhar as mutações sociais. Por isso dizer que os códigos já nascem obsoletos. Até ultimado o processo legislativo com a respectiva sanção presidencial, a sociedade evoluiu a passos largos, absorvendo novos valores e modos de vida.

O Código Civil de 2002, por exemplo, não contemplou as variadas formas de entidade familiar existentes nos dias correntes, apegando-se, tão somente, à entidade familiar biparental, formada por pessoas heterossexuais.[34]

Não fosse o papel relevante da jurisprudência, a estender o conceito de entidade familiar a uniões homoafetivas, contemplando-as com as mesmas prescrições legais relativas às uniões estáveis heterossexuais[35], numa interpretação conforme a Constituição (*verfassungskonformeAuslegung*), talvez ainda se estivesse olhando o *novo* com o olhar do *velho*.

Nessa toada, a jurisprudência não só é caudatária da função interpretativa, como também fomenta a modernização da legislação, dando-se conta da complexidade das relações existentes no meio social, expurgando a caducidade de que padece a lei e amainando as potenciais injustiças que sua tessitura carrega. Afinal de contas, "na aplicação da lei, o juiz atenderá aos fins sociais a que ela se dirige e às exigências do bem comum".[36]

Aí está a âncora do princípio do ativismo judicial, tão combatido pela Lei n. 13.467/2017. Ao expressamente obstar a criação de obrigações não descritas previamente em lei e impedir a restrição de direitos por meio de súmulas e enunciados de jurisprudência, pretendeu o legislador amordaçar o papel ativista do juiz moderno.

Ativismo é *atitude*. É fenômeno que decorre da "expansão do papel do Poder Judiciário, mediante o uso da interpretação constitucional para suprir lacunas, sanar omissões legislativas ou determinar políticas públicas quando ausentes ou ineficientes".[37]

Severas críticas são dirigidas a esse alargamento do protagonismo judiciário. A primeira delas é de natureza política: magistrados não são eleitos, ingressando aos quadros públicos mediante concurso de provas e títulos, de modo que não poderiam sobrepor sua vontade à dos agentes escolhidos pelo povo. A segunda, por sua vez, consiste em crítica de cunho ideológico: o Judiciário se apresenta como um espaço conservador, de preservação dos interesses de elites em detrimento dos processos democráticos majoritários. A terceira crítica diz respeito à capacidade institucional do Poder Judiciário, que estaria preparado para decidir casos específicos e não para avaliar o efeito sistêmico de decisões que repercutem sobre políticas públicas gerais. E, por fim, a judicialização reduziria a possibilidade de participação da sociedade como um todo, por excluir os que não têm acesso aos tribunais.

Todas elas, é claro, merecem a devida reflexão, mas podem ser facilmente neutralizadas. Em primeiro lugar, uma democracia não é feita apenas pela vontade das maiorias, mas, precipuamente, pelo respeito aos direitos fundamentais. Cabe ao Poder Judiciário a sua defesa e promoção. Até mesmo a ditadura pode ser

---

(33) Art. 940. Aquele que demandar por dívida já paga, no todo ou em parte, sem ressalvar as quantias recebidas ou pedir mais do que for devido, ficará obrigado a pagar ao devedor, no primeiro caso, o dobro do que houver cobrado e, no segundo, o equivalente do que dele exigir, salvo se houver prescrição.

(34) Art. 1.723. É reconhecida como entidade familiar a união estável entre o homem e a mulher, configurada na convivência pública, contínua e duradoura e estabelecida com o objetivo de constituição de família.

(35) ADI n. 4.277 e da ADPF n. 132, STF.

(36) Art. 5º, LINDB. Na aplicação da lei, o juiz atenderá aos fins sociais a que ela se dirige e às exigências do bem comum.

(37) BARROSO, Luís Roberto. *O novo direito constitucional brasileiro:* contribuições para a construção teórica e prática da jurisdição constitucional no Brasil. Belo Horizonte: Fórum, 2013. p. 40.

estabelecida pela vontade da maioria. Contudo, é forma de governo que não ostenta legitimidade, porque acintosa dos direitos e garantias fundamentais. O Poder Judiciário, desse modo, apresenta-se como a última trincheira da cidadania.

Em segundo lugar, é plenamente factível pensar que, na atual quadra da história brasileira, o Poder Judiciário está à esquerda do Congresso Nacional. De fato, ao se manifestar sobre o aviso-prévio proporcional ao tempo de serviço, inclinou-se a balança para os trabalhadores, ainda que pressionado pelo empresariado nacional, cujo propósito era retardar, junto aos parlamentares, a sua regulação.

No que toca à capacidade institucional, juízes e tribunais são sensíveis às questões que fogem de sua área de conhecimento técnico, tanto é que buscam o auxílio dos demais atores sociais para melhor apreciação da matéria, abrindo suas portas para o diálogo concertado e plural. O *amicus curiae* é a representação viva dessa democratização.

Por último, a judicialização jamais deverá substituir a política, nem pode ser o meio ordinário de resolução de grandes questões. Pelo contrário. O Poder Judiciário somente atua quando a política falha.

Por essas singelas razões, não se sustenta a mordaça aposta no § 2º do art. 8º da CLT, com vistas a engessar a atividade criativa do intérprete do direito, compelindo-o a se ater aos dizeres da lei, sem possibilidade de ir adiante ou além quando o interesse social reclamar.

No caso específico do Tribunal Superior do Trabalho, inúmeros enunciados de súmula se prestaram ao longo dos anos como meio de integração normativa, criando obrigações, ainda que silenciosa a legislação. Caso típico é a Súmula n. 331, que, por longo período, prestou-se a regular o fenômeno da terceirização no país, quando nenhum marco regulatório tratava a respeito da questão[38]. O mesmo acontece com a Súmula n. 291, ao estabelecer um parâmetro indenizatório pela supressão das horas extras, em respeito aos princípios da irredutibilidade salarial e estabilidade financeira.[39]

E assim deve permanecer. O ativismo judicial é norma (*norma-princípio*) e, nessa qualidade, deverá sobrepor-se à textura alva da lei sempre quando esta se mostrar insensível ou indiferente à ordem objetiva de valores embebida no texto constitucional, de cuja emanação radica do princípio da dignidade da pessoa humana.

Por essa razão, imperioso destacar que, mesmo diante da limitação alinhada no referido preceito normativo, poderá – no sentido de *poder-dever* – o juiz ou tribunal manifestar-se a respeito da constitucionalidade das proposições, negando aplicabilidade, quando inconstitucionais, seja pelo modo de controle difuso de constitucionalidade, seja pelo modo concentrado, a cargo do Supremo Tribunal Federal; nas hipóteses de resolução de antinomias; como também para se emprestar ao preceito normativo interpretação conforme a Constituição (*verfassungskonforme Auslegung*) e, por fim, nos casos em que necessário o afastamento da regra

(38) Súmula n. 331. CONTRATO DE PRESTAÇÃO DE SERVIÇOS. LEGALIDADE (nova redação do item IV e inseridos os itens V e VI à redação) – Res. n. 174/2011, DEJT divulgado em 27, 30 e 31.05.2011 – I – A contratação de trabalhadores por empresa interposta é ilegal, formando-se o vínculo diretamente com o tomador dos serviços, salvo no caso de trabalho temporário (Lei n. 6.019, de 03.01.1974). II – A contratação irregular de trabalhador, mediante empresa interposta, não gera vínculo de emprego com os órgãos da Administração Pública direta, indireta ou fundacional (art. 37, II, da CF/1988). III – Não forma vínculo de emprego com o tomador a contratação de serviços de vigilância (Lei n. 7.102, de 20.06.1983) e de conservação e limpeza, bem como a de serviços especializados ligados à atividade-meio do tomador, desde que inexistente a pessoalidade e a subordinação direta. IV – O inadimplemento das obrigações trabalhistas, por parte do empregador, implica a responsabilidade subsidiária do tomador dos serviços quanto àquelas obrigações, desde que haja participado da relação processual e conste também do título executivo judicial. V – Os entes integrantes da Administração Pública direta e indireta respondem subsidiariamente, nas mesmas condições do item IV, caso evidenciada a sua conduta culposa no cumprimento das obrigações da Lei n. 8.666, de 21.06.1993, especialmente na fiscalização do cumprimento das obrigações contratuais e legais da prestadora de serviço como empregadora. A aludida responsabilidade não decorre de mero inadimplemento das obrigações trabalhistas assumidas pela empresa regularmente contratada. VI – A responsabilidade subsidiária do tomador de serviços abrange todas as verbas decorrentes da condenação referentes ao período da prestação laboral.

(39) Súmula n. 291 do TST. HORAS EXTRAS. HABITUALIDADE. SUPRESSÃO. INDENIZAÇÃO. (nova redação em decorrência do julgamento do processo TST-IUJERR 10700-45.2007.5.22.0101) – Res. n. 174/2011, DEJT divulgado em 27, 30 e 31.05.2011 – A supressão total ou parcial, pelo empregador, de serviço suplementar prestado com habitualidade, durante pelo menos 1 (um) ano, assegura ao empregado o direito à indenização correspondente ao valor de 1 (um) mês das horas suprimidas, total ou parcialmente, para cada ano ou fração igual ou superior a seis meses de prestação de serviço acima da jornada normal. O cálculo observará a média das horas suplementares nos últimos 12 (doze) meses anteriores à mudança, multiplicada pelo valor da hora extra do dia da supressão.

para fazer o valer o axioma principiológico, entendido este como enunciado performativo.

Em suma, a despeito da agressividade da redação, é certo que a disposição normativa não terá força suficiente para inibir o papel uniformizador do Tribunal Superior do Trabalho, seja mediante a edição de súmulas, seja mediante as orientações jurisprudenciais. Quando isso ocorrer, é bom resgatar na memória o primoroso art. 5º da LINDB, optando-se o intérprete do direito pela plena realização dos direitos fundamentais, ainda que se valha da recusa da aplicação da lei.

4.3. A autonomia coletiva e o princípio da intervenção mínima

As normas coletivamente negociadas são fontes formais do Direito do Trabalho, na medida em que criam direitos e obrigações, instando os atores sociais, pelos seus respectivos sindicatos, a instituírem um diálogo concertado acerca das relações de trabalho sujeitas ao crivo de suas respectivas representações.

Tão significativo é o papel da negociação coletiva que transcende o próprio espírito do Direito do Trabalho. Isso porque a repartição de responsabilidades às entidades da sociedade civil não só contribui para o aprimoramento das relações de trabalho como também os retira do réquiem estertor, a ponto de relegar a um terceiro, no caso, o Poder Legislativo ou, mesmo, o Poder Judiciário (nas hipóteses de dissídio coletivo), a tarefa de decidir o que seria mais viável para determinado segmento do mercado econômico, de cuja realidade desconhece.

Não à toa que o texto constitucional de 1988 consagrou como direito dos trabalhadores urbanos e rurais, além de outros que visem à melhoria de sua condição social, o reconhecimento das convenções e acordos coletivos de trabalho.[40]

Além da capacidade das partes convenentes, da licitude do objeto e do respeito à forma prescrita previamente em lei[41], a validade da negociação coletiva supõe e pressupõe o respeito ao princípio da adequação setorial negociada, a que se refere, com propriedade, MAURICIO GODINHO DELGADO:

> Pelo princípio da adequação setorial negociada as normas autônomas juscoletivas construídas para incidirem sobre certa comunidade econômico-profissional podem prevalecer sobre o padrão geral heterônomo justrabalhista desde que respeitados certos critérios objetivamente fixados. São dois esses critérios autorizativos: a) quando as normas autônomas juscoletivas implementam um padrão setorial de direitos superior ao padrão geral oriundo da legislação heterônoma aplicável; b) quando as normas autônomas juscoletivas transacionam setorialmente parcelas justrabalhistas de indisponibilidade apenas relativa (e não de indisponibilidade absoluta).[42]

Nesse encalço, por mais que se privilegie a autonomia da vontade coletiva, não é crível imprimir validade a instrumentos que impliquem em renúncia a direitos ou, ainda, quando transacionarem normas imantadas de indisponibilidade absoluta, infensas à negociação coletiva.

Em quaisquer dessas hipóteses, nega-se validade à convenção ou acordo coletivamente negociados, não se arrimando o juiz ou tribunal à análise dos requisitos formais apenas (capacidade e forma), devendo descer às minúcias do aspecto material que se traduz na persecução da licitude do objeto.

Isso significa que a intenção originária do legislador em despir o intérprete da possibilidade de imiscuir-se no conteúdo das cláusulas ajustadas não encontra coluna de sustentação, máxime porque na análise da licitude do objeto há de se perquirir se o negociado coletivamente atende aos princípios norteadores do Direito do Trabalho, com ênfase ao princípio da vedação ao retrocesso social, de matiz constitucional.

Nestes tempos estranhos, valiosa se mostra a postura ativista do juiz em garantir o patamar civilizatório mínimo que a sociedade democrática não concebe ver mitigado em qualquer segmento econômico-profissional, sob pena de se afrontarem a própria dignidade da pessoa humana e a valorização adequada deferível ao trabalho.

---

(40) Art. 7º São direitos dos trabalhadores urbanos e rurais, além de outros que visem à melhoria de sua condição social: XXVI – reconhecimento das convenções e acordos coletivos de trabalho.

(41) Art. 104. A validade do negócio jurídico requer:
I – agente capaz;
II – objeto lícito, possível, determinado ou determinável;
III – forma prescrita ou não defesa em lei.

(42) DELGADO, Mauricio Godinho. *Curso de direito do trabalho*. 14. ed. São Paulo: LTr, 2015. p. 1420.

5. PARA CONSTRUIR: A HERMENÊUTICA FUNDADA NA CULTURA JURÍDICA PÓS-POSITIVISTA – UM NOVO PROCESSO COMPREENSIVO

A Constituição é mais que um texto legal escrito em folhas de papel. É, antes de tudo, um documento com vasto conteúdo simbólico e ideológico, refletindo tanto o que se é enquanto sociedade, como o que se aspira ser.

No Brasil, a Constituição da República de 1988 representa o símbolo maior de uma história de sucesso: a transição de um Estado autoritário, intolerante e, não raras vezes, violento, para um Estado Democrático de Direito. Traduz-se, por este viés, no rito de passagem para a maturidade institucional brasileira.

Por longo período, entretanto, passou ao largo das invocações dos tribunais, esquecida que estava em almaços de papel, de figura apenas decorativa, sem força normativa. No modelo que vigorou na Europa até o segundo pós-guerra, a Constituição se prestava a convocar a atuação dos Poderes Executivo e Legislativo, não se fazendo qualquer menção a ela pelo Poder Judiciário, cuja exequibilidade ficava condicionada aos atos do parlamento ou aos atos administrativos.[43]

Pode-se dizer, então, que o movimento de reconhecimento da força normativa das disposições constitucionais é conquista relativamente recente no constitucionalismo do mundo romano-germânico. [44] Em terras *tupiniquins*, ele se desenvolveu no âmbito de um movimento jurídico-acadêmico conhecido como *doutrina brasileira da efetividade*.

A partir dessa virada hermenêutica, objetivou-se não apenas elaborar as categorias dogmáticas da normatividade constitucional, como também suplantar algumas das crônicas disfunções da formação nacional, que se materializavam na insinceridade normativa, no uso da Constituição como uma mistificação ideológica e na falta de determinação política em dar-lhe cumprimento. A essência da doutrina da efetividade é tornar as normas constitucionais aplicáveis direta e imediatamente, na extensão máxima de sua densidade normativa. Como consequência, sempre que violado um mandamento constitucional, a ordem jurídica deve prover mecanismos adequados de tutela – por meio da ação e da jurisdição -, disciplinando os remédios jurídicos próprios e a atuação efetiva de juízes e tribunais.

Para realizar seus propósitos, o movimento pela efetividade promoveu, com sucesso, três mudanças de paradigma na teoria e na prática do direito constitucional no País, como detalha Luís Roberto Barroso:

> [...] No plano jurídico, atribuiu normatividade plena à Constituição, que se tornou fonte de direitos e obrigações, independentemente da intermediação do legislador. Do ponto de vista científico, reconheceu ao direito constitucional um objeto próprio e autônomo, estremando-o do discurso puramente político ou sociológico. E, por fim, sob o aspecto institucional, contribuiu para a ascensão do Poder Judiciário no Brasil, dando-lhe um papel mais destacado na concretização dos valores e dos direitos constitucionais.[45]

O Poder Judiciário passa, então, a ter atuação decisiva na realização da Constituição, orientado pelas novas formulações teóricas, de base pós-positivista, com atribuição de força normativa aos princípios; a necessidade de ponderação, em caso de colisão dos direitos fundamentais e o garantismo do mínimo existencial.

Nessa medida, os valores, os fins públicos e os comportamentos contemplados nos princípios e regras estampados no texto constitucional atuam como vasos condutores a orientar a validade e legitimidade de todas as normas de ordem infraconstitucional. À luz desses vetores, toda interpretação jurídica é também interpretação constitucional:

> [...] Qualquer operação de realização do Direito envolve a aplicação direta ou indireta da Constituição. Direta, quando uma pretensão se fundar em uma norma constitucional; e indireta quando se fundar em uma norma infraconstitucional, por duas razões: a) antes de aplicar a norma, o intérprete deve verificar se ela é compatível com a Constituição, porque, se não for, não poderá fazê-la incidir; e b) ao aplicar a

(43) HESSE, Konrad. La fuerza normativa de la Constituición. In: *Escritos de derecho constitucional*, 1983. Trata-se da tradução para o espanhol de um ensaio seminal, publicado em 1958.

(44) Apenas para relembrar, nos Estados Unidos, desde a primeira hora, a Constituição foi vista como um documento jurídico, dotado de supremacia e força normativa, passível de aplicação direta pelos tribunais. V. *Marbury* vs. *Madison*, 5 U.S. (1 Cranch) 137, 1983.

(45) BARROSO, Luís Roberto. *O novo direito constitucional brasileiro:* contribuições para a construção teórica e prática da jurisdição constitucional no Brasil. Belo Horizonte: Fórum, 2013. p. 29.

norma, deverá orientar seu sentido e alcance à realização dos fins constitucionais.[(46)]

Por isso, a integração da Lei n. 13.467/2017 ao ordenamento jurídico brasileiro deve, necessariamente, submeter-se à filtragem constitucional, negando-se aplicabilidade a toda e qualquer regra que contrarie os valores, princípios e direitos catalogados na Constituição de 1988.

A centralidade do valor social do trabalho, servido como fundamento da República, tem *status* de norma jurídica. Como tal, seu conteúdo é imperativo. Seu caráter constitucional lhe confere força normativa, dirigente. Sua realização é condição de possibilidade para o acontecimento constitucional. Obrigatoriamente, então, deve impregnar toda atividade de elaboração, interpretação e aplicação do Direito do Trabalho.

A partir desta leitura, constata-se que o dispositivo constitucional que enuncia o valor social do trabalho contém não somente mais de uma norma, mas que esta, para além de seu enquadramento na condição de princípio (e valor) fundamental, é também fundamento de posições jurídico-subjetivas. Ou seja, não só é norma definidora de direitos e garantias, mas também de deveres fundamentais.[(47)]

Dessa atividade hermenêutica, quando empreendida com êxito, decorrerá o natural reconhecimento espontâneo da norma pelos seus destinatários. A compatibilização entre os valores e o Direito, nesse raciocínio, apresenta-se como inegável fonte de efetividade: a sociedade não violará uma norma que reproduz sua própria vontade.

É nesse sentido que Peter Häberle fundamenta sua concepção de "sociedade aberta de intérpretes da Constituição", segundo a qual todo indivíduo que experimenta a normatividade constitucional é seu legítimo intérprete. Torna-se impensável, assim, compreender o fenômeno da interpretação da Constituição sem que em seu desenvolvimento tenham voz, além das potências públicas e dos órgãos estatais, os cidadãos e grupos.[(48)]

Uma Constituição, como instrumento de estruturação não apenas do Estado, mas da própria esfera pública (*Öffentlichkeit*), disciplinando a organização da coletividade e, diretamente, setores da vida, deve integrar as forças sociais e privadas enquanto sujeitos. Não pode tratá-las como meros objetos.[(49)] "A Constituição é, nesse sentido, o espelho da realidade."[(50)]

Por conseguinte, o conteúdo das normas constitucionais deve ser perquirido em conformidade com os valores considerados pelos seus próprios destinatários como postulados ontológicos no contexto histórico em que se inserem.

Especificamente no que toca ao valor trabalho, fonte e finalidade do tratamento jurídico-constitucional que se defere à ordem social, a interpretação constitucional das normas justrabalhistas legitima-se somente quando perpassa pela sua apreensão. Isto denuncia que não mais se admite que as normas constitucionais, especialmente as definidoras de direitos fundamentais, sejam elas regras ou princípios, funcionem como meros aconselhamentos ao operador do direito.

O exame do ordenamento jurídico necessariamente se orienta pelo imperativo de valorização do trabalho, que lhe atribuirá significação conforme a vontade constitucional. Primar pela dignidade do trabalho é promover a dignidade humana. O contrário, todavia, é a transgressão do mandamento constitucional.

A propósito, este conteúdo ético e moral que envolta o valor social do trabalho extrai-se do próprio fim teleológico do Direito do Trabalho. O trabalho é, inegavelmente, instrumento de realização ética do indivíduo, donde há o (re)conhecimento de si e o desenvolvimento de sua consciência coletiva e de sua inserção na sociedade:

> No trabalho, ou melhor, na atividade, o homem sai de si próprio; a satisfação das necessidades o induz a invadir a solidão e a procurar, pois, as coisas, e, mais do que as coisas, os outros. Os outros ele reconhece na mesma dignidade de que se encontra investido, reconhece-os como sujeitos na ordem ética. Se reconhece os outros, exige ser reconhecido conforme a uma

(46) BARROSO, Luís Roberto. *O novo direito constitucional brasileiro:* contribuições para a construção teórica e prática da jurisdição constitucional no Brasil. Belo Horizonte: Fórum, 2013. p. 33.

(47) SARLET, *Dignidade da pessoa humana e direitos,* p. 69.

(48) HÄBERLE, Peter. *Hermenêutica constitucional:* a sociedade aberta dos intérpretes da Constituição: contribuição para a interpretação pluralista e "procedimental" da Constituição. Porto Alegre: S. A. Fabris, 1997. p. 14.

(49) HÄBERLE, *Hermenêutica constitucional:* a sociedade aberta dos intérpretes da Constituição: contribuição para a interpretação pluralista e "procedimental" da Constituição. Porto Alegre: S. A. Fabris, 1997. p. 33.

(50) HÄBERLE, *Hermenêutica constitucional:* a sociedade aberta dos intérpretes da Constituição: contribuição para a interpretação pluralista e "procedimental" da Constituição. Porto Alegre: S. A. Fabris, 1997. p. 34.

exigência de paridade e de reciprocidade. Sente, em conclusão, e reconhece a si e aos outros associados, dá sentido, numa relação que é a forma transcendental, ao mesmo tempo de convivência e de colaboração.(51)

Assim, aos juízes e operadores do direito incumbe a missão de tornar *real* o Brasil *legal*, sedimentado no corpo constitucional, em favor da promoção e concretização do valor social do trabalho. Como consequência, deve-se repudiar a aplicação de legislação de ordem infraconstitucional que tenha por desiderato rifar os direitos sociais constitucionalmente consagrados.

Ainda que se tenha o fardo do autoritarismo enviesado pela Lei n. 13.467/2017, não se deve carpir aos desvarios normativos que objetivam a censura à atuação jurisdicional. Deve-se obediência à Constituição, que se sedimenta como "a morada da justiça, da liberdade, dos poderes legítimos, o paço dos direitos fundamentais, portanto, a casa dos princípios, a sede da soberania".(52)

6. PARA ENCERRAR

> *Da dignidade do juiz depende a dignidade do direito. O direito valerá, em um país e em um momento histórico determinados, o que valham os juízes como homens. No dia em que os juízes têm medo, nenhum cidadão pode dormir tranquilo.*
>
> *(Eduardo Couture)*

França. Final do século XIX. Direito era a lei. Apenas a lei. Mas não para o juiz *Paul Magnaud*. Nascido em 1889, foi juiz presidente do modesto Tribunal de Château Thierry, por aproximadamente 15 anos. Seus julgados trespassaram as linhas limítrofes de sua humilde comunidade pela coragem com que tratava os casos submetidos ao seu crivo. Não se curvava ao império da lei. Quando injusta, decidia *contra legem* ou *praeter legem*. *Luiza Ménard*, por exemplo, foi absolvida pelo furto de um pão, como foram absolvidos *Chiabrando e Dubost*, por mendicância e vadiagem. A jovem mãe E.M. teve de pagar apenas um franco pelos ferimentos que produziu em seu sedutor. O comerciante L.S. foi condenado a pagar 5.000 francos e uma pensão anual a E. M. e seu filho, por abuso sexual e quebra da promessa de casamento.

Foi severamente criticado pela comunidade jurídica da época. Porém, não se deixou carpir pelo jugo das pressões. Seguiu adiante o seu desejo de fazer justiça. Carlos Maximiliano, ao comentar sobre seu ativismo, relata que:

> [...] imbuído de ideias humanitárias avançadas, o magistrado francês redigiu sentenças em estilo escorreito, lapidar, porém afastadas dos moldes comuns. Mostrava-se clemente e atencioso com os fracos e humildes, enérgico e severo com opulentos e poderosos. Nas suas mãos a lei variava segundo a classe, a mentalidade religiosa ou inclinações políticas das pessoas submetidas à sua jurisdição.(53)

Mesmo assim, a par das críticas a respeito de sua atuação, uma coisa é certa: *Paul Magnaud* foi um juiz vivo. Entre o Direito e a Justiça, escolheu a Justiça. Por isso, se porventura entre a Constituição e a Lei n. 13.467/2017 tiver que optar, que seja pela primeira, o paço dos direitos fundamentais.

Como disse o anjo torto: *Vai, Carlos! Ser gauche na vida!*(54)

7. REFERÊNCIAS BIBLIOGRÁFICAS

ANDRADE, Carlos Drummond. *Sentimento do mundo*. Disponível em: <www.etecpirituba.com.br/wp-content/.../osentimentodomundo-completo-livro.pdf>. Acesso em: 6 ago. 2017.

______. *Poema de sete faces*. Disponível em: <http://www.carlosdrummond.com.br/>. Acesso em: 14 set. 2017.

ALIGHIERI, Dante. *A divina comédia*: inferno, purgatório e paraíso. Tradução e notas de Ítalo Eugênio Mauro. Em português e italiano (original). São Paulo: Editora 34, 1999.

ARENDT, Hannah. *Eichmann em Jerusalém – um relato sobre a banalidade do mal*. 1. ed. São Paulo: Companhia, das Letras: 1999.

ASSIER-ANDRIEU, Louis. *O direito nas sociedades humanas*. Trad. Maria Ermantina Galvão. São Paulo: Martins Fontes, 2000.

BARROSO, Luís. *O novo direito constitucional brasileiro*: contribuições para a construção teórica e prática da jurisdição constitucional no Brasil. Belo Horizonte: Fórum, 2013.

(51) BATTAGLIA, Felice. *Filosofia do trabalho*. Tradução de Luiz Washington Vita e Antônio D'Elia. São Paulo: Saraiva, 1958. p. 297.

(52) BONAVIDES, *Jurisdição constitucional e legitimidade*, p. 127.

(53) MAXIMILIANO, Carlos. *Hermenêutica e aplicação do direito*. Rio de Janeiro: Freitas Bastos, 1965. p. 83.

(54) ANDRADE, Carlos Drummond de. *Poema de sete faces*. Disponível em: <http://www.carlosdrummond.com.br/>. Acesso em: 14 set. 2017.

______. *Curso de direito constitucional contemporâneo*. 5. ed. São Paulo: Saraiva, 2015.

BATTAGLIA, Felice. *Filosofia do trabalho*. Tradução de Luiz Washington Vita e Antônio D'Elia. São Paulo: Saraiva, 1958.

BAUMAN, Zigmunt. *Modernidade e ambivalência*. Trad. Marcus Penchel. Rio de Janeiro: Jorge Zahar, 1999.

BOBBIO, Norberto. *O final da longa estrada: considerações sobre a moral e as virtudes*. Trad. Léa Novaes. Rio de Janeiro: Tempo Brasileiro, 2006.

______; VIROLI, Maurizio. *Direitos e deveres na República*: os grandes temas da política e da cidadania. Tradução de Daniela Beccaccia Versiani. Rio de Janeiro: Elsevier, 2007.

CALAMANDREI, Piero. *Instituições de direito processual civil*. V. II, 2. ed. Campinas: Bookseller, 2002.

CATHARINO, José Martins. *Compêndio de direito do trabalho*. São Paulo: Saraiva, 1981.

CHEVALIER, Jean Jacques. *As grandes obras políticas, de Maquiavel a nossos dias*. Trad. Lydia Cristina. 8. ed. Rio de Janeiro: Agir, 1998.

CHIOVENDA, Giuseppe. *Instituições de direito processual civil*. 5. ed. São Paulo: Saraiva, 1991.

CUNHA, Leonardo Carneiro da. *Jurisdição e competência*. 2. ed. São Paulo: RT, 2013.

COSSIO, Carlos. *El derecho en el derecho judicial. Las lagunas del derecho. La valoración jurídica*. Buenos Aires: El foro, 2002.

DELEUZE, Gilles. *Spinosa – Filosofia prática*. São Paulo: Escuta, 2002.

DELGADO, Mauricio Godinho. *Curso de direito do trabalho*. 14. ed. São Paulo: LTr, 2015.

DIMOULIS, Dimitri. *Manual de introdução ao estudo do direito*. 4. ed. rev., ampl. e atual. São Paulo: RT, 2011.

DINAMARCO, Cândido Rangel. *Instituições de direito processual civil*. v. 1. São Paulo: Atlas, 2014.

DONNE, John. *Devotions upon emergent occasions*, 1624. Disponível em: <http://triggs.djvu.org/djvu-editions.com/DONNE/DEVOTIONS/Download.pdf>.

FRANK, Jerome. *Words and music*: legislation and judicial interpretation. In: FRANK, Jerome. *Courts on trial:* mith and reality in American Justice. Princeton: Princeton University, 1973.

GOMES, Orlando. *Direito do trabalho*: estudos. 3. ed. Bahia: S.A Artes Gráficas, 1954.

GUIMARÃES, Mário. *O juiz e a função jurisdicional*. Rio de Janeiro: Forense, 1958.

HÄBERLE, Peter. *Hermenêutica constitucional:* a sociedade aberta dos intérpretes da Constituição: contribuição para a interpretação pluralista e "procedimental" da Constituição. Porto Alegre: S. A. Fabris, 1997.

JAYME, Erik. Identité culturelle et integration: le droit international privé postmoderne Recuil des Cours de Hague Academy de Droit International de la Haye. 1995. BOBBIO, Noberto. *Teoria do ordenamento jurídico*. São Paulo-Brasília: Pollis-UnB. 1990.

KELSEN, Hans. *Reine Rechtslehre*. Wien: Franz Deuticke, 1983.

KREIN, José Dari. *Debates contemporâneos* – economia social e do trabalho: as relações de trabalho na era do neoliberalismo no Brasil. São Paulo: LTr, 2013.

LARENZ, Karl. *Metodologia da ciência do direito*. 2. ed. Trad. José Lamego. Lisboa: Calouste Gulbenkian, 1989.

LOPES, Mônica Sette. *Uma metáfora*: música & direito. São Paulo: LTr, 2006.

MAXIMILIANO, Carlos. *Hermenêutica e aplicação do direito*. Rio de Janeiro: Freitas Bastos, 1965.

MILGRAM, Stanley. *Obediência à autoridade – uma visão experimental*. Trad. Luiz Orlando Coutinho Lemos. Rio de Janeiro: Francisco Alves, 1983.

MIRANDA, Francisco Cavalcanti Pontes de. *Tratado de direito privado*. Atual. Vilson Rodrigues Alves. T. 1. Campinas: Bookseller, 1999.

PUTBAM, Robert. D. *Comunidade e democracia* – a experiência da Itália moderna. Trad. Luiz Alberto Monjardim. Rio de Janeiro: Fundação Getúlio Vargas, 1996.

SCHIAVI, Mauro. *Manual de direito processual do trabalho* – de acordo com o novo CPC. 9. ed. São Paulo: LTr, 2015.

SCHMITT, Carl. O Führer protege o direito. Tradução Peter Naumann. In: MACEDO JR., Ronaldo Porto. *Carl Schmitt e a fundamentação do direito*. São Paulo: Max Limonad, 2001.

SILVA, José Afonso da. *Curso de direito constitucional positivo*. 20. ed. São Paulo: Malheiros, 2002.

TIMSIT, Gérard. *La science juridique, science du texte*. In: BOUCIER, Danièle; MACKAY, Pierre. *Lire le droit*: langue, texte, cognition. Paris: LGDJ, 1992.

A Arbitragem em Conflitos Individuais Trabalhistas: Uma Interpretação Constitucional e Lógico-Sistemática do Art. 507-A da CLT

João Renda Leal Fernandes

Juiz do Trabalho Substituto do Tribunal Regional do Trabalho da 1ª Região. Mestrando em Direito do Trabalho e Direito Previdenciário na Universidade do Estado do Rio de Janeiro (UERJ). Pós-graduado em Direito Público pela Universidade Gama Filho (UGF). Ex-bolsista da Japan Student Services Organization *na* Tokyo University of Foreign Studies *(TUFS).*

O art. 507-A, acrescido à CLT pela Lei n. 13.467/2017, passou a prever a possibilidade de inserção de cláusula compromissória em contratos individuais de trabalho, desde que a presença dessa cláusula decorra da iniciativa do próprio empregado ou conte com sua concordância expressa, *verbis*:

> Art. 507-A. Nos contratos individuais de trabalho cuja remuneração seja superior a duas vezes o limite máximo estabelecido para os benefícios do Regime Geral de Previdência Social, poderá ser pactuada cláusula compromissória de arbitragem, desde que por iniciativa do empregado ou mediante a sua concordância expressa, nos termos previstos na Lei n. 9.307, de 23 de setembro de 1996.

Como se sabe, a resolução de um conflito pela via arbitral depende da existência de uma *convenção de arbitragem*, que pode se materializar de duas formas distintas: *cláusula compromissória* ou *compromisso arbitral*.

Cláusula compromissória é o negócio jurídico por meio do qual as partes, prévia e antecipadamente, se comprometem a submeter conflitos porventura surgidos em momento futuro à resolução por meio da arbitragem. Distingue-se do *compromisso arbitral*, pois neste se estipula a via da arbitragem para resolução de um litígio já existente.

Face às previsões contidas no art. 114, §§ 1º e 2º, da CRFB/88, prevalecia anteriormente na jurisprudência a visão de que a arbitragem era permitida apenas para a resolução de conflitos coletivos de trabalho. De acordo com tal entendimento, o instituto seria, contudo, incompatível com a resolução de conflitos individuais de trabalho, pois o art. 1º da Lei de Arbitragem (Lei n. 9.307/96) estabelece que somente litígios relativos a direitos patrimoniais disponíveis seriam suscetíveis de resolução por tal mecanismo.

A fim de justificar a alegada incompatibilidade do instituto com a resolução de conflitos individuais de trabalho, a maioria dos julgados se baseava no princípio da proteção, na ausência de equilíbrio entre as partes, no estado de subordinação, na hipossuficiência econômica e jurídica dos empregados e nas ideias de *irrenunciabilidade* e *indisponibilidade* que norteiam os direitos trabalhistas. A Subseção I de Dissídios Individuais do TST já havia inclusive adotado essa linha de entendimento, consoante julgados a seguir transcritos:

> "Ação civil pública. Ministério Público do Trabalho. Câmara de arbitragem. Imposição de obrigação de não fazer. Abstenção da prática de arbitragem no âmbito das relações de emprego. [...] 3. Seja sob a ótica do art. 114, §§ 1º e 2º, da Constituição Federal, seja à luz do art. 1º da Lei n. 9.307/1996, o instituto da arbitragem não se aplica como forma de solução de conflitos individuais trabalhistas. Mesmo no tocante às prestações decorrentes do contrato de trabalho passíveis de transação ou renúncia, a manifestação de vontade do empregado, individualmente considerado, há que ser apreciada com naturais reservas, e deve necessariamente submeter-se ao crivo da Justiça do Trabalho ou à tutela sindical, mediante a celebração de válida negociação coletiva. Inteligência dos arts. 7º, XXVI, e 114, caput, I, da Constituição Federal. 4. Em regra, a hipossuficiência econômica ínsita à condição de empregado interfere no livre arbítrio individual. Daí a necessidade de intervenção estatal ou, por expressa autorização constitucional, da entidade de classe representativa da

categoria profissional, como meio de evitar o desvirtuamento dos preceitos legais e constitucionais que regem o Direito Individual do Trabalho. Art. 9º da CLT. 5. O princípio tuitivo do empregado, um dos pilares do Direito do Trabalho, inviabiliza qualquer tentativa de promover-se a arbitragem, nos moldes em que estatuído pela Lei n. 9.307/1996, no âmbito do Direito Individual do Trabalho. Proteção que se estende, inclusive, ao período pós-contratual, abrangidas a homologação da rescisão, a percepção de verbas daí decorrentes e até eventual celebração de acordo com vistas à quitação do extinto contrato de trabalho. A premência da percepção das verbas rescisórias, de natureza alimentar, em momento de particular fragilidade do ex-empregado, frequentemente sujeito à insegurança do desemprego, com maior razão afasta a possibilidade de adoção da via arbitral como meio de solução de conflitos individuais trabalhistas, ante o maior comprometimento da vontade do trabalhador diante de tal panorama.

6. A intermediação de pessoa jurídica de direito privado – 'câmara de arbitragem' – quer na solução de conflitos, quer na homologação de acordos envolvendo direitos individuais trabalhistas, não se compatibiliza com o modelo de intervencionismo estatal norteador das relações de emprego no Brasil. [...]" (TST, SDI-I, E-ED-RR n. 25900-67.2008.5.03.0075, Rel. Min. João Oreste Dalazen, j. 16.04.2015, DEJT 22.05.2015)

"ARBITRAGEM. APLICABILIDADE AO DIREITO INDIVIDUAL DE TRABALHO. QUITAÇÃO DO CONTRATO DE TRABALHO. 1. A Lei n. 9.307/96, ao fixar o juízo arbitral como medida extrajudicial de solução de conflitos, restringiu, no art. 1º, o campo de atuação do instituto apenas para os litígios relativos a direitos patrimoniais disponíveis. Ocorre que, em razão do princípio protetivo que informa o direito individual do trabalho, bem como em razão da ausência de equilíbrio entre as partes, são os direitos trabalhistas indisponíveis e irrenunciáveis. Por outro lado, quis o legislador constituinte possibilitar a adoção da arbitragem apenas para os conflitos coletivos, consoante se observa do art. 114, §§ 1º e 2º, da Constituição da República. Portanto, não se compatibiliza com o direito individual do trabalho a arbitragem. 2. Há que se ressaltar, no caso, que a arbitragem é questionada como meio de quitação geral do contrato de trabalho. Nesse aspecto, a jurisprudência desta Corte assenta ser inválida a utilização do instituto da arbitragem como supedâneo da homologação da rescisão do contrato de trabalho. Com efeito, a homologação da rescisão do contrato de trabalho somente pode ser feita pelo sindicato da categoria ou pelo órgão do Ministério do Trabalho, não havendo previsão legal de que seja feito por laudo arbitral. Recurso de Embargos de que se conhece e a que se nega provimento." (TST, SDI-I, E-ED-RR-79500-61.2006.5.05.0028, Rel. Min. João Batista Brito Pereira, DEJT 30.03.2010)

A jurisprudência do Supremo Tribunal Federal vinha se manifestando no sentido de que a aplicabilidade da arbitragem como meio de solução de conflitos individuais trabalhistas constituiria matéria de natureza infraconstitucional, relacionada à interpretação conferida aos dispositivos da Lei n. 9.307/96, o que acabava por inviabilizar, inclusive, o manejo de recursos extraordinários.[1] Isso conferia ainda maior relevância à interpretação predominante no TST sobre o tema.

No ano de 2015, a Lei n. 13.129 tentou introduzir o § 4º ao art. 4º da Lei de Arbitragem (Lei n. 9.307/96), com o intuito de possibilitar a estipulação de cláusula compromissória em contrato de trabalho envolvendo empregado que ocupasse ou viesse a ocupar cargo ou função de administrador ou de diretor estatutário. O dispositivo previa, contudo, que a cláusula compromissória só teria *eficácia* se o empregado tomasse a iniciativa de instituir a arbitragem ou se concordasse expressamente com a sua instituição, *verbis*:

§ 4º Desde que o empregado ocupe ou venha a ocupar cargo ou função de administrador ou de diretor estatutário, nos contratos individuais de trabalho poderá ser pactuada cláusula compromissória, que só terá eficácia se o empregado tomar a iniciativa de instituir a arbitragem ou se concordar expressamente com a sua instituição.

No que se refere aos contratos de adesão, o art. 4º, § 2º, da Lei n. 9.307/96, já previa que a eficácia da cláusula compromissória (ou seja, a possibilidade de que a cláusula produza efeitos) encontra-se condicionada ao fato de o aderente tomar a iniciativa de instituir a arbitragem ou concordar expressamente com a sua instituição.[2]

(1) RE 681.357/BA, Rel. Min Luiz Fux, decisão monocrática, j. 27.06.2012, DJE 27.06.2012. No mesmo sentido: RE 659.893/PR, Rel. Min. Ricardo Lewandowsky, decisão monocrática, j. 17.06.2014, DJE 20.06.2014; e ARE 730.630/MT, 2ª Turma, Rel. Min. Gilmar Mendes, j. 24.06.2014, v.u., DJE 18.08.2014.

(2) Art. 4º, § 2º, *Lei n. 9.307/96. Nos contratos de adesão, a cláusula compromissória só terá eficácia se o aderente tomar a iniciativa de instituir a arbitragem ou concordar, expressamente, com a sua instituição, desde que por escrito em documento anexo ou em negrito, com a assinatura ou visto especialmente para essa cláusula.*

No entanto, o acima transcrito art. 4º, § 4º (dispositivo que tentava autorizar a arbitragem como meio de solução de conflitos individuais de trabalho) foi objeto de veto assinado pelo então Vice-Presidente da República Michel Temer, que seguiu recomendação do Ministério do Trabalho e Emprego. As razões expressas para o veto foram as seguintes:

> "O dispositivo autorizaria a previsão de cláusula de compromisso em contrato individual de trabalho. Para tal, realizaria, ainda, restrições de sua eficácia nas relações envolvendo determinados empregados, a depender de sua ocupação. Dessa forma, acabaria por realizar uma distinção indesejada entre empregados, além de recorrer a termo não definido tecnicamente na legislação trabalhista. Com isso, colocaria em risco a generalidade de trabalhadores que poderiam se ver submetidos ao processo arbitral."

Com a manutenção do veto, ganhou ainda mais força o entendimento – que já era majoritário na jurisprudência – no sentido da incompatibilidade da arbitragem com as lides individuais trabalhistas.(3)

No entanto, ao introduzir o art. 507-A ao texto da CLT, a Reforma Trabalhista levada a efeito pela Lei n. 13.467/2017 reacendeu o debate quanto à aplicabilidade da arbitragem como medida extrajudicial de solução de conflitos individuais na esfera trabalhista.

As disposições do novo art. 507-A merecem ser analisadas sob diferentes aspectos.

De acordo com a redação utilizada, a estipulação de cláusula compromissória é permitida em contratos envolvendo empregados que percebam remuneração mensal superior a duas vezes o valor do benefício mais alto pago pelo Regime Geral de Previdência Social. Em termos práticos, a previsão da resolução de conflitos pela via arbitral será possível para empregados com remuneração superior a R$ 11.291,60, de acordo com os valores vigentes em 2018 (Portaria MF n. 15, publicada no DOU de 17.01.2018, cujo art. 2º estabelece o teto previdenciário no valor de R$ 5.645,80).

Diferentemente do critério previsto no art. 444, parágrafo único, da CLT, o art. 507-A não condiciona a possibilidade de inserção de cláusula compromissória ao fato de o empregado possuir diploma de nível superior.

O dispositivo faz uso, ainda, do termo "remuneração" (conceito mais abrangente do que o de "salário", utilizado no mencionado art. 444, parágrafo único), uma vez que a remuneração abrange o complexo de prestações habitualmente recebidas pelo empregado, o que engloba prestações em dinheiro ou em utilidades provenientes do empregador ou de terceiros. Logo, de acordo com a literalidade dessas inovações legislativas, a possibilidade de adoção da arbitragem abrangerá um número maior de trabalhadores do que a liberdade contratual preconizada pelo art. 444, parágrafo único.

Quando da tramitação do projeto de lei na Câmara dos Deputados, ao justificar a inserção de dispositivo que possibilitava a utilização de arbitragem em conflitos individuais, o Relator Deputado Rogério Marinho ressaltou que teria tido "o cuidado de não permitir indiscriminadamente a todos os empregados, uma vez que a sua fundamentação perpassa pela equivalência entre as partes".(4) No entanto, o critério exclusivamente econômico que o legislador optou por adotar (baseado apenas no requisito da remuneração superior ao dobro do teto de benefícios do RGPS) está longe de assegurar ou garantir minimamente qualquer equivalência entre as partes na negociação ou na estipulação das cláusulas contratuais.

Ainda que o empregado conte com remuneração superior ao dobro do teto de benefícios do RGPS, na grande maioria das vezes o estado de subordinação inerente à procura pelo emprego (e à necessidade de sua manutenção como única ou principal fonte de subsistência) acaba por relativizar e mitigar a autonomia na estipulação de cláusulas contratuais, inclusive na eventual pactuação de cláusula compromissória. Isto é, na maior parte dos casos, o empregado não terá quaisquer condições de efetivamente negociar ou interferir na redação das cláusulas contratuais. Na expressão de origem anglo-saxônica, a proposta contratual de emprego é analisada basicamente na forma do *take-it-or-leave-it*(5) (ou seja, "é pegar ou largar").

---

(3) Sobre o tema, ver VERÇOSA, Fabiane. Arbitragem para a resolução de conflitos trabalhistas no direito brasileiro. In: MELO, Leonardo de Campos; BENEDUZI, Renato Resende (Coord.). *A reforma da arbitragem*. Rio de Janeiro: Forense, 2016. p. 483-502.

(4) CÂMARA DOS DEPUTADOS, Comissão Especial destinada a proferir parecer ao Projeto de Lei n. 6.787/2016, do Poder Executivo, Relatório do Deputado Rogério Marinho. Disponível em: <www.camara.gov.br/proposicoesWeb/prop_mostrarintegra?codteor=1544961>. Acesso em: 25 abr. 2018.

(5) Expressão inclusive utilizada pela veterana Ministra da Suprema Corte dos EUA Ruth Bader Ginsburg ao proferir voto dissidente nos casos *Epic Systems Corp. vs. Lewis, Ernst & Young LLP vs. Morris* e *National Labor Relations Board vs. Murphy Oil USA*, que tratavam da possibilidade de empregadores inserirem convenções de arbitragem nos contratos de trabalho, com previsão de renúncia à participação dos empregados em *class actions*. Em decisão proferida no dia 21.05.2018, por maioria de 5 votos contra

Veja-se, porém, que o art. 507-A utilizou o conceito de cláusula compromissória e previu a possibilidade de sua pactuação *desde que por iniciativa do empregado ou mediante a sua concordância expressa, nos termos previstos na Lei n. 9.307, de 23 de setembro de 1996.*

Como já ressaltado, a cláusula compromissória é negócio jurídico em que se estipula a resolução pela via arbitral antes mesmo da existência de qualquer conflito. A redação do dispositivo acrescido à CLT – desta feita objeto de sanção pelo Presidente da República – se assemelha e se inspira, em certa medida, no já mencionado art. 4º, § 2º, da Lei n. 9.307/96, segundo o qual, nos contratos de adesão, *a cláusula compromissória só terá eficácia se o aderente tomar a iniciativa de instituir a arbitragem ou concordar expressamente com a sua instituição.*

A inspiração na disciplina dos contratos de adesão não é por acaso, como veremos mais adiante. Na maior parte das vezes, não será necessário ir muito longe para se saber que a inserção da cláusula compromissória decorrerá de uma mera imposição do empregador – ainda que o texto da cláusula se encontre em relevo, esteja redigido em instrumento apartado, conte com assinatura destacada do trabalhador ou obedeça a qualquer outra formalidade.

Apesar de tais aspectos, com vênia respeitosa aos que se posicionam em sentido contrário[(6)], e em que pesem as imprecisões na redação do art. 507-A da CLT, nada do exposto até o momento é suficiente a embasar a ideia – até então prevalecente – quanto à absoluta incompatibilidade da arbitragem como meio idôneo para a resolução de conflitos individuais de trabalho, notadamente no que se refere às lides em que se discutem créditos oriundos de relações de trabalho já extintas. Isso porque, uma vez extinto o contrato, os direitos eventualmente violados convertem-se, na maioria das vezes, em direitos de crédito. E tais direitos passam a se inserir na esfera de disponibilidade das partes, seja como direitos patrimoniais disponíveis ou como reflexos patrimoniais de direitos indisponíveis.[(7)] Tanto é assim, que o ordenamento jurídico permite – e os Tribunais inclusive chancelam e incentivam – a transação em conflitos individuais de trabalho.

Como ressalta Iara Alves Cordeiro Pacheco, direitos indisponíveis seriam aqueles irrenunciáveis, intransigíveis, imprescritíveis, em relação aos quais a revelia não se induz e a confissão não produz efeitos.[(8)]

Por outro lado, no que se refere às lides trabalhistas, o obreiro pode optar por não acionar a parte contrária e há previsão expressa de prazo prescricional aplicável para o exercício do direito de ação correspondente (art. 7º, XXIX, CRFB/88).

Além disso, no processo do trabalho, é pacífica a aplicação do instituto da confissão, embora os arts. 345, II, e 392, do CPC/2015, textualmente prevejam a inexistência de confissão quanto a direitos reconhecidamente indisponíveis (nesse sentido, vejam-se as Súmulas ns. 9 e 74 do TST).[(9)]

No ordenamento jurídico pátrio não há, ademais, vedação expressa à utilização da arbitragem em lides individuais de trabalho. Tampouco há qualquer dispositivo que restrinja a apreciação desses litígios exclusivamente à Justiça do Trabalho. Como se sabe, se a lei não restringiu, não cabe ao intérprete fazê-lo.

Ao contrário, o art. 3º, § 1º, do CPC/2015, é expresso ao estabelecer que é permitida a arbitragem, na forma da lei e o art. 507-A da CLT vem agora expressamente consagrar a aplicabilidade do instituto aos conflitos individuais de trabalho.

4, a Corte entendeu pela validade da previsão quanto ao uso compulsório da arbitragem, com renúncia ao direito de o trabalhador figurar como substituído em ações coletivas. A decisão, contudo, não abrangia os trabalhadores sindicalizados. Acórdão disponível em: <https://www.supremecourt.gov/opinions/17pdf/16-285_q8l1.pdf>. Acesso em: 25 maio 2018.

(6) Entendem como inconstitucional o art. 507-A da CLT e defendem a inaplicabilidade da arbitragem aos conflitos individuais de trabalho, entre outros, FELICIANO, Guilherme Guimarães [*et al*]. *Comentários à lei da reforma trabalhista*: dogmática, visão crítica e interpretação constitucional. São Paulo: LTr, 2018. p. 123-126; e MILANI, Fabio Rodrigo. A inaplicabilidade da cláusula compromissória aos contratos individuais de trabalho. In: DALLEGRAVE NETO, José Afonso; KAJOTA, Ernani [Coord.]. *Reforma trabalhista ponto a ponto*: estudos em homenagem ao professor Luiz Eduardo Gunther. São Paulo: LTr, 2018. p. 186-194.

(7) Pela aplicabilidade da arbitragem aos conflitos individuais trabalhistas, ver: SANTOS, Enoque Ribeiro dos. Aplicabilidade da arbitragem nas lides individuais de trabalho. In: MIESSA, Élisson; CORREIA, Henrique [Org.]. *A reforma trabalhista e seus impactos*. Salvador: JusPodivm, 2017. p. 891-905; e BERNARDES, Felipe. *Manual de processo do trabalho*. Salvador: JusPodivm, 2018. p. 121-126.

(8) PACHECO, Iara Alves Cordeiro. *Os direitos trabalhistas e a arbitragem*. São Paulo: LTr, 2003. p. 122.

(9) Segundo Reinaldo de Francisco Fernandes, "além da inaplicabilidade da confissão, outro pressuposto dos direitos indisponíveis é a inexistência de prescrição do exercício do direito de ação de seus preceitos." (FERNANDES, Reinaldo de Francisco. O direito do trabalho como direito (in)disponível e a autonomia da vontade nos contratos de trabalho. In: MANNRICH, Nelson; FERNANDES, Reinaldo de Francisco [Coord.]. *Temas contemporâneos de direito do trabalho*. São Paulo: LTr, 2016. p. 194).

Embora bem menos frequentes, não se pode ignorar também a existência de casos em que os elementos da hipossuficiência ou vulnerabilidade econômica e jurídica do empregado se revelam de forma bastante mitigada ou rarefeita, como nos casos envolvendo diretores empregados e altos executivos de instituições financeiras ou de empresas multinacionais (ditos *C-Levels*), com vultuosos ganhos mensais e elevado grau de *expertise* e conhecimento técnico em sua área de atuação. Como salienta Reinaldo De Francisco Fernandes, "quanto maior a autonomia do empregado, menor será a intervenção estatal, ou seja, a autonomia é a razão direta da (in)disponibilidade dos direitos da relação de emprego".(10)

Mauro Schiavi também é assertivo ao sustentar que "para algumas espécies de contratos de trabalho ou de emprego em que o trabalhador apresente hipossuficiência mais rarefeita, como os altos empregados, a arbitragem poderá ser utilizada, desde que seja espontânea a adesão do trabalhador, e após cessado o contrato de trabalho".(11)

A arbitragem, tal como já ocorre em inúmeros outros países, poderá trazer importantes contribuições à resolução de lides individuais trabalhistas, especialmente em casos que versem sobre matérias altamente especializadas, quando as partes poderão eleger árbitros que possuam elevado conhecimento técnico sobre determinada área do saber. O instituto pode, ainda, garantir confidencialidade ao procedimento, o que beneficiará a preservação da intimidade e privacidade dos envolvidos, bem como evitará prejuízos a empregados que desejem se recolocar no mercado de trabalho. A celeridade e a irrecorribilidade das decisões também são aspectos que, em muitos casos, poderão significar vantagens do procedimento arbitral como um meio eficaz e eficiente para a resolução de conflitos individuais trabalhistas.

Amauri Mascaro Nascimento e Sônia Mascaro Nascimento apontam que a utilização da arbitragem como mecanismo heterônomo de solução de conflitos está presente em quase todos os países, embora com maior ou menor amplitude, "sendo difícil encontrar um país no qual os conflitos trabalhistas não possam ser decididos por esse meio".(12)

Dessa forma, em que pese a redação e os critérios adotados pelo art. 507-A sejam criticáveis sob diferentes aspectos, entendemos que a arbitragem, a princípio, é meio válido para a resolução de conflitos individuais trabalhistas nos quais se discutam, após a cessação do contrato de trabalho, direitos situados na esfera de disponibilidade das partes (sejam eles direitos disponíveis ou reflexos patrimoniais de direitos indisponíveis). Concordamos com a doutrina portuguesa de Manuel Barradas, para quem "claramente, os direitos laborais, cujo litígio a eles relativos seja submetido à arbitragem após ter cessado a relação laboral e que tenham natureza meramente económica ou patrimonial, são arbitráveis".(13)

Resta-nos, portanto, avançar quanto à análise da melhor interpretação a ser conferida aos termos do novo dispositivo incluído na CLT.

Em matéria trabalhista, obviamente, a utilização da arbitragem demandará redobrada cautela e cuidado, sobretudo por conta da principiologia e institutos inerentes a tal seara jurídica.

Como já mencionado em linhas anteriores, o critério exclusivamente econômico que o legislador optou por adotar no art. 507-A (cuja cientificidade não é clara, baseada apenas no requisito da remuneração superior ao dobro do teto do RGPS) está longe de assegurar ou garantir minimamente qualquer equivalência entre as partes na negociação ou na estipulação das cláusulas contratuais, especialmente no que diz respeito à eventual inclusão de cláusula compromissória, pactuada antes mesmo da efetiva existência de um conflito.

Ainda que envolva empregado com remuneração superior a R$ 11.291,60, o contrato de trabalho não deixa de ser, com raras exceções, um verdadeiro contrato de adesão, sem maior liberdade ou margem de interferência do trabalhador na estipulação de suas cláusulas. Como ressaltam Mauricio Godinho Delgado e Gabriela Neves Delgado, o contrato empregatício é provavelmente o mais importante contrato de adesão que se conhece no sistema econômico e social contemporâneo.(14)

Não por acaso, como já visto, a redação do art. 507-A buscou inspiração na disciplina dos contratos de

(10) FERNANDES, Reinaldo de Francisco. *Op. cit.*, p. 198.

(11) SCHIAVI, Mauro. *A reforma trabalhista e o processo do trabalho*: aspectos processuais da Lei n. 13.467/2017. 2. ed. São Paulo: LTr, 2018. p. 80.

(12) NASCIMENTO; Amauri Mascaro; NASCIMENTO, Sônia Mascaro. *Curso de direito processual do trabalho*. 29. ed. São Paulo: Saraiva, 2014. p. 53.

(13) BARRADAS, Manuel. *Manual de arbitragem*. Coimbra: Almedina, 2010. p. 134.

(14) DELGADO, Gabriela Neves; DELGADO, Mauricio Godinho. *A reforma trabalhista no Brasil*: com os comentários à Lei n. 13.467/2017. São Paulo: LTr, 2017. p. 158 e 192. No mesmo sentido, ao comentar a ausência de liberdade real na pactuação da convenção de

adesão (art. 4º, § 2º, da Lei n. 9.307/96), ao estabelecer a possibilidade de estipulação de cláusula compromissória *desde que por iniciativa do empregado ou mediante a sua concordância expressa, nos termos previstos na Lei n. 9.307, de 23 de setembro de 1996*.

Note-se: o dispositivo acrescido à CLT faz expressa remissão à disciplina da Lei n. 9.307/96. Ademais, estabelece os requisitos da *iniciativa do empregado* ou sua *concordância expressa*, sem, contudo, estabelecer parâmetros para o preenchimento desses requisitos, o que poderá ensejar interpretações diversas e, consequentemente, considerável insegurança jurídica.

Pelo fato de o contrato de trabalho se tratar, em regra, de um contrato de adesão, e de acordo com interpretação lógico-sistemática – realizada em cotejo com o disposto no art. 4º, § 2º, da Lei n. 9.307/96 –, entendemos que a *iniciativa do empregado* ou sua *concordância expressa* não são meros requisitos de validade da cláusula compromissória (a serem preenchidos quando da celebração do negócio jurídico), mas sim condição para a sua *eficácia* (esta entendida como a aptidão da cláusula compromissória para produzir efeitos concretos).

Isto é, uma vez surgido o conflito de interesses, somente haverá possibilidade de a cláusula compromissória produzir efeitos (campo da *eficácia*) em duas hipóteses: (i) caso a *iniciativa* para instauração concreta da arbitragem parta livremente do próprio trabalhador aderente; ou (ii) caso a iniciativa para instauração da arbitragem parta do empregador, hipótese em que o trabalhador deverá manifestar sua *concordância expressa* com a utilização dessa via para a resolução do litígio (a concordância deve ser manifestada de forma explícita e inequívoca perante o juízo arbitral, pois o silêncio, neste caso, não pode ser interpretado como anuência).

Em todos os casos, se o trabalhador optar pela via judicial para resolução do litígio, o empregador não poderá se opor a tal escolha. Ou seja, de acordo com a interpretação ora proposta, é possível a celebração de convenção de arbitragem (cláusula compromissória ou compromisso arbitral) no âmbito de uma relação individual de trabalho, tal qual previsto no art. 507-A da CLT. No entanto, isso não pode impedir que o trabalhador tenha acesso ao Poder Judiciário, se assim desejar.

Note-se que o art. 507-A não traz qualquer previsão sobre qual parte arcará com as despesas para instauração e realização do procedimento arbitral. Ademais, de acordo com o art. 13, § 7º, da Lei n. 9.307/96, o árbitro ou tribunal arbitral poderá determinar o adiantamento de verbas para despesas e diligências que julgar necessárias.

Graças ao fato de os custos do procedimento arbitral serem, em geral, consideravelmente mais elevados do que aqueles inerentes às reclamações trabalhistas, não se pode impedir que o trabalhador, se assim desejar, opte pela via judicial.

Tal interpretação se mostra consentânea com o princípio constitucional do acesso à Justiça (art. 5º, XXXV, da CRFB/88), com a garantia de assistência jurídica gratuita e integral aos que comprovarem insuficiência de recursos (art. 5º, LXXIV, da CRFB/88) e com o princípio da proteção que norteia o Direito do Trabalho. Não impede, contudo, o necessário respeito à liberdade individual e ao livre desígnio das partes que – de maneira válida, sincera e espontânea – manifestarem o intuito de submeter determinado conflito à resolução pela via da arbitragem (que pode ser meio eficaz, eficiente e adequado para análise da contenda individual).

A interpretação ora proposta evitaria, ainda, inúmeras discussões acerca da efetiva higidez na manifestação de vontade do trabalhador quanto à convenção de arbitragem. Como já ressaltado, a celebração dos contratos individuais de trabalho se dá, em regra, em ambiente no qual falta liberdade real para a estipulação de cláusulas pelo trabalhador. Além disso, a mera observância de determinada formalidade (como a inserção de texto em relevo, redação da cláusula em instrumento apartado, ou assinatura destacada do trabalhador), em que pese desejável, por si só não é suficiente a demonstrar a livre manifestação de vontade quanto à sincera e espontânea escolha da via arbitral, especialmente face aos princípios da proteção e da primazia da realidade que norteiam o Direito do Trabalho.

No âmbito das relações de consumo, ressalte-se que o art. 51, VII, do CDC, estabelece a nulidade de cláusula contratual que determine a utilização compulsória da arbitragem.[15]

É bastante oportuna e pertinente, aqui, a analogia com o Direito do Consumidor, pois seara em que as partes geralmente negociam em situação de desnível

arbitragem, Antonio Umberto de Souza Júnior afirma que o contrato de trabalho é "verdadeiro contrato de adesão imposto, como regra, ao trabalhador a que, ansiando pela admissão e temendo pelo desemprego, dificilmente poderia resistir na prática" (SOUZA JÚNIOR, Antonio Umberto de [*et al*]. *Reforma trabalhista*: análise comparativa e crítica da Lei n. 13.467/2017 e da Med. Prov. n. 808/2017. 2. ed. São Paulo: Rideel, 2018. p. 295).

(15) Art. 51. São nulas de pleno direito, entre outras, as cláusulas contratuais relativas ao fornecimento de produtos e serviços que: VII – determinem a utilização compulsória de arbitragem.

jurídico-econômico e onde frequentes os contratos de adesão, tal qual ocorre nas relações individuais de trabalho.

Não é outro o entendimento do STJ, que – ao interpretar o art. 51, VII, do CDC e o art. 4º, § 2º, da Lei n. 9.307/96 – tem reiteradamente condicionado a eficácia da cláusula compromissória ao fato de (i) o próprio aderente (consumidor) tomar a iniciativa de instituir a arbitragem; ou (ii) o consumidor, quando da instauração da arbitragem, manifestar, de forma clara e explícita, sua concordância com a utilização dessa via para resolução do conflito.

O STJ, portanto, entende possível a inserção de cláusula compromissória em contrato de adesão derivado de uma relação de consumo, tal qual previsto no art. 4, § 2º, da Lei n. 9.307/96. No entanto, a *eficácia* da cláusula (esta entendida como sua possibilidade de produzir efeitos) fica condicionada ao preenchimento de uma das condições já referidas (iniciativa do consumidor para instituição da arbitragem ou manifestação de sua concordância expressa). Em todos os casos, face à vedação quanto às cláusulas que determinem utilização compulsória da arbitragem (art. 51, VII, CDC), não se pode impedir que o consumidor tenha acesso ao Poder Judiciário, se assim desejar (art. 5º, XXXV, da CRFB/88).

Note-se que, de acordo com o STJ, a *iniciativa* para instauração concreta da arbitragem deve partir livremente do próprio consumidor (aderente) ou, caso tal iniciativa parta do fornecedor, o aderente deverá manifestar sua *concordância expressa* com a utilização dessa via para resolução do litígio (a concordância deve ser manifestada de forma explícita, taxativa e sem vícios perante o juízo arbitral, pois o silêncio, para o STJ, não pode ser interpretado como anuência).

Felipe Bernardes aponta que o texto do art. 507-A da CLT – embora tenha previsto de forma atécnica a possibilidade de cláusula compromissória "por iniciativa do empregado" – é bastante semelhante à redação utilizada pelo STJ em seus acórdãos, e chega a dizer que o novo dispositivo celetista teria buscado inspiração na jurisprudência da referida Corte Superior.(16)

Realmente, considerada a similitude dos requisitos relativos à *iniciativa* da parte aderente (oblato) quanto à instituição da arbitragem ou a manifestação de sua *concordância expressa* (art. 507-A da CLT e art. 4º, § 2º, da Lei n. 9.307/96), e consideradas as características semelhantes entre os contratos que envolvem relações de emprego e aqueles relativos às relações de consumo (geralmente marcados pela vulnerabilidade jurídica de uma das partes), a análise da jurisprudência já desenvolvida no âmbito do STJ adquire grande relevância e pode servir como valoroso norte interpretativo para o ramo trabalhista.

Neste sentido, a confirmar os critérios interpretativos acima descritos, passo a transcrever alguns importantes julgados de lavra do STJ no que se refere à existência de convenção de arbitragem em contratos de adesão e em relações de consumo:

> "[...] 6. Dessarte, a instauração da arbitragem pelo consumidor vincula o fornecedor, mas a recíproca não se mostra verdadeira, haja vista que a propositura da arbitragem pelo policitante depende da ratificação expressa do oblato vulnerável, não sendo suficiente a aceitação da cláusula realizada no momento da assinatura do contrato de adesão. Com isso, evita-se qualquer forma de abuso, na medida em o consumidor detém, caso desejar, o poder de libertar-se da via arbitral para solucionar eventual lide com o prestador de serviços ou fornecedor. É que a recusa do consumidor não exige qualquer motivação. Propondo ele ação no Judiciário, haverá negativa (ou renúncia) tácita da cláusula compromissória.
>
> 7. Assim, é possível a cláusula arbitral em contrato de adesão de consumo quando não se verificar presente a sua imposição pelo fornecedor ou a vulnerabilidade do consumidor, bem como quando a iniciativa da instauração ocorrer pelo consumidor ou, no caso de iniciativa do fornecedor, venha a concordar ou ratificar expressamente com a instituição, afastada qualquer possibilidade de abuso.
>
> 8. Na hipótese, os autos revelam contrato de adesão de consumo em que fora estipulada cláusula compromissória. Apesar de sua manifestação inicial, a mera propositura da presente ação pelo consumidor é apta a demonstrar o seu desinteresse na adoção da arbitragem – não haveria a exigível ratificação posterior da cláusula [...]" (STJ, 4ª T, REsp n. 1.189.050/SP, Rel. Min. Luis Felipe Salomão, j. 01.03.2016, v.u., DJE 14.03.2016).

> "[...] 5. O art. 51, VII, do CDC limita-se a vedar a adoção prévia e compulsória da arbitragem, no momento da celebração do contrato, mas não impede que, posteriormente, diante de eventual litígio, havendo consenso entre as partes (em especial a aquiescência do consumidor), seja instaurado o procedimento arbitral.
>
> 6. Na hipótese sob julgamento, a atitude da recorrente (consumidora) de promover o ajuizamento

(16) BERNARDES, Felipe. *Op. cit.*, p. 125.

da ação principal perante o juízo estatal evidencia, ainda que de forma implícita, a sua discordância em submeter-se ao procedimento arbitral, não podendo, pois, nos termos do art. 51, VII, do CDC, prevalecer a cláusula que impõe a sua utilização, visto ter-se dado de forma compulsória." (STJ, 3ª T, REsp n. 1.628.819/MG, Rel. Min. Nancy Andrighi, j. 27.02.2018, v.u., DJE 15.03.2018)

"[...] Verifica-se às fls. 13-35 (e-STJ) que o contrato anexado aos autos é um contrato de adesão. Sendo assim, o entendimento do Tribunal *a quo* está em consonância com a jurisprudência desta Corte no sentido de que só haverá falar em eficácia da cláusula compromissória já prevista em contrato de adesão se o consumidor vier a tomar a iniciativa do procedimento arbitral, ou se vier a ratificar posteriormente a sua instituição, no momento do litígio em concreto, confirmando a intenção da eleição de outrora. [...]" (STJ, REsp n. 1.649.252/GO, Rel. Min. Marco Aurélio Belizze, j. 10.02.2017, decisão monocrática, DJE 08.03.2017)

"1. Com a promulgação da Lei de Arbitragem, passaram a conviver, em harmonia, três regramentos de diferentes graus de especificidade: (i) a regra geral, que obriga a observância da arbitragem quando pactuada pelas partes, com derrogação da jurisdição estatal; (ii) a regra específica, contida no art. 4º, § 2º, da Lei n. 9.307/96 e aplicável a contratos de adesão genéricos, que restringe a eficácia da cláusula compromissória; e (iii) a regra ainda mais específica, contida no art. 51, VII, do CDC, incidente sobre contratos derivados de relação de consumo, sejam eles de adesão ou não, impondo a nulidade de cláusula que determine a utilização compulsória da arbitragem, ainda que satisfeitos os requisitos do art. 4º, § 2º, da Lei n. 9.307/96.

2. O art. 51, VII, do CDC se limita a vedar a adoção prévia e compulsória da arbitragem, no momento da celebração do contrato, mas não impede que, posteriormente, diante de eventual litígio, havendo consenso entre as partes (em especial a aquiescência do consumidor), seja instaurado o procedimento arbitral. (...)" (STJ, 3ª T, REsp n. 1.169.841/RJ, Rel. Min. Nancy Andrighi, j. 06.11.2012, v.u., DJE 14.11.2012)

A utilização da arbitragem na resolução de conflitos individuais trabalhistas será, ainda, certamente objeto de ampla discussão na literatura jurídica e nas decisões dos Tribunais brasileiros. Conforme assevera Homero Batista, "haverá grande controvérsia judicial a respeito, haja vista que, em casos análogos, a Justiça do Trabalho não aceitou essa forma alternativa de solução de conflito por entender que os créditos trabalhistas se inserem no contexto dos direitos indisponíveis, matéria infensa à arbitragem conforme disposto na Lei n. 9.307/1996".[17]

No entanto, ao nos filiarmos à corrente doutrinária que admite, a princípio, a aplicabilidade da arbitragem para a resolução de tais conflitos – notadamente aqueles referentes a relações de trabalho já extintas em que se discutem apenas direitos patrimoniais disponíveis ou reflexos patrimoniais de direitos indisponíveis –, torna-se imperioso estabelecer uma interpretação que analise de forma sistêmica e harmonize o conteúdo do art. 507-A da CLT com os termos da Lei n. 9.307/96 (em especial seu art. 4º, § 2º), com o princípio constitucional do acesso à Justiça (art. 5º, XXXV, da CRFB/88), com a garantia de assistência jurídica gratuita e integral aos que comprovarem insuficiência de recursos (art. 5º, LXXIV, CRFB/88), e com a principiologia própria inerente ao Direito do Trabalho.

Face à revogação do art. 477, § 1º, da CLT pela Lei n. 13.467/2017[18], há de se ressaltar também que o instituto da arbitragem e as Câmaras arbitrais não podem se prestar, em todo caso, para a perpetração de fraudes. A escolha da via arbitral pressupõe obviamente a efetiva existência de um conflito de interesses, o qual poderá obter solução adequada, célere e eficiente por meio de tal mecanismo.

A busca da arbitragem com o simples intuito de pagar verbas rescisórias e obter quitação geral quanto ao extinto contrato – a fim de evitar e inviabilizar qualquer discussão posterior quanto a direitos trabalhistas – é prática eivada de evidente nulidade e, como tal, deve ser coibida.

Os próprios autores entusiastas da arbitragem já reconheciam a impossibilidade de utilização do instituto para a simples quitação de verbas rescisórias. Veja-se, neste sentido, o que já dizia a doutrina de Ana Lúcia Pereira:

> submeter verbas rescisórias à arbitragem é deixar patente e de forma inequívoca a coação e o vício de consentimento, visto que o empregado não tem alternativa. Não lhe está sendo

(17) SILVA, Homero Batista Mateus da. *Comentários à reforma trabalhista*. São Paulo: Revista dos Tribunais, 2017. p. 70.

(18) O art. 477, § 1º, da CLT, previa que o pedido de dispensa ou o recibo de quitação de rescisão do contrato de trabalho, assinado por empregado que contasse com mais de um ano de serviço para a empresa, só seria válido quando feito com a assistência do respectivo sindicato da categoria profissional ou perante autoridade do Ministério do Trabalho.

dada nenhuma alternativa em escolher ou não a arbitragem, pois se considerarmos verbas rescisórias como sendo verbas alimentares, indispensáveis para a sua sobrevivência até que receba novo salário, não terá o empregado opção em dizer que não concorda com a arbitragem. Assim, deve ser a arbitragem utilizada efetivamente como uma escolha para que o empregado possa reivindicar suas pendências, da mesma forma que o faria se estivesse se dirigindo à Justiça do Trabalho, já tendo, inclusive, recebido suas verbas rescisórias, suas guias para sacar o FGTS e o seguro-desemprego. [...][(19)]

Vale lembrar que, em passado recente, a Lei n. 9.958/2000 introduziu à CLT os arts. 625-A a 625-H, para prever a possibilidade de solução extrajudicial de litígios trabalhistas por meio das chamadas "Comissões de Conciliação Prévia" (CCPs), às quais se atribuiu competência para tentativa de conciliação dos conflitos individuais de trabalho. Segundo redação do art. 625-E, parágrafo único, da CLT, o termo de conciliação lavrado perante a CCP teria *eficácia liberatória geral, exceto quanto às parcelas expressamente ressalvadas*.

Contudo, não foi incomum a utilização do instituto de forma desvirtuada, como instrumento para práticas fraudulentas, em que acordos passaram a ser homologados quando sequer havia litígios e, muito menos, concessões mútuas. Dessa forma, na prática, as CCPs foram muitas vezes utilizadas como simples meio para se tentar obter a almejada eficácia liberatória geral.

Diante desse cenário, não foram raras as vezes em que a jurisprudência teve de reconhecer a invalidade de ajustes celebrados perante CCPs, tal qual se verifica nos julgados a seguir transcritos:

> "DO PAGAMENTO DAS VERBAS RESCISÓRIAS PERANTE A COMISSÃO DE CONCILIAÇÃO PRÉVIA. DESVIRTUAMENTO DO INSTITUTO. FRAUDE EVIDENCIADA. NULIDADE DA AVENÇA. A finalidade das Comissões de Conciliação Prévia, instituídas pelas empresas e sindicatos, é a de tentar conciliar os conflitos individuais do trabalho, nos estritos termos contidos no art. 625-A da CLT. Efetivamente, não podem funcionar como uma instância homologadora de rescisão. Configurada a fraude, imperiosa a declaração de nulidade da avença. Recurso ordinário a que se nega provimento." (TRT-6ª Região, 3ª T, RO n. 0001891-29.2015.5.06.0102, Rel. Ana Catarina Cisneiros Barbosa de Araujo, j. 05.06.2017, publicação 08.06.2017)".
>
> "ACORDO PERANTE A COMISSÃO DE CONCILIAÇÃO PRÉVIA. INVALIDADE. IMPRESCINDIBILIDADE DA EXISTENCIA DE VERBAS DE EXISTÊNCIA DUVIDOSA OU CONTROVERTIDA. IMPOSSIBILIDADE DE UTILIZAÇÃO DA COMISSÃO DE CONCILIAÇÃO PRÉVIA APENAS PARA PAGAMENTO DAS VERBAS RESCISÓRIAS. A Comissão de Conciliação Prévia constitui meio de solução de conflitos trabalhistas, que possui eficácia extintiva da obrigação, mas, para tanto, deve ser válido o acordo firmado, o que não ocorre no caso. Constitui acordo a solução do conflito entre as partes, através da concessão mútua dos litigantes. Assim, para que se caracterize a transação há necessidade de que a matéria discutida seja controvertida. Segundo Dorval Lacerda, citado por Arnaldo Süssekind, a transação 'é um ato jurídico pelo qual as partes, fazendo-se concessões recíprocas, extinguem obrigações litigiosas ou duvidosas' (A renúncia no direito do Trabalho, 1943, p. 91, 179 e 180, *apud* Instituições de Direito do Trabalho, 20. ed. São Paulo, LTr, 2002, p. 207). Assim, a dúvida ou controvérsia acerca da pretensão da parte constitui requisito indispensável à validade da transação." (TRT-2ª Região, 4ª T, RO n. 0002520-43.2011.5.02.0073, Rel. Ivani Contini Bramante, j. 09.12.2014, publicação 09.01.2015).

Ao regulamentar a lei, o Ministério do Trabalho e Emprego editou a Portaria n. 329/2002, em que fixava o seguinte entendimento:

> Art. 11. A conciliação deverá cingir-se a conciliar direitos ou parcelas controversas. Parágrafo único. Não pode ser objeto de transação o percentual devido a título de FGTS, inclusive a multa de 40% sobre todos os depósitos devidos durante a vigência do contrato de trabalho, nos termos da Lei n. 8.036, de 11 de maio de 1990.

Assim, conforme jurisprudência, e consoante interpretação conferida pelo próprio Poder Executivo, somente seria válido um acordo celebrado perante CCP no qual, de fato, houvesse efetiva transação (o que pressupõe a existência de concessões recíprocas), e não apenas renúncia a direitos ou submissão de uma parte à outra. Por óbvio, é ainda importante a própria existência de uma relação litigiosa e de efetiva controvérsia

(19) PEREIRA, Ana Lúcia. Considerações sobre a utilização da arbitragem nos contratos individuais de trabalho. *Revista de Arbitragem e Mediação*. São Paulo, v. 23, out./dez. 2009. p. 104.

quanto às parcelas devidas, não podendo o instituto servir como simples meio de se obter quitação geral quanto ao extinto contrato e, assim, como um obstáculo de acesso à Justiça.

A análise dessas experiências pretéritas mostra-se relevante, a fim de que não se repitam – por meio de novos institutos incorporados à CLT, como é o caso da arbitragem – os mesmos erros do passado, o que poderá também gerar declarações de nulidade e consequente desuso.

Tal qual verificado na experiência das CCPs, o funcionamento de Câmaras arbitrais como meros agentes homologadores de rescisão de contratos de trabalho – sem que haja efetivamente uma relação jurídica duvidosa, e mediante inserção de cláusulas de quitação geral – constitui completo e absoluto desvirtuamento, além de fraude e flagrante nulidade.

Caso o empregador se valha desse instituto com tal (desvio de) finalidade, eventuais decisões proferidas ou acordos celebrados em sede arbitral poderão ter sua validade eventualmente questionada perante o Poder Judiciário.

1. CONCLUSÃO

Uma vez extinto o contrato de trabalho, os direitos eventualmente violados convertem-se, na maioria das vezes, em direitos de crédito, com nítido viés econômico. E tais direitos passam a se inserir na esfera de disponibilidade das partes, seja como direitos patrimoniais disponíveis, seja como reflexos patrimoniais de direitos indisponíveis. Os conflitos de interesses relativos a tais direitos são, a princípio, solucionáveis por meio do instituto da arbitragem.

No que se refere às disposições contidas no novo art. 507-A da CLT, entendemos que, além de a cláusula compromissória somente ser possível em contratos envolvendo empregados que percebam remuneração superior a duas vezes o teto de benefícios do RGPS, a produção de efeitos da cláusula dependerá da iniciativa do trabalhador para instituição da arbitragem ou da manifestação de sua concordância clara, expressa e inequívoca.

No mesmo sentido da interpretação adotada pelo STJ quanto ao art. 4º, § 2º, da Lei n. 9.307/96, e art. 51, VII, do CDC, entendemos que, após o surgimento efetivo do conflito, a *iniciativa* para instauração concreta da arbitragem deve partir livremente do próprio aderente (no caso, o trabalhador) ou, se a iniciativa para instauração da arbitragem partir do empregador ou tomador de serviços, o trabalhador deverá manifestar sua *concordância expressa* com a utilização dessa via para resolução do litígio (a concordância deve ser manifestada de forma explícita, taxativa e sem vícios perante o juízo arbitral, pois o silêncio, para o STJ, não pode ser interpretado como anuência).

Ou seja, a *iniciativa do empregado* ou a manifestação de sua *concordância expressa* (requisitos estabelecidos no art. 507-A da CLT) não são meros requisitos de validade da cláusula compromissória (a serem preenchidos quando da celebração do negócio jurídico), mas sim condição para a sua *eficácia* (esta entendida como a aptidão da cláusula compromissória para produzir efeitos concretos) e deverão ser atendidos já depois do efetivo surgimento do conflito.

De toda forma, se o trabalhador optar pela via judicial para resolução do litígio, o empregador não poderá se opor a tal escolha.

Tal interpretação se mostra consentânea com o princípio constitucional do acesso à Justiça (art. 5º, XXXV, da CRFB/88), com a garantia de assistência jurídica gratuita e integral aos que comprovarem insuficiência de recursos (art. 5º, LXXIV, da CRFB/88), com o princípio da proteção que norteia o Direito do Trabalho e com a jurisprudência do STJ relativa à arbitragem em relações de consumo (seara também marcada pela vulnerabilidade jurídica de uma das partes). Não impede, contudo, o necessário respeito à liberdade individual e ao livre desígnio das partes que – de maneira válida, sincera e espontânea – manifestarem o intuito de submeter determinado conflito à resolução pela via da arbitragem, que pode ser meio eficaz, eficiente e adequado para análise da contenda individual após a extinção de um contrato de trabalho.

Face à revogação do art. 477, § 1º, da CLT pela Lei n. 13.467/2017, o instituto da arbitragem e as Câmaras arbitrais não podem se prestar, em todo caso, para a perpetração de fraudes. A escolha da via arbitral pressupõe obviamente a efetiva existência de um conflito de interesses e de uma relação jurídica duvidosa, em que discutidos direitos disponíveis ou reflexos patrimoniais de direitos indisponíveis.

A busca da arbitragem, pelos empregadores, com o simples intuito de pagar verbas rescisórias e obter quitação geral quanto ao extinto contrato – a fim de evitar e inviabilizar qualquer discussão posterior, como simples mecanismo para obstaculizar o ajuizamento de ações trabalhistas – é prática eivada de evidente nulidade e, como tal, deve ser coibida. Em termos simples, Câmaras arbitrais não podem servir como agentes homologadores de rescisões contratuais, pagamento de verbas rescisórias e meio de restrição de acesso à Justiça, sob pena de total desvirtuamento do instituto.

2. REFERÊNCIAS BIBLIOGRÁFICAS

ALLAN, Nuredin Ahmad. A arbitragem e a figura do trabalhador hipersuficiente. In: DALLEGRAVE NETO, José Afonso; KAJOTA, Ernani [Coord.]. *Reforma trabalhista ponto a ponto*: estudos em homenagem ao professor Luiz Eduardo Gunther. São Paulo: LTr, 2018.

BARRADAS, Manuel. *Manual de arbitragem*. Coimbra: Almedina, 2010.

BERNARDES, Felipe. *Manual de processo do trabalho*. Salvador: *JusPodivm*, 2018.

CÂMARA DOS DEPUTADOS, Comissão Especial destinada a proferir parecer ao Projeto de Lei n. 6.787/2016, do Poder Executivo. Relatório do Deputado Federal Rogério Marinho. Disponível em: <www.camara.gov.br/proposicoesWeb/prop_mostrarintegra?codteor=1544961>. Acesso em: 25 abr. 2018.

CASSAR, Vólia Bomfim; BORGES, Leonardo Dias. *Comentários à reforma trabalhista*. Rio de Janeiro: Forense; São Paulo: Método, 2017.

DELGADO, Gabriela Neves; DELGADO, Mauricio Godinho. *A reforma trabalhista no Brasil*: com os comentários à Lei n. 13.467/2017. São Paulo: LTr, 2017.

DIAS, Carlos Eduardo Oliveira; FELICIANO, Guilherme Guimarães [*et al*]. *Comentários à lei da reforma trabalhista*: dogmática, visão crítica e interpretação constitucional. São Paulo: LTr, 2018.

FERNANDES, Reinaldo de Francisco. O direito do trabalho como direito (in)disponível e a autonomia da vontade nos contratos de trabalho. In: MANNRICH, Nelson; FERNANDES, Reinaldo de Francisco (Coord.). *Temas contemporâneos de direito do trabalho*. São Paulo: LTr, 2016.

FERREIRA, Olavo Augusto Vianna Alves. O art. 507-A da CLT: constitucionalidade e aplicação. In: MIESSA, Élisson; CORREIA, Henrique (Org.). *A reforma trabalhista e seus impactos*. Salvador: *JusPodivm*, 2017.

GARCIA, Gustavo Filipe Barbosa. *Reforma trabalhista*. 2. ed. Salvador: *JusPodivm*, 2017.

MILANI, Fabio Rodrigo. A inaplicabilidade da cláusula compromissória aos contratos individuais de trabalho. In: DALLEGRAVE NETO, José Afonso; KAJOTA, Ernani [Coord.], *Reforma trabalhista ponto a ponto*: estudos em homenagem ao professor Luiz Eduardo Gunther. São Paulo: LTr, 2018.

MOURA, Marcelo. *Reforma trabalhista*: comentários à Lei n. 13.467/2017. Salvador: *JusPodivm*, 2018.

NASCIMENTO; Amauri Mascaro; NASCIMENTO, Sônia Mascaro. *Curso de direito processual do trabalho*. 29. ed. São Paulo: Saraiva, 2014.

PACHECO, Iara Alves Cordeiro. *Os direitos trabalhistas e a arbitragem*. São Paulo: LTr, 2003.

PEREIRA, Ana Lúcia. Considerações sobre a utilização da arbitragem nos contratos individuais de trabalho. *Revista de Arbitragem e Mediação*. São Paulo, v. 23, out./dez. 2009. p. 89-108.

PEREIRA, Leone. Arbitragem e os reflexos da reforma trabalhista. In: MIESSA, Élisson; CORREIA, Henrique [Org.]. *A reforma trabalhista e seus impactos*. Salvador: *JusPodivm*, 2017.

SANTOS, Enoque Ribeiro dos. Aplicabilidade da arbitragem nas lides individuais de trabalho. In: MIESSA, Élisson; CORREIA, Henrique [Org.]. *A reforma trabalhista e seus impactos*. Salvador: *JusPodivm*, 2017.

SCHIAVI, Mauro. *A reforma trabalhista e o processo do trabalho*: aspectos processuais da Lei n. 13.467/17. 2. ed. São Paulo: LTr, 2018.

SILVA, Bruno Freire e. *A reforma processual trabalhista e o acesso à Justiça*. Rio de Janeiro, 2018. No prelo.

SILVA, Homero Batista Mateus da. *Comentários à reforma trabalhista*. São Paulo: Revista dos Tribunais, 2017.

SOUZA JÚNIOR, Antonio Umberto de [*et al*]. *Reforma trabalhista*: análise comparativa e crítica da Lei n. 13.467/2017 e da Med. Prov. n. 808/2017. 2. ed. São Paulo: Rideel, 2018.

SUPREME COURT OF THE UNITED STATES, <https://www.supremecourt.gov/opinions/17pdf/16-285_q8l1.pdf>. Acesso em: 25 maio 2018.

VERÇOSA, Fabiane. Arbitragem para a resolução de conflitos trabalhistas no direito brasileiro. In: MELO, Leonardo de Campos; BENEDUZI, Renato Resende (Coord.). *A reforma da arbitragem*. Rio de Janeiro: Forense, 2016.

Processo de Jurisdição Voluntária para Homologação de Acordo Extrajudicial

Cleber Martins Sales

Juiz do Trabalho na 18ª Região. Presidente da Associação dos Magistrados do Trabalho da 18ª Região. Especialista em Economia do Trabalho e Sindicalismo (Fecamp/Unicamp). Professor e palestrante.

O Direito Individual do Trabalho sempre foi refratário às formas de composição extrajudicial, com manifesto receio de os trabalhadores restarem subjugados pela prevalência do capital sobre o trabalho, pois a hipossuficiência impediria a necessária igualdade nas relações de trabalho, desvirtuando, por consequência, eventuais acordos celebrados fora do alcance do olhar da Justiça do Trabalho.

Nesse contexto, a Justiça Especializada nunca admitiu que patrões e empregados aportassem no Judiciário para, em sede de jurisdição voluntária, submeterem à apreciação judicial um acordo celebrado extrajudicialmente. Como efeito colateral desta indisposição do processo do trabalho para tomar conhecimento destes ajustes feitos diretamente pelas partes contratuais, pululavam ações trabalhistas simplesmente simuladas, preparadas com ou sem a anuência do empregado, exclusivamente para obterem o manto da coisa julgada sobre o acordo já estabelecido antes mesmo do ajuizamento da ação, o que depunha contra a eficácia da própria Justiça, pois nem sempre os magistrados conseguiam identificar a fraude e obstar os seus efeitos.

Culturalmente, a formação jurídica no Brasil tangencia os mecanismos de solução extrajudicial dos conflitos havidos em sociedade, vivenciando-se ao extremo o fenômeno da judicialização mesmo quanto às questões triviais da convivência social, o que, no âmbito do Direito do Trabalho, especialmente no plano individual, leva os sujeitos das relações de trabalho à desconfiança mútua, relegando a meras peças sem validade a esmagadora maioria dos ajustes formulados no seio dos contratos de trabalho, inclusive à luz da regra mãe das nulidades laborais, inscrita no art. 9º da CLT:

> Art. 9º Serão nulos de pleno direito os atos praticados com o objetivo de desvirtuar, impedir ou fraudar a aplicação dos preceitos contidos na presente Consolidação.

Registre-se que com o advento da Lei n. 13.105/2015 (NCPC), ganham protagonismo no processo comum as formas de composição extrajudicial dos conflitos de interesses, obtendo relevo os institutos da mediação, da conciliação e da própria arbitragem, embora, no caso de homologação de acordos extrajudiciais, esta já fosse uma realidade acessível no âmbito do direito comum, a exemplo do que consigna o art. 57 da Lei n. 9.090/95:

> Art. 57. O acordo extrajudicial, de qualquer natureza ou valor, poderá ser homologado, no juízo competente, independentemente de termo, valendo a sentença como título executivo judicial.
>
> Parágrafo único. Valerá como título extrajudicial o acordo celebrado pelas partes, por instrumento escrito, referendado pelo órgão competente do Ministério Público.

No mesmo sentido, o teor do art. 725, VIII, do Código de Processo Civil:

> Art. 725. Processar-se-á na forma estabelecida nesta Seção, o pedido de:
>
> [...]
>
> VIII – homologação de autocomposição extrajudicial, de qualquer natureza ou valor.
>
> [...]

Assim é que o legislador, com a Lei n. 13.467/2017, decidiu estabelecer procedimento que denominou de "processo" de jurisdição voluntária para homologação de acordo extrajudicial para que a Justiça do Trabalho conheça de pretensões que não constituam litígios propriamente ditos (pretensão qualificada por uma resistência), mas que poderiam vir a se tornar (circunstâncias duvidosas), caso não se avance para a formulação de acordos extrajudiciais claros e seguros.

Ao contrário da terminologia processual tecnicamente adequada adotada para o Capítulo XV do CPC

("Dos Procedimentos de Jurisdição Voluntária"), o legislador processual trabalhista acabou utilizando o termo *processo*, muito embora a jurisdição voluntária se desenvolva basicamente em contexto de procedimento. Poderia, assim, ter havido a uniformização com a denominação do processo comum. Na essência, contudo, esta diferença de epítetos não afeta a essência dos institutos.

Neste sentir, a chamada reforma trabalhista acresceu a alínea *f* ao art. 652 da Consolidação das Leis do Trabalho, passando a atribuir competência às varas do trabalho (Juízes do Trabalho) para decidirem quanto à homologação de acordo extrajudicial, o que não era admitido pela doutrina e jurisprudência predominantes. Confira-se:

> Art. 652. Compete às Varas do Trabalho:
> [...]
> f) decidir quanto à homologação de acordo extrajudicial em matéria de competência da Justiça do Trabalho.

Abre-se funcionalmente a possibilidade de a Justiça do Trabalho apreciar acordos extrajudiciais em matéria afeta à sua competência (art. 114 da CF), o que significa dizer que o leque de interessados no plano da jurisdição voluntária trabalhista não ficará restrito às figuras do empregado e do empregador, podendo alcançar quaisquer dos sujeitos que tenham relação com a competência material laboral.[1]

Abrangendo a competência material da Justiça do Trabalho, é razoável cogitar-se de jurisdição voluntária também no âmbito dos tribunais, naquilo em que sejam funcionalmente competentes, como as matérias afetas à sua competência originária, nada impedindo que se aprecie no segundo grau de jurisdição um pedido de homologação de acordo extrajudicial envolvendo, por exemplo, direito de greve no âmbito sindical, como forma de prevenir, consequentemente, dissídios coletivos.

Estas, pois, são as balizas inerentes às matérias que poderão ser tratadas no âmbito do novo procedimento de jurisdição voluntária trabalhista, mas importa analisá-lo também sob a perspectiva da competência territorial para apreciar os pedidos de homologação de acordo extrajudicial. Para tanto, o ponto de partida não pode deixar de ser o disposto no art. 651 da Consolidação das Leis do Trabalho, que assim dispõe:

> Art. 651. A competência das Juntas de Conciliação e Julgamento é determinada pela localidade onde o empregado, reclamante ou reclamado, prestar serviços ao empregador, ainda que tenha sido contratado noutro local ou no estrangeiro.
> § 1º Quando for parte de dissídio agente ou viajante comercial, a competência será da Junta da localidade em que a empresa tenha agência ou filial e a esta o empregado esteja subordinado e, na falta, será competente a Junta da localização em que o empregado tenha domicílio ou a localidade mais próxima.
> § 2º A competência das Juntas de Conciliação e Julgamento, estabelecida neste artigo, estende-se aos dissídios ocorridos em agência ou filial no estrangeiro, desde que o empregado seja brasileiro e não haja convenção internacional dispondo em contrário.
> § 3º Em se tratando de empregador que promova realização de atividades fora do lugar do contrato de trabalho, é assegurado ao empregado apresentar reclamação no foro da celebração do contrato ou no da prestação dos respectivos serviços.

Como o critério é relativo e não absoluto, os parâmetros do art. 651 da CLT são apropriados para a identificação do juízo competente para apreciar o pleito homologatório, fixando-se no foro que teria a

---

(1) "CF, Art. 114. Compete à Justiça do Trabalho processar e julgar:
I – as ações oriundas da relação de trabalho, abrangidos os entes de direito público externo e da administração pública direta e indireta da União, dos Estados, do Distrito Federal e dos Municípios;
II – as ações que envolvam exercício do direito de greve;
III – as ações sobre representação sindical, entre sindicatos, entre sindicatos e trabalhadores, e entre sindicatos e empregadores;
IV – os mandados de segurança, *habeas corpus* e *habeas data*, quando o ato questionado envolver matéria sujeita à sua jurisdição;
V – os conflitos de competência entre órgãos com jurisdição trabalhista, ressalvado o disposto no art. 102, I, *o*;
VI – as ações de indenização por dano moral ou patrimonial, decorrentes da relação de trabalho;
VII – as ações relativas às penalidades administrativas impostas aos empregadores pelos órgãos de fiscalização das relações de trabalho;
VIII – a execução, de ofício, das contribuições sociais previstas no art. 195, I, *a*, e II, e seus acréscimos legais, decorrentes das sentenças que proferir;
IX – outras controvérsias decorrentes da relação de trabalho, na forma da lei.
[...]"

competência territorial para julgar eventual litígio entre os interessados. Importa lembrar que essa relativização possibilita o fenômeno da prorrogação[(2)], tendo a Lei n. 13.467/2017 mantido a exceção de incompetência como meio adequado para impugnar a competência territorial no âmbito juslaboral (art. 800 da CLT), diferentemente do que fizera o art. 64, *caput*, do CPC, ao dispor que a incompetência, absoluta ou relativa, será alegada como questão preliminar de contestação.

A disciplina inaugurada pela Lei n. 13.467/2017, neste particular, estabeleceu o prazo peremptório de cinco dias para manejo da exceção de incompetência em razão do lugar e caso a parte não o faça tempestivamente, incorrerá em prorrogação da competência do juízo supostamente incompetente, do ponto de vista territorial.

A grande dificuldade de se preservar os parâmetros do art. 651 da CLT no contexto da jurisdição voluntária é o fato de os interessados apresentarem a providência desejada (pedido de homologação de acordo extrajudicial) em petição necessariamente conjunta (art. 855-B da CLT), inexistindo, a princípio, qualquer interesse de um ou de outro na eventual arguição de exceção de incompetência, de sorte que poderá haver uma espécie de prorrogação instantânea da competência territorial de um juízo escolhido pelos subscritores da petição conjugada.

Como não é dado aos magistrados declinarem *ex-officio* da competência territorial, por ser de natureza relativa, tudo indica que os próprios interessados protocolarão a petição conjunta perante o juízo que lhes seja mais conveniente, ainda que fora dos parâmetros do art. 651 da CLT, como costuma ocorrer nas eleições de foro.

É de se observar, sob outro prisma, que o Ministério Público do Trabalho, ainda que apenas nas causas em que seja parte ou tenha atuação como fiscal da lei, terá legitimidade para arguir o incidente, visando preservar a competência territorial de dado juízo, aplicando-se supletiva e analogicamente o disposto no art. 65, parágrafo único, do CPC:

> Art. 65. (...)
>
> [...]
>
> Parágrafo único. A incompetência relativa pode ser alegada pelo Ministério Público nas causas em que atuar.

Não há, em sede de jurisdição voluntária, a figura da litispendência, como adverte Nelson Nery Júnior:

> Inexistência de litispendência. Também de acordo com o sistema do CPC/1973, como nos procedimentos de jurisdição voluntária não havia lide (mérito), não existia litispendência entre eles, o que foi mantido no sistema atual.[(3)]

Quanto ao novel procedimento em si, consta do art. 855-B da Consolidação das Leis do Trabalho:

> Art. 855-B. O processo de homologação de acordo extrajudicial terá início por petição conjunta, sendo obrigatória a representação das partes por advogado.
>
> § 1º As partes não poderão ser representadas por advogado comum.
>
> § 2º Faculta-se ao trabalhador ser assistido pelo advogado do sindicato de sua categoria.

Como se extrai do dispositivo acima transcrito, o processo de homologação de acordo extrajudicial terá início por petição conjunta, sendo obrigatória a representação dos interessados por advogados (art. 855-B, *caput*, da CLT), não podendo fazê-lo por meio do mesmo profissional, facultando-se ao trabalhador ser assistido pela assessoria jurídica do sindicato de sua categoria (art. 855-B, §§ 1º e 2º, da CLT).

Há, aqui, nítida reserva da capacidade postulatória técnica dos advogados, cuja essencialidade está reconhecida no art. 133 da Constituição da República, de modo que apenas estes poderão veicular os acordos que os sujeitos da relação de trabalho pretendam ver apreciados pelos juízes do trabalho, sem prejuízo da representatividade assistencial sindical, também preservada no novo dispositivo legal.

De se notar, também, que a necessária representação por advogados distintos, aí incluídos aqueles que integrem a mesma banca ou escritório[(4)], visa a transparência dos acordos extrajudiciais, pressupondo que cada advogado promova o necessário esclarecimento do seu cliente, guiando-o para o porto seguro da solução conciliatória da questão trabalhista, o que, ainda que não constasse da nova norma, obviamente seria possível por meio da assistência jurídica dos sindicatos, por força da Lei n. 5.584/70.

---

(2) CPC, Art. 65. Prorrogar-se-á a competência relativa se o réu não alegar a incompetência em preliminar de contestação. Parágrafo único. A incompetência relativa pode ser alegada pelo Ministério Público nas causas em que atuar.

(3) JÚNIOR, Nelson Nery. *Comentários ao Código de Processo Civil*. São Paulo: RT, 2016. p. 1.554.

(4) Art. 144, III, § 3º, do CPC, aplicado analogicamente ao requisito da petição conjunta firmada por advogados distintos.

Como o regramento constante dos arts. 855-B a 855-E da Consolidação das Leis do Trabalho não é exaustivo, atraem-se, supletivamente, por força do art. 15 do Código de Processo Civil, as disposições gerais dos procedimentos de jurisdição voluntária previstos no referido diploma legal (arts. 719 e seguintes), obviamente naquilo em que for compatível com o Direito Processual do Trabalho (art. 769 da CLT).

O fato de os contratantes optarem pelo novo procedimento de jurisdição voluntária não prejudica a necessidade de o empregador observar o prazo estabelecido no art. 477, § 6º, da Consolidação das Leis do Trabalho[(5)], que, por sinal, foi unificado para dez (10) dias, a contar do término do contrato, nos termos da Lei n. 13.467/2017, indistintamente se havido ou não aviso-prévio, de modo que o requerimento, por si só, também não afasta a aplicação da multa prevista no § 8º do referido dispositivo consolidado (art. 855-C da CLT).

Confira-se, a propósito, a redação do art. 855-C do texto consolidado:

> Art. 855-C. O disposto neste Capítulo não prejudica o prazo estabelecido no § 6º do art. 477 desta Consolidação e não afasta a aplicação da multa prevista no § 8º do art. 477 desta Consolidação.

Como consectário lógico, as negociações atinentes ao pretendido acordo trabalhista extrajudicial, quando envolverem também as verbas rescisórias, devem ser concluídas em tempo compatível com o pagamento desses direitos, isto é, no lapso temporal de dez dias, sob pena de incidência da multa rescisória, e mesmo de justificada recusa judicial de homologação do ajuste sem o pagamento da penalidade trabalhista em referência, por se tratar de imperativo legal.

Em outras palavras, o protocolo da petição conjunta não exime o empregador da observância do prazo para pagamento das verbas rescisórias, de modo que, na hipótese de a pretensão homologatória vir a ser rejeitada por algum motivo, mediante sentença fundamentada proferida pelo juiz competente, terá o empregado o direito à multa capitulada no art. 477, § 8º, da CLT. Note-se, neste sentir, que o efeito suspensivo previsto no novel instituto alcança exclusivamente o prazo prescricional e não a sanção rescisória (art. 855-E, § 2º, da CLT).

A referência legislativa à multa prevista no art. 477, § 8º, da CLT, importante frisar, não enseja a presuntiva conclusão de que a nova possibilidade se dirija a toda e qualquer rescisão contratual. Como será abordado neste trabalho, por imperativo de interpretação sistemática, não está o procedimento de jurisdição voluntária para as rescisões contratuais como estavam as homologações sindicais para os TRCTs, sob pena de absoluto desvirtuamento do propósito da prestação dos serviços públicos judiciários.

Distribuída a petição requerendo a providência homologatória, o juiz terá o prazo de 15 (quinze) dias para analisar o acordo, podendo, caso entenda necessário, designar audiência prévia, proferindo, em seguida, a respectiva sentença, a teor do que dispõe o art. 855-D da CLT:

> Art. 855-D. No prazo de quinze dias a contar da distribuição da petição, o juiz analisará o acordo, designará audiência se entender necessário e proferirá sentença.

Registre-se que a providência que as partes demandam não reflete solução de conflito de interesses, mas mera homologação do encontro e harmonia destes, já conciliados na esfera privada e levados ao Estado Juiz apenas para receber a chancela da adequação. Esta é, a rigor, a essência da jurisdição voluntária, de modo que o fato de a homologação do ajuste se dar por sentença não desnatura a voluntariedade do procedimento.

---

(5) "Art. 477. Na extinção do contrato de trabalho, o empregador deverá proceder à anotação na Carteira de Trabalho e Previdência Social, comunicar a dispensa aos órgãos competentes e realizar o pagamento das verbas rescisórias no prazo e na forma estabelecidos neste artigo.

§ 1º (Revogado).

[...]

§ 3º (Revogado).

§ 4º O pagamento a que fizer jus o empregado será efetuado:

I – em dinheiro, depósito bancário ou cheque visado, conforme acordem as partes; ou

II – em dinheiro ou depósito bancário quando o empregado for analfabeto.

[...]

§ 6º A entrega ao empregado de documentos que comprovem a comunicação da extinção contratual aos órgãos competentes bem como o pagamento dos valores constantes do instrumento de rescisão ou recibo de quitação deverão ser efetuados até dez dias contados a partir do término do contrato."

À mingua de referência legislativa expressa, sendo necessariamente escrita a peça conjunta que dará início ao procedimento, conclui-se que os interessados deverão observar, no que compatível, o disposto no art. 840 da Consolidação das Leis do Trabalho, com sua nova redação dada pela Lei n. 13.467/2017[(6)]. Neste aspecto, importante observar que ao falar em suspensão do prazo prescricional, o art. 855-B da CLT acaba por deixar clara a necessidade de os interessados expressarem o objeto do acordo, ao referir-se *"aos direitos nela especificados"*, o que pode atrair o requisito da quantificação ou liquidação, que passa a estar expressamente previsto na nova redação do art. 840, § 1º, da CLT.

A petição inicial do procedimento de jurisdição voluntária, portanto, deverá especificar os *direitos* compreendidos pelo acordo extrajudicial e a sua respectiva expressão monetária, sob pena de extinção do feito sem apreciação do mérito, se ilíquida no todo a peça conjunta, ou homologação com exclusão de reconhecimento de quitação quanto a alguma verba discriminada e não liquidada (art. 840, § 3º, da CLT).

Não obstante, seja pela similitude seja ausência de regramento expresso, nada impede que a regra geral da possibilidade de emenda da petição inicial, constante da parte geral do Código de Processo Civil[(7)], seja aplicada quanto ao pedido conjunto formulado em sede de jurisdição voluntária.

Sob tais circunstâncias, poderia se debater se o acordo extrajudicial com valores até quarenta vezes o salário mínimo da época do pedido de homologação estaria submetido ao rito sumaríssimo (art. 852-A da CLT) e os demais ao rito ordinário, porém, respeitando entendimento diverso, não se tratando se processo contencioso é de se concluir que o novo procedimento é especial em relação aos demais, atraindo a sua expressa e própria regência, combinada com os demais termos do rito ordinário (geral), naquilo em que for compatível. Ganha relevância esta abordagem quando projetamos a possibilidade de interposição de recurso ordinário de sentença denegatória da homologação, por exemplo, de sorte a gerar dúvida se seria possível incidirem as restrições recursais típicas do procedimento sumaríssimo, no que, tudo indica, sinaliza que não, repita-se, dada a especialidade do novel procedimento.

Poder-se-ia compreender, de outra parte, que o lapso temporal previsto no artigo sob comentário (art. 855-D da CLT) englobasse todo o procedimento, desde o ingresso até a decisão final. No entanto, dada a própria exiguidade desses quinze dias, à vista do crescente número de processos que aportam anualmente nas Varas do Trabalho, razoável entender que se cuida de prazo impróprio e inerente apenas à providência judicial inicial, saneadora do procedimento de jurisdição voluntária. No aludido interregno, o magistrado analisará se se trata de hipótese de homologação de plano, *inaudita altera pars*, ou se o conteúdo do pedido conjunto recomenda designação de audiência para justificação do acordo, diligência que poderá ter o conteúdo mais amplo possível, a depender sempre do poder diretivo processual do juiz, atraindo, sistematicamente, o disposto no art. 765 da Consolidação das Leis do Trabalho, que dispõe:

> Art. 765. Os Juízos e Tribunais do Trabalho terão ampla liberdade na direção do processo e velarão pelo andamento rápido das causas, podendo determinar qualquer diligência necessária ao esclarecimento delas.

A sentença, no entanto, esgotadas eventuais diligências, não será proferida no prazo geral de 30 (trinta) dias, previsto no art. 226, III, do Código de Processo Civil, mas sim de acordo com a regra especial, destinada às decisões em feitos sob jurisdição voluntária, como previsto no art. 723, *caput*, do referido Código (art. 769 da CLT):

> Art. 723. O juiz decidirá o pedido no prazo de 10 (dez) dias.
>
> Parágrafo único. O juiz não é obrigado a observar critério de legalidade estrita, podendo adotar em cada caso a solução que considerar mais conveniente ou oportuna.

(6) Art. 840, da CLT: "Art. 840. A reclamação poderá ser escrita ou verbal.

§ 1º Sendo escrita, a reclamação deverá conter a designação do juízo, a qualificação das partes, a breve exposição dos fatos de que resulte o dissídio, o pedido, que deverá ser certo, determinado e com indicação de seu valor, a data e a assinatura do reclamante ou de seu representante.

§ 2º Se verbal, a reclamação será reduzida a termo, em duas vias datadas e assinadas pelo escrivão ou secretário, observado, no que couber, o disposto no § 1º deste artigo.

§ 3º Os pedidos que não atendam ao disposto no § 1º deste artigo serão julgados extintos sem resolução do mérito."

(7) Art. 321, do CPC: "Art. 321. O juiz, ao verificar que a petição inicial não preenche os requisitos dos arts. 319 e 320 ou que apresenta defeitos e irregularidades capazes de dificultar o julgamento de mérito, determinará que o autor, no prazo de 15 (quinze) dias, a emende ou a complete, indicando com precisão o que deve ser corrigido ou completado.

Parágrafo único. Se o autor não cumprir a diligência, o juiz indeferirá a petição inicial."

Se o juiz do trabalho reputar ser imprescindível a presença dos interessados como diligência prévia à apreciação do acordo, caso não compareçam à audiência de justificação para a qual restarem regularmente intimados (intimação esta que poderá se dar na pessoa dos respectivos advogados), poderá atrair o indeferimento da petição inicial, com extinção do feito sem apreciação do mérito, por perda superveniente do interesse processual, a teor do art. 330, III, do Código de Processo Civil, aplicado subsidiariamente aos feitos trabalhistas (art. 15 do CPC c/c art. 769 da CLT).

Não há falar, contudo, em revelia para a eventual ausência do empregador, *v. g.*, à audiência de justificação, pois não há lide estabelecida no procedimento de jurisdição voluntária, classicamente identificado como mera administração pública de interesses privados(8), sem prejuízo do efeito processual referido no parágrafo anterior. Não há, nesse procedimento, partes propriamente ditas, mas sim interessados, incorrendo, a redação legal, em atecnia, nesse particular.

Poderá o juiz lançar mão também da audiência prévia do Ministério Público do Trabalho, nas hipóteses em que vislumbre interesse coletivo ou de pessoas sujeitas à observação ou assistência ministerial. Admitir-se-á, ademais, a própria intervenção de ofício dos procuradores do trabalho, afinal, nos termos do art. 83 da Lei Complementar n. 75/1993:

> Art. 83. Compete ao Ministério Público do Trabalho o exercício das seguintes atribuições junto aos órgãos da Justiça do Trabalho:
>
> [...]
>
> II – manifestar-se em qualquer fase do processo trabalhista, acolhendo solicitação do juiz ou por sua iniciativa, quando entender existente interesse público que justifique a intervenção;
>
> [...]
>
> V – propor as ações necessárias à defesa dos direitos e interesses dos menores, incapazes e índios, decorrentes das relações de trabalho;
>
> VI – recorrer das decisões da Justiça do Trabalho, quando entender necessário, tanto nos processos em que for parte, como naqueles em que oficiar como fiscal da lei, bem como pedir revisão dos Enunciados da Súmula de Jurisprudência do Tribunal Superior do Trabalho;
>
> [...]
>
> XII – requerer as diligências que julgar convenientes para o correto andamento dos processos e para a melhor solução das lides trabalhistas; [...].

Nessa mesma esteira, dispõe o art. 721 do Código de Processo Civil:

> Art. 721. Serão citados todos os interessados, bem como intimado o Ministério Público, nos casos do art. 178, para que se manifestem, querendo, no prazo de 15 (quinze) dias.

Nada impede, pois, mas antes recomenda, que figurem no procedimento do pedido de homologação de acordo extrajudicial todos os atores que porventura possam influenciar no resultado da providência desejada pelos interessados, especialmente nos casos que despertarem maior cuidado por parte dos magistrados.

Importante observar que tal qual ocorre na apreciação de transações judiciais não se trata, o novel instituto, de direito subjetivo absoluto dos interessados, de sorte que o magistrado poderá denegar a homologação do acordo caso verifique ilegalidades ou mesmo o alcance de direitos que porventura não estejam disponíveis à vontade dos envolvidos. Exegese, a propósito, da parte final do parágrafo único do art. 855-E da Consolidação das Leis do Trabalho, que alude à decisão negativa de acolhimento do pedido homologatório. A este respeito, confira-se a Súmula n. 418 do Tribunal Superior do Trabalho:

> MANDADO DE SEGURANÇA VISANDO À HOMOLOGAÇÃO DE ACORDO (nova redação em decorrência do CPC de 2015) – Res. n. 217/2017 – DEJT divulgado em 20, 24 e 25.04.2017. A homologação de acordo constitui faculdade do juiz, inexistindo direito líquido e certo tutelável pela via do mandado de segurança.(9)

A lei nova não esclarece sobre cabimento de recurso, mas, ao se referir à sentença, como forma de resposta jurisdicional ao pedido de homologação de acordo extrajudicial, atraiu a hipótese clássica de interposição do recurso ordinário, a teor do disposto no art. 895, I, da CLT. No processo civil, importa esclarecer, cabe apelação da decisão tomada em jurisdição voluntária, conforme dispõe o art. 724 do CPC.(10)

(8) "Dentro do rol dos chamados procedimentos de jurisdição voluntária, tem-se entendido ser ela atividade judiciária de administração pública de interesses privados. Há, portanto, interesses privados que, em virtude de opção legislativa, comportam fiscalização pelo poder público, tendo em vista a relevância que representam para a sociedade (Nery, RP 46/100)" (NERY JÚNIOR, Nelson. *Comentários ao Código de Processo Civil*. São Paulo: RT, 2016. p. 1554).

(9) BRASIL. Tribunal Superior do Trabalho. *Súmula n. 418*. Disponível em: <http://www.tst.jus.br/>. Acesso em: 31 ago. 2017.

(10) "Art. 724. Da sentença caberá apelação."

Como poderá haver recurso em razão de sentença que não atenda integralmente à pretensão homologatória, projeta-se a possibilidade de petição recursal igualmente conjunta pelos interessados recorrentes, à vista do interesse comum na reforma da decisão e alcance da homologação plena. Nada impede, porém, que os efeitos negativos da sentença alcancem apenas um dos interessados, *v. g.*, em matéria fiscal, de sorte que o interesse recursal será restrito ao prejudicado. Em quaisquer das hipóteses, inexistindo condenação, como é próprio da jurisdição voluntária, não se exigirá depósito recursal dos interessados, mas as custas deverão ser recolhidas de acordo com a distribuição e fixação contidas na sentença recorrida.

Pondere-se, por se tratar de novidade que implica em quebra de um dos dogmas do Direito Individual do Trabalho e, portanto, do próprio Direito Processual do Trabalho, que o procedimento em referência não estará disponível para toda e qualquer rescisão contratual, sob pena de desvirtuar por completo o papel da Justiça do Trabalho e acabar por contrariar uma das mais propagadas finalidades da chamada Reforma Trabalhista, qual seja a redução do número de processos no âmbito juslaboral.

Se a Lei n. 13.467/2017 alterou inclusive a sistemática formal das rescisões contratuais trabalhistas, dispensando a homologação dos respectivos termos pelos sindicatos, mesmo para as hipóteses de contratos de trabalho com duração superior a um ano e pedidos de demissão, haja vista a revogação dos §§ 1º, 3º, e 7º, do art. 477, da Consolidação das Leis do Trabalho, seria um contrassenso, uma inequívoca desproporção valorativa e finalística, aportar todas essas rescisões no âmbito judicial, abarrotando, de forma irreversível, a Justiça do Trabalho.

Dessa forma, o novel instrumento de jurisdição voluntária disponível às partes do contrato de trabalho é nitidamente subsidiário em relação às modalidades simplificadas de terminação dos pactos laborais e aos novos institutos de autocomposição e reconhecimento de quitações extrajudiciais, previstos nos arts. 477, 477-A, 477-B, 484-A, 507-A e 507-B da Consolidação reformada (Lei n. 13.467/2017), de sorte que deverão os peticionários justificar o interesse processual (necessidade e utilidade) à obtenção da homologação judicial, o que estará presente tão somente em situações de pré-conflito, como na hipótese de dúvida relevante sobre modalidade rescisória, natureza de parcelas, configuração de direitos, e hipóteses semelhantes, cumprindo ressaltar que o juiz não é obrigado a observar critério de legalidade estrita no âmbito da jurisdição voluntaria[11], podendo adotar em cada caso a solução que considerar mais conveniente ou oportuna, como expressamente consignado no art. 723, parágrafo único, do CPC.

A voluntariedade da jurisdição não traz implícito, por si só, o necessário interesse processual, pois ao Judiciário cumpre atuar exclusivamente nos espaços cuja vontade e instrumentos disponíveis aos cidadãos não são suficientes. Note-se que, no âmbito processual comum, por exemplo, os cidadãos têm à sua disposição procedimento de jurisdição voluntária para retificação de registro civil, mas nem por isto os indivíduos podem alterar graciosamente os seus nomes, independentemente de justificativa. Tal qual na instância cível, na seara trabalhista um criterioso exame deverá será feito a cada novo pedido de homologação de acordo extrajudicial, de modo a não subverter o papel essencial da Justiça do Trabalho.

Ainda que sob o pálio da jurisdição voluntária, não se pode negar que a cada acordo trazido a juízo será gerado um novo processo, com o sempre existente risco das respectivas execuções de sentenças homologatórias caso ocorra inadimplência quanto aos ajustes. Em outras palavras, embora não se tenha processo na acepção litigiosa do termo, haverá sim enlace processual, enquanto sequência lógica de atos tendentes à obtenção de providência estatal, de sorte que não se recomenda regulamentação judiciária que porventura venha a lançar esses feitos em estatística à parte, pois, itere-se, a responsabilidade e o trabalho por parte dos servidores e magistrados serão iguais ou maiores do que em relação às lides que resultam em solução conciliatória.

A propósito, é solar a necessidade de instrução da provocação dos interessados com a documentação necessária, dando conta da não confusão entre jurisdição voluntária e providências desnecessárias, consoante a redação do art. 720 do Código de Processo Civil, aplicável subsidiariamente ao processo laboral:

(11) "Decisão por equidade. Somente nos casos expressos em lei pode o juiz decidir por equidade (CPC 140 par. ún.). Em todos os procedimentos de jurisdição voluntária, há autorização legal para o juiz assim proceder (CPC 723 par. ún.). A lei processual concede ao juiz a oportunidade de aplicação de princípios de equidade, ao arrepio da *legalidade estrita*, podendo decidir escorado na conveniência e oportunidade, critérios próprios do poder discricionário, portanto inquisitorial, bem como de acordo com o bem comum (Nery, RP 46/2014)" (NERY JÚNIOR, Nelson. *Comentários ao Código de Processo Civil*. São Paulo: RT, 2016. p. 1.557).

> Art. 720. O procedimento terá início por provocação do interessado, do Ministério Público ou da Defensoria Pública, cabendo-lhes formular o pedido devidamente instruído com os documentos necessários e com a indicação da providência judicial.

O interesse processual, ainda que em sede de jurisdição voluntária, não está adstrito ao mero deleite daquele que busca o Poder Judiciário. O argumento da "segurança jurídica" como justificador deste interesse jurídico à homologação judicial de acordos que coincidam com simples termos de rescisão de contratos de trabalho, com o devido respeito a pensamento diverso, não resiste ao teste com o binômio utilidade-necessidade, que reflete este requisito do exercício do direito de ação, amplamente considerado.

Não haverá, nessa esteira de raciocínio, necessidade de chancela judicial para um acordo que reflita meras verbas rescisórias (TRCTs), pois o ordenamento jurídico já não exige esta formalidade para nenhum ato consequente da resilição contratual, sequer no âmbito administrativo-sindical. Por isso mesmo, a providência pretendida seria de todo inútil, se o objetivo dos interessados for o reconhecimento do pagamento e do efeito liberatório em relação às parcelas descritas no termo de rescisão. Vale por si, o título rescisório.

Poderá ocorrer, ademais, de a pretensão homologatória ir além da quitação sobre as parcelas descritas na petição conjunta que repita a discriminação do termo rescisório, expressando os interessados o desejo de uma homologação que chancele quitação por todo o extinto contrato de trabalho, por exemplo, o que, para não dizer inviável, demandará ainda mais diligência por parte de todos os envolvidos, buscando reduzir ao máximo os riscos de fraudes.

Embora com o advento da lei esta se desgarre do legislador, por dever de contextualização legislativa, cumpre registrar o que foi pensado no âmbito parlamentar sobre este novo mecanismo, mediante a transcrição de trecho do parecer do Deputado Rogério Marinho, relator do projeto de lei junto à Câmara Federal, que originou a Lei n. 13.467/2017:

> [...]
>
> Como já mencionado, uma de nossas preocupações é a de reduzir a litigiosidade das relações trabalhistas, e a forma pela qual estamos buscando implementar esse intento é o estímulo à conciliação extrajudicial. Se houver uma composição prévia entre as partes, reduz-se sensivelmente o ingresso de ações na Justiça do Trabalho.
>
> Essa iniciativa, todavia, não pode se contrapor ao princípio constitucional do livre acesso à Justiça. Em outras palavras, não há como restringir o acesso ao Judiciário mediante acordos individuais celebrados extrajudicialmente no momento da rescisão contratual.
>
> Tentou-se, em determinado momento, condicionar o ingresso da ação judicial à tentativa prévia de conciliação entre as partes, por intermédio das Comissões de Conciliação Prévia (CCP). Mesmo diante da tentativa de caracterizar a tentativa prévia de conciliação na CCP como um requisito processual, o STF entendeu que essa exigência era inconstitucional por contrariar o princípio da liberdade de acesso ao Judiciário.
>
> Do mesmo modo, sofre grande resistência a ideia de se conceder eficácia liberatória ao termo de rescisão homologado pelas partes, em relação às parcelas homologadas e discriminadas no recibo.
>
> Assim, estamos, por intermédio da nova redação sugerida à alínea *f* do art. 652 da CLT, conferindo competência ao Juiz do Trabalho para decidir quanto à homologação de acordo extrajudicial em matéria de competência da Justiça do Trabalho. Em complemento, estamos incorporando um Título III-A ao Capítulo X da CLT para disciplinar o processo de jurisdição voluntária para homologação de acordo extrajudicial.
>
> Esse ato dependerá de iniciativa conjunta dos interessados, com assistência obrigatória de advogado. Ouvido o Juiz, se a transação não visar a objetivo proibido por lei, o Juiz homologará a rescisão. A petição suspende o prazo prescricional, que voltará a correr no dia útil seguinte ao trânsito em julgado da decisão denegatória do acordo.
>
> Esperamos que, ao trazer expressamente para a lei a previsão de uma sistemática para homologar judicialmente as rescisões trabalhistas, conseguiremos a almejada segurança jurídica para esses instrumentos rescisórios, reduzindo, consequentemente, o número de ações trabalhistas e o custo judicial.[12]

Cumprirá aos advogados e juízes, essencialmente, estabelecer a extensão e o alcance possíveis para a jurisdição voluntária no âmbito trabalhista, de sorte a harmonizar esta importantíssima ferramenta de chancela dos acordos extrajudiciais ao escopo do Estado-Juiz,

---

(12) Documento acessado em 02 de outubro de 2017, disponível em: <http://www.camara.gov.br/proposicoesWeb/prop_mostrarintegra?codteor=1544961&filename=Tramitacao-PL+6787/2016>.

procurando não banalizar o Poder Judiciário com o seu abarrotamento de termos de rescisões de contratos de trabalho.

A busca da *mens legis* passa pela adoção sistêmica desta expressão da jurisdição voluntária, valendo frisar que o art. 855-C da CLT não afasta a aplicação da multa moratória prevista no art. 477, § 8º, do texto consolidado, de maneira a incompatibilizar instrumentalmente o prazo de dez dias para pagamento de verbas rescisórias (art. 477, § 6º, da CLT) com o lapso temporal de quinze dias conferido ao juiz para apreciar inicialmente o pedido de homologação de acordo extrajudicial, sendo esta mais uma razão para assentar a insubsistência das pretensões homologatórias de pagamento de meras verbas rescisórias.

Nada impede, contudo, que durante a tramitação do pedido de homologação inclua-se questão outra havida entre os interessados, desde que retratada a tempo pelos interessados, ainda que em sede de audiência de justificação, aplicando-se supletivamente o disposto no art. 515, § 2º, do CPC, *in verbis:*

> Art. 515. São títulos executivos judiciais, cujo cumprimento dar-se-á de acordo com os artigos previstos neste Título:
>
> [...]
>
> III – a decisão homologatória de autocomposição extrajudicial de qualquer natureza;
>
> [...]
>
> § 2º A autocomposição judicial pode envolver sujeito estranho ao processo e versar sobre relação jurídica que não tenha sido deduzida em juízo.

Importa citar, quanto à extensão das quitações passadas em sede de jurisdição voluntária, que se de um lado o juiz não poderá intervir na vontade dos interessados sobre o que ajustaram extrajudicialmente, não sendo possível homologação parcial do ajuste expresso, por exemplo, sob pena de indevida ingerência do Judiciário, de outra parte não estará obrigado a reconhecer quitação geral "pelo extinto contrato de trabalho", como em casos de acordos coincidentes com meros TRCTs. Para essas hipóteses, aliás, tudo indica que persistirá o entendimento consubstanciado na Súmula n. 330 do Tribunal Superior do Trabalho, a saber:

> Súmula n. 330 do TST. QUITAÇÃO. VALIDADE. A quitação passada pelo empregado, com assistência de entidade sindical de sua categoria, ao empregador, com observância dos requisitos exigidos nos parágrafos do art. 477 da CLT, tem eficácia liberatória em relação às parcelas expressamente consignadas no recibo, salvo se oposta ressalva expressa e especificada ao valor dado à parcela ou parcelas impugnadas.
>
> I – A quitação não abrange parcelas não consignadas no recibo de quitação e, consequentemente, seus reflexos em outras parcelas, ainda que estas constem desse recibo.
>
> II – Quanto a direitos que deveriam ter sido satisfeitos durante a vigência do contrato de trabalho, a quitação é válida em relação ao período expressamente consignado no recibo de quitação.

O art. 855-E, vale dizer, exige especificação dos direitos na petição de homologação de acordo extrajudicial para fins de suspensão do prazo prescricional, o que reforça a compreensão de que o procedimento voluntário não será apto a obter quitações irrestritas pelos extintos contratos de trabalho, recomendando-se, em termos práticos, que as obrigações sejam celebradas com efeito futuro, a partir da homologação do ajuste pelo juízo competente.

Em relação às despesas processuais, dispõe o art. 88, do Código de Processo Civil:

> Art. 88. Nos procedimentos de jurisdição voluntária, as despesas serão adiantadas pelo requerente e rateadas entre os interessados.

O art. 789, I, e § 3º, da Consolidação das Leis do Trabalho, por sua vez, aporta no ordenamento processual trabalhista regra semelhante à disposição legal proveniente do processo comum, quanto à responsabilidade pelas custas processuais, referindo-se a acordo em lides trabalhistas, mas com aplicação inequívoca à novel hipótese de jurisdição voluntária. Confira-se:

> Art. 789. Nos dissídios individuais e nos dissídios coletivos do trabalho, nas ações e procedimentos de competência da Justiça do Trabalho, bem como nas demandas propostas perante a Justiça Estadual, no exercício da jurisdição trabalhista, as custas relativas ao processo de conhecimento incidirão à base de 2% (dois por cento), observado o mínimo de R$ 10,64 (dez reais e sessenta e quatro centavos) e serão calculadas:
>
> I – quando houver acordo ou condenação, sobre o respectivo valor;
>
> [...]
>
> § 3º Sempre que houver acordo, se de outra forma não for convencionado, o pagamento das custas caberá em partes iguais aos litigantes.

Deverão os interessados, naquilo em que não regrado especificamente nos arts. 855-B a 855-E da CLT, aplicarem as regras do processo contencioso (comum), subsidiariamente (arts. 15 e 318 do CPC)(13), inclusive quanto à necessidade de atribuir valor à causa, que equivalerá aos direitos arrolados como objeto do acordo extrajudicial.(14)

Tem-se presente, a propósito, quanto à discriminação das parcelas que compõem o acordo extrajudicial, interesse fiscal, de sorte a atrair possível manifestação da União, inclusive para fins recursais, como decorre da exegese do art. 722 do CPC e art. 831, parágrafo único, parte final, da CLT, respectivamente:

> Art. 722. A Fazenda Pública será sempre ouvida nos casos em que tiver interesse.
>
> Art. 831. A decisão será proferida depois de rejeitada pelas partes a proposta de conciliação.
>
> Parágrafo único. No caso de conciliação, o termo que for lavrado valerá como decisão irrecorrível, salvo para a Previdência Social quanto às contribuições que lhe forem devidas.

Cumprirá, pois, aos interessados, apontarem a natureza das parcelas que integrarão o acordo extrajudicial, observando os mesmos critérios advindos do art. 28 da Lei n. 8.212/91, que define o rol de rubricas integrantes do salário de contribuição, assegurando-se legitimidade e interesse recursal à União (INSS) nas hipóteses de prejuízos ao erário, como ocorre na homologação de transações judiciais.

Prevê a art. 855-E da CLT que a petição de homologação de acordo extrajudicial suspende o prazo prescricional da ação quanto aos direitos nela especificados, voltando a fluir no dia útil seguinte ao do trânsito em julgado da decisão que negar a homologação do acordo:

> Art. 855-E. A petição de homologação de acordo extrajudicial suspende o prazo prescricional da ação quanto aos direitos nela especificados.
>
> Parágrafo único. O prazo prescricional voltará a fluir no dia útil seguinte ao do trânsito em julgado da decisão que negar a homologação do acordo.

Alinha-se esse artigo com o disposto no art. 11, § 3º, da Consolidação das Leis do Trabalho, com a redação dada pela Lei n. 13.467/2017, prevendo que a interrupção da prescrição somente ocorrerá pelo ajuizamento de reclamação trabalhista, mesmo que em juízo incompetente, ainda que venha a ser extinta sem resolução do mérito, produzindo efeitos apenas em relação aos pedidos idênticos. Apenas os direitos arrolados na petição de homologação de acordo extrajudicial, portanto, caso não venha a ser acolhida a providência desejada pelos subscritores, receberão o beneplácito da suspensão do prazo prescricional.

No caso da art. 855-E da CLT, opera-se hipótese de suspensão, com retomada do prazo prescricional pelo que sobejar, a partir do dia útil seguinte ao do trânsito em julgado da decisão denegatória de homologação do acordo; no evento cuidado pelo art. 11, § 3º, da CLT, tem-se caso de interrupção do curso do prazo prescricional, de maneira que, cessada a causa, a contagem do lapso temporal da prescrição se dará pelo todo, e não apenas pelo que restar.

Para efeito prático, a diferenciação feita pelo legislador prevendo interrupção do prazo prescricional para reclamação trabalhista (art. 11, § 3º, da CLT) e suspensão para os pedidos de homologação de acordos extrajudiciais (art. 855-E da CLT), não representa risco de prejuízos concretos para o trabalhador.

Importa notar que o art. 215, I, do Código de Processo Civil prevê o trâmite dos procedimentos de jurisdição voluntária nas férias forenses, onde as houver. Embora no âmbito da Justiça do Trabalho não haja férias forenses propriamente ditas, mas apenas feriado (recesso entre 20 de dezembro e 6 de janeiro), abre-se margem para interpretação extensiva, de maneira que os interessados possam buscar os plantões judiciais com vistas à homologação de acordo extrajudicial, especialmente se imprescindível a providência para alguma situação que não possa aguardar o expediente regular. Eis o que dispõe o aludido dispositivo:

> Art. 215. Processam-se durante as férias forenses, onde as houver, e não se suspendem pela superveniência delas:
>
> I – os procedimentos de jurisdição voluntária e os necessários à conservação de direitos, quando puderem ser prejudicados pelo adiamento;
>
> [...]

Os interessados, no âmbito da jurisdição voluntária, também estão sujeitos às regras atinentes à responsabilidade por dano processual, trazidas para o âmbito da Consolidação das Leis do Trabalho pela Lei

---

(13) CPC, Art. 318. Aplica-se a todas as causas o procedimento comum, salvo disposição em contrário deste Código ou de lei. Parágrafo único. O procedimento comum aplica-se subsidiariamente aos demais procedimentos especiais e ao processo de execução.

(14) CPC, Art. 291. A toda causa será atribuído valor certo, ainda que não tenha conteúdo econômico imediatamente aferível.

n. 13.467/2017, conforme arts. 793-A a 793-D, sendo possível a aplicação das sanções por litigância de má-fé ou mesmo por ato atentatório à dignidade da jurisdição. A cláusula geral da boa-fé objetiva, no âmbito processual, vincula a todos aqueles que buscam o Poder Judiciário, seja no plano contencioso, seja no âmbito da jurisdição voluntária.

Quanto ao direito intertemporal, dispõe o art. 14 do CPC:

> Art. 14. A norma processual não retroagirá e será aplicável imediatamente aos processos em curso, respeitados os atos processuais praticados e as situações jurídicas consolidadas sob a vigência da norma revogada.

Tempus regit actum. A lei do tempo do ato jurídico é a que deve reger a relação estabelecida entre as partes, assertiva que decorre do art. 5º, XXXVI, da Constituição Federal: "A lei não prejudicará o direito adquirido, o ato jurídico perfeito e a coisa julgada". De igual sorte, estabelece o Decreto-lei n. 4.657/42 – Lei de Introdução às Normas do Direito Brasileiro –, por seu art. 6º, § 1º, *in verbis*: "Reputa-se ato jurídico perfeito o já consumado segundo a lei vigente ao tempo em que se efetuou".

Pode-se concluir, assim, que o novo procedimento poderá ser manejado por expressa previsão legal a partir de 11 de novembro de 2017 (dia inicial da vigência da Lei n. 13.467/2017, considerada a contagem do prazo de 120 dias de *vacatio legis*), abrangendo contratos de trabalho amplamente considerados e outras relações contidas no rol de competência material da Justiça do Trabalho (art. 114 da Constituição da República), mesmo que extintas antes do advento da lei nova, desde que preservados o direito adquirido, o ato jurídico perfeito e a coisa julgada.

Por fim, para além das possibilidades recursais já tratadas, a desconstituição dos acordos homologados em sede de jurisdição voluntária poderá se dar por meio de ação anulatória, a teor do que dispõe o art. 966, § 4º, do CPC:

> Art. 966. A decisão de mérito, transitada em julgado, pode ser rescindida quando:
>
> [...]
>
> § 4º Os atos de disposição de direitos, praticados pelas partes ou por outros participantes do processo e homologados pelo juízo, bem como os atos homologatórios praticados no curso da execução, estão sujeitos à anulação, nos termos da lei.

Assim, diferentemente do que ocorre nas homologações de acordos judiciais (art. 831, parágrafo único, da CLT), cuja conclusão é pela rescindibilidade apenas por meio de ação rescisória[15], caberá ação anulatória para desconstituir acordos extrajudiciais homologados em sede de jurisdição voluntária.

1. REFERÊNCIAS BIBLIOGRÁFICAS

BRASIL. Tribunal Superior do Trabalho. *Súmulas e Orientações Jurisprudenciais*. Disponível em: <http://www.tst.jus.br/web/guest/livro-de-sumulas-ojs-e-pns>. Acesso em: 8 out. 2017.

BRASIL. Constituição Federal (1988). Disponível em: <http://www.planalto.gov.br/ccivil_03/constituicao/constituicao.htm>. Acesso em: 8 out. 2017.

BRASIL. Consolidação das Leis do Trabalho (1943). Disponível em: <http://www.planalto.gov.br/ccivil_03/decreto-lei/Del5452.htm>. Acesso em: 8 out. 2017.

BRASIL. Código de Processo Civil (2015). Disponível em: <http://www.planalto.gov.br/ccivil_03/_ato2015-2018/2015/lei/l13105.htm>. Acesso em: 8 out. 2017.

NERY JÚNIOR, Nelson. *Comentários ao Código de Processo Civil*. São Paulo: RT, 2016.

(15) Súmula n. 259 do TST. TERMO DE CONCILIAÇÃO. AÇÃO RESCISÓRIA (mantida) – Res. n. 121/2003, DJ 19, 20 e 21.11.2003. Só por ação rescisória é impugnável o termo de conciliação previsto no parágrafo único do art. 831 da CLT.

Os Acordos Extrajudiciais na Justiça do Trabalho e a Lei n. 13.467/2017: Jurisdição Voluntária? Validade Formal ou Material? Competência?

Ana Paula Tauceda Branco

Mestre em Direitos e Garantias Fundamentais (FDV). Desembargadora do Trabalho do Tribunal Regional do Trabalho da 17ª Região. Secretária-Geral da Comissão Nacional De Promoção à Conciliação – CONAPROC (Órgão do CSJT). Presidente do Núcleo de Conciliação do TRT/17ª Região desde 13/062013. Professora da FDV na Pós-Graduação em Direito do Trabalho, Processo do Trabalho e Direitos e Garantias Fundamentais. Especialista em Direito do Trabalho, Direito Processual do Trabalho e Direito Constitucional do Trabalho. Autora de livros e artigos sobre Direito do Trabalho. Ex-advogada trabalhista por cerca de 20 anos.

1. INTRODUÇÃO

Ocupados com a compreensão adequada das regras jurídicas trazidas para a Consolidação das Leis do Trabalho no Brasil pelo texto da Reforma Trabalhista e, especialmente instigados pelas reflexões e debates de ideias apresentados na audiência pública organizada pelo Conselho Superior da Justiça do Trabalho (CSJT), no dia 25 de outubro do corrente, "para ouvir o pronunciamento de pessoas e autoridades com experiência na jurisdição voluntária trabalhista e na solução adequada de disputas, objetivando esclarecer questões técnicas (não jurídicas), científicas, econômicas e sociais relativas à realização de acordos trabalhistas extrajudiciais, nos termos do art. 855-B e seguintes da CLT"(1) é que, ao deixarmos o salão do CSJT impregnados de dúvidas e preocupações, mas também de algumas certezas, decidimos contribuir para o debate produzindo o presente artigo científico.

As dúvidas? Existe jurisdição voluntária no Processo do Trabalho? O art. 855 da Reforma Trabalhista é, de fato, uma jurisdição voluntária? Se não, então como deverão ser interpretados e aplicados os arts. 855-B e 652-F? Se sim, mantém-se a mesma conduta adotada, por exemplo, para a liberação dos depósitos do FGTS? E, como se darão essas homologações de acordos extrajudiciais? Quando serão homologados? Em audiência? E se as pautas estiverem assoberbadas? Poderão os interessados esperar meses a fio na hipótese de o magistrado entender que necessita colocá-lo em mesa? Deverá haver a homologação no todo ou em parte do conteúdo da avença extrajudicial? Quais as consequências jurídicas de tal homologação? E qual o procedimento a ser adotado na hipótese de dúvida sobre a existência de vício de consentimento? A decisão exarada deverá ser fundamentada em relação a cada parcela e valor homologado? Quem terá competência para homologar tais acordos extrajudiciais, o juiz da vara para o qual for distribuído ou os CEJUSC's? E qual será a validade jurídica da decisão que homologa um acordo extrajudicial? Fará coisa julgada material ou formal? Caberá recurso dela? Ela se trata de um título executivo extrajudicial? Em caso de descumprimento, pode ser executada?

As certezas? Não se pode beber na fonte do processo civil de modo a descaracterizar o processo do trabalho. As novas regras jurídicas processuais devem passar pela hermenêutica da filtragem constitucional e pelo respeito aos princípios norteadores do processo do trabalho. Todo e qualquer debate alusivo à jurisdição voluntária na Justiça do Trabalho deve considerar como referência primária o princípio do amplo acesso à Justiça. A independência funcional do Juiz do Trabalho há de ser respeitada em todas as suas atividades, sejam

(1) Esses são termos do despacho exarado em 3 de outubro de 2017, pelo Exmo. Ministro Emanoel Pereira, Vice-Presidente do Tribunal Superior do Trabalho (TST) e Conselheiro do Conselho Superior da Justiça do Trabalho (CSJT), no Processo n. CSJT-NA-16353-37.2016.5.90.0000, do qual Sua Excelência foi o Conselheiro Relator.

elas relacionadas à jurisdição ou a atos administrativos comuns a outros órgãos do Estado. A pacificação de conflitos por meio do tratamento adequado do conflito de interesses é fundamental e há de ser estimulada, como missão social e institucional da Justiça do Trabalho, mas sempre de forma cuidadosa e responsável para que não seja sinônimo de fraude e, por outro lado, para que o processo nunca seja utilizado para maximizar o conflito, ao invés de solucioná-lo.

Movidos pelo prisma da inquietude que as mudanças trazem, é que estabelecemos esses pontos de partida para a reflexão necessária, nesse desafio que nos foi a todos imposto a partir da vigência da nova lei que se avizinha e que à época da publicação do presente estudo certamente já estará em vigor.

Registramos, enfim, que é nessa esteira de questionamentos e convicções, que estaremos apresentando análises inspiradas pela concepção haberleana de uma Carta Constitucional interpretada por uma "comunidade aberta de intérpretes" para, então, entabularmos a necessária interlocução entre os pensamentos de destacados estudiosos do Direito Processual do Trabalho que compõem o norte deste estudo e, ao fim e ao cabo apresentaremos o nosso ponto de vista sobre o Capítulo III-A da Lei n. 13.467/2017, quando faz referência ao da jurisdição voluntária para homologação de acordo extrajudicial.

2. A JURISDIÇÃO VOLUNTÁRIA NO PROCESSO DO TRABALHO

Aos leitores que não prezam análises jusfilosóficas ou que estão em busca de um enfretamento mais pragmático do tema, sugerimos pular a leitura do primeiro, segundo e terceiro parágrafos que abrem este capítulo 2 e irem direto ao texto do quarto parágrafo.

Porém, aos que buscam na filosofia jurídica também a sua inspiração, lembramos que a expressão **hipermodernidade** foi lucidamente cunhada e utilizada pelo filósofo francês Gilles Lipovetsky (2004, p. 98), na sua contemporânea obra *Os Tempos Modernos*, que, numa análise apertada, destinou-se a se referir e analisar a atual quadra histórica e experiencial da humanidade nas sociedades capitalistas ocidentais, em divergência à expressão "pós-modernidade", já que Lipovetsky defende que nos nossos tempos estamos vivendo o auge da potencialização absoluta de comportamentos que ditaram um estilo de vida comum e global na modernidade, quais sejam: pressa, exagero, efemeridade, dentre outros similares; todos eles adotados comportamentalmente, como ferramentas para viabilizar a cultura "do mais" que permeia a vida da humanidade contemporânea, amplamente dedicada ao **culto do espetacular** e da **lógica do excesso**, enfim, do **hiper**: hiperautonomia, hiperproteção, hipervitaminado, hiperfacilidade, hiperprodução, hiperconsumo, hipercorpo, hiperpoder, hiperlongevidade, hipersalário, hipermercado, hipercorrupção, hiperdescanso, hiperbeleza, hiperviolência, hiperdireito... e, porque não dizer para fins deste ensaio, **hiperprocesso**.(2)-(3)-(4)-(5)

Mas, essa mesma hipermodernidade possui características positivas e que devem ser consideradas e, uma delas é a aptidão para fazer desabar conceitos rígidos, inclusive sobre ordenamento jurídico e crenças processuais (ZANETE JÚNIOR, 2014, p. 228).

É sob essa lente que nos propusemos a nos debruçarmos sobre a jurisdição voluntária, tema que, confesso, há muito não me atraía a atenção.

Assim, ansiosos por bebermos na fonte do Direito Processual, voltamo-nos aos ensinamentos do jurista italiano, Proto Pisani, que afirma que a jurisdição voluntária é:

> (...) uma jurisdição constitucionalmente não necessária, composta de atividades que a lei

---

(2) Cf. meu: O ativismo judiciário negativo investigado em súmulas editadas pelo Tribunal Superior do Trabalho. In: MELO FILHO, Hugo Viana...[*et.al.*] (Coord.). *O mundo do trabalho,* volume I: leituras críticas da jurisprudência do TST: em defesa do direito do trabalho. São Paulo: LTr, 2009. p. 49.

(3) *Hiperprocesso* é uma expressão, aqui por nós utilizada, para designar uma perspectiva do processo cuja principal razão não seja o mero procedimentalismo, ou seja, a evidencia e supervalorização do seu aspecto formal, exterior, enfim, da sua enorme sequência de atos procedimentais. E, é justamente esse *hiperprocesso* que na hipermodernidade deve ter desabado ou pelo menos sublimado em seu rígido conceito de um procedimentalismo que se tem por essencial; tudo isso a fim de tornar o processo mais adequado e célere para atender às situações da vida, o fato social e assim viabilizar uma entrega da tutela jurisdicional mais rápida e adequada ao caso concreto, de modo a compreendê-los e resolvê-los, inclusive na perspectiva dos direitos e princípios fundamentais (e suas colisões), que fazem parte da existência de todos os cidadãos jurisdicionados, que se apresentam ao Poder Judiciário, em busca de uma prestação jurisdicional menos impregnada de apelo às formalidades e mais atenta e adaptada ao caso concreto.

(4) Cf. meu: *A colisão de princípios constitucionais no direito do trabalho*. São Paulo: LTr, 2007. p. 87-140.

(5) A respeito do tema relacionado ao culto ao procedimentalismo no processo, *vide* OLIVEIRA, Carlos Alberto de. *Do formalismo do Processo*. São Paulo: Saraiva, 2009. p.11-124.

> atribuiu aos juízes, como poderia ter atribuído a outros órgãos do estado ou do poder privado dos próprios interessados. (PISANI, 2001, p. 35)

Como acima lecionado, é essencial que se fixe que enquanto a jurisdição contenciosa é uma jurisdição constitucionalmente necessária, vez que assegura a materialização da garantia constitucional da tutela efetiva de direitos trabalhistas, a jurisdição voluntária seria uma jurisdição constitucionalmente não necessária, posto que composta por atividades administrativas que, eventual e parcamente, a lei atribui à magistratura, mas que também podem ser atribuídas a outros órgãos do Estado ou mesmo ao sindicato.

Daí por que concluímos que mesmo aqueles que entendem que há uma jurisdição dita *voluntária* deve ela ser apresentada como modelo restrito e acessório à jurisdição contenciosa, razão pela qual é necessário demarcar os limites constitucionais e legais para o seu exercício, inclusive para os fins do presente estudo, qual seja, voltado à homologação dos acordos extrajudiciais pelo Juiz do Trabalho.

E, perseguindo o objetivo de decifrar mais profundamente o instituto da jurisdição voluntária conforme a melhor doutrina processual brasileira, oportuna é a lição de Alexandre Freitas Câmara (2003, p. 76-80) que, a despeito da complexidade do tema, afirma que a jurisdição voluntária não é jurisdição e muito menos voluntária e justifica a sua posição pelo fato de se tratar de função administrativa, pois não compõe lide e não a substitui, como também por só possuir natureza constitutiva, visto que se limita a criar novas situações jurídicas (Chiovenda[6]). Por meio dela, a Administração Pública, também por meio do Poder Judiciário, limita-se a validar negócios jurídicos de interesse privado. Por todas essas características e sua natureza, na jurisdição voluntária há procedimento e não processo, bem como há interessados e não partes. Tudo isso de modo a que os provimentos administrativos fruto da jurisdição voluntária não fazem coisa julgada.

Na mesma esteira da teoria administrativista, posiciona-se Humberto Theodoro Júnior (1998, p. 40-41) – certamente inspirado nas lições de Liebman[7], Carnelutti[8], Fazzalari[9] e Cristofolini[10] –, convicto que na jurisdição voluntária as funções dos magistrados equivalem aos atos de um tabelião, responsável pela intervenção pública capaz de dar validade ao negócio jurídico.

Na moderna teoria da constitucionalização do processo ou do processo constitucional, o ato jurisdicional é identificado "pela presença da imparcialidade do juiz somada à característica de sua *imperatividade*, em razão de sua *autoridade estatal*. A esses elementos, soma-se a *irreversibilidade externa dos provimentos*." (ZANETI JÚNIOR, 2014, p. 177).

Assim é que, afora uma série de outros entendimentos e acepções que adotam a teoria jurisdicionalista (ou revicionista) no sentido de defender ser a jurisdição voluntária uma forma de exercício da função jurisdicional[11] ou no sentido de pertencer ela a um terceiro gênero, nem administrativa e nem jurisdicional; estamos certos que esse instituto – de origem romana ou medieval –, sequer mais deveria ser considerado existente.

Congregando as premissas anteriormente formuladas, vale dizer que, a despeito da terminologia adotada pelo legislador – inclusive no Capítulo III-A da Lei n. 13.467/2017 – para ser referir à jurisdição voluntária, o certo é que jurisdição, propriamente dita, ela não o é, limitando-se a constituir uma forma de administrar interesses privados[12], de responsabilidade da Administração Pública e, desta feita, também do Poder Judiciário quando previsto em lei.

E, como já afirmado no início deste Capítulo 2, urge que deixemos que o paradigma filosófico dessa exagerada e até perversa hipermodernidade também se estabeleça para trazer o seu lado bom e de reflexos coletivos, como, por exemplo, por meio da dissolução daqueles fundamentos do saber, outrora inquestionáveis (LIPOVETSKY, p. 98), que estão ultrapassados e até mesmo servindo para uma deformação da noção da

---

(6) *Vide Instituições de Direito Processual Civil*, v. II, p.49.

(7) Cfr. LIEBMAN, Enrico Túlio. *Manual de direito processual civil*. 3. ed. São Paulo: Malheiros, 2005. p. 31 (trad. Candido Rangel Dinamarco).

(8) Cfr. CARNELUTTI, Francesco. *Istituzioni del processo civile italiano*. 5.ed. Roma: Foro Italiano, 1956. p. 17ss.

(9) Cfr. FAZZALARI, Elio. *La giurisdizione volontaria*. Pádua: Cedam, 1953. p. 159-161, 195 e 237.

(10) Cfr. CRISTOFOLINI, Giovanni. Efficacia dei provvedimenti di giurisdizione volontaria emessi da giudice incompetente. In: *Studi di diritto processuale in onere di Giuseppe Chivenda*. Pádua: Cedam, 1927. p. 167, 392-393 e 402-403.

(11) Alguns autores antagonistas, ou seja, adeptos da teoria revisionista: Ovídio Baptista da Silva (1996, v. I, p.33), Vicente Greco Filho (1995, v. III, p.263), Daniel Assunção (2016, p.63-64), Fredie Didier (2015, v. I, p. 192-195).

(12) Expressão utilizada por CINTRA; GRINOVER; DINAMARCO (1993, p. 140).

função jurisdicional cuja maior importância – à luz do processo constitucional – está "na realização dos objetivos da efetividade e justiça aos quais o processo está vocacionado" (ZANETE JÚNIOR, 2014, p. 166).

Denomine-se de *atividade administrativa* ou de *administração pública de interesses privados* ou de *modalidade especial de tutela assistencial de interesses particulares(13)*, o certo é que eventuais funções administrativas exercidas pelo Judiciário, não são e não podem ser confundidas com a inafastável função jurisdicional exercida exclusivamente por seus órgãos e que constituem sua própria razão de existir num Estado Democrático e de Direito.

Percebe-se, com efeito, que seja o processo civil seja o processo do trabalho, é o processo constitucional sujeito a todos os ramos processuais e, em assim sendo, o instituto da jurisdição voluntária também não tem a menor razão de ser no Direito Processual do Trabalho.

Com a devida vênia aos que abraçam o entendimento segundo o qual existe a dita jurisdição voluntária, tal perspectiva encerra, a nosso ver, uma falta de compreensão da equação atinente às funções de Estado e às funções de órgãos e agentes do Estado, porque o *poder público* é um só e são as funções de Estado que são distintas e se dividem em legislativa, executiva e judiciária, conforme o princípio da separação dos poderes, consagrado no art. 2º da Carta Política brasileira. Porém, na modernidade, o princípio da separação dos poderes e a teoria das funções estatais, já se firmam num enfoque de que

> (...) há um mínimo e um máximo de independência de cada órgão de poder, sob pena de se desfigurar a separação, e haverá, também, um número mínimo e um máximo de instrumentos que favoreçam o exercício harmônico dos poderes, sob pena de, inexistindo limites, um poder possa se sobrepor ao outro poder, ao invés de entre eles se formar uma atuação de 'concerto'. (FERRAZ, 1994, p. 14)

Assim é que, embora o aprofundamento do tema não seja importante para os fins deste estudo, o que importa refletir é que a divisão das funções do Estado não impede que seus diversos órgãos e agentes exerçam em caráter remanescente, residual e até mesmo complementar.

Nessa esteira, a nosso sentir, a dita jurisdição voluntária nada mais é que uma função de órgãos e agentes do Judiciário, tendo escopo de função tipicamente administrativa – atrelada, por exemplo, à execução ou à fiscalização de determinados atos e procedimentos administrativos, como é o caso da previsão constante nos arts. 855-B e 652-F da Lei n. 13.467/17 –, sem que isso tenha o condão de qualificá-la como jurisdicional.

Nesse particular, vale mencionar alguns doutrinadores respeitados e à frente de seu tempo, que há tempos já defendem que não existe jurisdição voluntária no processo do trabalho.

Desenvolvendo sua linha de raciocínio, Manoel Antonio Teixeira Filho (2009, p.156-157), denuncia a impropriedade da expressão *jurisdição voluntária*, por nela haver somente interessados e procedimento e por essa suposta jurisdição ser, na verdade, um ato administrativo. Vindo, em seguida, a advertir que o Estado não está ali a atuar de maneira voluntária, justificando tal convicção à luz do art. 702(14) do CPC que reza que "o procedimento terá início por provocação do interessado, do Ministério Público ou da Defensoria Pública". Aliás, a perspicácia de seu raciocínio é alinhavada com a defesa que, como art. 16(15), o CPC reconhece a existência de uma jurisdição voluntária e, o art. 2º(16) dispõe que o processo começa com a iniciativa da parte para que o juiz preste a tutela jurisdicional em seu favor, portanto, mesmo a dita jurisdição voluntária não pode ser exercida de ofício, o que joga por terra a própria razão de ser dessa expressão. E, para exemplificar, o autor argumenta que quando "(...) a Justiça do Trabalho homologa a opção de empregado pelo regime do FGTS, com efeito retroativo, não está a exercer função jurisdicional e, sim, como dissemos, realizando mero ato administrativo"; ato administrativo este que, ao ser realizado, não impõe que o magistrado observe o critério da legalidade estrita, uma vez que conforme o parágrafo único do art. 723(17) do CPC lhe permite "adotar em cada caso a solução que considerar mais conveniente ou oportuna", ou

(13) *Vide* art. 226 da CR.

(14) Art. 702 CPC: "O procedimento terá início por provocação do interessado, do Ministério Público ou da Defensoria Pública, cabendo-lhes formular o pedido devidamente instruído com os documentos necessários e com a indicação da providência judicial".

(15) Art. 16 CPC: "A jurisdição civil é exercida pelos juízes e pelos tribunais em todo o território nacional, conforme as disposições deste Código".

(16) Art. 2º CPC: "O processo começa por iniciativa da parte e se desenvolve por impulso oficial, salvo as exceções previstas em lei".

(17) Parágrafo único do art. 723 CPC: "O juiz não é obrigado a observar critério de legalidade estrita, podendo adotar em cada caso a solução que considerar mais conveniente ou oportuna".

seja, conforme conveniência e oportunidade que não são características típicas dos atos judiciais, mas sim dos atos administrativos.

Na mesma esteira, Carlos Henrique Bezerra Leite (2017, p. 200-201), afirma literalmente que no processo do trabalho há, sim, procedimentos especiais que a doutrina denomina de jurisdição voluntária – tais como a expedição de alvará para liberação do FTGT e a ordem judicial para pagamento do seguro-desemprego –, porém só existe jurisdição contenciosa.

Esses olhares congruentes de Manoel Antonio Teixeira Filho e Carlos Henrique Bezerra Leite, quanto à inexistência de *jurisdição voluntária* também no processo do trabalho, acabam por denunciar suas oposições ao hiperprocesso que mencionamos na abertura deste estudo, que nada mais denota que quase que um louvor ao pan-processualismo[18], como se todas as atividades exercidas pelo Judiciário tivessem que ter força e caráter de função jurisdicional e tudo fosse *processo*. Não, a questão a ser refletida e assumida é que o ordenamento jurídico nacional admite que o Judiciário exerça funções outras tais que não são jurisdicionais e não farão coisa julgada material, consistindo em meros procedimentos administrativos que lhes foram atribuídos por uma razão ou outra do legislador.

Superada essa questão da adequação da expressão *jurisdição voluntária* na perspectiva do atual processo constitucional, girando em torno de nosso próprio eixo de compreensão do instituto, voltamo-nos ao estudo de uma obra que consistiu numa das mais importantes bases de nossa formação jurídica processual.

> A independência dos magistrados, a sua idoneidade, a responsabilidade que têm perante a sociedade levam o legislador a lhes confiar importantes funções em matéria dessa chamada administração pública de interesses privados. A doutrina preponderante e já tradicional diz que são funções administrativas, tanto quanto aquelas exercidas por outros órgãos (e referidas acima); não é pela mera circunstância de serem exercidas pelos juízes que tais funções haveriam de caracterizar-se como jurisdicionais. E teriam, tanto quanto a administração pública de interesses privados exercida por outros órgãos, a finalidade constitutiva, isto é, finalidade de formação de situações jurídicas novas (atos jurídicos de direito público, conforme exposto acima). (CINTRA; GRINOVER; DINAMARCO, 1993, p. 140).

À conta do ensinamento conjuntamente formulado por esses grandes mestres – Candido Rangel Dinamarco, Ada Pellegrini Grinover e Antônio Carlos de Araújo Cintra – do Direito Processual brasileiro, reconhecemos a atualidade de suas afirmações vez que, conforme diuturnamente noticiado pela grande mídia falada e escrita deste país, um dos objetivos da Lei n. 13.467/2017 foi justamente trazer a tão propalada *segurança jurídica* às decisões judiciais trabalhistas e, para tanto, após se ter buscado enquadrar, o máximo possível, a atividade hermenêutica do Juiz do Trabalho[19], empenhou-se em trazer para o seio da Justiça do Trabalho uma atividade administrativa já exercida pelas legítimas entidades sindicais de homologação de acordos extrajudiciais, numa estratégia clara de se esquivar do entendimento cristalizado pelo TST, por meio de sua Súmula n. 330[20], segundo o qual qualquer declaração de quitação passada pelo empregado ao empregador durante o ato de homologação, pelo sindicato, do termo de extinção contratual, não tem o poder de dar plena e irrevogável quitação às verbas e valores ali discriminados.

Frise-se: o art. 855-B da Lei n. 13.467/2017, foi inserido no referido texto legal com a finalidade de estender, ao próprio Juiz do Trabalho a faculdade de homologação de acordos extrajudiciais – outrora somente executada pelos sindicatos –, não para verdadeiramente exercer um escopo de pacificar conflitos mediante um Juiz do Trabalho apto a mediar os interessados.

---

(18) *Vide* DINAMARCO, Candido Rangel (2005, 210-212).

(19) Nesse sentido, veja-se, por exemplo, a nova redação dada ao art. 8º da CLT, especialmente em seu § 3º, em que o legislador infraconstitucional determina que os magistrados trabalhistas ao interpretarem as normas previstas em Instrumentos Coletivos, voltem suas análises, exclusivamente, aos elementos essenciais do negócio jurídico, bem como no § 2º impõe que entendimentos sumulados não restrinjam direitos e nem criem obrigações jurídicas, numa clara tentativa de engessar toda a atividade hermenêutica que não seja exercida unicamente pelo método de interpretação gramatical ou literal das normas que estejam sob análise do magistrado trabalhista.

(20) Súmula n. 330 TST. Validade. Revisão da Súmula n. 41.

"A quitação passada pelo empregado, com assistência de entidade sindical de sua categoria, ao empregador, com observância dos requisitos exigidos nos parágrafos do art. 477, da Consolidação das Leis do Trabalho, tem eficácia liberatória em relação *às* parcelas expressamente consignadas no recibo, salvo se oposta ressalva expressa e especificada ao valor dado à parcela ou parcelas impugnadas."

Ao contrário.

Estamos convictos que o Capítulo III-A da Lei n. 13.467/2017 apesar de apresentar-se como "Do Processo de Jurisdição Voluntária para Homologação de Acordo Extrajudicial", não se trata de um passo em direção ao uso eficiente da máquina estatal e nem da inculturação de uma perspectiva não adversarial de uma disputa de interesses[21].

Na realidade, tal trecho normativo nada mais é que um retalho remendado no texto celetista destinado unicamente a contornar a limitação imposta pela Súmula n. 330 do TST e, nesse sentido, não é nada fiel e condizente com a posição daqueles que tecnicamente defendem existir a jurisdição voluntária no processo do trabalho e, muito menos, com o ideal daqueles inúmeros colegas e profissionais do Direito que lutam pela institucionalização da cultura da pacificação dos conflitos trabalhistas de forma a auxiliar na melhoria das relações sociais.

3. OS EFEITOS DA DECISÃO JURÍDICA QUE HOMOLOGAR ACORDO EXTRAJUDICIAL NA JUSTIÇA DO TRABALHO

Desembocamos neste capítulo 3, tendo firmado o entendimento de que não existe jurisdição voluntária – muito menos no processo do trabalho –, razão pela qual neste momento nos ocuparemos em refletir acerca da validade jurídica da decisão que homologar um acordo extrajudicial.

Entabulando um diálogo de convergência com os doutrinadores acima mencionados, volvemo-nos também a NERY JÚNIOR (2001, p. 908) que afirma só poder fazer coisa julgada material aquela decisão judicial que resolver o mérito e somente após o seu trânsito em julgado[22].

É nesse horizonte teorético que CINTRA; GRINOVER; DINAMARCO ensinam que (...) não há coisa julgada em decisões proferidas em feitos de jurisdição voluntária, pois tal fenômeno é típico das sentenças jurisdicionais (1993, p. 152).

Nesse aspecto, se considerarmos que o magistrado do trabalho entenda por ser realmente de sua competência ou conveniência e oportunidade, a atividade de homologar acordos extrajudiciais, as vertentes de pensamento acima mencionadas vão ao encontro do defendido no presente ensaio, ou seja, considere-se ser a homologação de acordo extrajudicial atividade jurisdicional inserida na jurisdição voluntária ou uma modalidade especial de tutela assistencial de interesses de particulares ou mera atividade administrativa voltada à administração pública de interesses privados – típica do Poder Executivo – estendida ao Judiciário Trabalhista, esta **não fará coisa julgada material**.

Endossando nossa convicção, novamente nos voltamos às lições do mestre processualista capixaba que, ao discorrer sobre os efeitos da coisa julgado formal, adverte que ela não é possível impugnar por meio de recurso ou por qualquer meio outro (LEITE, 2017, p. 904).

No mesmo sentido, o festejado processualista curitibano que leciona haver decisões que não constituem coisa julgada material, dentre as quais registra aquelas proferidas na administração pública de interesses privados, impropriamente denominadas de jurisdição voluntária (TEIXEIRA FILHO, 2009, p. 1.388-1.399).

Disso advém o fato que **da decisão exarada no sentido de homologar ou não o acordo extrajudicial, não caberá recurso de nenhuma espécie**, cabendo aos interessados – se insatisfeitos com a decisão do magistrado do trabalho que nessa hipótese atua como o Estado-administrador –, unicamente, voltarem a apresentar – quantas vezes entenderem necessário –, nova petição contendo seus interesses em transacionar extrajudicialmente, ou ajuizar a devida ação trabalhista para nela, então, discutir os seus direitos e pretensões.

Convém a admoestação no sentido de que **os termos da decisão de um Juiz do Trabalho que venha a homologar uma petição de acordo extrajudicial não constituirá um título executivo extrajudicial**[23] e, portanto, não estará apto a ser executado em caso de seu descumprimento, pois congregando as premissas anteriormente apresentadas, vale destacar que

---

(21) Cf. obra em coautoria comigo: *Mediação*: uma velha forma de gestão de conflitos, por meio de um diferente olhar. Vitória/ES: Editora SEBRAE, 2010.

(22) *Vide* arts. 487 e 508 do CPC.

(23) Somente para fins de prévios esclarecimentos, elucidamos que apesar do dissenso doutrinário, adotamos a corrente que defende serem os títulos executivos taxativos, ou serem, advêm de lei e ali devem estar mencionados. Daí porque entendemos que o rol do art. 784 do CPC é taxativo e, portanto, a petição de acordo extrajudicial homologada por Juiz do Trabalho, não será um título executivo extrajudicial por ausência de previsão legal quanto a tal qualidade.
A esse respeito *vide* THEODORO JÚNIOR, Humberto. *Curso de direito processual civil*. Teoria geral do direito processual civil, processo de conhecimento e procedimento comum. v. III. 47. ed. rev., atual. e ampl. Rio de Janeiro: Forense, 2016. p. 378.

historicamente a admissão pela doutrina da existência de títulos executivos extrajudiciais de índole processual trabalhista é algo raro e excepcionalíssimo, limitando-se, até a presente data, a serem admitidos com tais: o Termo de Ajustamento de Conduta[24] firmado perante o Ministério Público do Trabalho; o Termo de Conciliação firmado na Comissão de Conciliação Prévia[25], cuja existência foi quase que na sua totalidade esvaziada pelo desinteresse e incredibilidade em relação ao tal instituto, na ótica dos atores sociais da relação capital *x* trabalho; a Certidão de Inscrição na Dívida Ativa da União referente às penalidades administrativas impostas aos empregadores pelos órgãos de fiscalização das relações do trabalho[26]; a Certidão Negativa de Débitos Trabalhistas[27]; e, o cheque e a nota promissória emitidos em reconhecimento de dívida inequivocamente de natureza trabalhista[28].

Assim, harmonizando a teoria por nós adotada – e a despeito do necessário respeito à independência do magistrado –, a postura mais adequada do Juiz do Trabalho que se defrontar com a hipótese do art. 855-B c/c o art. 652-F, é no sentido de limitar-se a – no todo –, homologar ou não tal avença; ou, ainda, a despachar para que os interessados revejam pontos que têm por equivocados, discriminem verbas, liquidem valores, tudo, sob pena de não homologar tal acordo; **não devendo, em hipótese alguma, proceder à homologação parcial da pretensa autocomposição extrajudicial.**

Reconhecida a tônica de procedimento administrativo de tais regras legais, estamos certas de que o Juiz do Trabalho é livre para homologar ou não o acordo extrajudicial, mas se resolver proceder tal homologação, deverá fazê-lo no todo – nunca parcialmente e muito menos por determinação de instâncias superiores –, eis que como suas decisões nesses novos procedimentos administrativos especiais ou tutelas de interesses de particulares não possuem força de coisa julgada material, ao exarar uma decisão que venha a homologar apenas parcialmente as pretensões dos interessados, poderá levá-los a um número sem fim de petições administrativas voltadas a que a autoridade judicial, no exercício dessa nova função administrativa, reveja os seus atos – quase como se fosse um recurso administrativo para a mesma autoridade, ante a competência exclusiva dos Juízes do Trabalho[29] –, ou, na pior das hipóteses, os interessados ver-se-ão estimulados e obrigados a transformar sua pretensa avença extrajudicial numa lide judicial, de modo a que, num desvio inaceitável de rota, o Estado-juiz, num ato administrativo, passe a incitar a beligerância de uma relação, em tese, já pacificada.

4. A COMPETÊNCIA PARA DECIDIR QUANTO À HOMOLOGAÇÃO DO ACORDO EXTRAJUDICIAL

Inspirados nos ensinamentos dos estudiosos do processo do trabalho acima mencionados é que cremos que observamos que a teorização de ambos está inserida na constitucionalidade do processo que, inclusive, coaduna com a questão das atividades que são de competência da Justiça do Trabalho, conforme texto que a Emenda Constitucional n. 45/2004 inseriu no art. 114 da Carta Magna:

> Art. 114. Compete à Justiça do Trabalho processar e julgar:
>
> I – as ações oriundas da relação de trabalho, abrangidos os entes de direito público externo e da administração pública direta e indireta da União, dos Estados, do Distrito Federal e dos Municípios;
>
> II – as ações que envolvam exercício do direito de greve;
>
> III – as ações sobre representação sindical, entre sindicatos, entre sindicatos e trabalhadores, e entre sindicatos e empregadores;
>
> IV – os mandados de segurança, *habeas corpus* e *habeas data*, quando o ato questionado envolver matéria sujeita à sua jurisdição;
>
> V – os conflitos de competência entre órgãos com jurisdição trabalhista, ressalvado o disposto no art. 102, I, *o*;
>
> VI – as ações de indenização por dano moral ou patrimonial, decorrentes da relação de trabalho;
>
> VII – as ações relativas às penalidades administrativas impostas aos empregadores pelos órgãos de fiscalização das relações de trabalho;

(24) *Vide* § 6º do art. 5º da Lei n. 7.347/85.

(25) *Vide* arts. 625-A a 625-H da CLT.

(26) *Vide* inciso VII do art. 114 da CR.

(27) *Vide* art. 642-A da CLT.

(28) Cf. art. 13 da IN n. 39/2016 do Tribunal Superior do Trabalho, voltada a regulamentar os dispositivos do CPC/2015 que são compatíveis com o processo do trabalho.

(29) Art. 652: "Compete às Varas do Trabalho:
(...)
f) decidir quanto à homologação de acordo extrajudicial em matéria de competência da Justiça do Trabalho."

VIII – a execução, de ofício, das contribuições sociais previstas no art. 195, I, *a*, e II, e seus acréscimos legais, decorrentes das sentenças que proferir;

IX – outras controvérsias decorrentes da relação de trabalho, na forma da lei.

§ 1º Frustrada a negociação coletiva, as partes poderão eleger árbitros.

§ 2º Recusando-se qualquer das partes à negociação coletiva ou à arbitragem, é facultado às mesmas, de comum acordo, ajuizar dissídio coletivo de natureza econômica, podendo a Justiça do Trabalho decidir o conflito, respeitadas as disposições mínimas legais de proteção ao trabalho, bem como as convencionadas anteriormente.

§ 3º Em caso de greve em atividade essencial, com possibilidade de lesão do interesse público, o Ministério Público do Trabalho poderá ajuizar dissídio coletivo, competindo à Justiça do Trabalho decidir o conflito.

Do texto constitucional, destacamos o *caput* do art. 114, que a partir da **EC n. 45/2004**, dedicou-se a apontar expressa e taxativamente a **competência da Justiça do Trabalho, qual seja:** ***processar e julgar***.

Estamos convictos de que o legislador assim o fez, também e especialmente, com a finalidade de destacar a atividade jurisdicional como razão de ser da Justiça do Trabalho, fortalecendo, portanto, a visão de que essa instituição não é um balcão de reclamações e solicitações administrativas, libertando-nos daquele ranço administrativo que nos atrelava às atividades executivas e fiscalizadoras do Ministério do Trabalho[30].

Por certo que não se está aqui a diminuir a enorme importância social que a conciliação na Justiça do Trabalho tem para a relação capital e trabalho, avocando para si a responsabilidade social que lhe compete – a paz social; não se trata disso.

Não estamos a nos referir à conciliação judicial, que está no bojo da função jurisdicional do magistrado trabalhista, seja na Vara do Trabalho em que atua, seja nos Centros Judiciários de Solução de Conflitos e Cidadania (CEJUSC's).

O que destacamos a partir da Emenda n. 45/2004, é que o legislador constituinte quis e retirou qualquer expressão que designasse uma atividade meramente administrativa e estabeleceu no *caput* do art. 114 a competência da Justiça do Trabalho para julgar e processar e o fez para redimensionar que ali haverá de conciliar, sim, mas nos processos judiciais.

A meio caminho entre a norma infraconstitucional inserida no art. 652-F da Lei n. 13.467/2017[31] e o art. 114 da Carta Constitucional é que damos tônica à tese de que **a competência dos Juízes do Trabalho descrita na alínea *f* do texto da Reforma Trabalhista, não impõe que o Juiz do Trabalho necessariamente tenha que receber a petição de acordo extrajudicial e decidir pela sua homologação ou não, podendo, sim, declinar de tal competência de natureza administrativa**, eis que facultativa e estendida também e especialmente aos sindicatos, entidades jurídica e politicamente competentes e adequadas para tais atos, ante a sua indiscutível legitimidade constitucional[32] para atuar em questões de interesses individuais e administrativos dos trabalhadores pertencentes à categoria que representa.

Concernentemente à possibilidade de o Juiz do Trabalho rejeitar atuar em atividades administrativas relacionadas à homologação de acordo extrajudicial, entendemos que poderá ele fazê-lo, utilizando de critérios de conveniência e oportunidade – típicos dos atos administrativos -, inclusive, relacionados à existência de previsão constitucional e infraconstitucional para que o sindicato exerça tal atividade, bem como em função da realidade atual da Justiça do Trabalho, assoberbada por um enorme número de demandas judiciais e sufocada por uma política de corte orçamentários pelos próximos 20 anos, de modo a inviabilizar que seja respeitado prazo impróprio de quinze dias, a contar da distribuição da petição, previsto no art. 855-D[33], para analisar ou despachar incluir em pauta – com vistas a atender, a

---

(30) *Vide* registros das ações legislativas atinentes à Proposta de Emenda Constitucional conhecida como "PEC da Reforma do Judiciário" (PEC n. 29/2000). Disponível em: <http://www25.senado.leg.br/web/atividade/materias/-/materia/44577>.

(31) Art. 652-F: "Compete às Varas do Trabalho:

(...)

f) decidir quanto à homologação de acordo extrajudicial em matéria de competência da Justiça do Trabalho.

(32) Art. 8º: "É livre a associação profissional ou sindical, observado o seguinte:

(...)

III – ao sindicato cabe a defesa dos direitos e interesses coletivos ou individuais da categoria, inclusive em questões judiciais ou administrativas."

(33) Art. 855-D: "No prazo de quinze dias a contar da distribuição da petição, o juiz analisará o acordo, designará audiência se entender necessário e proferirá sentença."

tempo, os interesses de tais cidadãos que têm a suposta pretensão de transacionarem extrajudicialmente.

Já no que atine ao **teor do pedido conjunto formalizado a fim de que seja homologada uma avença extrajudicial**, considerando que grande parte dos direitos trabalhistas são indisponíveis ou de disponibilidade relativa – sendo unicamente esses últimos o objeto de tais requerimentos ao Juiz do Trabalho –, e, de acordo com o que fora destacado anteriormente por meio da transcrição do entendimento de CINTRA; GRINOVER; DINAMARCO (1993, p. 140), a idoneidade e a responsabilidade do Juiz do Trabalho exigem-lhe, a nosso ver, que haja uma função de garantia na análise desse negócio jurídico que se lhe apresenta, mesmo que em caráter administrativo, razão pela qual acreditamos que o correto seja que a **decisão** administrativa **que homologar o acordo extrajudicial** se limite, obrigatoriamente, a parcelas expressamente consignadas no requerimento pertinente, com quitação por títulos e valores, apresentando-se **devidamente fundamentada**.

Enfim, **não há** que se falar em **quitação geral e irrestrita** pelo objeto do pedido e extinto contrato de emprego, inclusive com esteio no art. 855-E da Reforma Trabalhista, que não previu a possibilidade de quitações genéricas das obrigações trabalhistas, pela via do acordo extrajudicial, já que prevê que "a petição de acordo extrajudicial suspende o prazo prescricional da ação quanto aos direitos nela especificados", ou seja, a própria regra jurídica parte do pressuposto de que existem direitos outros que não estão especificados no requerimento de homologação de avença extrajudicial, devendo, portanto, a quitação ser absolutamente restrita ao que está disposto ali e a seus valores.

Sob o aspecto da hermenêutica jurídica, há ainda outra advertência a ser feita, porém, agora, em relação aos termos da autocomposição que se pretenda ver homologada. O texto da regra referente ao art. 855-C reza que aquilo que está disposto no Capítulo III-A da Lei n. 13.467/2017, "não prejudica, o prazo estabelecido no § 6º do art. 477 desta Consolidação e não afasta a aplicação da multa prevista no § 8º do art. 477 desta Consolidação", donde se conclui que **as verbas extintivas do contrato de emprego** –, sejam elas rescisórias, resilitórias ou resolutórias –, não podem ser objeto de avença extrajudicial que se pretenda homologada pelo Juiz do Trabalho, pois, conforme o texto legal aqui transcrito, pode até existir acordo pactuado extrajudicialmente, mas tais verbas deverão ser pagas de forma independente, no prazo de 10 dias, sob pena da multa do § 8º.

Assim sendo, o raciocínio lógico a esse respeito é que **verbas extintivas contratuais não podem integrar eventual acordo extrajudicial** que venha a ser apresentado ao Juiz do Trabalho.

Vale dizer, ainda no particular que, quanto **ao momento e em que poderá ser homologada avença extrajudicial**, por certo que o prazo previsto no art. 855-D é impróprio, podendo ser feita a sua gestão (conveniência e oportunidade) pelo Juiz do Trabalho, para que tais requerimentos administrativos não lhe inviabilizem as pautas de julgamento e o respeito ao princípio da celeridade em relação às sentenças a serem proferidas em processos judiciais que estejam sob sua jurisdição, especialmente em tempos de assoberbamento de demandas advindas pela realidade do processo judicial eletrônico (PJe) e do número insuficiente de magistrados e servidores em grande parte dos Regionais brasileiros.

Aliás, nessa gestão do tempo, como já afirmado alhures, também é **facultado ao Juiz do Trabalho declinar da competência trazida pela regra insculpida no art. 652-F** – especialmente porque poderão os interessados recorrer à legítima entidade sindical para executar tal atividade administrativa –, inclusive, para evitar frustrações, prejuízos e desestímulo para a almejada autocomposição.

Lado outro, em havendo a disponibilidade institucional do Juiz do Trabalho de exercer a atividade administrativa relacionada à análise e decisão sobre homologação de acordo extrajudicial, por responsabilidade institucional e ante a natureza de indisponibilidade absoluta ou relativa da maioria das verbas trabalhistas, quanto à **faculdade de designação de audiência**, <u>sugerimos</u> que:

a) na hipótese de um acordo extrajudicial que indique a correição de seus termos, a melhor postura a ser adotada pelo magistrado é a de reservar espaço na pauta de audiência para essas assentadas administrativas voltadas à confirmação das partes quanto ao seu livre intento autocompositivo;
b) em havendo dúvida quanto ao teor do requerimento de homologação da avença extrajudicial, poderá o Juiz do Trabalho despachar para que os interessados façam as adequações e correções necessárias, providências que se não forem tomadas levarão à negativa da pretendida homologação;
c) caso o magistrado analise os termos da petição de homologação e não esteja convicto de sua validade, sugerimos, preferencialmente, que reserve um espaço em sua pauta de audiências dedicado a que os interessados

compareçam e esclareçam os fatos, após o que será ou não homologado o pretenso acordo extrajudicial; e,

d) na situação do Juiz do Trabalho, após ler a petição administrativa voltada ao requerimento de homologação de acordo extrajudicial, de plano, pelos seus termos ou objeto, se estiver convicto de que se trata de um negócio jurídico que não atenda aos limites da lei (arts. 849 e 138 a 155 do CCB) ou que padeça de evidente vício, tais como fraude, simulação e erro essencial, recomendamos que o despache, de plano, negando-se a fazer a sua homologação, oficiando, caso entenda conveniente, o Ministério Público do Trabalho, o Ministério do Trabalho e Emprego e o sindicato legitimado, para que tomem ciência e adotem as medidas que entendam devidas.

Acreditamos ser desnecessário o registro, mas para que não haja dúvidas acerca de nossas intenções, afirmamos que as condutas administrativas acima propugnadas dependerão da compreensão institucional, doutrinária e ética que possua cada Juiz do Trabalho, bem como da conveniência e oportunidade que devem nortear seus atos em procedimentos administrativos.

Cumpre dizer quanto à **competência para a homologação do acordo extrajudicial** que ela é tanto do **Juiz do Trabalho que atua nas Varas Trabalhistas**, como também daquele **magistrado que atua nos Centros Judiciários de Solução de Conflito (CEJUSC's)**, numa espécie de **competência comum** a ambos, vez que os magistrados dos CEJUSC's são designados para todos os processos de jurisdição do Regional, em absoluta observância do princípio do juiz natural.

É pertinente salientar que tal parceria institucional vem se apresentando como muito frutífera para a sociedade, os jurisdicionados e a própria Justiça do Trabalho como um todo, ante a afinidade e formação dos magistrados que atuam nos CEJUSC's, sendo tais Centros dotados – especialmente a partir da Resolução n. 174/2016 do CSJT –, de uma estrutura diferenciada e dirigida com uma expertise apropriadamente voltada ao prestígio da composição amigável na solução de conflitos, de modo a viabilizar os processos em que seja possível e recomendável transacionar, sem que isso represente renúncia de direitos.

Numa visão sistêmica da atual situação institucional da Justiça do Trabalho, ao amoldarmos a de competência comum aos Juízes do Trabalho que respondem pelas Varas e aos que estão designados para o CEJUSC's, justifica-se a expectativa de atividades jurisdicionais e, agora também daquelas relacionadas ao processo administrativo de análise e eventual homologação de autocomposições extrajudiciais, sem maiores assoberbamentos, sendo muito conveniente que seja facultado aos Juízes das Varas do Trabalho a remessa para os CEJUSC's desse novo procedimento administrativo previsto nos arts. 855-B e 652-F do texto da Reforma Trabalhista, em que diversos magistrados engajados na luta pela verdadeira institucionalização da cultura da pacificação dos conflitos trabalhistas, com o necessário respeito à essência e à razão de ser do Direito do Trabalho, do Processo do Trabalho, da Justiça do Trabalho e dos ditames constitucionais.

5. CONCLUSÃO

A compreensão dos fenômenos jurídicos e sociais clama por um constante exercício de pensar e repensar, inclusive, o novo com o que nos deparamos.

As inovações legislativas produzidas pela Lei n. 13.467/2017 – a despeito das inúmeras falhas já detectadas, antes mesmo de sua entrada em vigor! –, criam oportunidades únicas para que nós, hermeneutas, tonifiquemos conceitos e teorias, avocando a responsabilidade social que lhes compete, mesmo que para isso seja necessário romper com as mais novas propostas normativas e teoréticas, nas partes com atecnias e naquelas formuladas tão somente para manter o *status quo* do poder econômico.

Aliás, utilizando os jogos inteligentes relacionados à linguagem concluímos que ou o legislador infraconstitucional cometeu uma atecnia inaceitável ao denominar o procedimento administrativo constante o Capítulo III-A da Lei n. 13.467/2017 de *processo de jurisdição voluntária*, já que várias das regras ali inseridas possuem características típicas da jurisdição contenciosa(34), ou se destinam a criar um *Frankstein jurídico* tal, que se destina, precipuamente a utilizar o Juiz do Trabalho para chancelar a obtenção, por parte dos representantes do poder econômico, daquilo que o mercado chama de "blindagem patrimonial", com vista a que, após homologado o acordo extrajudicial com a quitação do extinto contrato individual de trabalho, o

(34) Observem-se, nesse sentido, as expressões utilizadas nas regras inseridas no Capítulo III-A da Lei n. 13.467/2017: "processo de jurisdição voluntária", "designará audiência", "proferirá sentença", "suspensão de prazo prescricional", "trânsito em julgado da decisão que negar a homologação de acordo".

ex-empregado seja impedido de rever qualquer pretensão atinente ao pacto empregatício.

Devidamente contextualizados no mundo e suas experiências, lembramos que no que atine à **conciliação judicial**, presente na Justiça do Trabalho ao longo desses seus setenta e poucos anos de existência, foi desempenhada nos rigores da lei e por meio de importantes esforços por parte de magistrados e servidores que lhes assessoram, no sentido de abraçar a conciliação como ponto fundamental de manutenção e aprimoramento da Justiça do Trabalho, inculturando o diálogo como ferramenta de pacificação social e, sempre que possível, conciliando nos **processos judiciais** através de propostas responsáveis jurídica e socialmente, como também rápidas, racionais e eficientes que possam atender aos interesses de ambas as partes e, paralelamente, criar e recriar a realidade de um Judiciário Trabalhista reconhecido, de norte a sul como, de fato, eficiente, a despeito dos mais variados ataques que vem sofrendo seja quanto à sua existência, seja quanto à sua atuação e, ainda: sufocado por uma política pública de corte orçamentário pelos próximos vinte anos; assoberbado pelo enorme número de demandas que lhe são apresentadas; e, caracterizado por um alto índice de recorribilidade das decisões judiciais na grande parte dos Regionais trabalhistas.

Porém, a partir de 11.11.2017, novo desafio se apresenta aos intérpretes e aplicadores do texto da Reforma Trabalhista, especificamente relacionado às regras do Capítulo III-A, dedicadas a prever e regular a homologação de **acordos trabalhistas** entabulados **extrajudicialmente**.

Na natural tensão existente entre a realidade a normatividade, a lei pode, sim, criar oportunidades para que hermeneutas atentos ao seu mister tonifiquem conceitos e teorias próprios do processo do trabalho, de modo a utilizarem essa nova realidade para a aproximação e construção do Direito almejado pela sociedade brasileira.

Assim é que, evitando qualquer manipulação legal de cunho maniqueísta – especialmente em relação ao art. 855-B e ao art. 652-F da Lei. n. 13.467/17 –, estamos certos de que os Juízes do Trabalho não terão somente dois caminhos: negar ou aceitar os requerimentos de homologação de avenças extrajudiciais.

Não, não é só isso.

Dentro da vertente que adotamos para efeitos deste estudo, é possibilitado aos Juízes do Trabalho nas situações previstas no art. 855-B e no art. 652-F, adotar os seguintes entendimentos:

a) pela inexistência da jurisdição voluntária, em especial na Justiça do Trabalho;

b) pela caracterização do ato de homologação de acordo extrajudicial como inerente a um procedimento administrativo; ou, a uma modalidade especial de tutela assistencial de interesses de particulares; ou, ainda, a uma administração pública de interesses privados;

c) pela faculdade legal conferida ao Juiz do Trabalho para decidir se é sua, de fato, tal competência ou se por uma questão de conveniência e oportunidade deva atuar em tal procedimento voltado à homologação de avença extrajudicial, em razão de os fatos dos interessados não terem prejuízo com tal declinação de competência, já que poderão recorrer à legitimidade da entidade sindical para que suas pretensões sejam homologadas;

d) pela inconveniência de homologação parcial da pretensa autocomposição extrajudicial, mas tão somente da homologação em todo ou da não homologação, a fim de não transformar tal procedimento administrativo (administração pública de interesses privados ou modalidade especial de tutela assistencial de interesses de particulares) ou em uma jurisdição contenciosa ou num espaço para incontáveis recursos administrativos destinados a uma mesma autoridade competente;

e) pela conveniência de se reservar espaço na pauta de audiência para as assentadas administrativas voltadas à confirmação das partes quanto ao seu livre intento autocompositivo de exercício, como é praticado, inclusive, pelas entidades sindicais em tais situações;

f) pela homologação da avença extrajudicial limitada, obrigatoriamente, às parcelas expressamente consignadas no requerimento pertinente, com quitação por títulos e valores, após fundamentos apresentados pelos interessados;

g) pela impossibilidade de quitação geral e irrestrita pelo objeto do pedido e extinto contrato de emprego, por conta de o art. 855-E não ter previsto tal possibilidade;

h) pela impossibilidade de que as verbas extintivas do contrato de emprego sejam objeto de avença extrajudicial que se pretenda homologada, por força dos termos do art. 855-C;

i) pela compreensão de que o prazo do art. 855-D é impróprio, podendo ser feita a sua gestão, conforme conveniência e oportunidade do Juiz do Trabalho;

j) pela validação da decisão exarada para homologar um acordo extrajudicial como fazendo, no máximo, coisa julgada formal; a despeito de ter, a nosso ver, a característica de decisão de natureza meramente administrativa;

k) pelo não cabimento de recurso de nenhuma espécie em face da decisão que venha a homologar ou não o acordo extrajudicial;

l) pela não aptidão à execução da decisão homologatória de autocomposição extrajudicial, por não constituir título executivo extrajudicial;

m) pela viabilidade de, após a devida análise dos termos do acordo extrajudicial que se vise homologar, sejam proferidos despachos para que os interessados revejam pontos que têm por equivocados, discriminem verbas, liquidem valores; tudo, sob pena de não homologar tal acordo;

n) pela competência comum do Juiz do Trabalho que atua nas Varas Trabalhistas e do magistrado que atua nos Centros Judiciários de Solução de Conflito (CEJUSC's).

Num diálogo quase que impessoal com o leitor, resta-nos afirmar que estamos cientes de que a sociedade muda, que mudam também as relações sociais, surgindo novos fatos jurídicos e sociais que nos são diuturnamente apresentados, de forma a nos desafiar na apresentação da mais adequada solução para as modernas lides.

Por óbvio que o Direito também vem mudando e estudiosos mundialmente reverenciados, tais como o reverenciado sociólogo lusitano Boaventura de Souza Santos (1988, p. 72)[(35)], já formulam teorias por meio das quais se concebe o Direito como princípios e normas de prevenção e resolução de disputas, destacando, assim, seu papel preventivo.

E não há dúvidas de que estamos dispostos e necessitamos desse eterno debruçar sobre o Direito e seus institutos processuais e materiais, a fim de que ele, efetivamente, cumpra a sua função social.

Porém, tal debruçar há de se dar sob as lentes dos valores constitucionais escolhidos como fundamentais para a República, para a sociedade e para a economia de um Estado e, através de suas lentes, fixemos os limites legais e constitucionais das novas teorias, concepções e normas jurídicas.

Justamente nesse exercício é que nos dedicamos, neste breve estudo, à atividade hermenêutica a ser ensaiada em relação às regras inseridas no Capítulo III-A da Lei n. 13.467/2017 – especialmente os seus arts. 855-B e 652-F que atribuem nova competência à Justiça do Trabalho por meio de seus órgãos (Juízes do Trabalho).

A esse propósito, detendo-nos a essa dinâmica hermenêutica, estamos convencidos quanto à necessidade de essas regras do Capítulo III-A serem interpretadas e aplicadas com muita parcimônia e total cuidado, vez que trafegando pelo viés técnico ou argumentativo, outra conclusão não nos resta após a devida análise das mesmas que, ao que tudo indica, destinam-se elas ou a serem um **instrumento de manipulação do instituto da conciliação** tão seriamente por nós manejados em caráter judicial, ou a constituírem num veículo de blindagem patrimonial dos representantes da classe econômica, ou a comporem uma retórica simplista de promoção da segurança e da concórdia, obtidas pelos cidadãos interessados, por meio da chancela do Estado Juiz.

E, essas não são a finalidade do Direito; não é assim que o Estado superará os desafios advindos do excesso de formalismo do Judiciário, da sua sobrecarga de demandas e gastos com as despesas judiciais; não é dessa forma que se logra bom êxito no intento de harmonizar e pacificar as relações sociais; enfim, **assim não se realiza a Constituição.**

6. REFERÊNCIAS BIBLIOGRÁFICAS

BRANCO, Ana Paula Tauceda. O ativismo judiciário negativo investigado em súmulas editadas pelo Tribunal Superior do Trabalho. In: MELO FILHO, Hugo Viana... [*et.al.*] (Coord.). *O mundo do trabalho, volume I:* leituras críticas da jurisprudência do TST: em defesa do direito do trabalho. São Paulo: LTr, 2009.

______. *A colisão de princípios constitucionais no direito do trabalho*. São Paulo: LTr, 2007.

BUENO, Cássio Scarpinela. *Manual de direito processual civil*. São Paulo: Saraiva, 2015.

(35) Na obra *O discurso e o poder: ensaio sobre a sociologia da retórica jurídica*, Boaventura de Souza Santos ensina que "concebe-se o direito como o conjunto de processos regularizados e de princípios normativos, considerados justificáveis num dado grupo, que contribuem para a identificação e prevenção de litígios e para a resolução destes por meio de um discurso argumentativo, de amplitude variável, apoiado ou não pela força organizada" (1988, p. 72, *apud* VEDANA, Vilson Malchow. *Programa de mediação comunitária*. Brasília: Ed. Grupos de Pesquisa. Prelo (havendo possibilidade de alteração do título da obra).

______; CAMPOS, Naiara Guimarães; SANTOS, Ricardo Goretti e. *Mediação*: uma velha forma de gestão de conflitos, por meio de um diferente olhar. Vitória/ES: SEBRAE, 2010.

CAMARA, Alexandre Freitas. *Lições de direito processual civil*. v. I. 9. ed. rev. e atualizada. Rio de Janeiro: Lumen Juris, 2003.

CARNELUTTI, Francesco. *Istituzioni del processo civile italiano*. 5. ed. Roma: Foro Italiano, 1956

CINTRA, Antônio Carlos de Araújo; GRINOVER, Ada Pellegrini; DINAMARCO, Candido Rangel. *Teoria geral do processo*. 10. ed. São Paulo: Malheiros, 1994.

CRISTOFOLINI, Giovanni. Efficacia dei provvedimenti di giurisdizione volontaria emessi da giudice incompetente. In: *Studi di diritto processuale in onere di Giuseppe Chivenda*. Pádua: Cedam, 1927.

DIDIER, Fredie. *Curso de direito processual civil*. v. I. 17. ed. Salvador: JusPodivm, 2015.

DINAMARCO, Candido Rangel. *A instrumentalidade do processo*. 13. ed. São Paulo: Malheiros, 2008.

FAZZALARI, Elio. *La giurisdizione volontaria*. Pádua: Cedam, 1953.

FERRAZ, Anna Candida da Cunha. *Conflito entre poderes*. São Paulo: Revista dos Tribunais, 1994.

GRECO FILHO, Vicente. *Direito processual civil brasileiro*. v. III. 11. ed. São Paulo: Saraiva, 1995.

LEITE, Carlos Henrique Bezerra. *Curso de direito processual do trabalho*. 15. ed. São Paulo: Saraiva, 2017.

LIEBMAN, Enrico Túlio. *Manual de direito processual civil*. 3. ed. (trad. Candido Rangel Dinamarco). São Paulo: Malheiros, 2005.

LIPOVETSKY, Gilles. *Os tempos modernos*. Tradução de Mário Vilela. São Paulo: Barcarolla, 2004.

NEVES, Daniel Amorim Assumpção. *Manual de direito processual civil*. 8. ed. Salvador: JusPodivm, 2016.

OLIVEIRA, Carlos Alberto Álvaro de. *Do formalismo no processo civil*. São Paulo: Saraiva, 1997.

PISANI, Proto. *Profili del processo civili*. 6. ed. Napoli: Jovene Editore, 2001.

SILVA, Ovídio Baptista da. *Curso de processo civil*. v I. 3. ed. Porto Alegre: Sérgio Antonio Fabris, 1996.

SOUZA SANTOS, Boaventura de. O discurso e o poder: ensaio sobre a sociologia da retórica jurídica. Porto Alegre: Fabris, 1988, p. 72 *apud* VEDANA, Vilson Malchow. *Programa de mediação comunitária*. Brasília: Grupos de Pesquisa. Prelo (havendo possibilidade de alteração do título da obra).

TEIXEIRA FILHO, Manoel Antônio. *Curso de direito processual do trabalho*: processo de conhecimento. v. I. São Paulo: LTr, 2009.

______. *Comentários ao novo Código de Processo Civil*: sob a perspectiva do processo do trabalho. 2. ed. São Paulo: LTr, 2015.

THEODORO JÚNIOR, Humberto. *Curso de direito processual civil*. Teoria geral do direito processual civil, processo de conhecimento e procedimento comum. v. III. 47. ed. rev., atual. e ampl. Rio de Janeiro: Forense, 2016.

ZANETE JÚNIOR, Hermes. *A constitucionalização do processo*: o modelo constitucional da Justiça brasileira e as relações entre processo e constituição. 2. ed. rev., ampl., alterada. São Paulo: Atlas, 2014.

Despesas Processuais Trabalhistas após a Reforma

Vitor Salino de Moura Eça

Pós-doutor em Direito Processual Comparado pela Universidad Castilla-La Mancha, na Espanha. Professor Adjunto IV da PUC-Minas (CAPES 6), lecionando nos cursos de mestrado e doutorado em Direito. Professor visitante em diversas universidades nacionais e estrangeiras. Professor conferencista na Escola Nacional de Magistratura do Trabalho – ENAMAT e na Escola Superior de Advocacia da Ordem dos Advogados do Brasil. Pesquisador junto ao Centro Europeo y Latinoamericano para el Diálogo Social – España. Membro efetivo, dentre outras, das seguintes sociedades: Academia Brasileira de Direito do Trabalho – ABDT; Asociación Iberoamericana de Derecho del Trabajo y de la Seguridad Social – AIDTSS; Asociación de Laboralistas – AAL; Equipo Federal del Trabajo – EFT; Escuela Judicial de América Latina – EJAL; Instituto Brasileiro de Direito Social Cesarino Júnior – IBDSCJ; Instituto Latino-Americano de Derecho del Trabajo y de la Seguridad Social – ILTRAS; Instituto Paraguayo de Derecho del Trabajo y Seguridad; e da Societé Internationale de Droit du Travail et de la Sécurité Sociale.

1. INTRODUÇÃO

O sistema processual trabalhista tem um regime de despesas processuais peculiar, partindo da lógica de que a pessoa que está privada de sua remuneração, portanto de subsistência, não pode adiantar valores destinados ao custeio do processo. Nessa ordem de ideias, e como regra, os desembolsos somente ocorriam após a prolação da sentença ou homologação de transação judicial, exceto, naturalmente, na exceção do inquérito para apuração de falta grave, cuja iniciativa é do empregador, e, portanto, onde não se pode presumir a miserabilidade jurídica.

A Reforma Trabalhista instituída pela Lei n. 13.467/2017 – doravante LRT – impacta esta estrutura impondo algumas despesas processuais antes da fase recursal, inclusive ao trabalhador, ainda que beneficiário de assistência judiciária, subvertendo a conformação juslaboral.

O objetivo deste trabalho é analisar criticamente o que foi modificado pela nova regra, pondo em relevo os pontos desarmônicos, afirmando doutrina e, quiçá, orientando a jurisprudência a ser desenvolvida.

A LRT altera pontos relevantíssimos dentro desta temática, envolvendo custas, honorários, o depósito recursal, dentre outros importantes fatos processuais, que tangenciam a garantia constitucional das pessoas de acesso à Justiça e, por isso, merecem detida prospecção.

Há ainda marcantes inovações na responsabilização por dano processual, em que a LRT eleva de modo significativo o padrão ético exigido das partes e dos intervenientes do processo, inclusive das testemunhas, impondo-lhes graves penalidades executáveis nos próprios autos, e, no caso dessas últimas, sem a garantia do contraditório.

Nem tudo foi severidade, pois houve abrandamento da garantia do juízo para fins de embargos do executado, no caso de entidades filantrópicas e seus gestores (apesar de ser também contrário ao sistema oneroso de antão), bem como a redução do depósito recursal para empregadores domésticos, microempreendedores e microempresários, e empresas de pequeno porte também mereceram tratamento diferenciado.

2. DESPESAS PROCESSUAIS

As despesas processuais são os valores despendidos pelos participantes do processo para a sua viabilidade. Neste conceito estão inseridas as custas, os emolumentos, os honorários, bem como outros gastos eventualmente despendidos para a manutenção do processo e a conservação dos bens e serviços nele incorridos.

3. CUSTAS

As custas correspondem ao pagamento pelo serviço judiciário prestado, possuindo, portanto, a natureza jurídica de taxa judiciária, segundo os preceitos instituídos pelo inciso II, do art. 145/CF, c/c o art. 77/CTN.

A CLT trata do tema a partir do art. 789, estabelecendo que nas demandas trabalhistas as custas relativas ao processo de conhecimento incidirão à base de 2%, observado o mínimo de R$ 10,64 (dez reais e sessenta e quatro centavos) e o máximo de quatro vezes o limite máximo dos benefícios do Regime Geral de Previdência Social (hoje algo em torno de R$ 22.000,00), sendo este teto inovação reformista divorciada do caráter essencial trabalhista e da tendência processual, na medida em que facilita a interposição recursal, elastecendo o tempo de tramitação do processo.

As custas cabem ao autor em caso de extinção do processo sem resolução do mérito ou de improcedência, e serão calculadas sobre o valor dado à causa. Ao réu em caso de condenação, calculadas sobre o valor a esta atribuído. E finalmente, quando houver acordo, calculadas sobre este, com a responsabilidade pelo pagamento fixada na proporção eleita pelas próprias partes.

Vale destacar que, nesses casos, é da praxe judiciária a estipulação de custas *pro rata,* com a dispensa do quinhão de responsabilidade do trabalhador.

Nos casos de ação declaratória e de ação constitutiva as custas são calculadas sobre o valor da causa, e quando o valor da condenação for indeterminado, consoante o valor que o Juiz do Trabalho fixar.

Finalmente, no caso dos dissídios coletivos, as partes vencidas responderão *solidariamente* pelo pagamento das custas, calculadas sobre o valor arbitrado na decisão.

No entanto, em todas as hipóteses o benefício da Justiça gratuita será concedido à parte que comprovar insuficiência de recursos para o pagamento das custas do processo, nos moldes do § 4º do art. 790/CLT.

O pedido de gratuidade da Justiça pode ser formulado na petição inicial, na contestação, na petição para ingresso de terceiro no processo ou em recurso. E se superveniente à primeira manifestação da parte na instância, o pedido poderá ser formulado por petição simples, nos autos do próprio processo, e não suspenderá seu curso.

O magistrado somente poderá indeferir o pedido se houver nos autos elementos que evidenciem a falta dos pressupostos legais para a concessão de gratuidade, devendo, antes de indeferir o pedido, determinar à parte a comprovação do preenchimento dos referidos pressupostos, sendo a CTPS baixada ou o TRCT provas suficientes, porquanto presume-se verdadeira a alegação de insuficiência deduzida exclusivamente pelo trabalhador.

A assistência do requerente por advogado particular não impede a concessão de gratuidade da justiça.

O direito à gratuidade da justiça é pessoal, não se estendendo a litisconsorte ou a sucessor do beneficiário, salvo requerimento e deferimento expressos.

Requerida a concessão de gratuidade da justiça pelo trabalhador em recurso, o recorrente estará dispensado de comprovar o recolhimento das custas, incumbindo ao relator, neste caso, apreciar o requerimento e, se indeferi-lo, fixar prazo para realização do recolhimento.

A CLT preceitua ainda que tratando-se de trabalhador que não tenha obtido a isenção de custas, se o sindicato o tiver assistido responderá solidariamente pela despesa processual.

A execução do pagamento das custas ocorre nos próprios autos em que constituídas.

O tratamento das custas recebe, outrossim, solução diversa na fase de execução, em que são devidas custas, sempre de responsabilidade do executado e pagas ao final, de acordo com o art. 789-A/CLT, pois nesses casos elas compõem a própria condenação, com efeito de coisa julgada, imerecendo a mesma guarida que o Estado oferece como meio de acesso à Justiça.

Lado outro, a assistência judiciária segue inalterada. Convém relembrar que na Justiça do Trabalho esta é prestada pelo sindicato da categoria profissional a que pertencer o trabalhador, sendo devida a todo aquele que perceber salário igual ou inferior ao dobro do mínimo legal, ficando assegurado igual benefício ao trabalhador de maior salário, uma vez provado que sua situação econômica não lhe permite demandar, sem prejuízo do sustento próprio ou da família, nos termos do § 1º, do art. 14, da Lei n. 5.584/70, c/c a Lei n. 1.060/50.

4. EMOLUMENTOS

Os emolumentos correspondem ao pagamento por serviços prestados pelas serventias judiciárias, ou seja, as secretarias das Varas, Turmas e Seções Especializadas, em valores atribuídos pelo TST.

Os juízes podem e sempre puderam conceder a dispensa do pagamento dos necessitados, mas a revisão do § 3º, do art. 790/CLT estabeleceu que a gratuidade está limitada às pessoas que perceberem salário igual a 40% do limite máximo dos benefícios do Regime Geral de Previdência Social, hoje em torno de R$ 2.000,00. Entretanto, dificilmente quem percebe esse montante pode demandar em juízo sem prejuízo de suas necessidades básicas, e além disso a situação mais recorrente nos pretórios trabalhistas é que o demandante esteja desempregado, razão pela qual quer nos parecer que a regra será de aplicação quase insignificante e há de merecer repulsa por parte da jurisprudência.

5. HONORÁRIOS PERICIAIS

A necessidade de se recorrer a peritos no processo do trabalho é bem frequente, e ocorre na perquirição de insalubridade, periculosidade ou na apuração de valores controvertidos, sendo feitas por médicos, engenheiros, contabilistas, dentre outros. E considerando-se que a Justiça do Trabalho não conta com quadro próprio de peritos, os referidos especialistas são profissionais autônomos e, assim, remunerados diretamente pelas partes.

A solução legal está no art. 790-B/CLT, em grande parte acrescido pela LRT, segundo a qual a responsabilidade pelo pagamento dos honorários periciais é da parte sucumbente na pretensão objeto da perícia, ainda que beneficiária da Justiça gratuita, o que exigirá a imediata revisão dos termos da OJ n. 387, da SDI-I/TST, que atribuía o ônus à União Federal em caso de sucumbência da parte hipossuficiente.

Ao fixar o valor dos honorários periciais, o Juiz do Trabalho deverá respeitar o limite máximo estabelecido pelo Conselho Superior da Justiça do Trabalho, e poderá autorizar o parcelamento[(1)] dos honorários periciais. Lado outro, jamais poderá exigir adiantamento de valores para realização de perícias, ou seja, que os honorários sejam pagos antes da apresentação do laudo.

Evidentemente que havendo a necessidade de honorários prévios por parte de eventuais assistentes técnicos, eles correrão pela parte que os indicar.

No tocante aos honorários, notadamente porque despesa em benefício de particular, estipula a LRF que somente no caso em que o beneficiário da Justiça gratuita não tiver obtido judicialmente créditos capazes de suportar a despesa referida, ainda que em outro processo, é que a União responderá pelo encargo, conforme art. 790-B/CLT.

6. HONORÁRIOS ADVOCATÍCIOS

Historicamente, a Justiça do Trabalho somente condenava em honorários advocatícios quando a parte era assistida pelo sindicato profissional, na forma das Súmulas ns. 219 e 329/TST, cujos termos urge sejam revistos. Após a EC n. 45/04 – Reforma do Judiciário, em que a Especializada passou também a julgar questões civis de sua competência, a IN n. 27/TST, autorização a condenação em honorários advocatícios nestas causas.

A LRT mais uma vez rompe paradigmas ao estipular honorários de sucumbência no art. 791-B/CLT, sem precedente entre nós. A regra nova afirma que ao advogado, ainda que atue em causa própria, serão devidos honorários de sucumbência, fixados entre o mínimo de 5% e o máximo de 15% sobre o valor que resultar da liquidação da sentença[(2)], do proveito econômico obtido ou, não sendo possível mensurá-lo, sobre o valor atualizado da causa.

A base de cálculo deve seguir a diretriz estabelecida na OJ n. 348, segundo a qual os honorários advocatícios devem incidir sobre o valor líquido da condenação, apurado na fase de liquidação de sentença, sem a dedução dos descontos fiscais e previdenciários.

Nos pleitos em que inexiste proveito econômico direto, ou seja, nas hipóteses de valor não mensurável, tão comuns na Justiça do Trabalho, como nos casos de entrega de documentos ou baixa de CTPS, a base de cálculos dos honorários passa a ser o valor dada à causa.

Note-se que os honorários advocatícios são devidos também nas ações contra a Fazenda Pública e nas ações em que a parte estiver assistida ou substituída pelo sindicato de sua categoria, bem como nas reconvenções.

A nova norma estabelece critérios de fixação, recomendando que ao fixar os honorários, o Juiz do Trabalho observe: I – o grau de zelo do profissional; II – o lugar de prestação do serviço; III – a natureza e a importância da causa, e IV – o trabalho realizado pelo advogado e o tempo exigido para o seu serviço.

Na hipótese de procedência parcial, o magistrado arbitrará honorários de sucumbência recíproca, vedada a compensação entre os honorários.

Vencido o beneficiário da Justiça gratuita, desde que não tenha obtido em juízo, ainda que em outro processo, créditos capazes de suportar a despesa, as obrigações decorrentes de sua sucumbência ficarão sob condição suspensiva de exigibilidade e somente poderão ser executadas se, nos dois anos subsequentes ao trânsito em julgado da decisão que as certificou, o credor demonstrar que deixou de existir a situação de insuficiência de recursos que justificou a concessão de gratuidade, extinguindo-se, passado esse prazo, tais obrigações do beneficiário.

Remanesce uma questão angular. Nos casos de improcedência terá o trabalhador o dever de pagar honorários de sucumbência ao advogado que assistir a empresa? A teor do que está posto na nova norma a resposta é positiva, por inteligência do disposto nos §§ 3º, 4º e 5º, do art. 791-A/CLT, no importe de 5% a 15% do valor atualizado da causa, podendo, inclusive, sofrer retenção nos créditos que tiver auferido, em se tratando

---

(1) Apesar de a lei não dizer, entendemos que o parcelamento pode ser em até 6 vezes, porquanto também se trata de execução, sendo o caso de se aplicar a regra constante do art. 916/CPC.

(2) Note-se que o percentual segue o percentual fixado na Lei n. 5.584/70, descartando os parâmetros do CPC.

de sucumbência recíproca, ou de execução forçada se improcedentes todos os pedidos.

Quer nos parecer que a norma terá incidência bem restrita, pois a maioria dos demandantes da Justiça do Trabalho está desempregada, atraindo a assistência judiciária integral. No entanto, os vencidos que tiverem se colocado novamente no mercado e perceberem salário igual ou superar a 40% do limite máximo dos benefícios do Regime Geral de Previdência Social talvez tenham mesmo de suportar os ônus sucumbenciais, a menos que a jurisprudência veja inconstitucionalidade na regra que se inaugura.

7. RESPONSABILIDADE POR DANO PROCESSUAL

Numa tentativa válida de coibir excessos praticados por maus litigantes, e nosso País é pródigo em exemplos de falta de ética, independentemente do polo na demanda, vem à luz um regime peculiar de punição para os litigantes de má-fé, bem como aos terceiros intervenientes que obrarem de forma inescrupulosa, conforme arts. 793-A a 793-D/CLT.

É um padrão normativo muito rígido e inédito para a ciência processual brasileira.

Segundo a LRT, responde por perdas e danos aquele que litigar de má-fé como reclamante, reclamado ou interveniente. A lei se ocupa de definir o que considera litigante de má-fé, definindo a conduta nos seguintes comportamentos: I – deduzir pretensão ou defesa contra texto expresso de lei ou fato incontroverso; II – alterar a verdade dos fatos; III – usar do processo para conseguir objetivo ilegal; IV – opuser resistência injustificada ao andamento do processo; V – proceder de modo temerário em qualquer incidente ou ato do processo; VI – provocar incidente manifestamente infundado; e VII – interpuser recurso com intuito manifestamente protelatório.

Note-se que a totalidade das várias condutas está jungida à fase de conhecimento, ainda que alguns fatos possam também ocorrer na fase de execução. No entanto, o instituto em comento é a litigância de má-fé, ou seja, conduta perpetrada pela parte na criação ou no desenvolvimento da demanda. O correlato na fase de execução é o ato atentatório à dignidade da Justiça, o qual, a nosso sentir, continua regido pelo CPC, nos moldes do art. 15 deste, combinado com o art. 769/CLT.

Nesse sentido, sendo desleal a parte na fase de conhecimento e na fase de execução pode, cumulativamente, incorrer nas penas de litigação de má-fé, bem como praticar ato atentatório à dignidade da Justiça e, por isso, receber sanções sucessivas no mesmo processo, inclusive com incidências múltiplas, verificáveis a cada ato processual.

A multa pode ser aplicada de ofício ou a requerimento das partes, em desfavor de quem cometeu o ilícito, e o seu valor será de 1% a 10% do valor corrigido da causa, bem como a indenizar a parte contrária pelos prejuízos que esta sofreu e a arcar com os honorários advocatícios e com todas as despesas que efetuou.

Quando forem dois ou mais os litigantes de má-fé, o juízo condenará cada um na proporção de seu respectivo interesse na causa ou solidariamente aqueles que se coligaram para lesar a parte contrária. E quando o valor da causa for irrisório ou inestimável, a multa poderá ser fixada em até duas vezes o limite máximo dos benefícios do Regime Geral de Previdência Social.

O valor da indenização será fixado pelo Juiz do Trabalho, e caso não seja possível mensurá-lo, liquidado por arbitramento ou pelo procedimento comum, nos próprios autos.

A testemunha tem o seu compromisso ético também reafirmado. A LRF prevê que se apliquem as mesmas penas à testemunha que intencionalmente alterar a verdade dos fatos ou omitir fatos essenciais ao julgamento da causa, com a determinação de que a execução da multa seja nos mesmos autos.

Quer nos parecer que houve um excesso aí, pois a execução sequencial e nos mesmos autos macula duas vezes as garantias constitucionais das pessoas, a saber, na ampla defesa e no contraditório. Não é razoável apenar e executar alguém sem lhe reservar o direito à defesa, com todas as possibilidades de impugnar a decisão e produzir prova válida. E tampouco o processo de origem é o foro adequado à dilação probatória imprescindível.

Lado outro, o desconhecimento técnico em sede de exercício direto do *ius postulandi* ou a atecnia do causídico não escusam, e menos ainda legitimam, a falta da verdade ou expedientes antiéticos, bastante ao trabalhador e/ou ao seu representante em juízo que exponham os fatos com exatidão e boa-fé. E a CLT até aqui não tinha normatividade específica, ensejando a aplicação supletória do CPC, com a admissão contida no art. 769 da ritualidade laboral[3].

Nada obstante o novo *nomem iuris* pomposo, de *dano processual*, o rol de condutas tipificadas não discrepa muito das situações previstas no CPC como

(3) A restrição feita em seara trabalhista diz respeito apenas à aplicação do disposto no art. 940/CC, pelo qual a parte que postula crédito sabidamente quitado fica com o dever de o restituir em dobro.

caracterizadoras de litigância de má-fé. Segundo a regra de direito processual comum.

As hipóteses fatuais são de clareza solar e não desafiam esforço hermenêutico. A dedução de fato processual contra texto expresso de lei ou fato incontroverso são situações cuja literalidade dispensa comentários adicionais. A alteração da verdade dos fatos tampouco, porém, apesar de bem nítida, ganha relevância perante a Justiça do Trabalho, na medida em que o processo do trabalho é, em geral, muito rico em fatos e a informação distorcida, imprópria ou inadequada dos fatos tais como se passaram pode alterar a conclusão judicial, recomendando a punição severa ao contendor desleal, independentemente do polo em que esteja da demanda, na afã de se promover uma sociedade mais ética.

O uso do processo para a obtenção de objetivo ilegal se caracteriza quando a parte cria uma situação simulada, ou seja, quando postula algo lícito, mas valendo-se de um contexto inexistente ou diferente daquele judicialmente descrito.

A oposição injustificada ao andamento vai importar em escusos expedientes da parte, seja de modo comissivo ou omissivo, na prática de atos processuais de sua responsabilidade a tempo e modo, sem excessos temporais indevidos.

O procedimento de modo temerário em atos do processo ganha significação quando a parte se utiliza de ardis para descumprir a ordem judicial ou tem a intenção deliberada de enganar ao Juiz do Trabalho, destruindo ou ocultando quaisquer tipos de provas, bem como procedendo de modo inconveniente ou desrespeitoso com os demais atores processuais, inclusive o julgador e os serventuários da Justiça.

O incidente manifestamente infundado que passa a contar com expressa censura diz respeito ao fato jurídico-processual em que a parte suscita algo que não ocorreu ou que não tem a gravidade apontada, em situação incapaz de gerar a declaração de nulidade pleiteada.

A derradeira falta ética punível no novo contorno processual é a interposição de recurso com intuito manifestamente protelatório, isto é, quando a sentença está de acordo com a norma, com a prova dos autos ou com a jurisprudência vinculante e sumulada[(4)].

Havendo a prática de condutas que a lei processual do trabalho passa a não mais aceitar, o novo art. 793-C/CLT cria parâmetros objetivos para a fixação da penalidade, em prática conhecida como tarifação, o que é feito é a busca da unidade ou harmonização na imposição de penas, a fim de que não haja grande discrepância de valores em situações semelhantes, contribuindo para a eternização de algumas demandas, por fatos processuais muitas vezes alheios ao conhecimento das partes, quando praticados por portador de mandato judicial, em detrimento do interesse originário do constituinte.

A medida é controvertida, pois se tem a virtude de otimizar a prestação jurisdicional, também limita a liberdade do julgador para fixar a pena segundo sua livre convicção, e ainda renderá os mais acalorados debates judiciais carregados de conteúdos filosóficos, consoante a mirada do intérprete.

8. GARANTIA DO JUÍZO PARA FINS DE EMBARGOS DO EXECUTADO

O Direito Processual do Trabalho tem um peculiar regime para o tratamento dos Embargos do Executado, conforme disciplina constante do art. 884 e seus parágrafos, da CLT, que consiste num sistema oneroso, com o claro fito de limitar o excesso de experiências processuais que alongam a prestação jurisdicional em tempo adequado, exigindo a garantia do juízo para a interposição do referido incidente.

A garantia da execução significa a cobertura integral do valor que, se executada, por meio de depósito judicial ou da penhora de bens do executado, livres e desembaraçados, como única forma de se objetar ao prosseguimento da execução trabalhista.

A LRT institui o § 6º ao aludido art. 884/CLT, pelo qual a exigência da garantia ou penhora não se aplica às entidades filantrópicas e/ou àqueles que compõem ou compuseram a diretoria dessas instituições, comprometendo o sistema oneroso que consagrava o Direito Processual do Trabalho. O novel benefício baixa a um só tempo duas exigências: o depósito recursal de que trata o § 10 do art. 899/CLT, bem como a garantia da execução, pelo § 6º, do referido art. 884/CLT, facilitando a eternização das demandas, nos casos as pessoas jurídicas que prestam relevantes serviços à sociedade (entidades filantrópicas), mas que em nada discrepam dos demais empregadores, pois os atos altruístas não se confundem com as obrigações legais deles decorrentes.

Convém destacar que a dispensa de garantia há de ser tratada com exceção à regra, o que atrai o dever de exibir os documentos públicos comprobatórios da condição de entidade filantrópica da parte.

(4) Convém esclarecer que não estamos a pregar a jurisprudência imutável. Ela pode e deve ser alterada sempre que houver novos supostos fáticos, técnicos ou científicos, bem como quando a lei se alterar, dentre outras razões, vazadas com a devida argumentação.

9. DEPÓSITO RECURSAL

A interposição de recurso no processo do trabalho pressupõe, além do pagamento das respectivas custas, como já aduzido, e uma despesa processual aditiva, chamada de *depósito recursal*, instituída no art. 899/CLT e com o manejo balizado pela Súmula n. 245/TST, tendente a garantir futura execução e impedir que o recurso seja utilizado para fins meramente procrastinatórios.

O depósito recursal era feito na conta vinculada do trabalhador – FGTS, mas doravante será feito em conta vinculada ao juízo e corrigido com os mesmos índices da caderneta de poupança, nos termos do § 4º, do art. 899/CLT, com a redação que lhe foi dada pela LRT.

O valor do depósito recursal segue regulamentado pelos §§ 1º e 2º, entretanto, o novo § 9º, preceitua que ele será reduzido pela metade para entidades sem fins lucrativos, empregadores domésticos, microempreendedores individuais, microempresas e empresas de pequeno porte[(5)]. E será zerado, isto é, haverá dispensa total de seu recolhimento, de acordo com o § 10, criado pela LRT, além dos beneficiários da gratuidade judiciária, as entidades filantrópicas e as empresas em recuperação judicial.

O novo § 11 se encarrega de oferecer duas alternativas ao depósito do valor em dinheiro à disposição do juízo, aduzindo que ele poderá ser substituído por fiança bancária ou seguro-garantia judicial. No particular, inexiste prejuízo para o exequente, e há marcante benefício para o executado, pois não precisará imobilizar o numerário.

Anotamos que o depósito prévio exigido para a Ação Rescisória, de que trata o inciso II, do art. 968/CPC, c/c o art. 836/CLT, segue imaculado, pois não atraiu os favores instituídos pela LRT.

10. CONCLUSÃO

A lei da Reforma Trabalhista, como vimos, se ocupou em grande parte de matéria processual do trabalho, inclusive em pontos fulcrais como custas, emolumentos, honorários e depósito recursal, institutos que tocam de modo sensível e direto no acesso à Justiça preconizado pela Constituição da República.

As custas ganharam um teto limitado a quatro vezes o limite máximo dos benefícios do Regime Geral de Previdência Social, enquanto os emolumentos podem ser dispensados apenas às pessoas que perceberem salário igual ou inferior a 40% do valor do referido regime.

São criados os honorários advocatícios de sucumbência, inclusive sob a responsabilidade do trabalhador, em franca ruptura com o sistema assentado para a Justiça do Trabalho, assim como a assunção do dever de quitar os créditos dos peritos que funcionarem em juízo, mesmo em caso de improcedência dos pedidos.

Um novo regime de responsabilização por dano processual foi incorporado à CLT, com nuances singulares e responsabilização não só bilateral, mas também atingindo os terceiros intervenientes que obram de forma aética, com multas que podem chegar a 10% do valor corrigido da causa, bem como do dever acessório de indenizar a parte contrária pelos prejuízos que esta sofreu e a arcar com os honorários advocatícios e com todas as despesas que efetuou, numa rigidez jamais admitida pela ciência processual brasileira.

A testemunha tampouco escapa do ímpeto moralizante. O colaborador judicial que alterar a verdade dos fatos ou silenciar em fatos úteis ao deslinde da controvérsia incorrerá nas mesmas penalidades do litigante de má-fé, o que nos afigura como um excesso, vez que os proveitos são distintos, e porque a condenação e execução de testemunhas no próprio processo elimina a garantia constitucional do contraditório, merecendo a nossa censura.

As entidades filantrópicas, seus gestores, atuais e passados, deixam de ter de empenhar seus recursos para embargar a execução, assim como a exigência do depósito recursal foi abrandada para os empregadores domésticos, os microempreendedores, os microempresários e as empresas de pequeno porte, em postura que beneficia hipossuficientes, mas em descompasso com a normatividade originária que informa o direito e o processo do trabalho, em atitude que começa a receber críticas doutrinárias que devem continuar na seara jurisprudencial.

Por fim, é muito importante acentuar que as despesas processuais não podem constituir obstáculo ao acesso à jurisdição, por inteligência da Súmula n. 667/STF, maculando o princípio constitucional da inafastabilidade do controle judicial em se tratando de lesão ou ameaça a direito das pessoas.

11. REFERÊNCIAS BIBLIOGRÁFICAS

LEITE, Carlos Henrique Bezerra. *Curso de direito processual do trabalho.* 15. ed. São Paulo: Saraiva, 2017.

SILVA, Homero Batista Mateus da. *Comentários à reforma trabalhista.* São Paulo: RT, 2017.

SCHIAVI, Mauro. *A reforma trabalhista e o processo do trabalho.* São Paulo: LTr, 2017.

(5) O legislador reformista deveria ter sido mais zeloso, acrescendo no § 10, do art. 899/CLT, duas outras dispensas legalmente previstas, para fins de sistematização, que são as destinadas à massa falida e às pessoas jurídicas de direito público interno.

Arquivamento (CLT, arts. 843 e 844)

Hamilton Hourneaux Pompeu

Juiz do Trabalho Substituto do TRT da 2ª Região. Professor de Processo do Trabalho da UMC – Campus Villa Lobos – SP. Especialista em Direito Material e Processual do Trabalho – UGF. Doutor em Ciências – FMUSP.

Em atendimento às diretrizes processuais da celeridade e da oralidade que o caracterizam, no Processo do Trabalho a presença das próprias partes em audiência sempre foi estimulada, conforme previsão expressa constante da CLT (art. 843, *caput*, parte inicial), que também dispõe quanto às consequências processuais decorrentes da ausência injustificada dos litigantes, seja do Reclamante (CLT, arts. 731, 732 e 844), seja do Reclamado (CLT, art. 844, *caput*).

Moura[(1)] entende que tal "obrigatoriedade de comparecimento visa facilitar a tentativa de conciliação, que ocorre com mais frequência diante da presença da própria parte, titular dos direitos em conflito", estratégia que parece mais vitoriosa no âmbito trabalhista, pois segundo o último relatório Justiça em Números[(2)], editado pelo Conselho Nacional de Justiça, cerca de 40% das ações que tramitaram nas Varas do Trabalho em 2016 resultaram em conciliação, enquanto nos Juizados Especiais, cujo regramento também induz às partes ao comparecimento às audiências (Lei n. 9.099/1995, arts. 9º, *caput*, 20 e 51, I), o índice de transações alcançou 19% na Justiça Estadual e 6% na Justiça Federal, patamares que não destoam dos observados no ano de 2015 para os mesmos ramos jurisdicionais[(3)].

A Lei n. 13.467/2017 alterou significativamente as repercussões advindas do não comparecimento das partes à única ou primeira audiência, que passaram a ser mais gravosas no que tange ao Reclamante (CLT, art. 844, §§ 2º e 3º) e mais brandas em relação ao Reclamado (CLT, art. 844, § 5º).

A presença do Reclamante na primeira ou única audiência configura pressuposto específico da Justiça do Trabalho para o prosseguimento válido e regular do processo[(4)(5)], que caso não seja observado pelo litigante implica extinção do feito sem resolução do mérito (CPC, art. 485, IV), em hipótese denominada pela CLT desde sua redação original como "arquivamento" (art. 844, parte inicial), mas que também ocorre para o Autor ausente no âmbito dos Juizados Especiais (Lei n. 9.099/1995, art. 51, I).

Não configura abandono da causa, figura processual que já no CPC de 1939 (Decreto-lei n. 1.608/1939), quando editada a CLT, exigia inércia mínima de 30 dias para sua caracterização (art. 201, V), o que não foi alterado pelas normas processuais que o sucederam.

Também não caracteriza desistência da ação, atitude processual que para a doutrina e a jurisprudência dominantes sempre dependeu de manifestação expressa do Reclamante, e que no atual CPC (Lei n. 13.105/2015) é tratada como hipótese de "homologação" judicial (art. 485, VIII), o que pressupõe prévio requerimento da parte que desiste.

Arquivamento da ação é ocorrência bastante comum. O Relatório Geral da Justiça do Trabalho-2016[(6)], editado pelo CSJT, aponta que naquele ano 27% das ações ajuizadas pelo Rito Sumaríssimo e 18% das demais ações resultaram em arquivamento, desistência ou

(1) MOURA, Marcelo. *Consolidação das Leis do Trabalho para concursos*. Salvador: JusPodivm, 2011.

(2) BRASIL. CNJ. Justiça em Números, 2017, Ano-base 2016. Disponível em: <http://www.cnj.jus.br/files/conteudo/arquivo/2017/09/904f097f215cf19a2838166729516b79.pdf>. Acesso em: 03 out. 2017.

(3) _____._____. Justiça em Números, 2016, Ano-base 2015. Disponível em: <http://www.cnj.jus.br/files/conteudo/arquivo/2016/10/b8f46be3dbbff344931a933579915488.pdf>. Acesso em: 03 out. 2017.

(4) TEIXEIRA FILHO, Manoel Antonio. *Manual de audiências na Justiça do Trabalho*. São Paulo: LTr, 2010.

(5) SILVA, Homero Batista Mateus da. *Curso de direito do trabalho aplicado*. v. 9. Rio de Janeiro: Elsevier, 2010.

(6) _____. CSJT. Relatório Geral da Justiça do Trabalho, 2016. Disponível em: Disponível em: <http://www.tst.jus.br/documents/18640430/5a3b42d9-8dde-7d80-22dd-d0729b5de250>. Acesso em 03 out. 2017.

extinção sem julgamento do mérito genericamente considerado, e a prática diária nos demonstra que desistência integral da ação, e não somente de um ou outro pedido, é pouco frequente e que a causa mais comum de extinção do feito sem julgamento do mérito é o arquivamento, dado que a Justiça do Trabalho tende a ter maior tolerância legal e jurisprudencial quanto aos critérios que configuram a inépcia da petição inicial (CLT, art. 840).

Por esse prisma, parece que o legislador reformista partiu da premissa de que a prática é abusiva e ampliou as sanções impostas ao Reclamante ausente.

Até o momento, a única punição legalmente prevista era a perempção, somente caracterizada a partir do segundo arquivamento consecutivo, e que implicava suspensão temporária do direito de ação na Justiça do Trabalho pelo prazo de seis meses (CLT, art. 732).

O novo regime legal mantém a sanção para o Reclamante reincidente, mas passa também a punir aquele que se ausenta injustificadamente uma única vez.

Ao não comprovar no prazo de 15 dias que a ausência se deu por hipótese legalmente prevista, o § 2º do art. 844 dispõe que o Reclamante será condenado ao pagamento de custas processuais, ainda que seja beneficiário da gratuidade da justiça, e o § 3º estabelece que a propositura de nova demanda está condicionada ao recolhimento do tributo.

Da forma como consta, o conjunto normativo celetista é dúbio, pois permanecem vigentes critérios subjetivos para que o Juiz não arquive o feito e designe nova audiência, como a alusão a "motivo relevante" (art. 844, § 1º) e "motivo ponderoso" (art. 844, § 2º), ou seja, de peso, significativo, e não "poderoso" como equivocadamente passou a constar do texto legal, mas foi incorporado critério objetivo para que não haja condenação ao pagamento das custas.

E quais seriam as demais hipóteses legais que justificariam a ausência?

De plano, a CLT já dispunha que doença do Reclamante configura motivo suficiente para a ausência (art. 844, § 2º, parte inicial) e Silva propõe que, à falta de outros parâmetros legais, sejam também utilizadas como critério justificador as hipóteses de abono de faltas aos trabalhadores nos contratos de trabalho (CLT, art. 473), cujo rol não é taxativo[7].

Em não havendo justificativa para a ausência, sob o enfoque da gestão dos recursos públicos, a condenação ao recolhimento das custas é medida salutar, pois o número elevado de ações arquivadas contribui para a sobrecarga das pautas de audiências, razão pela qual, da mesma forma que entende Moura ao justificar a imputação de perempção, em tese, a penalidade ora introduzida "atende ao princípio constitucional da duração razoável do processo, uma vez que a atitude de um só reclamante atenta contra a celeridade que poderia ser proporcionada pelo juiz aos demais demandantes"[8].

Entretanto, da forma como engendrado pelo legislador reformista, dois são os problemas do novo comando normativo.

Primeiro, o dispositivo não define se a "nova demanda" que depende da comprovação do recolhimento é restrita ao mesmo Reclamado e ao mesmo objeto, ou abrange qualquer nova ação na Justiça do Trabalho, o que tende a reproduzir a clássica discussão doutrinária e jurisprudencial quanto aos limites da suspensão temporária do direito de demandar decorrente da perempção trabalhista.

Tendo em vista que medidas que impliquem restrições de direito devem ser interpretadas restritivamente, bem como pela necessidade de que a todos seja assegurado o direito constitucional de ação (CR/1988, art. 5º, XXXV), nos parece que o cumprimento do novo pressuposto processual deva ser exigido somente no que tange ao mesmo Reclamado e quanto ao mesmo objeto, ainda mais que, ao verificarmos o análogo instituto processual da perempção civilista, que tem caráter permanente e não temporário, constatamos que os CPCs de 1939 (art. 204), de 1973 (art. 268, parágrafo único) e de 2015 (art. 483, § 3º), dispõem expressamente que a consequência processual do comportamento desidioso do Autor é restrita ao mesmo Réu e no que se refere ao mesmo objeto, não sendo coerente que a Justiça do Trabalho adote tratamento legislativo mais gravoso.

Em paralelo, a sanção foi expressamente prevista também para o Reclamante beneficiário da gratuidade da Justiça (art. 844, § 2º), e para que a penalidade não resultasse inócua em razão da provável inexistência de patrimônio passível de penhora, cuidou o legislador de criar pressuposto processual específico para ajuizamento de nova ação, consistente na comprovação do recolhimento das custas referentes ao feito arquivado (art. 844, § 3º).

Ocorre que, uma vez que o Processo do Trabalho é instrumento para a concretização de direitos fundamentais,

(7) SILVA, Homero Batista Mateus da. *Comentários à reforma trabalhista*. São Paulo: Revista dos Tribunais, 2017.

(8) MOURA, Marcelo. *Consolidação das Leis do Trabalho para concursos*. Salvador: JusPodivm, 2011.

soa desproporcional que o legislador reformista imponha ao beneficiário da Justiça gratuita que comprove o recolhimento das custas para poder intentar outra ação, medida coercitiva inexistente no âmbito civilista para situação análoga (Lei n. 9.099/1995, art. 51, I, § 2º).

Ainda que se entenda válida a penalidade como forma de coibir a litigância de má-fé, é inegável que para atingir a mesma finalidade o legislador civilista adotou tratamento mais brando, pois ao impor multa pelo manejo reincidente de embargos de declaração de cunho protelatório preservou o exercício do direito à ampla defesa do hipossuficiente econômico que agiu com deslealdade processual (CR/1988, art. 5º, LV), postergando o recolhimento da multa para o final do processo (CPC, art. 1.026, § 3º, parte final), ao contrário do que ocorre para os litigantes não contemplados pela gratuidade, para os quais qualquer outro recurso somente é admitido mediante comprovação do recolhimento.

Não por acaso, a Procuradoria Geral da República ajuizou no Supremo Tribunal Federal a Ação Direta de Inconstitucionalidade n. 5.766, pela qual questiona diversos dispositivos da Lei n. 13.467/2017 tendentes a limitar o benefício da gratuidade da Justiça, tais como os arts. 790-B, *caput* e § 4º (condenação ao pagamento de honorários periciais para beneficiários da Justiça gratuita), 791-A, § 4º (condenação ao pagamento de honorários sucumbenciais para beneficiários da Justiça gratuita), e 844, § 2º (condenação ao pagamento de custas em caso de arquivamento por falta de comparecimento em audiência de beneficiário da Justiça gratuita), ao fundamento de que estes "restrigem o acesso do trabalhador à Justiça, mormente ao tolher os direitos constitucionais de amplo acesso à jurisdição e assistência judiciária integral aos necessitados", com pedido liminar de suspensão dos efeitos dos respectivos dispositivos legais, cuja relatoria coube ao Exmo. Min. Luís Roberto Barroso.

Petição Inicial Líquida. E agora?

Maximiliano Pereira de Carvalho

Coordenador Executivo da Comissão Nacional de Efetividade da Execução Trabalhista (CNEET). Juiz Auxiliar da Presidência do Tribunal Superior do Trabalho (TST). Mestrando em Administração Pública pelo Instituto Brasiliense de Direito Público – IDP. Pós-graduado em Direito Tributário pela Universidade Católica de Brasília/FGV. Juiz Federal do Trabalho – TRT da 10ª Região (DF/TO).

1. INTRODUÇÃO

Segundo dados do Instituto de Pesquisa Econômica Aplicada – IPEA[(1)], o tempo médio de tramitação do processo trabalhista em fase de conhecimento é de 161 (cento e sessenta e um) dias, enquanto a média para o cumprimento de sentença ultrapassa 1.000 (mil) dias[(2)].

Quando analisados os dados por Tribunal Regional do Trabalho, percebe-se queda drástica no tempo da fase de conhecimento quando existe o estímulo ao peticionamento líquido, como é o caso, por exemplo, do Tribunal Regional do Trabalho da 8ª Região – TRT8:

Quadro 1[(3)]

Tribunal	Tempo médio da etapa de conhecimento (dia)	Tempo médio da etapa de execução (dia)
1	304,89	873,86
3	81,62	778,66
4	226,24	884,31
5	192,64	1124,71
6	113,71	619,69
7	186,16	1814,38
8	68,94	451,54
9	229,13	2088,4
10	129,52	1515,35
11	116,74	280,97
12	190,54	1112,53
13	138,15	1990,25
14	50,18	1033,59
15	247,31	1122,6
16	101,61	1032,31
17	173,86	854,14
18	95,95	513,4
19	131,44	1222,27
20	103,21	1082
21	93,15	2065,47
22	100,39	470
23	174,74	1609,74
24	146,6	1468,53
BRASIL	161,12	1027,61

Fonte: IPEA/DIEST, com base no BANAFAT – Banco Nacional de Autos Findos de Ações Trabalhistas, DATA.

Eis o nosso ponto de partida, para reflexão.

2. BREVE HISTÓRICO

Foi a partir da Lei 9.099/95 (cria os Juizados Especiais no âmbito da Justiça Estadual) que a ideia da indicação do calor de cada pedido surgiu. Tal se deu, à época, ante a estreita relação entre o valor da causa e o valor do pedido. Isto porque, conforme preconizado na redação original da indigitada legislação, a competência do JEC se fixa, entre outros, pelo valor da causa não excedente de quarenta vezes o salário mínimo.

---

(1) Instituto de Pesquisa Econômica Aplicada.

(2) TD 2140 – Insumos para a Regulamentação do Funget: informações sobre execuções na Justiça do Trabalho. Disponível em: <http://www.ipea.gov.br/portal/index.php?option=com_content&view=article&id=26455&catid=344&Itemid=383>.

(3) VIEIRA RÊGO, Caio. *Relatório sobre o tempo e o custo das ações trabalhistas*, março de 2015. Disponível em: <www.ipea.gov.b>.r

Tendo isto em vista, no ano subsequente o legislador positivo inseriu a seção II-A na CLT (Lei n. 9.957/2000), que criou o procedimento sumaríssimo, passando-se a exigir, no art. 852-B, que as reclamações enquadradas em tal rito contivessem pedido com indicação de valor correspondente.

Ora, "a demanda vem a ser, tecnicamente, o ato pelo qual alguém pede ao Estado a prestação jurisdicional, isto é, exerce o direito subjetivo público de ação, causando a instauração da relação jurídico-processual que há de dar solução ao litígio em que a parte se viu envolvida" (THEODORO JR., 2009, p. 345, *apud* BARBOSA MOREIRA 1. ed., p. 21).

Quando se pleiteia em juízo, busca-se a certificação de um Direito que – via de regra – é composto por 05 (cinco) elementos: a) *an debeatur* (existência do débito); b) *cui debeatur* (a quem é devido); c) *quid debeatur* (o quê é devido); d) *quis debeat* (quem deve); e e) *quantum debeatur* (o quanto é devido).

Destes, apenas o *quantum debeatur* – historicamente – fica relegado a uma fase própria de certificação, qual seja, a liquidação da sentença. Porém, a partir de 1999 houve por bem a *mens legis* modificar este quadro, na sabedoria de que em causas de menor complexidade, a presença dos cinco elementos já na sentença daria maior efetividade ao quanto contido no artigo 5º, LXXVIII, CF (duração razoável do processo).

Para Humberto Theodoro Junior (2009, p. 355): "O núcleo da petição inicial é o pedido, que exprime aquilo que o autor pretende do Estado frente ao réu. É a revelação da pretensão que o autor espera ver acolhida e que, por isso, é deduzida em juízo. [...] Nele, portanto se consubstancia a demanda".

Nesse sentido, 18 (dezoito) anos de prática forense separam as primeiras experiências com a indicação do valor do pedido em causas de menor complexidade e a novel redação do art. 840, § 1º, da CLT.

No interim, uma bem sucedida cultura propagada pelo TRT8 (quadro 01), em que OAB, MPT e Judiciário Trabalhista se uniram em colaboração para estimular tanto o peticionamento líquido, quanto a entrega da prestação jurisdicional com a supressão da fase de liquidação da sentença. Alhures detalhar-se-á tal projeto.

Assim, de se ver que a ideia de Justiça, celeridade e efetividade estão intrinsecamente ligadas; e que já há maturidade suficiente para um novo passo rumo à máxima eficácia do quanto preconizado na Carta Magna. Seja pelo quanto aqui delineado, seja – enfim – pelos inúmeros avanços tecnológicos (adiante mencionados), os quais permitem e até mesmo estimulam esta nova etapa para o Ordenamento Jurídico pátrio.

3. PRIMEIRA EXPERIÊNCIA TRABALHISTA – O RITO SUMARÍSSIMO

Conquanto a CLT não contenha expressa menção à necessidade de que as sentenças sejam prolatadas com a indicação do valor de condenação de cada pedido, a norma consolidada, ao mesmo tempo, prevê que a execução provisória (ainda que restrita até a fase da penhora).

Nesse sentido, o artigo 879 da CLT prevê que "sendo ilíquida a sentença...", ao tempo em que o artigo 899 preconiza que "os recursos serão interpostos por simples petição e terão efeito meramente devolutivo, salvo as exceções previstas neste Título, permitida a execução provisória até a penhora".

De se ver que no caso da execução provisória o processo ainda está em fase de conhecimento e uma etapa que seria posterior ao trânsito em julgado (liquidação da sentença, constante do Capítulo "Da Execução" na CLT) ocorre sem que existe coisa julgada formal ou material.

A ideia de execução provisória está diretamente ligada à duração razoável do processo e à entrega da prestação jurisdicional efetiva. Nesse sentido, Raimundo Itamar Lemos Fernandes Júnior (in: *O direito processual do trabalho à luz do Princípio Constitucional da Razoável Duração:* a aplicação da reforma do CPC ao processo do trabalho fase por fase. São Paulo: LTr, 2008. p. 133.):

> [...] merece encômios o legislador constituinte brasileiro, que, atendendo à grita popular, ao reformar a Constituição da República (Emenda Constitucional n. 45, de 8.12.04), acrescentou o inciso LXXVIII ao art. 5º (...) Não há mais como dizer-se que o tardar é da natureza da Justiça. Em verdade, agora, a instituição da celeridade na tramitação do processo, como característica, princípio obrigatório deste, resgata o verdadeiro sentido de *Iustitia*, o que é atrelado à ideia de *jus dicere*, ou seja, naquilo que é simplesmente dito, falado, de modo claro e sem maiores formalismos ou demoras.

E, exatamente por não se exigir que a sentença seja prolatada de forma líquida é que o legislador positivo impôs – no ano 2000 –, numa experiência pioneira, vanguardista e bem-sucedida que as petições iniciais, no procedimento sumaríssimo, contenham a indicação do valor correspondente (art. 852-B, I, CLT).

Desta maneira, a sistemática prevista na CLT fica completa, pois a petição inicial conterá os pedidos liquidados, cabendo à parte contrária contestar – inclusive e sob pena de preclusão – os valores ali indicados. Por mais que a sentença não seja liquidada, eventual execução provisória já possuirá os elementos mínimos necessários à entrega exata (até mesmo quantitativamente) do bem da vida pretendido.

Para que se tenha uma ideia, basta observar o quadro 02 abaixo, em que Elton Antônio de Salles Filho (in: *A sentença liquidada como instrumento de alcance do princípio constitucional da razoável duração do processo*. Artigo na Revista trabalhista: direito e processo / Associação Nacional dos Magistrados do Trabalho (Anamatra). Rio de Janeiro, Forense, 2012.) traz a estatística de prazo médio da liquidação de sentença entre ritos na 1ª Vara do Trabalho de Criciúma:

Prazos da Prolatação das Sentenças Liquidadas e não Liquidadas com sucumbência até a definição dos valores incontroversos

Mês/ano	Tipo de sentença	n. dias
	Ilíquida – sem recurso	55
	Ilíquida – com recurso e sem modificação do julgado	276
01/2011	Ilíquida – com recurso e com modificação do julgado	927
	Líquida – sem recurso	10
	Líquida – com recurso e sem modificação do julgado	177
	Líquida – com recurso e com modificação do julgado	334
	Ilíquida – sem recurso	126
	Ilíquida – com recurso e sem modificação do julgado	308
02/2011	Ilíquida – com recurso e com modificação do julgado	665
	Líquida – sem recurso	13
	Líquida – com recurso e sem modificação do julgado	224
	Líquida – com recurso e com modificação do julgado	207
	Ilíquida – sem recurso	399
	Ilíquida – com recurso e sem modificação do julgado	796
03/2011	Ilíquida – com recurso e com modificação do julgado	592
	Líquida – sem recurso	30
	Líquida – com recurso e sem modificação do julgado	237
	Líquida – com recurso e com modificação do julgado	291
	Ilíquida – sem recurso	179

Mês/ano	Tipo de sentença	n. dias
	Ilíquida – com recurso e sem modificação do julgado	671
04/2011	Ilíquida – com recurso e com modificação do julgado	364
	Líquida – sem recurso	22
	Líquida – com recurso e sem modificação do julgado	277
	Líquida – com recurso e com modificação do julgado	370
	Ilíquida – sem recurso	91
	Ilíquida – com recurso e sem modificação do julgado	230
05/2011	Ilíquida – com recurso e com modificação do julgado	716
	Líquida – sem recurso	8
	Líquida – com recurso e sem modificação do julgado	299
	Líquida – com recurso e com modificação do julgado	180
	Ilíquida – sem recurso	422
	Ilíquida – com recurso e sem modificação do julgado	652
06/2011	Ilíquida – com recurso e com modificação do julgado	460
	Líquida – sem recurso	8
	Líquida – com recurso e sem modificação do julgado	343
	Líquida – com recurso e com modificação do julgado	303
	Ilíquida – sem recurso	146
	Ilíquida – com recurso e sem modificação do julgado	329
07/2011	Ilíquida – com recurso e com modificação do julgado	690
	Líquida – sem recurso	8
	Líquida – com recurso e sem modificação do julgado	247
	Líquida – com recurso e com modificação do julgado	337
	Ilíquida – sem recurso	181
	Ilíquida – com recurso e sem modificação do julgado	289
08/2011	Ilíquida – com recurso e com modificação do julgado	476
	Líquida – sem recurso	14
	Líquida – com recurso e sem modificação do julgado	281
	Líquida – com recurso e com modificação do julgado	405

Mês/ano	Tipo de sentença	n. dias
	Ilíquida – sem recurso	397
	Ilíquida – com recurso e sem modificação do julgado	333
09/2011	Ilíquida – com recurso e com modificação do julgado	610
	Líquida – sem recurso	14
	Líquida – com recurso e sem modificação do julgado	282
	Líquida – com recurso e com modificação do julgado	204
	Ilíquida – sem recurso	305
	Ilíquida – com recurso e sem modificação do julgado	419
10/2011	Ilíquida – com recurso e com modificação do julgado	259
	Líquida – sem recurso	21
	Líquida – com recurso e sem modificação do julgado	219
	Líquida – com recurso e com modificação do julgado	314
	Ilíquida – sem recurso	153
	Ilíquida – com recurso e sem modificação do julgado	253
11/2011	Ilíquida – com recurso e com modificação do julgado	254
	Líquida – sem recurso	31
	Líquida – com recurso e sem modificação do julgado	204
	Líquida – com recurso e com modificação do julgado	220
	Ilíquida – sem recurso	588
	Ilíquida – com recurso e sem modificação do julgado	535
12/2011	Ilíquida – com recurso e com modificação do julgado	408
	Líquida – sem recurso	36
	Líquida – com recurso e sem modificação do julgado	191
	Líquida – com recurso e com modificação do julgado	180

PRAZOS MÉDIOS APURADOS (em dias)		
Tipo de sentença	**Ilíquida**	**Líquida**
Sem recurso	253,5	17,917
Com recurso	404,28	181,69

Quanto ao ponto, aduz Salles Filho que:

> A leitura que se faz dos dados compilados acima mostra-se esclarecedora, destacando-se dois parâmetros: o primeiro, que na comparação geral entre os diversos critérios, a média do prazo para a definição do valor incontroverso, quando a sentença é prolatada de forma liquidada, é de **181,69 dias**, e quando o julgado não o é, é de **404,28 dias**, ou seja, uma diferença de **222,59 dias**, ou **sete meses e doze dias**, ou ainda, em termos percentuais, de **55,06 pontos para mais**, na situação da sentença não liquidada, o que configura que o tempo necessário para estabelecimento do valor incontroverso, é mais que o dobro do necessário, quando o julgado é prolatado de forma liquidada.
>
> Ressalte-se que nesse levantamento estão envolvidas variáveis externas ao campo de atuação, como por exemplo o tempo de tramitação em segundo grau, pois houve recurso do julgado, o que, longe de comprometer a estatística, reafirma a importância da prolatação de sentenças liquidadas.

Porém, um dado ainda mais revelador do que ora defende-se, e que é o segundo parâmetro, aparece quando se comparam os números na situação em que não é oferecido recurso em face da sentença.

Nessa hipótese, a média do prazo para definição do valor incontroverso, quando a sentença é liquidada, é de **17,92 dias**, e, quando não o é, de **253,5 dias**, ou seja, uma diferença de **235,58 dias**, ou **sete meses e vinte e cinco dias**, ou ainda, em termos percentuais, de **92,94 pontos para mais**, na situação do julgado não liquidado, o que configura um gasto de tempo, energia, idas e vindas de despachos, em inacreditáveis **catorze vezes mais tempo (mais do décuplo)**, do que quando a sentença é prolatada de forma liquidada.

Portanto, constata-se que Juiz e partes devem conduzir o processo com equilíbrio, em diálogo, sem assimetria entre atores processuais. Nesse sentido, o devido processo é cooperativo, imposto pela Constituição Federal diante da democracia e solidariedade ínsitas ao nosso ordenamento jurídico.

4. ART. 840, § 1º, DA CLT

A partir da Lei n. 13.467, de 13 de julho de 2017, (Reforma Trabalhista), nova regra foi inserida no Ordenamento Jurídico brasileiro, exigindo-se também nas ações que tramitem em rito ordinário que a reclamação escrita indique o valor do pedido:

> Art. 840. [...]
>
> § 1º **Sendo escrita**, a reclamação deverá conter a designação do juízo, a qualificação das partes, a breve

> exposição dos fatos de que resulte o dissídio, o pedido, que deverá ser certo, determinado e **com indicação de seu valor**, a data e a assinatura do reclamante ou de seu representante.
>
> § 2º **Se verbal**, a reclamação será reduzida a termo, em duas vias datadas e assinadas pelo escrivão ou secretário, observado, **no que couber, o disposto no** § 1º deste artigo.
>
> § 3º **Os pedidos que não atendam** ao disposto no § 1º deste artigo serão julgados **extintos sem resolução do mérito**. (BRASIL, 2017, s/p, grifo nosso)

Tal alteração, na exposição de motivos da reforma, busca respaldo na duração razoável do processo "[...] pois permite que todos os envolvidos na lide tenham pleno conhecimento do que está sendo proposto, além de contribuir para a celeridade processual com a prévia liquidação dos pedidos [...]".

Outrossim, pode-se amparar a alteração legislativa na boa-fé processual, esclarecendo-se desde o início da lide qual o valor econômico pleiteado em juízo.

Ainda, com argumento no princípio da sucumbência[(4)], é importante que se tenha a indicação dos valores dos pedidos na inicial, tornando possível estimar eventual valor de honorários a serem pagos por quem não obtiver êxito na causa.

Questiona-se, entretanto, a utilidade de pedidos líquidos, considerando-se que possivelmente haverá alteração decorrente da fase instrutória do processo; e mesmo da ausência ou míngua de elementos asseguradores da correta liquidação dos pleitos pelo reclamante.

Acrecente-se: Como exigir a liquidação de pedido genérico (art. 324, § 1º, CPC)[(5)]?

Além, nos casos do exercício do *jus postulandi*, seria o caso de mitigação da exigência legal?

Inicialmente, consigna-se que ao contrário de Schiavi (A reforma trabalhista e o processo do trabalho, LTr, 2017, p. 93-94), e também diferente de Antonio Umberto de Souza Júnior, Fabiano Coelho de Souza, Ney Maranhão e Platon Teixeira de Azevedo Neto (Reforma trabalhista – Análise comparativa e crítica da Lei n. 13.467/2017, RIDEEL, 2017), os quais consignam a necessidade de "reles indicação do valor do pedido", tem-se que a indicação do montante de cada pleito deve sim – como regra – ser detalhado, justificando-se a mera estimativa apenas como exceção, conforme se verá.

Tal se dá, além dos argumentos já delineados, ante a necessidade de extrair da norma sua máxima eficácia, assim como já ocorre nos casos de rito sumaríssimo (art. 852-B, I, da CLT). Além, Souza Júnior *et al* (*in. ob. cit.*) consignam que:

> Em alguns tribunais, como no Tribunal Regional do Trabalho da 8ª Região (PA/AP), praticamente todas as petições iniciais há muito trazem pedidos devidamente liquidados em planilhas de cálculo, independentemente do rito processual, **por conta das imensas facilidades operacionais ofertadas pelo sistema de cálculos ali utilizado**. Trata-se de excepcional hipótese de costume processual, atribuindo-se à prática, portanto, peculiar força normativa (CLT, art. 8º, *caput*). Nesse caso, pois, a exigência judicial de clara demonstração dos parâmetros de cálculo é legítima e se impõe. (SOUZA JÚNIOR, 2017, p. 413, grifo nosso)

Tais facilidades, adiante serão demonstradas, estão à disposição de todos, cumprindo aos operadores do Direito aproveitar a oportunidade da alteração normativa para também transformar a cultura, consolidando o peticionamento líquido (o qual, conforme apontado alhures, maximiza a celeridade e efetividade processuais).

De outro giro, saliente-se que se discorda do entendimento de Teixeira Filho, que afirma que:

> [...] a exigência estampada no § 1º, do art. 840, da CLT, **também incide** no caso de pedidos *alternativos* (CPC, art. 325), *subsidiários* (*idem*, art. 326) e *cumulados* (*ibidem*, art. 327). Para efeito de fixação do valor da causa (CPC, art. 291) deverão ser observados os incisos VI, VII e VIII, respectivamente, do art. 292, do CPC (TEIXEIRA FILHO, 2017, p. 132, grifo nosso).

Isso porque, conforme Souza Júnior et al (*in. ob. cit.*):

> [...] **Importante ressalvar que apenas as prestações pecuniárias (obrigações de pagar)**

(4) CLT, "Art. 791-A. Ao advogado, ainda que atue em causa própria, serão devidos honorários de sucumbência, fixados entre o mínimo de 5% (cinco por cento) e o máximo de 15% (quinze por cento) sobre o valor que resultar da liquidação da sentença, do proveito econômico obtido ou, não sendo possível mensurá-lo, sobre o valor atualizado da causa. [...]"

(5) CPC, Art. 324. O pedido deve ser determinado. § 1º É lícito, porém, formular pedido genérico: I – nas ações universais, se o autor não puder individuar os bens demandados; II – quando não for possível determinar, desde logo, as consequências do ato ou do fato; III – quando a determinação do objeto ou do valor da condenação depender de ato que deva ser praticado pelo réu.

principais e vencidas devem compor o conjunto de pedidos sujeitos à atribuição de valores. Afinal, somente em relação a estes a liquidez tem relevância por corresponder ao bem da vida perseguido em juízo, prioritariamente.

Reconhecimento de vínculo (pretensão declaratória), reintegração ao emprego, entrega de guias para saque do FGTS ou requerimento do seguro-desemprego, anotação da CTPS ou reenquadramento (obrigações de fazer) ou ainda tutelas inibitórias (obrigações de não fazer) não são pedidos dependentes de liquidez para seu exame, ainda que, para efeito de valor da causa, sendo eles os únicos pleitos, se possa dar um valor estimativo (CPC, arts. 77, § 5º, 81, § 2º, 85, § 8º, e 291).

Também inviável a atribuição de valor a pedidos correspondentes a obrigações pecuniárias inexigíveis no momento da propositura da ação, mas que poderão ser contempladas na sentença condenatória. É o caso da multa do art. 467 da CLT, sanção processual totalmente dependente do comportamento processual do réu (seu valor dependerá do conteúdo da resposta do reclamado e da ocorrência ou não da purgação da mora na primeira audiência trabalhista). No mesmo conjunto estão os encargos previdenciários, imposto de renda, SAT/RAT, custas processuais e honorários advocatícios. São todas verbas cuja contemplação judicial dependerá do reconhecimento de pendência de uma obrigação principal – está necessariamente sujeita à liquidez. Ademais, nestes últimos casos, todas as verbas têm seu valor ou percentual definidos expressamente em lei, sendo completamente supérflua a atribuição de valores na inicial a tal respeito.

Parece igualmente uma abominável homenagem ao exacerbado formalismo exigir atribuição de valores a pedidos subsidiários e a pedidos cujo deferimento independe de pleito expresso na inicial.

No primeiro caso, o CPC, supletivamente aplicável aos processos trabalhistas (CPC, art. 15), aponta explicitamente a sua desconsideração para fixação do valor da causa, a balizar-se exclusivamente pelo pedido principal a que ele se atrele (CPC, arts. 292, VIII, e 326). É o que se dá quando o reclamante postula sua reintegração ao emprego ou, sucessivamente, caso inviável ou impossível no momento do julgamento ou da execução, a indenização estabilitária compensatória. Nada obsta, de todo modo, que a parte, querendo, já os liquide.

No segundo caso, se sequer é necessário que o autor formule o pedido para que o juiz lho defira, não deve ser indeferida a inicial se tal pedido vier de modo ilíquido, pois remanesce a possibilidade do acolhimento de ofício da pretensão. É o caso da própria multa do art. 467 da CLT e das multas cominatórias em geral fixadas pela lei ou arbitradas pelo juiz para assegurarem o cumprimento da obrigação principal (astreintes para compelir o empregador a assinar ou devolver a CTPS ou a reintegrar o empregado). Também aqui se encontram os encargos tributários, previdenciários e sucumbenciais referidos logo acima. Igualmente desnecessária a mensuração prévia dos juros e correção monetária, ingredientes de garantia de preservação do valor da moeda e de compensação da mora, pois sua aferição prescinde de pedido e tem os seus parâmetros delineados na lei (CLT, art. 879, § 7º, se se entender compatível com a Constituição a estipulação legal de índice de atualização monetária que não espelha a evolução inflacionária, mas a política governamental de gestão das taxas de juros no mercado financeiro).(...)" (SOUZA JÚNIOR, 2017, p. 414, grifo nosso)

Do mesmo modo, Miessa (in: Comentários à Lei n. 13.467, *Juspodivm*, 2017), consigna que

> [...] não podemos concordar com a interpretação puramente gramatical desse dispositivo, de modo que, a nosso juízo, deve ser interpretado da seguinte forma: 1) não haverá necessidade de indicação de valor para os pedidos: a) genéricos; b) implícitos; c) declaratórios e constitutivos; d) condenatórios que não tenha conteúdo pecuniário (obrigação de fazer, não fazer e entrega de coisa); e) de prestações que não são exigíveis no momento do ajuizamento da reclamação, mas que poderão ser contempladas na sentença condenatória (p.e., multa art. 467 da CLT); e
>
> 2) o valor do pedido deverá ser indicado na inicial, nas hipóteses não elencadas no item anterior (MIESSA, 2017, p. 850).

Além disso, a extinção sem resolução do mérito preconizada no § 3º do art. 840 da CLT deve ser mitigada para – em diálogo de fontes com o CPC – aplicar-se o art. 321 da lei adjetiva comum:

> Art. 321. O juiz, ao verificar que a petição inicial não preenche os requisitos dos arts. 319 e 320 **ou que apresenta defeitos e irregularidades capazes de dificultar o julgamento de mérito**, determinará que o autor, no **prazo de 15 (quinze) dias, a emende ou a complete**, indicando com precisão o que deve ser corrigido ou completado. [...] (grifo nosso).

Isso, por inexistir obrigação legal de instrução e julgamento em audiência única, ou de apreciação em prazo máximo de 15 (quinze) dias, como ocorre no procedimento sumaríssimo (arts. 852-B, III e 852-C, ambos da CLT). Embora a necessidade de liquidação do pedido seja idêntica, o tratamento em caso de inobservância da regra é diferenciado.

Quanto ao tema, Souza Júnior *et al* (*in. ob. cit.*) consignam que

> [...] é importante frisar que o indeferimento da petição inicial trabalhista por iliquidez poderá ser total ou parcial [...] sendo comum a cumulação de pedidos na Justiça do Trabalho, a ausência de indicação de valor de apenas um ou alguns pleitos formulados não obstará o prosseguimento do processo em relação aos demais pedidos, salvo se houver conexão de prejudicialidade, ou seja, a menos que não seja possível analisar determinado pedido líquido sem apreciar, previamente, outro pedido que esteja indevidamente ilíquido (SOUZA JÚNIOR, 2017, p. 415).

Ademais, nos casos em que for extremamente oneroso ao reclamante a definição do valor dos pedidos, Teixeira Filho traça as diretrizes:

> [...] a) para que a petição inicial expresse, desde logo, o valor dos pedidos, **incumbirá ao autor ingressar com pedido de tutela de urgência de natureza cautelar (CPC, art. 301) ou com ação de produção antecipada de prova** (CPC, art. 381), fundando-se no art. 324, § 1º, III, do CPC, assim redigido: ´§ 1º É lícito, porém, formular pedido genérico: I (...); III quando a determinação do objeto ou do *valor* da condenação *depender de ato a ser praticado pelo réu´* (destacamos). Apresentados os documentos necessários, os pedidos deverão ser liquidados antes de serem postos na inicial;
>
> b) **para que o valor seja fixado após a apresentação da defesa, o autor deverá suscitar o incidente de exibição de documentos**, regulado pelos arts. 396 a 404, do CPC; exibidos os documentos, o juiz concederá prazo para que o autor emende a petição inicial, no prazo de quinze dias, indicando o valor dos pedidos formulados (CPC, art. 321, *caput*), sob pena de indeferimento da petição inicial (*ibidem*, parágrafo único).
>
> Dir-se-á, talvez, que a possibilidade de haver essa emenda encontra óbice no art. 329, II, do CPC, que permite o aditamento ou a alteração do pedido e da causa de pedir, após o saneamento do processo, somente se houver consentimento do réu. Se assim se alegar, devemos contra-argumentar, em caráter proléptico, que a emenda à inicial, de que estamos a tratar, **não implicará aditamento nem alteração do pedido**. Expliquemo-nos. Aditamento e modificação não se confundem. Aquele representa o acréscimo quantitativo de pedidos, vale dizer, a inclusão, na mesma causa, de pedidos inicialmente omitidos; esta não implica a formulação de novos pedidos, senão que a modificação dos já existentes (ou da causa de pedir).
>
> Ora, se o juiz do trabalho conceder prazo para que o autor, após haver obtido do réu os documentos necessários, indique o valor dos pedidos formulados na inicial, não estará autorizando nenhum aditamento e nenhuma alteração, se não que permitindo ao autor emendar a petição inicial, a fim de dar cumprimento à determinação contida no § 1º, do art. 840, da CLT, para que o pedido possua uma expressão pecuniária. Efetuada a emenda, juiz concederá prazo de quinze dias, ao réu, para que se manifeste a respeito. Especificamente para essa finalidade, pode-se invocar a incidência analógica do disposto no inciso II, do art. 329, do CPC. [...] (TEIXEIRA FILHO, 2017, p. 132, grifo nosso).

Assim, da ótica jurídica, inexiste empecilho hábil a impedir a aplicação da nova regra do art. 840, § 1º, da CLT. Mesmo nos casos de *jus postulandi*, a Lei 13.467/2017 houve por bem deixar a cabo do magistrado compreender pela mitigação (ou não) do comando legal, ao aduzir no § 2º que "**se verbal**, a reclamação será reduzida a termo, em duas vias datadas e assinadas pelo escrivão ou secretário, observado, **no que couber, o disposto no § 1º** deste artigo" (grifo nosso).

Outrossim, nos casos de revelia não há obrigação legal de o magistrado manter a simetria de uma eventual condenação conforme os valores apontados na inicial. Veja-se que os pedidos devem indicar o valor, mas a sentença não será necessariamente líquida. Aplica-se ao caso, portanto, a regra do art. 879, CLT:

> Art. 879 – Sendo ilíquida a sentença exequenda, ordenar-se-á, previamente, a sua liquidação, que poderá ser feita por cálculo, por arbitramento ou por artigos.

Tal entendimento encontra respaldo, inclusive, no veto ao § 2º do artigo 852-I, da CLT, em que se consignou como razão:

> O § 2º do art. 852-I não admite sentença condenatória por quantia ilíquida, o que poderá, na prática, atrasar a prolação das sentenças, **já que se impõe ao juiz a obrigação de elaborar cálculos**, o que nem sempre é simples de se realizar em audiência. Seria prudente vetar o dispositivo em relevo, já que **a liquidação por simples cálculo se dará na fase de execução da sentença**, que, aliás, **poderá sofrer modificações na fase recursal** (CARDOSO, 2000, s/p., grifo nosso).

Ademais, Souza Júnior *et al* (*in. ob. cit.*) aduzem que

> [...] o valor definido para determinado pedido não vincula o julgador, que poderá deferi-lo em montante inferior (julgamento citra petita), **mas limita o valor máximo atendível, pois veda a lei o julgamento *ultra petita* fora das hipóteses legalmente autorizadas (CPC, art. 492)**. Assim, a atribuição aleatória de valores aos pedidos poderá redundar em severos prejuízos ao reclamante quando a expressão monetária de seu crédito for superior àquela informada na inicial. [...] (SOUZA JÚNIOR, 2017, p. 414, grifo nosso).

Some-se a isso – à guisa da conclusão – o fato de que o Conselho Superior da Justiça do Trabalho (CSJT), reconhecendo o excelente trabalho realizado no TRT8, chancelou em sua Resolução n. 185/2017 (dispõe sobre a **padronização do uso** do PJe), no art. 47, § 5º:

> [...] § 5º Independente da pactuação de parceria a que se refere o § 4º deste artigo, os TRTs promoverão a capacitação dos advogados na usabilidade do Sistema "**PJe Calc Cidadão**", fomentando a distribuição de ações e apresentação de defesa, **independente do rito, sempre acompanhadas da respectiva planilha de cálculos.** (BRASIL, 2017, s/p, grifo nosso)

Tal sistema se encontra disponível na primeira página de acesso ao TRT8 e pode ser descarregado em qualquer computador, contando com manual do usuário e tutoriais com um simples clique em www.trt8.jus.br, optando por "serviços" e PJe-Calc. Mesmo no *Youtube* não faltam vídeos acerca do sistema, dando o passo-a-passo para uso dessa intuitiva ferramenta(6).

Assevere-se, em arremate, que o sistema PJe Calc Cidadão se comunica com o sistema PJe Calc Tribunais (a que se referem os arts. 47, § 3º e 49, ambos da Resolução CSJT n. 185/17)(7), assim dando eficácia ao princípio cooperativo preconizado pelo CPC, além de possibilitar a plena normatividade do art. 133, da CF, pelo qual a advocacia é indispensável à administração da Justiça.

5. REFERÊNCIAS BIBLIOGRÁFICAS

BRASIL. *Consolidação das Leis do Trabalho. Decreto-lei n. 5.452, de 1º de maio de 1943.* Diário Oficial da República Federativa do Brasil, Brasília, DF.

CARDOSO, Fernando Henrique. *Mensagem n. 75, de 12 de janeiro de 2000 ao Senhor Presidente do Senado Federal.* Diário Oficial da República Federativa do Brasil, Brasília, DF.

FERNANDES JÚNIOR, Raimundo Itamar Lemos. *O direito processual do trabalho à luz do princípio constitucional da razoável duração*: a aplicação da reforma do CPC ao processo do trabalho fase por fase. São Paulo: LTr, 2008.

MIESSA, Élisson. *Comentários à Lei 13.467/17.* Juspodivm, p. 850, 2017.

SALLES FILHO, Elton Antônio de. A sentença liquidada como instrumento de alcance do princípio constitucional da

(6) Disponível em: <https://www.youtube.com/results?search_query=pje+calc>. Acesso em: 05 set. /2017.

(7) Art. 47. Os TRTs promoverão investimentos para a formação e aperfeiçoamento dos usuários, inclusive pessoas com deficiência, com o objetivo de prepará-los para o aproveitamento adequado do PJe.

§ 3° Sem prejuízo do disposto no § 2° deste artigo, bem como no desenvolvimento de outras expertises, os magistrados de 1° e 2° graus, bem como os servidores usuários do PJe serão capacitados em: I – princípios da teoria geral do direito processual eletrônico; II – uso do editor de textos do PJe; e III – liquidação de sentenças no Sistema "PJe Calc Tribunais".

Art. 49. Sem prejuízo do disposto no art. 47 desta Resolução, o CSJT, às suas expensas promoverá, anualmente, a capacitação de magistrados de 1° e 2° graus, observando: I – dois encontros, um a cada semestre, voltado à disseminação e debate dos princípios da teoria geral do direito processual eletrônico; II – dois encontros, um a cada semestre, voltado à prática eletrônica de atos processuais (regras de negócio) e conhecimento das funcionalidades do PJe; e III – dois encontros, um a cada semestre, voltados à liquidação de sentenças no Sistema "PJe Calc Tribunais".

razoável duração do processo. *Revista trabalhista:* direito e processo / Associação Nacional dos Magistrados do Trabalho (Anamatra). FORENSE, 2012.

SCHIAVI, Mauro. *A reforma trabalhista e o processo do trabalho.* LTr, 2017.

SOUZA JÚNIOR, Antonio Umberto de *et al. Reforma trabalhista – Análise comparativa e crítica da Lei n. 13.467/2017.* RIDEEL, 2017.

TEIXEIRA FILHO, Manoel Antônio. *O processo do trabalho e a reforma trabalhista.* LTr, 2017.

THEODORO JÚNIOR, Humberto. *Curso de direito processual civil:* teoria geral do direito processual civil e processo de conhecimento. FORENSE, 2009.

VIEIRA RÊGO, Caio. *Relatório sobre o tempo e o custo das ações trabalhistas.* março de 2015. Disponível em: <www.ipea.gov.br>.

Teoria da Marcação Revisível dos Efeitos da Revelia: Reforma Trabalhista de 2017 e a Tentativa de Uma Maior Aproximação da Verdade Real (Processual)

LORENA DE MELLO REZENDE COLNAGO

Mestre em Processo (UFES, 2008). Pós-Graduada em Direito Processual do Trabalho, Previdenciário e Direito do Trabalho Individual/Coletivo (UNIVES, 2006). Foi advogada. Foi assessora na Procuradoria Regional do Trabalho da 17ª Região. Foi Juíza do Trabalho no Paraná, atualmente é Juíza do Trabalho em São Paulo. Professora. Vice-Presidente em matéria do trabalho e relações sociais da Union Iberoamericana de Juices (Biênio de 2018/2020). Diretora de Eventos do Instituto de Pesquisas e Estudos Avançados da Magistratura e do Ministério Público do Trabalho (Biênio de 2016/2017 e 2017/2018).

A defesa do réu, que no Processo do Trabalho denominamos de reclamado em razão da origem da Justiça do Trabalho que até 1946 fazia parte do Poder Executivo e não do Poder Judiciário, merece uma maior atenção com o advento da reforma trabalhista promovida pela Lei n. 13.467/2017 com a alteração dos arts. 843 e 847, em especial as respectivas inserções do § 4º no art. 843 e parágrafo único no art. 847 da Consolidação.

Retomando um pouco o estudo e análise da doutrina do Processo Civil, observa-se que a inatividade processual após o protocolo da petição inicial e a citação válida – ato de chamar o réu à relação jurídica processual, sem distinção – pode ser do autor ou do réu, conforme a doutrina na clássica italiana denomina-se contumácia. E essa contumácia atrai a presunção de veracidade dos fatos narrados se não houver prova em contrário. Assim, a inatividade posterior do autor ou do réu, ou de ambos, que comparecem ao processo sem nada produzir, ou seja, "*abstêm-se de qualquer atividade ulterior*" faz presumir verdadeira a narração de um fato realizado por uma das partes – a parte presente na relação processual.[(1)]

> [...] Nesse caso a lide não é contumacial, nem se lhe aplicam as regras da contumácia, embora a causa prossiga por várias audiências. Se é inativa apenas uma das partes, a causa será julgada pelos atos da outra (art. 352); se inativas são ambas, a causa poderá cair com o tempo em perempção (adiante § 71). O que por conseguinte constitui a revelia; é a falta de comparecimento de uma parte no processo. Uma vez comparecendo não se pode mais considerar a parte contumaz na mesma instância. Não se admite entre nós, como no sistema francês, a revelia por falta de alegações do procurador (*défaut de conclure; défaut contre avoué*). Tampouco admitimos, como no sistema alemão, a revelia da parte que tendo comparecido nas audiências anteriores, se ausente nas audiências em que se julga a causa.[(2)]

E nesse contexto, a doutrina italiana explica que a revelia do autor importa a escolha ao réu de fazer cessar a relação processual ou de requerer uma decisão de mérito, "*denegação do pedido do autor (art. 381)*".[(3)]

O nosso sistema, de inspiração italiana, tratou a revelia e seus efeitos especificamente como a ausência do réu citado e inerte, ou ainda a apresentação de defesa sem as formalidades legais. Partindo da redação originária do Código de Processo Civil de 1939, o primeiro nacional, após a unificação dos Códigos de Processo Civil Estaduais, o art. 354 já dizia: "*Nas ações para renovação de contrato de locação de imóveis destinados a fim comercial ou industrial, a revelia do réu, ou a não*

---

(1) CHIOVENDA, Giuseppe. *Instituições de direito processual civil*. 2. ed. trad. Paolo Capitanio com notas de Enrico Tullio Liebman. Campinas: BookSeller, 1998. v. III. p. 167.

(2) *Ibid*, p. 167/168.

(3) *Ibid*, p. 179.

contestação do pedido no prazo marcado, induzirá a aceitação imediata da proposta do autor, que será homologada por sentença"[(4)]. Essa redação foi alterada em 1942, pelo Decreto-lei n. 4.565 em sua parte final: "(...), *a revelia do réu, ou a não contestação do pedido* no prazo de dez dias (art. 292), *induzirá à aceitação imediata da proposta do autor, que será homologada por sentença*"[(5)].

O nosso Direito Processual Civil, sob a égide do CPC de 1939 não albergava um capítulo especial sobre a revelia, e o único efeito previsto para o revel era que os prazos correriam contra o revel independentemente de intimação ou notificação, sendo muito similar ao sistema vigorante à época no Direito Processual Penal, em que a revelia se traduzia no prosseguimento da demanda, com a desobrigação de a autoridade processante dar ciência da realização de qualquer ato do processo. Esse sistema era fiel ao espírito romano, adotado também nas Ordenações, que não previa penas ao revel e que refutava a *ficta confessio* derivada da revelia.[(6)]

Nessa época, Pontes de Miranda em *Comentários ao Código de Processo Civil* defendia que o princípio da marcação revisível das afirmações não contestadas exclui o princípio da marcação definitiva. Este transforma em confissão toda falta de contestação, aquele impõe ao juiz observar os ônus de prova em contraposição às afirmações da parte autora.[(7)]

Posteriormente, com o CPC de 1973, esse prazo passou para quinze dias (art. 321 do CPC/1973), mantendo-se o conceito de revelia do réu (CPC/1973, art. 319, e atualmente, art. 344 do CPC/2015). Nas lições de Ovídio Batista, o conceito de revelia, identificado como a omissão do demandado em defender-se, é uma escolha do legislador, pois em Roma a relação processual só se tornava viável se a ela o réu aderisse espontaneamente, e, diferentemente de Calmon de Passos para quem contumácia e revelia são conceitos equivalentes, Ovídio Batista fixou a contumácia como gênero e a revelia como espécie.[(8)] Afastando-se da doutrina italiana de Chiovenda que compreendia tanto a contumácia como a revelia como a ausência de qualquer uma das partes, ou de ambas, ao processo, abstendo-se da prática de atos posteriores.

É importante frisar esses aspectos da doutrina processualista civil porque nem sempre revelia significou apenas um ato do réu; e nem sempre o Estado escolheu trazer o réu compulsivamente para a relação processual – nesse sentido, tivemos a alteração da legislação e regramento trabalhista com a ação de dissídio coletivo (Reforma do Poder Judiciário com a EC n. 45/2004, inserindo o comum acordo como requisito para o acionamento do Judiciário Trabalhista para os dissídios coletivos), que se assemelhou ao processo mencionado por Ovídio Batista, criado em dado momento histórico em Roma.

Na sistemática do CPC de 1973 a ausência do advogado de uma das partes autorizava o juiz a dispensar a produção de provas requerida (art. 453, § 2º), sendo essa regra ampliada no CPC de 2015 para incluir a ausência do defensor público e do Ministério Público que não comparecem à audiência.

Inicialmente, a revelia não induzia o efeito de se presumirem verdadeiros os fatos afirmados pelo autor se houvesse pluralidade de réus com a contestação de um deles; os direitos pleiteados pelo autor fossem indisponíveis, e, no caso de a petição inicial não estiver acompanhada do instrumento público; que a lei considere indispensável à prova do ato (art. 320 do CPC 1973) – esse dispositivo fez com que parte da doutrina processual civil discordasse sobre a permanência da teoria da marcação revisível dos efeitos da revelia, entendendo que após 1973 com a nova legislação prevaleceria a teoria da marcação irrevisível, ou seja, tudo que não fosse contestado, presumir-se-ia verdadeiro. E, apesar de o réu revel não ser mais intimado por expressa previsão legal, poderia intervir em qualquer fase processual recebendo o processo no estado em que se encontrasse (art. 322 CPC 1973), regra alterada em 2006 pela Lei n. 11.280, para que os prazos corressem independentemente de intimação, apenas para o revel sem advogado constituído nos autos a partir de cada ato decisório – o que demonstra a importância e indispensabilidade do advogado – art. 133 da Constituição Federal.[(9)]

---

(4) BRASIL. Presidência da República. *Decreto-Lei 1608, de 18 de setembro de 1939*. Disponível em: <http://www.planalto.gov.br/ccivil_03/decreto-lei/1937-1946/Del1608.htm>. Acesso em: set. 2017.

(5) *Id.*

(6) BENUCCI, Renato Luís. Os efeitos da revelia na América Latina e nos países da *common law*. In: *Revista de Processo*. São Paulo: Revista dos Tribunais, v. 106/2002. p. 165-177, abr./jun. 2002.

(7) MIRANDA, Francisco Cavalcanti Pontes de. *Comentários ao Código de Processo Civil*. Tomo IV. Rio de Janeiro: Forense, 2002. p. 193 a 196.

(8) SILVA, Ovídio A. Batista. *Curso de processo civil:* processo de conhecimento. 5. ed. rev. atual. São Paulo: Revista dos Tribunais, 2000. v. 1, p. 331.

(9) Cf. LEITE, Gisele; HEUSELER, Denise. Análise sobre a revelia e seus efeitos. In: *Âmbito Jurídico:* processo civil. Disponível em: <http://www.ambito-juridico.com.br/site/index.php?n_link=revista_artigos_leitura&artigo_id=7502>. Acesso em: fev. 2018.

Em 2015, como o novo CPC esse regramento para a revelia foi alterado em dois pontos. O primeiro para inserir outra possibilidade de afastamento dos efeitos da revelia, quando as alegações de fato formuladas pelo autor forem inverossímeis ou estiverem em contradição com prova constante dos autos, sendo essa uma práxis já utilizada nos tribunais do país como se pode observar nas duas ementas abaixo retiradas do repositório oficial da Revista dos Tribunais, *on line* <https://www.revistadostribunais.com.br>:

> TRT-23ª Reg. – RO 0000287-84.2014.5.23.0008 – j. 24.02.2015 – julgado por Roberto Benatar – DEJT 02.03.2015 – Área do Direito: Trabalho
>
> REVELIA. Confissão ficta. Presunção relativa de veracidade.
>
> Ementa Oficial: REVELIA. CONFISSÃO FICTA. A confissão ficta gera presunção relativa de veracidade dos fatos alegados pelo autor, a qual pode ser elidida pelas provas pré-constituídas nos autos, desde que estejam em desacordo com os fatos alegados na petição inicial. Na hipótese de inexistirem tais provas, é imperativo considerar como verdadeiros os fatos narrados na inicial.
>
> TJSP – Ap 0007375-07.2015.8.26.0526 – 33ª Câmara de Direito Privado – j. 09.04.2018 – julgado por Sá Moreira de Oliveira – Área do Direito: Civil; Processual
>
> Ementa Ofcial:PRESTAÇÃO DE SERVIÇOS Ação de cobrança e ação cautelar de arresto Revelia Presunção relativa dos efeitos do art. 344 do Código de Processo Civil.
>
> (...) VOTO (...)
>
> O reconhecimento da revelia e a aplicação do disposto no art. 344, do Código de Processo Civil não têm o condão de tornar verossímeis os fatos alegados na petição inicial, tampouco de tornar certo o direito da parte.
>
> De acordo com José Roberto dos Santos Bedaque, fazendo referência ao artigo do Código de Processo Civil anterior, "(...) evidentemente não está o julgador vinculado de forma inexorável à versão apresentada na inicial, pelo simples fato de o réu ser revel. Tanto a presunção de veracidade (art. 319), a rigor dispensável, como a desnecessidade de produção de prova, pressupõem, no mínimo, a verossimilhança da afirmação" (MARCATO, Antonio Carlos. Código de Processo Civil Interpretado, São Paulo: Atlas, 2008, p. 1.023).
>
> Como esclarecem Theotonio Negrão, José Roberto F. Gouvêa, Luis Guilherme A. Bondioli e João Francisco N. da Fonseca, na nota 5 ao art. 319, do Código de Processo Civil e legislação processual em vigor, Editora Saraiva, 46. ed., p. 459/460: "O efeito da revelia não induz procedência do pedido e nem afasta o exame de circunstâncias capazes de qualificar os fatos fictamente comprovados (RSTJ 53/335). O efeito da revelia não dispensa a presença, nos autos, de elementos suficientes para o convencimento do juiz (RSTJ 146/396). A presunção de veracidade dos fatos alegados pelo autor em face à revelia do réu é relativa, podendo ceder a outras circunstâncias constantes dos autos, de acordo com o livre convencimento do juiz (STJ-4ª T., RSTJ 100/183). No mesmo sentido: RF 293/244; JTJ 358/414; AP 990.10.473186-0".
>
> Isso porque a revelia gera uma presunção de veracidade dos fatos narrados na inicial. Porém, o efeito de reconhecimento sobre a veracidade dos fatos deduzidos é relativo, a conclusão dependerá das provas reunidas aos autos e do convencimento do juiz. Nesse sentido:
>
> "A presunção de veracidade dos fatos prevista neste art. 319 é um efeito da revelia, que, todavia, comporta relativização. Daí a constatação de que se trata de presunção relativa, e não absoluta" (RTJ 115/1.227; STJ-3ª T., AI 1.088.359-AgRg, Min. Sidnei Beneti, j. 28.04.2009, DJ 11.5.09; STJ-4ª T., REsp 590.532-AgRg, Min. Isabel Gallotti, j. 15.09.2011, DJ 22.09.2011; RSTJ 100/183, RT 708/111, 865/263, RJTJESP 106/234, JTA 105/149, Bol. AASP 1.258/73, RJTAMG 21/238, 21/293, RJTJERGS 258/334: AP 70015635212).
>
> Portanto, não obstante o decurso de prazo para apresentação de contestação, possível o reconhecimento da revelia sem aplicação de seus efeitos **para a situação de não haver na petição inicial os elementos mínimos suficientes para justificar um eventual decreto condenatório.**
>
> No caso dos autos, competia à apelante demonstrar a existência do contrato de prestação de serviços entre as partes e os seus termos, além da inércia da apelada na retirada da máquina de seu estabelecimento, com base em provas concretas.
>
> Entretanto, não é o que se vê do conjunto probatório reunido.
>
> (...)

No Processo do Trabalho, por outro lado, a Consolidação das Leis do Trabalho previu inicialmente no art. 844 que o não comparecimento do reclamado importa a revelia, sendo alterado pela Lei n. 13.467, de 13 de julho de 2017 nos seguintes termos, como inspiração nas alterações promovidas pelo Direito Processual comum em sua legislação:

> § 4º A revelia não produz o efeito mencionado no *caput* deste artigo se:

I – havendo pluralidade de reclamados, algum deles contestar a ação;

II – o litígio versar sobre direitos indisponíveis;

III – a petição inicial não estiver acompanhada de instrumento que a lei considere indispensável à prova do ato;

IV – as alegações de fato formuladas pelo reclamante forem inverossímeis ou estiverem em contradição com prova constante dos autos.

§ 5º Ainda que ausente o reclamado, presente o advogado na audiência, serão aceitos a contestação e os documentos eventualmente apresentados." (NR)

Etimologicamente a revelia tem o significado de rebeldia, sendo assim denominada no castelhano.(10) Sinônimo de insubordinação a ausência do réu chamado pelo Estado para se defender apenas atrai o efeito da confissão dos fatos quando esses forem razoavelmente apresentados, no sentido da coerência interna da apresentação dos fatos pelo autor.

O sistema inglês, de *comon law*, também previu a ausência do demandado em juízo, mas utilizou até a *Common Law Procedure Act* (1852) o princípio de obtenção da sua presença de forma coercitiva. A partir dessa alteração, em 1852, passou a conceber uma sentença contumacial no sentido moderno, admitindo-se o direito de sequestro sobre os bens do revel. Atualmente, a ausência do réu no sistema inglês também atrai a *ficta confessio* como consequência. A revelia é considerada tanto na hipótese de não comparecimento em juízo (*default of appearance*) como na ausência, incompletude ou incongruência de defesa (*default of defence*). Portanto, após a citação regular, *writ of summons*, se o demandado não apresentar tempestivamente (dentro de oito dias) seu *memorandum of appearance*, incorre na revelia por *default of appearence* – muitas ações terminam dessa forma na Inglaterra.(11)

Se o demandado da Inglaterra, embora constituído, não apresentar a contestação ao pedido inicial (*statement of claim*), o autor deverá demonstrar que o réu deixou decorrer o lapso para oferecer a *defence*, ou a fez defeituosamente, se apresentada no lapso legal, pedindo a declaração da revelia do demandado.(12)

Retomando o estudo das alterações do texto celetista, no inciso I do § 4º do art. 844 da CLT, o legislador apontou a pluralidade de réus como fator impeditivo dos efeitos da revelia para o ausente. Seguindo o princípio da busca da verdade real, se um dos réus, ou reclamados, apresentar uma versão dos fatos diferente da do autor, ou reclamante, essa defesa é suficiente para que haja na instrução processual a pesquisa da "verdade real" – incidência do princípio da impugnação especificada.

A verdade real é sempre um ponto relativo do processo. A palavra verdade é de origem latina, *veritate*, que possui, dentre seus significados: "qualidade pela qual as coisas se apresentam como são, representação fiel, conformidade do que se diz com o que se é"(13). Conforme Santo Agostinho: *verum est id quod est* – "a verdade é o que é" (14). De acordo com o filósofo Kant, o homem toma conhecimento de si e dos fatos que o cercam por meio de doze categorias *a priori* da razão, ou absolutilizadas, dentre as quais estão o tempo e o espaço(15). Walter Brugger entende ser a verdade uma adequação ou conformidade entre o intelecto e a realidade(16). Com uma visão pragmática, William James afirma ser a verdade uma propriedade de algumas de nossas ideias, sendo que a consideração da verdade está intimamente ligada com as ideias que conseguimos assimilar(17). Bertrand Russel entende a relativização dos conceitos de verdade e falsidade, na medida em que ambas são propriedade da mente humana(18). Malatesta afirma que a verdade em geral é a conformidade da noção ideológica com a realidade, ou seja, a crença dessa

(10) DINAMARCO, Cândido Ragel. Ônus de constestar e o efeito da revelia. In: *Revista de Processo*. São Paulo: Revista dos Tribunais, v. 41/1986. p. 185-197, jan./mar. 1986.

(11) BENUCCI, Renato Luis. Os efeitos da revelia nos países da América Latina e nos países da *common law*. In: *Revista de Processo*. São Paulo: RT, 2002, v. 106. p. 165-177, abr./jun. 2002.

(12) *Id.*

(13) Dicionário Universal. Disponível em: <*http://www.priberam.pt/dlpo/definir_resultados.aspx*>. *Acesso em*: 26 mar. 2007.

(14) BARROS, Marco Antônio de. *A busca da verdade no processo penal*. São Paulo: Revista dos Tribunais, 2002, p. 14.

(15) KANT, Immanuel. Crítica da razão pura. In: série: *Os pensadores*, n. 12. Trad. Kritik der reinen Vernunft. São Paulo: Nova Cultural, 1996, 1ª seção.

(16) BURGGER, S. I. Walter. *Dicionário de filosofia*. Barcelona: Herder, 1958, p. 484 *apud* BARROS, *op. cit.* nota 3, p. 15.

(17) JAMES, William. *Pragmatism – the meaning of thruth*. Trad. Pablo Rúben Mariconda. São Paulo: Abril Cultural, 1974, v. 40, p. 23, 24 e 42 (Coleção: *Os Pensadores*), *apud* BARROS, *op. cit.* nota 3, p. 16.

(18) RUSSEL, Bertrand Arhur William. *Philosophical essays: the monistic teory of thruth – on de natural thruth and falsehood*. Trad. Pablo Rúben Mariconda. São Paulo: Abril Cultural, 1974, v. 42, p. 165 (Coleção: *Os Pensadores*) *apud* BARROS, *op. cit.* nota 3, p. 17.

percepção, o que ele denomina de certeza.(19) É interessante destacar a convergência, em geral, do conceito de verdade ao se estabelecer um liame entre o acontecimento fático e o conhecimento humano acerca dele, sendo essa interpretação denominada: verdade.

Nicola Framarino dei Malatesta escreveu uma das obras mais clássicas no estudo da prova: "*A lógica das provas em matéria criminal*" (20), marco referencial para o estudo do instituto em qualquer ramo processual. No seu estudo introdutório sobre a relação existente entre a verdade e a prova, temos o posicionamento da verdade como um estado da alma, o que o leva a afirmar a natureza subjetiva da prova(21). Partindo dessa premissa, há uma sistematização de critérios subjetivos para a busca da verdade, dividindo-a em: verdade puramente inteligível e verdade sensível. A verdade puramente inteligível é subdividida em: a) intuitiva puramente lógica e b) reflexiva puramente lógica. A verdade puramente inteligível é aquela que toma como critério a intuição e a reflexão. Quando a certeza é *"filha da evidência ideológica"*, fruto da intuição, denomina-se *certeza intuitiva puramente lógica*. Contudo, se essa certeza é fruto do raciocínio humano, de uma reflexão proveniente de uma percepção mediata efetuada por um método dedutivo evolutivo, denomina-se *certeza reflexa puramente lógica*(22). Por outro lado, a verdade sensível é aquela obtida por meio dos sentidos exteriorizados em fatos físicos, empíricos, ou morais, provenientes da consciência. Malatesta divide esse critério em: a) sensível material, subdividida em: a1) intuitiva física, e, a2) reflexiva física; e, b) sensível moral, sempre reflexiva.

As verdades sensíveis materiais são espécie simples de certeza e podem ser obtidas pela intuição ou pela reflexão(23). A certeza ou verdade sensível intuitiva física é aquela que se obtém através dos sentidos, ou seja, por uma percepção imediata da realidade física de que se tem noção – "*A intuição é sempre uma funcção intelectiva, mesmo relativamente ás verdades sensíveis [...] a acção do intellecto é simplíssima e, acessoria da acção dos sentidos: affirma aquillo que os sentidos se lhe apresentam*"(24). A certeza ou verdade sensível reflexiva física é aquela obtida de forma indireta, ou seja, pela percepção do fato físico em reflexão para se obter outro fato. Essa verdade é classificada como *mista*, pois "*[...] a percepção sensoria da materialidade de uma verdade sensivel póde conduzir, por meio da reflexão intellectual, a affirmação de uma outra verdade sensível material, em relação com a primeira, e não percebida directamente.*"(25).

A verdade sensível moral, de outro lado, refere-se aos fatos de nossa consciência que só podem ser percebidos por meio da materialidade com que se exteriorizam. Também é classificada como *certeza mista* na medida em que o conhecimento físico é obtido de forma mediata por meio de um fato conhecido, moral(26). Por fim, a certeza mista é a única capaz de refletir a prova em matéria penal por conjugar a apreensão física do fato com o raciocínio humano, tendo em vista que a puramente lógica ou física apenas atestaria o fato do delito. O Direito Processual do Trabalho aproxima-se pela busca da verdade real ao Direito Processual Penal, e por isso, esse estudo torna-se tão importante, mais até do que para o Direito Processual Civil.

Outro sistema de acesso à verdade que merece destaque é o desenvolvido por Michele Taruffo(27), nesse, os critérios de obtenção da verdade partem da internalização do mundo fenomênico pelo homem por meio de quatro dimensões construtivas: a) seletiva, b) semântica, c) cultural, e, d) social. Na construção seletiva a premissa é de que um fato não existe por si só, mas somente enquanto é formulado por uma pessoa em uma situação particular. A construção do enunciado, assim, depende do sujeito que o formula perante uma infinidade de pontos de vista. Escolhendo algumas, dentre as diversas conotações fáticas, mediante decisões seletivas de acordo com o seu interesse, o sujeito produzirá uma verdade(28). A importância dessa dimensão para o Direito está na escolha correta dos significados para se obter uma subsunção correta dos tipos legais abstratos(29).

---

(19) MALATESTA, Nicola Framarino Dei. *A lógica das provas em matéria criminal*. Trad. J. Alves de Sá. Lisboa: Livraria Clássica Editora de A. M. Teixeira & C.ta, 1911, v. I, p. 27.
(20) *Id*.
(21) *Ibid*, p. 25-26.
(22) *Ibid*, p. 25-28.
(23) *Ibid*, p. 29.
(24) *Ibid*, p. 29-30.
(25) *Ibid*, p. 31.
(26) Id.
(27) TARUFFO, Michele. Consideraciones sobre prueba y verdad. Trad. Andréa Greppi. In: *Derechos e Liberdades. Revista del Instituto Bartolomé de las Casas*. Año VII, enero/deciembre, 2002, n. 11, p. 99-123.
(28) *Ibid*, p. 102-103.
(29) *Ibid*, p. 103.

A dimensão da construção semântica pressupõe uma entidade linguística dotada de significação compreensível da linguagem de um fato que é feita por meio de escolhas de uma linguagem certa, adequada e eficaz para um significado, em especial, quanto aos termos descritivos e valorativos utilizados, de suma importância para a subsunção normativa(30).

Já a construção categorial ou cultural de um fato é aquela que fornece os pressupostos políticos, éticos, religiosos e dos costumes para a seleção das conotações possíveis de um fato, efetuadas na primeira dimensão, a seletiva(31). Por fim, na construção social do fato há a chamada *teoria dos fatos institucionais*(32). Por essa teoria, todo fato incorpora a configuração institucional de uma dada sociedade, ou seja, todo fato é valorado a partir de referenciais sociais como idade, *status* familiar, posse de um título acadêmico etc. conforme o grau de importância determinado por uma dada sociedade. Dentre as quatro dimensões Michelle Taruffo afirma que a construção social de um fato é a mais relevante de todas as dimensões para se obter o conceito de verdade por meio da prova.

E, a partir desses estudos é que se dimensiona a importância da análise e contextualização dos fatos veiculados na petição inicial, bem como da natureza jurídica dos direitos pleiteados, pois essa é a segunda e quarta hipótese de afastamento dos efeitos da revelia, ou melhor, da contumácia. Destaca-se que o art. 847 da CLT também ganhou um parágrafo único permitindo a apresentação eletrônica da defesa até o momento da audiência. E, no sistema do processo eletrônico judicial, para que essa defesa faça parte da realidade processual, na ausência do demandado, ela deve vir desacompanhada da gravação de sigilo processual, pois apenas se aberta para o público é que inibirá a contumácia.

O direito indisponível é aquele gravado por lei como mínimo para um indivíduo, afastando-se inclusive a autonomia privada (poder que os particulares têm de regular, pelo exercício de sua própria vontade, as relações de que participam, estabelecendo-lhes o conteúdo e a respectiva disciplina jurídica(33)). A doutrina também o classifica como o insuscetível de ser objeto de atos de disposição por parte de seu titular(34). Como, por exemplo, atualmente o direito ao intervalo de 30 minutos para a jornada de mais de seis horas, art. 71 da CLT, após a alteração da Lei n. 13.467/2017, pois nem mesmo por autonomia privada ou coletiva o empregado pode abrir mão desse direito ou dispor de algum modo sobre ele – art. 611-A, inciso III, da CLT.

Quanto às afirmações (argumentos ou razões) de fatos apresentados pelo demandante, o reclamante, chamadas de inverossímeis, essas podem decorrer até mesmo da constatação das ciências biológicas, por exemplo, um ser humano não consegue viver dias sem dormir, então, a apresentação de uma narração demonstrando que o empregado trabalha ininterruptamente 22 horas por uma semana inteira, não é considerada verossímel(35). Outro ponto de destaque é aquele em que o próprio autor narra um fato e, por exemplo, contraria esse fato narrado em seu depoimento pessoal – confissão – ou mesmo com a juntada de provas referentes ao fato narrado.

Essas hipóteses, que já eram utilizadas pela doutrina e reconhecidas pela jurisprudência, agora estão inseridas expressamente previstas em lei.

A última hipótese é a do inciso III do § 4º do art. 844 da CLT, em que a contumácia é afastada se a petição inicial não estiver acompanhada de instrumento que a lei considere indispensável à prova do ato, por exemplo, cobrança de um acordo homologado por meio da arbitragem sem a apresentação do documento; reajuste salarial previsto em instrumento normativo, sem o respectivo instrumento coletivo (acordo coletivo de trabalho ou

(30) *Ibid*, p. 104.

(31) *Id.*

(32) TARUFFO, *op. cit.*, nota 16, p. 105-107.

(33) AMARAL, Francisco. *Direito civil: introdução*. 7. ed. rev. atual. e aum. Rio de Janeiro: Renovar, 2008. p. 77.

(34) DINIZ, Maria Helena. *Dicionário jurídico*. 2. ed. São Paulo: Saraiva, 2005, v. II, p.192

(35) *O número de horas é bastante variável e difícil de ser avaliado cientificamente. "No livro dos recordes, o máximo alcançado foi de 164 horas", diz o neurologista Flávio Aloé, do Centro para Estudos de Sono do Hospital das Clínicas da USP. Mas um dos casos mais lembrados pelos especialistas é de um estudo, realizado em 1935, no qual um jovem de 24 anos dormiu pouco mais de cinco horas durante um período total de quase dez dias. "Ele acreditava que o sono era apenas um hábito e, portanto, poderia ser interrompido sem detrimento à saúde", diz a biomédica Deborah Suchecki, da Universidade Federal de São Paulo (Unifesp). A partir do quarto dia, o sujeito tornou-se cada vez mais confuso e irracional. Ele não lembrava mais onde estava, passou a apresentar delírios e ficou tão intratável que o projeto foi interrompido. Também, pudera, o tal jovem partiu de uma ideia errada. O sono é essencial para diversas atividades e funções orgânicas do nosso corpo. Tem papel fundamental, por exemplo, na capacidade de aprendizado e no processo de consolidação da memória."* MUNDO ESTRANHO. Quanto tempo uma pessoa pode ficar sem dormir? 19 ago. 2016, 17h23 – Publicado em 18 abr. 2011, 18h53. Disponível em: <https://mundoestranho.abril.com.br/saude/quanto-tempo-uma-pessoa-pode-ficar-sem-dormir/>. Acesso em: maio 2018.

convenção coletiva, ou ainda o acordo do hiperempregado com seu empregador); dentre outras hipóteses.

Todas as previsões legais afluem para um mesmo ponto em comum, o princípio da busca da verdade real (na medida do possível, e observada a significação processual do termo, conforme a explicação retro – mencionada pelos jusfilósofos), pois a utilização do Poder Judiciário deve ser permeada da boa-fé objetiva em todos os seus atos. Além disso, há alterações legislativas atuais que permitem a apresentação de defesa sem a presença da parte, mas apenas de seu advogado, em audiência, art. 844, § 5º conjugado com o parágrafo único do art. 847 do texto consolidado pós-reforma trabalhista, referem-se também à busca da verdade real, princípio e regra que incidem sobre a revelia, afastando a contumácia e seus efeitos, como se pode observar: "§ 5º. *Ainda que ausente o reclamado, presente o advogado na audiência, serão aceitos a contestação e os documentos eventualmente apresentados*" e "*Parágrafo único. A parte poderá apresentar defesa escrita pelo sistema de processo judicial eletrônico até a audiência*".

Em termos de processo eletrônico não é demais destacar que a apresentação efetiva da defesa pressupõe a inserção da peça e documentos no sistema de modo não sigiloso. A Resolução n. 185 do Conselho Nacional de Justiça, nos arts. 27 e 28 permite que os tribunais configurem peças para serem protocoladas inicialmente sob sigilo processual. O sigilo processual nesse caso não está vinculado ao conceito de sigilo legal, permitindo nos seguintes casos (art. 189 do CPC c.c art. 769 da CLT): I – em que o exija o interesse público ou social; II – que versem sobre casamento, separação de corpos, divórcio, separação, união estável, filiação, alimentos e guarda de crianças e adolescentes; III – em que constem dados protegidos pelo direito constitucional à intimidade; IV – que versem sobre arbitragem, inclusive sobre cumprimento de carta arbitral, desde que a confidencialidade estipulada na arbitragem seja comprovada perante o juízo.

Observe-se que o sigilo de defesa defendido dentro do Processo do Trabalho, quando os autos são eletrônicos, não se refere a nenhuma dessas hipóteses legais na maior parte dos casos, mas ao fato de que a defesa se apresenta em audiência e por isso a parte resguarda o direito de apresentá-la à outra apenas nesse momento. Essa é a razão do argumento apresentado nesse estudo para que a defesa que pode elidir a revelia, quando ausente a parte e seu advogado é aquela apresentada sem o sigilo, porque se a parte ou seu advogado não se apresentam em audiência para pedir a retirada do sigilo, não pode o juiz fazê-lo de ofício sob pena de violar a isonomia processual.

Outro ponto de conflito processual é o momento em que o juiz pode reconhecer a ausência do demandado. Em princípio a audiência é una – art. 847 da CLT. Porém, se há pluralidade de reclamados, em que um comparece, e os outros dois não, sendo que um desses tem citação válida e o outro não foi encontrado, tem-se que a citação válida e a ausência são os requisitos da revelia. Se não houver defesa eletrônica publicizada, sem o sigilo processual, haverá também a contumácia e o efeito da presunção de veracidade das narrativas do reclamante, elidida pelos casos supraexpostos. A audiência será adiada, para aproveitar o ato, o juiz tem a faculdade de tentar a conciliação e pode desde logo manifestar-se sobre a revelia, porque a partir de então, os atos processuais, salvo a sentença, correrão sem a necessidade de intimação (ou notificação) do réu revel.

A audiência adiada como una, regra geral trabalhista, ocorrerá e novas possibilidades se apresentarão quanto aos demandados. O revel pode comparecer e atuar no processo no estado em que se encontrar, inclusive apresentando a defesa, porque o prazo desta é de 20 minutos em audiência, elidindo a contumácia; o réu presente na audiência anterior, ciente, se presente pode ou não apresentar sua defesa, sendo essa uma faculdade, mas pode acontecer de agora esse réu faltar à audiência sem justo motivo e pela falta de defesa atrair a presunção relativa de veracidade dos fatos afirmados pelo autor, observadas as exceções legais (teoria da marcação reversível); e, citado o terceiro demandado, não encontrado anteriormente, este também pode se inserir em uma das possibilidades já descritas.

Após a tentativa de conciliação, se infrutífera, e o momento da defesa, as partes presentes, poderão apresentar suas provas. Observe-se que a defesa tem o condão de tornar controvertida a matéria, e apenas nesse caso, considerando-se o princípio da impugnação especificada que rege a defesa no Processo Civil e do Trabalho – diferentemente do Processo Penal que admite defesa por negativa geral, arts. 396 e 396-A do CPP (Precedente – STF HC n. 111.582 Paraná, Min. Relator: Luiz Fux, 1ª Turma – DJe 04.05.2012[36]). O Código de Processo Civil admite a exceção ao princípio da impugnação especificada apenas para o caso do defensor público, advogado dativo e curador especial, estando essa regra inserta no parágrafo único do art. 341. Por aplicação subsidiaria e compatibilidade essa regra do art. 341, parágrafo único, do CPC pode se inserir na

(36) BRASIL. SUPREMO TRIBUNAL FEDERAL. HC n. 111.582 Paraná, Min. Relator: Luiz Fux, 1ª Turma – DJe 04.05.2012. p. 1 A 17. Disponível em: <http://redir.stf.jus.br/paginadorpub/paginador.jsp?docTP=TP&docID=1962478>. Acesso em: maio 2018.

sistemática do Processo do Trabalho (art. 769 da CLT) a fim de colmatar a lacuna legislativa do texto celetista.

Dessa forma, observa-se que a teoria da marcação reversível dos efeitos da revelia, assim denominada porque a práxis trabalhista não distingue a revelia da contumácia, e nem mesmo a maior parte da doutrina processual do trabalho[37], atende ao princípio da busca da verdade real. Mas, ainda além da verdade real, a teoria da marcação reversível dos efeitos da revelia observa a lealdade e boa-fé processual permitindo a existência de um processo hígido que atende à eticidade necessária para a atuação do Estado, por meio do juiz, na solução dos conflitos sociais judicializados.

O processo enquanto meio de solução do litígio, utilizando a colaboração das partes para a construção de uma resposta mais efetiva, tem por base o devido processo legal e a segurança jurídica. Esses princípios dependem da atuação das partes com lealdade processual e boa-fé (dever de expor os fatos conforme a verdade, expresso tanto no art. 77, I, do CPC como no art. 793-B da CLT), porque a solução que compõe as partes e encerra o conflito não pode ser construída sob o manto da incerteza – o princípio da não surpresa está positivado expressamente no art. 10 do CPC – ou da improbidade, pois processo pressupõe segurança jurídica e tratamento das partes com isonomia e equidistância na aplicação da lei, sempre com o foco na lealdade, eticidade e boa-fé, sob pena de retorno à vingança privada.

1. REFERÊNCIAS BIBLIOGRÁFICAS

AMARAL, Francisco. *Direito civil*: introdução. 7. ed. rev., atual. e aum. Rio de Janeiro: Renovar, 2008.

BARROS, Marco Antônio de. *A busca da verdade no processo penal*. São Paulo: Revista dos Tribunais, 2002.

BENUCCI, Renato Luis. Os efeitos da revelia nos países da América Latina e nos países da *common law*. In: *Revista de Processo*. São Paulo: RT, 2002, v. 106, p. 165-177, abr./jun. 2002.

BRASIL. Presidência da República. *Decreto-Lei 1608, de 18 de setembro de 1939*. Disponível em: <http://www.planalto.gov.br/ccivil_03/decreto-lei/1937-1946/Del1608.htm>. Acesso em: set. 2017.

BRASIL. SUPREMO TRIBUNAL FEDERAL. HC n. 111.582 Paraná, Min. Relator: Luiz Fux, 1ª Turma – DJe 04.05.2012. P. 1 a 17. Disponível em: <http://redir.stf.jus.br/paginadorpub/paginador.jsp?docTP=TP&docID=1962478>. Acesso em: maio 2018.

BURGGER, S. I. Walter. *Dicionário de filosofia*. Barcelona: Herder, 1958, p. 484 *apud* BARROS, Marco Antônio de. *A busca da verdade no processo penal*. São Paulo: Revista dos Tribunais, 2002.

CHIOVENDA, Giuseppe. *Instituições de direito processual civil*. 2. ed. trad. Paolo Capitanio com notas de Enrico Tullio Liebman. Campinas: BookSeller, 1998. v. III.

Dicionário Universal. Disponível em: *<http://www.priberam.pt/dlpo/definir_resultados.aspx>*. Acesso em: 26 mar. 2007.

DINAMARCO, Cândido Ragel. Ônus de contestar e o efeito da revelia. In: *Revista de Processo*. São Paulo: Revista dos Tribunais, v. 41/1986, p. 185-197, jan./mar. 1986.

DINIZ, Maria Helena. *Dicionário jurídico*. 2. ed. São Paulo: Saraiva, 2005. v. II.

JAMES, William. *Pragmatism – the meaning of thruth*. Trad. Pablo Rúben Mariconda. São Paulo: Abril Cultural, 1974, v. 40, p. 23, 24 e 42 (Coleção: *Os Pensadores*), *apud* BARROS, Marco Antônio de. *A busca da verdade no processo penal*. São Paulo: Revista dos Tribunais, 2002.

KANT, Immanuel. Crítica da razão pura. In: série: *Os pensadores*, n. 12. Trad. Kritik der reinen Vernunft. São Paulo: Nova Cultural, 1996, 1ª seção.

LEITE, Gisele; HEUSELER, Denise. Análise sobre a revelia e seus efeitos. In: *Âmbito Jurídico*: processo civil. Disponível em: <http://www.ambito-juridico.com.br/site/index.php?n_link=revista_artigos_leitura&artigo_id=7502>. Acesso em: fev. 2018.

MALATESTA, Nicola Framarino Dei. *A lógica das provas em matéria criminal*. Trad. J. Alves de Sá. Lisboa: Livraria Clássica Editora de A. M. Teixeira & C.ta, 1911, v. I.

MIRANDA, Francisco Cavalcanti Pontes de. *Comentários ao Código de Processo Civil*. Tomo IV. Rio de Janeiro: Forense, 2002.

TEIXEIRA FILHO, Manoel Antonio. *Petição inicial e resposta do réu no processo do trabalho*. 2. ed. São Paulo: LTr, 2017.

MARCATO, Antonio Carlos. *Código de Processo Civil interpretado*. São Paulo: Atlas, 2008.

MUNDO ESTRANHO. Quanto tempo uma pessoa pode ficar sem dormir? 19 ago. 2016, 17h23 – Publicado em 18 abr. 2011, 18h53. Disponível em: <https://mundoestranho.abril.com.br/saude/quanto-tempo-uma-pessoa-pode-ficar-sem-dormir/>. Acesso em: maio 2018.

RUSSEL, Bertrand Arhur William. Philosophical essays: the monistic teory of thruth – on de natural thruth and falsehood. Trad. Pablo Rúben Mariconda. São Paulo: Abril Cultural, 1974, vol. 42, p. 165 (Coleção: *Os Pensadores*) *apud* BARROS, Marco Antônio de. *A busca da verdade no processo penal*. São Paulo: Revista dos Tribunais, 2002.

SILVA, Ovídio A. Batista. *Curso de processo civil*: processo de conhecimento. 5. ed. rev. atual. São Paulo: Revista dos Tribunais, 2000. v. 1.

TARUFFO, Michele. Consideraciones sobre prueba y verdad. Trad. Andréa Greppi. In: Derechos e Liberdades. *Revista del Instituto Bartolomé de las Casas*. Año VII, enero/deciembre, 2002, n. 11, p. 99-123.

(37) Por todos TEIXEIRA FILHO, Manoel Antonio. *Petição inicial e resposta do réu no processo do trabalho*. 2. ed. São Paulo: LTr, 2017. p. 335.

Audiência Trabalhista após a Lei n. 13.467

Jorge Cavalcanti Boucinhas Filho

Advogado. Professor da Fundação Getúlio Vargas e da Escola Superior de Advocacia da OAB-SP. Mestre e doutor em Direito do Trabalho pela Universidade de São Paulo – USP. Pós-doutor em Direito pela Université de Nantes, França. Titular da Cadeira n. 21 da Academia Brasileira de Direito do Trabalho. Conselheiro do Conselho Superior de Relações de Trabalho (CORT) da Federação das Indústrias do Estado de São Paulo (FIESP), do Conselho de Emprego e Relações de Trabalho (CERT) da FECOMERCIO – SP e do Conselho de Relações Trabalhistas (CRT) da Associação Comercial do Paraná (ACP).

1. INTRODUÇÃO

Se comparamos o processo do trabalho em primeiro grau a um romance, podemos afirmar que a petição inicial é o seu prólogo, a sentença o seu epílogo e a audiência o seu clímax, tamanha é a sua importância na resolução dos conflitos submetidos à Justiça do Trabalho.

É durante a audiência que o magistrado trabalhista se põe em contato com as partes e seus advogados. É lá que ele presencia as queixas geradas pelo conflito entre o capital e o trabalho. Com alguma frequência verá trabalhadores absolutamente hipossuficientes recorrerem à Justiça do Trabalho em busca da quitação de verbas alimentares das quais depende para o seu sustento e o de seus familiares. Se deparará também com bons empregadores respondendo a demandas injustas, motivadas por mágoas, ardil ou tentativas desesperadas de obter algum proveito econômico após o término do contrato de trabalho. É durante esse contato pessoal, que jamais poderá ser substituído por um texto em papel ou, mais recentemente, um texto digital, que a sensibilidade social do magistrado aflora.

Durante essa sessão jurídica solene tenta-se, inicialmente, encerrar o processo por meio de uma conciliação. A solução considerada ideal para pacificar uma relação baseada no inevitável conflito entre capital e trabalho. Muito antes de o processo comum voltar seus olhos para as soluções autocompositivas, reconhecendo a sua importância, bem antes de ser deflagrada a campanha "conciliar é legal", do Conselho Nacional de Justiça (CNJ), o processo do trabalho já tinha como um de seus alicerces o chamado princípio da conciliação.

Quando, entretanto, essa solução autocompositiva não é alcançada, é na audiência que a principal prova do processo do trabalho é colhida. O princípio da primazia da realidade, um dos reitores do direito do trabalho, estabelece que "entre lo que ocurre en la práctica y lo que surge de documentos o acuerdos, debe darse preferencia a lo primero, es decir, lo que sucede en el terreno de los hechos"(1). O princípio da veracidade, defendido por Mário Pasco Cosmópolis, "autoriza o julgador, desde que o considere necessário, a se sobrepor à negligência da própria parte para tomar a iniciativa de procurar, onde se encontre, a verdade real"(2). Ambos tornam a prova testemunhal de suma importância para o deslinde do processo do trabalho. Se em outros ramos do direito processual e em outras esferas do judiciário a prova testemunhal já foi alcunhada de "prostituta das provas", em razão da sua falibilidade, no direito processual do trabalho ela merece o título de imperatriz das provas, dada a sua preponderância sobre todas as demais.

Se a audiência é relevante para o processo do trabalho e de suma importância para a prestação jurisdicional é natural que também o seja para os advogados que militam perante a Justiça do Trabalho. A aplicação prática dos princípios da simplicidade e da informalidade muitas vezes tornam os magistrados trabalhistas mais tolerantes com pequenas inépcias e os levam a até mesmo adotar o princípio da ultrapetição, admitindo como implícitos pleitos não expressamente formulados. Por tudo isso, o grande palco dos melhores advogados trabalhistas é a sala de audiências, onde se relaciona com

(1) PLÁ RODRIGUEZ, Americo. *Los principios del Derecho del Trabajo*. 4. ed. Montevideo: Fundación de cultura universitária, 2015. p. 271.

(2) PASCO, Mario. *Fundamentos de direito processual do trabalho*. São Paulo: LTr, 1997.

o juiz, ouve a parte contrária e as testemunhas, e não a sala do escritório, onde redige peças narrando os fatos e desenvolvendo teses. Não se quer dizer com isso que o trabalho de elaboração de petições, defesas e recursos não tenha a sua importância. Tampouco se quer diminuir a relevância das sustentações orais feitas perante as cortes, atividade sempre revestida de considerável *glamour*. A assertiva de que a sala de audiência é o grande palco dos bons advogados trabalhistas baseia-se no fato de que a grande maioria das demandas que tramitam no Judiciário Trabalhista não são vencidas por quem redige melhor ou é capaz de desenvolver a melhor tese jurídica, mas por quem é capaz de extrair da parte contrária e das testemunhas as melhores informações para a solução da questão.

O bom advogado trabalhista compreende bem a distribuição do ônus da prova e os conceitos de prova e contraprova. É capaz de identificar situações em que, por mais paradoxal que possa parecer, vencerá o processo dispensando as testemunhas e não as ouvindo. É o que ocorre, por exemplo, quando a testemunha por ele conduzida é bastante convincente para provar determinada questão já confessada pela parte contrária e insegura ou contraditória quanto a outros pontos, levando o advogado a dispensá-la, pois já não é mais necessária para solucionar a primeira questão e pode atrapalhar mais do que ajudar a segunda.

A reforma trabalhista não alterou significativamente o rito das audiências trabalhistas. O número de testemunhas permanece o mesmo (seis para o inquérito judicial para apuração de falta grave, três para o rito ordinário e duas para o rito sumaríssimo). A dinâmica de produção das provas também. Mudou-se, porém, a representação das partes em audiência e o efeito da ausência das partes em audiência.

2. REPRESENTAÇÃO DAS PARTES EM AUDIÊNCIA

O ideal, naturalmente, seria que as partes sempre comparecessem pessoalmente à audiência. Além de um melhor conhecimento sobre os fatos, acredita-se que o comparecimento pessoal resulta em melhores resultados durante as tentativas de conciliação.

Imprevistos, contudo, podem ocorrer e resultar no não comparecimento de alguma das partas. Em relação ao reclamante, diante da impossibilidade de comparecimento pessoal do reclamante a legislação permite que ele se faça substituir por outro empregado da mesma categoria ou sindicato para impedir o arquivamento da ação.

No tocante ao reclamado, a legislação permitiu a sua representação por preposto que tenha conhecimento dos fatos. Conquanto a lei não tenha afirmado, em momento algum, a necessidade de o preposto ser empregado. Esse entendimento acabou consagrado pelos tribunais, sob a premissa de que o próprio epiteto preposto significa empregado.

Empresas maiores, que enfrentam número expressivo de ações trabalhistas na Justiça, instituíram núcleos de preposição, compostos por empregados treinados justamente para não confessar.

O rigor da interpretação jurisprudencial acabou flexibilizado pela via legislativa em 2006, quando a Lei Complementar expressamente admitiu que preposto de micro e pequena empresa fosse alguém com conhecimento dos fatos, ainda que não vinculado diretamente ao empregador.

A reforma trabalhista de 2018 estendeu esse permissivo a todas as empresas, independentemente de tamanho e poder aquisitivo. Doravante, qualquer empresa, independentemente de seu tamanho, poderá ser representada por contador, cliente, parente dos gestores, enfim, qualquer pessoa capaz que possa apresentar esclarecimentos quanto aos fatos.

Isso impactará inquestionavelmente a dinâmica de audiências conhecida até então. A medida possibilita, por exemplo, que a reclamada contrate empresa terceirizada, especializada em representação em audiência, para falar em seu nome durante o ato solene. Essa terceirizada irá, naturalmente, envidar todos os esforços para que seus empregados jamais confessem e envidem todos os esforços imagináveis e inimagináveis para bem defender os interesses de suas clientes. A utilidade do depoimento pessoal em audiência, como mecanismo para tentar obter confissão da parte contrária, restará sensivelmente reduzido, pelo menos no que diz respeito a esse tipo de ação.

3. DEFESA APRESENTADA ORALMENTE

Os redatores da Lei n. 13.467 poderiam ter acabado com a possibilidade de apresentação de defesa oralmente. Optou, contudo, por mantê-la como regra geral do ponto de vista normativo, muito embora seja uma hipótese absolutamente residual na prática, admitindo a apresentação de defesa eletrônica como exceção, não obstante seja ela a hipótese mais comum no dia a dia forense. Essa é a conclusão que se extrai da manutenção do art. 847 com a redação atribuída pela Lei n. 9.022 e com a inclusão de seu novo parágrafo único:

> Art. 847 – Não havendo acordo, o reclamado terá vinte minutos para aduzir sua defesa, após a leitura da reclamação, quando esta não for dispensada por ambas as partes.

Parágrafo único. A parte poderá apresentar defesa escrita pelo sistema de processo judicial eletrônico até a audiência.

Efeitos da ausência do reclamante em audiência

O novo texto da Consolidação das Leis do Trabalho estabelece algumas situações em que a ausência do reclamante (revelia) não resultará em confissão quanto a matéria de fato, a saber, quando havendo pluralidade de reclamados, algum deles contestar a ação; o litígio versar sobre direitos indisponíveis; a petição inicial não estiver acompanhada de instrumento que a lei considere indispensável à prova do ato; as alegações de fato formuladas pelo reclamante forem inverossímeis ou estiverem em contradição com prova constante dos autos. O recém inserido § 5º estabelece ainda que "Ainda que ausente o reclamado, presente o advogado na audiência, serão aceitos a contestação e os documentos eventualmente apresentados."

A tentativa do legislador, quanto a esse ponto, foi tentar estabelecer um pouco mais de eticidade na relação processual. Pelo regime anterior não raro se via situações em que, ciente da revelia da devedora principal e da existência de uma devedora subsidiária que não tinha elementos para elidir suas afirmações, o reclamante exagerava em seus pedidos, contando já com a confissão quanto a matéria de fato. O novo texto legal esclarece que o juiz deverá perquirir a verdade real, mesmo quando uma das partes for revel. Como bem salienta Lorena de Mello Rezende Colnago, a chamada teoria da marcação reversível dos efeitos da revelia, "observa a lealdade e a boa-fé processual permitindo a existência de um processo hígido que atende à eticidade necessária para a atuação do Estado, por meio do juiz, na solução dos conflitos sociais judicializados".[(3)]

4. PEREMPÇÃO

A perempção, na forma do CPC de 1973, correspondia à perda do direito de ação por não haver o autor comprovado o depósito das custas e honorários advocatícios da ação ajuizada anteriormente ou por haver dado causa, por três vezes, à extinção do processo por abandonar a causa por mais de 30 (trinta) dias, não promovendo os atos e diligências que lhe competiam.

Perempta a ação civil o autor não poderá ajuizar a mesma ação, reconvir com fundamento idêntico ao da demanda perempta, apresentar pedido em contestação de ação dúplice. Poderá, entretanto, defender-se em outro feito alegando o direito material vez que a perempção não atinge este, mas apenas a possibilidade de perquiri-lo em juízo.

Há muito prevalece na jurisprudência o entendimento de que a perempção prevista no Código de Processo Civil não seria aplicável ao processo do trabalho por criar óbice para que o empregado, presumivelmente hipossuficiente, tivesse acesso à jurisdição. Há, entretanto, uma hipótese na CLT, desde a sua redação original, que vem sendo tratada pela doutrina como perempção trabalhista que, a despeito de algumas alegações de inconstitucionalidade, é regularmente aplicada pela jurisprudência. Trata-se da hipótese do art. 732 da Consolidação das Leis do Trabalho que estatui que aquele que por 2 (duas) vezes seguidas der causa ao arquivamento da reclamação perderá, pelo prazo de 6 (seis) meses, o direito de reclamar perante a Justiça do Trabalho.

A Lei n. 13.467 inovou quanto a este tema acrescentando dois parágrafos ao art. 844 da CLT, por meio do qual impôs ao reclamante que não comparece à audiência e não justifica a sua ausência, o pagamento das custas da primeira ação, como condição processual para propor a segunda:

> Art. 844. (...)
>
> § 2º Na hipótese de ausência do reclamante, este será condenado ao pagamento das custas calculadas na forma do art. 789 desta Consolidação, ainda que beneficiário da justiça gratuita, salvo se comprovar, no prazo de quinze dias, que a ausência ocorreu por motivo legalmente justificável.
>
> § 3º O pagamento das custas a que se refere o § 2º é condição para a propositura de nova demanda.

A forma de compatibilizar os dois institutos é aplicar a regra do art. 732, § 2º da CLT, quando o empregado justificar a ausência e a do § 2º do 844 da CLT quando ele não a justificar.

5. POSSIBILIDADE DE ADIAMENTO DA AUDIÊNCIA POR MOTIVO RELEVANTE

A Lei n. 13.467 inseriu um § 1º no art. 844 da Consolidação das Leis do Trabalho estatuindo que em caso de motivo relevante "poderá o juiz suspender o julgamento, designando nova audiência". O legislador flexibilizou, assim, o rigor na determinação geral de

---

(3) COLNAGO, Lorena de Mello Rezende. Teoria da marcação reversível dos efeitos da revelia no processo do trabalho. *Revista LTr*, v. 82, n. 06, junho de 2018. p. 667.

que as audiências deveriam ser unas, algo que a praxe forense há muito já havia feito.

A regra em questão é de pouca utilidade prática. Como presidente do processo, o magistrado sempre desfrutou da prerrogativa de suspender a audiência quando lhe parecesse essencial. E numa sistemática de pautas longas de audiência, marcadas com intervalos absolutamente exíguos entre elas, é razoável que seja assim. A programação da pauta usualmente é feita as cegas, sem prévio conhecimento da complexidade que cada demanda apresenta. É feita também pressupondo que algumas das primeiras audiências resultaram em acordos ou arquivamento o que findaria por compensar eventual demora nas posteriores. É natural que em alguns dias a previsão não se confirme e as últimas audiências acabem sendo apregoadas tão tarde, que o adiamento seja inevitável.

Isso para citar apenas uma das hipóteses que poderiam se encaixar no conceito de motivo relevante para adiamento da audiência. Problemas de saúde do magistrado ou de quaisquer das partes ou de seus advogados igualmente justificaria a medida. Além de um infindável rol de situações que aqui não se poderia antever de forma exaustiva.

É natural que se receie o uso abuso do permissivo legal. Afinal, como em qualquer categoria, em qualquer área da atividade humana, na magistratura há bons e maus profissionais. É preciso, por essa razão, um olhar bastante criterioso e rígido das corregedorias para os adiamentos. É importante que o preceito legal seja utilizado para adiar audiências quando for necessário e não quando ele for apenas conveniente. Evitar-se-á, com isso, que interesses particulares se sobreponham ao interesse público que é a adequada prestação jurisdicional.

6. CONSIDERAÇÕES FINAIS

Diante do exposto é forçoso concluir que as mudanças implementadas pela Lei n. 13.467 no regramento das audiências foi bastante discreta e não terá o condão de modificar o protagonismo da sessão solene no rito do processo do trabalho. Eventuais abusos que a nova forma de discussão da incompetência territorial e a previsão expressa de possibilidade de suspensão de audiências deveriam ser coibidas pelas autoridades competentes, o juiz condutor do processo e as corregedorias, respectivamente, que deverão estar bastante atentos para essas possibilidades.

O Arbitramento Judicial da Indenização por Danos Morais Segundo as Novas Regras da Lei n. 13.467/2017

SANDRO ANTONIO DOS SANTOS

Especialista em Direito e Processo do Trabalho. Juiz do Trabalho do Tribunal Regional do Trabalho da 9ª Região.

1. INTRODUÇÃO

A Lei n. 13.467/2017, chamada "Reforma Trabalhista", inseriu o Título II-A na Consolidação das Leis do Trabalho. Esse novo título estabelece normas que regem o chamado "Dano Extrapatrimonial", pelos arts. 223-A a 223-G.

Trata-se da regulação mais específica já conferida pelo legislador ao instituto da responsabilidade civil por danos imateriais no panorama jurídico brasileiro. De fato, até então o legislador pátrio não tinha tratado do tema com tantos detalhes. Do Decreto-lei n. 2.681, de 1912, citado por Melo[(1)] como o marco legal histórico brasileiro da indenização por danos morais[(2)], até o Código Civil de 2002 (com seu capítulo específico a tratar dos "direitos da personalidade" (Livro I, Título I, capítulo II) e mais estipulações entre os arts. 186 e 187 e 944 a 946), várias normas trataram, implícita ou explicitamente da indenização por danos morais, mas não de modo tão específico.

No Código Civil de 1916, as referências à indenização por danos morais eram implícitas. Cita-se, por exemplo, o direito a dote à mulher solteira ou viúva em condições de se casar, em caso de ferimento que causasse "deformidade", nos termos do art. 1.538, § 2º, evidentemente um tipo de indenização por dano estético, espécie de dano imaterial. Também previsões de indenizações em caso de ofensa à honra e à liberdade pessoal, bem como a indenização por violência sexual ou ultraje ao pudor, no art. 1.549.

A Lei n. 4.117/62 (Código Brasileiro de Telecomunicações), no art. 81, previu a possibilidade de ação cível por danos morais, em caso de ofensas à honra irrogadas por meio de radiodifusão, e foi a primeira a estabelecer parâmetros para o arbitramento judicial da indenização, no art. 84, mas de modo mais simples, contudo, do que agora fez o legislador da "Reforma". Tais disposições foram revogadas pelo Decreto-lei n. 236, de 1967, pois meses antes o tema passou a ser tratado, com maior alcance subjetivo, na Lei n. 5.250/67 (Lei de Imprensa), nos arts. 49 e 53. Também a Lei n. 5.988/73 (Lei dos Direitos Autorais) previu o direito a danos morais, estabelecendo, no art. 28, sua natureza inalienável e irrenunciável, e, no art. 126, de modo lacônico, a possibilidade de indenização.

Não obstante tais referências normativas, no período anterior à CRFB de 1988 a jurisprudência mantinha-se majoritariamente contrária à indenização do dano moral "puro" (ou seja, independentemente de um dano de ordem material). A ideia principal era que a indenização "da dor" seria imoral, pois isso significaria colocar "preço" no sentimento. Crescia, contudo, o acolhimento jurisprudencial da tese de que a impossibilidade de "liquidação" do dano não importava

(1) MELO, Nehemias Domingos de. *Dano moral trabalhista: doutrina e jurisprudência*. São Paulo: Atlas, 2007. p. 8.

(2) Esse decreto versava sobre a responsabilidade civil no transporte ferroviário, e no art. 21 dispunha: "no caso de lesão corpórea ou deformante, à vista da natureza da mesma e de outras circunstâncias, especialmente a invalidez para o trabalho ou profissão habitual, além das despesas com tratamento, e os lucros cessantes, deverá pelo juiz ser arbitrada uma indenização conveniente". Essa indenização "conveniente" a ser arbitrada judicialmente referia-se evidentemente ao dano imaterial, especificamente, à imagem da vítima das lesões.

necessariamente a impossibilidade de indenização pelas ofensas a direitos imateriais. O advento da nova ordem constitucional resolveu de vez o debate, ao prever a plena possibilidade de indenização dos chamados "danos morais", no art. 5º, V e X, da CRFB. A partir de então, vários novos textos normativos passaram a se referir aos danos morais, especificando-os em diplomas legais criados para proteção de grupos sociais específicos (Estatuto da Criança e do Adolescente, Código de Defesa do Consumidor, Estatuto do Idoso etc.).

No que concerne aos **critérios** para arbitramento dos danos morais, contudo, a legislação permaneceu conferindo **poucas balizas**, o que permitiu o desenvolvimento de diretrizes quase exclusivamente doutrinárias e jurisprudenciais sobre a matéria. E assim permaneceu por décadas até o advento da Lei n. 13.467/2017.

Com a "Reforma Trabalhista", o tema do arbitramento da indenização por danos imateriais recebeu a disciplina que lhe faltava, e já não era sem tempo. Embora a doutrina e jurisprudência tivessem pacificado certos critérios a serem sopesados pelo juiz na fixação da indenização por danos morais, divergiam quanto a outros. O legislador buscou, na ciência e nas práxis jurídicas, identificar os principais critérios defendidos, conferindo-lhes a força cogente que somente a normatização estatal pode impor. Tais estipulações são, obviamente, de grande importância ao magistrado no momento do julgamento, mas também são importantes para as partes, pois auxiliam na formulação dos fundamentos para pedidos e defesas e na identificação dos pontos sobre os quais devem buscar a produção de prova.

Vale salientar que o novo Título II-A contém tanto dispositivos de natureza material quanto dispositivos de natureza processual. De fato, as normas que traduzem o direito à indenização, a independência do dano moral em relação ao material, os bens jurídicos tuteláveis, a responsabilidade dos ofensores, são normas de direito material, regulando os direitos subjetivos entre os sujeitos de direito; as que vinculam, contudo, a atuação do juiz, limitando sua discricionariedade e pautando o procedimento de subsunção das normas ao caso concreto são evidentemente normas processuais, e, como tais, poderiam e podem ser aplicadas em todos os julgamentos de pedidos de indenização por danos morais que ocorreram e ocorrerão a contar da vigência da norma, 11 de novembro de 2017, independentemente da data dos fatos apurados, pois em relação às normas de direito processual vigora o princípio do *tempus regit actus*: aplica-se a norma processual vigente ao momento do ato processual, e o julgamento é um ato processual por excelência.

2. PARÂMETROS PARA ARBITRAMENTO DA INDENIZAÇÃO POR DANOS MORAIS ANTERIORES À LEI N. 13.467/2017

O procedimento de **arbitramento judicial** da indenização por danos morais faz parte da tradição jurídica brasileira. O Decreto-lei n. 2.681, de 1912, no art. 21, já falava em "*deverá pelo juiz ser arbitrada uma indenização conveniente*". O Código Civil de 1916, no contexto de disposições sobre indenizações de atos ilícitos, referiu-se explicitamente ao arbitramento (arts. 1.549: "*Nos demais crimes de violência sexual, ou ultraje ao pudor, arbitrar-se-á judicialmente a indenização*" e 1.553: "*Nos casos não previstos neste capítulo, se fixará por arbitramento a indenização*"), sendo certo, contudo, que não foi estipulado qualquer outro modo para fixação de valor indenizatório para quaisquer outras hipóteses.

O art. 84 da Lei n. 4.117/62 dispunha que "*Na estimação do dano moral, o Juiz terá em conta, notadamente, a posição social ou política do ofendido, a situação econômica do ofensor, a intensidade do ânimo de ofender, a gravidade e repercussão da ofensa*". Tratando-se de norma que regia os danos morais por ofensa à honra, praticados por meio de radiodifusão, colocava como parâmetros de estimativa: a) aspectos pessoais da vítima (sua posição pessoal ou política como medida do quanto à ofensa, pois supunha que quanto mais reconhecida, política ou socialmente, a vítima, mais grave seria a ofensa e, por consequência, maior deverá ser a indenização); b) aspectos econômicos do ofensor (para atender à finalidade coercitiva da indenização); c) o grau de culpabilidade do ofensor (também para que a indenização correspondesse à sua finalidade repressiva); d) a gravidade da ofensa (que poderia ser avaliada pela ofensa em si, ou pelos resultados que dela poderiam decorrer); e e) a repercussão da ofensa (maior ou menor publicidade ou importância social dada à afirmação ofensiva). No § 1º, estabelecia que a indenização não poderia ser inferior a cinco, nem superior a cem salários mínimos, e, no § 2º, que a indenização seria elevada ao seu dobro quando comprovada a reincidência do ofensor em ilícitos contra a honra (independentemente de ter sido contra a mesma vítima). Acrescia, no § 3º, que a dobra também ocorreria se o ilícito contra a honra fosse praticado "no interesse de grupos econômicos" ou "visando a objetivos antinacionais". Por fim, estipulava que a retratação do ofensor não excluiria a responsabilidade pela reparação, mas incidiria como atenuante "da pena de reparação" (art. 85 e seu parágrafo único), deixando claro que a indenização deveria ter caráter penalizante. Tal lei foi revogada pelo Decreto-lei n. 236, de 28.02.1967, mas permaneceu como **marco histórico da**

estipulação de balizas para arbitramento da indenização por danos morais.

A Lei n. 5.250/67, chamada Lei de Imprensa, e que sucedeu a Lei n. 4.117/62 no trato da matéria, previa, no art. 53: "*No arbitramento da indenização em reparação do dano moral, o juiz terá em conta, notadamente: I – a intensidade do sofrimento do ofendido, a gravidade, a natureza e repercussão da ofensa e a posição social e política do ofendido; II – A intensidade do dolo ou o grau da culpa do responsável, sua situação econômica e sua condenação anterior em ação criminal ou cível fundada em abuso no exercício da liberdade de manifestação do pensamento e informação; III – a retratação espontânea e cabal, antes da propositura da ação penal ou cível, a publicação ou transmissão da resposta ou pedido de retificação, nos prazos previstos na lei e independentemente de intervenção judicial, e a extensão da reparação por esse meio obtida pelo ofendido*". Percebe-se que as diretrizes da nova normativa não variaram muito do que disposto anteriormente na Lei n. 4.117/62.

Ocorre que, nos arts. 51 e 52, a Lei de Imprensa previa a muito criticada, doutrinária e jurisprudencialmente, "**tarifação**" dos danos morais(3), que, com o advento da CRFB de 1988, passou a ser considerada inconstitucional, dada a amplitude do direito à indenização, decorrente de seu reconhecimento constitucional, inclusive como cláusula pétrea. Nas palavras do Ministro Joaquim Barbosa: "*A Constituição de 1988 emprestou à reparação decorrente do dano moral tratamento especial – CF, art. 5º, V e X – desejando que a indenização decorrente desse dano fosse a mais ampla. Posta a questão nesses termos, não seria possível sujeitá-la aos limites estreitos da lei de imprensa. Se o fizéssemos, estaríamos interpretando a Constituição no rumo da lei ordinária, quando é de sabença comum que as leis devem ser interpretadas no rumo da Constituição*" (RE 315297, julgado em 20.06.2005, publicado em DJ 10.08.2005 PP-00087).

A crítica, importante observar, permaneceu específica **quanto à tarifação, não se estendendo ao elenco de critérios para arbitramento da indenização**, que permaneceram vigorando sem maiores questionamentos. Enfim, por meio da ADPF n. 130, o Pleno do Supremo Tribunal Federal declarou inconstitucional, em bloco, a Lei de Imprensa, em julgamento ocorrido no dia 30.04.2009, de modo que, a partir de então, os critérios para aferição da indenização, até então previstos na referida lei, saíram do plano da coercibilidade jurídica para adentrarem ao plano histórico: servem agora para avaliação da evolução legislativa no trato da matéria e verificação de que a **eleição de critérios** para arbitramento do dano moral, em si, não foi, enquanto vigente, alvo de declaração de inconstitucionalidade, ao contrário do que ocorreu com **fixação de limites** aos valores indenizatórios, essa sim especificamente apreciada e considerada inconstitucional pelo Supremo Tribunal Federal.

O Código Civil de 2002, muito influenciado pelo "princípio da operabilidade" (segundo o qual a adoção de cláusulas mais genéricas, abertas, permite uma maior operabilidade ao aplicador do direito e mais estabilidade a um código do que a rigidez das estipulações muito detalhistas), por sua vez, não elencou critérios para o arbitramento da indenização por danos morais. Sobre o *quantum* indenizatório, disse apenas que:

a) deve ser avaliado "*pela extensão do dano*" (art. 944), deixando à doutrina e à jurisprudência a interpretação de como seria medida essa extensão (se pela gravidade, se pelo tempo de repercussão, se pela natureza do direito atingido etc.);
b) pode ser reduzido "*equitativamente*", em caso de "*excessiva desproporção entre a gravidade da culpa e o dano*" (art. 944, parágrafo único);
c) deve levar em conta eventual concurso culposo da vítima para o evento danoso (art. 945);
d) deve ser fixada "*equitativamente*" e "*na conformidade das circunstâncias do caso*", nos casos de injúria, difamação, calúnia ou ofensas à liberdade pessoal, quando não puder ser estimado o dano material sofrido pelo ofendido (arts. 953, parágrafo único, e 954).

No mais, dispôs o Código Civil de 2002, no art. 946: "*Se a obrigação for indeterminada, e não houver*

(3) Dispunha a Lei de Imprensa: "Art. 51. A responsabilidade civil do jornalista profissional que concorre para o dano por negligência, imperícia ou imprudência, é limitada, em cada escrito, transmissão ou notícia: I – a 2 salários mínimos da região, no caso de publicação ou transmissão de notícia falsa, ou divulgação de fato verdadeiro truncado ou deturpado (art. 16, ns. II e IV); II – a cinco salários mínimos da região, nos casos de publicação ou transmissão que ofenda a dignidade ou decoro de alguém; III – a 10 salários mínimos da região, nos casos de imputação de fato ofensivo à reputação de alguém; IV – a 20 salários mínimos da região, nos casos de falsa imputação de crime a alguém, ou de imputação de crime verdadeiro, nos casos em que a lei não admite a exceção da verdade (art. 49, § 1º). [...]. Art. 52. A responsabilidade civil da empresa que explora o meio de informação ou divulgação é limitada a dez vezes as importâncias referidas no artigo anterior, se resulta de ato culposo de algumas das pessoas referidas no art. 50.".

na lei ou no contrato disposição fixando a indenização devida pelo inadimplente, apurar-se-á o valor das perdas e danos na forma que a lei processual determinar". Como a obrigação de indenização por danos morais é indeterminada e não está fixada exatamente na lei, nem costuma ser fixada contratualmente, a legislação civil remete o trato da matéria ao disposto na lei processual, e essa dispunha, na vigência do CPC de 1973 (art. 475-C, II), e agora dispõe, no art. 509, I, do CPC de 2015, que haverá **arbitramento judicial** quando a natureza do objeto da liquidação o exigir (ressalva-se apenas que esse arbitramento ocorre, na maioria quase totalitária dos casos de indenização por danos morais, na própria sentença, e não em procedimento futuro de liquidação).

Ressalta-se, principalmente pelo duplo uso do termo "equitativamente", como o novo Código Civil optou pelo uso de conceitos jurídicos abertos, os quais conferem maior liberdade interpretativa ao aplicador do Direito. Tal abertura interpretativa, aliada ao desuso e posterior declaração de inconstitucionalidade da Lei de Imprensa, fez com que o tema dos critérios para fixação da indenização por danos imateriais continuasse sob construção apenas doutrinária e jurisprudencial até a Lei n. 13.467/2017.

3. RELEVÂNCIA E PERTINÊNCIA CONSTITUCIONAL DOS NOVOS PARÂMETROS CELETISTAS PARA O ARBITRAMENTO DA INDENIZAÇÃO POR DANOS MORAIS

Como visto, o modo por excelência, adotado pelo ordenamento jurídico pátrio para a fixação da indenização por danos morais, sempre foi o do arbitramento judicial, e assim permanece na normatividade em vigor (art. 946 do CC de 2002, c/c o art. 509, I, do CPC). Sobre isso não há polêmicas jurisprudenciais e doutrinárias, posto que o arbitramento decorre da longa tradição normativa a respeito, já referida anteriormente.

Cabe discorrer, contudo, sobre a possibilidade constitucional de esse arbitramento ser regulado normativamente.

Arbitrar, segundo o Dicionário Houaiss, significa "*servir de* árbitro, *opinar; decidir seguindo a própria consciência; decidir ou julgar na qualidade de* árbitro; *estabelecer, prescrever*". É inegável, até pela etimologia, que tal procedimento carrega muito de ***arbítrio*** – "*decisão dependente apenas da vontade; alvedrio; vontade própria e independente*", e a história, especialmente a política, ensina dolorosamente que quanto mais arbítrio é outorgado a alguém, maior é o risco de que esse alguém cometa um ato ***arbitrário*** – "*que não segue regras ou normas; que não tem fundamento lógico; que apenas depende da vontade ou arbítrio daquele que age*", podendo chegar a ser "*absolutista, autocrático, autoritário, cesarista, cesarístico, despótico, discricionário, ditatorial, dominador, dominativo, opressivo, opressor, prepotente, tirânico*"(4).

Ora, o **constitucionalismo** é um processo histórico que nasceu e se desenvolveu exatamente para limitar o Estado "Leviatã", buscando evitar o risco de que o *arbítrio* dos agentes políticos e/ou judiciais pudesse se transformar em *arbitrariedade*.

Especificamente no terreno nacional e judiciário, o quadro constitucional apresenta-se **receptivo** à estipulação normativa de critérios para os arbitramentos judiciais. O art. 93, IX, da CRFB, prevê a necessidade de fundamentação de todas as decisões dos órgãos do Poder Judiciário, como requisito de validade dessas manifestações de Poder Estatal. Em outras palavras: o Poder Judiciário detém o poder jurisdicional, de "dizer" o direito, mas ao fazê-lo deve apontar as razões utilizadas para as conclusões emanadas. Por que razão para os arbitramentos judiciais haveria de ser diferente? Certamente, mesmo antes da vigência da Lei n. 13.467/2017 os magistrados já deveriam expor as razões pelas quais fixaram uma indenização em patamar "x" ou "y", por imediata incidência do dever constitucional de fundamentação.

Nesse contexto, ainda que seja inconteste quanto a ser o arbitramento judicial o meio mais adequado à fixação da indenização por dano moral, diante da própria natureza imaterial desse tipo de dano, não se verifica razão alguma pela qual não seria pertinente e legítima a normatização estatal a respeito. Há interesse público e constitucional no trato da matéria, e o Poder Legislativo é formado por agentes eleitos pelo povo exatamente para formularem normas que regulem a vida em sociedade e a relação das pessoas com o Estado.

O próprio aperfeiçoamento das instituições inerentes à noção de "Estado Democrático de Direito" impõe o constante aumento de disciplinas legais que limitem o arbítrio por meio de normas gerais e abstratas, que garantam maior transparência nos processos

(4) HOUAISS, Antônio; VILLAR, Mauro de Salles. *Dicionário Houaiss de língua portuguesa*, elaborado pelo Instituto Antônio Houaiss de Lexicografia e Banco de Dados da Língua Portuguesa S/C Ltda. Rio de Janeiro: Objetiva, 2009. Verbetes "arbitrar", "arbitrário" e "arbítrio".

decisórios e igualdade de tratamento pelo Estado. E isso não pode ser considerado uma "redução" ou "limitação" na liberdade decisória dos juízes, primeiro porque a atuação da magistratura deve acompanhar esse aperfeiçoamento das instituições democráticas, segundo porque a outorga de parâmetros avaliativos aos juízes confere-lhes mais segurança e tranquilidade decisória, afinal, critérios legais oferecem, em geral, possibilidade de fundamentação mais prática e objetiva, em comparação com o que ocorre quando o plano jurídico para trato de uma matéria é lacunoso e há maior necessidade de recurso à doutrina e à jurisprudência, em geral sujeitos a maior controvérsia (e críticas ao chamado "ativismo judicial").

Analogicamente, imagine-se como seria insegura a fixação de uma sanção penal sem os parâmetros de dosimetria atualmente oferecidos pelo Código Penal.

Ademais, a estipulação legal dos critérios para fixação da indenização por danos morais também é importante para as partes envolvidas no litígio. Tais critérios podem ser utilizados:

a) pela parte autora, na formulação da causa de pedir dos pleitos indenizatórios por danos imateriais, bem como na estimativa que deve fazer, diante da novel imposição de indicação do valor do pedido na petição inicial trabalhista (art. 840, § 1º, da CLT);
b) pela parte ré, na contestação dos fundamentos utilizados pela parte autora como justificativa para o montante pretendido a título indenizatório; e
c) por ambas as partes, como guia para o cumprimento de seus ônus probatórios, pois os critérios podem constituir matérias sobre as quais podem produzir ou requerer a produção de provas.

Em item próprio, será discutida a constitucionalidade dos <u>patamares indenizatórios</u> fixados nos §§ 1º a 3º do art. 223-G da CLT. A pertinência e validade normativa, contudo, dos <u>critérios</u> a serem levados em conta pelo juiz do arbitramento da indenização, relacionados nos incisos I a XII, ligados ao *caput* do art. 223-G da CLT, não é contaminada pelas críticas que podem ser feitas aos parágrafos. Como dito acima, a estipulação dos critérios atende ao imperativo constitucional de transparência da fundamentação decisória e possui relevância processual, permitindo melhor defesa dos direitos em Juízo, no que, inclusive, caminha ao encontro dos preceitos constitucionais relacionados à ampla defesa, ao acesso à justiça e ao devido processo legal.

4. CABIMENTO DA CONJUGAÇÃO DOS CRITÉRIOS NORMATIZADOS PELA LEI N. 13.467/17 PARA ARBITRAMENTO DA INDENIZAÇÃO POR DANOS MORAIS, COM AS PREVISÕES CONSTANTES NO CÓDIGO CIVIL

Não obstante a pertinência da normatização da matéria, é de se notar, contudo, que o legislador "reformista" foi *além*: no afã de produzir normas que esgotassem a matéria, estatuiu, no art. 223-A, que "*apenas*" os dispositivos previstos no Título II-A da CLT seriam aplicados à reparação de danos extrapatrimonais decorrentes da relação de trabalho.

Tal previsão ignorou a chamada Teoria do Diálogo das Fontes, muito defendida na última década no Direito Privado brasileiro. Aliás, o recurso a tal teoria seria mesmo despiciente: nem o legislador pode ignorar que o Direito é sistema, e a interpretação sistemática de todas as normas que versam sobre um instituto jurídico é procedimento inerente à própria função exegética de seu aplicador, não podendo ser ignorada, muito menos cerceada, como método hermenêutico.

Ademais, impossível deixar de considerar o microcosmo da indenização por danos morais trabalhistas como integrante do sistema mais abrangente da responsabilidade civil por danos morais, sistema esse que possui em seu ápice as disposições constitucionais (princípio da hierarquia normativa), e em seu âmbito as normas gerais civilistas sobre a responsabilidade civil e suas previsões indenizatórias.

Vale salientar que o mesmo legislador que estatuiu serem aplicáveis "*apenas*" os dispositivos previstos no Título II-A da CLT à reparação de danos extrapatrimonais decorrentes da relação de trabalho, também alterou o **art. 8º da CLT**. O parágrafo único desse artigo, que antes dispunha que "*o direito comum será fonte subsidiária do direito do trabalho, <u>naquilo em que não for incompatível</u> com os princípios fundamentais deste*", foi transformado em § 1º com a seguinte redação: "*o direito comum será fonte subsidiária do direito do trabalho*", sem a ressalva principiológica antes existente. Ou seja, a Lei da Reforma Trabalhista **ampliou**, na nova redação do art. 8º, § 1º, a possibilidade de aplicação subsidiária do "direito comum" (no qual se inclui o Direito Civil) ao Direito do Trabalho. Isso impõe que um "ajuste interpretativo" ao advérbio "apenas", do art. 223-A da CLT, para que seja compreendido mais como termo **estabelecedor de hierarquia** (determinando a aplicação **prioritária** de tal capítulo, na seara trabalhista, antes de qualquer outra disposição em outras leis de igual hierarquia), do que *excludente* de qualquer outro tipo de norma inerente ao instituto.

Nesse contexto, possível também interpretar que, em função do disposto no **art. 944** do CC (indenização medida "*pela extensão do dano*"), devem ser **preponderantes** na análise a ser feita pelo juiz, dentre os critérios do art. 223-G da CLT, aqueles que se relacionem com a dimensão do dano em si (em função da natureza do bem ofendido, sua repercussão temporal e alcance subjetivo etc.), ao invés daqueles que não têm a ver diretamente com o resultado que o ato ilícito implicou à vítima (como a situação econômica das partes envolvidas). Do contrário, invertendo-se essa lógica, uma indenização devida por uma empresa multinacional poderia chegar a ser excessivamente alta, mesmo tendo o ato praticado gerado dano de pequena monta. Ora, mediante o diálogo das disposições celetistas com as civilistas, inegável que critérios que não tenham relação direta com a extensão do dano não devem receber o mesmo peso daqueles que com o dano se relacionem diretamente, pois não é da tradição jurídica brasileira a imposição de indenizações civis com caráter mais punitivo do que lenitivo. Aliás, causam espanto notícias de julgamentos civis que invertem essa ordem, aumentando excessivamente indenizações por infrações pequenas, e chegam a conferir a sensação de que a até então vítima teve "sorte" em sofrer o dano. Tudo o que a vítima recebe além do necessário para servir de lenitivo ao dano sofrido, poderia até ser considerado ganho sem causa, e todo ganho sem causa sempre foi compreendido como antijurídico (a *vedação do enriquecimento sem causa* é um princípio geral de direito, e é prescrito como fato criador da obrigação de restituição no art. 884 do Código Civil).

Outra repercussão decorrente do diálogo entre as normas civilistas e trabalhistas quanto ao arbitramento da indenização por danos morais é a possibilidade de redução equitativa do montante indenizatório, quando houver "*excessiva desproporção entre a gravidade da culpa e o dano*" (art. 944, parágrafo único). Trata-se de importante restrição ao Princípio da Restituição Integral (*restitutio in integrum*). Aqui, o legislador buscou ser sensível aos casos em que um ato cometido com culpa leve gerou, em determinada situação, danos gravíssimos. Na seara trabalhista, tal exceção tem sido utilizada para reduzir indenizações quando verificado que o alcance do dano sofrido pelo empregado não decorre tão somente de atos culposos do empregador, havendo conjugação de fatores não relacionados ao trabalho (as chamadas "concausas"); também tem sido utilizada para amenizar as drásticas consequências da aplicação da teoria da responsabilidade objetiva, ou seja, quando se reconhece a responsabilidade da empresa pelos graves danos sofridos pelo trabalhador, mas essa responsabilidade é sopesada pela ausência de culpabilidade da empresa. Vale citar os seguintes julgados, a título exemplificativo:

> **AGRAVO DE INSTRUMENTO EM RECURSO DE REVISTA – RECURSO DE REVISTA INTERPOSTO SOB A ÉGIDE DA LEI N. 13.015/2014 – ACIDENTE DE TRABALHO. RESPONSABILIDADE CIVIL OBJETIVA. ATIVIDADE DE RISCO. DESOSSA DE CARNE.** É incabível recurso de revista para o reexame de fatos e provas, nos termos da Súmula n. 126 do TST. Agravo de instrumento conhecido e não provido, no tema. ACIDENTE DE TRABALHO. INDENIZAÇÃO POR DANOS MORAIS. VALOR ARBITRADO. Constatada possível afronta ao art. 944 do Código Civil, merece provimento o agravo de instrumento para determinar o processamento do recurso de revista. Agravo de instrumento conhecido e provido, no tema. [...] ACIDENTE DE TRABALHO. INDENIZAÇÃO POR DANOS MORAIS. VALOR ARBITRADO. Nos termos dos artigos 5º, V, da Constituição da República e 944 do Código Civil, a indenização deve ser proporcional à extensão do dano. Por sua vez, o parágrafo único desse último dispositivo estabelece que, se houver excessiva desproporção entre a gravidade da culpa e o dano, o julgador poderá reduzir, equitativamente, a indenização. Assim, a recomposição pretendida deve ser fixada com fins pedagógicos e compensatórios no intuito de evitar a repetição do ato lesivo e assegurar ao ofendido a justa reparação pelos danos sofridos, sem, no entanto, proporcionar enriquecimento sem causa. No caso, apesar de o acidente que o empregado sofreu ter resultado na incapacidade total e permanente para o desempenho da função para a qual foi contratado, o montante arbitrado à indenização por danos morais afigura-se excessivo. Assim, reduz-se o valor da indenização para o montante de R$ 100.000,00. Recurso de revista conhecido e provido. (ARR – 2688-06.2013.5.15.0011, Relator Ministro: Márcio Eurico Vitral Amaro; data de julgamento: 06.06.2018; 8ª Turma; data de publicação: DEJT 08.06.2018)
>
> **Recurso ordinário. I – Indenização por dano. Acidente de trabalho.** Art. 7º, inciso XXVIII, parte final, da Constituição Federal. Art. 927, parágrafo único, do Código Civil. Aquaplanagem de veículo. Culpa. Responsabilidade objetiva. Interpretação sistemática, à luz do art. 7º, *caput*, parte final. Garantia de integridade física (art. 1º, incisos III e IV; art. 170 da CF). Valorização de trabalho humano. Distinção entre regras específicas e princípios gerais, estes como função de expansão axiológica do ordenamento para buscar conferir integridade moral ao Direito. II- Dano moral. Valor. Art. 944 e parágrafo único do Código Civil. Gravidade em culpa. Redução da

indenização. Eqüidade. Gradação da culpa (lata, leve, levíssima) para essa finalidade. (TRT-2 – SP 01192-2005-022-02-00-0, Relator: Carlos Francisco Berardo; data de julgamento: 10.06.2008; 11ª Turma; data de publicação: 17.06.2008)

5. CRITÉRIOS DE ARBITRAMENTO DO ART. 223-G DA CLT

O art. 223-G da CLT elenca os seguintes critérios para o julgamento do pedido de indenização por danos morais, nos seguintes termos:

> Art. 223. Ao apreciar o pedido, o juízo considerará:
>
> I – a natureza do bem jurídico tutelado;
>
> II – a intensidade do sofrimento ou da humilhação;
>
> III – a possibilidade de superação física ou psicológica;
>
> IV – os reflexos pessoais e sociais da ação ou da omissão;
>
> V – a extensão e a duração dos efeitos da ofensa;
>
> VI – as condições em que ocorreu a ofensa ou o prejuízo moral;
>
> VII – o grau de dolo ou culpa;
>
> VIII – a ocorrência de retratação espontânea;
>
> IX – o esforço efetivo para minimizar a ofensa;
>
> X – o perdão, tácito ou expresso;
>
> XI – a situação social e econômica das partes envolvidas;
>
> XII – o grau de publicidade da ofensa.

O legislador reformista claramente buscou, na eleição dos critérios balizadores da indenização por danos morais, inspiração na legislação antiga sobre a matéria e na jurisprudência atualizada. Como se pode observar, vários dos critérios eleitos já estavam previstos nas Leis ns. 4.117/62 e 5.250/67, ainda que com redações diferentes.

É possível dividir os critérios, para efeitos didáticos, em pelo menos três grupos: a) os critérios que se relacionam com a evidência do "dano", especificamente considerado; b) os critérios que se relacionam com o elemento subjetivo das partes envolvidas (a culpabilidade prévia e com a conduta posterior de cada uma delas), e, enfim, c) o critério que se relaciona à posição social de cada parte.

5.1. Critérios que se relacionam com o dano em si

Nesse grupo podemos elencar os incisos I, II, III, IV, V, VI e XIII. Tratam-se dos critérios que têm por foco o elemento <u>dano</u> – sua natureza, sua intensidade, sua reversibilidade, seus reflexos pessoais e sociais, a perspectiva de sua duração, as condições em que foi provocado ou causado.

Na avaliação da "natureza" do dano, cabe lembrar que são chamadas "danos morais" as ofensas aos **direitos da personalidade**, os quais são, por natureza, ilimitados. Há alguns róis, como os dos arts. 5º, *caput*, e X, da Constituição (a intimidade, a vida privada, a honra e a imagem), dos arts. 20 e 21 do Código Civil (o art. 20, ao citar proteção à "*palavra, escritos, imagem, honra, boa fama, respeitabilidade*", refere-se, explícita e implicitamente, à honra subjetiva (autoestima), à honra objetiva (reputação), à imagem e à intimidade; o art. 21 tutela a vida privada), e, agora, o dos arts. 223-C e 223-D da CLT (para a pessoa física, o art. 223-C cita como bens juridicamente tutelados "*a honra, a imagem, a intimidade, a liberdade de ação, a autoestima, a sexualidade, a saúde, o lazer e a integridade física*"; para a pessoa jurídica, o art. 223-D prevê a proteção da "*imagem, a marca, o nome, o segredo empresarial e o sigilo da correspondência*"). Mas evidentemente tais róis são exemplificativos, e a própria verificação do processo legislativo deixou isso claro. A MP n. 808/2017 buscou alterar o art. 223-C para incluir como bens tutelados a etnia, a idade e a nacionalidade, e para substituir o termo "sexualidade" por "o gênero" e "a orientação sexual", e não foi votada no prazo constitucional, perdendo a eficácia. Ora, se o rol fosse exaustivo, agora seria de se considerar que a *etnia* e a *idade* não seriam mais bens juridicamente tuteláveis. Claramente tal interpretação não se alinha à proteção constitucional sobre os direitos da personalidade, razão pela qual não há outro caminho a se seguir senão considerar exemplificativos os bens jurídicos elencados como tuteláveis nas novas normas.

A importância do rol consiste em servir de parâmetro comparativo, na avaliação do critério "natureza do bem jurídico tutelado". No julgamento do pedido, se o bem jurídico agredido foi a integridade física, com uma lesão permanente, evidente que a avaliação judicial do montante indenizatório poderá partir de um parâmetro desde já superior, do que no caso de ofensa à intimidade pela violação de um *e-mail* particular. Não há falar em hierarquização dos bens jurídicos tutelados, mas é evidente que cada juiz irá conceber mentalmente algum tipo de gradação, conforme a natureza do bem atingido pela ofensa. Nesse ponto é importante o papel da advocacia, na apresentação de argumentos na defesa da maior ou menor gravidade do dano, conforme a natureza do bem ofendido, no caso concreto.

A "*intensidade do sofrimento ou da humilhação*" (inciso II) está relacionada a aspectos físicos e psicológicos, e também constitui importante critério na avaliação do dano. Por exemplo, uma agressão física que ensejou internamento na UTI ou mesmo afastamento previdenciário por longo período, presume-se de maior gravidade do que aquela que ensejou mero curativo.

O critério "*possibilidade de superação física ou psicológica*" (inciso III) é bastante importante, mas tem aplicação limitada: somente pode o juiz tomá-lo em consideração quando, ao tempo do julgamento, ainda subsistirem sequelas causadas pelo dano. Se as provas coligidas nos autos demonstrarem que já houve recuperação, evidentemente que nada há a ser acrescido na estimativa da indenização sob esse critério.

Vale salientar que, nos casos de designação de perícia médica para avaliação de danos físicos e/ou psicológicos decorrentes de acidentes ou doenças relacionadas ao trabalho, tanto o juiz quanto as partes podem apresentar quesitos ao perito designado, buscando seu parecer quanto à perspectiva de recuperação do avaliado (o chamado "prognóstico"). Evidentemente tais pareceres não contam com precisão matemática, pois a medicina não é uma ciência exata, mas são extremamente úteis para a defesa do direito e para o julgamento do pedido.

O critério IV – "*reflexos pessoais e sociais da ação ou da omissão*" é um dos mais importantes na avaliação do montante indenizatório justo. É que o mesmo dano objetivamente considerado pode implicar repercussões pessoais totalmente diferentes, considerando-se os aspectos pessoais e sociais envolvidos. Imagine-se, por exemplo, a repercussão da perda de um dedo a um pianista profissional, a um pianista amador (que, ainda assim, tenha no piano seu instrumento de descanso mental e lazer), ou a um profissional que não dependa tanto do uso dos dedos. Evidentemente as repercussões pessoais e sociais são distintas em cada um dos casos. Ou, ainda, um acidente de contaminação, que cause perda de função reprodutiva em uma mulher que ainda tinha idade e perspectiva para tanto: claramente há mais gravidade do que em um caso em que tais aspectos pessoais não compareçam.

Um ponto também importante decorrente desse inciso é que ele deixa evidente que a indenização por danos morais já considera os aspectos relacionais (sociais) do indivíduo, a chamada "vida de relações", de modo que não há falar em existência, paralela, dos chamados "danos existenciais", que há alguns anos começaram a ser postulados cumulativamente aos danos morais, nas ações trabalhistas.

O inciso V, "*a extensão e a duração dos efeitos da ofensa*", caminha junto aos incisos II e III, evidentemente ressaltando, em primeira leitura, o aspecto temporal dos danos. Evidentemente, há correlação direta entre a duração das sequelas e a gravidade do dano.

Há que se considerar, contudo, que o legislador não falou apenas em "duração", mas em "extensão", e essa extensão pode ser avaliada não somente sob o aspecto temporal. Por "extensão" pode ser avaliada a "abrangência" os efeitos dos danos. Recorrendo a um recurso visual, é possível compreender que uma pedrinha de cem gramas, jogada num rio, causa menos ondas do que uma pedra de um quilo. Da mesma forma pode-se compreender que uma empregada que é agarrada pelo patrão, em ato de abuso sexual, sofre danos psicológicos e à sua honra em *extensão* superior àquela que apenas recebeu uma proposta sexual por meio de um bilhete (ainda que, aliado a outros requisitos do assédio sexual, o fato também possa ser abusivo e indenizável). É exatamente a avaliação dessa extensão do dano que pode ser feita com uso do inciso V.

Também a gravidade do dano é possível de ser aferida pelas "*condições em que ocorreu a ofensa ou o prejuízo moral*" (inciso VI). Aqui auxilia o exemplo de um ato de quebra de segredo empresarial. Evidentemente, tal ato praticado por um supervisor, exercente de cargo de confiança, com *abuso dessa confiança*, pode ser considerado muito mais grave à empresa do que um ato semelhante praticado por um subalterno. Atos praticados com maior ofensa aos ditames da boa-fé objetiva também podem ser considerados mais ofensivos e ensejadores de indenizações em maiores patamares. Enfim, as circunstâncias fáticas que envolvem a ocorrência do dano podem ser sopesadas, com base nesse inciso.

O "*grau de publicidade da ofensa*" (inciso XII), por fim, evidencia-se como critério maior de avaliação da extensão do dano nos casos de ofensa à honra. De fato, uma gravidade possui a ofensa de um chefe ao seu empregado numa conversa particular, somente conhecida pelos terceiros em razão da divulgação do próprio ofendido, que gravou sub-repticiamente a conversa; outra gravidade, evidentemente maior, possui a ofensa irrogada em jornal interno de grande companhia, ou na rádio comunitária, ou em rede social, ou em canal de televisão. Evidente que o alcance do meio de publicidade torna o dano maior ou menor, e isso deve encontrar reflexo na estimativa do montante indenizatório.

Cuidado deve-se tomar, contudo, em avaliar se a publicidade sobre o dano não foi promovida pela própria vítima, como forma, inclusive, de expor o ofensor ao julgamento moral alheio e permitir que ele também seja ofendido por esse grande público, situação em que, evidentemente, o grau de publicidade não poderá agravar a indenização, porque promovido por interesse da própria vítima.

5.2. Critérios que se relacionam com o elemento subjetivo das partes envolvidas

O legislador reformista, indo além da estrita observância do *caput* do art. 944 do CC (análise apenas da "extensão do dano") e da teoria do *restitutio in integrum* (reparação integral), determinou a consideração dos elementos subjetivos envolvidos no caso concreto, como o grau de dolo ou culpa (inciso VII), a ocorrência de retratação espontânea (inciso VIII), o esforço efetivo para minimizar a ofensa (inciso IX) e a ocorrência de perdão, tácito ou expresso (inciso X).

Deve-se admitir que a análise da gradação do dolo e da culpa já estava prevista no parágrafo único do art. 944 do CC, na determinação de redução equitativa da indenização em caso de "excessiva desproporção entre a gravidade da culpa e o dano". Certamente o legislador remeteu o intérprete à doutrina sobre as gradações da culpa, que historicamente a classifica em grau grave (ato causado com grave e injustificável falta de cuidado, de diligência), leve (ato causado com falta de atenção que, normalmente, as pessoas teriam) ou levíssima (ato causado com falta de um cuidado especial, acima do que seria esperado de um "homem médio").

Cavalieri[5] esclarece que mesmo a culpa levíssima não pode <u>excluir</u> o direito à indenização, pois "*ainda que levíssima, a culpa obriga a indenizar* – in lege aquilea et levissima culpa venit –, *medindo-se a indenização não pela gravidade da culpa, mas pela extensão do dano*". Pode-se concordar com a primeira parte da citação – de fato, a culpa, ainda que levíssima, não pode *excluir* o direito à indenização; mas não se pode agora concordar com a segunda parte, pois o legislador da reforma expressamente arrolou o grau de culpa como critério a ser avaliado pelo Juízo no julgamento do pedido, e nesse julgamento está integrado o arbitramento da indenização. Ou seja, agora, no Juízo Trabalhista, o grau de culpa passa a servir **tanto para agravar quanto para reduzir** o montante indenizatório, <u>independentemente</u> da extensão do dano.

Com as novas regras, é de se notar que passaram a ter relevância especial aspectos subjetivos como as *intenções*, os *arrependimentos*, os *perdões*, que possam ter ocorrido no curso dos fatos alegados, bem como durante a sua apuração em Juízo. Se, por um lado, isso pode contribuir para que as postulações e instruções processuais adentrem mais em aspectos emocionais, por outro pode fazer com que as indenizações reflitam de modo mais aproximado a efetiva gravidade dos atos ilícitos que vierem a ser comprovados, bem na linha do princípio da busca pela verdade real.

A ocorrência de retratação espontânea (inciso VIII) e o esforço efetivo para minimizar a ofensa (inciso IX) podem ser considerados atos de boa-fé esperados de um agressor que não nega a ocorrência do ilícito. Não podem possuir tais critérios, contudo, mesmo peso que aqueles relacionados à extensão do dano. De fato, um dano grave pela sua natureza, pela sua repercussão temporal, pelos seus efeitos, dificilmente se torna menos grave somente porque o agressor, talvez levado à consciência das repercussões econômicas que seu ato possa gerar, busca se retratar. Isso evidencia que o critério VIII somente ganha relevância se relacionado ao seguinte, o IX, que fala em efetivo esforço em minimizar a ofensa.

Esses critérios (VIII e IX) evidenciam-se mais apropriados às situações de ofensas à honra (difamação, calúnia, injúria); nesses casos é que as retratações podem se mostrar mais efetivas. Deve-se estimar, contudo, o quanto tais atos posteriores possuíam de potencial eficácia para a neutralização do dano causado. Por exemplo, cabe questionar a eficácia de uma "nota de esclarecimento" com intuito de retratação, quando divulgada de modo muito inferior à repercussão da ofensa.

A ocorrência de perdão, tácito ou expresso (inciso X) deve ser muito bem comprovada, levando-se em consideração que, no contexto da relação de emprego, a necessidade de emprego por parte do empregado, por constituir o meio de subsistência própria e de sua família, o leva a "tolerar" situações gravosas por mais tempo, sem que isso possa significar "perdão". Já por parte do empregador o perdão tácito é mais facilmente verificável, na medida em que, em regra, o empregador pode despedir o empregado imediatamente, assim que tomar ciência da ofensa praticada pelo empregado. Assim, se, sabedor da ofensa, mantém o empregado em seus quadros, ou ainda o promove nos meses seguintes, plenamente presumível que houve perdão tácito da conduta ofensiva que possa ter sido praticada pelo empregado.

5.3. Critério relacionado à posição social e econômica das partes

O inciso XI determina que o juiz analise a "*situação social e econômica das partes envolvidas*". Parece mais correto, contudo, separar a análise da "posição social" da "posição econômica", pois nem sempre uma posição corresponde à outra. Há pessoas – naturais ou

(5) CAVALIERI FILHO, Sérgio. *Programa de responsabilidade civil*. 7. ed. São Paulo: Atlas, 2007. p. 37.

jurídicas – que gozam de reconhecimento público, reputação social, enfim, "imagem pública", independentemente de suas capacidades econômicas, e isso pode ser definido como "posição social".

De fato, um dano moral pode ser mais grave ou não de acordo com a posição em que a vítima em geral é reconhecida socialmente. Imagine-se uma imputação de justa causa a um empregado, sob falsa acusação de furto; esse empregado, contudo, é uma autoridade comunitária na cidade onde vive. Evidente que a "posição social" da vítima pode implicar maior repercussão da ofensa. Igualmente, uma falsa acusação de sonegação fiscal, feita por um ex-empregado de uma associação beneficente amplamente reconhecida e atuante, pode implicar um dano à imagem institucional muito mais grave do que ocorreria se a entidade fosse pequena, sem muita visibilidade.

No que concerne à posição econômica das partes, contudo, o dispositivo é mais criticável. Primeiro porque a condição econômica das partes é também considerada nos §§ 1º e 2º do art. 223-G como forma de limitar o valor da indenização, ao estipular o salário do ofendido (no caso de o empregado ser a vítima) ou do ofensor (no caso de ele ser o empregado). Ou seja, as condições econômicas acabaram detendo um papel duplo: atuam na aferição da gravidade da ofensa, pelo inciso XI do art. 223-G, e como parâmetro limitador da indenização, na forma dos §§ 1º e 2º do art. 223. Essa dupla consideração das condições econômicas, à revelia dos aspectos mais diretamente ligados à extensão do dano, não possui razão jurídica senão a de demonstrar o desejo legislativo por maior "controle" sobre a repercussão financeira da responsabilidade civil-trabalhista.

Segundo porque é bastante questionável se a condição econômica do agressor deveria servir de fundamento para a minoração ou majoração do montante reparatório destinado à vítima, pois tal condição não teria relação alguma com o evento danoso em si, nem com sua extensão. Um tapa desferido no rosto de um empregado é uma agressão de mesma gravidade, independentemente de ter sido ele desferido pelo supervisor de uma pequena, de uma média ou de uma grande empresa. A duração, a publicidade, a intensidade de um dano são critérios facilmente defensáveis para apuração da extensão do dano, mas não o tamanho da empresa responsável pelo ato do agressor.

Tal critério já contava com pacífica aceitação jurisprudencial, em razão da amplamente aceita "função pedagógica" da indenização por danos morais. Já estava consolidada jurisprudencialmente a noção de que uma indenização baixa a uma empresa com alto potencial econômico não atingiria a finalidade de desestimular a conduta ilícita; para que a empresa alterasse sua conduta ou tomasse providências preventivas para que ilícitos não tornassem a ocorrer, seria necessário que a indenização assumisse um papel "penalizante", ainda que nos últimos anos tal termo viesse a ser evitado, preferindo-se falar em finalidade "desestimulante" da indenização. A transformação em texto de lei, por isso, é compreensível.

Mantém-se a crítica, contudo. O "caráter pedagógico" não deveria ser fundamento para acréscimo da indenização, primeiro porque não se relaciona com a extensão do dano; segundo porque o caráter pedagógico é inerente a qualquer sentença judicial, sendo inclusive um dos fundamentos do dever de motivação, e uma decisão judicial que rejeita o pedido também tem caráter pedagógico. Terceiro porque um critério indenizatório utilizado com intuito penalizante não deixa de ser um desvirtuamento do sistema jurídico. Ora, nesse sistema, cabe à esfera penal *reprimir*, à esfera administrativa *prevenir* e à esfera civil-trabalhista *reparar* os danos. Tais finalidades específicas constituem a justificativa de existência das três esferas próprias de responsabilidade – a civil, a penal e a administrativa. Misturar a finalidade de uma com a finalidade da outra subverte o sistema, cria condenações em *bis in idem* e faz com que haja pena sem prévia cominação legal, em gritante ofensa a CRFB (art. 5º, XXXIX).

A possibilidade de se reduzir o montante indenizatório porque as condições econômicas da empresa responsável são baixas, por outro lado, atenta gravemente contra todos os demais incisos, que demandam análise da repercussão do dano. Ora, seria justo que uma empresa com baixo capital respondesse por indenizações em patamares mais baixos que outras empresas, se o dano por ela causado foi gravíssimo? Como fica o direito da vítima, em tais situações? É necessário que o juiz avalie de modo subsidiário esse critério, para que o direito da vítima não fique a descoberto por causa do baixo capital da empresa responsável (que pode muito bem estar mascarado, num país em que o desvio de capital e a colocação de bens em nome de "laranjas" é fato corriqueiro).

Também a condição econômica da vítima não deveria ser considerada como critério de avaliação do dano moral (a não ser que o ato ilícito tenha relação direta com tal circunstância, ou que essa agrave as consequências do dano). Isso porque a reparação dos danos morais tem por suporte a Dignidade da Pessoa Humana (CRFB, art. 1º, III), que a todos é reconhecida igualmente. Assim, uma ofensa irrogada coletivamente (como no caso de um supervisor que chama todos os integrantes da equipe de "burros"), a indenização, em tese, deveria ser a mesma, independentemente de uma vítima ter maior condição econômica que outra.

Críticas feitas, contudo, o fato é que o legislador, como já dito, ampliou os critérios para análise do dano moral, para elencar vários deles que não têm diretamente ligação com o dano, e, na medida do possível, a vontade legislativa deve ser respeitada, porque expressão da democracia. Há que se reconhecer, também, que as disposições não são de todo desarrazoadas. A análise exclusiva da extensão do dano poderia implicar indenização que, pelo seu montante, causasse a ruína da empresa e outros tantos danos. Por exemplo: uma ou algumas indenizações por danos morais pela falta de adimplemento de verbas rescisórias, se gravemente consideradas (em valor superior, inclusive, aos débitos materiais), sem levar em conta o porte econômico da empresa e as dificuldades econômicas que possa estar enfrentando, pode implicar incapacidade de giro financeiro e, assim, quebra empresarial, e aí haveria mais tantos outros empregados desempregados e sem rescisórias. Inegável que é esse tipo de consideração (talvez mais afeta aos estudos da chamada "*Análise Econômica do Direito*") que o legislador passou a impor ao juiz.

Quanto aos aspectos probatórios, em tese cabe à parte que alega comprovar suas alegações relativas à capacidade econômica própria; contudo, pode ser do interesse da parte deixar de apresentar as provas relativas a respeito, tornando pertinente o requerimento da parte para que o juiz determine a apresentação probatória respectiva. Cita-se como exemplo um caso em que o autor requer a especial consideração da capacidade econômica da ré, alegando possuir ela grande porte econômico. A ré, por sua vez, apresenta apenas seu contrato social (documento que, frequentemente, apresenta capital social defasado, que não expressa a real capacidade econômica da empresa). Nesse caso, o autor pode insistir na prova de sua alegação requerendo que o juiz determine à ré a apresentação do último balanço atualizado, por exemplo, determinação essa que estaria alinhada ao princípio da aptidão para a prova.

6. PARÂMETROS INDENIZATÓRIOS DO ART. 223-G, §§ 1º A 3º

Depois de estabelecer os ***critérios para consideração judicial*** do dano moral, o legislador passou a estabelecer parâmetros para o montante indenizatório, nos seguintes termos:

> § 1º Se julgar procedente o pedido, o juízo fixará a indenização a ser paga, a cada um dos ofendidos, em um dos seguintes parâmetros, vedada a acumulação:
>
> I – ofensa de natureza leve, até três vezes o último salário contratual do ofendido;
>
> II – ofensa de natureza média, até cinco vezes o último salário contratual do ofendido;
>
> III – ofensa de natureza grave, até vinte vezes o último salário contratual do ofendido;
>
> IV – ofensa de natureza gravíssima, até cinquenta vezes o último salário contratual do ofendido.
>
> § 2º Se o ofendido for pessoa jurídica, a indenização será fixada com observância dos mesmos parâmetros estabelecidos no § 1º deste artigo, mas em relação ao salário contratual do ofensor.
>
> § 3º Na reincidência entre partes idênticas, o juízo poderá elevar ao dobro o valor da indenização.

Primeiramente, cumpre ressaltar que não há falar em inconstitucionalidade em razão da mera parametrização, embora haja muita reclamação nesse sentido. Ora, ao Poder Legislativo é conferido o poder de regular a vida em sociedade e disciplinar o alcance dos bens jurídicos. O fato de o dano moral referir-se a direitos da personalidade, direitos esses de natureza fundamental e com assento constitucional, não torna a sua repercussão econômica – a indenização – imune ao disciplinamento legal.

Veja-se que o salário mínimo possui assento constitucional (CRFB, art. 7º, IV), sendo um dos principais direitos fundamentais sociais; sua redação constitucional evidencia que se trata de direito-garantia, pois visa assegurar tantos outros direitos sociais; não obstante, sua repercussão econômica é limitada anualmente por lei federal, sem que se cogite de inconstitucionalidade.

Da mesma forma outros direitos fundamentais. Veja-se o direito fundamental à isonomia salarial, mediante a proibição de discriminação salarial; tal direito encontra assento não somente na Constituição (art. 7º, XXX e XXXI), mas em diversas normativas de direito internacional, figurando até mesmo na Declaração Universal dos Direitos Humanos (art. 23, II). Nem por isso, deixou o instituto da equiparação salarial de contar com diversos requisitos estabelecidos na lei infraconstitucional, como se evidencia pelo art. 461 da CLT.

Ademais, quando o Poder Legislativo não estabelece parâmetros, o Judiciário acaba por estabelecê-los via jurisprudência, fenômeno que tem se observado, principalmente nos tribunais superiores (valor "x" para o caso de dano "y"). Nesse contexto, não se verifica razão substancial que impeça o Poder Legislativo de tratar a matéria.

Enfim, o mero procedimento de parametrização da indenização por danos morais, em si, não é contaminado, *a priori*, de inconstitucionalidade.

O problema, contudo, é que o legislador da Reforma buscou parametrizar os danos morais utilizando como base de cálculo da indenização o salário pessoal do ofendido (§ 1º) ou do ofensor (§ 2º), e nisso agrediu a Constituição.

Ora, os danos morais, como dito, são aqueles que decorrem da ofensa a direitos da personalidade, bens jurídicos imateriais, os quais são outorgados pelo Direito a todas as pessoas, não fazendo sentido que, pela mesma ofensa, uma pessoa receba mais ou menos que outra em razão do seu salário.

Pela lógica de tais dispositivos, na redação que lhes foi dada pela Lei n. 13.467/2017, duas pessoas que sofressem exatamente o mesmo dano, em função do mesmo ato ilícito, e que litigassem juntas, com sentença proferida pelo mesmo juiz, com utilização, para ambas, da mesma análise dos parâmetros do art. 223-G, mesmo assim receberiam indenizações diferentes por causa do salário pessoal de cada uma delas.

Interessante observar que a própria redação do *caput* do § 1º revela tal incongruência constitucional, pois admite a hipótese de danos morais causados a mais de um ofendido, ao colocá-los no plural – "cada um dos ofendidos". Aí, nos incisos, adota a forma singular, "salário contratual do ofendido". Evidente que faltou no mínimo atenção do redator legislativo, pois resta claro que a eleição do parâmetro "salário do ofendido" implicaria desigualdade de tratamento legal a pessoas que se encontravam em situação jurídica idêntica (o conjunto dos "ofendidos").

Evidente que tal sistema agrediu princípio-garantia-direito da **igualdade**, previsto no art. 5º, *caput*, da CRFB.

Nicola Abbagnano[(6)] sintetizou as raízes e definições históricas acerca do termo "igualdade" nos seguintes termos:

> IGUALDADE (lat. Aequitas; in. Equality; fr. Égalité; al. Gleichheit; it. Egualianza). Relação entre dois termos, em que um pode substituir o outro. Geralmente, dois termos são considerados iguais quando podem ser substituídos um pelo outro no mesmo contexto, sem que mude o valor do contexto. [...] A noção de igualdade assim generalizada (como possibilidade e substituição) presta-se tanto para as relações puramente formais de equivalência ou de equipolência quanto às relações políticas, morais e jurídicas que se denominam de igualdade. P. ex., a igualdade dos cidadãos perante a lei pode ser reduzida à possibilidade de substituição dos cidadãos nas situações prevista pela lei sem que mude o procedimento da lei, de tal forma que, p. ex., o réu por um crime *d* nas circunstâncias *c* pode ser substituído por qualquer outro réu do mesmo crime na mesma circunstância, sem que o procedimento legal seja alterado. Do mesmo modo, pode-se descrever a igualdade moral ou jurídica dizendo que, nela, *x*, que se encontre em determinadas condições, possui prerrogativas ou possibilidades não diferentes das possuídas por qualquer outro *x* nas mesmas condições. Está claro que o juízo de Igualdade somente pode ser pronunciado com base em determinado contexto, com base na determinação das condições às quais os termos devem satisfazer para serem considerados substituíveis.

Ora, se tanto o empregado José quanto o empregado João receberam o mesmo *e-mail* ofensivo do patrão Joaquim, somente poder-se-á falar em igualdade jurídica, conforme descrita pelo ilustre filósofo italiano, se tanto José quanto João puderem gozar das mesmas "prerrogativas ou possibilidades", e isso alcança, evidentemente, a matéria indenizatória. Se de plano, em razão de disposição legal, a possibilidade indenizatória de um é maior que a de outro, por causa de suas diferenças salariais, evidente que tal disposição normativa implica tratamento discriminatório, e isso sem qualquer fator de *discrimen* justo. Inconstitucional é, portanto.

A vigorar o texto da norma inconstitucional, os assediadores, ou os superiores hierárquicos agressivos, poderiam encarar como riscos menores dirigirem suas ofensivas aos subordinados com padrões remuneratórios mais baixos, dentro da lógica repulsiva de que, enfim, caso "descobertos", as consequências indenizatórias seriam mais baixas... Os administradores de espírito mais maquiavélico poderiam pensar ser menos arriscado negligenciarem a saúde, a segurança, a pontualidade salarial, dos empregados de "chão-de-fábrica", do que daqueles com patamares salariais mais elevados...

Interessante observar que em 14.11.2017, poucos dias depois do início da vigência da chamada "Reforma Trabalhista" (11.11.2017), o Poder Executivo Federal buscou corrigir o problema por meio da Medida Provisória n. 808, de 2017, alterando o parâmetro "*último salário contratual do ofendido*" pelo "*valor do limite máximo dos benefícios do Regime Geral de Previdência Social*". Como o limite máximo dos benefícios é único, eliminar-se-ia a desigualdade decorrente da utilização do salário pessoal de cada ofendido.

(6) ABBAGNANO, Nicola. *Dicionário de filosofia*. São Paulo: Martins Fontes, 2000. Verbete "Igualdade".

Tal medida provisória, contudo, porque não apreciada pelo Congresso Nacional no prazo constitucional, teve sua vigência encerrada, perdendo totalmente seus efeitos jurídicos. Agora serve apenas como evidência histórica de que o próprio Governo promotor da "Reforma Trabalhista" reconheceu a inconstitucionalidade ora destacada.

Assim, cabe a cada magistrado, mediante provocação ou de ofício, reconhecer a inconstitucionalidade da utilização do salário do ofendido do § 1º do art. 223-G da CLT.

O mesmo não se pode falar, contudo, em relação ao § 2º, que estabelece a indenização devida à pessoa jurídica pelo empregado ofensor. Aqui o parâmetro "salário" do ofensor não se evidencia ofensivo ao princípio da igualdade; pelo contrário: se a ofensa possuir mais de um ofensor, e todos responderem mediante consideração do salário pessoal, é a igualdade material entre eles que estará sendo observada, pois cada um arcará com a indenização na medida de suas possibilidades pessoais.

A escolha do parâmetro "salário" do ofensor-trabalhador visa assegurar sua subsistência. Afinal, o trabalhador pode cometer ato ilícito que ocasione dano moral à empresa, mas isso não implica ignorar que, em geral, o ofensor ainda se trata de alguém que necessita manter a si e à sua família. Aliás, considerando-se essas circunstâncias, pode-se dizer que os patamares utilizados – até 3, 5, 20 ou 50 salários, em caso de ofensa leve, média, grave ou gravíssima, respectivamente – podem ser considerados bastante rigorosos.

O § 3º, ao tratar da possibilidade da dobra indenizatória no caso de "reincidência" entre partes idênticas, revelou-se gravoso com o trabalhador e generoso com o empregador. Ora, em geral, cada trabalhador somente possui um empregador – ou seja, no caso de repetição de ato ilícito, a possibilidade de elevação ao dobro sempre existirá. Já o empregador pode reiterar o ato ilícito múltiplas vezes, mas cada uma com um empregado diferente, e nunca será reincidente, pelo texto da norma. Ora, tal exigência para configuração da reincidência é desarrazoada. Nem em Direito Penal, com todas as garantias a ele inerentes, se cogita que a reincidência criminosa ocorreria somente se o crime fosse praticado contra a mesma vítima!

Evidente que aqui também houve tratamento discriminatório sem causa, pelo legislador, a permitir seja cogitada a inconstitucionalidade material – ainda que não seja impossível imaginar a ocorrência de reincidência de atos ilícitos entre as mesmas partes, dando azo à aplicação da norma.

Também neste ponto o Governo promotor da Reforma buscou melhorar a redação legal por meio da MP n. 808, de 2017, alterando o texto para "*Na reincidência de quaisquer das partes, o juízo poderá elevar ao dobro o valor da indenização*", o que seria mais adequado, na esteira das inovações legislativas que visam superar critério da "*extensão do dano*" do art. 944 do Código Civil, para albergar outros que visem o maior atendimento da finalidade "pedagógica/desestimulante" da sanção indenizatória. A perda de vigência da MP, contudo, fez com que voltasse à vigência o texto original.

Assim, permanece a diretriz de que somente poderá ser possível a dobra indenizatória se a reincidência ocorrer entre as mesmas partes. De todo modo, se o juiz perceber que a empresa costuma reincidir no mesmo ato ilícito, ainda que com empregados diferentes, poderá fazer uso do inciso VII do art. 223-G, que versa sobre o grau de culpabilidade do ofensor, para sopesar mais fortemente o montante indenizatório devido.

A MP n. 808 tinha buscado disciplinar melhor a "reincidência", estabelecendo, via § 4º, que a reincidência ocorreria se a ofensa fosse idêntica e ocorresse dentro do prazo de dois anos, contados do trânsito em julgado da decisão condenatória. Aqui não se lamenta a perda da vigência, pois o remendo era pior que o rasgo. As exigências impostas à reincidência eram de difícil configuração, apuração, acompanhamento e comprovação, o que evidenciava que apenas visava evitar a dobra sancionatória.

Também a MP tinha incluído o § 5º, para determinar que "*Os parâmetros estabelecidos no § 1º não se aplicam aos danos extrapatrimoniais decorrentes de morte*". Evidentemente foi uma reação do Governo às fortes críticas à limitação da indenização a 50 salários em casos gravíssimos, como de acidentes de trabalho com morte do trabalhador. Com a perda da MP, os patamares originais voltaram à plena vigência.

Quanto aos patamares adotados pelo legislador, causam evidente inconformismo, independentemente da perda da vigência da MP, as limitações estabelecidas para a indenização nos casos de ofensas graves (20 vezes o último salário contratual) e gravíssimas (50 vezes). Imagine-se o trabalhador que recebe R$ 1.000,00, pouco mais de um salário mínimo, e morresse em função da quebra de andaime em uma construção, andaime esse feito com madeira de péssima qualidade. A indenização não ultrapassaria R$ 50.000,00. E se no mês seguinte ocorresse o mesmo ato ilícito com outro empregado, com igual salário, e com igual dano: ainda assim a indenização não ultrapassaria R$ 50.000,00, pois a reincidência não teria ocorrido em relação às mesmas partes, e os limites máximos são máximos: se aplicam mesmo havendo maior culpabilidade na segunda ofensa...

Entende-se o interesse do legislador em proteger as empresas contra condenações que inviabilizem a própria continuidade da atividade econômica, mas, no caso de condenações graves ou gravíssimas, deveria a norma permitir maior flexibilidade ao juiz na definição final do montante indenizatório, pois é o magistrado quem, no caso concreto, pode avaliar as circunstâncias específicas que evidenciam ser mais justa uma indenização mais alta do que o montante de 20 ou 50 salários contratuais.

7. CONSIDERAÇÕES FINAIS

No decorrer deste estudo pode-se observar quão relevante é o tema relativo ao arbitramento da indenização por danos morais, e a importância da regulação da matéria na seara trabalhista nos termos feitos pela Lei n. 13.467/2017. O estabelecimento de critérios para consideração do juiz na apreciação do pedido de indenização por danos morais representou verdadeira inovação legislativa no trato da matéria, primeiro pela amplitude em que ocorreu, segundo porque os critérios escolhidos para avaliar o dano superaram a regra da análise exclusiva da "extensão do dano", como firmado pelo art. 944 do Código Civil.

A iniciativa legislativa de regular o arbitramento judicial, como visto, não caracterizou invasão de competência ou cerceio da liberdade jurisdicional; o arbitramento é uma necessidade decorrente da natureza imaterial do dano aos direitos da personalidade, mas, como tal, pode ser sujeito a balizas normativas, estabelecidas em prol da melhor regulação do poder estatal, tornando-o menos arbitrário e mais democrático.

O resultado do trabalho legislativo, contudo, não se apresenta infenso a críticas, e certamente as novas normas serão alvo de interpretações doutrinárias e jurisdicionais que lhe confiram melhor adaptação ao sistema de responsabilidade civil-constitucional, formado também por outras normas que permanecem vigentes.

Neste trabalho, privilegiou-se uma análise interpretativa que respeitasse o texto como estabelecido pelo legislador, e isso não por desprezo a outras linhas interpretativas, mas em função do necessário respeito ao próprio sistema democrático, o qual confere a autoridade do Poder Legislativo. Nesse contexto, as inconstitucionalidades destacadas o foram de modo pontual, evitando-se conferir a pecha de "inconstitucional" à Reforma Trabalhista *como um todo*, como tem ocorrido em polêmicas discussões a respeito, as quais frequentemente se desviam para a trilha do debate político-ideológico, ao invés de se manterem no caminho do discurso jurídico racional, de bases hermenêuticas sólidas.

Quanto aos pontos em que foram identificadas inconstitucionalidades, melhor seria que as correções fossem feitas pelo próprio legislador, mediante o devido processo legislativo, com todo debate a ele próprio. Até que tais correções ocorram, contudo, espera-se que as claras inconstitucionalidades materiais apontadas sejam declaradas pelo Poder Judiciário. De imediato, já o podem ser mediante o poder de controle de constitucionalidade chamado "difuso", conferido a todos os magistrados no exercício do poder jurisdicional; com o tempo, mas tão rápido quanto possível, espera-se que o seja definitivamente pelo controle concentrado, o exercido pelo Supremo Tribunal Federal, em ações abstratas. A finalidade de tudo deve ser o aperfeiçoamento do importante instituto da responsabilidade civil-trabalhista por danos imateriais e, principalmente, a promoção da segurança jurídica, valor caro a todo Estado democrático que se quer de Direito.

8. REFERÊNCIAS BIBLIOGRÁFICAS

ABBAGNANO, Nicola. *Dicionário de filosofia.* São Paulo: Martins Fontes, 2000. Verbete "Igualdade".

CAVALIERI FILHO, Sérgio. *Programa de responsabilidade civil.* 7. ed. São Paulo: Atlas, 2007.

HOUAISS, Antônio; VILLAR, Mauro de Salles. *Dicionário Houaiss de Língua Portuguesa,* elaborado pelo Instituto Antônio Houaiss de Lexicografia e Banco de Dados da Língua Portuguesa S/C Ltda. Rio de Janeiro: Objetiva, 2009.

MELO, Nehemias Domingos de. *Dano moral trabalhista:* doutrina e jurisprudência. São Paulo: Atlas, 2007.

ZENUN, Augusto. *Dano moral e sua reparação.* Rio de Janeiro: Forense, 1995.

A Desconsideração da Personalidade Jurídica e seus Desdobramentos no CPC/2015 e na Lei n. 13.467/2017

Francisco Ferreira Jorge Neto

Desembargador do Trabalho (TRT 2ª Região). Professor convidado no Curso de Pós-Graduação Lato Sensu *da Escola Paulista de Direito. Mestre em Direito das Relações Sociais – Direito do Trabalho pela PUC/SP.*

Jouberto de Quadros Pessoa Cavalcante

Professor da Faculdade de Direito Mackenzie. Professor Convidado no Curso de Pós-Graduação Lato Sensu *PUC/PR e outros diversos cursos. Doutor em Direito pela Faculdade de Direito da Universidade de São Paulo (USP). Mestre em Direito Político e Econômico pela Universidade Presbiteriana Mackenzie. Mestre em Integração da América Latina pela USP/PROLAM. Membro da Academia Paulista de Letras Jurídicas.*

1. INTRODUÇÃO

O escopo do artigo é a análise da desconsideração da personalidade jurídica e suas teorias, com os desdobramentos no Direito Processual do Trabalho, precipuamente, face ao incidente de desconsideração da personalidade jurídica (IDPJ) disciplinado pelo CPC/2015 e as questões relacionadas à Reforma Trabalhista (Lei n. 13.467/2017).

2. OS EFEITOS DA PERSONALIZAÇÃO DA PESSOA JURÍDICA

A pessoa jurídica é a resultante da união de esforços para a realização de fins comuns.

A existência legal das pessoas jurídicas de direito privado começa com a inscrição dos seus contratos, atos constitutivos, estatutos ou compromissos no seu registro peculiar, que é regulado por lei especial ou com a autorização ou aprovação do Governo, quando necessária (art. 45, *caput*, CC).

Em face da personalidade jurídica atribuída pelo Direito, as pessoas jurídicas passam a ser sujeitos de direitos e obrigações, com consequências nas titularidades obrigacional, processual e patrimonial.

Na titularidade obrigacional, tem-se: as relações jurídicas contratuais ou extracontratuais, decorrentes da exploração da atividade econômica, envolvem os terceiros e a pessoa jurídica, sendo que os sócios não são participantes dessa relação.

Com a sua personificação, a pessoa jurídica terá a legitimação para demandar e ser demandada em juízo – titularidade processual.

Por conta disso, o patrimônio da pessoa jurídica não se confunde com os bens dos sócios, bem como as suas obrigações não podem ser imputadas aos sócios; logo, respondem pelas obrigações da sociedade, em princípio, apenas os bens sociais. Em suma: a garantia do credor é representada pelo patrimônio social da pessoa jurídica.

Em face da concessão de personalidade às pessoas jurídicas, como consequência, tem-se a aquisição da autonomia patrimonial, ou seja: os bens da sociedade não se confundem com os bens particulares de seus sócios, bem como os sócios não respondem pelas obrigações sociais.

3. OS LIMITES DA PERSONALIZAÇÃO DA PESSOA JURÍDICA

O princípio da autonomia patrimonial é decorrência da personalização da pessoa jurídica. Em face desse princípio, os sócios não respondem, como regra, pelas obrigações da sociedade.

Com o avanço das relações sociais, o princípio da autonomia patrimonial passou a ter uma aplicação restrita, deixando de ser aplicado quando o credor da empresa é empregado, consumidor ou o próprio Estado.

A origem do desprestígio da autonomia da pessoa jurídica repousa em dois fatores: (a) na utilização fraudulenta do instituto da personalidade jurídica, como forma de evitar os deveres legais ou contratuais; (b) em função da natureza da obrigação imputada à pessoa jurídica.

Para se coibirem as práticas fraudulentas dos sócios na utilização da pessoa jurídica, a doutrina desenvolveu a teoria da desconsideração da personalidade jurídica: afasta-se o princípio da autonomia patrimonial, nos casos em que ele é mal utilizado.

Outro modo de limitação ao princípio da autonomia patrimonial reside na natureza da obrigação contraída pela pessoa jurídica. A doutrina faz a diferenciação entre obrigação negociável e a não negociável.

A obrigação negociável é a decorrente do exercício da atividade empresarial. A pessoa jurídica é a única responsável pelas dívidas e demais encargos decorrentes dos negócios jurídicos realizados com outras pessoas (naturais ou jurídicas). Tais obrigações pertencem ao campo do Direito Civil e Comercial, geralmente representadas por títulos cambiais ou em contratos mercantis.

A obrigação não negociável é a originária de atos ilícitos ou por imposição legal. Nesse tipo de obrigação, deixa-se de lado o princípio da autonomia patrimonial, para que os bens particulares dos sócios também sejam responsáveis pelas dívidas da pessoa jurídica.

A lógica dessa distinção encontra-se no argumento de que nas obrigações negociáveis as partes, geralmente, estabelecem outros mecanismos de garantia, tais como: aval, fiança, hipoteca, penhor etc.

4. A DESCONSIDERAÇÃO DA PERSONALIDADE JURÍDICA

A desconsideração da personalidade jurídica representa um avanço doutrinário e jurisprudencial de grande valia, notadamente como forma de se aceitar a responsabilidade patrimonial e particular dos sócios, em função dos débitos sociais das empresas em que são membros. Não se pode aceitar, por ser uma questão de justiça, o fato de os sócios recorrerem à ficção da pessoa jurídica para enganar credores, para fugir à incidência da lei ou para proteger um ato desonesto. Pode e deve o Judiciário, como um todo, desconsiderar o véu da personalidade jurídica, para que se possa imputar o patrimônio pessoal dos sócios, como forma de se auferir elementos para a satisfação dos créditos, notadamente dos empregados da sociedade. Essa temática jurídica deriva da concepção desenvolvida pela doutrina americana e que se intitula nas expressões *disregard theory* ou *disregard of the legal entity*, ou, ainda, *lifting the corporate veil* (erguendo-se a cortina da pessoa jurídica). A solução, diante de casos concretos, é o juiz desconsiderar o véu da personalidade jurídica para coibir as fraudes, os jogos de interesses e os abusos de poder, para se conseguir o resguardo dos interesses de terceiros e do próprio fisco.

Na visão de Silvio Rodrigues,(1) *"o juiz deve esquecer a ideia de personalidade jurídica para considerar os seus componentes como pessoas físicas e impedir que através do subterfúgio prevaleça o ato fraudulento"*.

Para Maria Helena Diniz,(2)

> [...] a desconsideração ou penetração permite que o magistrado não mais considere os efeitos da personificação ou da autonomia jurídica da sociedade para atingir e vincular a responsabilidade dos sócios, com o intuito de impedir a consumação de fraudes e abusos de direito cometidos, por meio da personalidade jurídica, que causem prejuízos ou danos a terceiros. Convém lembrar, ainda, que a *disregard doctrine* visa atingir o detentor do comando efetivo da empresa, ou seja, o acionista controlador (*maitre de l'affaire ou active shareholder*) e não os diretores assalariados ou empregados, não participantes do controle acionário. Pressupõe, portanto, a utilização fraudulenta da companhia pelo seu controlador, sendo que na Inglaterra, observa Tunc, opera-se sua extensão aos casos graves de negligência ou imprudência na conduta negocial (*reckless trading*), admitindo que se acione o administrador se houver culpa grave (*misfeasance e breach of trust*), para que sejam indenizados os prejuízos causados à sociedade por atos praticados contra ela. Nos Estados Unidos essa doutrina só tem sido aplicada nas hipóteses de fraudes comprovadas, em que se utiliza a sociedade como mero instrumento ou simples agente do acionista controlador. Em tais casos de confusão do patrimônio da sociedade com o do acionista induzindo terceiros em erro, tem-se admitido a desconsideração, para responsabilizar pessoalmente o controlador.

---

(1) RODRIGUES, Silvio. *Direito civil*. 25. ed. São Paulo: Saraiva, 1995. v. 1, p. 74.

(2) DINIZ, Maria Helena. *Curso de direito civil brasileiro*. 18. ed. São Paulo: Saraiva, 2002. v. 1, p. 257.

Há no Direito Brasileiro, segundo Fábio Ulhoa Coelho,[3] duas teorias.

> De um lado, a teoria mais elaborada, de maior consistência e abstração, que condiciona o afastamento episódico da autonomia patrimonial das pessoas jurídicas à caracterização da manipulação fraudulenta ou abusiva do instituto. Nesse caso, distingue-se com clareza a desconsideração da personalidade jurídica e outros institutos jurídicos que também importam a afetação de patrimônio de sócio por obrigação da sociedade (p. ex., a responsabilização por ato de má gestão, a extensão da responsabilidade tributária ao gerente etc.). Ela será chamada, aqui, de teoria maior. De outro lado, a teoria menos elaborada, que se refere à desconsideração em toda e qualquer hipótese de execução do patrimônio de sócio por obrigação social, cuja tendência é condicionar o afastamento do princípio da autonomia à simples insatisfação de crédito perante a sociedade. Trata-se da teoria menor, que se contenta com a demonstração pelo credor da inexistência de bens sociais e da solvência de qualquer sócio, para atribuir a este a obrigação da pessoa jurídica." De acordo com Fábio Ulhoa Coelho, há duas maneiras para se formular a teoria da desconsideração da personalidade jurídica: (a) a primeira – a maior, quando o juiz deixa de lado a autonomia patrimonial da pessoa jurídica, coibindo-se a prática de fraudes e abusos; (b) a segunda – a menor, em que o simples prejuízo já autoriza o afastamento da autonomia patrimonial da pessoa jurídica.

5. A DESCONSIDERAÇÃO NO DIREITO BRASILEIRO

No Direito Pátrio, a teoria da desconsideração da personalidade jurídica é aplicada em hipóteses de simulação, fraude à lei ou à execução.

Em alguns diplomas legais, a teoria da desconsideração da pessoa jurídica é prevista de forma expressa, como, por exemplo:

a) na sociedade por cota de responsabilidade limitada, nos casos de excesso de mandato e pelos atos praticados com violação do contrato ou da lei, a responsabilidade dos sócios-gerentes ou que derem o nome à firma encontra-se prevista no art. 10 do Decreto n. 3.708/2019;

b) na sociedade anônima, a responsabilidade do acionista, controlador e do administrador está prevista nos arts. 115, 117 e 158, da Lei n. 6.404/76;

c) a Lei n. 9.605/98, art. 4º, prevê a desconsideração da pessoa jurídica sempre que sua personalidade for obstáculo ao ressarcimento de prejuízos causados à qualidade do meio ambiente;

d) no direito pátrio, a *disregard doctrine* foi acolhida pelo CDC (art. 28, Lei n. 8.078/90), autorizando a desconsideração da personalidade jurídica da sociedade quando houver: (1) abuso de direito, desvio ou excesso de poder, lesando consumidor; (2) infração legal ou estatutária, por ação ou omissão, em detrimento do consumidor; (3) falência, insolvência, encerramento ou inatividade, em razão da má administração; (4) obstáculo ao ressarcimento dos danos que causar aos consumidores, pelos simples fato de ser pessoa jurídica;[4]

e) a Lei n. 12.529/2011, art. 34, determina a desconsideração da personalização da pessoa jurídica quando ocorrer infração à ordem econômica, desde que configurado abuso de direito, excesso de poder, infração à lei, fato ou ato ilícito, violação dos estatutos ou contrato social e quando houver falência, insolvência, encerramento ou inatividade da pessoa jurídica provocados por má administração;

(3) COELHO, Fábio Ulhoa. *Curso de direito comercial*. São Paulo: Saraiva, 1999. v. 2, p. 35.

(4) "Esse preceito do Código de Defesa do Consumidor (art. 28, § 5º) é plenamente aplicável ao direito do trabalho, autorizando, portanto, a desconsideração da personalidade jurídica do empregador na fase de execução trabalhista. Vale lembrar que o direito do consumidor, preocupado com a proteção da parte mais vulnerável em termos materiais e processuais, guarda especial semelhança com o direito do trabalho, igualmente atento à parte da relação jurídica que apresenta maior vulnerabilidade material e processual. Essa similitude de princípios e finalidades chancela a incidência daquele dispositivo nas relações laborais, como forma de assegurar a efetividade e o cumprimento da própria legislação trabalhista. Assim, havendo insuficiência de bens por parte da empresa empregadora para pagar as dívidas trabalhistas, com fundamento no art. 28, § 5º, do CPC, a jurisprudência dos tribunais admite alcançar os bens dos sócios, por aplicação da teoria da desconsideração da personalidade jurídica" (PEDUZZI, Maria Cristina Irigoyen. Execução trabalhista e responsabilidade de sócios e diretores, *Revista Magister de Direito do Trabalho*, n. 57, p. 17, nov./dez. 2013).

f) de acordo com o art. 19, Lei n. 12.846/2013, em razão da prática de atos lesivos à administração pública, a União, os Estados, o Distrito Federal e os Municípios, por meio das respectivas Advocacias Públicas ou órgãos de representação judicial, ou equivalentes, e o Ministério Público, poderão ajuizar ação com vistas à aplicação das seguintes sanções às pessoas jurídicas infratoras: (1) perdimento dos bens, direitos ou valores que representem vantagem ou proveito direta ou indiretamente obtidos da infração, ressalvado o direito do lesado ou de terceiro de boa-fé; (2) suspensão ou interdição parcial de suas atividades; (3) dissolução compulsória da pessoa jurídica; (4) proibição de receber incentivos, subsídios, subvenções, doações ou empréstimos de órgãos ou entidades públicas e de instituições financeiras públicas ou controladas pelo poder público, pelo prazo mínimo de um e máximo de cinco anos. A dissolução compulsória da pessoa jurídica será determinada quando comprovado ter sido: (a) a personalidade jurídica utilizada de forma habitual para facilitar ou promover a prática de atos ilícitos; (b) constituída para ocultar ou dissimular interesses ilícitos ou a identidade dos beneficiários dos atos praticados. Qualquer das sanções poderá ser aplicada de forma isolada ou cumulativa. O Ministério Público ou a Advocacia Pública ou órgão de representação judicial, ou equivalente, do ente público poderá requerer a indisponibilidade de bens, direitos ou valores necessários à garantia do pagamento da multa ou da reparação integral do dano causado, ressalvado o direito do terceiro de boa-fé.

O art. 50, CC, acabou por adotar essa teoria. Em caso de abuso da personalidade jurídica, caracterizado pelo desvio de finalidade, ou pela confusão patrimonial, pode o juiz decidir, a requerimento da parte, ou do Ministério Público quando lhe couber intervir no processo, que os efeitos de certas e determinadas relações de obrigações civis sejam estendidos aos bens particulares dos administradores ou sócios da pessoa jurídica.

Nos seus comentários ao art. 50, Maria Cecília Alves Pinto[5] afirma:

> Edilton Meireles lamenta que o novo Código não tenha avançado mais na despersonificação da pessoa jurídica, para fins de responsabilidade de seus sócios, pois o projeto previa a responsabilidade solidária, sempre que o administrador ou representante se houvesse utilizado da maneira fraudulenta ou abusiva da pessoa jurídica. Entretanto, o fato de ter havido limitação da responsabilidade dos administradores ou sócios da pessoa jurídica à hipótese de abuso da personalidade, caracterizado por desvio de conduta ou confusão patrimonial, não obsta a despersonificação da pessoa jurídica, com responsabilidade pessoal dos administradores e sócios, em decorrência da aplicação da teoria da responsabilidade civil por atos ilícitos. ...
>
> Seguindo a linha de raciocínio do jurista citado, referido art. 927 autoriza a desconsideração da personalidade jurídica do empregador, com responsabilização pessoal dos sócios ou administradores, sempre que causarem dano aos empregados, em decorrência de ato ilícito. E o não cumprimento da legislação trabalhista, sendo o empregado lesado em direitos que lhe são assegurados, subsume-se à previsão legal, gerando a responsabilização do sócio ou administrador responsável pelo dano.
>
> É importante salientar, ainda, que, no Direito do Trabalho, em que a execução pode ser iniciada a requerimento do interessado, ou *ex officio*, pelo próprio juiz competente, nos termos do art. 878 da CLT, tem-se por inaplicável ao processo trabalhista o art. 50 do CC/2002, quando exige, para a despersonificação da pessoa jurídica, o requerimento da parte ou do Ministério Público. Detendo o juiz o impulso oficial da execução, mesmo sem requerimento, pode direcioná-la contra o sócio ou administrador responsável, atendidos os preceitos legais a respeito da questão.

Apesar das críticas doutrinárias, não se pode negar os avanços adotados no art. 50 do CC, a saber: (a) a adoção de uma regra genérica a respeito da responsabilidade civil dos administradores e sócios da pessoa jurídica por abuso da personalidade jurídica; (b) essa responsabilidade inclui o administrador ou o sócio de qualquer pessoa jurídica; anteriormente, somente havia previsão legal para o administrador da sociedade anônima e os sócios das sociedades comerciais limitadas.

(5) PINTO, Maria Cecília Alves. O direito de empresa no novo Código Civil e seus reflexos no direito do trabalho. In: LAGE, Emérson José Alves; LOPES Mônica Sette (Coord.). *Novo Código Civil e seus desdobramentos no Direito do Trabalho*. São Paulo: LTr, 2003. p. 144.

6. A RESPONSABILIDADE DO SÓCIO E O DIREITO DO TRABALHO

Os bens particulares dos sócios não respondem pelas dívidas da sociedade senão nos casos previstos em lei. O sócio, demandado pelo pagamento da dívida, tem direito a exigir que sejam primeiro executados os bens da sociedade (art. 795, *caput*, do CPC).

O sócio, que pagar a dívida, poderá executar o devedor (pessoa jurídica) nos autos do mesmo processo (art. 795, § 3º, do CPC).

Questão interessante é quanto à responsabilidade do sócio, quando os bens da pessoa jurídica são insuficientes para a satisfação do valor global da execução.

Os bens particulares de sócio, como regra geral, não podem ser objeto de penhora por dívida da sociedade, pois o patrimônio dos sócios não se confunde com o da pessoa jurídica.

Cabe aos sócios o direito de exigir que sejam executados, em primeiro lugar, os bens da sociedade, indicando bens livres e desembaraçados da empresa, suficientes para a liquidação do débito (art. 795, § 2º, do CPC).

O CPC/2015 exige que, para fins da desconsideração da personalidade jurídica, se faça o incidente previsto nos arts. 134 a 137 (art. 795, § 4º).

A penhora, em bens particulares dos sócios, é feita quando não há patrimônio da sociedade, ou quando se tem a dissolução ou extinção irregular da sociedade.

Deve ser aplicada a teoria da desconsideração da personalidade jurídica como forma de se conseguir bens em quantidade suficiente para a devida satisfação dos créditos reconhecidos em juízo.

Também se justifica a responsabilidade do sócio, em execução trabalhista, quando o mesmo, antes da propositura da ação, efetua a cessão de suas cotas, desligando-se da sociedade.

Os sócios devem responder pelos débitos da pessoa jurídica quando os seus bens são insuficientes ou não são localizados, precipuamente, considerando-se a natureza alimentar e privilegiada dos créditos trabalhistas.

No Direito do Trabalho, alguns defendem a menção do nome do sócio executado no título executivo judicial, de maneira a evitar constrição judicial contra quem não foi citado, negando-lhe o direito de defesa. Por analogia, invocam a inteligência da Súm. 205 do TST (verbete cancelado em 2003).

Seus defensores entendem que,

> [...] por analogia, o referido Enunciado poderá ser aplicado quando o sócio for chamado a responder pela pessoa jurídica, já que a reclamatória jamais é proposta contra a pessoa jurídica e seus sócios ou diretores.[6]

Nesse sentido, são os ensinamentos de Wilson de Souza Campos Batalha:[7]

> Essa longa viagem através dos atos de fraude e da solidariedade que envolvem e demonstram que a personalidade jurídica, como conceito, não pode frustrar a aplicação dos princípios jurídicos a realidade subjacente, desde que se obedeçam aos requisitos fundamentais da execução – a participação de quem vier a ser condenado no processo executório e a sua inclusão no título executivo judicial. O título executivo judicial, como o título executivo cartular, necessita ser completo e insuscetível de dúvidas, constituindo requisito essencial a sua nominatividade, sem a qual o processo executório constituiria fonte de insegurança e incerteza.

A inclusão do nome dos sócios na fase de conhecimento não pode ser condição *sine qua non* para a sua execução, nos casos de fraude ou abuso de direito, eis que não nos parece estar em consonância com a moderna teoria da *disregard doctrine*, até porque as disposições legais não fazem essa exigência.

Mais do que isso, tal exigência nos parece inclusive violar o próprio espírito dessa teoria, já que após incansáveis anos seguidos à espera da tutela jurisdicional, prestes a receber aquilo que lhe é de direito, o autor não consegue receber seus créditos, porque os sócios fecharam as portas e dilapidaram o patrimônio da pessoa jurídica, em um verdadeiro gesto de má-fé.

A teoria da *disregard of legal entity* pretende evitar esses tipos de fraudes e abusos de direitos, garantindo a continuidade da execução contra a pessoa dos sócios ou empresas coligadas.

Há o predomínio da aplicação da teoria objetiva na desconsideração da personalidade jurídica ante o caráter protetor do Direito do Trabalho e a valorização do

(6) OLIVEIRA, Francisco Antonio. *Comentários aos Enunciados do TST*. 10. ed. São Paulo: Revista dos Tribunais, 2010. p. 457.

(7) BATALHA, Wilson de Souza Campos. Desconsideração da personalidade jurídica na execução trabalhista: responsabilidade dos sócios em execução trabalhista contra sociedade, *Revista LTr*, v. 58, n. 11, p. 1299.

trabalho para a própria dignidade do trabalhador como ser humano.

Nesse sentido, Carlos Carmelo Balaró[8] ensina que

> [...] a jurisprudência reinante nos Tribunais do Trabalho está calcada no sentimento de que basta a comprovação da ausência de bens da pessoa jurídica para satisfação da execução para a responsabilização dos seus sócios e ex-sócios, independente da comprovação dos artigos 50 do CC e 28 do CDC, ou das ponderações sobre a garantia do contraditório ao menos quanto à possibilidade de impugnação da conta de liquidação em sede de embargos à execução. Tal sentimento da nossa jurisprudência especializada pode até causar indignação aos estudiosos de outras áreas do Direito, entretanto, nas palavras de José Augusto Rodrigues Pinto, deve-se preservar e privilegiar '[...] o princípio primário do Direito do Trabalho, do qual emergiram, por desdobramento, todos os demais, [...] da Proteção do Hipossuficiente Econômico'. No mesmo sentido, encontramos nos ensinamentos de Arion Sayão Romita, citado por Francisco Antonio de Oliveira, que: 'não se compadece com a índole do direito obreiro a perspectiva de ficarem os créditos trabalhistas a descoberto, enquanto os sócios, afinal os beneficiários diretos do resultado do labor dos empregados da sociedade, livram os seus bens pessoais da execução, a pretexto de que os patrimônios são separados. Que permaneçam separados para os efeitos comerciais, compreende-se; já para os fins fiscais, assim não entende a lei; não se deve permitir, outrossim, no Direito do Trabalho, para a completa e adequada proteção dos empregados.

O TST tem acolhido a teoria objetiva na desconsideração da personalidade jurídica.[9]

Evidentemente, o que é inadmissível é a execução de créditos contra uma pessoa natural ou jurídica que não possua nenhuma relação com o fato, seja uma relação direta (da própria pessoa), seja ela indireta (responsabilidade por atos de outrem).

O Enunciado n. 5 da Jornada Nacional sobre Execução na Justiça do Trabalho (realizada nos dias 24 a 26 de novembro de 2010, em Cuiabá) assim dispõe:

> Constatada durante a execução trabalhista, após a desconsideração da personalidade jurídica, que o executado é mero sócio aparente, deve-se ampliar a execução para alcançar o sócio oculto. Tal medida não viola a coisa julgada.

Os Enunciados ns. 2 e 20 da Jornada Nacional sobre Execução na Justiça do Trabalho (2010) assim dispõem:

> En. 2 – Desconsiderada a personalidade jurídica da executada para atingir o patrimônio dos sócios, em se constatando a insuficiência de patrimônio da empresa, cabe a imediata constrição cautelar de ofício do patrimônio dos sócios, com fulcro no art. 798 do Código do Processo Civil (CPC), inclusive por meio dos convênios Bacen Jud e Renajud, antes do ato de citação do sócio a ser incluído no polo passivo, a fim de assegurar-se a efetividade do processo.
>
> En. 20 – A falência e a recuperação judicial, sem prejuízo do direito de habilitação de crédito no juízo universal, não impedem o prosseguimento da execução contra os coobrigados, os fiadores e os obrigados de regresso, bem como os sócios, por força da desconsideração da personalidade jurídica.

O STJ fixou o entendimento de que se presume dissolvida irregularmente a empresa que deixar de funcionar no seu domicílio fiscal, sem comunicação aos órgãos competentes, legitimando o redirecionamento da execução fiscal para o sócio-gerente (Súm. n. 435).

A interpretação dos arts. 1.003,[10] parágrafo único, e 1.032,[11] do CC, indica a responsabilidade solidária do sócio que se retira da empresa, a qual, contudo, tem a limitação temporal de 2 anos após a averbação no registro.

Há julgado do TST quanto à aplicação do prazo de dois anos[12] para fins de exclusão da responsabilidade do ex-sócio na execução trabalhista.

---

(8) BALARÓ, Carlos Carmelo. O sócio, o ex-sócio, o administrador da empresa e o alcance da execução trabalhista, *Revista do Advogado da Associação dos Advogados de São Paulo*, ano XXVIII, n. 97, p. 43, maio 2008.

(9) TST – AIRR 0084700-87.1998.5.05.0009 – Relª Minª Dora Maria da Costa – *DJe* 30.06.2015 – p. 1.405.

(10) Até 2 anos depois de averbada a modificação do contrato, responde o cedente solidariamente com o cessionário, perante a sociedade e terceiros, pelas obrigações que tinha como sócio (art. 1.003, parágrafo único, CC).

(11) A retirada, exclusão ou morte do sócio, não o exime, ou a seus herdeiros, da responsabilidade pelas obrigações sociais anteriores, até 2 anos após averbada a resolução da sociedade; nem nos dois primeiros casos, pelas posteriores e em igual prazo, enquanto não se requerer a averbação (art. 1.032, CC).

(12) "(...) AGRAVO DE INSTRUMENTO. EXECUÇÃO. DESCONSIDERAÇÃO DA PERSONALIDADE JURÍDICA. SÓCIO RETIRANTE. REDIRECIONAMENTO DA EXECUÇÃO. PRAZO. PROVIMENTO. Por prudência, ante possível afronta direta e literal ao art. 5º,

Mauro Schiavi[13] entende ser aplicável o art. 1.003 ao Processo do Trabalho:

> No nosso sentir, o art. 1.003 do Código Civil se aplica ao Processo do Trabalho, por conter um critério objetivo e razoável de delimitação da responsabilidade do sócio retirante. Não obstante, em caso de fraude ou notória insolvência da empresa ao tempo da retirada, a responsabilidade do sócio retirante deve persistir por prazo superior a dois anos.

A Lei n. 13.467 (Reforma Trabalhista), de 13.07.2017, regulou a responsabilidade do sócio retirante (art. 10-A da CLT), em nível de sucessão trabalhista, ao dispor que responde subsidiariamente pelas obrigações trabalhistas da sociedade relativas ao período em que figurou como sócio, somente em ações ajuizadas até dois anos depois de averbada a modificação do contrato. Contudo, deverá ser observada a seguinte ordem de preferência: (a) a empresa devedora; (b) os sócios atuais; (c) os sócios retirantes. Caso seja a hipótese de fraude, o sócio retirante responderá solidariamente com os demais sócios.

Com a reforma trabalhista, o prazo decadencial de dois anos é interrompido com o ajuizamento da demanda trabalhista, portanto, o sócio retirante não mais poderá invocar a interrupção a partir do momento em que houve a desconsideração na fase executória da demanda trabalhista.[14]

Por outro lado, ao contrário do Código Civil (art. 1.003) (= responsabilidade solidária), a responsabilidade do sócio retirante é subsidiária, sendo somente solidária diante da fraude na alteração societária. Diante da fraude, não se tem a observância da ordem de preferência.[15]

7. TEORIA INVERSA DA DESCONSIDERAÇÃO DA PERSONALIDADE JURÍDICA

A aplicação da teoria inversa da desconsideração da personalidade jurídica faz com que a pessoa jurídica

---

LIV, da Constituição Federal, o destrancamento do recurso de revista é medida que se impõe. Agravo de instrumento a que se dá provimento. RECURSO DE REVISTA. EXECUÇÃO. 1 – PRELIMINAR DE NULIDADE. NEGATIVA DE PRESTAÇÃO JURISDICIONAL. POSSIBILIDADE DE DECIDIR O MÉRITO FAVORAVELMENTE À PARTE RECORRENTE. APLICAÇÃO DO ART. 249, § 2º, DO CPC. Deixa-se de analisar a preliminar de nulidade por negativa de prestação jurisdicional quando há a possibilidade de decidir o mérito do recurso favoravelmente à parte recorrente, consoante autoriza o art. 249, § 2º, do CPC, aplicado subsidiariamente a esta Justiça Especializada, por força do art. 769 da CLT. 2 – DESCONSIDERAÇÃO DA PERSONALIDADE JURÍDICA. SÓCIO RETIRANTE. REDIRECIONAMENTO DA EXECUÇÃO. PRAZO. PROVIMENTO. O quadro fático delineado pelo egrégio Tribunal Regional permite observar três marcos temporais cruciais para a solução da demanda: i) prestação dos serviços para a empresa executada por apenas 10 dias, no período de 11.05.1999 a 20.05.1999; ii) retirada do recorrente do quadro social da empresa executada em 15.06.2000, data em que averbada na Junta Comercial; e iii) redirecionamento da execução para o sócio retirante apenas no ano de 2010. Neste sentido, o egrégio Tribunal Regional, ao manter a execução contra o ex-sócio da executada, utilizando-se da teoria da desconsideração da personalidade jurídica, prevista no art. 28, § 5º, do CDC, com fundamento apenas no fato de que o ora recorrente se beneficiou dos serviços prestados pelo reclamante por figurar, à época, como sócio da empresa, não observou o princípio constitucional do devido processo legal, sem o qual ninguém pode ser privado dos seus bens. Anote-se, ainda, que manter a d. Decisão do egrégio Tribunal Regional importaria em grave insegurança jurídica nas relações trabalhistas e civis, pois equivaleria a dar guarida à eternização das obrigações delas decorrentes, hipótese que vai de encontro às garantias fundamentais previstas no art. 5º da Constituição Federal. O executado, portanto, não pode ser privado de seus bens, em decorrência de responsabilidade por obrigações sociais, após o transcurso do prazo de 2 anos da averbação de sua retirada do quadro social da empresa perante a Junta Comercial. Recurso de revista de que se conhece e a que se dá provimento" (TST – RR 0001452-69.2011.5.09.0459 – Rel. Min. Guilherme Augusto Caputo Bastos – *DJe* 26.06.2015, p. 1.553).

(13) SCHIAVI, Mauro. *Manual de direito processual do trabalho*. 10. ed. São Paulo: LTr, 2016. p. 1089.

(14) "O enxerto do art. 10-A ao texto da CLT pode ter piorado a condição do sócio retirante: aplica-se, em geral, a regra do art. 1.003, parágrafo único, do CC, quanto ao prazo de dois anos da responsabilidade do sócio retirante. Ocorre que a reforma trabalhista de 2017 adotou o entendimento de que os dois anos se calculam entre a saída do sócio e o ajuizamento da ação trabalhista. Ou seja, contanto que a ação esteja ajuizada, o sócio pode ser responsabilizado cinco, dez, quinze anos após, porque somente após a fase de conhecimento e o acertamento dos cálculos é que se descobrirá se a pessoa jurídica e os sócios atuais têm patrimônio suficiente para arcar com o débito. Para o sócio retirante, era mais favorável o entendimento de que ele respondia por dois anos contados entre sua saída e a fase de execução ou simplesmente entre sua saída e o mandado de citação, penhora e avaliação. Agora, ele ficará vinculado a um processo trabalhista cuja existência ele pode até mesmo desconhecer" (SILVA, Homero Batista Mateus. *Comentários à reforma trabalhista – Análise da Lei 13.467/2017 – Artigo por artigo*. São Paulo: Revista dos Tribunais, 2017. p. 27).

(15) "O art. 10-A, parágrafo único, prevê a hipótese de responsabilidade direta do ex-sócio, sem passar pelo esgotamento do patrimônio societário ou dos sócios atuais, em caso de prova da fraude na alienação empresarial" (SILVA, Homero Batista Mateus. Ob. cit., p. 28).

seja responsabilizada por débitos contraídos por sócios, administradores ou ex-sócios. É uma forma de se coibir a prática de fraudes por sócios, os quais transferem os seus bens para a pessoa jurídica, como forma de prejudicar os seus credores pessoais. Ao invés da responsabilidade do patrimônio do sócio, quem será responsabilizado é o patrimônio da pessoa jurídica. Tem-se a confusão entre o patrimônio da pessoa jurídica e o do sócio, o que deve ser punido, aplicando-se, assim, a inteligência do art. 50 do Código Civil.

Ben-Hur Silveira Claus[(16)] ensina:

> A desconsideração inversa da personalidade jurídica visa a coibir o desvio de bens do sócio para a sociedade, conforme se extrai da lição de Fábio Ulhoa Coelho. Na desconsideração inversa, o abuso da personalidade jurídica do ente societário caracteriza-se pelo preenchimento do suporte fático da confusão patrimonial, requisito previsto no art. 50 do Código Civil. O autor esclarece que a desconsideração inversa consiste no afastamento do princípio da autonomia patrimonial da pessoa jurídica para responsabilizar a sociedade por obrigação do sócio, técnica jurídica que tem cabimento quando '[...] o devedor transfere seus bens para a pessoa jurídica sobre a qual detém absoluto poder. Desse modo, continua a usufruí-los, apesar de não serem de sua propriedade, mas da pessoa jurídica controlada'. Vale dizer, a técnica da desconsideração inversa tem aplicação quando o sócio esvazia seu patrimônio pessoal, transferindo-o à pessoa jurídica da qual é sócio, para furtar-se às obrigações que são de sua responsabilidade pessoal, mediante a artificiosa invocação da autonomia patrimonial da sociedade personificada para a qual o sócio desviou seu patrimônio pessoal.

Mauro Schiavi afirma que é aplicável essa teoria ao processo trabalhista, como forma de valorização da satisfação do crédito trabalhista, aplicando-se, assim, a inteligência evolutiva e teleológica dos arts. 50 do Código Civil e 28 do Código de Defesa do Consumidor.

Há julgados na Justiça do Trabalho que reconhecem a inversão na desconsideração da personalidade jurídica.[(17)]

O CPC/15 admite a desconsideração inversa da personalidade jurídica (art. 135).

8. O INCIDENTE DE DESCONSIDERAÇÃO DA PERSONALIDADE JURÍDICA NO CPC/15

Com o incidente da desconsideração da personalidade jurídica, o CPC/15 criou uma nova modalidade de intervenção de terceiros, assim, não se exige uma ação judicial própria para a aplicação da teoria da desconsideração da personalidade jurídica.

Quanto à sua disciplina legal, destacam-se (arts. 134 a 137):

a) o incidente será instaurado a pedido da parte ou do Ministério Público, quando lhe couber intervir no processo. Será obrigatória a observância dos pressupostos previstos em lei. Admite-se a hipótese de desconsideração inversa da personalidade jurídica;

b) o pedido é cabível em todas as fases do processo de conhecimento, no cumprimento de sentença e na execução fundada em título executivo extrajudicial;

c) a instauração do incidente será imediatamente comunicada ao distribuidor para as anotações devidas. A comunicação é dispensada quando o pedido é efetuado na petição inicial, hipótese em que será citado o sócio ou a pessoa jurídica;

d) a instauração do incidente suspende o processo, exceto se o requerimento for efetuado na petição inicial. O requerimento deve demonstrar o preenchimento dos pressupostos legais específicos para desconsideração da personalidade jurídica. Instaurado o incidente, o sócio ou a pessoa jurídica será citado para manifestar-se e requerer as provas cabíveis no prazo de 15 dias. Concluída a instrução, se necessária, o incidente será resolvido por decisão interlocutória, contra a qual caberá agravo de instrumento. Se a decisão for proferida pelo relator, cabe agravo interno;

e) acolhido o pedido de desconsideração, a alienação ou oneração de bens, havida em fraude de execução, será ineficaz em relação ao requerente.

É considerado terceiro, para fins de embargos de terceiro, quem sofre constrição judicial de seus bens por força de desconsideração da personalidade jurídica, de cujo incidente não fez parte (art. 674, § 2º, III, do CPC).

(16) CLAUS, Ben-Hur Silveira. A Desconsideração Inversa da Personalidade Jurídica na Execução Trabalhista e a Pesquisa Eletrônica de Bens de Executados, *Revista Síntese Trabalhista e Previdenciária*, n. 290, ago. 2013. p. 13.

(17) TRT – 2ª R. – 14ª T. – AP 02233009619915020048 – Rel. Davi Furtado Meirelles – j. 27.03.2014. TRT – 2ª R. – 4ª T. – AP 02639000220075020501 – Rel. Ivani Contini Bramante – j. 02.04.2013. TRT – 9ª R. – SE – AP 04714-2013-662-09-00-6 – Rel. Cássio Colombo Filho – *DEJT* 25.03.2014.

Na sistemática processual civil, o recurso contra as decisões proferidas em incidente de desconsideração da personalidade jurídica é o agravo de instrumento (art. 1.015, IV, do CPC).

O NCPC estabelece que ficam sujeitos à execução os bens do responsável, nos casos da desconsideração da personalidade jurídica, se observado o incidente (art. 790, VII, do CPC).

Quanto à fraude à execução, nos casos de desconsideração da personalidade jurídica, verifica-se a partir da citação da parte cuja personalidade se pretende desconsiderar (art. 792, § 3º, do NCPC).

É considerado terceiro, para fins de embargos de terceiro, quem sofre constrição judicial de seus bens por força de desconsideração da personalidade jurídica, de cujo incidente não fez parte (art. 674, § 2º, III, do NCPC).

9. A APLICAÇÃO DO INCIDENTE DE DESCONSIDERAÇÃO DA PERSONALIDADE JURÍDICA AO PROCESSO DO TRABALHO

Há na doutrina trabalhista uma razoável resistência à aplicação do incidente de desconsideração da personalidade jurídica ao processo trabalhista.

Em linhas gerais, as objeções repousam nos seguintes argumentos:

a) a exigência de iniciativa da parte, o que colide com o princípio do impulso oficial (art. 878 da CLT);

b) a suspensão automática do processo, para a solução do incidente, o que colide com a celeridade processual, com prejuízo evidente à garantia da efetividade da jurisdição;

c) a necessidade que possui o credor em provar os requisitos quanto à desconsideração da personalidade jurídica, o que poderia inviabilizar o seu deferimento, pelas dificuldades práticas na produção dessa prova;

d) a necessidade do contraditório prévio, o que colide com o processo trabalhista, o qual exige a garantia do juízo, para que, posteriormente, o devedor possa discutir a sua legitimação quando da oposição de embargos à execução;

e) a possibilidade de recurso imediato, o que colide com o princípio da irrecorribilidade imediata das decisões interlocutórias no processo trabalhista (art. 893, § 1º, CLT; Súm. n. 214, do TST).

Assim, como inúmeras outras inovações do CPC, não temos dúvidas de que o incidente da desconsideração da personalidade jurídica é compatível com o processo trabalhista (arts. 769 e 889 da CLT; art. 15 do CPC), notadamente, por ser um procedimento que permite o respeito à segurança jurídica e ao devido processo legal quanto à pessoa do sócio ou ex-sócio (arts. 7º e 10 da CPC).

Contudo, face às peculiaridades do microssistema processual, a aplicação do incidente de desconsideração da personalidade jurídica deve ser adequada aos procedimentos do processo do trabalho.

Por conta disso, entendemos que o incidente pode também ser instaurado de ofício, na medida em que a execução trabalhista pode ser processada por ato do magistrado (art. 878 da CLT).

A IN n. 39/16 (art. 6º, *caput*), do TST, determina a aplicação do incidente de desconsideração da personalidade jurídica ao processo trabalhista, assegurando a iniciativa, na fase de execução, também ao juiz do trabalho (art. 878 da CLT).

A instauração do incidente suspenderá o processo, sem prejuízo de concessão da tutela de urgência de natureza cautelar (art. 301, CPC) (art. 6º, § 2º, IN n. 39). Isso significa que o juiz trabalhista, de ofício, poderá adotar as medidas necessárias, durante o desenrolar do incidente, para evitar o perigo de dano ou o risco ao resultado útil do processo. Por exemplo, durante a solução do incidente, poderá ser determinada a indisponibilidade dos bens do sócio ou ex-sócio.

A Lei n. 13.467 fixou que o incidente de desconsideração da personalidade jurídica é aplicável ao processo trabalhista (art. 133 e segs. do CPC) (art. 855-A da CLT).

Instaurado o incidente, o sócio ou a pessoa jurídica será citado. Concluída a instrução, se necessária, o incidente será resolvido por decisão interlocutória. Não há dúvidas de que, para fins de acolhimento do incidente, o juiz trabalhista irá adotar a teoria menor, não se exigindo que o credor trabalhista demonstre a culpa do sócio ou do ex-sócio na gestão patrimonial da pessoa jurídica.

Além disso, o magistrado, diante do caso concreto, poderá adotar medida acautelatórias (*v. g.* sequestro, arresto e indisponibilidade de bens) *ex officio*, na medida em que visem a efetivar as decisões judiciais (art. 855-A, § 2º, da CLT).

A Lei n. 13.467 alterou a redação do art. 878, CLT, ao dispor que a execução de ofício somente é permitida nos casos em que as partes não estiverem representadas por advogado. Evidente a inconstitucionalidade da nova redação, visto que a atuação de ofício do magistrado, ante o impulso oficial, é fator de aplicação do princípio constitucional da razoabilidade da duração do processo (art. 5º, LXXVIII).

Em relação aos recursos na seara trabalhista, temos:

a) na fase de conhecimento, seja a matéria discutida em decisão interlocutória ou na própria sentença definitiva, o recurso cabível é o ordinário quando da prolação da sentença (art. 893, § 1º, da CLT; art. 855-A, § 1º, I). Assim, tratando-se de decisão interlocutória proferida no curso do processo, a parte interessada deverá consignar sua insatisfação – "protesto não preclusivo" (art. 795) e, posteriormente, questioná-la pelo recurso ordinário;

b) se ocorrer o incidente apenas na fase recursal por decisão monocrática do relator do processo, o recurso oponível será o agravo interno (art. 855-A, § 1º, III);

c) na liquidação ou execução de sentença, após a decisão do incidente, *a priori*, tem-se o direcionamento da execução em relação à pessoa do sócio ou ex-sócio. Pela ótica dos autores, após a garantia do juízo (art. 884), o sócio deverá interpor embargos à execução. Da decisão que julgar os embargos, caberá o agravo de petição (art. 897, *a*). Contudo, o art. 855-A, § 1º, II, dispõe que na fase de execução, o recurso cabível é o agravo de petição, sem a necessidade da garantia do juízo.

10. CONCLUSÃO

O incidente de desconsideração da personalidade jurídica é um mecanismo de segurança jurídica, visto que preserva o direito do sócio ou da pessoa jurídica a uma defesa prévia, antes que o seu patrimônio possa ser afetado a uma determinada execução.

Não há óbices intransponíveis à sua aplicabilidade ao processo do trabalho, desde que possa ser adotado de ofício pelo magistrado, face ao impulso oficial, inclusive, com as medidas acautelatórias necessárias de ofício, para que o incidente não leve ao desaparelhamento da própria execução.

11. REFERÊNCIAS BIBLIOGRÁFICAS

BALARÓ, Carlos Carmelo. O sócio, o ex-sócio, o administrador da empresa e o alcance da execução trabalhista, *Revista do Advogado da Associação dos Advogados de São Paulo*, ano XXVIII, n. 97, p. 43, maio 2008.

BATALHA, Wilson de Souza Campos. Desconsideração da personalidade jurídica na execução trabalhista: responsabilidade dos sócios em execução trabalhista contra sociedade, *Revista LTr*, v. 58, n. 11.

CLAUS, Ben-Hur Silveira. A Desconsideração Inversa da Personalidade Jurídica na Execução Trabalhista e a Pesquisa Eletrônica de Bens de Executados, *Revista Síntese Trabalhista e Previdenciária*, n. 290, ago. 2013.

COELHO, Fábio Ulhoa. *Curso de direito comercial*. São Paulo: Saraiva, 1999, v. 2.

DINIZ, Maria Helena. *Curso de direito civil brasileiro*. 18. ed. São Paulo: Saraiva, 2002, v. 1.

JORGE NETO, Francisco Ferreira; CAVALCANTE, Jouberto de Quadros Pessoa. *Direito processual do trabalho*. 7. ed. São Paulo: Atlas, 2015.

OLIVEIRA, Francisco Antonio. *Comentários aos Enunciados do TST*. 10. ed. São Paulo: Revista dos Tribunais, 2010.

PEDUZZI, Maria Cristina Irigoyen. Execução trabalhista e responsabilidade de sócios e diretores, *Revista Magister de Direito do Trabalho*, n. 57, p. 17, nov./dez. 2013.

PINTO, Maria Cecília Alves. O direito de empresa no novo Código Civil e seus reflexos no direito do trabalho. In: LAGE, Emérson José Alves; LOPES Mônica Sette (Coord.). *Novo Código Civil e seus desdobramentos no Direito do Trabalho*. São Paulo: LTr, 2003.

RODRIGUES, Silvio. *Direito civil*. 25. ed. São Paulo: Saraiva, 1995, v. 1.

SCHIAVI, Mauro. *Manual de direito processual do trabalho*. 10. ed. São Paulo: LTr, 2016.

SILVA, Homero Batista Mateus. *Comentários à Reforma Trabalhista – Análise da Lei n. 13.467/2017 – Artigo por artigo*. São Paulo: Revista dos Tribunais, 2017.

Supremacia do Negociado em Face do Legislado. A Natureza Bifronte (ou as Faces) da Nova CLT

Enoque Ribeiro dos Santos

Professor Associado da Faculdade de Direito da USP – SP. Desembargador do Trabalho do TRT da 1ª Região – Rio de Janeiro. Mestre (UNESP), Doutor e Livre Docente em Direito do Trabalho pela Faculdade de Direito da USP.

1. INTRODUÇÃO

O presente escrito tem por finalidade debater alguns aspectos relevantes da Lei n. 13.467/2017 pertinentes a um dos eixos centrais da reforma trabalhista no Brasil – a supremacia do negociado em face da legislação do trabalho e a percepção doutrinária que a CLT passou a apresentar, com mais força, uma natureza bifronte (ou bidimensional), ora refletindo o Direito Individual, ora espelhando o Direito Coletivo do Trabalho, como demonstraremos nas próximas linhas.

Como já tinha ocorrido com o microssistema trabalhista na Constituição Federal de 1988, os legisladores brasileiros foram buscar inspiração no Direito do Trabalho Português, especialmente na recente Reforma Trabalhista Portuguesa e as respectivas alterações promovidas no Código do Trabalho Português, em 2003 e, posteriormente, em 2009, replicando no Brasil virtualmente a maioria dos institutos implementados naquele país-irmão, inclusive a adoção da dupla exegese em relação à CLT – Consolidação das Leis do Trabalho.

2. NEGOCIAÇÃO COLETIVA COMO UM DOS EIXOS SUBSTANCIAIS DA LEI N. 13.467/2017 E DA MEDIDA PROVISÓRIA N. 808/2017

Consoante o art. 2º da Convenção n. 154 da Organização Internacional do Trabalho (OIT), a convenção coletiva do trabalho como o processo que compreende todas as negociações que tenham lugar entre um empregador, um grupo de empregadores ou uma organização ou várias organizações de empregadores, de uma parte, e uma ou várias organizações de trabalhadores, de outra parte, com o escopo de: a) fixar as condições de trabalho e emprego ou; b) regular as relações entre empregadores e trabalhadores ou; c) regular as relações entre os empregadores ou suas organizações e uma ou várias organizações de trabalhadores ou; d) alcançar todos esses objetivos de uma só vez.

A negociação coletiva de trabalho pode ser conceituada como um processo dialético por meio do qual os trabalhadores e as empresas, ou seus representantes, debatem uma agenda de direitos e deveres, de forma democrática e transparente, envolvendo as matérias pertinentes às relações entre trabalho e capital, na busca de um acordo que possibilite o alcance de uma convivência pacífica, em que imperem o equilíbrio, a boa-fé e a solidariedade.

Podemos sintetizar o conceito de negociação coletiva de trabalho: processo dialético por meio do qual os seres coletivos (sindicatos e empresas) discutem uma pauta de reivindicações, devidamente homologada pela Assembleia Geral respectiva, no sentido de estabelecer novas condições de trabalho e de remuneração para as respectivas categorias.

No caso brasileiro, a Constituição Federal de 1988 foi a primeira a tratar diretamente da negociação coletiva de trabalho em vários de seus dispositivos, reconhecendo-a como direito dos trabalhadores (arts. 7º, XXVI e 8º, VI). Antes de sua previsão na Constituição Federal de 1988, a negociação coletiva de trabalho foi instituída pelo Decreto n. 21.761, de 23 de agosto de 1932, sendo posteriormente disciplinada no Decreto-lei n. 1.237, de 2 de maio de 1939, que também regulamentou a Justiça do Trabalho e, finalmente, encontrou previsão na Consolidação das Leis do Trabalho (CLT) de 1943, que a regulou de modo mais amplo em seus arts. de 611 a 625.

A Lei n. 13.467/2017 (Reforma Trabalhista), revista pela Medida Provisória n. 808[(1)], de 14.11.2017, adotou a supremacia dos acordos e convenções coletivas sobre as regras estabelecidas na CLT, com exceção de algumas matérias elencadas nos dispositivos do art. 611-B da novel legislação, que funcionará como uma cláusula de contenção ou de barreira à ampla liberdade contratual *in pejus* na autonomia coletiva.

O teor do art. 611-A da CLT, foi alterado pela Medida Provisória n. 808, de 14.11.2017, passando a ter a seguinte redação:

> Art. 611-A. A convenção coletiva e o acordo coletivo de trabalho, observados os incisos III e VI do *caput* do art. 8º da Constituição, têm prevalência sobre a lei quando, entre outros, dispuserem sobre:
>
> ....
>
> XII – enquadramento do grau de insalubridade e prorrogação de jornada em locais insalubres, incluída a possibilidade de contratação de perícia, afastada a licença prévia das autoridades competentes do Ministério do Trabalho, desde que respeitadas, na integralidade, as normas de saúde, higiene e segurança do trabalho previstas em lei ou em normas regulamentadoras do Ministério do Trabalho;
>
> ....
>
> § 5º Os sindicatos subscritores de convenção coletiva ou de acordo coletivo de trabalho participarão, como litisconsortes necessários, em ação coletiva que tenha como objeto a anulação de cláusulas desses instrumentos, vedada a apreciação por ação individual.

A modificação introduzida no art. 611-A da CLT, que buscou dar maior efetividade aos incisos III[(2)] e IV do *caput* do art. 8º, da CF/1988, revogou o inciso XIII do *caput* desse artigo, que tratava da "prorrogação da jornada em ambientes insalubres, sem licença prévia das autoridades competentes do trabalho", e deu nova redação ao inciso XII. *In verbis*:

> XII – enquadramento do grau de insalubridade e prorrogação de jornada em locais insalubres, incluída a possibilidade de contratação de perícia, afastada a licença prévia das autoridades competentes do Ministério do Trabalho, desde que respeitadas, na integralidade, as normas de saúde, higiene e segurança do trabalho previstas em lei ou em normas regulamentadoras do Ministério do Trabalho.

O § 5º do art. 611-A da nova CLT, também foi alterado pela Medida Provisória n. 808/2017, passando a ter a seguinte redação:

> § 5º Os sindicatos subscritores de convenção coletiva ou de acordo coletivo de trabalho participarão, como litisconsortes necessários, em ação coletiva que tenha como objeto a anulação de cláusulas desses instrumentos, vedada a apreciação por ação individual.

Para se adequar à prática do cotidiano, o parágrafo acima mencionado veda a apreciação por ação individual de lide que tenha por objeto a anulação de cláusulas de acordos ou convenções coletivas de trabalho.

No entanto, é notório que o Ministério Público do Trabalho, que detém legitimidade para ajuizar ações de nulidade de cláusulas de acordos ou de convenções coletivas, de acordo com o art. 83, IV, da LC n. 75/93, bem como de ações moleculares, invariavelmente notifica os sindicatos interessados para que participem como litisconsortes necessários, ou mesmo como assistentes em tais ações.

Neste panorama, entendemos que não andou bem o legislador, na Medida Provisória n. 808/2017, ao tentar barrar o acesso ao Judiciário de empresas, como se extrai da parte final do § 5º, supramencionado.

Isso porque é entendimento pacífico na doutrina e na jurisprudência que o empregador, caso se sinta prejudicado por cláusula de acordo ou convenção coletiva, também possui legitimidade para ajuizar reclamatória individual na Justiça do Trabalho que tenha por objeto a nulidade ou anulação de cláusula de instrumento normativo, não podendo ser obstaculizado em seu livre acesso ao Judiciário por lei de regência, sob pena de se afrontar o princípio constitucional da inafastabilidade de jurisdição (art. 5º, XXXVI, da CF/1988).

---

(1) A MP n. 808/2017 perdeu a eficácia em 23.04.2018 pela expiração do prazo constitucional para que o Congresso Nacional deliberasse sobre a matéria por meio de um decreto legislativo. Porém, de acordo com o § 11 do art. 62 da CF/2088, se até sessenta dias após a rejeição ou perda de eficácia de medida provisória, ou seja, até 23.06.2018 nada for deliberado, as relações jurídicas constituídas e decorrentes de atos praticados durante sua vigência conservar-se-ão por ela regidas. Em outras palavras, se o Congresso Nacional ou o Governo não regularem a matéria da MP 808/2017, por meio de decreto legislativo ou executivo, até 23.06.2018, as relações jurídicas constituídas durante sua vigência conservar-se-ão por ela regidas.

(2) III – ao sindicato cabe a defesa dos direitos e interesses coletivos ou individuais da categoria, inclusive em questões judiciais ou administrativas;

IV – a assembleia geral fixará a contribuição que, em se tratando de categoria profissional, será descontada em folha, para custeio do sistema confederativo da representação sindical respectiva, independentemente da contribuição prevista em lei;

Não obstante, esta Medida Provisória, como dito em nota de rodapé, perdeu a eficácia em 23.04.2018, porém, se nada for editado pelo Governo ou pelo Congresso Nacional até 23.06.2018, todas as relações jurídicas constituídas durante sua vigência, que se deu entre 14.11.2017 e 23.04.2018, conservar-se-ão por ela regidas.

Note-se que, no caso retromencionado, o provimento jurisdicional, se procedente, fará coisa julgada *inter partes, pro et contra*, não apresentando qualquer extensão em seus efeitos, enquanto a coisa julgada na ação de nulidade promovida pelo Ministério Público ou pelo sindicato, em caso de procedência, produzirá coisa julgada *erga omnes* e *ultrapartes*, consoante art. 103 da Lei n. 8.078/90.

Importante destacar que, para ser autêntica e legítima, a negociação coletiva de trabalho pressupõe a igualdade como um de seus princípios fundamentais, pois mitiga a desigualdade das partes e a relação de poder entre capital e trabalho inerente ao contrato individual, para dar lugar ao negociado entre dois seres coletivos, os sindicatos de trabalhadores e empregadores ou o sindicato de trabalhadores e empresa, cuja natureza jurídica passa-se a analisar no tópico seguinte.

3. INOVAÇÕES DA MEDIDA PROVISÓRIA N. 808/2017

A Medida Provisória n. 808, de 14.11.2017 também apresentou inovações em relação à necessidade de negociação coletiva de trabalho, assim como de seus instrumentos normativos (acordo e convenção coletiva), como podemos verificar pelos dispositivos abaixo:

No art. 457 da CLT, foram incluídos vários parágrafos sobre a gorjeta, entre eles:

> (...)
>
> § 12. A gorjeta a que se refere o § 3º não constitui receita própria dos empregadores, destina-se aos trabalhadores e será distribuída segundo os critérios de custeio e de rateio definidos em convenção coletiva ou acordo coletivo de trabalho.
>
> § 13. Se inexistir previsão em convenção coletiva ou acordo coletivo de trabalho, os critérios de rateio e distribuição da gorjeta e os percentuais de retenção previstos nos §§ 14 e 15 serão definidos em assembleia geral dos trabalhadores, na forma estabelecida no art. 612.
>
> § 14. As empresas que cobrarem a gorjeta de que trata o § 3º deverão: I – quando inscritas em regime de tributação federal diferenciado, lançá-la na respectiva nota de consumo, facultada a retenção de até vinte por cento da arrecadação correspondente, mediante previsão em convenção coletiva ou acordo coletivo de trabalho, para custear os encargos sociais, previdenciários e trabalhistas derivados da sua integração à remuneração dos empregados, hipótese em que o valor remanescente deverá ser revertido integralmente em favor do trabalhador;
>
> II – quando não inscritas em regime de tributação federal diferenciado, lançá-la na respectiva nota de consumo, facultada a retenção de até trinta e três por cento da arrecadação correspondente, mediante previsão em convenção coletiva ou acordo coletivo de trabalho, para custear os encargos sociais, previdenciários e trabalhistas derivados da sua integração à remuneração dos empregados, hipótese em que o valor remanescente deverá ser revertido integralmente em favor do trabalhador; e
>
> III – anotar na CTPS e no contracheque de seus empregados o salário contratual fixo e o percentual percebido a título de gorjeta.
>
> § 15. A gorjeta, quando entregue pelo consumidor diretamente ao empregado, terá seus critérios definidos em convenção coletiva ou acordo coletivo de trabalho, facultada a retenção nos parâmetros estabelecidos no § 14.
>
> § 16. As empresas anotarão na CTPS de seus empregados o salário fixo e a média dos valores das gorjetas referente aos últimos doze meses.
>
> § 17. Cessada pela empresa a cobrança da gorjeta de que trata o § 3º, desde que cobrada por mais de doze meses, essa se incorporará ao salário do empregado, a qual terá como base a média dos últimos doze meses, sem prejuízo do estabelecido em convenção coletiva ou acordo coletivo de trabalho.
>
> § 18. Para empresas com mais de sessenta empregados, será constituída comissão de empregados, mediante previsão em convenção coletiva ou acordo coletivo de trabalho, para acompanhamento e fiscalização da regularidade da cobrança e distribuição da gorjeta de que trata o § 3º, cujos representantes serão eleitos em assembleia geral convocada para esse fim pelo sindicato laboral e gozarão de garantia de emprego vinculada ao desempenho das funções para que foram eleitos, e, para as demais empresas, será constituída comissão intersindical para o referido fim.

Os parágrafos acima tratam da gorjeta e sua regulamentação por meio da negociação coletiva de trabalho, enquanto o art. 510-E, também incluído pela Medida Provisória n. 808/2017 trata da garantia aos sindicatos como titulares da negociação coletiva, conforme estipula o art. 8º, VI[3], da CF/1988.

(3) VI – é obrigatória a participação dos sindicatos nas negociações coletivas de trabalho;

Eis a redação do novel artigo:

> Art. 510-E. A comissão de representantes dos empregados não substituirá a função do sindicato de defender os direitos e os interesses coletivos ou individuais da categoria, inclusive em questões judiciais ou administrativas, hipótese em que será obrigatória a participação dos sindicatos em negociações coletivas de trabalho, nos termos dos incisos III e VI do *caput* do art. 8º da Constituição.

Além disso, a Medida Provisória n. 808/2017 revogou os seguintes dispositivos da Lei n. 13.467/2017:

> Art. 3º Ficam revogados os seguintes dispositivos da Consolidação das Leis do Trabalho – CLT, aprovada pelo Decreto-lei n 5.452, de 1º de maio de 1943:
>
> I – os incisos I, II e III do *caput* do art. 394-A;
>
> II – os § 4º, § 5º e § 8º do art. 452-A; e
>
> III – o inciso XIII do *caput* do art. 611-A.

4. INVERSÃO DAS FONTES NORMATIVAS DO DIREITO DO TRABALHO FACE À LEI N. 13.467/2017. A NATUREZA BIFRONTE OU BIDIMENSIONAL DA CLT

Podemos dizer que, diante da Lei da Reforma Trabalhista (Lei n. 13.467/2017) e da Medida Provisória n. 808, de 14.11.2017, e em face da inversão da hierarquia das normas trabalhistas, em que o negociado terá supremacia sobre a legislação do trabalho, e da criação da figura do empregado hipersuficiente, a aplicação das normas trabalhistas, a CLT, passou a ter uma natureza bifronte (ou bidimensional), parafraseando João Leal Amado(4), diante das alterações no Código de Trabalho Português em 2009, que assinalou que aquele instrumento jurídico passou a ser como a divindade romana Juno, que possui duas caras, ou seja, uma direcionada para o Direito Individual e outra para a autonomia da negociação coletiva.

Em outras palavras, a CLT poderá ser interpretada a partir de duas lentes jurídicas: uma lente para o direito individual e outra para o direito coletivo do trabalho.

Como disposto no quadro sintético abaixo, após o advento da Lei n. 13.467/2017, para o Direito Individual do Trabalho, no que respeita ao contrato individual de trabalho entre empregado e empregador, as normas da CLT apresentam-se como normas de imperatividade relativa e absoluta, devendo ser cumpridas em sua integralidade. Já para o direito coletivo do trabalho, estabelecido por meio da negociação coletiva e seus instrumentos jurídicos, as normas da CLT passam a ter a natureza dispositiva, supletiva, ou facultativa, podendo ser livremente afastadas *in pejus* pela negociação coletiva de trabalho.

Ocorre, então, neste momento, uma acentuada diferenciação entre o Direito Individual e o Direito Coletivo do Trabalho, já que ambos apresentam regras, princípios e até instituições próprias. O contrato individual de trabalho, com exceção do contrato do empregado hipersuficiente (com curso superior completo e com remuneração igual ou superior a duas vezes o teto da Previdência Social), permanece sob a regência da CLT, considerada como norma de imperatividade relativa ou absoluta.

Essa mudança radical advém da segunda natureza jurídica da CLT, imposta pela supremacia do negociado sobre o legislado. A mesma CLT que é norma imperativa para o contrato individual de trabalho, no entanto, transmuta-se em norma dispositiva, supletiva, facultativa, livremente afastável, até mesmo *in pejus* pela autonomia coletiva.

Como dito, a exceção fica por conta do contrato individual do empregado hipersuficiente (parágrafo único do art. 444 da CLT), que possui curso superior completo e percebe remuneração superior a duas vezes o teto máximo da Previdência Social, cujo contrato possui eficácia e supremacia inclusive sobre os acordos e convenções coletivas.

Apresentamos abaixo um quadro sintético que facilita a compreensão da dupla dimensão em que passa, doravante, a ser aplicada a CLT em nosso ordenamento jurídico pelos operadores jurídicos, após a Lei n. 13.467/2017, da mesma forma que é aplicado o Código Português, de 2009, em Portugal, que serviu de inspiração ao legislador brasileiro:

(4) AMADO, João Leal. *Os desafios da negociação coletiva:* negociado x legislado. Palestra proferida no 2º Congresso Internacional de Direito do Trabalho Novos Temas e Desafios no Mundo do Trabalho. Homenagem ao Acadêmico Arnaldo Süssekind, em 25.02.2014.

Brasil/Portugal

Normas trabalhistas bidimensionais	Normas Trabalhistas bidimensionais
Contrato Individual de Trabalho	Contrato Individual de Trabalho
Normas de imperatividade relativa e absoluta (inderrogáveis). Art. 3, letra 3	Normas de imperatividade relativa e absoluta (inderrogáveis) Art. 611-B
Todos os trabalhadores débeis ou hipossuficientes	Todos os trabalhadores hipossuficientes
Marco Regulatório	**Marco Regulatório**
	Trabalhadores com diploma superior e com remuneração acima de 2x teto INSS
Normas convenio-dispositivas, facultativas ou colectivo-dispositas **(livre negociação). Normas facultativas. Art. 3, letra 3 C.T.**	Normas convenio-dispositivas ou coletivo-dispositivas **(livre negociação)**. ART. 611-A CLT.
Direito Coletivo do Trabalho	Direito Coletivo do Trabalho e Empregados Hipersuficientes.
Convenção Coletiva de Trabalho	Acordos ou Convenções Coletivas de Trabalho.

O Direito do Trabalho, dessa forma, despe-se de sua roupagem tutelar, protetiva e garantista, recuando de sua missão secular de definir e regular as condições de trabalho e passando esse bastão à autonomia privada coletiva, surgindo, daí, um novo Direito do Trabalho, menos garantístico, mais neutro, mais brando, mais temperado e muito mais transacional.

A bandeira da negociação coletiva de trabalho que era empunhada especialmente pelos trabalhadores para agregar novos direitos à classe trabalhadora, agora passa a ser utilizada como instrumento de adequação da lei às circunstâncias e conveniências, também, do empregador.

Neste particular, o art. 611-A[5] da CLT apresenta um rol de direitos que podem ser livremente negociados, enquanto o art. 611-B[6], funciona como uma cláusula de barreira ou de contenção, elegendo os direitos do núcleo duro constitucional que não podem ser objetos de transação *in pejus*.

(5) Art. 611-A, em sua nova redação dada pela Medida Provisória n. 808/2017: "Art. 611-A. A convenção coletiva e o acordo coletivo de trabalho, observados os incisos III e VI do *caput* do art. 8º da Constituição, têm prevalência sobre a lei quando, entre outros, dispuserem sobre: I – pacto quanto à jornada de trabalho, observados os limites constitucionais; II – banco de horas anual; III – intervalo intrajornada, respeitado o limite mínimo de trinta minutos para jornadas superiores a seis horas; IV – adesão ao Programa Seguro-Emprego (PSE), de que trata a Lei n. 13.189, de 19 de novembro de 2015; V – plano de cargos, salários e funções compatíveis com a condição pessoal do empregado, bem como identificação dos cargos que se enquadram como funções de confiança; VI – regulamento empresarial; VII – representante dos trabalhadores no local de trabalho; VIII – teletrabalho, regime de sobreaviso, e trabalho intermitente; IX – remuneração por produtividade, incluídas gorjetas percebidas pelo empregado, e remuneração por desempenho individual; X – modalidade de registro de jornada de trabalho; XI – troca do dia de feriado; XII – enquadramento do grau de insalubridade (revogado pela Medida Provisória n. 808/2017). Nova redação do inciso XII – enquadramento do grau de insalubridade e prorrogação de jornada em locais insalubres, incluída a possibilidade de contratação de perícia, afastada a licença prévia das autoridades competentes do Ministério do Trabalho, desde que respeitadas, na integralidade, as normas de saúde, higiene e segurança do trabalho previstas em lei ou em normas regulamentadoras do Ministério do Trabalho; XIII – prorrogação de jornada em ambientes insalubres, sem licença prévia das autoridades competentes do Ministério do Trabalho (revogado pela Medida Provisória n. 808/2017); XIV – prêmios de incentivo em bens ou serviços, eventualmente concedidos em programas de incentivo; XV – participação nos lucros ou resultados da empresa.

(6) Art. 611-B Constituem objeto ilícito de convenção coletiva ou de acordo coletivo de trabalho, exclusivamente, a supressão ou a redução dos seguintes direitos: I – normas de identificação profissional, inclusive as anotações na Carteira de Trabalho e Previdência Social; II – seguro-desemprego, em caso de desemprego involuntário; III – valor dos depósitos mensais e da indenização rescisória do Fundo de Garantia do Tempo de Serviço (FGTS); IV – salário mínimo; V – valor nominal do décimo terceiro salário; VI – remuneração do trabalho noturno superior à do diurno; VII – proteção do salário na forma da lei, constituindo crime sua retenção dolosa; VIII – salário-família; IX – repouso semanal remunerado; X – remuneração do serviço extraordinário superior, no mínimo, em 50% (cinquenta por cento) à do normal; XI – número de dias de férias devidas ao empregado; XII – gozo de férias anuais remuneradas com, pelo menos, um terço a mais do que o salário normal; XIII – licença-maternidade com a duração mínima de cento e vinte

Podemos constatar uma incompatibilidade do parágrafo único deste artigo ao estabelecer que regras sobre duração do trabalho e intervalos não são consideradas como normas de saúde, higiene e segurança do trabalho para os fins do disposto neste artigo (art. 611-B), enquanto no inciso XII do art. 611-A, alterado pela Medida Provisória n. 808/2017 preconiza a proteção integral das normas relacionadas à saúde, segurança e medicina do trabalho, bem como às normas reguladoras do Ministério do Trabalho.

A Reforma Trabalhista da Lei n. 13.467/2017 legitimou uma maior amplitude na liberdade de contratação ao empregador, na seara do Direito Individual, permitindo que o empregador contrate empregados por hora, por dia, por semana (trabalho intermitente), por mês, por experiência, por tempo parcial, a prazo, por tempo indeterminado e a distância (teletrabalho), enquanto, ao mesmo tempo, poderá dispensar empregados, individualmente, de forma plúrima ou até mesmo coletivamente, sem qualquer intervenção sindical.

5. CORRENTES DOUTRINÁRIAS SOBRE A SUPREMACIA DO NEGOCIADO SOBRE O LEGISLADO

Temos três correntes sobre a tese da supremacia da negociação coletiva sobre a legislação do trabalho, que passamos a expor:

A primeira corrente, defendida pela grande maioria dos doutrinadores brasileiros (Jorge Luiz Souto Maior, Marcus Orione e Ronaldo Lima dos Santos, entre outros) preconiza a tese do princípio do *favor laboratoris*, da aplicação do tratamento mais favorável ao trabalhador, sob a alegação de que os direitos trabalhistas estão elencados no art. 7º da Constituição Federal de 1988, constituindo-se direitos humanos fundamentais, sob o predomínio da dignidade da pessoa humana e do valor social do trabalho, e não podem ser dispostos *in pejus*, nem de forma individual, nem pela autonomia coletiva. Daí, para esta corrente a negociação coletiva não tem autorização para afastar direitos trabalhistas *in pejus* livremente.

A segunda corrente sinaliza que nas economias mais avançadas, no Direito moderno, há uma nítida separação entre o direito individual e o direito coletivo, e normas individuais e normas coletivas, apresentando um direito mais flexível, menos rígido, com prevalência da autonomia privada coletiva e a vontade do grupo sobre a vontade individual. Neste escopo, se nem a lei se incorpora ao patrimônio individual, já que pode ser revogada ao longo do tempo, o mesmo sucede com a norma coletiva, e o direito adquirido só se concretiza no plano individual e não no coletivo.

Para esta corrente, a negociação coletiva deve ter flexibilidade suficiente para mudar condições contratuais ou até mesmo para derrogar cláusulas, como no direito moderno alemão, já que vantagens coletivamente obtidas que resultam em benefícios individuais não afastam a natureza jurídica da norma produzida de forma coletiva e autônoma, com duração predeterminada, pois a norma coletiva sempre continua a ser norma coletiva.

Renato Rua de Almeida(7), um dos defensores desta corrente, lembra que no direito francês não há a incorporação definitiva da norma coletiva ao contrato individual, salvo, excepcionalmente em caso de vantagem adquirida pelo empregado na esfera individual,

dias; XIV – licença-paternidade nos termos fixados em lei; XV – proteção do mercado de trabalho da mulher, mediante incentivos específicos, nos termos da lei; XVI – aviso-prévio proporcional ao tempo de serviço, sendo no mínimo de trinta dias, nos termos da lei; XVII – normas de saúde, higiene e segurança do trabalho previstas em lei ou em normas regulamentadoras do Ministério do Trabalho; XVIII – adicional de remuneração para as atividades penosas, insalubres ou periculosas; XIX – aposentadoria; XX – seguro contra acidentes do trabalho, a cargo do empregador; XXI – ação, quanto aos créditos resultantes das relações de trabalho, com prazo prescricional de cinco anos para os trabalhadores urbanos e rurais, até o limite de dois anos após a extinção do contrato de trabalho; XXII – proibição de qualquer discriminação no tocante a salário e critérios de admissão do trabalhador com deficiência; XXIII – proibição de trabalho noturno, perigoso ou insalubre a menores de dezoito anos e de qualquer trabalho a menores de dezesseis anos, salvo na condição de aprendiz, a partir dos quatorze anos; XXIV – medidas de proteção legal de crianças e adolescentes; XXV – igualdade de direitos entre o trabalhador com vínculo empregatício permanente e o trabalhador avulso; XXVI – liberdade de associação profissional ou sindical do trabalhador, inclusive o direto de não sofrer, sem sua expressa e prévia anuência, qualquer cobrança ou desconto salarial estabelecidos em convenção coletiva ou acordo coletivo de trabalho; XXVII – direito de greve, competindo aos trabalhadores decidir sobre a oportunidade de exercê-lo e sobre os interesses que devam por meio dele defender; XXVIII – definição legal sobre os serviços ou atividades essenciais e disposições legais sobre o atendimento das necessidades inadiáveis da comunidade em caso de greve; XXIX – tributos e outros créditos de terceiros; XXX – as disposições previstas nos arts. 373-A, 390, 392, 392-A, 394, 394-A, 395, 396 e 400 desta Consolidação. Parágrafo único. Regras sobre duração do trabalho e intervalos não são consideradas como normas de saúde, higiene e segurança do trabalho para os fins do disposto neste artigo.

(7) ALMEIDA, Renato Rua de. *Das cláusulas normativas das convenções coletivas de trabalho*: conceito, eficácia e incorporação nos contratos individuais de trabalho. São Paulo: LTr, 60-12/1604, dez., 1996.

não dependente de evento futuro e incerto. Em outras palavras, vantagens dependentes de eventos futuros e incertos não se incorporam ao contrato individual de trabalho na França, considerando que adquiridos são os direitos cujo implemento de condição se dá no período de vigência da norma coletiva, os quais efetivamente se incorporam ao patrimônio do empregado.

Para Luiz Carlos Amorim Robortella[(8)], outro defensor desta corrente, e também da que não admite a aplicação da Teoria da Ultratividade no direito brasileiro, afirma que a atual redação da Súmula n. 277 do TST trata-se de um retrocesso do direito do trabalho. Assevera, ainda, que, se até mesmo a norma legal é aplicável aos contratos individuais durante sua vigência, sendo revogada a norma não há incorporação, a não ser que a incorporação da norma coletiva aos contratos individuais esteja condicionada à vontade expressa das partes, no instrumento respectivo.

Para este autor "(...) É cada vez mais importante a participação sindical nos mecanismos de regulação do mercado de trabalho. A negociação coletiva integra hoje o mais moderno repertório de técnicas de gestão de recursos humanos e administração empresarial. Assume caráter estratégico, implicando avanços e recuos, conforme as exigências da conjuntura econômica e social. Há muito tempo os órgãos internacionais, dentre eles a OIT, reconhecem a importância política e econômica da negociação coletiva, como se vê na Declaração da Filadélfia e nas Convenções ns. 98 e 154, "(...) quando se trata de substituir uma convenção coletiva por outra, admite a doutrina a modificação *in pejus*, com supressão ou modificação de determinados benefícios, desde que seja a expressão da vontade do grupo. Não se pode argumentar com a desigualdade das partes ou dificuldades de fazer atuar a vontade individual do trabalhador quando a alteração se faz mediante negociação coletiva, em que é garantida a igualdade das partes. Os acordos coletivos efetivamente não têm a vocação de eternidade. Por outro lado, as vantagens coletivamente obtidas, ainda que resultando em benefícios individuais, não perdem sua natureza de normas produzidas de forma coletiva e autônoma, com duração predeterminada. Não há como garantir direitos, mesmo que projetados em relações individuais, quando não mais correspondem à vontade do grupo. (...) O sindicato não deve atuar apenas no conflito, mas também em parceria com o capital, conforme as circunstâncias.[(9)]".

A terceira corrente apresenta uma proposta intermediária, ou seja, nem um extremo, nem outro. Em outros dizeres, não se pode quebrar a espinha dorsal e aniquilar a alma do Direito do Trabalho e seu guarda-chuva protetor, rígido, hermético, nem se pode neutralizar totalmente essa proteção, de forma que a legislação trabalhista seja livremente afastada *in pejus* pela negociação coletiva de trabalho. Para esta corrente, em um ou outro caso, em uma ou outra matéria, pode ocorrer a negociação coletiva *in pejus*, mas somente a título de exceção, jamais como regra geral.

Se a própria CF/88 admite a flexibilização do Direito do Trabalho em alguns direitos dos trabalhadores, sem colidir com o núcleo duro constitucional, então pode haver um meio termo.

Esta corrente admite que cláusulas que se repetem a cada ano na negociação coletiva sejam incorporadas aos contratos individuais de trabalho, se o instrumento normativo expressamente assim o declarar, e cláusulas inovadoras, que a cada ano se alteram, sujeitas à condição, e que se modificam de acordo com as condições voláteis de mercado (evento futuro e incerto) não devem ser incorporadas ao contrato individual de trabalho.

Acredito que esta corrente é a que melhor se compatibiliza com o atual momento do Direito do Trabalho no Brasil em face da grande volatibilidade do mercado em geral (mercado de bens e serviços, de capitais e de mão de obra), extremamente oscilante, para dar segurança jurídica e previsibilidade às partes convenentes.

6. OS LIMITES CONSTITUCIONAIS E INFRACONSTITUCIONAIS DA NEGOCIAÇÃO COLETIVA DE TRABALHO

Como regra geral, as condições mínimas de trabalho previstas na Constituição da República Federativa do Brasil são inderrogáveis pela vontade das partes, mesmo na esfera da autonomia privada coletiva. Assim, o primeiro limite constitucional à negociação coletiva de trabalho é o art. 7º da CRFB, que dispõe sobre os direitos mínimos dos trabalhadores em geral.

Vige aqui a teoria da pirâmide invertida, em que as normas constitucionais, que constituem o ápice das normas de um Estado Democrático de Direito e são dotadas de supremacia em relação às demais, em sede de direito do trabalho, representam o núcleo essencial desse ramo jurídico, o seu verdadeiro DNA, fulcrado

(8) ROBORTELLA, Luiz Carlos Amorim. A reforma do direito coletivo. Prevalência do negociado sobre o legislado. Juslaboris.tst.jus.br. *Revista eletrônica do TRT da 9ª Região*. Curitiba, PR, v. 6, n. 58, mar./abr. 2017. Consulta em 17.11.2017. p. 58.

(9) *Ibidem*, p. 58.

no princípio protetor e sua tríplice vertente, ou dito de outra forma, seu patamar civilizatório mínimo, ao lado da meta constitucional estabelecida no *caput* do art. 7º da Constituição Brasileira, no sentido de que são direitos dos trabalhadores urbanos e rurais, além de outros, a melhoria de sua condição social. De outro lado, o art. 3º, III, da *Lex Mater* estabelece que são objetivos da nossa República erradicar a pobreza e a marginalização, bem como reduzir as desigualdades sociais e regionais, além da busca pelo pleno emprego, prevista no art. 170 de nossa Constituição.

Entretanto, ao se permitir a flexibilização das condições de trabalho no art. 7º, incisos VI ("irredutibilidade do salário, salvo o disposto em convenção ou acordo coletivo"), XIII ("duração do trabalho normal não superior a oito horas diárias e quarenta e quatro semanais, facultada a compensação de horários e a redução da jornada, mediante acordo ou convenção coletiva de trabalho") e XIV ("jornada de seis horas para o trabalho realizado em turnos ininterruptos de revezamento, salvo negociação coletiva"), da Constituição do Brasil, abriu-se exceção ao precitado patamar civilizatório mínimo.

Na primeira hipótese, o constituinte aludiu à convenção e ao acordo coletivo; na segunda, a acordo ou convenção coletiva e, na terceira, à negociação coletiva. Contudo, como a convenção e o acordo coletivo representam instrumentos da negociação coletiva, é possível afirmar, como regra geral, que a flexibilização decorre da negociação coletiva e se exterioriza, ganhando contornos jurídicos ou se instrumentalizando, por meio de acordos ou convenções coletivas de trabalho.

Não obstante, a nova Lei n. 13.467/2017 apresenta vários artigos que flexibilizam sobremaneira os direitos trabalhistas, cujo ponto culminante é a disposição sobre a supremacia dos acordos e convenções coletivas sobre a legislação estabelecida na CLT, além de tentar estabelecer limites à criação legiferante do Colendo Tribunal Superior do Trabalho ou sua atuação como legislador positivo na interpretação da legislação, por meio de suas orientações jurisprudenciais e súmulas, mesmo que sejam no "vazio da lei", ao dispor no art. 8º, §§ 2º e 3º, como segue:

> § 2º. Súmulas e outros enunciados de jurisprudência editados pelo Tribunal Superior do Trabalho e pelos Tribunais Regionais do Trabalho não poderão restringir direitos legalmente previstos nem criar obrigações que não estejam previstas em lei.

Cremos que inúmeras orientações jurisprudenciais e súmulas do TST serão revistas e adaptadas à nova Lei n. 13.467/2017, porquanto há vários entendimentos que, inclusive, limitam direitos e interesses dos trabalhadores.

> § 3º. No exame de convenção coletiva ou acordo coletivo de trabalho, a Justiça do Trabalho analisará exclusivamente a conformidade dos elementos essenciais do negócio jurídico, respeitado o disposto no art. 104 da Lei n. 10.406, de 10 de janeiro de 2002 – Código Civil, e balizará sua atuação pelo princípio da intervenção mínima na autonomia da vontade coletiva. (NR) "Art. 104/CC. A validade do negócio jurídico requer: I – agente capaz; II – objeto lícito, possível, determinado ou determinável; III – forma prescrita ou não defesa em lei."

A nova Lei n. 13.467/2017, em relação à jornada de trabalho estabelece:

> Art. 59-A. Em exceção ao disposto no art. 59 desta Consolidação, é facultado às partes, mediante acordo individual escrito, convenção coletiva ou acordo coletivo de trabalho, estabelecer horário de trabalho de doze horas seguidas por trinta e seis horas ininterruptas de descanso, observados ou indenizados os intervalos para repouso e alimentação.
>
> Parágrafo único. A remuneração mensal pactuada pelo horário previsto no *caput* deste artigo abrange os pagamentos devidos pelo descanso semanal remunerado e pelo descanso em feriados, e serão considerados compensados os feriados e as prorrogações de trabalho noturno, quando houver, de que tratam o art. 70 e o § 5º do art. 73 desta Consolidação.

Como já mencionamos, a escala de 12 x 36 (12 horas de trabalho por 36 horas de descanso), na verdade, refere-se a um regime especial de trabalho, diverso do apresentado no texto constitucional de 8 horas diárias, com possibilidade de 2 horas extras diárias, na medida em que o limite semanal de 44 horas não é ultrapassado e, segundo julgamento no Pretório Excelso, nada restou provado, por meio de pareceres de médicos peritos, que a adoção desse modalidade de trabalho prejudique a saúde do trabalhador.

O STF já se manifestou em relação à constitucionalidade de tal regime laboral, em voto condutor da lavra do Ministro Luis Fux[10] (Informativo n. 839 do STF) mencionado nesta obra.

---

(10) Segundo o Informativo n. 839 do STF, temos uma síntese do julgamento: "(...) É constitucional o art. 5º da Lei n. 11.901/2009 ("A jornada do Bombeiro Civil é de 12 (doze) horas de trabalho por 36 (trinta e seis) horas de descanso, num total de 36 (trinta e seis)

Nesse sentido, a Medida Provisória n. 808, de 14.11.2014 alterou o art. 59-A da CLT, que passou a ter a seguinte redação:

> Art. 59-A. Em exceção ao disposto no art. 59 e em leis específicas, é facultado às partes, por meio de convenção coletiva ou acordo coletivo de trabalho, estabelecer horário de trabalho de doze horas seguidas por trinta e seis horas ininterruptas de descanso, observados ou indenizados os intervalos para repouso e alimentação.
>
> § 1º A remuneração mensal pactuada pelo horário previsto no *caput* abrange os pagamentos devidos pelo descanso semanal remunerado e pelo descanso em feriados e serão considerados compensados os feriados e as prorrogações de trabalho noturno, quando houver, de que tratam o art. 70 e o § 5º do art. 73.
>
> § 2º É facultado às entidades atuantes no setor de saúde estabelecer, por meio de acordo individual escrito, convenção coletiva ou acordo coletivo de trabalho, horário de trabalho de doze horas seguidas por trinta e seis horas ininterruptas de descanso, observados ou indenizados os intervalos para repouso e alimentação.

Convém observar que houve uma modificação substancial do art. 59-A, da CLT, que trata da jornada 12 x 36 horas, que doravante não mais poderá ser adotada por simples acordo individual, mas demandará a necessidade de acordo ou convenção coletiva de trabalho, conforme jurisprudência pacífica do Colendo TST – Tribunal Superior do Trabalho (Súmula n. 444[(11)] do TST).

Desta forma, com a mencionada Medida Provisória n. 808/2017, somente ao setor de saúde ficou permitida a celebração de acordo individual pelas entidades ali atuantes com os respectivos trabalhadores, em face das peculiaridades próprias daquela atividade econômica. Nada obsta, por outro lado, que os acordos e convenções coletivas de trabalho venham a ser celebrados pelos sindicatos e/ou empresas, no sentido de regular esta importante matéria.

O parágrafo único do art. 60 da CLT, abaixo mencionado, também foi inscrito pela Lei n. 13.467/2017, como dispõe:

> Art. 60. Nas atividades insalubres, assim consideradas as constantes dos quadros mencionados no capítulo "Da Segurança e da Medicina do Trabalho", ou que neles venham a ser incluídas por ato do Ministro do Trabalho, Indústria e Comércio, quaisquer prorrogações só poderão ser acordadas mediante licença prévia das autoridades competentes em matéria de higiene do trabalho, as quais, para esse efeito, procederão aos necessários exames locais e à verificação dos métodos e processos de trabalho, quer diretamente, quer por intermédio de autoridades sanitárias federais, estaduais e municipais, com quem entrarão em entendimento para tal fim.
>
> Parágrafo único. Excetuam-se da exigência de licença prévia as jornadas de doze horas de trabalho por trinta e seis horas ininterruptas de descanso.

A novel legislação afasta a necessidade de licença prévia para as jornadas de trabalho mencionadas, que poderão ser exercidas por servidores públicos, consoante a Lei n. 11.901/2009.

No entanto, a Medida Provisória n. 808/2014, revogou o inciso XIII do art. 611-B, concebido como uma cláusula de contenção ou de barreira à ilimitada liberdade de negociação coletiva, *in pejus*, e alterou o inciso XII para fazer constar:

> XII – enquadramento do grau de insalubridade e prorrogação de jornada em locais insalubres, incluída a possibilidade de contratação de perícia, afastada a licença prévia das autoridades competentes do Ministério do Trabalho, desde que respeitadas, na integralidade, as normas de saúde, higiene e se-

horas semanais"). Com base nesse entendimento, o Plenário, por maioria, julgou improcedente o pedido formulado em ação direta que questionava o referido dispositivo. Segundo o Tribunal, a norma impugnada não viola o art. 7º, XIII, da CF/1988 (...). A jornada de 12 horas de trabalho por 36 horas de descanso encontra respaldo na faculdade conferida pelo legislador constituinte para as hipóteses de compensação de horário. Embora não exista previsão de reserva legal expressa no referido preceito, há a possibilidade de negociação coletiva. Isso permite inferir que a exceção estabelecida na legislação questionada garante aos bombeiros civis, em proporção razoável, descanso de 36 horas para cada 12 horas trabalhadas, bem como jornada semanal de trabalho não superior a 36 horas. Da mesma forma, não haveria ofensa ao art. 196 da CF/1988. A jornada de trabalho que ultrapassa a 8ª hora diária pode ser compensada com 36 horas de descanso e o limite de 36 horas semanais. Ademais, não houve comprovação, com dados técnicos e periciais consistentes, de que essa jornada causasse danos à saúde do trabalhador, o que afasta a suposta afronta ao art. 7º, XXII, da CF/1988."

(11) N. 444 – JORNADA DE TRABALHO. NORMA COLETIVA. LEI. ESCALA DE 12 POR 36. VALIDADE. É valida, em caráter excepcional, a jornada de doze horas de trabalho por trinta e seis de descanso, prevista em lei ou ajustada exclusivamente mediante acordo coletivo de trabalho ou convenção coletiva de trabalho, assegurada a remuneração em dobro dos feriados trabalhados. O empregado não tem direito ao pagamento de adicional referente ao labor prestado na décima primeira e décima segunda horas.

gurança do trabalho previstas em lei ou em normas regulamentadoras do Ministério do Trabalho;

Acrescentou ainda:

> § 5º Os sindicatos subscritores de convenção coletiva ou de acordo coletivo de trabalho participarão, como litisconsortes necessários, em ação coletiva que tenha como objeto a anulação de cláusulas desses instrumentos, vedada a apreciação por ação individual.

Outra limitação à negociação coletiva de trabalho é a proveniente do art. 624 da CLT, que condiciona a possibilidade de cláusula de aumento ou reajuste salarial, que implique elevação de tarifas ou de preços sujeitos à fixação por autoridade pública ou repartição governamental, à prévia e expressa autorização da autoridade pública no tocante à possibilidade de elevação da tarifa ou do preço e quanto ao valor dessa elevação. Nesse sentido é a Súmula n. 375[(12)] do TST.

No mais, a questão que costuma dividir opiniões dos doutrinadores é se a flexibilização prevista em nossa Lei Maior está restrita às questões salariais (art. 7º, VI) e da jornada de trabalho (art. 7º, XIII e XIV), ou se pode atingir outros direitos trabalhistas.

7. UM DOS EIXOS DA LEI N. 13.467/2017: A SUPREMACIA DO NEGOCIADO EM FACE DA LEGISLAÇÃO DO TRABALHO

Um dos principais vetores da Reforma Trabalhista (Lei n. 13.467/2017, complementada pela Medida Provisória n. 808/2017) recaiu sobre a prevalência do negociado sobre o legislado, aumentando sobremaneira o papel e a missão das organizações sindicais, no cenário nacional, em um momento de fragilidade sindical, imposto pelo afastamento da contribuição sindical obrigatória.

Desta forma, em um contexto de pluralismo jurídico, o Estado, antes considerado o único produtor de normas jurídicas, na visão kelseniana, neste novo cenário da pós-modernidade e do neoprocessualismo, permite e legitima várias outras fontes de positivação das normas jurídicas, em um contexto de hierarquia das fontes normativas, na qual as normas constitucionais ocupam o vértice normativo máximo, irradiando, influenciando e servindo de luz às demais normas do ordenamento jurídico.

Nesta hierarquia das fontes normativas, encontramos as normas coletivas que defluem do negociado (negociação coletiva de trabalho frutífera ou bem-sucedida), que são instrumentalizadas por meio de acordos e convenções coletivas de trabalho, exigindo-se, em ambos os casos, a presença do sindicato profissional (ou dos trabalhadores).

Em outras palavras, o acordo coletivo de trabalho possui um âmbito de incidência menor, pois envolve o diálogo social entre o sindicato obreiro e uma ou mais empresas, estabelecendo cláusulas normativas que serão inseridas nos contratos de trabalho de todos os trabalhadores da(s) empresa(s), independentemente de filiação sindical dos empregados ou dos empregadores.

Já a convenção coletiva de trabalho envolve dois ou mais sindicatos de trabalhadores (profissional) e dois ou mais sindicatos, da categoria econômica (patronal), estabelecendo normas e condições de trabalho, que envolverão todos os trabalhadores das respectivas categorias, também independentemente de filiação sindical, cujas normas serão inseridas nos respectivos contratos individuais de trabalho, de forma *erga omnes* e *ultra partes*.

O negociado sobre o legislado, de acordo com a Lei n. 13.467/2017, teve por escopo ajustar as peculiaridades de cada segmento empresarial em relação aos custos de produção, da mão de obra, de gerenciamento de recursos humanos, em face da concorrência, da globalização e da própria internacionalização das empresas, que são as verdadeiras criadoras de postos de trabalho.

No Brasil, segundo o IBGE, 98% das empresas são micro, pequenas e médias empresas, com menos de dez empregados, ao passo que apenas 10.800 empresas empregam mais de mil empregados, em um mercado de trabalho de 107 milhões de pessoas. Desse total, cerca de 40 milhões de trabalhadores encontram-se no mercado informal ou clandestino (sem CTPS assinada, trabalhando por conta própria, fazendo "bicos" e etc.), 50 milhões estão no mercado formal e o restante (cerca de 15%) trabalham para o Estado (Administração Pública direta e indireta – Poderes Executivo, Legislativo, Judiciário, autarquias, fundações públicas, sociedades de economia mista e empresas públicas).

Temos três grandes mercados: o de capital, de bens de consumo e serviços e de mão de obra. Apenas este

---

(12) N. 375 – REAJUSTES SALARIAIS PREVISTOS EM NORMA COLETIVA. PREVALÊNCIA DA LEGISLAÇÃO DE POLÍTICA SALARIAL. (CONVERSÃO DA ORIENTAÇÃO JURISPRUDENCIAL N. 69 DA SDI-1 E DA ORIENTAÇÃO JURISPRUDENCIAL N. 40 DA SDI-2) Os reajustes salariais previstos em norma coletiva de trabalho não prevalecem frente à legislação superveniente de política salarial.

último não se encontra hodiernamente globalizado, em face das migrações dos refugiados (Haiti, Venezuela, Síria, Iraque e países africanos), pois inúmeros países da Europa impuseram restrições à entrada de imigrantes em seu território. A própria UE (União Europeia) editou normativa no sentido de que haja uma partilha deste suposto "sacrifício", se é que assim podemos dizer, no acolhimento de refugiados, proporcionalmente, de acordo com a capacidade de cada país-membro. Desta forma, o princípio da livre circulação de trabalhadores, que já se constituiu em uma bandeira da União Europeia, foi deixado em segundo plano, em decorrência da xenofobia e do nacionalismo de alguns desses países, aliada à saída do Reino Unido da União Europeia, fenômeno conhecido como Brexit.

Nesse contexto nacional e internacional, de economia volátil e instável, seguindo a crise de 2008 nos Estados Unidos (crise do mercado imobiliário, ou seja, a propalada bolha imobiliária), que se estendeu à Europa, atingindo vários bancos internacionais, e levando ao fechamento de alguns deles, com o crescimento das taxas de desemprego, impactando visceralmente o capitalismo e estremecendo suas bases, o que levou o Estado a socorrer os principais bancos comerciais de seus países, por meio dos Bancos Centrais, o foco empresarial passou a ser a redução de custos e sua manutenção no mercado, afetando, como corolário, o mercado de trabalho.

Foi justamente nesse ambiente político, que os Estados, especialmente os países-membros da União Europeia, firmaram fileira com o segmento empresarial, aliando-se às organizações sindicais patronais nacionais e internacionais, no sentido de retirar do Estado o monopólio de criação de normas trabalhistas, transferindo-as para as próprias partes interessadas, por meio da autonomia privada coletiva e do diálogo social.

Esse fenômeno político e jurídico ocorreu em alguns países da União Europeia, nos países escandinavos, com o princípio da flexisegurança, na França, na Espanha, na Grécia e em Portugal, que passaram a adotar a supremacia do negociado em face do legislado.

O próprio STF, quando instado, deu guarida ao negociado sobre o legislado, no tema n. 152 da Tabela de Repercussão Geral (renúncia genérica a direitos mediante adesão a plano de demissão voluntária), como se depreende do acórdão abaixo:

> DIREITO DO TRABALHO. ACORDO COLETIVO. PLANO DE DISPENSA INCENTIVADA. VALIDADE E EFEITOS. 1. Plano de dispensa incentivada aprovado em acordo coletivo que contou com ampla participação dos empregados. Previsão de vantagens aos trabalhadores, bem como quitação de toda e qualquer parcela decorrente de relação de emprego. Faculdade do empregado de optar ou não pelo plano.
>
> 2. Validade da quitação ampla. Não incidência, na hipótese, do art. 477, § 2º da Consolidação das Leis do Trabalho, que restringe a eficácia liberatória da quitação aos valores e às parcelas discriminadas no termo de rescisão exclusivamente.
>
> 3. No âmbito do direito coletivo do trabalho não se verifica a mesma situação de assimetria de poder presente nas relações individuais de trabalho. Como consequência, a autonomia o coletiva da vontade não se encontra sujeita aos mesmos limites que a autonomia individual.
>
> 4. A Constituição de 1988, em seu art. 7º, XXVI, prestigiou a autonomia coletiva da vontade e a autocomposição dos conflitos trabalhistas, acompanhando a tendência mundial ao crescente reconhecimento dos mecanismos de negociação coletiva, retratada na Convenção n. 98/1949 e na Convenção n. 154/1981 da Organização Internacional do Trabalho. O reconhecimento dos acordos e convenções coletivas permite que os trabalhadores contribuam para a formulação das normas que regerão a sua própria vida.
>
> 5. Os planos de dispensa incentivada permitem reduzir as repercussões sociais das dispensas, assegurando àqueles que optam por seu desligamento da empresa condições econômicas mais vantajosas do que aquelas que decorreriam do mero desligamento por decisão do empregador. É importante, por isso, assegurar a credibilidade de tais planos, a fim de preservar a sua função protetiva e de não desestimular o seu uso.
>
> 6. Provimento do recurso extraordinário. Afirmação, em repercussão geral, da seguinte tese: A transação extrajudicial que importa rescisão do contrato de trabalho, em razão de adesão voluntária do empregado a plano de dispensa incentivada, enseja quitação ampla e irrestrita de todas as parcelas objeto do contrato de emprego, caso essa condição tenha constado expressamente do acordo coletivo que aprovou o plano, bem como dos demais instrumentos celebrados com o empregado." (RE. 590415, rel. Ministro Roberto Barroso, Tribunal, Pleno, j. 30.04.2015, DJe divulg. 28.05.2015, public. 29.05.2015).

Desta decisão paradigmática do STF, podemos inferir:

O STF considerou faculdade do empregado optar ou não pelo Plano de Dispensa Incentivada aprovado em acordo coletivo, que contou com ampla participação dos empregados.

O STF, neste caso concreto, entende pela validade da quitação ampla, deixando claro a não incidência, na hipótese do art. 477, § 2º da Consolidação das Leis do

Trabalho, que restringe a eficácia liberatória da quitação aos valores e às parcelas discriminadas no termo de rescisão exclusivamente.

O STF se posiciona no sentido de que no âmbito do direito coletivo do trabalho não se verifica a mesma situação de assimetria de poder presente nas relações individuais de trabalho. Como consequência, a autonomia coletiva da vontade não se encontra sujeita aos mesmos limites da autonomia individual. Em outras palavras, não se aplica no Direito Coletivo do Trabalho o princípio protetor e sua tríplice vertente, na medida em que os sindicatos profissionais negociam em igualdade de condições com os sindicatos patronais.

O STF reconhece que a Constituição de 1988, em seu art. 7º, XXVI, prestigiou a autonomia coletiva da vontade e a autocomposição dos conflitos trabalhistas, acompanhando a tendência mundial ao crescente reconhecimento dos mecanismos de negociação coletiva, retratada na Convenção n. 98/1949 e na Convenção n. 154/1981 da Organização Internacional do Trabalho. O reconhecimento dos acordos e convenções coletivas permite que os trabalhadores contribuam para a formulação das normas que regerão a sua própria vida.

E, por fim, o STF firmou jurisprudência no sentido de que os planos de dispensa incentivada permitem reduzir as repercussões sociais das dispensas, assegurando àqueles que optam por seu desligamento da empresa condições econômicas mais vantajosas do que aquelas que decorreriam do mero desligamento por decisão do empregador. É importante, por isso, assegurar a credibilidade de tais planos, a fim de preservar a sua função protetiva e de não desestimular o seu uso.

Desta forma, levando-se em consideração a necessidade de impor limites legais à negociação coletiva de trabalho, o legislador houve por bem discriminar, no art. 611-A da CLT, as matérias nas quais a negociação coletiva será permitida, e no art. 611-B da CLT, as matérias em que é proibido o livre exercício transacional.

É de se destacar que a autorização legislativa para a supremacia do negociado sobre o legislado repousa no livre exercício do princípio da autonomia privada coletiva, fenômeno que não se verificará na hipótese de a negociação coletiva de trabalho ser infrutífera, o que poderá desaguar no dissídio coletivo de trabalho.

É que neste caso deverá ser aplicado o § 2º do art. 114 da CF/1988:

> 2º. Recusando-se qualquer das partes à negociação coletiva ou à arbitragem, é facultado às mesmas, de comum acordo, ajuizar dissídio coletivo de natureza econômica, podendo a Justiça do Trabalho decidir o conflito, respeitadas as disposições mínimas legais de proteção ao trabalho, bem como as convencionadas anteriormente. (Redação dada ao parágrafo pela Emenda Constitucional n. 45, de 08.12.2004, DOU 31.12.2004).

A indagação que devemos fazer neste momento é se, a partir da Reforma Trabalhista (Lei n. 13.467/2017), a Justiça do Trabalho, ao ser acionada por uma ação de dissídio coletivo, de natureza econômica, no exercício do poder normativo, deverá respeitar as disposições mínimas legais de proteção ao trabalho bem como as cláusulas de convenções e acordos coletivos anteriores?

Entendemos que a resposta é afirmativa, na medida em que, pelo princípio da hierarquia das normas, uma lei federal não tem o condão de afastar a lei suprema, consubstanciada na CF/1988.

Neste tópico, concordamos com o pensamento de Antonio Umberto de Souza Júnior, Fabiano Coelho de Souza, Ney Maranhão e Platon Teixeira de Azevedo Neto para os quais:

> ao julgar um dissídio coletivo com norma precedente com conteúdo flexibilizante, a Justiça do Trabalho está adiante da cumulação de circunstâncias excepcionais: a prevalência do negociado sobre o legislado e o exercício do poder normativo. Deste modo, a compreensão do § 2º do art. 114 da CF/1988 aponta para uma cumulação de condições para o legítimo e regular exercício do poder normativo, ou seja, ao mesmo tempo, a Justiça do Trabalho deve respeitar as regras mínimas de proteção legal ao trabalhador e as convencionadas anteriormente, por isso, as cláusulas precedentes só deverão ser replicadas na sentença normativa proferida no julgamento do dissídio coletivo de natureza econômica se o conteúdo destas respeitar as condições mínimas legais de proteção do trabalho. Como se vê, cuida-se da exegese que busca dialogar com o vetor que impulsiona a contínua melhoria da condição social da classe trabalhadora (art. 7º, *caput*, CF) de modo a se resguardar, nesta excepcional hipótese, e por meio de interpretação sistemática-constitucional, senão o avanço, pelo menos a manutenção estrita do patamar civilizatório mínimo consagrado em lei[(13)].

(13) SOUSA JÚNIOR, Antonio Umberto; SOUZA, Fabiano Coelho; MARANHÃO, Ney e AZEVEDO, Platon Teixeira de. *Reforma trabalhista. Análise comparativa e crítica da Lei n. 13.467/2017*. São Paulo: Rideel, 2017. p. 277.

E ainda acrescentam aqueles doutrinadores:

> É verdade que, durante a tramitação do dissídio coletivo, nada obsta que os suscitantes e suscitados promovam acordo parcial para manter cláusulas de conteúdo redutor das garantias legais dos trabalhadores, bem como cláusulas que impliquem benefícios não previstos em lei para os trabalhadores. Porém, indo a questão a julgamento, a Justiça do Trabalho não estará autorizada a exercer o seu poder normativo de modo a reduzir ou suprimir direitos trabalhistas legalmente estabelecidos, ainda que a condição tenha sido convencionada anteriormente[14].

8. CONCLUSÃO

Não resta dúvida de que um dos eixos fundamentais da Lei n. 13.467/2017, complementada pela Medida Provisória n. 808/2017, que perdeu a eficácia em 23.04.2018, e que se não for regulamentada pelo Congresso Nacional, por meio de um decreto legislativo até 23.06.2018, as relações jurídicas ocorridas entre sua edição 14.11.2017 e 23.04.2018, data da perda de sua eficácia, conservar-se-ão por ela regidos, foi a valorização do Direito Coletivo do Trabalho e da negociação coletiva de trabalho, cujos instrumentos jurídicos passaram a ter supremacia sobre a legislação trabalhista.

Tendo havido a inversão das fontes normativas do Direito do Trabalho, a CLT passou a ter natureza bifronte ou bidimensional, ou seja, duas caras, uma para o contrato individual do trabalho, instituto do Direito Individual do Trabalho e outra para a negociação coletiva de trabalho, instituto do Direito Coletivo do Trabalho.

Desta forma, quando analisada sobre o prisma do Direito Individual do Trabalho, mais especificamente o contrato individual do trabalho, as normas dispostas na CLT se apresentam como normas de imperatividade relativa ou absoluta, cogentes, enquanto que quando cotejadas com os instrumentos da negociação coletiva de trabalho, a mesma CLT, já possui outra feição: transmuda-se em norma dispositiva, supletiva, facultativa, livremente afastável *in pejus*, pelo princípio da autonomia privada coletiva, na ótica da supremacia do negociado sobre a legislação do trabalho.

Eis o enorme desafio que se afigura para os sindicatos profissionais e mesmo para o Ministério Público do Trabalho, bem como à Justiça Trabalhista, no sentido de preservar e mesmo reconstituir os direitos dos trabalhadores, evitando uma maior desvalorização do trabalho, seguindo a tendência moderna já inaugurada por Portugal, recentemente, que, com o advento do novo Governo Federal, em 2015, inaugurou uma política da recuperação e de reconstituição de aspectos essenciais da relação salarial, afastando a teoria da austeridade que conduziu o país a um maior empobrecimento.

O homem deve aprender com os exemplos bem-sucedidos da história, embora saibamos que raramente o faz.

Se nossos legisladores, influenciados pela reforma trabalhista portuguesa, com fulcro na teoria da austeridade, a replicaram no Brasil, que agora se sabe provou ter sido um fracasso naquele país, resultando na perda de cérebros, de riqueza, com a emigração de milhões de portugueses diante da precarização laboral, da degradação geral da relação salarial e a desvalorização do trabalho e, uma vez constatado o erro, rapidamente promoveram uma espécie de *turning point*, retomando o foco na centralidade da valorização do trabalho e da reconstituição do Estado, porquanto, nas palavras de José Reis[15], "**é pelo trabalho e pelo emprego que se estabelecem os mecanismos essenciais de inclusão, por isso, é no sistema produtivo que está sempre a chave do problema**".

Diante desse quadro econômico mundial instável e levando-se em conta as recentes histórias de países afetados pela crise que estão conseguindo se recuperar, seria mais inteligente de nossa parte reavaliar a situação brasileira e seguirmos, uma vez mais, os passos de nossos irmãos lusitanos.

9. REFERÊNCIAS BIBLIOGRÁFICAS

ALMEIDA, Renato Rua de. *Das cláusulas normativas das convenções coletivas de trabalho:* conceito, eficácia e incorporação nos contratos individuais de trabalho. São Paulo: LTr, 60-12/1604, dez., 1996.

AMADO, João Leal. *Contrato de trabalho*. 3. ed. Coimbra: Coimbra Editora.

______. *Os desafios da negociação coletiva*: negociado x legislado. Palestra proferida no 2º Congresso Internacional de Direito do Trabalho "Novos Temas e Desafios no Mundo do Trabalho. Homenagem ao Acadêmico Arnaldo Süssekind, em 25.02.2014.

MANNRICH, Nelson. A administração pública do trabalho em face da autonomia privada coletiva. In: MALLET, Estêvão; ROBORTELLA, Luiz Carlos Amorim (Coords.). *Direito e processo do trabalho*: estudos em homenagem a Octavio Bueno Magano. São Paulo: LTr, 1996.

---

(14) *Ibidem*, p. 277.

(15) REIS, José. *A economia portuguesa. Formas de economia política numa periferia persistente (1960-2017)*. Coimbra: Almedina, 2018.

SANTOS, Enoque Ribeiro dos. *Processo coletivo do trabalho*. 2. ed. Totalmente atualizada. Rio de Janeiro: Grupo GEN/ Forense, 2018.

______. *Negociação coletiva de trabalho nos setores público e privado*. 3. ed. Totalmente atualizada. Rio de Janeiro: Grupo GEN, 2018.

SOUSA JÚNIOR, Antonio Umberto; SOUZA, Fabiano Coelho; MARANHÃO, Ney e AZEVEDO, Platon Teixeira de. *Reforma trabalhista. Análise comparativa e crítica da Lei n. 13.467/2017*. São Paulo: Rideel, 2017.

REIS, José. *A economia portuguesa. Formas de economia política numa periferia persistente (1960-2017)*. Coimbra: Almedina, 2018.

ROBORTELLA, Luiz Carlos Amorim. A reforma do direito coletivo. Prevalência do negociado sobre o legislado. <Juslaboris.tst.jus.br>. *Revista eletrônica do TRT da 9ª Região*. Curitiba, PR, v. 6, n. 58, mar./abr. 2017. Acesso em: 17 nov. 2017.

O Litisconsórcio e a Ação Anulatória de Cláusula Negocial Coletiva

Cleber Lúcio de Almeida

Pós-doutor em Direito pela Universidad Nacional de Córdoba/ARG. Doutor em Direito pela UFMG. Mestre em Direito pela PUC-SP. Professor da graduação e do programa de pós-graduação da PUC-MG. Juiz do Trabalho no TRT da 3ª Região.

1. INTRODUÇÃO

O tema objeto do presente ensaio se insere no contexto da denominada *reforma trabalhista*, que foi realizada por meio da Lei n. 13.467/2017.

Essa *reforma* traduz a opção por determinado *tipo político de Direito do Trabalho*. Com efeito, está em andamento no Brasil o processo de construção de um Direito do Trabalho que não serve à dignidade humana, justiça social, cidadania e democracia, mas que se torna instrumento do capital e de colonização do humano, social e político pelo econômico, ou seja, um verdadeiro *Direito do Trabalho de exceção*, assim como de um *Direito Processual do Trabalho de exceção*, como direito processual que não tem em vista facilitar o acesso à Justiça, simplificar formas e procedimentos, favorecer o julgamento do mérito dos dissídios e promover a mais rápida e plena satisfação dos direitos reconhecidos em juízo, mas que é caracterizado pela restrições ao acesso à Justiça por parte dos trabalhadores, burocratização dos procedimentos, despreocupação com a celeridade processual e criação de barreiras à satisfação dos direitos reconhecidos em juízo.

A *reforma trabalhista, aparentemente*, atribuiu importância sem precedentes aos sindicatos, a ponto, inclusive, de alterar a relação entre as fontes do Direito do Trabalho, de forma a fazer prevalecer o *Direito do Trabalho negociado* sobre o *Direito do Trabalho legislado* (arts. 611-A da CLT), e dispor que, no exame de convenção coletiva de trabalho ou de acordo coletivo de trabalho, a Justiça do Trabalho analisará *exclusivamente* a conformidade dos elementos essenciais do negócio jurídico, respeitado o disposto no art. 104 do Código Civil e, ainda, que deverá balizar a sua atuação pelo *princípio da intervenção mínima na autonomia da vontade coletiva* (art. 8º, § 3º, da CLT).[1]

Para *reforçar* a autonomia da vontade coletiva, a *reforma trabalhista* estabeleceu, por meio do art. 611-A, § 5º, a obrigatoriedade de os sindicatos subscritores de convenção coletiva de trabalho ou de acordo coletivo de trabalho participarem, como litisconsortes necessários, em ação individual ou coletiva, que tenha como objeto a anulação de cláusula desses instrumentos.

É essa disposição legal que constitui o objeto do spresente ensaio, valendo anotar que, por meio dela, foi criada uma nova forma de intervenção de terceiro no processo do trabalho.

2. AÇÃO ANULATÓRIA DE CLÁUSULA, ACORDO COLETIVO DE TRABALHO E CONVENÇÃO COLETIVA DE TRABALHO

Aos sindicatos representantes de categorias profissionais e econômicas é lícito firmar convenção coletiva de trabalho, estipulando condições de trabalho aplicáveis, no âmbito das respectivas representações, às relações individuais de trabalho (art. 611, *caput*, da CLT), ao passo que aos sindicatos representantes de categorias profissionais e empresas da correspondente categoria econômica é lícito firmar acordo coletivo de trabalho, estipulando condições de trabalho aplicáveis, no âmbito da(s) empresa(s) acordante(s), às relações individuais de trabalho (art. 611, § 1º, da CLT).

---

(1) A maior importância da negociação coletiva é apenas aparente, na medida em que dos sindicatos, já seriamente fragilizados, foi retirada a sua principal fonte de custeio, ao passo que a *reforma* também estabelece a possibilidade de o contrato individual do trabalho prevalecer sobre convenção coletiva de trabalho ou acordo coletivo de trabalho (art. 444, parágrafo único, da CLT).

No entanto, a convenção coletiva de trabalho e o acordo coletivo de trabalho não estão isentos de limites e de controle judicial.

Neste sentido, vale anotar que é nula cláusula negocial coletiva que:

1) desvirtuar, impedir ou fraudar a aplicação das normas regentes da relação de emprego, em razão do disposto nos arts. 9º e 444, *caput*, da CLT;

2) violar as liberdades individuais (direito à intimidade, vida privada, honra e imagem, por exemplo), liberdades coletivas (direito de se filiar e de se manter filiado a sindicato, por exemplo) e direitos individuais indisponíveis dos trabalhadores (anotação do contrato de trabalho na CTPS, por exemplo), nos termos do art. 83, IV, da Lei Complementar n. 75/93;

3) violar direitos fundamentais trabalhistas, específicos e inespecíficos, assegurados pela Constituição da República, lembrando que as convenções coletivas de trabalho e os acordos coletivos de trabalho estão sujeitos a *controle de constitucionalidade* e, ainda, e à *vedação de retrocesso social* (o art. 6º, § 4º, IV, da Constituição alcança a negociação coletiva, posto que, se o constituinte não pode promover o retrocesso na condição do trabalhador, com muito mais razão não podem fazê-lo os entes coletivos).

Aliás, as inconstitucionalidades da *reforma trabalhista* não parecem fazer parte das preocupações daqueles que a realizaram e defendem. Afinal, como foi dito em um Congresso do Agronegócio, realizado em agosto de 2017, a Constituição de 1988 é "a pior de todas", notadamente em razão do que é estabelecido nos seus arts. 7º e 8º;[(2)]

4) contrariar tratados de que o Brasil seja signatário, notadamente aqueles que asseguram direitos humanos trabalhistas, específicos ou inespecíficos, em razão, por exemplo, do disposto no art. 5º, § 2º, da Constituição da República, do qual resulta que as convenções coletivas de trabalho e os acordos coletivos de trabalho estão sujeitos a *controle de convencionalidade*.

Note-se, a propósito, que: a Lei n. 13.467/2017 não revogou os arts. 9º e 444, *caput*, da CLT, que impedem a derrogação, ainda que seja pela *vontade coletiva*, de normas de ordem pública; a Constituição da República, por meio do art. 5º, XXXV, impede que a lei proíba o Poder Judiciário de examinar os aspectos substanciais de qualquer negócio jurídico, notadamente quando se trate de ofensa aos direitos sociais assegurados aos trabalhadores, cuja relevância é reconhecida pela própria Lei n. 13.467/2017, ao tratar da transcendência social a ser observada no exame de admissibilidade de recurso de revista; a possibilidade de prevalência do negociado sobre o legislado permite a *desconstrução do direito legislado*, ainda que em prejuízo dos trabalhadores, em ofensa à *função social da negociação coletiva*, que é, nos termos do *caput* do art. 7º, da Constituição da República, a melhoria da condição social dos trabalhadores".

Chama a atenção o fato de que a *reforma trabalhista*, no afã de criar *zonas isentas de Direito do Trabalho*, estabeleceu que as "Regras sobre duração de trabalho e intervalos não são consideradas como normas de saúde, higiene e segurança do trabalho" para efeito de definição das matérias que podem ser objeto de negociação coletiva (art. 611-B, parágrafo único), o que beira ao absurdo, posto que entre os fundamentos de tais normas se encontra a intenção de proteger a saúde, higiene e segurança do trabalhador, lembrando que a proteção desses bens jurídicos é constitucionalmente estabelecida (arts. 6º e 7º, XXII, da Constituição da República), o que torna inconstitucional a citada disposição legal.

A *reforma trabalhista*, não apenas procura criar *zonas isentas de Direito do Trabalho*, como pretende impedir o acesso dos trabalhadores à Justiça para fazer valer os direitos que lhes são assegurados pela ordem jurídica, como se verifica na disciplina, por ela realizada, dos *custos da litigância* - custas processuais, honorários advocatícios, honorários periciais, punição da litigância de má-fé e Justiça gratuita. Trata-se, então, de tentativa de estabelecer uma *zona isenta da ação do Poder Judiciário*.

Tudo isto se explica: destruir a Justiça do Trabalho e restringir o acesso do trabalhador à Justiça é afastar os limites por eles impostos aos poderes do empregador e do capital e, com isto, *reforçar tais poderes*. A *reforma trabalhista* é, então, uma *retomada de poder*, em favor dos empregadores e pelo capital.

Com efeito, com a aprovação da *reforma trabalhista*, as empresas passam a contar com mais liberdade para negociar diretamente com os trabalhadores ou com sindicatos fragilizados, para estabelecer as condições de contratação e de trabalho, inclusive contra norma expressa da lei e em prejuízo dos trabalhadores, mesmo que isso signifique risco à sua vida e saúde, por força, por exemplo, da redução da duração do intervalo para

(2) Disponível em: <http://justificando.cartacapital.com.br/2017/08/08/no-congresso-do-agronegócio-ataques-justiça-do-trabalho--e-constituição>.

descanso e refeição (que, segundo a *reforma trabalhista*, **e somente ela**, não tem relação com saúde e segurança). Note-se que, no contrato intermitente, o poder do empregador é ainda mais evidente, visto que a ele caberá definir, unilateralmente, quando e por quanto tempo o serviço será prestado, o que implica submeter o trabalhador à sua vontade.

Como foi assinalado recentemente por Delfim Netto, "o Brasil deixou o poder econômico controlar a política" e, com isto, "o setor privado anulou a única força que controla o capital, que é o Congresso".[3] O capital, controlando a política, tratou de, por meio da *reforma trabalhista*, destruir os limites que lhe são impostos pela ordem jurídica, especialmente aqueles representados pelo Direito do Trabalho e os seus instrumentos de efetividade, dentre eles a Justiça do Trabalho e o acesso dos trabalhadores à Justiça, para, com isso, reforçar o seu poder.

3. A PARTICIPAÇÃO DOS SINDICATOS SUBSCRITORES DE CONVENÇÃO COLETIVA DE TRABALHO OU DE ACORDO COLETIVO DE TRABALHO NA AÇÃO VOLTADA À ANULAÇÃO DE CLÁUSULA DESSES INSTRUMENTOS

A nulidade de cláusula de convenção coletiva de trabalho ou de acordo coletivo de trabalho pode ser pleiteada pelo trabalhador prejudicado, em ação individual, ou por meio de ação declaratória de nulidade proposta pelo Ministério Público do Trabalho ou pelo sindicato profissional representativo da categoria a que pertence o trabalhador.

A Lei n. 13.467/2017 acrescentou à CLT o art. 611-A, § 5º, dispondo ser obrigatória a participação dos sindicatos subscritores de convenção coletiva de trabalho ou de acordo coletivo de trabalho, como litisconsortes necessários, em ação individual ou coletiva, que tenha como objeto a anulação de cláusula desses instrumentos.

Desse modo, ao mesmo tempo em que restringe o acesso do trabalhador à Justiça, a *reforma trabalhista* cria um aparato de proteção processual da autonomia da vontade coletiva (na verdade, de proteção dos interesses do capital), limitando a intervenção do Poder Judiciário na análise de sua conformidade com a ordem jurídica e dispondo que, questionada em juízo a validade de um instrumento coletivo, seus subscritores devem ser citados para, querendo, promover a sua defesa.

Cumpre recordar que o litisconsórcio pode ser *necessário simples* e *necessário unitário*. O litisconsórcio será necessário simples quando for imposto pela ordem jurídica ou, pela natureza da relação jurídica controvertida, a eficácia da sentença depender da citação de todos que devam ser litisconsortes (art. 114 do CPC), e, necessário unitário quando, pela natureza da relação controvertida, o juiz tiver que decidir o mérito de modo uniforme para todos os litisconsortes (art. 116 do CPC).

Na hipótese em exame, a sentença não poderá anular a cláusula negocial coletiva em relação a um dos subscritores do instrumento coletivo e declará-la válida para o outro, o que equivale dizer que se trata de litisconsórcio *necessário unitário*.

Por se tratar de litisconsórcio necessário unitário, o juiz determinará a citação de todos os que devem ser litisconsortes (art. 115, parágrafo único, do CPC), observando que, no processo do trabalho, a citação pode ser determinada de ofício (arts. 840, § 1º, e 841, da CLT), o que implica que não há que se falar em determinação para que o autor requeira a citação, no prazo que lhe for assinalado, sob pena de extinção do processo.

No entanto, se não for formado o litisconsórcio, a sentença será nula (art. 115, I, do CPC).

De outro lado, como a hipótese é de litisconsórcio unitário, os litisconsortes não serão considerados, em suas relações com a parte adversa, como litigantes distintos e independentes, mas os atos e omissões de uns não prejudicarão os outros, mas os poderão beneficiar (art. 117 do CPC). Assim, o recurso interposto por litisconsorte unitário aproveita aos demais (art. 1.005 do CPC).

Por fim, cada litisconsorte tem o direito de promover o andamento do processo, e todos devem ser intimados dos respectivos atos (art. 118 do CPC).

Em relação, especificadamente, ao art. 611-A, § 5º, da CLT, cumpre anotar que:

a) o legislador desconsiderou, completamente, a necessidade de celeridade na solução das demandas individuais, em razão da natureza alimentar dos créditos decorrentes da relação de emprego, e coletivas, por força da amplitude dos seus efeitos.

É que a citação dos litisconsortes e sua participação no processo fatalmente prejudicarão a mais rápida

(3) Jornal *Folha de São Paulo*, Mercado, A16, 03 jul. 2017.

solução do conflito, diante, inclusive, da possibilidade da interposição de recurso pelos litisconsortes.

Ademais, os efeitos dessa participação serão sentidos com mais força nos dissídios individuais, em flagrante prejuízo ao trabalhador, na medida em que a ação anulatória coletiva já é ajuizada pelo Ministério Público do Trabalho contra os sindicatos subscritores do instrumento coletivo questionado e que, em se tratando de ação proposta por um dos sindicatos subscritores do instrumento coletivo, fundada em vício de vontade, o outro subscritor comporá o polo passivo da demanda.

Dessa forma, a obrigatoriedade de participação dos sindicatos, como litisconsortes necessários, nas ações individuais em que se pretende a anulação de cláusula negocial coletiva ofende, frontalmente, o art. 5º, LXXVIII, que a todos reconhece o direito à duração razoável do processo.

É interessante notar que não foi expressamente tornada obrigatória a participação do Ministério Público do Trabalho nas ações anulatórias propostas por trabalhador ou sindicato, o que demonstra que o interesse dos mentores da *reforma trabalhista* não foi a proteção da ordem jurídica;

b) a participação dos sindicatos subscritores de convenção coletiva de trabalho ou de acordo coletivo de trabalho somente é exigida quando se trate de ação *anulatória* de cláusula desses instrumentos, ou seja, o art. 611-A, § 5º, da CLT não se aplica à hipótese em que se discute a *aplicabilidade* de instrumento coletivo a determinado contrato individual de trabalho;

c) o art. 611-A, § 5º, da CLT não impõe a participação dos sindicatos subscritores de convenção coletiva de trabalho ou de acordo coletivo de trabalho na ação anulatória, mas, apenas a sua *citação* para, querendo, participar do processo;

d) o sindicato citado para participar do processo pode aderir à pretensão anulatória, fornecendo, inclusive, elementos que a fundamentem, com a ressalva de que, por se tratar de litisconsorte unitário, os atos de um litisconsorte não prejudicarão o outro, mas poderão beneficiá-lo.

4. ANOTAÇÕES CONCLUSIVAS

A *reforma trabalhista* representa a opção por um *tipo político de Direito do Trabalho*. Com efeito, está em andamento no Brasil o processo de construção de um Direito do Trabalho que não serve à dignidade humana, justiça social, cidadania e democracia, mas que se torna instrumento do capital e de colonização do humano, social e político pelo econômico, ou seja, um verdadeiro *Direito do Trabalho de exceção*, assim como de um *Direito Processual do Trabalho de exceção*, como direito processual que não tem em vista facilitar o acesso à Justiça, simplificar formas e procedimentos, favorecer o julgamento do mérito dos dissídios e promover a mais rápida e plena satisfação dos direitos reconhecidos em juízo, mas que é caracterizado pela restrições ao acesso à Justiça por parte dos trabalhadores, burocratização dos procedimentos, despreocupação com a celeridade processual e criação de barreiras à satisfação dos direitos reconhecidos em juízo.

A referência ao Direito do Trabalho é explicada pelo fato de que, no exame da *reforma trabalhista*, não podem ser desconsiderados os seus efeitos humanos, sociais e políticos, em especial porque a *desmaterialização do Direito do Trabalho e dos direitos inerentes ao trabalho*, no sentido de desvinculá-los da dignidade humana, justiça social, cidadania e democracia, reduz o Direito do Trabalho e os direitos inerentes ao trabalho à condição de simples variável da economia, o que, certamente, eles não são e não podem ser.

No contexto do Direito do Trabalho de exceção e do Direito Processual de exceção é apenas aparente o reforço da autonomia coletiva, na medida em que dos sindicatos, já seriamente fragilizados, foi retirada a sua principal fonte de custeio, ao passo que foi estabelecida a possibilidade de o contrato individual do trabalho prevalecer sobre convenção coletiva de trabalho ou acordo coletivo de trabalho.

Para, supostamente, *reforçar* a autonomia da vontade coletiva, a *reforma trabalhista* estabeleceu, por meio da art. 611-A, § 5º, da CLT, a obrigatoriedade de os sindicatos subscritores de convenção coletiva ou de acordo coletivo de trabalho participarem, como litisconsortes necessários, em ação individual ou coletiva, que tenha como objeto a anulação de cláusula desses instrumentos.

Essa medida ofende, flagrantemente, o direito, constitucionalmente reconhecido, à duração razoável do processo, no que diz respeito às ações individuais.

A participação dos sindicatos subscritores de convenção coletiva de trabalho ou de acordo coletivo de trabalho somente é exigida quando se trate de ação *anulatória* de cláusula desses instrumentos, não alcançando as hipóteses em que se discute a sua *aplicabilidade* a determinado contrato individual de trabalho.

A participação dos sindicatos subscritores de convenção coletiva de trabalho ou de acordo coletivo de trabalho na ação anulatória não é obrigatória. O que é obrigatório é apenas a sua *citação* para, querendo, participar do processo.

O sindicato interventor no processo pode aderir à pretensão anulatória, fornecendo, inclusive, elementos que a fundamentem, com a ressalva de que, por se tratar de litisconsorte unitário, os atos de um litisconsorte não prejudicarão o outro, mas poderão beneficiá-lo.

O "Novo" Regime da Litigância de Má-fé Trabalhista

Antonio Umberto de Souza Júnior

Mestre em Direito pela UnB. Professor universitário. Juiz Titular da 6ª Vara do Trabalho de Brasília. Ex-Conselheiro do Conselho Nacional de Justiça (2007-2009). Ex-advogado (1986-1993).

Ney Maranhão

Professor da UFPA (Graduação e Pós-graduação _stricto sensu_). Doutor em Direito pela USP. Juiz do Trabalho do TRT8 (PA/AP).

Fabiano Coelho de Souza

Mestre em Direito pela PUC-GO. Professor universitário. Juiz Titular da 4ª Vara do Trabalho de Goiânia. Coordenador Nacional do Processo Judicial Eletrônico na Justiça do Trabalho (biênio 2016-2018).

Platon Teixeira de Azevedo Neto

Juiz Titular da Vara do Trabalho de São Luís de Montes Belos/GO (TRT18). Professor Adjunto de Direito Processual do Trabalho da Universidade Federal de Goiás. Doutor em Direito pela Universidade Federal de Minas Gerais.

1. ENTRANDO PELA PORTA

A despeito de seu nome enganoso, a chamada "Reforma Trabalhista" compreende um complexo e extenso arcabouço normativo que não ficou confinado a múltiplos aspectos da legislação material laboral. Também buscou imprimir uma nova fisionomia ao direito processual do trabalho. Não são estes o momento e o espaço adequados para uma avaliação mais global dos impactos potenciais das alterações. Porém, é certo afirmar que as mudanças não conspiraram a favor de um processo mais efetivo e atento aos melhores avanços alcançados pelos demais subsistemas processuais – em especial o cível – e oscilaram entre novas regras tendencialmente retardadoras da marcha processual célere aspirada pelo legislador de 1943 (CLT, art. 765), ora se limitaram a trazer para dentro da legislação processual trabalhista, com poucas alterações, alguns institutos contemplados na nova legislação processual civil, inserida no bojo da Lei n. 13.105/2015.

Dentre tais institutos agora instalados no corpo próprio da CLT como fruto de migração normativa das regras do novo CPC, contempla a Lei n. 13.467/2017 um regime sancionatório da deslealdade processual.

Neste estudo, fundamentalmente lastreado em um texto abrangente de toda a Reforma Trabalhista elaborado pelo quarteto autor,[1] focalizamos as regras novas que a CLT recebeu para punir os maus litigantes. Por um corte epistemológico consciente que permita o confinamento das ideias no espaço curto programado para o presente texto, a análise abordará exclusivamente as situações de deslealdade que envolvam as partes e seus advogados.[2]

2. LITIGÂNCIA DESLEAL E DESONESTA NO PROCESSO DO TRABALHO

Nossa Carta Constitucional assegura a todos, nos âmbitos judicial e administrativo, "a razoável duração do processo e os meios que garantam a celeridade de sua tramitação" (CF, art. 5º, inciso LXXVIII). Também é indene de dúvidas que "aquele que de qualquer forma participa do processo deve comportar-se de acordo

(1) SOUZA JÚNIOR, Antonio Umberto de; SOUZA, Fabiano Coelho de; MARANHÃO, Ney Stany Morais e AZEVEDO NETO, Platon Teixeira de. *Reforma trabalhista*: análise comparativa e crítica da Lei n. 13.467/2017. São Paulo: Rideel, 2017.

(2) Fica, assim, fora deste artigo a improbidade processual da testemunha, disciplinada no novo art. 793-D da CLT, que será objeto de exame em outro estudo nesta coletânea a cargo do Professor e Juiz do Trabalho Kleber Waki.

com a boa-fé" (CPC, art. 5º), sendo certo, também, que "todos os sujeitos do processo devem cooperar entre si para que se obtenha, em tempo razoável, decisão de mérito justa e efetiva (CPC, art. 6º). Extrai-se desse valioso arcabouço normativo que processo de duração razoável e decisão justa são atividades necessariamente pautadas pelo vetor da probidade. Enfim, devido processo é, também, **processo** ético.

Com a Lei n. 13.467/2017, o legislador reformista acresceu a *Seção IV-A* ao Capítulo II da Consolidação das Leis do Trabalho, intitulado "*Da responsabilidade por dano processual*". Com isso, passam a existir na Consolidação das Leis do Trabalho dispositivos expressamente voltados à regência da **litigância** ímproba **no processo do trabalho**. Até então, essa regência da lealdade processual advinha por completo da aplicação subsidiária das normas do Código de Processo Civil (CLT, art. 769; CPC, art. 15).

Esse novo apêndice legislativo, portanto, não significa que os deveres de **lealdade** e **boa-fé** só a partir de agora dirigirão a processualística laboral. Significa, apenas, que, doravante, o tema passa a ter regramento próprio no Texto Celetista,[3] embora ainda de modo incompleto, forçando a aplicação supletiva do Código de Processo Civil, em especial no que se refere aos deveres processuais, inclusive quanto à configuração do ato atentatório à dignidade da justiça e ao uso moderado da linguagem nos autos e nas audiências (CPC, arts. 77 e 78).

Inaugurando essa significativa cadeia de novos dispositivos celetistas protetores da **eticidade processual**, dispõe o art. 793-A da CLT que "responde por perdas e danos aquele que litigar de má-fé como reclamante, reclamado ou interveniente". Cuida-se, porém, de mera reprodução quase literal do quanto contido no art. 79 do CPC ("responde por perdas e danos aquele que litigar de má-fé como **autor**, **réu** ou interveniente" – grifamos). Com isso, a lei processual trabalhista passa a reconhecer, expressamente, à vítima da litigância desleal, o **direito** à **plena e adequada reparação por danos processuais**. No geral, o legislador reformista, com essa regra, tão somente transportou para o processo do trabalho histórica regra do Código de Processo Civil (também presente, por exemplo, no art. 16 do antigo CPC).[4].

Importante destacar quem é exatamente o sujeito passivo das sanções por litigância processual desleal de que fala a lei – será a parte ("reclamante" ou "reclamado") ou o terceiro interveniente. Ou seja, tanto a lei processual trabalhista nova quanto a norma processual comum que lhe serviu de óbvia inspiração restringem a imposição de sanções pela má conduta em juízo às partes e terceiros.

No entanto, é preciso apontar que os advogados, no exercício profissional, também podem responder pelos danos causados por culpa ou dolo. Por exemplo, quando ficar configurada a lide temerária por atos lesivos à parte contrária praticados **em regime de cumplicidade entre advogado e cliente**, a serem apurados em ação própria, serão eles solidariamente responsáveis pelos danos processuais (Lei n. 8.906/94, art. 32). Logo, a exclusividade da responsabilidade por dano processual, confinada às partes e intervenientes, dependerá da exclusividade da autoria do ato ímprobo.[5]

Também parece haver campo interpretativo, dentro da perspectiva de universalidade do princípio da proteção da boa-fé (e seu vetor de repressão aos atos de má-fé), para admitir-se a responsabilização patrimonial dos advogados públicos e privados, defensores e

(3) A doutrina é pacífica quanto à aplicabilidade do regime processual civil de sanção à litigância de má fé nas demandas trabalhistas. Conferir, por todos: LEITE, Carlos Henrique Bezerra. *Curso de direito processual do trabalho*. 14. ed. São Paulo: Saraiva, 2016. p. 546-549; GARCIA, Gustavo Filipe Barbosa. *Curso de direito processual do trabalho*. 5. ed. Rio de Janeiro: Forense, 2016. p. 306-311; SILVA, Bruno Freire e. *O novo CPC e o processo do trabalho*, I, Parte Geral. São Paulo: LTr, 2015. p. 83-84. Também a jurisprudência admite sem hesitação o instituto. Confira-se, ilustrativamente, a OJ 409/SDI-1/TST: "MULTA POR LITIGÂNCIA DE MÁ-FÉ. RECOLHIMENTO. PRESSUPOSTO RECURSAL. INEXIGIBILIDADE. O recolhimento do valor da multa imposta como sanção por litigância de má-fé (art. 81 do CPC de 2015 – art. 18 do CPC de 1973) não é pressuposto objetivo para interposição dos recursos de natureza trabalhista".

(4) O legislador, porém, acabou mantendo a tônica de identificar o exercício do direito fundamental de ação com o substantivo "reclamação" (por todos, confira-se o art. 840, *caput*, da CLT) e, a partir daí, alcunhar autor e réu, respectivamente, como "reclamante" e "reclamado" (por todos, confira-se o art. 845 da CLT). Ora, essa é uma reminiscência histórica do processo do trabalho, porquanto decorrente da época em que a Justiça do Trabalho era ainda vinculada ao Poder Executivo, quando então recebia "reclamações" administrativas de trabalhadores frente a seus empregadores. Cremos que o legislador perdeu ótima oportunidade de imprimir no texto da CLT linguagem processual mais cientificamente escorreita, como reflexo de sua efetiva integração ao Poder Judiciário brasileiro (CF, art. 92). Entretanto, pela consagração histórico-doutrinária, seguiremos no uso desses termos, com a ressalva *supra*.

(5) Há mesmo algumas condutas que dificilmente serão imputáveis, em geral, apenas à parte. Pouco crível, por exemplo, que derive de exclusiva iniciativa da parte, normalmente leiga em Direito, a dedução de pretensão ou defesa contra texto expresso de lei ou a interposição de recurso com intuito protelatório (CLT, art. 793-B, I e VII).

procuradores por dano processual doloso, ainda que em caráter meramente regressivo, naquelas situações em que a conduta processual desleal seja **exclusivamente imputável** a tais assistentes ou representantes das partes.

Sem embargo de toda essa discussão, revela-se interessante a tese pela qual, **em hipóteses extremamente excepcionais**, de comprovado e inequívoco dolo, em decisão fundamentada e nos autos do próprio processo em que se deu a infração ética, o magistrado poderá reputar o advogado **solidariamente responsável**, junto com seu cliente, pelas sanções aplicadas em decorrência da violação da eticidade processual, valendo-se, para tanto, dos princípios da proporcionalidade, razoabilidade e eficiência (CF, arts. 5º, LIV e LXXVIII, e 37, *caput*; CPC, art. 8º) e ainda com fulcro na pedagógica regra contida no art. 81, § 1º, do CPC (CLT, art. 769 c/c CPC, art. 15).(6) No entanto, a jurisprudência atual do Tribunal Superior do Trabalho repele tal possibilidade, indicando que a apuração da responsabilidade do causídico desafia ação própria, conforme se percebe dos seguintes precedentes:

> ADVOGADO. MULTA POR LITIGÂNCIA DE MÁ-FÉ. CONDENAÇÃO SOLIDÁRIA. VIOLAÇÃO DO ART. 32 E PARÁGRAFO ÚNICO DA LEI N. 8.906/94. I – Delineada objetivamente na decisão rescindenda tese a propósito da possibilidade de os advogados serem condenados solidariamente com o seu constituinte pelo pagamento de multa por litigância de má-fé, na hipótese de lide temerária, sobressai a viabilidade do juízo rescindente pelo prisma do art. 32 e parágrafo único da Lei n. 8.906/94, invocado expressamente tanto na inicial quanto nas razões recursais. II – Com efeito, o referido dispositivo é claríssimo ao preceituar que somente por meio de ação própria pode-se cogitar da condenação solidária do advogado com seu cliente, mediante comprovação de que, coligados, objetivavam lesar a parte contrária. III – Tendo por norte a literalidade do preceito legal, não há lugar para invocar-se o óbice da Súmula n. 83 desta Corte, de modo que a vulneração da norma da legislação extravagante se afigura incontrastável, em condições de autorizar o corte rescisório e por consequência afastar a condenação imposta aos advogados. IV – Recurso provido parcialmente (TST, SDI 2, ROAR 272-85.2011.5.18.0000, LEVENHAGEN, DEJT 20.04.2017)
>
> **LITIGÂNCIA DE MÁ-FÉ DOS ADVOGADOS – ART. 32, PARÁGRAFO ÚNICO, DA LEI N. 8.906/94 – DESCABIMENTO.** A previsão expressa no art. 32, parágrafo único, da Lei n. 8.906/94 é a de que a conduta inadequada do advogado em juízo deve ser apurada em ação própria. A condenação

(6) A respeito, confira-se a seguinte publicação: **"Após manipulação do local de trabalho, advogado e empresa são multados por litigância de má-fé. Eles também foram condenados por ato atentatório à dignidade da Justiça.** Segunda-feira, 7 de agosto de 2017. A juíza do trabalho Samantha Mello, da 8ª vara de São Bernardo do Campo/SP, condenou uma empresa e seu advogado por litigância de má-fé e ato atentatório à dignidade da Justiça após verificar manipulação do local de trabalho. Após constatar depoimentos contraditórios, a magistrada reteve os celulares das partes em audiência. Os celulares da reclamante, de sua advogada, da preposta e das três testemunhas presentes ficaram sobre a mesa da juíza, e foram devolvidos apenas depois da diligência na empresa. A única pessoa que não entregou o aparelho foi o advogado da reclamada, que com ela foi condenado solidariamente por litigância de má-fé e indenização em favor da autora, além de multa por ato atentatório à dignidade da Justiça. Enquanto a patrona da reclamante e a preposta permaneceram na sala de audiências com a juíza, a autora e todas as testemunhas se deslocaram no carro da oficial de justiça do TRT da 2ª Região à escola reclamada. De acordo com a decisão, lá a oficial de justiça pôde constatar diversos artifícios utilizados para invalidar a versão da trabalhadora como: retirada de captadores de alunos na porta da ré; computadores vazios, mas ligados; contradição entre relatos de empregadas que se encontravam no local; sonegação de livro de registro de pontos e relógio de ponto sem controle. Para a juíza ficou evidente que o patrono da ré fez contato por telefone, que resultou em manipulação do local de trabalho. *"Salta aos olhos a má-fé e mesmo a falta de bom-senso da empresa e seu patrono: Se apenas o patrono da empresa não acautelou o celular e todas as testemunhas e a Autora estavam com a oficial, bem como a patrona da Autora e a preposta da Ré estavam com celulares acautelados e presentes na sala de audiência, quem poderia ter avisado à empresa acerca da diligência? Mais. Bastante ingênua a postura da empresa ao acreditar que poderia orientar suas empregadas, esquecendo-se que existem outros meios de colheita de prova (vizinhos, ligação para outra filial) que poderiam ser – e o foram – utilizados pela oficiala, profissional experiente."* Segunda a magistrada, a condenação não irá reparar o dano, mas servirá de caráter pedagógico à ré, que lesou a trabalhadora, sustentou uma versão inverossímil e manipulou o local de trabalho para manter uma mentira apresentada em juízo. A juíza pontuou que existe um senso comum – equivocado – de que na Justiça do Trabalho 'vence o processo aquele que mente melhor', porém a realidade não é essa já que partes, testemunhas, advogados, de ambos os lados, são corriqueiramente multados pelo Judiciário. Dessa forma, foi reconhecido o vínculo de emprego e determinado o pagamento dos valores devidos, e o reclamado e seu patrono foram condenados a pagar solidariamente à reclamante multa de 10% do valor da causa por litigância de má-fé e indenização de 20% sobre o valor da causa, nos termos do arts. 80 I, II, III, V, VI, e 81, *caput* e § 2º do CPC, e multa de 20% sobre o valor da causa em favor da União, por ato atentatório ao exercício da jurisdição, nos termos do art. 77, I, II, III e IV, e §§ 1º e 2º do CPC. Processo: 1002594.83.2016.5.02.0468". Disponível em: <www.migalhas.com.br> Acesso em: 7 ago. 2017.

do advogado às penalidades impostas ao litigante de má-fé deve observar o devido processo legal, sendo-lhe assegurados o contraditório e a ampla defesa em processo autônomo. Logo, ainda que evidenciada a conduta desleal, não tem cabimento a condenação do causídico ao pagamento de multa e indenização por litigância de má-fé. Precedentes. Recursos de revista conhecidos e providos (TST, 7ª T., RR 627-62.2012.5.15.0156, PHILIPPE, DEJT 25.08.2017)

Tal conjunto de possibilidades de responsabilização ética e patrimonial das partes e terceiros e de seus assistentes jurídicos públicos e privados certamente incutirá, em especial a partir da simbólica transfusão do regime de repressão ao dolo processual para dentro da CLT, um maior senso de profissionalismo, de busca da máxima fidelidade na reprodução dos fatos controvertidos da causa e no cuidado no manejo dos diversos instrumentos processuais colocados à disposição para postulação, instrução e interposição de recursos, realçando o novo ambiente de um processo judicial trabalhista realmente cooperativo e ético.

Importante o registro de que deve o juiz perscrutar a revelação do propósito desonesto na conduta examinada (ou seja, deve-se buscar segregar situações compreensíveis de mera confusão ou esquecimento, na memorização de dados fáticos relevantes ou secundários que possam ter alicerçado a inicial ou a defesa, daquelas situações repugnantes de deliberada tentativa de simulação ou adulteração da verdade com o propósito de levar vantagem processual). Não sendo clara a presença dessa premissa, a presunção de inocência recomenda que se descarte a condenação da parte suspeita por deslealdade processual.[7]

Demais disso, deve o magistrado, no momento da cogitação da repressão ao dolo processual, sempre averiguar se, de algum modo, nos autos está evidenciada a flagrante inocência da parte, de maneira que a atitude processual censurável tenha sido praticada sem seu conhecimento nem anuência, em claro excesso de mandato, o que também conduzirá ao indeferimento do pedido de imposição de sanções por improbidade processual.

3. HIPÓTESES CARACTERIZADORAS DA LITIGÂNCIA DE MÁ-FÉ

À luz dessa alvissareira perspectiva de máxima proteção do conteúdo ético do processo e visando a dar maior concretude ao princípio da lealdade processual, o art. 793-B da CLT passa a considerar como **litigante de má-fé** aquele que:

I – deduzir pretensão ou defesa contra texto expresso de lei ou fato incontroverso;

II – alterar a verdade dos fatos;

III – usar do processo para conseguir objetivo ilegal;

IV – opuser resistência injustificada ao andamento do processo;

V – proceder de modo temerário em qualquer incidente ou ato do processo;

VI – provocar incidente manifestamente infundado;

VII – interpuser recurso com intuito manifestamente protelatório.

Mais uma vez, o legislador reformista promove o simplório transporte para o processo do trabalho daquilo que **literalmente** já consta do art. 80 do CPC. Trata-se, pois, de mais uma **singela migração normativa** de um sistema para outro, ressaltando-se, uma vez mais, que tais vetores de eticidade sempre incidiram na processualística laboral, todavia por força de aplicação subsidiária do Código Processual Civil (CLT, art. 769; CPC, art. 15), técnica de colmatação de lacunas que, nesse particular, já não mais será necessária porque, agora, *legem habemus* no Diploma Consolidado, ou seja, não há mais omissão legislativa justificadora de qualquer ato integrativo, quanto ao tema objeto deste específico artigo.

Apesar da abertura semântica de muitos desses itens, marcados por termos abertos e de conteúdo indefinido, não hesitamos em afirmar que se trata de **rol meramente exemplificativo**. O ardil humano pode chegar às raias do inimaginável. A velhacada e a chicana no bojo do processo podem ser expressadas, enfim, por uma

(7) "É certo que, na prática, poderão existir aquelas 'zonas cinzas', tomadas pela neblina da incerteza, em que o magistrado terá dificuldade em definir se o ato praticado pela parte ou por terceiro foi produto, ou não, de má-fé. Na dúvida, deverá concluir que não, pois a presunção ordinária é de que as partes e terceiros agem com boa-fé (*bona fides*). Essa presunção tanto mais se justifica quando o ato tenha sido praticado pelo autor, vale dizer, por quem provocou o exercício da função jurisdicional. A propósito. Muito mais comedido na aplicação desse dispositivo legal deverá ser o magistrado do trabalho quando a parte estiver atuando em juízo sem advogado, como lhe faculta o art. 791, *caput*, da CLT. Em situações como essa calha com perfeição a sentença latina *summum ius, summa iniuria* (Cícero, "Dos Deveres"), a significar que o excesso de rigor na aplicação da lei constitui causa de injustiça" (TEIXEIRA FILHO, Manoel Antonio. *Comentários ao novo Código de Processo Civil sob a perspectiva do processo do trabalho*: Lei n. 13.105, 16 de março de 2015. São Paulo: LTr, 2015. p. 97).

miríade de condutas cuja integral captação normativa será sempre empreitada impossível para o legislador. No entanto, diante do silêncio da Lei n. 13.467/2017, será possível a aplicação subsidiária e supletiva do processo comum quanto à condenação das partes por caracterização de ato atentatório da dignidade da justiça.

Nesse caso, após advertir qualquer dos sujeitos passíveis de punição, o magistrado aplicará ao responsável multa de até 20% (vinte por cento) do valor da causa, de acordo com a gravidade da conduta (CPC, art. 77, §§ 1º e 2º), revertida para a União (CPC, art. 77, § 3º) quando do descumprimento dos seguintes deveres processuais:

a) cumprir com exatidão as decisões jurisdicionais, de natureza provisória ou final, e não criar embaraços à sua efetivação (CPC, art. 77, IV);
b) não praticar inovação ilegal no estado de fato de bem ou direito litigioso (CPC, art. 77, VI).

Também não se lembrou o legislador reformista de estender, textualmente, os comandos concernentes aos atos atentatórios à dignidade da Justiça praticados pelas partes na fase de execução (CPC, art. 774).[8] Assim, incompleta a migração normativa do regime sancionatório das diversas formas de litigância de má-fé nos processos, deve-se aplicar tal disposição processual comum supletivamente (CLT, art. 769; CPC, art. 15) quando o executado trabalhista:

a) fraude a execução;
b) se oponha à execução mediante "ardis e meios artificiosos";
c) crie dificuldades para a efetivação da penhora;
d) resista sem justificativa às ordens judiciais;
e) deixe de colaborar com o juízo, informando, intimado para tanto, os bens penhoráveis, indicando os respectivos valores e exibindo a prova de sua propriedade e de inexistência de ônus sobre eles.

Constatada a perpetração de ato desleal na execução, o juiz poderá fixar multa de até 20% (vinte por cento) sobre o "valor atualizado do débito em execução" em favor do credor prejudicado com sua conduta, a ser cobrada nos mesmos autos e "sem prejuízo de outras sanções de natureza processual ou material" (CPC, arts. 774, parágrafo único e 777).

4. TRÍPLICE RESPONSABILIZAÇÃO DO *IMPROBUS LITIGATOR*

Assevera o art. 793-C da CLT que, "de ofício ou a requerimento, o juízo condenará o litigante de má-fé a pagar multa, que deverá ser superior a 1% (um por cento) e inferior a 10% (dez por cento) do valor corrigido da causa, a indenizar a parte contrária pelos prejuízos que esta sofreu e a arcar com os honorários advocatícios e com todas as despesas que efetuou". Cuida-se, novamente, de **simplória migração normativa** da integralidade do contido no art. 81 do CPC para o texto da Consolidação das Leis do Trabalho, inclusive seus três parágrafos.

A disposição central, materializada no *caput* do art. 793-C da CLT, consubstancia a chamada **tríplice responsabilização** legalmente imposta ao litigante desonesto (*improbus litigator*), na medida em que abarca: i) **pagar multa** (superior a um por cento e inferior a dez por cento do valor corrigido da causa); ii) **indenizar as perdas e danos** da parte contrária; e iii) **arcar com honorários advocatícios e despesas efetuadas** pela parte adversa.

O valor da indenização será fixado pelo juiz ou, caso não seja possível mensurá-lo, liquidado por arbitramento ou pelo procedimento comum (que a CLT continua a chamar de "artigos" – art. 879, *caput*), nos próprios autos (CLT, art. 793-C, § 3º). Demais disso, quando forem dois ou mais os litigantes de má-fé, o juiz condenará cada um na proporção de seu respectivo interesse na causa ou solidariamente aqueles que se coligaram para lesar a parte contrária (CLT, art. 793-C, § 1º). Vale destacar que "o valor das sanções impostas ao litigante de má-fé reverterá **em benefício da parte contrária**" (CPC, art. 96, parte inicial).

No mais, há apenas duas ligeiras mudanças nessa intensa migração normativa.

A primeira expressa mais um grosseiro **equívoco técnico-redacional** da Lei n. 13.467/2017. De fato, fez substituir todas as palavras "juiz", corretamente constantes do art. 81 do CPC, pela palavra "juízo". Nada mais desacertado porque a Constituição Federal é clara

(8) A suspeita de um esquecimento do legislador talvez seja, em verdade, excessivamente generosa e infundada se analisarmos o conjunto de regras novas em matéria de execução, em linhas gerais na mesma direção de um afrouxamento dos instrumentos legais voltados ao cumprimento das sentenças condenatórias e homologatórias de acordos trabalhistas: proibição de execução de ofício quando o credor esteja assistido por advogado, instauração de contraditório compulsório na liquidação, dispensa de garantia do juízo para oferta de embargos no caso de entidades beneficentes e o alongamento do prazo para a inscrição do devedor em bancos de dados públicos de inadimplentes, inclusive o Banco Nacional de Devedores Trabalhistas (CLT, arts. 878, 879, § 2º, 884, § 6º).

ao afirmar que são órgãos do Poder Judiciário, entre outros, os *juízes* (juízes federais, juízes estaduais, juízes do trabalho etc. – CF, art. 92) e não os *juízos*. Lamentavelmente, o apressado legislador reformista confunde órgão **jurisdicional** (a *pessoa* que exerce a jurisdição) com **unidade jurisdicional** (o *local* onde se exerce a jurisdição), misturando alhos com bugalhos. Trata-se de perceber o óbvio para o específico contexto e propósito da norma: quem condenará em litigância de má-fé não será o "juízo", mas, sim, o "juiz" que analisar o caso concreto. A redação do Código de Processo Civil, portanto, é tecnicamente mais escorreita e, nesse particular, deveria ter sido integralmente transferida para a Consolidação das Leis do Trabalho.

Quanto à segunda mudança, dispõe o § 2º do art. 793-C da CLT que, "quando o valor da causa for irrisório ou inestimável, a multa poderá ser fixada **em até duas vezes o limite máximo dos benefícios do Regime Geral de Previdência Social**" (grifamos). Aqui, a multa por litigância de má-fé, quando o valor da causa for irrisório ou inestimável (mandados de segurança, ações declaratórias etc.), toma por referência o dobro do limite máximo dos benefícios do Regime Geral de Previdência Social, ao passo que o seu correspondente no Código de Processo Civil fixa que tal multa poderá ser fixada "**em até 10 (dez) vezes o valor do salário mínimo**" (grifamos).

Portanto, conforme o novo regramento celetista, tal multa poderá alcançar, no ano de 2017, o preciso montante de **R$ 11.062,62** (onze mil, sessenta e dois reais e sessenta e dois centavos),[9] ao passo que, no processo civil, poder-se-á atingir o valor total de **R$ 9.370,00** (nove mil, trezentos e setenta reais).[10] Logo, no processo laboral, em termos totais, a reprimenda pela deslealdade processual, quando o valor da causa for irrisório ou inestimável, poderá ser mais incisiva que a prevista no processo civil. Nada justifica essa diferenciação de tratamento, porquanto a ofensa ao conteúdo ético do processo sempre deterá a mesma gravidade, tanto lá como cá, porque ambos são instrumentos públicos de solução de conflitos.

Importa registrar, ainda, que a parte que abusar do direito de defesa ou expressar manifesto propósito protelatório, além das sanções previstas no art. 793-C da CLT, também se sujeitará à possibilidade da emissão de **tutela de evidência** a seu desfavor (CPC, art. 311, inciso I – aplicado subsidiariamente ao processo do trabalho [CLT, art. 769; CPC, art. 15]). Igualmente, o tríplice sancionamento ora previsto não afasta o acúmulo com a reprimenda mais severa exigida para atos enquadrados como **atentatórios à dignidade da justiça** (CPC, art. 77, § 2º – aplicado supletivamente ao processo do trabalho [CLT, art. 769; CPC, art. 15]), quando fundados em comportamentos ímprobos diversos.[11]

Importante assinalar que as sanções pecuniárias por litigância de má-fé não estão entre as despesas processuais de que são exonerados os beneficiários da justiça gratuita. Afinal, quis a Constituição livrar os litigantes judiciais das despesas usuais para estarem em juízo e não acobertar comportamentos indevidos e indignos. Daí ter o CPC, expressamente, indicado a exclusão das multas processuais da suspensão de exigibilidade das despesas processuais nas hipóteses de deferimento da gratuidade judiciária (art. 98, § 4º).

5. FECHANDO A PORTA

Portanto, a novidade trazida para o texto da CLT, com a inédita disciplina do sistema de repressão ao dano processual provocado pela conduta das partes nos processos judiciais, tem o sabor do desgastado livro que pela centésima vez o viciado leitor abra e procure apreciar algum detalhe ainda não percebido. Afora mudanças cosméticas em termos redacionais, às vezes para pior, como visto, o regime sancionatório da deslealdade processual trabalhista é um mal disfarçado (e incompleto) plágio das normas processuais comuns.

Evidentemente, não se pode desprezar o peso simbólico da positivação de um sistema legal de proteção da boa-fé processual para o interior da CLT. Todavia, do ponto de vista da fisionomia do processo trabalhista, a mudança não traz absolutamente nada que permita uma perspectiva otimista do futuro da jurisdição trabalhista, pressionada por múltiplos fatores, quase todos, paradoxalmente, ligados muitos mais às suas virtudes – em especial de celeridade e efetividade quando comparada aos demais ramos do Judiciário brasileiro – que aos seus defeitos.

(9) Atualmente, o limite máximo dos benefícios do Regime Geral de Previdência Social está em **R$ 5.531,31** (cinco mil, quinhentos e trinta e um reais e trinta e um centavos). Disponível em: <www.previdencia.gov.br>. Acesso em: 25 jul. 2017.

(10) Atualmente, o valor do salário mínimo está fixado em **R$ 937,00** (novecentos e trinta e sete reais), a teor do Decreto n. 8.948, de 29 de dezembro de 2016, publicado no DOU em 30.12.2016.

(11) GAJARDONI, Fernando da Fonseca; DELLORE, Luiz; ROQUE, André Vasconcelos; OLIVEIRA JR., Zulmar Duarte de. *Teoria geral do processo*: comentários ao CPC de 2015 – parte geral. São Paulo: Forense, 2015. p. 277.

O Dano Processual – A Litigância de Má-fé no Processo do Trabalho

Kleber de Souza Waki
Especialista em Direito do Trabalho e Direito Processual do Trabalho (UFG). Juiz do Trabalho (TRT 18).

1. INTRODUÇÃO

A Lei n. 13.467, de 13 de julho de 2017, que trata da Reforma Trabalhista, provocou substancial alteração na Consolidação das Leis do Trabalho, tanto no aspecto do direito material como no direito processual. Neste estudo, vamos examinar a novel Seção IV-A, denominada "Da Responsabilidade por Dano Processual", localizada junto ao Capítulo II (Do Processo em Geral), Título X (Do Processo Judiciário do Trabalho), composta por apenas 04 (quatro) novos artigos.

O escopo da lei não deixa dúvidas: dispor, de modo *específico* para o processo do trabalho, sobre *as perdas e danos* causados pelo *litigante de má-fé*. A qualidade – de *malícia processual* – tanto poderá ser atribuída ao autor, como ao réu ou ao interveniente (ou seja, a figura do *terceiro*, "*aquele que não é parte*" segundo a velha e inesquecível lição de Barbosa Moreira).

A rigor, os arts. 793-A a 793-D da CLT são cópias quase idênticas dos preceitos contidos nos arts. 79 a 81 do Código de Processo Civil de 2015, inclusive quanto aos incisos e parágrafos, havendo apenas duas distinções relevantes.

A primeira diferença encontrada se dá no cotejo do § 2º do art. 793-C da CLT com o seu similar no CPC (o art. 71, § 2º). Quando se tratar de causa inestimável ou de valor irrisório, a multa aplicada ao litigante de má-fé, poderá chegar até ao valor equivalente a 10 (dez) salários mínimos *no processo comum*[(1)]. Já *no processo do trabalho*, em idêntica situação (ou seja, quando se tratar de causa de valor inestimável ou irrisório), a multa será limitada ao equivalente a duas vezes o valor máximo do benefício pago pelo Regime Geral da Previdência Social[(2)].

A segunda distinção de relevo encontra-se albergada no art. 793-D e seu parágrafo único da CLT e não encontra paralelo no processo comum. O dispositivo em referência introduz hipótese legal para fixação de multa em desfavor de testemunha que, intencionalmente, comparece em juízo e omite, quando inquirida a respeito, sobre fatos essenciais ao julgamento da causa ou busca, deliberadamente, alterar a verdade sobre estes fatos que lhe são perguntados. Não confundir esta sanção com a multa aplicável à testemunha que, regularmente notificada, se recusa, injustificadamente, a prestar declarações (v. art. 730, CLT[(3)]).

(1) O Decreto n. 8.948, de 29 de dezembro de 2016 fixou o valor do salário mínimo mensal em R$ 937,00 (novecentos e trinta e sete reais), a partir de 1º de janeiro de 2016. Logo, o valor máximo da multa prevista no art. 71, § 2º do CPC será de R$ 9.370,00 (nove mil trezentos e setenta reais), até que venha novo reajuste do mínimo legal.

(2) A Portaria do Ministério da Fazenda n. 8, de 13 de janeiro de 2017, em seu art. 2º, fixou os valores máximos dos salários de benefício e de contribuição, a partir de 01.01.2017, que não poderão exceder a cifra de R$ 5.531,31 (cinco mil quinhentos e trinta e um reais e trinta e um centavos). Na prática, a sanção aplicada no processo trabalhista, em igual situação encontrada no processo comum, poderá chegar ao patamar de R$ 11.062,62 (onze mil e sessenta e dois reais e sessenta e dois centavos). Na prática, 18,06 % maior do que a mesma multa praticada no processo comum.

(3) Trata-se de medida de *Contempt of Court*, presente também no Código de Processo Penal Militar (Decreto-lei n. 1.002, de 21.10.1969, art. 347, § 2º) e que, acerca da falsidade, dispõe de comunicação para instauração de inquérito (art. 364) e, em caso de confirmação de que a testemunha se oculta para não depor, pode ter sua prisão decretada (art. 420); art. 34, § 2º, Lei n. 9.099/95 (dispõe apenas sobre a condução coercitiva); O Código de Processo Penal também dispõe apenas em comunicação para abertura de inquérito pela autoridade policial, quando constatado pelo juiz, em sentença final, de que a testemunha fez afirmação falsa (art. 211). No art. 218, o CPP autoriza a condução forçada, além da imposição de multa, sem prejuízo de poder vir a responder pelo crime de desobediência (art. 219).

Este novo cenário, introduzido com a reforma, evoca entre os operadores do direito alguns velhos e novos questionamentos que, em resumo, poderiam ser sintetizados numa só questão: quais são os impactos das novas regras estabelecidas em relação aos princípios que embasam o direito processual trabalhista e se estamos, ou não, diante da necessidade de repensar acerca das atuais estruturas processuais.

Analisar o modelo processual trabalhista e como ele vem sendo moldado ao longo do tempo poderá nos ajudar na busca de algumas respostas.

2. A TRANSFORMAÇÃO DO MODELO PROCESSUAL TRABALHISTA

O processo do trabalho sempre foi conhecido como um instrumento judicial gratuito, barato e acessível por todos que sentissem a necessidade de buscar, em juízo, a reparação para algum direito seu supostamente violado.

Uma de suas marcas fundamentais, até hoje presente, reside na possibilidade da parte, diretamente, postular em juízo (*jus postulandi*), sem precisar recorrer à assistência de um advogado(4). Para tanto, o interessado precisa apenas procurar o setor de atermação da Justiça do Trabalho, munido com a documentação pessoal e pertinente à sua causa, deduzindo um breve relato dos fatos do conflito. Ali, o reclamante também será orientado quanto aos demais atos básicos do procedimento, tais como o dever de comparecer na data designada para a audiência, a necessidade de apresentar espontaneamente as testemunhas para demonstrar os fatos alegados, o exercício do contraditório etc.

Como as reclamações trabalhistas costumam ser apresentadas por desempregados, é bastante comum que, no conjunto dos pleitos, seja formulado requerimento para o deferimento dos benefícios da Justiça gratuita, sem prejuízo da possibilidade de serem concedidos até mesmo de ofício(5).

A concessão dos benefícios da Justiça gratuita nunca foi burocrática na Justiça do Trabalho, prevalecendo, ordinariamente e em favor do trabalhador, a presunção de necessidade extraída da declaração prestada pela parte ou por seu advogado.

De salientar que, em 01.10.1964, o Supremo Tribunal Federal aprovou a Súmula n. 450, com o seguinte teor:

> *"São devidos honorários de advogado sempre que vencedor o beneficiário de justiça gratuita".*

Este entendimento, cristalizado na jurisprudência da mais alta Corte do país, apontava como referências

(4) No julgamento da ADI n. 1.127 MC/DF, o Tribunal Pleno do Supremo Tribunal Federal entendeu que era inconstitucional o art. 1º do EOAB quando reservou como ato privativo da advocacia a postulação em *qualquer* órgão do Poder Judiciário e nos Juizados Especiais. V. ementa parcial: EMENTA: AÇÃO DIRETA DE INCONSTITUCIONALIDADE. ESTATUTO DA ADVOCACIA E DA ORDEM DOS ADVOGADOS DO BRASIL – Lei n. 8.906/94. Suspensão da eficácia de dispositivos que especifica. LIMINAR. AÇÃO DIRETA. Distribuição por prevenção de competência e ilegitimidade ativa da autora. QUESTÕES DE ORDEM. Rejeição. MEDIDA LIMINAR. Interpretação conforme e suspensão da eficácia até final decisão dos dispositivos impugnados, nos termos seguintes: Art. 1º, inciso I – postulações judiciais privativa de advogado perante os juizados especiais. Inaplicabilidade aos Juizados de Pequenas Causas, à Justiça do Trabalho e à Justiça de Paz. (...)" – (ADI 1127 MC, Relator(a): Min. PAULO BROSSARD, Tribunal Pleno, julgado em 06.10.1994, DJ 29.06.2001 PP-00032 EMENT VOL-02037-02 PP-00265).

(5) Desde o Decreto-lei n. 8.737, de 19.1.1946, que introduziu o § 7º ao art. 789 da CLT, a concessão, de ofício, dos benefícios da Justiça Gratuita, na Justiça do Trabalho, passou a ser cabível mediante simples presunção da condição de necessitado, que era extraída do fato de o reclamante usufruir até 02 (dois) salários mínimos. Posteriormente, esta autorização de ofício passou a constar no § 9º do art. 789 da CLT e, mais tarde, no art. 790, § 3º da CLT: "§ 3º. É facultado aos juízes, órgãos julgadores e presidentes dos tribunais do trabalho de qualquer instância conceder, a requerimento ou de ofício, o benefício da justiça gratuita, inclusive quanto a traslados e instrumentos, àqueles que perceberem salário igual ou inferior ao dobro do mínimo legal, ou declararem, sob as penas da lei, que não estão em condições de pagar as custas do processo sem prejuízo do sustento próprio ou de sua família" (Redação dada pela Lei n. 10.537, de 27.8.2002). Com a Lei da Reforma Trabalhista, o § 3º do art. 790 da CLT sofreu nova alteração e a presunção para concessão, de ofício, do benefício se dará, doravante, quando o necessitado perceber renda igual ou inferior a 40% do valor do maior benefício pago pela Previdência Social do Estado:

"Art. 790. (...)

§ 3º – É facultado aos juízes, órgãos julgadores e presidentes dos tribunais do trabalho de qualquer instância conceder, a requerimento ou de ofício, o benefício da justiça gratuita, inclusive quanto a traslados e instrumentos, àqueles que perceberem salário igual ou inferior a 40% (quarenta por cento) do limite máximo dos benefícios do Regime Geral de Previdência Social." (Redação dada pela Lei n. 13.467, de 2017).

legislativas os arts. 63[(6)], 64[(7)] e 76[(8)] do CPC/1939 e o art. 11 da Lei n. 1.060/50[(9)], além de 03 (três) precedentes (RE 9943 EI, publicação: DJ de 24.09.1964; RE 51029, publicação: DJ de 16.11.1962[(10)] e RTJ 23/506; e RE 34061, publicação: DJ de 30.10.1958).

É interessante destacar que, desses 3 (três) precedentes, 02 (dois) eram processos trabalhistas (RE 51029 e RE 34061) e o único processo da justiça comum foi julgado com base na jurisprudência firmada nos autos de uma reclamação trabalhista (RE 9943, cujo voto se apoiou na decisão tomada por aquele tribunal no RE 51029). Vale a pena reproduzir a ementa do RE 51029, ante a sua clareza sobre a matéria:

> *"EMENTA: – Se, no processo trabalhista, o vencedor é beneficiário de justiça gratuita, deve ser condenado o vencido a pagar-lhe os honorários de advogado" (RE 51029/SP, 2ª Turma, STF, 4.9.1962).*

Portanto, até aqui, tínhamos um modelo processual no qual o trabalhador, ao propor a sua demanda trabalhista, poderia indicar o seu advogado e, ao fim do processo, desde que fosse o vencedor da causa, obteria do vencido os honorários de sucumbência, porque assim dispunha o CPC de 1939 e a Lei n. 1.060/50 (cujo art. 2º fazia expressa referência de incidência no processo do trabalho).

A CLT, entretanto, não dispunha sobre a aplicação dos honorários por mera sucumbência ou, de modo mais específico, sobre os honorários devidos pelo trabalhador quando fosse vencido na causa.

Daí a interrogação: como deveria ser o tratamento dado ao trabalhador reclamante quando, apresentada sua ação trabalhista – com ou sem a concessão dos benefícios da Justiça gratuita –, viesse ele a perder a demanda?

Este problema acabou sendo, indiretamente, enfrentado pela Suprema Corte no julgamento das ações coletivas que perseguiam recomposições salariais decorrentes de sucessivos planos econômicos de combate à inflação. Os trabalhadores vinham obtendo êxito em suas demandas propostas através de seus sindicatos. As condenações eram acrescidas de honorários advocatícios. Ocorre que, quando estas ações aportaram no Supremo Tribunal Federal, o entendimento que prevaleceu foi no sentido de que não havia direito adquirido aos reajustes pedidos e, com isso, inverteu-se o ônus da sucumbência. Foi então que os sindicatos autores apresentaram, em seus embargos declaratórios, a seguinte questão: com a inversão da sucumbência, seriam os trabalhadores condenados a pagar honorários advocatícios?

Após a análise de 8 (oito) precedentes, o STF consolidou seu entendimento na Súmula n. 633, aprovada na sessão plenária de 24.09.2003:

---

(6) CPC de 1939: "Art. 63. Sem prejuízo do disposto no art. 3º, a parte vencida, que tiver alterado, intencionalmente, a verdade, ou se houver conduzido de modo temerário no curso da lide, provocando incidentes manifestamente infundados, será condenada a reembolsar à vencedora as custas do processo e os honorários do advogado.

§ 1º Quando, não obstante vencedora, a parte se tiver conduzido de modo temerário em qualquer incidente ou ato do processo, o juiz deverá condená-la a pagar à parte contrária as despesas a que houver dado causa.

§ 2º Quando a parte, vencedora ou vencida, tiver procedido com dolo, fraude, violência ou simulação, será condenada a pagar o décuplo das custas.

§ 3º Si a temeridade ou malícia for imputável ao procurador o juiz levará o caso ao conhecimento do Conselho local da Ordem dos Advogados do Brasil, sem prejuízo do disposto no parágrafo anterior."

(7) Ao tempo da publicação da Súmula 450 do STF, o art. 64 do CPC de 1939 tinha a seguinte redação:

"Art. 64. Quando a ação resultar de dolo ou culpa, contratual ou extra-contratual, a sentença que a julgar procedente condenará o réu ao pagamento dos honorários do advogado da parte contrária.".

Posteriormente, com a edição da Lei n. 4.632, de 18 de maio de 1965, o dispositivo foi alterado, adotando a seguinte disciplina:

"Art. 64 A sentença final na causa condenará a parte vencida ao pagamento dos honorários do advogado da parte vencedora, observado, no que fôr aplicável, o disposto no art. 55. (Redação dada pela Lei n. 4.632, de 1965).

§ 1º Os honorários serão fixados na própria sentença, que os arbitrará com moderação e motivadamente. (Incluído pela Lei n. 4.632, de 1965).

§ 2º Se a sentença se basear em fato ou direito superveniente, o juiz levará em conta essa circunstância para o efeito da condenação nas custas e nos honorários. (Incluído pela Lei n. 4.632, de 1965)".

(8) CPC de 1939: "Art. 76. Vencedor na causa o beneficiado, os honorários de seu advogado, as custas contadas em favor dos serventuários da justiça, bem como taxas e selos judiciários, serão pagos pelo vencido."

(9) Lei n. 1.060/50: "Art. 11. Os honorários de advogados e peritos, as custas do processo, as taxas e selos judiciários serão pagos pelo vencido, quando o beneficiário de assistência for vencedor na causa". – Este dispositivo foi expressamente revogado pelo CPC de 2015 (v. art. 1072, III, CPC/2015).

(10) Acórdão disponível no seguinte endereço eletrônico: <http://redir.stf.jus.br/paginadorpub/paginador.jsp?docTP=AC&docID=149973>. Acesso em 26 ago. 2017.

"É incabível a condenação em verba honorária nos recursos extraordinários interpostos em processo trabalhista, exceto nas hipóteses previstas na Lei n. 5.584/70."

No julgamento do EDRE 180165-8-SP, que constituiu o segundo precedente mais antigo a apoiar a redação da Súmula n. 633 do STF, extrai-se a seguinte ementa:

"EMENTA: EMBARGOS DE DECLARAÇÃO EM RECURSO EXTRAORDINÁRIO TRABALHISTA. CONDENAÇÃO EM HONORÁRIOS. POLÍTICA JUDICIÁRIA TRABALHISTA. EXCLUSÃO.

1. Recentes decisões da Corte firmaram-se no sentido de que, em razão da política judiciária trabalhista, descabe a condenação em honorários advocatícios.

2. Embargos de declaração recebidos para excluir a condenação em honorários advocatícios".

Em outros julgamentos semelhantes, ficou ainda mais evidente a posição do Supremo Tribunal Federal no sentido de que, no processo do trabalho, não haveria a aplicação dos honorários por mera sucumbência. Destaco:

"EMENTA: – Recurso extraordinário. 2. Embargos de declaração. 3. Inversão do ônus de sucumbência. 4. Discussão acerca de condenação em honorários advocatícios. 5. Jurisprudência assente do STF no sentido de que não são devidos os honorários advocatícios em reclamação trabalhista, reservados que estão à condenação do empregador e não do empregado. 6. Embargos de declaração recebidos." (ED RE 216787-8/BA, relator ministro Néri da Silveira, 2ª Turma, j. 06.04.99).

"EMENTA: – PROCESSUAL CIVIL. TRABALHO. HONORÁRIOS ADVOCATÍCIOS. Lei n. 5.584, de 26.06.70.

I – Inexistência de verba honorária em decorrência da sucumbência, nas reclamações trabalhistas, a não ser na hipótese da Lei n. 5.584, de 26.06.70. Jurisprudência dos Tribunais do Trabalho acolhida.

II. Embargos de declaração recebidos, em parte". (ED RE 190507-7/CE, relator ministro Carlos Velloso, j. 18.06.96, 2ª Turma).

Para a Excelsa Corte a condenação em honorários por mera sucumbência só poderia ser atribuída ao empregador, quer em ações movidas pelo empregado mediante a concessão da assistência judiciária comum, quer por meio de ações coletivas movidas pelo sindicato de sua categoria, na qualidade de substituto processual. Em suma, em seus dissídios individuais o trabalhador não responderia por honorários advocatícios em caso de mera sucumbência, ou seja, quando fosse vencido na causa, quer ele estivesse assistido ou não por advogado dativo (Justiça gratuita).

Mas, e no caso de litigância de má-fé? Poderia o reclamante, quando litigante desleal, ser condenado nas custas, despesas processuais, honorários advocatícios, sem prejuízo da reparação das perdas e danos causados ao réu?

O Código de Processo Civil de 1939, dispunha acerca da possibilidade de condenação da parte por *abuso de direito* (arts. 3º e 63), estipulando condenação em perdas e danos, custas e despesas processuais, além de honorários advocatícios:

"Art. 3º. Responderá por perdas e danos a parte que intentar demanda por espírito de emulação, mero capricho, ou erro grosseiro.

Parágrafo único. O abuso de direito verificar-se-á, por igual, no exercício dos meios de defesa, quando o réu opuzer, maliciosamente, resistência injustificada ao andamento do processo"

"Art. 63. Sem prejuízo do disposto no art. 3º, a parte vencida, que tiver alterado, intencionalmente, a verdade, ou se houver conduzido de modo temerário no curso da lide, provocando incidentes manifestamente infundados, será condenada a reembolsar à vencedora as custas do processo e os honorários do advogado.

§ 1º Quando, não obstante vencedora, a parte se tiver conduzido de modo temerário em qualquer incidente ou ato do processo, o juiz deverá condená-la a pagar à parte contrária as despesas a que houver dado causa.

§ 2º Quando a parte, vencedora ou vencida, tiver procedido com dolo, fraude, violência ou simulação, será condenada a pagar o décuplo das custas.

§ 3º Si a temeridade ou malícia for imputável ao procurador o juiz levará o caso ao conhecimento do Conselho local da Ordem dos Advogados do Brasil, sem prejuízo do disposto no parágrafo anterior".

Também no CPC de 1939 se constata que "*as multas impostas às partes em consequência de má-fé serão contadas como custas*". Este dispositivo se repetiu no CPC de 1973[(11)], mas foi abandonada tal equiparação no CPC de 2015 (art. 96).

Parece evidente a conclusão, em raciocínio simples, de que a prática da litigância de má-fé era incompatível com a concessão dos benefícios da Justiça

(11) CPC de 1973: "Art. 35. As sanções impostas às partes em consequência de má-fé serão contadas como custas e reverterão em benefício da parte contrária; as impostas aos serventuários pertencerão ao Estado."

gratuita e, dentre eles, o da isenção de custas (art. 68, II, CPC de 1939).

Afinal, como o litigante desleal poderia gozar da isenção das custas processuais e, ao mesmo tempo, ter que pagar a multa por litigância de má-fé, cuja natureza era contada como custas processuais? Com o fim desta equiparação, com o CPC de 2015, esta incoerência desapareceu.

Na jurisprudência do STJ, já vinha prevalecendo o entendimento de que a litigância de má-fé, em si, não seria incompatível com a concessão da Justiça gratuita e, de outra banda, a concessão dos benefícios da Justiça gratuita jamais poderia se traduzir como um salvo-conduto ou uma espécie de imunidade para as sanções decorrentes da litigância desleal. Desse modo, mesmo sendo beneficiário da Justiça gratuita, o litigante de má-fé deve responder pelas sanções decorrentes da sua maliciosa conduta[12].

Assim já se verificava em outros ritos (como Mandado de Segurança, Ação Civil Pública, Ação Popular)

(12) O STJ firmou posição no sentido de que a concessão dos benefícios da Justiça Gratuita não afasta a possibilidade de aplicação da sanção decorrente da prática pela litigância de má-fé: EMENTA: PROCESSUAL CIVIL. MANDADO DE SEGURANÇA. IMPUGNAÇÃO DE REPUBLICAÇÃO DE PRAZO PARA CONTRA-RAZÕES. SUBSTITUIÇÃO DO RECURSO CABÍVEL. IMPOSSIBILIDADE. SÚMULA N. 267-STF. JUSTIÇA GRATUITA. APLICAÇÃO DE PENALIDADE POR LITIGÂNCIA DE MÁ-FÉ. MULTA. BENEFÍCIO QUE NÃO AFASTA A PUNIÇÃO. LEI N. 1.060/1950, ART. 12. I. Impossível o uso da via mandamental quando o ato atacado é passível de impugnação pela via recursal própria, caso do ato de republicação de intimação para contra-razões que, no entender do impetrante, implicou em reavivar prazo já esgotado, precluso o direito da parte adversa. Incidência da Súmula n. 267-STF. II. A concessão do benefício da assistência judiciária não tem o condão de tornar o assistido infenso às penalidades processuais legais por atos de litigância de má-fé por ele praticados no curso da lide. III. Recurso ordinário improvido. (RMS 15.600/SP, Rel. Ministro ALDIR PASSARINHO JUNIOR, QUARTA TURMA, julgado em 20.05.2008, DJe 23.06.2008). Já sob a vigência do CPC de 2015: EMENTA: AGRAVO INTERNO NO AGRAVO EM RECURSO ESPECIAL. PROPRIEDADE INDUSTRIAL. CONTRAFAÇÃO. 1. CONCESSÃO DE JUSTIÇA GRATUITA. INDEFERIMENTO PELA CORTE LOCAL NO ACÓRDÃO RECORRIDO. AUSÊNCIA DE IMPUGNAÇÃO NAS RAZÕES DO RECURSO ESPECIAL. MERO REQUERIMENTO FORMULADO. DESERÇÃO CONFIGURADA. 2. TENTATIVA DE ALTERAR A VERDADE DOS FATOS. LITIGÂNCIA DE MÁ-FÉ. ARTS. 80, II, E 81, § 2º, DO CPC/2015. 3. AGRAVO DESPROVIDO, COM APLICAÇÃO DE MULTA. 1. Quando o pedido de concessão do benefício da justiça gratuita for apreciado no acórdão recorrido, deve o recorrente, nas razões do especial, impugnar os fundamentos do Tribunal de origem, e não apenas formular novo pedido, como no caso, sob pena de deserção. 2. Constatando-se que o agravante deliberadamente tentou alterar a verdade dos fatos, impõe-se o reconhecimento da litigância de má-fé, com aplicação de multa de 2 (dois) salários mínimos, considerando ser o valor da causa irrisório, nos termos dos arts. 80, II, e 81, § 2º, do CPC/2015. 3. Agravo desprovido, com aplicação de multa. (AgInt no AREsp 788.359/RS, Rel. Ministro MARCO AURÉLIO BELLIZZE, TERCEIRA TURMA, julgado em 07.03.2017, DJe 2 01.03.2017). Recolhimento da multa por litigância de má-fé. Pressuposto de admissibilidade. EMENTA: AGRAVO REGIMENTAL. EMBARGOS DE DIVERGÊNCIA. APLICAÇÃO DE MULTA. COMPROVANTE DO DEPÓSITO. PRESSUPOSTO RECURSAL OBJETIVO DE ADMISSIBILIDADE. JUSTIÇA GRATUITA. OBRIGATORIEDADE DO PAGAMENTO. 1. O prévio recolhimento da multa prevista no art. 538, parágrafo único, do CPC é pressuposto recursal objetivo de admissibilidade. O fato de ser a parte recorrente beneficiária da justiça gratuita não retira a obrigatoriedade do pagamento da multa, porquanto esta tem natureza de penalidade processual. 2. Agravo regimental desprovido. (AgRg nos EREsp 765.878/PR, Rel. Ministro JOÃO OTÁVIO DE NORONHA, CORTE ESPECIAL, julgado em 07.05.2012, DJe 22.05.2012). No mesmo sentido, a jurisprudência do STF: EMENTA: QUINTO E SEXTO "AGRAVOS REGIMENTAIS" – EXTEMPORANEIDADE – IMPUGNAÇÃO RECURSAL PREMATURA, DEDUZIDA EM DATA ANTERIOR À DA PUBLICAÇÃO DO ACÓRDÃO RECORRIDO, E, TAMBÉM, TARDIA, PORQUE REGISTRADA APÓS O DECURSO DO PRAZO RECURSAL – ACÓRDÃO QUE, EM SEDE DE AGRAVO, IMPÔS MULTA, À PARTE AGRAVANTE, PELO EXERCÍCIO ABUSIVO DO DIREITO DE RECORRER – LEGITIMIDADE DE TAL SANÇÃO PROCESSUAL (CPC, ART. 557, § 2º) – PRÉVIO DEPÓSITO DO VALOR DA MULTA COMO REQUISITO DE ADMISSIBILIDADE DE NOVOS RECURSOS – VALOR DA MULTA NÃO DEPOSITADO – JULGAMENTO COLEGIADO POR TURMA DO SUPREMO TRIBUNAL FEDERAL – INTERPOSIÇÃO, CONTRA O ACÓRDÃO, DE "AGRAVO REGIMENTAL" – INADMISSIBILIDADE – ERRO GROSSEIRO – CONSEQÜENTE INAPLICABILIDADE DO PRINCÍPIO DA FUNGIBILIDADE RECURSAL – RECURSOS DE AGRAVO NÃO CONHECIDOS. – A intempestividade dos recursos tanto pode derivar de impugnações prematuras (que se antecipam à publicação das decisões) quanto decorrer de oposições tardias (que se registram após o decurso dos prazos recursais). Em qualquer das duas situações – impugnação prematura ou oposição tardia –, a consequência de ordem processual é uma só: o não conhecimento do recurso, por efeito de sua extemporânea interposição. – O recorrente, quando condenado a pagar, à parte contrária, a multa a que se refere a legislação processual, somente poderá interpor "qualquer outro recurso", se efetuar o depósito prévio do valor correspondente à sanção pecuniária que lhe foi imposta. A ausência de comprovado recolhimento prévio do valor da multa, mesmo por aquele que seja beneficiário da gratuidade, importará em não conhecimento do recurso, eis que a efetivação desse depósito prévio atua como pressuposto objetivo de recorribilidade. Doutrina. Precedentes. – A exigência pertinente ao depósito prévio do valor da multa, longe de inviabilizar o acesso à tutela jurisdicional do Estado, visa a conferir real efetividade ao postulado da lealdade processual, em ordem a impedir que o processo judicial se transforme em instrumento de indevida manipulação pela parte que atua em desconformidade com os padrões e critérios normativos que repelem atos atentatórios à dignidade da justiça (CPC, art. 600) e que repudiam comportamentos que se traduzem na interposição de recursos utilizados com intuito manifestamente protelatório (CPC, art. 17, VII). – O processo não pode ser manipulado para viabilizar o abuso de direito, pois essa é uma ideia que se revela frontalmente contrária ao dever de probidade que se impõe à observância das partes. O litigante de má-fé – trate-se de parte pública ou

com características semelhantes ao processo trabalhista. Para estes ritos similares, também não havia, em regra geral, a condenação em honorários advocatícios por mera sucumbência, mas, em caso de comprovada litigância de má-fé, nada obstava a aplicação das sanções pertinentes à parte que era reputada processualmente desleal[13].

Na Justiça do trabalho, entretanto, pela leitura que se deu aos princípios da proteção ao hipossuficiente e do amplo acesso à Justiça, não se produziu a jurisprudência firme quanto ao reconhecimento da litigância de má-fé e a aplicação da consequente punição adequada, a exemplo do que se via em outros tribunais na análise de ritos semelhantes.

Este cenário foi fielmente retratado no voto proferido pelo ministro Oreste Dalazen no processo TST-RR-480.648/98.2, publicado no DJ de 07.11.2003. São palavras irretocáveis na descrição desta tormentosa questão processual (os negritos estão no original):

> "(...) Penso que cumpre cada vez mais **acentuar a repressão à má-fé processual** do litigante e o desrespeito ao Estado-juiz (...). Imperioso coibir a má-fé ou a improbidade processual dos litigantes, mormente manifestada mediante **abuso do exercício do direito de demandar.**
>
> Certo que é controvertida no processo trabalhista brasileiro a possibilidade de sancionar-se o litigante malicioso, mormente o **empregado**.
>
> Para um segmento ponderável da doutrina e da jurisprudência trabalhistas, as normas do CPC que regem a litigância de má-fé seriam **incompatíveis** com o sistema e os princípios do processo trabalhista: **primeiro**, devido à subsistência do *jus postulandi*; **segundo**, devido à hipossuficiência econômica do empregado.
>
> Entretanto, conforme bem pondera **AMAURI MASCARO NASCIMENTO**, "*seria absurda a hipótese de um processo trabalhista autorizando todo e qualquer comportamento, mesmo desleal, de má-fé e insincero*".
>
> De fato, **não** há norma legal que proteja a malícia, a chicana, ou, enfim, a improbidade processual do empregado demandante, ou demandado. O protecionismo do demandante empregado hipossuficiente ("parcialidade compensatória das normas processuais trabalhistas") há que se compreender dirigido ao litigante de boa-fé. Não se pode, contudo, exacerbar o protecionismo processual do **empregado reclamante**, ao ponto de acobertar-se nele a litigância de má-fé, pois isso importaria negar-se toda a base de

---

cuide-se de parte privada – deve ter a sua conduta sumariamente repelida pela atuação jurisdicional dos juízes e dos tribunais, que não podem tolerar o abuso processual como prática descaracterizadora da essência ética do processo. – Não se revela admissível "agravo regimental" contra acórdão emanado de órgão colegiado (Turma ou Plenário) do Supremo Tribunal Federal. Precedentes. Tratando-se de erro grosseiro, mostra-se inaplicável o princípio da fungibilidade recursal. Precedentes. Doutrina. (AI 801247 AgR-AgR-AgR-AgR-AgR-AgR, Relator(a): Min. CELSO DE MELLO, Segunda Turma, julgado em 22.11.2011, ACÓRDÃO ELETRÔNICO DJe-231 DIVULG. 05.12.2011 PUBLIC. 06.12.2011)

(13) * MANDADO DE SEGURANÇA. Súmula n. 512 do STF: "Não cabe condenação em honorários de advogado na ação de mandado de segurança". Lei n. 12.016, de 7 de agosto de 2009 – "Art. 25. Não cabem, no processo de mandado de segurança, a interposição de embargos infringentes e a condenação ao pagamento dos honorários advocatícios, sem prejuízo da aplicação de sanções no caso de litigância de má-fé".

* AÇÃO CIVIL PÚBLICA. "Art. 17. Em caso de litigância de má-fé, a associação autora e os diretores responsáveis pela propositura da ação serão solidariamente condenados em honorários advocatícios e ao décuplo das custas, sem prejuízo da responsabilidade por perdas e danos". (Renumerado do Parágrafo Único com nova redação pela Lei n. 8.078, de 1990). "Art. 18. Nas ações de que trata esta lei, não haverá adiantamento de custas, emolumentos, honorários periciais e quaisquer outras despesas, nem condenação da associação autora, salvo comprovada má-fé, em honorários de advogado, custas e despesas processuais". (Redação dada pela Lei n. 8.078, de 1990).

* AÇÃO POPULAR. Jurisprudência: PROCESSUAL CIVIL. EMBARGOS DE DECLARAÇÃO. VÍCIOS INEXISTENTES. ADMINISTRATIVO E PROCESSUAL CIVIL. AÇÃO POPULAR. ENERGIA ELÉTRICA. PAGAMENTO DE HONORÁRIOS PERICIAIS. ISENÇÃO. 1. Não existem vícios a serem sanados no acórdão embargado. 2. Esta Corte Superior posicionou de forma clara, adequada e suficiente acerca do entendimento deste Tribunal no sentido de que conforme a dicção do artigo 18 da Lei n. 7.347/85 – Lei da Ação Civil Pública, também aplicável à espécie, até mesmo porque esta lei baseou-se na Lei n. 4.717/65: "[n]as ações de que trata esta lei, não haverá adiantamento de custas, emolumentos, honorários periciais e quaisquer outras despesas, nem condenação da associação autora, salvo comprovada má-fé, em honorários de advogado custas e despesas processuais". Sendo assim, com razão o autor da ação, ora recorrente, ao manifestar-se contra o adiantamento de honorários periciais na ação popular. 3. Em relação às omissões apontadas, não existe esse vício a ser sanado no acórdão embargado.4. Por meio dessas razões, é nítida a pretensão da parte embargante em provocar rejulgamento da causa, situação que, na inexistência das hipóteses previstas no art. 535 do CPC, não é compatível com o recurso protocolado. 5. Embargos de declaração rejeitados"(EDcl no REsp 1.225.103/MG, Rel. Ministro MAURO CAMPBELL MARQUES, SEGUNDA TURMA, julgado em 02.02.2012, DJe 10.02.2012).

ética e dignidade em que repousa a administração da Justiça pelo Estado. Oportuna aqui a lição de ALFREDO BUZAID, na Exposição de Motivos do CPC vigente:

'Posto que o processo civil seja, de sua índole, eminentemente dialético, é reprovável que as partes se sirvam dele, faltando ao dever da verdade, agindo com deslealdade e empregando artifícios fraudulentos; porque tal conduta não se compadece com a dignidade de um instrumento que o Estado põe à disposição dos contendores para atuação do direito e realização da Justiça'.

A par de constituir desdouro e ultraje à majestade da Justiça, a intolerável complacência, senão leniência, com que a Justiça do Trabalho, não raro, tem tratado o exercício **abusivo** do direito de **demandar e de defender-se** tem concorrido apenas para encorajar tal prática. Por conta da impunidade, transforma-se o processo trabalhista em terreno propício ao **aventureirismo irresponsável** e contribui-se para congestionar ainda mais a Justiça do Trabalho.

Resultado: além de afetar-se a **qualidade** da prestação jurisdicional trabalhista, despende-se um **tempo** enorme e precioso, consome-se inutilmente **material** e canalizam-se em vão escassos recursos humanos em atenção a postulações levianas, para dizer o mínimo.

Claro está que essa relativa relutância, para não dizer **resistência**, em se impor à parte a pecha de litigante de má-fé, no processo trabalhista, em atitude condescendente para com toda sorte de expedientes abusivos e procrastinatórios, **contribui** sobremodo para a **ineficiência** da prestação jurisdicional e, em derradeira análise, para o desprestígio da Justiça do Trabalho"(14).

É importante assentar que os fundamentos precisos do ministro Oreste Dalazen, acima transcritos, foram também adotados como parte das razões de decidir no processo TST-E-RR-74900-63.2008.5.10.0003, de relatoria do ministro Aloysio Corrêa da Veiga, e que foi julgado pela Subseção I Especializada em Dissídios Individuais, em 23.09.2010 – o que nos autoriza a presumir que estas conclusões já retratavam o pensamento de um expressivo colegiado do Tribunal Superior do Trabalho.

Enfim, pela análise histórica e jurisprudencial, vimos que o processo do trabalho foi concebido como um modelo que assegurou ao trabalhador o direito de postular em causa própria, facilitou a concessão dos benefícios da Justiça gratuita e assegurou o pagamento dos honorários advocatícios assistenciais ao advogado dativo, conforme enunciou a Súmula n. 450 do STF. Também por decisão da Suprema Corte, vimos que este modelo processual adotara, como política judiciária, não impor ao trabalhador reclamante a condenação em honorários advocatícios por mera sucumbência. Desse modo, a condenação em honorários advocatícios só ocorreria quando o trabalhador fosse vencedor na causa e estivesse assistido por advogado dativo (quer na forma da Lei n. 1.060/50, quer por força da Lei n. 5.584/70).

Todavia, em caso de comprovada prática de litigância de má-fé, a exemplo do que ocorria em outros ritos em que se adotara um modelo processual mais simples, a parte maliciosa seria condenada nas sanções respectivas, ainda que se tratasse de demanda trabalhista.

A Súmula Trabalhista n. 219, em tudo assemelhada à Súmula n. 633 do STF, não integrou em seu enunciado os ditames da Súmula n. 450 do STF. Como consequência desta interpretação focada exclusivamente na Súmula n. 633 do STF, a condenação de honorários advocatícios na Justiça do Trabalho ficou limitada às situações em que o trabalhador se apresentasse assistido por advogado vinculado ao sindicato de sua categoria, consoante dispõe a Lei n. 5.584/70. Nem mesmo em relação ao litigante de má-fé construiu-se jurisprudência firme para a condenação em honorários advocatícios.

O CPC de 2015 poderia provocar a necessária correção dos rumos, bastando, para isso, uma revisão acerca da Justiça gratuita e de nosso modelo processual. Desse modo, poderíamos ter extraído a ideia de um processo trabalhista que pudesse garantir:

a) a condenação do vencido (e apenas nas ações em que este vencido fosse o empregador) em honorários advocatícios assistenciais (ou não); associada a

b) uma imposição mais efetiva das sanções decorrentes da litigância de má-fé, uma vez que o art. 15 do novo Estatuto processual comum autorizou a integração das normas processuais comuns ao processo do trabalho nas situações em que houvesse omissão a reclamar complemento integral ou parcial.

---

(14) Processo RR – 480648-13.1998.5.02.5555 (ou, na numeração antiga, processo RR – 480648/1998.2), 1ª Turma, TST, relator: ministro João Oreste Dalazen. O documento, na íntegra, pode ser acessado no seguinte endereço eletrônico: <http://aplicacao5.tst.jus.br/consultaDocumento/acordao.do?anoProcInt=1998&numProcInt=70136&dtaPublicacaoStr=07/11/2003%2000:00:00&nia=3661878>. Acesso em: 19 ago. 2018.

Contudo, é fato que o novo CPC também estaria sob o mesmo crivo da análise do princípio da proteção que emana do conjunto das leis trabalhistas e da essência do próprio Direito do Trabalho, não tendo havido tempo hábil para uma revisão doutrinária e jurisprudencial sobre o assunto. Com a reforma trabalhista não há mais oportunidade para este cenário interpretativo.

A Lei n. 13.467, de 13 de julho de 2017, ao dispor sobre regras que passam a integrar a CLT, provoca uma efetiva transformação do modelo processual trabalhista. Fica claro que, a partir da vigência desta lei, a conduta do litigante de má-fé nos processos do trabalho poderá ser enquadrada e punida por meio de lei própria para o seu rito. Não haverá, mais, a sombra duvidosa acerca do alcance dos limites traçados em normas de direito processual comum e não mais se poderá invocar a Justiça gratuita como argumento para a arte da esquiva na aplicação das penas impostas.

Igualmente por força da reforma trabalhista, o processo do trabalho passa a ter disciplina própria acerca da aplicação dos honorários em caso de mera sucumbência (art. 791-A, CLT).

3. O PRINCÍPIO DA BOA-FÉ NO CPC

Mesmo que o processo seja o palco dos interesses antagônicos (muito especialmente no exercício da jurisdição contenciosa), ele também é considerado um instrumento ético, no qual *as partes* ou o *interveniente* devem pautar suas condutas com lealdade e boa-fé, sem causar afronta à dignidade da jurisdição.

Esta era a posição, pelo menos até agora, de nossos estatutos processuais, como pudemos observar na referência aos arts. 3º, 63, 64 e 76 do CPC de 1939 ou nos arts. 14, incisos I a V, 15, 17, 18, 340 e 600 do CPC de 1939. As feições acerca da boa-fé e da má-fé são nitidamente *subjetivas*, eis que estabelecem uma conduta vinculante às partes, a quem se atribuem as respectivas sanções.

O CPC de 2015, em seu art. 5º, decidiu fazer uma abordagem mais explícita e estrutural acerca da boa-fé objetiva processual, a exemplo do que já ocorrera no Código Civil (arts. 113, 187 e 422).

Significa dizer que também no direito processual comum deve ser considerada a existência desta regra *objetiva* de conduta que emana da estrutura processual: o dever de observar a boa-fé caracterizada no exercício de uma conduta fiel aos preceitos legais e éticos, despidos de malícia e que exprimam ações e omissões incapazes de frustrar a razoável confiança que emana das relações jurídicas firmadas entre os homens numa sociedade alicerçada na solidariedade e que inspire segurança jurídica.

O professor Leonardo Carneiro da Cunha, invocando a doutrina de Francesco Altone, ensina que, do *"princípio da boa-fé deriva a vedação a comportamentos contraditórios*, que consiste na chamada proibição do *venire contra factum proprium*. Não há uma proibição genérica a comportamentos contraditórios. É preciso que tenha havido uma conduta de um dos sujeitos que gerou, na mesma situação jurídica ou em situações jurídicas coligadas, uma expectativa legítima no outro sujeito, vindo tal expectativa a ser frustrada por uma segunda conduta. Esta última é, isoladamente considerada, lícita e conforme o direito, mas, uma vez ligada ao caso concreto, torna-se ilícita"[(15)].

Sendo uma *cláusula geral*, ela se destina a todos os envolvidos no processo, sem distinção: juízes, membros do Ministério Público, advogados, auxiliares da Justiça, servidores, terceiros intervenientes.

Dentro da arquitetura do processo, a boa-fé objetiva deve ser encarada como um pilar estruturante. A rigor, ela não está associada a nenhuma conduta subjetiva específica de qualquer dos atores do processo. É o contrário: a *diretriz da boa conduta* encerra, em si, o código do comportamento ético que se espera de todos os partícipes do processo. Daí porque, diferentemente dos aspectos subjetivos tão visíveis no exame da litigância de má-fé – e das respectivas sanções –, a boa-fé processual não tem sua existência definida por um nexo fático particular ou por uma demonstração subjetiva do participante processual.

O professor André Molina integra uma corrente que enxerga o verniz constitucional no princípio da boa-fé objetiva no processo, observando que, sem precedentes nas Cartas anteriores, a Constituição de 1988 definiu os fundamentos da República brasileira e, dentre eles, o propósito de construir uma sociedade livre, justa e solidária (art. 3º, I, CR).

Para o professor Molina, a boa-fé processual objetiva, dentre outras características:

- *possui conteúdo publicista e institucional da jurisdição;*
- *expressa filosofia coletivista e solidária;*
- *integra modelo processual cooperativo e ético, no qual o processo é instrumento de realização*

---

(15) *Comentários ao Código de Processo Civil*, Saraiva, p. 40.

- *dos direitos, vedada a sua utilização para a prática do abuso de direito;*
- *não exige, na sua percepção, a demonstração da intenção da parte, sendo irrelevante o estado anímico do participante;*
- *permite a previsão das condutas processuais objetivas*(16).

Nesta mesma linha de pensamento, o professor Fredie Didier(17) também compartilha da ideia de que a boa-fé processual tem fundamento constitucional e que deveria ser observado, ainda que não houvesse sido insculpido no art. 5º do novo CPC. O jurista baiano ensina que há aqueles que associam o princípio da boa-fé processual com: a sociedade solidária (art. 3º, I), a dignidade da pessoa humana (art. 1º, III), a igualdade, princípio do contraditório (e o dever de cooperação) – que não pode ser exercido sem limites. Há, contudo, um ponto de contato entre a doutrina e nossa jurisprudência quando se fala do *devido processo legal* (o *due process of law*). Cito as palavras do mestre e doutor:

> "Para Joan Pico i Junoy, o princípio da boa-fé processual compõe a cláusula do *devido processo legal*, limitando o exercício do direito de defesa, como forma de proteção do direito à tutela efetiva, do próprio direito de defesa da parte contrária e do direito a um processo com todas as garantias ('processo devido'). Cria, para tanto, eloquente expressão: *o devido processo leal*.

O Supremo Tribunal Federal segue também essa linha de argumentação, de maneira ainda mais incisiva: a cláusula do devido processo legal exige um processo leal e pautado na boa-fé. A transcrição do trecho da fundamentação é necessária:

> 'O princípio do devido processo legal, que lastreia todo o leque de garantias constitucionais, voltadas para a efetividade dos processos jurisdicionais e administrativos, assegura que todo julgamento seja realizado com a observância das regras procedimentais estabelecidas, e, além, representa uma exigência de *fair trial*, no sentido de garantir a participação equânime, justa, leal, enfim, sempre imbuída pela boa-fé e pela ética dos sujeitos processuais.
>
> A máxima do *fair trial* é uma das faces do princípio do devido processo legal positivado na Constituição de 1988, a qual assegura um modelo garantista de jurisdição, voltado para a proteção efetiva dos direitos individuais e coletivos, e que depende, para seu pleno funcionamento, da boa-fé e lealdade dos sujeitos que dela participam, condição indispensável para a correção e legitimidade do conjunto de atos, relações e processos jurisdicionais e administrativos".

O STF confirma que a exigência de comportamento segundo a boa-fé atinge a todos os sujeitos processuais, e não apenas às partes:

> "Nesse sentido, tal princípio possui um âmbito de proteção alargado, que exige o *fair trial* não apenas dentre aqueles que fazem parte da relação processual, ou que atuam diretamente no processo, mas de todo o aparato jurisdicional, o que abrange todos os sujeitos, instituições e órgãos, públicos e privados, que exercem, direta ou indiretamente, funções qualificadas constitucionalmente como essenciais à Justiça(18)'".

Creio que, em todos esses aspectos, estão corretos os doutrinadores quando apontam o fundamento constitucional para a leitura da boa-fé processual. Poderíamos acrescentar, ainda, uma outra conexão: a boa-fé como uma *cláusula geral* de um Estado democrático.

A boa-fé jurídica expressa o comando de conduta esperado nas relações jurídicas realizadas em um Estado no seio de um regime democrático, quer sob o ângulo do direito material, quer sob o aspecto processual e, nesta trilha, tanto alcança os processos administrativos(19) como os jurisdicionais.

Para citarmos algumas situações em que a boa-fé, como cláusula geral, poderia ser identificada, fiquemos

---

(16) Lições extraídas do Curso acadêmico "O CPC de 2015 e o Processo do Trabalho. Parte geral e teoria dos precedentes".

(17) DIDIER, Fredie. *Curso de Direito Processual Civil*, volume I, Juspodivm, 2016. p. 110.

(18) STF, 2ª Turma, RE464963-2/GO, rel. Min. Gilmar Mendes, j. 14.02.2006; v. também STF, 2ª Turma, AI 529733-1/RS, rel. Min. Gilmar Mendes, j. 17.10.2006.

(19) A Lei n. 9.784, de 29 de janeiro de 1999, que regula o processo administrativo em âmbito do Poder Público federal, dispõe expressamente: "Art. 2º A Administração Pública obedecerá, dentre outros, aos princípios da legalidade, finalidade, motivação, razoabilidade, proporcionalidade, moralidade, ampla defesa, contraditório, segurança jurídica, interesse público e eficiência.
(...)"

com os seguintes exemplos: a vedação do exercício de persecução estatal apoiada exclusivamente em denúncias anônimas[(20)]; a garantia de ferramentas disponíveis, úteis e efetivas aos cidadãos para se obter do Estado as informações necessárias e a proteção contra o arbítrio (*Habeas Data, Habeas Corpus*, Mandado de Segurança etc.); a adoção dos princípios da moralidade e da publicidade etc.; enfim, em todos os aspectos da relação jurídica em que se espera – e se deve esperar – de todos os participantes não apenas o respeito às leis, mas a regular instauração (da relação jurídica) e discussão acerca dos fatos conflituosos, resultando em decisões justas, fundamentadas e harmônicas com uma real democracia.

4. A CARACTERIZAÇÃO DA MÁ-FÉ PROCESSUAL. HIPÓTESES

O art. 793-A da CLT, ao dispor sobre a responsabilidade do litigante desleal, tem como destinatário a parte (autora ou ré) ou terceiro interveniente. Excepcionalmente, a seção inclui sanção específica para quem não é *parte* e tampouco *interveniente*: a testemunha. Desde que flagrada, comprovadamente, em declarações conscientemente falsas, ou seja, absolutamente dissociadas da verdade e incabíveis na qualificação como *versão*, poderá sofrer a incidência de multa (art. 793-D).

Quanto à regra da reparação por perdas e danos decorrentes de ações omissivas ou comissivas associadas à culpa ou dolo, vale acrescentar que ela não alcança os advogados (inclusive da Advocacia Pública – art. 184 e Defensoria Pública – art. 187) e membros do Ministério Público (art. 181, CPC).

A responsabilização destes atores só poderá ser exigida de forma *regressiva* e desde que se comprove ter havido *dolo ou fraude no exercício das funções*, dando origem às perdas e danos para os quais se pede a reparação. Nem mesmo a figura da *culpa grave* autoriza interpretação mais extensiva. Esta disciplina está em harmonia com o art. 37, § 6º da Constituição.

A responsabilidade do magistrado também só poderá ser exigida *civil e regressivamente* nos casos de dolo ou fraude (art. 143, I), porém há possibilidade de punição por omissão culposa quando, por exemplo, deixar de ordenar providência que deva tomar de ofício ou quando provocado pela parte. A tipificação exige que a parte deixe claro, para o magistrado, sua irresignação diante da inércia, expressando o pedido de providência, que deverá ser atendido em até 10 (dez) dias. Trata-se de regra que precisa ser lida em conjunto com o art. 49 da Lei Orgânica da Magistratura Nacional – uma lei complementar que não pode ser revogada ou modificada por lei ordinária. A disciplina da LOMAN impõe que a providência pedida pela parte precisa ser requerida por *intermédio do Escrivão*, já que o juiz não pode ser responsabilizado pelas providências administrativas de movimentação processual que competem ao serviço público.

É, ainda, necessário frisar que o exercício da jurisdição consiste em expressão da soberania do Estado. Não se reputa como *perdas e danos* as consequências que decorrem do cumprimento da lei, não podendo estender-se a responsabilidade *regressiva* para o magistrado quando o próprio Estado não a responde[(21)].

O art. 793-B da CLT dispõe, a exemplo do que ocorre no processo civil, das situações que ensejam a

---

(20) "• Anonimato. Notícia de prática criminosa. Persecução criminal. Impropriedade. Não serve à persecução criminal notícia de prática criminosa sem identificação da autoria, consideradas a vedação constitucional do anonimato e a necessidade de haver parâmetros próprios à responsabilidade, nos campos cível e penal, de quem a implemente. [HC 84.827, rel. min. Marco Aurélio, j. 7.8.2007, 1ª T, DJE de 23.11.2007.]

• (...) deixo assentadas as seguintes conclusões: (a) os escritos anônimos não podem justificar, só por si, desde que isoladamente considerados, a imediata instauração da *persecutio criminis*, eis que peças apócrifas não podem ser incorporadas, formalmente, ao processo, salvo quando tais documentos forem produzidos pelo acusado, ou, ainda, quando constituírem, eles próprios, o corpo de delito (como sucede com bilhetes de resgate no delito de extorsão mediante sequestro, ou como ocorre com cartas que evidenciem a prática de crimes contra a honra, ou que corporifiquem o delito de ameaça ou que materializem o *crimen falsi*, p. ex.); (b) nada impede, contudo, que o Poder Público provocado por delação anônima ("disque-denúncia", p. ex.), adote medidas informais destinadas a apurar, previamente, em averiguação sumária, "com prudência e discrição", a possível ocorrência de eventual situação de ilicitude penal, desde que o faça com o objetivo de conferir a verossimilhança dos fatos nela denunciados, em ordem a promover, então, em caso positivo, a formal instauração da *persecutio criminis*, mantendo-se, assim, completa desvinculação desse procedimento estatal em relação às peças apócrifas; e (c) o Ministério Público, de outro lado, independentemente da prévia instauração de inquérito policial, também pode formar a sua *opinio delicti* com apoio em outros elementos de convicção que evidenciem a materialidade do fato delituoso e a existência de indícios suficientes de sua autoria, desde que os dados informativos que dão suporte à acusação penal não tenham, como único fundamento causal, documentos ou escritos anônimos. [Inq 1.957, rel. min. Carlos Velloso, voto do min. Celso de Mello, j. 11.5.2005, P, DJ de 11.11.2005.]" – *Apud* "A Constituição e o Supremo, 5. ed., Brasília, 2016.

(21) Nesse sentido, a histórica posição do STF: "RESPONSABILIDADE CIVIL DO ESTADO. ATO DO JUIZ. IMUNIDADE JUDICIÁRIA. EXECUÇÃO DESORDENADA DE PRECATÓRIA. – ALEGAÇÃO DE EXCESSO DE EXECUÇÃO DE ORDEM EMANADA DO JUIZ, O QUE

tipificação da litigância de má-fé. O dispositivo trata de hipóteses *exaustivas* e não meramente exemplificativas.

Mesmo sendo hipóteses fechadas, a descrição das situações tipificadas guarda redação extremamente aberta, exigindo do intérprete cuidadosa análise de incidência. Para tanto, será preciso, muitas vezes, promover o exame dos fatos potencialmente tipificáveis associado com outras normas que disponham sobre os deveres das partes no processo (v., a propósito, o que dispõe o art. 77 do CPC).

Não se deve confundir a *dedução de pretensão ou de defesa contra texto expresso de lei* ou *contra fato incontroverso* com entendimento jurídico que se extraia destes diplomas legislativos ou do fato incontroverso – mesmo que este posicionamento jurídico seja sustentado por uma corrente minoritária. Em suma, é preciso, para a caracterização da malícia processual, que o argumento adotado pela parte ou interveniente seja teratológico, absolutamente inverossímil, desprovido da mais remota razoabilidade.

A *alteração da verdade dos fatos* também não pode ser extraída tomando-se, como pressuposto, a existência de fatos absolutos e inquestionáveis. Tampouco se tomam como fatos *não verdadeiros* aqueles que, simplesmente, não tenham sido provados porque a parte não conseguiu se desincumbir de seu encargo probatório ou porque contra ela recaia, como nos efeitos da confissão ficta, a presunção de veracidade dos fatos deduzidos pela parte adversa. Em resumo, desde que os argumentos deduzidos na pretensão ou na defesa estejam, de forma plausível, apoiados nas *versões* dos fatos, não cabe o enquadramento na conduta da litigância desleal. Convém mencionar que, como alerta a doutrina de Wambier e outros (2015), a leitura deste tipo está associada à regra do art. 77, incisos I e II do CPC, aqui aplicada ao processo do trabalho de forma subsidiária. É preciso sublinhar, ainda, que os *fatos* tipificados precisam ser aqueles considerados relevantes para o suporte da pretensão ou da defesa, ou seja, estamos tratando, aqui, dos fatos associados direta ou indiretamente com o mérito da demanda.

De acordo com o inciso III do art. 793-A, reputa-se litigante de má-fé aquele que se vale do processo para obter providência jurisdicional que vá em sentido oposto ao propósito deste instrumento, ou seja, para buscar a convalidação de situação ilegal. Ainda que a jurisprudência, por exemplo, tenha admitido a aplicação da teoria do fato consumado, o STJ alerta que há distinção entre: (i) *reconhecer* os efeitos do fato consumado diante das exigências legais, e (ii) buscar, pela demora processual, obter os efeitos do fato consumado, mormente quando apoiado em situação precária decorrente de provimento jurisdicional. Neste sentido, ver a jurisprudência:

> **PROCESSUAL CIVIL E ADMINISTRATIVO. EMBARGOS DE DECLARAÇÃO. PRETENSÃO INFRINGENTE. NATUREZA PECULIAR DA CONTROVÉRSIA. NECESSIDADE DE CELERIDADE PROCESSUAL. CONVERSÃO EM AGRAVO REGIMENTAL. ENSINO SUPERIOR. TRANSFERÊNCIA EX OFFICIO. AUSÊNCIA DE CONGENERIDADE. SENTENÇA PELA DENEGAÇÃO DA SEGURANÇA MANTIDA PELO TRIBUNAL DE ORIGEM. OPÇÃO DO RECORRENTE EM PERMANECER NA UNIVERSIDADE PÚBLICA MESMO SEM AMPARO EM DECISÃO JUDICIAL. TEORIA DO FATO CONSUMADO. INAPLICABILIDADE. PRINCÍPIO DA BOA-FÉ OBJETIVA QUE, NO CASO CONCRETO,**

ESTARIA SUBTRAÍDO A IMUNIDADE PERTINENTE AOS ATOS TIPICAMENTE JUDICIAIS, ENVOLVENDO A RESPONSABILIDADE CIVIL DO ESTADO. CAUSA QUE, ENTRETANTO, NÃO ENFOCOU ESSE ASPECTO DA RESPONSABILIDADE, CINGINDO-SE AO EQUACIONAMENTO DO ATO DE JUIZ, EM SUA FUNÇÃO JURISDICIONAL. RECURSO EXTRAORDINÁRIO NÃO CONHECIDO". (RE 91680, Relator(a): Min. RAFAEL MAYER, Primeira Turma, julgado em 25.03.1980, DJ 18.04.1980 PP-02566 EMENT VOL-01167-02 PP-00429 RTJ VOL-00094-01 PP-00423). Destaca-se, no voto do relator: "Não há dúvida de que, no tocante àqueles atos típicos da jurisdição, não se pode desenvolver a responsabilidade civil do Estado a partir dos danos que deles resultem. O pensamento dominante é de que em se tratando de exercício de atos de soberania, a igual da irresponsabilidade do legislador, não poderia resultar a responsabilidade de indenizar quem, súdito, sofresse prejuízos daí consequentes. Cumprindo ao Juiz aplicar a lei ao caso, segundo a sua convicção interior, como meio de realização do próprio ordenamento jurídico, daí não se pode tirar razão alguma para reparar os seus efeitos, pois seria a negação dos próprios princípios.

Poucas são as vozes que se opõem à tese, mesmo porque, do contrário, se comprometeria a nímia liberdade interior do ato de julgar.

Este é o entendimento que tem prevalecido no Supremo Tribunal, inclusive em memoráveis tomadas de posição pelo Pleno, como se vê dos acórdãos proferidos nos RREE ns. 69568 e 70121, em que Relatores, respectivamente, os eminentes Ministros Thompson Flores e Djaci Falcão, onde restou acentuado que o Estado não é responsável civilmente pelos atos do juiz, em sua função jurisdicional, senão quando previsto em lei (in RTJ – 59/782 e 64/689).

Aliás, a pretensão da causa é de estabelecer a responsabilidade civil do Estado, objetivamente fixada em função do dano resultante do ato do Juiz, sem que seja imputada ao Juiz conduta dolosa ou fraudulenta suscetível de responsabilizá-lo, de modo direto e autônomo, nos termos do art. 133 do Código de Processo Civil e art. 49 da Lei Orgânica da Magistratura Nacional. (...)".

AFASTA O PRINCÍPIO DA SEGURANÇA JURÍDICA. PROIBIÇÃO DO COMPORTAMENTO CONTRADITÓRIO (*VENIRE CONTRA FACTUM PROPRIUM*).

1. Tratam-se de embargos de declaração opostos por estudante da graduação de enfermagem da UFPR com o objetivo de reverter o provimento desta Corte Superior no sentido de que não há direito líquido e certo à matrícula em universidade pública. Sustenta o embargante que já está no nono período da faculdade e requer o reconhecimento do fato consumado.

2. É pacífico o entendimento desta Corte Superior quanto à possibilidade de converter os embargos de declaração em agravo regimental quando assim exigir o caso concreto, em atenção aos princípios da fungibilidade e da economia processual. Precedentes.

3. É verdade que o Superior Tribunal de Justiça, embora reconhecendo o desacerto das decisões da instância ordinária, vem firmando sua orientação no sentido de que situações de fato fundadas em decisões judiciais e consolidadas pelo decurso do tempo não podem ser desconstituídas. Trata-se da teoria do fato consumado. Precedentes.

4. Contudo, existem duas peculiaridades por que há de se afastar, no caso concreto, a incidência da referida teoria.

5. Em primeiro lugar, a liminar que foi indeferida pelo magistrado de primeiro grau e só foi obtida em 19.3.2003, via efeito suspensivo ativo em agravo de instrumento, prontamente perdeu efeitos em 16.7.2003 (quando o recorrente ainda estava, provavelmente, no segundo período da graduação), com a superveniência de sentença denegatória de segurança. O Tribunal de origem manteve a sentença denegatória em 20.4.2004, ocasião em que nem metade do curso de graduação estava completo. Quando o recurso especial foi primeiramente apreciado, em 4.4.2008, o recorrente ainda não havia completado o curso e, por ocasião deste julgamento, também não o finalizou.

6. Em segundo lugar, quando houve a ciência da remoção do pai – que eventualmente daria ensejo à transferência *ex officio* do recorrente –, o recorrente ainda não estava cursando a graduação de enfermagem.

Apenas depois que soube da remoção de seu pai, o recorrente prontamente prestou vestibular para uma faculdade particular, a fim de poder preencher um dos requisitos autorizadores da transferência *ex officio*. Essa realidade veio noticiada pelo Ministério Público Federal e foi confirmada pelo Tribunal Regional Federal da 4ª Região.

7. Essas sutilezas do caso concreto ensejam o afastamento da aplicação da teoria do fato consumado e atraem a incidência do princípio da boa-fé objetiva, impedindo que o recorrente, agora, pretenda se valer da própria torpeza (*nemo potest venire contra factum proprium*).

8. É que a teoria do fato consumado tem como objetivo principal, além de resguardar a estabilidade das relações sociais, também garantir que aquele que, confiando em provimento judicial (e, portanto, de boa-fé), não seja prejudicado pela morosidade e pela burocracia judiciais.

9. Ora, isso em nada se aplica à presente hipótese, pois (i) o recorrente não estava matriculado em faculdade quando soube da remoção de seu pai – apenas se matriculou depois –; (ii) o provimento judicial que lhe garantiu a matrícula foi revertido em 2003 (quando o recorrente ainda estava nos períodos iniciais da graduação) – ou seja, a situação consolidou-se sem amparo em decisão judicial (não há requisito básico da teoria do fato consumado) –; e (iii) ainda não houve consolidação da situação, considerando que não houve término do curso. Precedente da Primeira Seção.

10. Toda vez que se aplica a teoria do fato consumado quando não é caso de fazer incidi-la, ao invés de garantir o mínimo existencial, há desrespeito a ele, porque se está desconsiderando o mínimo existencial alheio, ou seja, daqueles que, embora não façam parte da presente relação processual, poderão sofrer consequências dela advindas. Toda vez que se autoriza a permanência de um aluno em uma faculdade na qual ele não tinha direito de estar, está desprestigiando-se o direito subjetivo à educação daqueles que poderiam lá estar legalmente, direito este integrante do rol de seu mínimo existencial.

11. A parte que, matriculando-se ardilosamente em universidade privada (porque os fatos asseverados pela Corte *a quo* concluem isso) e conhecendo reiteradas decisões contrárias a sua pretensão (como ocorre no caso concreto, em que a sentença, o acórdão e o próprio Supremo Tribunal Federal – na ADIn n. 3.324/DF, Rel. Min. Marco Aurélio – manifestaram-se contra a pretensão do recorrente), prefere trazer a questão ao Superior Tribunal de Justiça na esperança de que, ao cabo do processo, veja reconhecida a teoria do fato consumado, além de incorrer em evidente litigância de má-fé (art. 17, inc. III, do CPC), está assumindo riscos com os quais deve arcar.

12. Eventual manutenção da decisão agravada, nos termos que ora se propõe, não tem o condão de anular tudo o que o recorrente fez até agora, pois ele poderá aproveitar os créditos cursados na UFPR em uma universidade particular. Muito provavelmente

não se formará na data em que pretendia – pois a adequação entre as grades curriculares poderá exigir-lhe alguns semestres a mais –, mas esse é o encargo por ter preenchido uma vaga que não era sua, mesmo tendo ciência de que essa permanência na universidade pública era ilegal e contrariava a sentença e o acórdão da origem proferidos nesses autos e a decisão do STF.

13. Mesmo que se desconsiderasse tudo quanto foi dito até agora, por ocasião da apresentação do recurso especial, não foi sustentada a incidência da teoria do fato consumado (muito embora o recorrente já estivesse há algum tempo na graduação de enfermagem da recorrida), motivo pelo qual pedir que a monocrática seja reconsiderada com fundamento na dita teoria importa inovação da pretensão recursal em agravo regimental, o que não é admitido pela jurisprudência do Superior Tribunal de Justiça. Precedentes.

14. Agravo regimental não provido, com determinação de comunicação imediata à recorrida para que, se for o caso, não proceda à expedição do diploma do recorrente, em razão da inexistência de direito líquido e certo para tanto, conforme reconhecido há cinco anos pela origem e confirmado por esta Corte Superior. (EDcl no REsp 675.026/PR, Rel. Ministro MAURO CAMPBELL MARQUES, SEGUNDA TURMA, julgado em 20.11.2008, DJe 16.12.2008).

MANDADO DE SEGURANÇA COM PEDIDO DE MEDIDA LIMINAR. CONCURSO PÚBLICO PARA PREENCHIMENTO DE VAGAS NA CARREIRA DE DELEGADO DE POLÍCIA FEDERAL (EDITAL 24/2004-DGP/DPF-NACIONAL). CANDIDATA APROVADA NA 1ª FASE, MAS NÃO CLASSIFICADA PARA AS FASES SEGUINTES. PERMANÊNCIA NO CERTAME E APROVAÇÃO EM TODAS AS DEMAIS ETAPAS, TODAVIA, AO ABRIGO DE TUTELA ANTECIPADA, POSTERIORMENTE REVOGADA. REQUERIMENTO ADMINISTRATIVO OBJETIVANDO A POSSE NO CARGO PRETENDIDO NÃO CONHECIDO. INEXISTÊNCIA DE DECISÃO JUDICIAL DETERMINANDO A NOMEAÇÃO E A POSSE. AUSÊNCIA DE DIREITO LÍQUIDO E CERTO À POSSE E NOMEAÇÃO PROVISÓRIA NO CARGO PRETENDIDO. SEGURANÇA DENEGADA.

1. Dada a essência constitucional do Mandado de Segurança, admite-se que o Julgador, em respeito ao citado art. 6º, § 3º. da Lei n. 12.016/2009, processe e julgue o pedido mandamental pelo seu mérito, afastando a aparente ilegitimidade passiva da autoridade apontada na inicial, a fim de que o *writ* efetivamente cumpra seu escopo maior de proteção de direito líquido e certo.

2. Ademais, considerando que a autoridade indicada como coatora encontra-se vinculada à mesma pessoa jurídica de Direito Público da qual emanou o ato impugnado e que em suas informações, além de suscitar sua ilegitimidade passiva, enfrentou o mérito e defendeu o ato tido como ilegal, de se reconhecer a sua legitimidade.

3. Esta Corte já pacificou o entendimento de que candidatos que acabam por participar das demais etapas do certame por força de decisões judiciais passíveis de reforma, não têm direito adquirido à nomeação definitiva, uma vez que não se pode perpetuar uma situação precária. Como cediço, o candidato continua na disputa por uma vaga, consciente de que sua situação ainda encontra-se pendente de julgamento, ou seja, com o iminente risco de reversão.

4. No caso dos autos, por força de Medida Cautelar, a impetrante teve o direito de frequentar e concluir o curso de formação da Academia de Polícia. Ocorre que, essa decisão não supre a exigência editalícia de classificação para realização da prova subjetiva dentro do número de vagas previsto no edital, não tendo a impetrante obtido êxito nesse requisito, porquanto só teve sua redação corrigida por força de liminar, a qual foi cassada, conforme decisão proferida nos autos do Processo 2004.51.01.490342-0.

5. Segurança denegada. (MS 19.498/DF, Rel. Ministro NAPOLEÃO NUNES MAIA FILHO, PRIMEIRA SEÇÃO, julgado em 27.05.2015, DJe 03.06.2015).

ADMINISTRATIVO. SERVIDOR PÚBLICO ESTADUAL. MILITAR. CONCURSO PÚBLICO. LIMITE DE IDADE. PREVISÃO NO EDITAL. LEGALIDADE. PARTICIPAÇÃO EM CURSO DE FORMAÇÃO POR FORÇA DE DECISÃO LIMINAR. APROVAÇÃO NO CURSO DE FORMAÇÃO. NOMEAÇÃO E PERMANÊNCIA NO CARGO. FATO SUPERVENIENTE. INEXISTÊNCIA. TEORIA DO FATO CONSUMADO. INAPLICABILIDADE. JURISPRUDÊNCIA PACIFICADA.

1. Cuida-se de recurso ordinário contra acórdão que considerou legal e legítimo o ato administrativo que indeferiu a participação do impetrante no concurso para o cargo de soldado da Polícia Militar do Estado da Bahia, por não atender os ditames do Edital SAEB/01/2008, bem como da Lei Estadual n. 7.990, de 27.12.2001, em relação ao limite de idade.

2. A jurisprudência do STJ é pacífica em reconhecer que existe viabilidade de fixação de regra editalícia restritiva de idade para o ingresso em cargos públicos, desde que fundada em lei, bem como se refira à função na qual seja razoável tal limitação. Precedentes: AgRg no AREsp 258.950/BA, Rel. Ministro Humberto Martins, Segunda Turma, DJe 18.3.2013; RMS 32.733/SC, Rel. Min. Herman Benjamin, Segunda Turma, DJe 30.5.2011; AgRg nos EDcl no REsp 1.274.587/BA, Rel. Ministro Humberto

Martins, Segunda Turma, DJe 19.12.2011; AgRg nos EDcl no RMS 34.904/BA, Rel. Ministro Castro Meira, Segunda Turma, DJe 2.12.2011; RMS 31.933/AC, Rel. Min. Mauro Campbell Marques, Segunda Turma, DJe 12.11.2010.

3. A teoria do fato consumado não se aplica às hipóteses em que a participação do candidato no concurso ocorreu de modo precário, por força de liminar. Hipótese que se verifica nos autos, uma vez que o Tribunal recorrido cassou a liminar que garantia a participação do impetrante no certame, o que legitimou o manejo do recurso ordinário que, improvido, resultou no agravo regimental em exame.

Precedentes: AgRg nos EDcl no REsp 1.331.012/MS, Rel. Ministro Herman Benjamin, Segunda Turma, DJe 13.3.2013; AgRg no AREsp 144.940/PE, Rel. Ministro Mauro Campbell Marques, Segunda Turma, DJe 29.5.2012; MC 18.980/PR, Rel. Ministro Humberto Martins, Segunda Turma, DJe 21.5.2012.

Agravo regimental improvido. (AgRg no RMS 37.650/BA, Rel. Ministro HUMBERTO MARTINS, SEGUNDA TURMA, julgado em 03.10.2013, DJe 14.10.2013)

PROCESSUAL CIVIL. ADMINISTRATIVO. CONCURSO PÚBLICO. FATO SUPERVENIENTE. INEXISTÊNCIA. TEORIA DO FATO CONSUMADO. INAPLICABILIDADE. RETORNO DOS AUTOS À INSTÂNCIA DE ORIGEM PARA EXAME DAS DEMAIS QUESTÕES. EMBARGOS DE DECLARAÇÃO ACOLHIDOS, COM EFEITOS INFRINGENTES.

1. Na hipótese, a Corte de origem aplicou a teoria do fato consumado, reconhecendo a existência de fato superveniente, nos termos do art. 462 do CPC. Acolheu-se questão prejudicial ao mérito do julgamento do recurso de apelação. Todavia, inaplicável ao caso dos autos a teoria do fato consumado.

2. Superada a questão prejudicial acolhida no acórdão impugnado, devem os autos retornar ao Tribunal de origem para que sejam resolvidas as demais questões suscitadas no recurso de apelação e pendentes de julgamento, sob pena de supressão de instância.

Precedentes: AgRg no REsp 1.063.110/SP, Rel. Min. Castro Meira, Segunda Turma, DJe 1.12.2008; REsp 1.110.453/RN, Rel. Min. Arnaldo Esteves Lima, Quinta Turma, DJe 15.3.2010.

Embargos de declaração acolhidos, com efeitos infringentes, para dar parcial provimento ao recurso especial e determinar o retorno dos autos ao Tribunal de origem. (EDcl no AgRg no REsp 1263232/SE, Rel. Ministro HUMBERTO MARTINS, SEGUNDA TURMA, julgado em 18.10.2011, DJe 27.10.2011)

A resistência injustificada ao andamento do processo pode ser tipificada por conduta omissiva ou comissiva sendo que, nesta última hipótese, tanto pode ser evidenciada por ato singular, como pela pluralidade de atos processuais que, somados, evidenciem o propósito irregular. Como o tipo tem redação genérica, a conduta maliciosa pode se enquadrar na fórmula prevista no art. 77, IV do CPC e, com isso, atrair dupla punição, quer como prática de litigância de má-fé, quer porque classificado como ato atentatório à dignidade da jurisdição (ver art. 77, § 2º, CPC).

O inciso V trata do *comportamento* da parte (ou de terceiro) especificamente em relação aos *incidentes* processuais ou à produção de determinado ato processual (uma audiência de instrução, por exemplo). Também aqui, a característica da má-fé processual pode emergir de conduta comissiva ou omissiva, de atos plurais ou de ato isolado. Desde que evidenciado o propósito da parte em desvirtuar o caminho do incidente processual ou de tumultuar a produção do ato processual específico, estará caracterizada a prática da litigância desleal.

O pedido de instauração de incidente sabidamente infundado, mormente aquele que possa causar a suspensão do processo, constitui a hipótese prevista no inciso VI do art. 793-A da CLT. O propósito é cristalino: provocar retardo processual absolutamente desnecessário, valendo-se do direito de petição, em clara afronta ao princípio da boa-fé objetiva processual.

Por fim, a interposição de recurso com intuito manifestamente protelatório. Por caracterizar situação explicitamente tipificada, desnecessária a conjugação imediata com outros tipos do art. 793-A da CLT. Da mesma forma, a rigor, não parece recomendável aplicar automaticamente a sanção prevista no inciso VII do art. 793-B da CLT quando houver incidência de outro dispositivo específico (como o art. 1026, §§ 2º a 4º do CPC), ainda que, em determinadas circunstâncias, isto possa acontecer[22].

Destaque-se que a semelhança entre os tipos

(22) No entanto, há jurisprudência que reconhece a possibilidade da aplicação cumulativa. Nesse sentido: "EMBARGOS DE DECLARAÇÃO EM AGRAVO REGIMENTAL EM EMBARGOS DE DIVERGÊNCIA. OMISSÃO. INEXISTÊNCIA. REEXAME DE MATÉRIA JÁ APRECIADA. INVIABILIDADE. MULTA. ART. 538, PARÁGRAFO ÚNICO, DO CPC. LITIGÂNCIA DE MÁ-FÉ. ARTS. 17 E 18 DO CPC. 1. Sendo os embargos de declaração, a teor do art. 535 do CPC, recurso de natureza integrativa destinado a sanar vício – obscuridade, contradição ou omissão –, não podem ser acolhidos quando a parte embargante pretende, essencialmente, o reexame de matéria já decidida. 2. É evidente a pretensão de procrastinar o feito no caso em que as questões apontadas como não respondidas foram claramente examinadas

caracterizadores da má-fé, longe de torná-los imprecisos ou excessivamente genéricos, funcionam como indicadores de que a interpretação acerca de sua incidência exige esforço hermenêutico para clara identificação dos propósitos da norma que, em suma, quer obstruir três vetores específicos de conduta irregular:

* de *argumentação apoiada em fatos sabidamente falsos;*

* *de violação do propósito final do processo:* a utilização consciente do processo para que, por meio dele, se alcance propósito expressamente vedado pela lei, não servindo, em razão da má-fé, para a obtenção do reconhecimento do fato consumado;

* *de imprimir desnecessário retardo processual.* Caracteriza-se pela conduta omissiva ou comissiva que procura retardar o andamento do processo, quer negligenciando o cumprimento de medida ou determinação judicial; quer tumultuando a realização de ato processual específico; quer interpondo incidentes processuais descabidos ou aviando recursos manifestamente protelatórios.

5. MULTAS, REPARAÇÕES POR PERDAS E DANOS, DESPESAS PROCESSUAIS E HONORÁRIOS ADVOCATÍCIOS. SANÇÃO ESPECÍFICA À TESTEMUNHA EM CONDUTA TIPIFICADA COMO DESLEAL

O reconhecimento da litigância de má-fé e a aplicação das sanções devidas não depende de requerimento da parte, podendo ser aplicável de ofício pelo julgador. O condenado responderá, nos próprios autos – sem necessidade de abertura de cadernos suplementares, por:

a) multa;

b) reparação dos prejuízos causados à parte adversa;

c) honorários advocatícios;

d) reembolso de despesas.

A multa será fixada entre 1% a 10% do valor da causa. Quando o valor da causa for considerado inestimável ou irrisório (de valor econômico insignificante, desprezível), o teto da multa corresponderá a duas vezes o valor do maior salário de benefício pago pelo Regime Geral da Previdência Social, cabendo ao juiz fixar qualquer valor, observando-se o limite do parâmetro máximo. A condenação poderá recair sobre mais de um litigante desleal, de forma proporcional à conduta de cada um (a sanção observará a proporção do interesse desses litigantes ofensores) ou mediante responsabilização solidária, caso tenha havido consórcio para a prática da deslealdade processual (art. 793-C, § 1º).

Como vimos, excepcionalmente e em regra inédita no processo comum, o art. 793-D incorpora, no processo especial, multa especificamente atribuída à testemunha que *intencionalmente alterar a verdade dos fatos*. Até aqui, a sanção prevista era exclusivamente penal (art. 828, CLT), que já prevê incidência de multa (além de reclusão por até 2 anos – v. art. 342, Código Penal).

Há, na doutrina, corrente entendendo que a regra não seria de todo inovadora, pois a multa poderia ser aplicada mediante a conjugação dos arts. 5º e 80 do CPC[23]. Ousamos, respeitosamente, seguir por outra trilha, tomando como pressuposto capital o fato de que o art. 80 do CPC, tal qual o art. 793-A da CLT tratam, especificamente, da responsabilidade por danos processuais causados *pelas partes* ou *pelo interveniente*, qualificações que não cabem na testemunha[24].

---

pelo órgão judicante, embora o resultado do julgamento tenha sido contrário aos interesses defendidos pela parte. 3. Aplica-se a multa prevista no art. 538, parágrafo único, do CPC quando evidenciado o caráter manifestamente protelatório dos embargos de declaração. 4. A interposição reiterada de recursos manifestamente improcedentes e procrastinatórios caracteriza litigância de má-fé, conforme os incisos IV e VII do art. 17 do CPC. 5. Embargos de declaração rejeitados com aplicação de multa. Condenação por litigância de má-fé. (EDcl no AgRg nos EAREsp 9.257/SP, Rel. Ministro JOÃO OTÁVIO DE NORONHA, CORTE ESPECIAL, julgado em 20.11.2013, DJe 28.11.2013)"

(23) Ver, a propósito, a doutrina de Mauro Schiavi. In: *A reforma trabalhista e o processo do trabalho:* aspectos processuais da Lei n. 13.467, LTr, 2017, 1. ed., 176 p.

(24) A jurisprudência registra algumas tentativas de punição da testemunha, com imposição de multa, por faltar com a verdade. Destaco: "MULTA POR LITIGÂNCIA DE MÁ-FÉ. TESTEMUNHA. A multa por litigância de má-fé (art. 81 do CPC/15, tendo em vista a necessidade de dar interpretação estrita à norma que impõe penalidade. Portanto, inexiste disposição legal para aplicação da multa por litigância de má-fé às testemunhas." (TRT 3ª Região, Processo 00108315020165030063, relator: des. Sércio da Silva Peçanha, 8ª Turma); "EMENTA: MULTA POR LITIGÂNCIA DE MÁ-FÉ. TESTEMUNHA DO JUÍZO. INAPLICABILIDADE. A multa por litigância de má-fé (art. 18 do CPCA), inserta no capítulo da responsabilidade das partes por dano processual, só pode ser atribuída a quem litiga em desacordo com as diretrizes do art. 17 do CPC. Descabe, portanto, aplica-la à testemunha do juízo. Norma punitiva não permite interpretação extensiva". (TRT 3ª Região, Processo 00726-2011-016-03-00-2 ou 0000726-34.2011.5.03.0016, Relator: Des. Ricardo Antônio Mohallem, j. 8.4.2014, 9ª Turma).

Ao introduzir a multa aplicável à testemunha, constata-se que a regra de sanção colide diretamente com o art. 793-A, justamente porque, ao impor a penalidade, o faz contra quem não é parte, nem terceiro, aplicando ao colaborador da Justiça uma punição típica do *litigante*.

A norma em referência (art. 793-D) também é silente sobre o destinatário da sanção pecuniária. Embora ela faça remissão aos §§ 2º e 3º do art. 793-C, cuja multa tem como destinatário *"a parte adversa"*, restaria a questão: quem deve ser considerado como *a parte contrária* à testemunha, que, volto a repetir, não é *litigante* no processo?

Considerando que, ao prestar compromisso, a testemunha declara não ter *interesse no litígio* e não ser *inimigo da parte*, nem *seu amigo íntimo*, sob pena de caracterização da suspeição – o que a impediria de depor (art. 447, § 3º, I e II, CPC; art. 829, CLT) –, como o juiz qualificaria *a parte contrária* dessa testemunha? Seria razoável supor que, por tratar a novel Seção IV-A (Capítulo II, Título X, CLT) de *dano processual*, dever-se-ia buscar, apenas entre as partes e terceiro, quais deles teria sido *vítima* de dano processual?

A conduta da testemunha flagrada *intencionalmente* deturpando os fatos (alterando a verdade ou suprimindo fatos essenciais ao julgamento da causa) indica que, para caracterizar a ilicitude processual, é necessário que as declarações colhidas (ou não colhidas, por causa da intencional omissão em dizer os fatos que conheça) estejam relacionadas com os fatos essenciais da demanda, ou seja, fatos controvertidos e sobre os quais a prova se revele essencial. Não cabe a aplicação da multa para a testemunha que tergiversa em suas declarações sobre fatos alheios à lide e que soem absolutamente irrelevantes para a apreciação do mérito. Também é imprescindível que esteja devidamente comprovada a conduta dolosa da testemunha em tentar induzir em erro o julgador, assim agindo não porque domine uma versão própria (quem sabe até distorcida) dos fatos, mas porque, para alcançar o seu ilícito propósito, altera aquilo que conscientemente detém conhecimento e entrega em juízo, em razão deste esforço malicioso, uma realidade que sabidamente não podia ignorar e que é indubitavelmente ilusória.

Neste contexto, afigura-se razoável concluir que é o Estado juiz – e não as partes ou o terceiro – a vítima do ato da testemunha desleal.

Melhor seria que o legislador tivesse preferido não tentar regular questão de tamanha complexidade mediante a redação de artigo isolado e peculiarmente singular. A prova testemunhal, por envolver os sentidos da percepção humana, em si já não são confiáveis, por razões que, necessariamente, nos remeteria aos "domínios da psicologia individual" (TEIXEIRA FILHO, 2017), não podendo ser compartimentada exclusivamente no exame da mera conduta ética. Se, ainda assim, a vontade do legislador não arrefecesse, melhor seria que o tipo estivesse abrigado como *ato atentatório à dignidade da Justiça*, revertendo-se a multa em favor da União, como ocorre, por exemplo, na previsão do art. 77, §§ 2º e 3º ou como já previsto na CLT na hipótese da testemunha faltosa (art. 730, CLT). Enfim, mesmo não tendo merecido este enquadramento específico, a conduta praticada pela testemunha revela ofensa cometida contra a dignidade da Justiça, devendo a multa ser revertida em favor da União.

Há silêncio sobre o momento em que a multa deveria ser aplicada à testemunha. É recomendável que a incidência ocorra na sentença, ouvindo-se, antes, as justificativas da testemunha que esteja sob o risco da provável aplicação da pena, observando-se, neste ponto, o necessário contraditório. Ainda que haja retratação da testemunha, isto não implica, necessariamente, na ausência de punibilidade, mas poderá, certamente, influenciar na dosagem da pena pecuniária.

O interesse para recorrer da multa aplicada será, evidentemente, daquele que sofreu a punição, inclusive a testemunha. Logo, é imperativo que todos sejam notificados quando da prolação da decisão a respeito.

Desde que aplicada no curso do processo, a sanção não poderá ser exigida antes do trânsito em julgado e, no ato da prolação da sentença, deverá o juízo cuidar de notificar o infrator acerca do início do prazo recursal (art. 893, § 1º, CLT). Em atenção à simplicidade do processo do trabalho e considerando que, quem pode o mais pode o menos, entendo que a testemunha poderá exercer o *jus postulandi* para deliberar acerca desta questão incidental. Afinal, se pode ela ajuizar reclamação trabalhista própria, não faz sentido exigir a constituição de advogado para defendê-la em relação à aplicação de multa por ter funcionado como testemunha no processo, exigência que parece atentar contra o amplo acesso à Justiça praticado na Justiça do Trabalho, a eficiência, celeridade e à simplicidade processual. No entanto, convém alertar que a assistência de um advogado resulta em uma defesa mais segura acerca dos interesses do peticionante. Em relação ao depósito recursal, ele não poderá ser exigido em relação à testemunha, pois a garantia da execução está disciplinada em relação às partes envolvidas no processo. Caso o juízo imponha tal exigência à testemunha, ela ainda poderá recorrer à concessão do benefício da Justiça gratuita e, deferido o benefício, estará dispensada de promover a garantia do depósito (art. 899, § 10, CLT). Vale assentar, a título de arremate, a jurisprudência consolidada na Orientação Jurisprudencial n. 409, da SDI-1/TST, que manifesta entendimento no sentido da inexigibilidade do recolhimento da multa aplicada por litigância de má-fé como pressuposto recursal(25).

Quanto aos prejuízos sofridos pela parte, ainda na vigência do CPC anterior (1973), o Superior Tribunal de Justiça decidira, por meio do órgão especial (e pacificando sua jurisprudência interna), que não havia necessidade da parte comprovar efetivamente o prejuízo sofrido, podendo ele ser mensurado por presunção.

Conforme consta no aresto da Corte Superior, o dano é processual e emerge, em situações precisas do retardo processual imposto pelo litigante de má-fé, podendo ser estimado *in re ipsa* e, desde logo, fixado pelo juiz, tudo conforme igualmente estipulado no processo do trabalho por força do art. 793-A, em seu § 3º. Isso não significa dizer que o *dano processual* não possa vir a ser efetivamente demonstrado e, inclusive, liquidado por arbitramento ou pelo procedimento comum, o que irá depender da extensão do prejuízo alegado. Convém mencionar que, diferentemente do CPC de 1973, o novo Estatuto processual comum e, agora, a disciplina própria albergada na CLT, não tem um teto fixado para a indenização.

Os honorários advocatícios devem ser mensurados em relação à reparação atribuída à parte que foi prejudicada pelo ofensor. Portanto, não se trata, aqui, da figura dos *honorários por mera sucumbência*, até porque o litigante de má-fé não será, necessariamente, o vencido na demanda. Pode ser, ao mesmo tempo, litigante desleal e vencedor da causa, e tal circunstância não elidiria a sua condenação. Assim, caberá ao juiz fixar os honorários advocatícios tendo, como parâmetro, o conjunto da reparação dos prejuízos atribuída à parte que foi vítima do dano processual.

Por fim, o litigante malicioso também deverá reparar a parte adversa no valor correspondente a todas as despesas realizadas para a realização dos atos processuais decorrentes da prática da má-fé processual, tais como honorários periciais, transporte de testemunhas, pagamento do salário de testemunha liberada do trabalho para depor, extração de documentos etc. Estas despesas precisam estar comprovadas nos autos.

O art. 793-D, em seu parágrafo único, assinala que a cobrança da multa se dará nos próprios autos. O art. 793-C, em seu § 3º, também aponta para esta mesma conclusão em relação à indenização, já que a liquidação, se necessária, ocorrerá *nos próprios autos*. Importante anotar que o art. 777 do CPC, aplicado subsidiariamente ao processo do trabalho, não deixa dúvidas: multas ou indenizações decorrentes de litigância de má-fé ou de prática de ato atentatório à dignidade da justiça correrão nos próprios autos do processo em que houver a condenação.

6. CONCLUSÕES

Como vimos em revisão histórica, o modelo processual trabalhista foi adotado com elevado expoente tuitivo do trabalhador, afastando-se a hipótese de incidência da regra de condenação em honorários por mera sucumbência em desfavor do reclamante, sem prejuízo de, no sentido contrário, atribuir-se a condenação do empregador em honorários advocatícios assistenciais, quando o trabalhador estivesse sob o patrocínio de advogado dativo.

Neste modelo, nada justificaria – nem mesmo o princípio de proteção ao hipossuficiente – a aplicação supletiva das regras relativas aos deveres das partes e as eventuais responsabilidades em caso de dano processual. Contudo, justamente em razão da preocupação em violar o princípio protetivo, nosso modelo processual caminhou para um cenário onde a litigância de má-fé raramente era punida. Além disso, não reconheceu o direito do advogado dativo aos honorários advocatícios assistenciais, limitando-se a aplicação desta regra apenas nos casos em que houvesse a assistência jurídica sindical.

O sentimento pela mudança desse contexto foi albergado na Lei n. 13.467/2017 que incorporou, agora de modo inequívoco, ao processo do trabalho a disciplina dos honorários advocatícios, inclusive a condenação por mera sucumbência e as regras relativas à responsabilidade das partes e interveniente por danos processuais que venham a causar. Por arrasto, também as demais regras relativas aos deveres das partes e procuradores, sanções específicas para atos caracterizados como atentatórios à dignidade da Justiça e mesmo o princípio da boa-fé processual passam, sem maiores objeções, a integrar o conjunto disciplinar do processo trabalhista.

---

(25) OJ-SDI1-409 MULTA POR LITIGÂNCIA DE MÁ-FÉ. RECOLHIMENTO. PRESSUPOSTO RECURSAL. INEXIGIBILIDADE. (nova redação em decorrência do CPC de 2015) – Res. n. 209/2016 – DEJT divulgado em 01, 02 e 03.06.2016.
O recolhimento do valor da multa imposta como sanção por litigância de má-fé (art. 81 do CPC de 2015 – art. 18 do CPC de 1973) não é pressuposto objetivo para interposição dos recursos de natureza trabalhista.

Estando a lei posta, iniciam-se os trabalhos dos operadores do Direito e o exercício hermenêutico na busca da interpretação mais legítima e conforme com as aspirações da sociedade. São estas aspirações que impulsionam o legislador e, também por elas, constrói-se a jurisprudência de nossos tribunais.

Longe de uma visão maniqueísta e buscando a síntese objetiva, deve-se buscar na lei o propósito de aperfeiçoar o cenário antes existente.

Já existia um consenso entre doutrinadores, profissionais do Direito atuantes no Poder Judiciário e na jurisprudência acerca da necessidade de fortalecer o sentimento ético do processo, tornando-o mais hígido e responsável.

Sem olvidar de que o processo é, em si, um palco de conflito, esta constatação não pode nos remeter ao pensamento de que o instrumento admite toda sorte de estratégias que vulnerem o fim colimado, que é o de expressar o significado concreto das normas e entregar a prestação jurisdicional observando-se estes sinais interpretativos. Ademais, vivenciamos um momento em que o processo comum brasileiro tenta imprimir um salto de qualidade, voltando seus olhos para uma reflexão mais aprofundada da Constituição e dos laços com os quais ela envolve a prática processual. Daí a importância da compreensão da boa-fé objetiva como regra de conduta e de como isso nos encaminha para outros deveres, todos essencialmente democráticos, como o dever de cooperação, segurança jurídica, de lealdade processual, respeito e cumprimento às determinações judiciais, observância do contraditório etc.

A lealdade processual é elemento que orienta o pensamento estratégico das partes envolvidas no conflito. Não se pode confundir o dever de cooperação em oposição ao direito da ampla defesa, assim como não se pode vulnerar o contraditório para a identificação da má-fé processual.

Não à toa, as tipificações da conduta da deslealdade processual foram descritas em redação aberta, forçando que a definição da má-fé seja, como sói acontecer com toda decisão, fundamentada e, para isso, que o esforço interpretativo não esteja circunscrito ao que dispõe o art. 793-B da CLT. Mesmo se tratando de cláusulas exaustivas, a necessidade de buscar, em outros dispositivos, a fundamentação complementar para os tipos existentes – e não para ampliar as hipóteses e sim para aprofundar as suas características – revela que é necessária extrema cautela no exame da questão.

A mesma cautela deve orientar o pensamento estratégico dos litigantes, revisando pormenorizadamente suas pretensões e argumentos de defesa, antes de deduzi-las em juízo. Corrigindo eventuais erros materiais na primeira oportunidade em que forem constatados. Admitindo a correção desses erros, quando alertados pela parte adversária, reduzindo a potencialidade do conflito apenas para os pontos que realmente estejam a demandar o exercício da jurisdição. Compreendendo o regime processual existente, para que não se dedique energia na tentativa de revisão, por mera repetição sem qualquer chance plausível, dos julgamentos lançados. Enfim, buscar a verdade (observando todas as matizes que esta expressão pode conter, desde que dissociada de qualquer intento malicioso; não desvirtuar o processo de seu propósito final (que é a entrega da prestação jurisdicional em conformidade com o que dispõe a norma) e não praticar atos que tenham, como escopo, apenas retardar a tramitação do processo.

Os valores democráticos, ínsitos na Constituição e no processo, são exatamente os mesmos que exercemos em nossa vida social. O processo trabalhista os refletirá na mesma dimensão.

7. REFERÊNCIAS BIBLIOGRÁFICAS

DIDIER JR., Fredie. *Curso de direito processual civil*, volume I, Juspodivm, 2016.

MOLINA, André, palestra ministrada sob o tema: "*O CPC de 2015 e o Processo do Trabalho*. Parte geral e teoria dos precedentes".

NERY JR., Nelson; NERY, Rosa Maria de Andrade; *Código de Processo Civil comentado*, 16. ed., 2016.

NEVES, Daniel Amorim Assumpção. *Novo Código de Processo Civil comentado artigo por artigo*, Juspodivm, 2016.

SCHIAVI, Mauro. *A reforma trabalhista e o processo do trabalho*: aspectos processuais da Lei n. 13.467, LTr, 2017.

SILVA, Homero Batista. *Comentários à reforma trabalhista*. Revista dos Tribunais, 2017.

STRECK, Lênio Luiz; NUNES, Dierle; CUNHA, Leonardo Carneiro da (Orgs.). *Comentários ao Código de Processo Civil de acordo com a Lei n. 13.256/2016*, Saraiva.

TEIXEIRA FILHO, Manoel Antônio. *O processo do trabalho e a reforma trabalhista*: as alterações introduzidas no processo do trabalho pela Lei n. 13.467/2017, LTr, 2017.

TINNOCO, Bruna Rodrigues Tannús. In: *Lei da reforma trabalhista comentada artigo por artigo*, diversos autores, 2017, JHMIZUNO Editora Distribuidora (RODRIGUES, Deusmar Jose; Coordenador).

WAMBIER, Teresa Arruda; CONCEIÇÃO, Maria Lúcia Lins; RIBEIRO, Leonardo Ferres da Silva; MELLO, Rogério Licastro Torres de. *Primeiros Comentários ao novo Código de Processo Civil – artigo por artigo*. São Paulo: Revista dos Tribunais, 2015.

Litigância de Má-fé por Desrespeito aos Precedentes

André Araújo Molina

Doutor em Filosofia do Direito (PUC/SP), Mestre em Direito do Trabalho (PUC/SP), Especialista em Direito Processual Civil (UCB/RJ) e em Direito do Trabalho (UCB/RJ), Bacharel em Direito (UFMT), Professor Titular da Escola Superior da Magistratura Trabalhista de Mato Grosso (ESMATRA/MT) e Juiz do Trabalho Titular na 23ª Região.

1. INTRODUÇÃO

Os estudiosos sempre buscaram definir a natureza jurídica das decisões judiciais, a sua admissão como fontes do direito, sua relevância para a interpretação e argumentação jurídicas, bem como as suas possibilidades eficaciais, conforme o direito positivo e a tradição de cada país, esforço que foi potencializado entre nós nas duas últimas décadas, em razão das várias alterações legislativas, passando pela criação das súmulas vinculantes, dos procedimentos especiais de julgamento das demandas repetitivas, culminando com a vigência do Código de Processo Civil de 2015, que representa uma nova etapa nessa linha evolutiva, vez que ampliou o universo das decisões judiciais que se tornaram obrigatórias, potencializando com isso as suas eficácias e ampliando os seus efeitos exteriores aos próprios autos.

Um dos importantes capítulos da teoria geral do processo é o da teoria dos precedentes, bastante desenvolvido nos países de tradição jurídica de *common law*, onde os precedentes sempre ocuparam posição destacada, cujas experiências teóricas e jurisprudenciais são relevantes, nos aspectos comparativo e conceitual, entretanto, diante das particularidades do nosso direito positivo, que não encontra similar em outras latitudes, devemos construir uma teoria brasileira dos precedentes judiciais, inserindo a jurisdição civil, nela incluída a trabalhista, nessa nova realidade, uma vez que, além dos institutos do novo Código de Processo Civil serem aplicados ao processo trabalhista[(1)], exigindo a observância compulsória de alguns precedentes como fontes do direito, a própria legislação trabalhista vem sendo paulatinamente reformada com vistas a também inserir esse ramo especializado na nova realidade de valorização das decisões judiciais[(2)].

A proposta deste artigo é avançar para definir quais as decisões que se tornaram obrigatórias para a jurisdição brasileira, como identificá-las, definir a sua eficácia e as técnicas para interpretação e aplicação à luz dessa nova realidade, derivando dessas especificações a necessidade de se impor aos atores processuais o respeito aos precedentes obrigatórios, enquanto um dos seus efeitos exteriores aos próprios autos em que foram construídos, mormente acelerando o procedimento para aqueles que litigam fundamentados em precedente obrigatório e, de outro lado, sancionando quem pretenda continuar litigando em defesa de interpretação ou tese francamente superada por decisão judicial vinculante, apostando as suas fichas na patologia do sistema de justiça, que ainda compreende como absolutamente normal que as mesmas questões sejam

(1) O novo CPC prevê em seu art. 15 que: "Na ausência de normas que regulem processos eleitorais, trabalhistas ou administrativos, as disposições deste Código lhes serão aplicadas supletiva e subsidiariamente." Para um completo estudo a respeito da abrangência da influência e os critérios de aplicabilidade das normas processuais do novo Código ao processo do trabalho v. MOLINA, André Araújo. O novo CPC e o processo do trabalho: pós-modernidade, antinomias, lacunas e o novo microssistema processual trabalhista individual. *Revista do TST*, Brasília, v. 81, n. 3, p. 19/36, jul./set. 2015.

(2) Um eloquente exemplo foi a inclusão das disposições processuais para regular o julgamento dos recursos de revista repetitivos, dada pela Lei n. 13.015/2014, na Consolidação das Leis do Trabalho, que também adotou as premissas próprias da doutrina do *stare decisis* de atribuir força vinculativa aos precedentes judiciais, exigindo das partes, dos advogados e magistrados uma mudança de mentalidade na abordagem da jurisprudência como fonte formal do direito.

sequencialmente submetidas, analisadas e por fim repelidas, premiando os litigantes judiciais frívolos e contumazes, que ainda não são corretamente sancionados no momento processual vigente.

2. OS PRECEDENTES COMO INDUTORES DE UNIDADE, PREVISIBILIDADE E RACIONALIDADE DO SISTEMA BRASILEIRO DE JUSTIÇA

Luiz Guilherme Marinoni, em preciosa obra que estuda as raízes culturais, sociológicas e mesmo antropológicas do direito brasileiro[(3)], observou que os valores herdados quando da fase de colonização do Brasil, calcados no patriarcalismo e no patrimonialismo, deram origem ao estereótipo do cidadão que, já acostumado ao ambiente íntimo e de troca de favores da família, ao integrar a estrutura pública, transforma este espaço em privado, justamente porque não tolera a racionalidade e a impessoalidade, enxergando a lei como algo que pode (deve) ser contornado com o auxílio do funcionário que está na Administração apenas para dela se beneficiar.

Segue para o autor que não é difícil estabelecer uma clara ligação entre uma cultura que sustenta a possibilidade de o cidadão resistir à lei que o prejudica mediante o uso das relações e um sistema que introjetou a falta de unidade e racionalidade na solução de casos iguais, enxergando com passividade o tratamento diferenciado das pessoas como algo natural, de modo que a ausência de reação ao sistema judicial que nega a igualdade material, a racionalidade e a previsibilidade pode revelar um interesse de vários grupos sociais, inclusive de alguns magistrados e de parcela dos litigantes e advogados, que ganham com os defeitos do sistema.

Visando corrigir essas patologias do nosso modelo de justiça, reformas legislativas mais recentes acenam para a necessidade de que os jurisdicionados e os diversos atores processuais passem a atuar com uma maior cooperação entre si, conduzindo seus atos com boa-fé objetiva, para um resultado efetivo da jurisdição, abandonando aquele modelo liberal clássico, adversarial, quando o processo era visto como uma verdadeira disputa, podendo os litigantes e advogados valerem-se de todas as armas disponíveis para lograr vitória, ainda que em desprestígio da eficiência e efetividade da atividade jurisdicional.

O principal mecanismo pensado para a aceleração dos procedimentos, atribuição de estabilidade, segurança e previsibilidade, é o modelo dos precedentes obrigatórios, os quais devem ser seguidos por todos que participam do processo, prevenindo demandas, atenuando recursos, com vistas a antecipar, o mais rápido possível, o resultado no campo do direito material que já era sabido e esperado pelo conhecimento prévio da posição dos tribunais superiores quanto ao tema.

Muito embora desde a EC n. 45/2004, que introduziu o instrumento das súmulas vinculantes em nosso sistema jurídico (art. 103-A da CF/1988), já tivéssemos a necessidade de readequar a teoria da decisão judicial no Brasil, para amoldá-la às novas fontes formais do direito que eram as súmulas vinculantes, foi apenas com a vigência do CPC de 2015 que o tema ganhou maior relevância, convocando todos os atores do cenário jurídico, inclusive os trabalhistas, a compreender, interpretar e aplicar súmulas, jurisprudências e os precedentes judiciais de forma mais adequada, destacando a premente necessidade de uma mudança de abordagem, migrando da concepção de aplicação abstrata e subsuntiva das fórmulas sintéticas das súmulas, para um modelo de reconstrução da cadeia discursiva da sua formação, com uma adequada contextualização fática, análise dos fundamentos jurídicos, argumentação desenvolvida, do que deriva a possibilidade de distinção e superação (total e parcial) dos entendimentos outrora pacificados, acenando para a evolução do direito, ao mesmo tempo em que se privilegiam a segurança jurídica e a estabilidade social.

Segundo o art. 927 do CPC de 2015, as súmulas dos Tribunais passaram a ostentar a eficácia vinculante ou obrigatória, quando atenderem aos requisitos de legitimação, como a observação do contraditório substancial, o enfrentamento de todos os argumentos trazidos pelas partes litigantes, fomentarem a participação dos terceiros, de modo que, por não respeitarem tais requisitos, as súmulas antigas (pré-CPC) continuam com eficácia apenas persuasiva, devendo ser consideradas quando da tomada de decisão, por dever de estabilidade, integridade e coerência do sistema (art. 926), mas sem a vinculatividade que as novas súmulas passaram a ostentar. Para dizer em outras palavras, as antigas súmulas (editadas na vigência da lei processual revogada) não foram agora "promovidas" de persuasivas a vinculantes, mas continuam com a antiga eficácia, reservando-se apenas para as novas súmulas e precedentes – agora com um procedimento rigoroso de aprovação – o atributo da obrigatoriedade[(4)].

(3) MARINONI, *A ética dos precedentes*, *passim*.

(4) E nesse mesmo sentido foi a manifestação do Órgão Especial do Tribunal Superior do Trabalho, de que as decisões e súmulas publicadas antes da vigência do CPC de 2015, continuam a ser persuasivas e não foram alçadas à condição de vinculantes, com isso

O conhecimento prévio da interpretação uniforme dos tribunais quanto ao ponto objeto de divergência na relação jurídica, cria para os litigantes e o julgador um dever de autorreferência, uma obrigação de necessariamente dialogar com os precedentes, que não podem ser ignorados, desde a propositura das ações, defesa e sentença, na medida em que somente poderá o juiz desincumbir-se da sua tarefa de aplicar de forma contextualizada os precedentes, verificando as similitudes e diferenças entre os casos(5), quando as próprias partes, nas suas razões de alegação e defesa, trouxerem de forma contextual os precedentes que buscam a aplicação ou ainda os que não devam ser observados naquele caso, por superação ou distinção, inaugurando um debate jurisdicional qualificado.

Juraci Mourão Lopes Filho defende que a exigência de fundamentação adequada pelo magistrado faz surgir, de modo correlato, um dever similar para as partes, que também não podem apenas arrolar uma série de ementas ou súmulas e exigir que o juiz verse detidamente sobre o porquê de não segui-las. Os litigantes, então, para exigir o comportamento do art. 489, § 1º, VI, do Código de Processo Civil, devem invocar e utilizar adequadamente os precedentes, citando seus fundamentos, demonstrando as semelhanças fáticas e jurídicas pertinentes, mediante um cotejo analítico entre os casos. Em não fazendo essa devida invocação do precedente em suas peças e manifestações, as partes não têm direito de exigir do juiz a realização da distinção, superação ou desafio(6).

Em um sistema judicial racional, baseado na força dos precedentes dos tribunais superiores, com vistas a emprestar unidade ao direito, anota Marinoni que a Suprema Corte existe justamente para garantir essa uniformidade, de forma que, após as suas decisões, ficam os advogados com o ônus ético e jurídico de informar aos seus clientes acerca do precedente da Corte, explicando-lhes os riscos em face de eventual conflito judicial. Cabendo-lhes informá-los sobre os riscos da propositura da demanda ou na resistência a uma pretensão fundada em questão consolidada, com o que são evitadas demandas infundadas, naturalmente estimulados acordos, inibindo-se a expansão da litigiosidade com todas as suas nefastas consequências.(7)

Nessa tarefa é que os advogados passam a realmente materializar a diretriz de que são indispensáveis à administração da justiça (art. 133 da CF/1988), na medida em que apenas com o auxílio técnico consultivo é que os cidadãos terão a completa noção da licitude das suas condutas e da diretriz que devam seguir em seus atos da vida civil, não apenas com a leitura dos códigos e da lei, mas também aconselhando-se com os profissionais da advocacia sobre qual é a interpretação dada pelo tribunais superiores, fomentando a previsibilidade e a segurança jurídica. Os advogados passam a ter o dever de, também atuando eticamente, orientarem os seus clientes quantos aos riscos das demandas, tornando-se os primeiros juízes das causas, rememorando as clássicas lições de Piero Calamandrei:

> Há um momento em que o advogado do cível deve olhar a verdade frente a frente, com o olhar desapaixonado do juiz: é aquele em que, solicitado pelo cliente para aconselhar sobre a oportunidade de propor uma ação, tem o dever de examinar imparcialmente, tendo em conta as razões do eventual adversário, se pode fazer com que seja de justiça a obra de parcialidade que lhe é devida. Desta forma, o advogado que trabalha no cível deve ser o juiz instrutor dos seus clientes e a sua utilidade social é tanto maior quanto maior for o número de sentenças de improcedência que pronunciar no seu gabinete.(8)

Recepcionando a advertência do mestre italiano, Rogéria Fagundes Dotti entende que tem o advogado o dever de, inclusive, desestimular a propositura de novas demandas quando perceber que a pretensão do cliente não possui amparo no ordenamento jurídico, visto que a partir da noção de *substantive due process os law*, compreende-se atualmente que o exercício da jurisdição pressupõe probidade e comportamento leal. Disso seguindo que os profissionais, os quais dependem da prestação jurisdicional, devem se esforçar para que ela

---

não são de observância obrigatória, nem desafiam o recurso da reclamação para garantia de sua autoridade (TST – AgRg na Rcl 6852-59.2016.5.00.0000 – Rel. Min. Walmir Oliveira da Costa – DEJT 10.06.2016).

(5) CPC de 2015, art. 489, § 1º. Não se considera fundamentada qualquer decisão judicial, seja ela interlocutória, sentença ou acordão, que: (...) VI – deixar de seguir enunciado de súmula, jurisprudência ou precedente invocado pela parte, sem demonstrar a existência de distinção no caso em julgamento ou a superação do entendimento.

(6) LOPES FILHO, p. 107/108.

(7) MARINONI, *Cultura e previsibilidade no direito*, p. 444.

(8) CALAMANDREI, *Eles, os juízes, vistos por nós, os advogados*, p. 121.

seja a mais qualificada e eficiente possível, devendo o advogado conduzir a sua atuação dentro dos padrões éticos de boa-fé objetiva.[9]

3. BOA-FÉ PROCESSUAL OBJETIVA E LITIGÂNCIA DE MÁ-FÉ NO CPC E NA CLT

O comportamento leal e ético sempre foi uma exigência moral na vida em sociedade, bem por isso foi recepcionada pelo Direito, podendo ser remotamente reconduzida à noção romana de *fides*, definida como a obrigação do cidadão em ser uma pessoa de palavra, ter palavra, *hit quod dicitur*, na expressão de Cícero.[10]

Na experiência jurídica brasileira, o dever de boa-fé foi incorporado pelo Código Civil de 1916, ainda em sua perspectiva subjetivista, na medida em que esse diploma era inspirado na ideologia do Código Civil francês de Napoleão, baluarte da liberdade, igualdade, autonomia e individualismo, desaguando na compreensão de que para a garantia da liberdade de agir, apenas considerava-se contrário ao direito aquele ato da vida civil praticado pelo agente que estava consciente de que atuava indevidamente, que tinha a intenção deliberada de lesar, para, de outro lado, isentar aqueles que violassem direitos de outrem, desde que se entendesse que o seu estado psicológico não era de ofender, que não tinha consciência da antijuridicidade.

A partir da consagração da boa-fé subjetiva no direito material, vincada no estado psicológico do agente e na sua consciência na prática indevida, a exposição de motivos ao projeto de Código de Processo Civil de 1972, previa que, partindo da premissa de que o processo seja, de sua índole, eminentemente dialético, "é reprovável que as partes se sirvam dele, faltando ao dever da verdade, agindo com deslealdade e empregando artifícios fraudulentos;"[11], seguindo que os tipos para caracterização da litigância de má-fé no CPC de 1973 passassem a exigir o pressuposto subjetivo, intencional das partes em lesar o outro litigante, cuja trava inviabilizou, na prática jurisprudencial que se seguiu após a aprovação, que os mecanismos de efetivação da ética processual prosperassem. São elucidativos os tipos legais previstos no art. 20 do projeto de Alfredo Buzaid:

> Art. 20. Reputa-se litigante de má-fé aquele que:
>
> I – deduzir pretensão ou defesa, cuja falta de fundamento não possa razoavelmente desconhecer;
>
> II – alterar intencionalmente a verdade dos fatos;
>
> III – omitir intencionalmente fatos essenciais ao julgamento da causa;
>
> IV – usar do processo com o intuito de conseguir objetivo ilegal;
>
> V – opuser resistência injustificada ao andamento do processo;
>
> VI – proceder de modo temerário em qualquer incidente ou ato do processo;
>
> VII – provocar incidentes manifestamente infundados.

Após o trâmite legislativo, a proposta foi alterada, desaguando no art. 17 do CPC de 1973, o qual, embora tenha ajustado parcialmente a redação proposta pelo professor Alfredo Buzaid, mas mantendo-se a necessidade de verificação do "intuito manifestamente infundado" (v. g., art. 17, VII, da redação originária), levou a doutrina processual civil – coerente com a doutrina e a jurisprudência já consagradas no direito civil – a exigir a demonstração da intenção dolosa de utilizar o processo para objetivos ilícitos, cuja prova é praticamente impossível, o que induziu os juízes a cultivarem uma postura indulgente com os litigantes temerários, a pretexto de que, embora a conduta estivesse objetivamente tipificada no Código, o sistema também exigia de forma conjugada que houvesse prova da sua consciência da ilicitude e da intenção em praticar o ato antijurídico[12].

Fredie Didier Jr., interpretando o art. 14, II, do CPC revogado, que falava dos deveres de lealdade e boa-fé daqueles que de qualquer forma participem do processo, esclarece que "ao tempo da edição do Código de Processo Civil de 1973, a doutrina brasileira ainda não tinha o conhecimento ou não dominava o repertório teórico da boa-fé objetiva. O texto normativo, à

---

(9) DOTTI, *A aplicação da boa-fé objetiva no processo civil*, p. 42/43.

(10) Para maiores aprofundamentos, mormente o resgate histórico da ideia de boa-fé objetiva, desde o Direito Romano e a evolução do conceito de *fides*, consultar MARTINS-COSTA, Judith. *A boa-fé no direito privado.* Critérios para a sua aplicação. São Paulo: Marcial Pons, 2015.

(11) Diário do Congresso Nacional – Seção I – de 08.08.1972 (suplemento).

(12) Por todos: "É firme a orientação desta Corte quanto à impossibilidade do exame do cabimento da multa por litigância de má-fé aplicada pela instância de origem, na medida em que demanda a análise da existência do elemento subjetivo das hipóteses autorizadoras, o que é vedado a esta Corte, por óbice da Súmula n. 07/STJ" (STJ – AgRg no AREsp n. 327067-BA – Rel. Min. Napoleão Nunes Maia Filho – DJU de 20.03.2014) (g.n.).

época, era encarado como uma proibição geral de comportamentos dolosos e apenas isso."[13]

Em razão dessa percepção parcial da ideia de boa-fé, apenas em seus aspectos subjetivos e enquanto proibição de comportamentos dolosos pelas partes, segundo a doutrina clássica, é que observamos que no processo do trabalho ainda destacam-se centenas de decisões bastante flexíveis com as condutas abusivas das partes, principalmente no Tribunal Superior do Trabalho[14], chegando ao ponto de a SBDI2 desse Tribunal posicionar-se no sentido de que o conluio dos jurisdicionados, ao submeterem a transação fraudulenta para homologação judicial, visando lesar interesses jurídicos de terceiros (lide simulada), não era conduta grave o suficiente para incidir a pena por litigância de má-fé, satisfazendo-se o sistema com a mera rescisão da sentença homologatória, por intermédio de ação rescisória proposta pelo Ministério Público do Trabalho, tão logo descoberta a farsa processual engendrada pelas partes[15].

Mais recentemente, principalmente após a Constituição Federal de 1988, que elegeu como um dos seus objetivos fundamentais constituir uma sociedade livre justa e solidária (art. 3º), cuja exigência de solidarismo abriu espaço para a recepção das doutrinas europeias[16] sobre a boa-fé objetiva entre nós, desaguando depois na aprovação do Código de Defesa do Consumidor (arts. 4º, III, e 51, IV) e no Código Civil de 2002 (arts. 113 e 422), ambos já influenciados pela doutrina brasileira de vanguarda sobre o tema[17], cujos diplomas adotam frontalmente o conceito jurídico de boa-fé na vertente objetiva, nos dispositivos ora referidos.

Sedimentada a boa-fé objetiva no direito privado, o segundo passo foi a sua inserção nos debates sobre o direito público[18] e depois no direito processual[19], chegando ao ponto de alcançar as discussões legislativas para a aprovação do novo Código de Processo Civil, como de proêmio é a indicação dos arts. 5º e 6º sobre a exigência de conduta cooperativa e de boa-fé de todos aqueles que participem do processo, seguindo-se na redação dos arts. 77 e 80 que revelam a completa mudança de perspectiva, de uma boa-fé processual subjetiva, de matriz processual liberal, adversarial, para a objetiva, de influência solidarista e cooperativa.

Se no campo do direito privado a boa-fé objetiva atua, ao exigir padrões objetivos de conduta, enquanto limitador da própria autonomia de vontade, para a perspectiva processual ela atuaria, principalmente, condicionando os princípios do contraditório e da ampla defesa, na medida em que esses, por não serem absolutos, devem obedecer a própria ordem constitucional e a boa-fé, exigindo-se das partes e de todos aqueles que atuem no processo, uma postura ética ativa, acenando para os objetivos estatais da jurisdição[20]. Dito de outro

(13) DIDIER JR., *Fundamentos do princípio da cooperação*, p. 92.

(14) "MULTA – LITIGÂNCIA DE MÁ-FÉ. O princípio da inafastabilidade da jurisdição assegura ao cidadão postular em juízo em defesa de direito lesado ou ameaçado, devendo a multa por litigância de má-fé ser aplicada em casos excepcionalíssimos, onde constatado, de fato, o intuito de impedir a concretização da vontade na lei manifestada por intermédio das decisões judiciais. Recurso de revista conhecido e provido." (TST – 2ª Turma – RR 000058-65.2003.5.12.0027 – Rel. Min. Renato de Lacerda Paiva – DEJT 17.10.2008).

(15) "Esta Subseção Especializada tem adotado o entendimento de que o fato de ter sido reconhecida a nulidade do acordo homologado, em face de colusão entre as partes, é sanção suficiente com relação ao procedimento adotado, razão pela qual não é o caso de aplicação da multa de litigância de má-fé." (TST – SBDI2 – ROAR 00187/2005-000-24-00 – Rel. Min. Pedro Paulo Manus – DJ 18.03.2006).

(16) Por todos: WIEACKER, Franz. *El principio general de la buena* fé. Trad. José Luis Carro. Madrid: Editorial Civitas, 1977; MENEZES CORDEIRO, Antonio Manuel. *Da boa-fé no direito civil*. Coimbra: Almedina, 2007 e PICÓ I JUNOY, Joan. *El principio de la buena* fé *procesal*. Barcelona: Bosch, 2013.

(17) A mais emblemática obra publicada entre nós é da professora Judith Martins-Costa, versão comercial da sua tese de doutorado de 1996: MARTINS-COSTA, Judith. *A boa-fé no direito privado*. Sistema e tópica no processo obrigacional. São Paulo: RT, 1999.

(18) Por todos: PEREZ, Jesús González. Buena fe y abuso de derecho: su reflejo en el proceso administrativo. *Cuadernos de Derecho Judicial*, n. 18, p. 321/268, 2005.

(19) Referência mundial no tema da boa-fé, Antônio Menezes Cordeiro concluiu que "a aplicação geral do instituto do abuso do direito no Direito processual civil surge, hoje, indiscutível, porquanto não se pode considerar o processo como 'uma ilha de irresponsabilidade'." (Litigância de má-fé, abuso do direito de ação e culpa *"in agendo"*, p. 127). No mesmo sentido PICÓ I JUNOY, Joan. *El principio de la buena* fé *procesal*. Barcelona: Bosch, 2013. Na doutrina brasileira destaca-se: VICENZI, Brunela Vieira de. *A boa-fé no processo civil*. São Paulo: Atlas, 2003 e DIDIER JR, Fredie. Alguns aspectos da aplicação da proibição do *venire contra factum proprium* no processo civil. *Revista Autônoma de Processo*, FADISP, n. 3, p. 203 e seg., 2007.

(20) Rogéria Fagundes Dotti pergunta se o direito constitucional ao contraditório teria limites? Quando ela inicia a sua resposta dizendo que sim, na medida em que assim "como as demais garantias constitucionais, tal direito não é absoluto. Ao contrário, deve observar os limites impostos pela própria ordem constitucional e pela boa-fé objetiva. (...) O contraditório não pode ser exercido ilimitadamente. O Estado tem, portanto, o direito de exigir das partes retidão no manuseio do processo." (*A aplicação da boa-fé objetiva no processo civil*, p. 40).

modo, se no modelo liberal de processo, em que esse era visto como um jogo e o *ex adverso* como um adversário, admitindo-se que as partes se valessem de todos os instrumentos colocados à sua disposição para sagrarem-se vencedores, no paradigma solidarista e de boa-fé objetiva processual, os direitos ao contraditório e ampla defesa não podem ser utilizados de maneira abusiva, com o objetivo de lesar a contraparte ou de atrasar a efetivação do direito material, como sói acontecer em dezenas de ações, principalmente daqueles litigantes habituais e em demandas reproduzidas em massa.

É perceptível que os novos tipos legais para a caracterização da litigância de má-fé abandonaram a exigência do segundo pressuposto intencional – tão claros no projeto de Buzaid de 1972 e na jurisprudência do Superior Tribunal de Justiça[21] e do Tribunal Superior do Trabalho – para demandar apenas a comprovação do único elemento objetivo da conduta dos litigantes, dos intervenientes e dos terceiros. Há clara mudança inclusive na técnica redacional dos tipos legais, por exemplo, de "intuito manifestamente infundado", do art. 17, VII, da redação originária do CPC de 1973, para considerar como litigante temerário aquele que deixar de "cumprir com exatidão as decisões jurisdicionais", do art. 77, IV, do CPC de 2015, muito embora no art. 80, VII, tenha o legislador ainda mantido a regra do intuito manifestamente protelatório para sancionar a abusividade recursal das partes, como exemplo em extinção da boa-fé subjetiva processual.

Antonio do Passo Cabral, lecionando ainda a partir do código revogado, mas já acenando para a necessidade da adoção da boa-fé objetiva também para o direito processual civil da época, com uma releitura dos tipos legais dos artigos 14 e 17 do CPC de 1973, arrematou com precisão a sua lição:

> Permite-se, portanto, com a sedimentação do conceito de boa-fé processual objetiva, a responsabilização por atos contrários à boa-fé processual sem qualquer consideração quanto à má-fé e ao dolo das partes e seus procuradores. Vale dizer, desnecessária é a aferição subjetiva do conhecimento da parte acerca da ilicitude de sua conduta, subjetivismo que, além de implicar em dificuldades no campo probatório, pode, ao mesmo tempo, tornar iníquas as normas repressoras da má-fé processual e perpetuar a utilização do processo para fins escusos. Dessa forma, permite-se a punição de quaisquer condutas contrárias à boa-fé processual e não apenas os comportamentos dolosos.[22]

Já na vigência do novo CPC, diversos juristas, reunidos para interpretar as novas disposições, posicionaram-se no Fórum Permanente de Processualistas Civis que o art. 5º do CPC prevê a boa-fé objetiva (Enunciado 374) e que inclusive o juiz deve comportar-se de acordo com a boa-fé objetiva (Enunciado 375), em igual sentido concluíram Humberto Theodoro Júnior, Dierle Nunes, Alexandre Bahia e Flávio Pedron: "O Princípio da boa-fé objetiva consiste em exigir do agente a prática do ato jurídico sempre pautado em condutas normativamente corretas e coerentes, identificados com a ideia de lealdade e lisura. Com isso, confere-se segurança às relações jurídicas, permitindo-se aos respectivos sujeitos, confiar nos seus efeitos programados e esperados."[23]

Seguindo essa mesma diretriz de objetivação das condutas suscetíveis de ensejarem litigância de má-fé no processo civil, após o CPC de 2015, também assim posicionou-se o direito processual do trabalho, após a Lei n. 13.467 de 2017, intitulada de reforma trabalhista, ocasião em que foi introduzida na CLT uma nova seção para tratar do dano processual (arts. 793-A, 793-B, 793-C e 793-D), apontando como condutas suscetíveis de penalização, por exemplo, a dedução de pretensão ou de defesa contra texto expresso de lei ou fato incontroverso.

Até nos limites do processo penal, no qual tradicionalmente a doutrina e a jurisprudência são bastante garantistas com a proteção da liberdade e o direito de defesa, gerando como corolário um tratamento flexível com o acusado, em relação aos seus argumentos, técnicas e estratégias defensivas, mormente a possibilidade de omissão da verdade e a utilização de todos os recursos possíveis, para evitar o trânsito em julgado, recentemente o Supremo Tribunal Federal posicionou-se de forma mais contundente[24], para exigir o respeito à boa-fé objetiva também nesse território da teoria processual, outrora infenso à modernização e objetivação.

(21) Nesse sentido, exemplificativamente: STJ – 3ª Turma – REsp 418.342 – Rel. Min. Castro Filho – DJU 05.08.2002 e STJ – 5ª Turma – REsp 316.438 – Rel. Min. Felix Fisher – DJU 20.08.2001.

(22) CABRAL, *O contraditório como dever e a boa-fé processual objetiva*, p. 68.

(23) THEODORO JÚNIOR *et al.*, *Novo CPC – fundamentos e sistematização*, p. 154.

(24) STF – 2ª Turma – HC 92.012/SP – Relª. Minª. Ellen Gracie – DJ 27.06.2008.

4. LITIGÂNCIA DE MÁ-FÉ POR DESRESPEITO AOS PRECEDENTES

A teoria geral do direito mais difundida durante todo o século XIX e primeira metade do século XX foi o positivismo jurídico, tendo Hans Kelsen como o seu maior representante. Referida doutrina defendia que apenas a legislação em sentido estrito era fonte formal do direito e que, por isso, apenas a lei poderia prescrever condutas, desde que a sua criação atendesse ao procedimento estrutural de formação, conforme as etapas previstas nas Constituições, cuja desobediência gerava a possibilidade de controle da sua constitucionalidade na perspectiva formal.

Para a teoria pura do direito, a ordem jurídica é dividida em três níveis, a Constituição no seu ápice, indicando os órgãos que são dotados de competência para a produção de normas jurídicas gerais – leis e decretos, que encontram-se em um nível abaixo e são diretamente aplicadas aos casos pelos magistrados, cujas sentenças constituem as normas jurídicas concretas, integrantes do terceiro nível escalonado logo abaixo.[(25)]

A teoria pura admite que, ao lado da indicação do órgão e do balizamento do procedimento de criação legislativa ordinária, as Constituições modernas podem também determinar o conteúdo das futuras leis. Kelsen acrescenta que "podem ser excluídas pela Constituição leis de determinado conteúdo. O catálogo de direitos e liberdades fundamentais, que forma uma parte substancial das modernas Constituições, não é, na sua essência, outra coisa senão uma tentativa de impedir que tais leis venham a existir."[(26)], raciocínio a partir do qual ele desenvolveu a possibilidade do controle material de constitucionalidade das leis, nos casos em que o legislador ordinário desrespeitasse os limites de conteúdo impostos pelo poder constituinte, por meio dos direitos e liberdades fundamentais.

Em sua perspectiva de direitos de defesa do cidadão em face do Estado, os direitos fundamentais e demais normas previstas nas Constituições não criavam direitos subjetivos aos cidadãos, exercitáveis em suas relações privadas, mas vinculavam diretamente apenas o Estado, em sua atividade de criação normativa. Em outras palavras, enquanto não houvesse uma lei ordinária que ordenasse determinada conduta, não era possível extrair essa prescrição diretamente das normas constitucionais.

É decorrência dessa premissa teórica a redação do art. 150, § 2º, da nossa Constituição de 1967 no sentido de que "ninguém será obrigado a fazer ou deixar de fazer alguma coisa senão em virtude de lei;", batizando o princípio da legalidade, que posteriormente foi reproduzido no art. 5º, II, da Constituição de 1988.

Nesse mesmo contexto, condizente com o princípio da legalidade da Constituição anterior, o legislador processual civil de 1973 previu que seriam litigantes de má-fé todos aqueles que, no processo, deduzissem pretensão ou defesa contra texto expresso de lei (art. 17, I, do CPC de 1973). O legislador processual partia da premissa ontológica de que se houvesse lei em sentido formal que prescrevesse determinada conduta – devendo ser seguida pelos sujeitos-de-direito, na forma do art. 150, § 2º, da Constituição de 1967 – o deliberado descumprimento da legislação, seja pelo autor que acessasse a via judicial pleiteando algo que sabia indevido, seja pelo réu que opusesse defesa contra texto expresso de lei, revelavam condutas censuráveis com a imposição da penalidade pela litigância de má-fé.

Ocorre que desde a fase de constitucionalização do direito, quando a doutrina e a jurisprudência mais atual passaram a reconhecer a eficácia normativa direta dos princípios jurídicos da Constituição (constitucionalismo)[(27)] e dos direitos humanos previstos

(25) "A produção de normas jurídicas gerais, regulada pela Constituição em sentido material, tem, dentro da ordem jurídica estadual moderna, o caráter de legislação. A sua regulamentação pela Constituição compreende a determinação do órgão ou dos órgãos que são dotados de competência para a produção de normas jurídicas gerais – leis e decretos. (...) O escalão imediatamente seguinte ao da Constituição é constituído pelas normas gerais criadas pela legislação ou pelo costume. As Constituições dos Estados modernos instituem sempre especiais órgãos legislativos que são competentes para a produção das normas gerais a aplicar pelos tribunais e autoridades administrativas, por forma tal que, ao escalão da produção constitucional, se segue o escalão legislativo e, a este, o escalão do processo judicial e administrativo." (KELSEN, *Teoria pura do direito*, p. 248/250).

(26) *Ibidem*, p. 249.

(27) MOLINA, André Araújo. *Teoria dos princípios trabalhistas*. A aplicação do modelo metodológico pós-positivista ao direito do trabalho. São Paulo: Atlas, 2013. DWORKIN, Ronald. *Levando os direitos a sério*. 2. ed. Tradução Nelson Boeira. São Paulo: Martins Fontes, 2007. ALEXY, Robert. *Teoria dos direitos fundamentais*. Tradução Virgílio Afonso da Silva. São Paulo: Malheiros, 2008. ÁVILA, Humberto B. *Teoria dos princípios:* da definição à aplicação dos princípios jurídicos. 5. ed. São Paulo: Malheiros, 2006. SARLET, Ingo Wolfgang. *A eficácia dos direitos fundamentais*. 6. ed. Porto Alegre: Livraria do Advogado, 2006. BARCELLOS, Ana Paula de. *Eficácia jurídica dos princípios constitucionais*. 2. ed. Rio de Janeiro: Renovar, 2008. SILVA, Virgílio Afonso da. *A constitucionalização do direito*. Os direitos fundamentais nas relações entre particulares. São Paulo: Malheiros, 2005. STEINMETZ, Wilson. *A vinculação dos particulares a direitos fundamentais*. São Paulo: Malheiros, 2004.

em tratados (internacionalismo)[28], independentemente de posterior atividade legislativa ordinária, o conceito do princípio da legalidade foi atualizado para se considerar que os cidadãos devem pautar as suas condutas não apenas pelo previsto em lei em sentido estrito, como na fase anterior do positivismo jurídico, mas também nos direitos humanos e fundamentais. A releitura do princípio da legalidade realizada pela jurisprudência atual do Supremo Tribunal Federal deixa assente que ninguém é obrigado a fazer ou a deixar de fazer algo senão em virtude do ordenamento jurídico[29], englobando nele toda a legislação infraconstitucional, os direitos constitucionais, os direitos internacionais e, para o Direito do Trabalho, as normas coletivas, os regulamentos de empresa e as cláusulas dos contratos de trabalho, considerando-se todos como fontes formais do direito e não mais apenas a lei em sentido estrito.

Riccardo Guastini, ao dissertar sobre o princípio da legalidade, observa essa mesma diferença evolutiva no seu conceito, de sorte que distingue o princípio da legalidade estrita, enquanto a autorização para que – principalmente o Poder Executivo – possa fazer apenas aquilo que autorizado em lei ("lei formal" ordinária), do princípio da legalidade substancial, que alcança todos os Três Poderes e os cidadãos, compreendendo-se o vocábulo lei em sentido material, como sinônimo de norma ou conjunto de normas jurídicas (qualquer que seja a fonte originária). Nesse sentido, conclui o autor, a lei não é uma coisa distinta da ideia de "direito objetivo"[30].

Nesse contexto, o CPC de 2015 é pródigo na demonstração da evolução da teoria do direito nessa direção, de que o processo civil atual deve ser ordenado, disciplinado e interpretado conforme as normas fundamentais da Constituição (art. 1º) e as disposições específicas previstas em tratados, convenções ou acordos internacionais de que o Brasil seja parte (art. 13), confirmando que o juiz atual não mais aplica apenas a legislação ordinária, mas todo o ordenamento jurídico (arts. 8º e 140). Muito ilustrativa é a redação do atual art. 140 do CPC de 2015, em substituição ao art. 126 do CPC de 1973: antes o juiz deveria buscar na lei o fundamento para sua decisão, mas agora deverá buscar em todo o ordenamento jurídico o fundamento para sua manifestação, disso seguindo que caberá ação rescisória quando a decisão de mérito violar manifestamente norma jurídica (art. 966, V, do CPC de 2015) e não mais apenas a literal disposição de lei (art. 485, V, do CPC de 1973), como no caso de o juiz proferir sentença contrária à norma jurídica resultante da interpretação da Constituição ou dos tratados internacionais.

Nessa linha evolutiva, um novo passo recente foi considerar também como fonte formal do direito as decisões judiciais (precedentes), primeiramente na forma das súmulas vinculantes do Supremo Tribunal Federal (art. 103-A da CF), depois com os julgamentos do Tribunal Superior do Trabalho nos recursos de revista repetitivos (art. 896 da CLT, com a redação que lhe deu a Lei n. 13.015 de 2014) e a sua completa adoção e generalização no sistema pelo CPC de 2015 (arts. 489, 926 e 927), quando o último determinou a observância dos precedentes judiciais dos tribunais superiores para as partes integrantes das relações jurídicas de direito material e, em caso de ações judiciais, também pelos juízes, quando dos seus pronunciamentos, e de todos os terceiros que de qualquer forma atuem no processo.

A obrigatoriedade dos precedentes, além de fomentar a segurança jurídica e a igualdade em sentido material, tratando os cidadãos submetidos às situações fático-jurídicas de modo idêntico, faz todo sentido se reconhecermos que o texto legislativo representa apenas o objeto de interpretação do jurista, mas a norma jurídica – aplicável aos casos concretos – apenas é revelada (*rectius*: construída) após a atividade criativa do interprete[31]. Isto é, fazer ou deixar de fazer alguma coisa apenas em virtude de lei (art. 5º, II, da CF/1988),

(28) MOLINA, André Araújo. *Os direitos fundamentais na pós-modernidade*. O futuro do direito e do processo do trabalho. Rio de Janeiro: Lumen Juris, 2017. GOMES, Luiz Flávio; MAZUOLLI, Valério de Oliveira. *Direito supraconstitucional*. Do absolutismo ao estado constitucional e humanista de direito. São Paulo: RT, 2010. MAZUOLLI, Valério de Oliveira. Integração das Convenções e Recomendações Internacionais da OIT no Brasil e sua aplicação sob a perspectiva do princípio *pro homine*. *Revista do Tribunal Regional do Trabalho da 15ª Região*, n. 43, 2013. p. 71/94.

(29) A título ilustrativo, em cujas decisões o STF impôs condutas que não estavam previstas em lei, mas nas normas constitucionais, aplicando-as diretamente aos casos concretos, inclusive para uma relação de trabalho, consultar: STF – 2ª Turma – RE 158.215 – Rel. Min. Marco Aurélio – DJ 07.06.1996, STF – 2ª Turma – RE 161.243 – Rel. Min. Carlos Velloso – DJ 19.12.1997 e STF – 2ª Turma – RE 201.819 – Rel. Min. Gilmar Mendes – DJ 27.10.2006.

(30) GUASTINI, *Estudios de teoría constitucional*, p. 118.

(31) Para Eros Roberto Grau "o texto normativo não se completa no sentido nele impresso pelo legislador. A 'completude' do texto somente é atingida quando o sentido por ele expressado é produzido, como nova forma de expressão, pelo intérprete. Mas o 'sentido expressado pelo texto' já é algo novo, distinto do texto. É a norma. (...) as normas resultam da interpretação, que se pode descrever

significa obedecer as manifestações judiciais pacificadas que fixam o real sentido do que é efetivamente o ordenamento jurídico e, naturalmente, a lei em sentido formal, inclusive.

Um exemplo ocorre com a concessão dos intervalos para recuperação térmica nas atividades frigoríficas. O art. 253 da CLT(32) fixa as hipóteses de fato para que sejam os intervalos concedidos, por uma leitura inicial distinguindo as situações de trabalho no interior das câmaras frigoríficas dos demais ambientes artificialmente frios, mas foi somente com a pacificação dada pela jurisprudência (Súmula 6 do TRT23(33) e Súmula n. 438 do TST(34)) que os sujeitos integrantes da relação de direito material tiveram a exata definição da norma jurídica extraída do texto legislativo, de modo que descumprir o mandamento das duas súmulas é o mesmo que descumprir o texto expresso da lei, qual seja, o art. 253 da CLT.

José Roberto Freire Pimenta recorda que no ambiente atual em que vivemos, a vinculação estrita do juiz à letra da lei já não é possível nem desejável, porém a abertura desse amplo espaço de atuação e de interpretação judicial traz um perigo muito grande: a possibilidade de que as mesmas normas sejam interpretadas e aplicadas de modo muito diverso, trazendo um grau enorme de insegurança jurídica e impedindo que os cidadãos pautem as suas condutas com base naquilo que eles razoavelmente considerem ser determinado pela ordem jurídica em vigor e pelos intérpretes. Para dar conta desse inconveniente, a jurisprudência uniformizada é o principal mecanismo, pois é um agente estabilizador do conteúdo das normas, definindo *em um precedente*, para casos concretos substancialmente iguais ao que foi decidido no *leading case*, o único sentido de uma norma jurídica que hoje é, na maioria das vezes, genérica, principiológica e que exige sua complementação por meio de uma interpretação concretizadora do Judiciário.(35)

Do quanto exposto, fixamos uma nova conclusão que é a de que respeitar o direito atualmente está muito longe de apenas cumprir a legislação ordinária em sentido estrito, devendo os cidadãos obediência também aos direitos fundamentais, aos direitos humanos, à legislação infraconstitucional, às normas coletivas, aos regulamentos de empresa e às cláusulas contratuais, todas interpretadas (atribuídas de sentido) por intermédio dos precedentes dos tribunais superiores brasileiros.

Deriva que, na perspectiva atual do CPC de 2015 e da nova CLT, após a reforma trabalhista, são deveres das partes e dos seus procuradores não formular pretensão ou apresentar defesa quando estiverem cientes de que são destituídas de fundamento (art. 77, II, do CPC). E as partes estarão conscientes de que as suas postulações jurídicas são destituídas de fundamento quando também comportarem-se contrariamente ao indicado nos precedentes judiciais obrigatórios e não mais apenas na legislação ordinária em sentido estrito (arts. 1º, 8º, 13 e 140 do CPC de 2015). Ajuizar uma ação pleiteando algo vedado em súmula ou precedente do STF, STJ ou TST, bem como apresentar contestação resistindo injustificadamente às pretensões amparadas pela jurisprudência pacificada, amolda-se, como luva à mão, à hipótese normativa do art. 77, II, do CPC de 2015 c/c art. 793-B, I, da CLT.

---

como um processo intelectivo através do qual, partindo de fórmulas linguísticas contidas nos textos, enunciados, preceitos, disposições, alcançamos a determinação de um conteúdo normativo. O intérprete desvencilha a norma de seu invólucro (o texto); neste sentido, ele 'produz a norma'." (*Ensaio e discurso sobre a interpretação/aplicação do direito*, p. 30/31).

(32) Art. 253 – Para os empregados que trabalham no interior das câmaras frigoríficas e para os que movimentam mercadorias do ambiente quente ou normal para o frio e vice-versa, depois de 1 (uma) hora e 40 (quarenta) minutos de trabalho contínuo, será assegurado um período de 20 (vinte) minutos de repouso, computado esse intervalo como de trabalho efetivo. Parágrafo único – Considera-se artificialmente frio, para os fins do presente artigo, o que for inferior, nas primeira, segunda e terceira zonas climáticas do mapa oficial do Ministério do Trabalho, Indústria e Comércio, a 15º (quinze graus), na quarta zona a 12º (doze graus), e nas quinta, sexta e sétima zonas a 10ª (dez graus).

(33) TRABALHO EM AMBIENTE ARTIFICIALMENTE FRIO. DIREITO AO INTERVALO FIXADO NO ART. 253, *CAPUT*, DA CLT. INTEGRAÇÃO DESTE INTERVALO NA JORNADA DE TRABALHO COMO TEMPO DE EFETIVO SERVIÇO. A só constatação de que o trabalho se deu em ambiente artificialmente frio, disciplinado no parágrafo único do art. 253 da CLT, é suficiente a ensejar o direito do empregado ao intervalo especial previsto no caput do mesmo dispositivo de lei. A ausência de concessão deste intervalo implica no seu cômputo na jornada de trabalho, como de efetivo labor, e assim deve ser remunerado. (DEJT 14.01.2011).

(34) INTERVALO PARA RECUPERAÇÃO TÉRMICA DO EM-PREGADO. AMBIENTE ARTIFICIALMENTE FRIO. HORAS EXTRAS. ART. 253 DA CLT. APLICAÇÃO ANALÓGICA. O empregado submetido a trabalho contínuo em ambiente artificialmente frio, nos termos do parágrafo único do art. 253 da CLT, ainda que não labore em câmara frigorífica, tem direito ao intervalo intrajornada previsto no caput do art. 253 da CLT. (DEJT 25, 26 e 27.09.2012).

(35) PIMENTA, *A reforma do sistema recursal trabalhista pela Lei n. 13.015/2014 e o novo papel dos precedentes judiciais na justiça brasileira, passim*.

É por isso que – conforme fez a doutrina atual e o Supremo Tribunal Federal em relação à releitura do princípio constitucional da legalidade – é preciso que os processualistas, civis e do trabalho, interpretem o novo art. 80, I, do CPC de 2015 e o novo art. 793-B, I, da CLT, no sentido de que considera-se litigante de má-fé aquele que deduzir pretensão ou defesa contra texto expresso do ordenamento jurídico globalmente considerado, com a interpretação e o alcance que lhes deram os precedentes dos tribunais superiores. É por isso que consideramos muito mais grave descumprir ostensivamente um precedente obrigatório do TST ou do STF, após o período de acomodação jurisprudencial e a definição do seu conteúdo normativo, do que o descumprimento de um texto expresso de lei nova, o qual ainda comporta variadas interpretações, cujo alcance ainda não foi dado pelos tribunais durante seu período de maturação interpretativa.

De outro lado, importa anotar que não é qualquer manifestação judicial, uma sentença ou acordão de turma de Tribunal Superior, constituindo apenas como jurisprudência persuasiva e não vinculante ou obrigatória, que impedirá que o tema continue sendo debatido e rediscutido pelas partes, até a sua pacificação final, pelo órgão último com atribuição de dar o sentido necessário à interpretação ou pelos mecanismos de formação concentrada de precedentes obrigatórios. Apenas depois dessas últimas decisões é que, como efeito anexo das decisões, que começarão a incidir os mecanismos de aceleração do procedimento para os litigantes que tenham razão e os instrumentos de sanção processual para aqueles outros que insistem em demandar ou defender-se contra precedentes vinculantes.

Em obra clássica de comentário sobre o CPC de 1973, Sérgio Sahione Fadel já entendia que caracterizava litigância de má-fé a interposição de recurso na defesa de interpretação já superada por súmula ou jurisprudência pacificada dos tribunais superiores, amoldando-se à hipótese normativa de recurso manifestamente protelatório, prevista no art. 17 do antigo Código.(36)

Mas foi com a adoção das súmulas vinculantes em nosso sistema, por intermédio da EC 45 de 2004, que reforçaram-se as vozes no sentido de que, não só o juiz, mas também as partes litigantes são obrigadas a conformarem-se com as posições decantadas pelo Supremo Tribunal Federal, inclusive considerando desde então as súmulas vinculantes como fontes formais do direito, cuja desobediência configuraria litigância de má-fé, pois revelaria dedução de pretensão ou oferta de defesa sabidamente destituídas de fundamento.

Nessa nova perspectiva das súmulas vinculantes, Jaldemiro Rodrigues de Ataíde Júnior, ainda tendo em conta a vigência do Código revogado, compreende que a interpretação sistemática do art. 17 do CPC de 1973 conduz à conclusão que litiga de má-fé aquele que deduz pretensão contra precedente vinculante, o qual cristaliza o sentido de determinado dispositivo legal, ou seja, mesmo sabendo que a resistência da parte adversa encontra-se fundada em precedente vinculante. De sua parte, também litiga de má-fé aquele que, sabendo não ter razão jurídica, em virtude de a pretensão estar embasada em súmula vinculante, prolonga indevidamente o andamento do feito, oferecendo defesa e recursos contra direito de juridicidade ostensiva e pacificada pelo Supremo Tribunal.(37)

Se na vigência do CPC de 1973, reforçado pelo instituto das súmulas vinculantes do Supremo Tribunal Federal de 2004, já era possível a construção da posição de que litigava de má-fé aquele que deduzisse pretensão ou defesa contra súmulas ou posições pacíficas dos tribunais superiores, cremos que a filosofia do CPC de 2015 e da nova CLT reforçou esse entendimento, na medida em que os precedentes são alçados à condição de fonte formal do direito, obrigando tanto o magistrado quanto as partes litigantes, do que deriva que o seu desconhecimento ou desconsideração amolda-se às hipóteses normativas da litigância temerária.

Lucas Buril de Macêdo observa que os deveres gerais de boa-fé (art. 5º) e de cooperação processual (art. 6º) são dois dos pilares fundamentais do processo brasileiro atual, inaugurado pelo Código de Processo Civil de 2015, impondo ao juiz o dever qualificado de fundamentação (art. 489, § 1º), com especial observação dos precedentes (arts. 926 e 927), os quais terão ampla publicidade (art. 927, § 5º), bem como as partes litigantes são agora também obrigadas a conhecer os precedentes, não lhes sendo lícito escusar de conhecer o Direito. Sendo assim, é indispensável que, ao se propor ou se defender de uma ação, o litigante considere com acuidade o que está estabelecido pelo tribunal superior competente para dar a última palavra sobre a matéria, pois de nada adiantaria o reforço dos deveres de fundamentação e referência aos precedentes pelo novo sistema processual civil em relação aos magistrados, sem

(36) FADEL, *Código de Processo Civil comentado*, p. 46.

(37) ATAÍDE JÚNIOR, *Precedentes vinculantes*, p. 155.

o correspectivo dever de as partes e os seus advogados levá-los seriamente em consideração ao demandar ou defender-se. E continua:

> Assim, quando as razões de algum dos sujeitos processuais consistirem em mera repetição de argumentos já refutados, conotando o intento de utilizar o processo como um fim em si mesmo, deve-se utilizar o precedente como fundamento para a categorização do sujeito como litigante de má-fé.
>
> Realmente, o sistema jurídico não admite a preservação irracional e ilimitada da pretensão à tutela jurídica, que, nessas hipóteses, não configuraria nada mais do que abuso do direito de demandar ou de se defender. A mera repetição de argumentos já refutados, muitas vezes mediante julgamento de dezenas ou até mesmo de milhares de processos, só pode ser vista como má-fé. Tal espécie de discurso, acrítico e dotado de certo grau de cinismo, configura um empecilho injustificado, convenientemente oposto pela parte, ao cumprimento de seus deveres e à realização dos direitos de terceiros. No caso, agir em contrariedade ao direito, propositadamente ou por falta da devida cautela – que não é admissível como excludente, inclusive porque a parte se faz acompanhada de profissional da área jurídica –, é ilícito processual que deve ser devidamente sancionado no processo jurisdicional.[38]

E conclui o autor referenciado que o processo precisa ser custoso para aqueles que exerçam a pretensão de forma temerária ou negligente, tornando tais condutas algo economicamente desvantajoso, eis que, do contrário, enquanto o processo servir, de forma financeiramente vantajosa, como mecanismo de postergar o cumprimento dos direitos, gerando vantagens econômicas pela sua dilação, a demanda continuará sendo usada abusivamente. Por isso que não se pode admitir como tolerável, muito menos como "normal", a reprodução irracional de ações ou de resistências quando a questão jurídica já houver sido pacificada pelos tribunais que são os responsáveis por dar a última palavra sobre a interpretação do ordenamento.

Porém, é preciso deixar sublinhado que a sanção processual em relação aos litigantes que demandem ou resistam à pretensão amparada em precedente vinculante não engessará o sistema judicial, desencorajando (ou vedando) que as novas pretensões ou teses sejam levadas à apreciação judicial, em sadio diálogo que contribui para a evolução do direito e a revisão da jurisprudência ultrapassada. Essas hipóteses continuarão desafiando a capacidade das partes e dos advogados, estimulando-os a trazerem novos argumentos para distinguir o caso dos autos dos precedentes invocados ou apontarem fatos e argumentos novos para superarem os antigos precedentes, exigindo fundamentação qualificada das partes[39]-[40]. No fundo, o que a sanção processual por litigância de má-fé procura reprimir é que as partes continuem litigando, sem trazer nenhuma hipótese de *distinguishing* ou *overruling*, a partir da mera repetição de argumentos e teses já enfrentados e rejeitados pelos tribunais superiores, que são os responsáveis por dar a última palavra quanto à interpretação do ordenamento jurídico aplicável, casos em que atuam alguns dos litigantes em desprestígio à atividade jurisdicional, apostando no fator tempo e nas patologias do sistema brasileiro de justiça, que precisam de novos

(38) MACÊDO, *Precedentes judiciais*, p. 398.

(39) Lucas Buril de Macêdo acrescenta quanto ao tema: "A estabilidade, portanto, não quer dizer a imutabilidade do direito, mas sim o rechaço à mudança desprovida de critérios, por sua perigosa afronta à liberdade e à dignidade das pessoas. Com efeito, a estabilidade garante uma força *prima facie* ao direito estabelecido, dificultando a mudança, que passará necessariamente por um maior esforço argumentativo, além do respeito às posições firmadas e à confiança legitimamente gerada, para que se possa ter uma modificação juridicamente conforme ao princípio da segurança jurídica. É dizer, as razões para a modificação do direito devem ser tão boas o suficiente para justificar o rompimento da estabilidade" (*Precedentes judiciais*, p. 103).

(40) Segundo Daniel Mitidiero: "Invocando precedente ou jurisprudência vinculantes, autor e réu têm o ônus de particularizar os casos invocados, mostrando analiticamente as semelhanças relevantes, não bastando a simples transcrição de ementas ou trechos pinçados aleatoriamente da fundamentação dos julgados. O mesmo vale obviamente para os recursos. Sendo o processo uma comunidade de trabalho pautada pela colaboração, pode o juiz inclusive determinar o esclarecimento e a indicação precisa das razões pelas quais as partes invocam o precedente ou a jurisprudência vinculante (arts. 6º, 7º e 312 do CPC). O ônus de alegação das partes é a simétrica contrapartida ao dever de fundamentação analítica dos juízes, das Cortes de Justiça e das Cortes Supremas (arts. 93, IX, CF e 489, § 1º, V e VI, do CPC). É a partir das alegações das partes – que podem ser estimuladas em termos de precisão pelo órgão jurisdicional – que se deve empreender a comparação entre os casos. Se os casos são suficientemente similares, aplica-se o precedente. Se não o são, deve-se distingui-los (arts. 489, § 1º, VI, 927, § 1º, e 1037, § 9º, do CPC)." (Precedentes: da persuasão à vinculação, p. 117).

mecanismos de correção, entre os quais a aplicação mais contundente das penas pela litigância de má-fé, na jurisdição civil e também na trabalhista.

Para além dos mecanismos endoprocessuais (distinção e superação) a oxigenarem o sistema processual baseado no modelo de *stare decisis*, também as partes legitimadas continuarão acessando os mecanismos extraprocessuais para a revisão das súmulas e dos provimentos vinculantes dos tribunais, de acordo com os seus respectivos regimentos internos, sem que a salutar pretensão de evolução dos posicionamentos pacificados possa travestir uma argumentação que na verdade tão somente pretende utilizar-se da litigância patológica como mecanismo de gestão de negócios e postergação da efetividade do direito de quem tenha razão.

5. CONCLUSÕES

- O modelo legislativo brasileiro, desde a introdução das súmulas vinculantes do Supremo Tribunal Federal pela EC n. 45/2004, vem apostando nos precedentes obrigatórios como mecanismo apto a garantir estabilidade, unidade, racionalidade e previsibilidade do sistema de justiça.
- A teoria geral do processo brasileira, alcançando os processos civil, penal e trabalhista, abraçou classicamente uma filosofia liberal, adversarial, que enxergava o processo como uma disputa, a autorizar que as partes pudessem valer-se de todos os instrumentos possíveis para ver acolhida a sua pretensão. Nesse ambiente, as condutas temerárias somente eram punidas em hipóteses especialíssimas, quando, além de a conduta processual amoldar-se nas hipóteses legais expressas, também era investigada a intenção subjetiva dos litigantes, acenando para a admissão nos processos da ideia de boa-fé subjetiva do Código Civil de 1916.
- Foi com a Constituição Federal de 1988, que adotou como um dos objetivos a constituição de uma sociedade solidária, que os códigos que se seguiram migraram de uma perspectiva subjetiva, intencional, psicológica, da boa-fé, para uma objetiva, de acordo com padrões éticos pré-determinados, independentemente da intenção da parte, de modo que referido modelo chegou ao direito processual, civil com o CPC de 2015 e trabalhista com a nova CLT, pós-reforma trabalhista da Lei n. 13.467 de 2017, passando a prever condutas objetivas para a caracterização da litigância de má-fé, independentemente da investigação dos aspectos intencionais do agente, em um novo modelo processual ético, cooperativo e solidarista.
- Considerando que, de acordo com a teoria do direito contemporânea, há diferença ontológica entre texto legislativo e norma jurídica, sendo esse resultado da interpretação dos textos, realizada em atividade compartilhada pelo legislador, pelos juristas e pelos julgadores, principalmente, quanto aos últimos, quando firmam uma interpretação em precedentes obrigatórios, é de conclusão inafastável que os juízes também participam da construção do direito.
- Bem por isso que o princípio da legalidade (art. 5º, II, da CF/1988) deverá ser reinterpretado, para entendermos que ninguém está obrigado a fazer ou deixar de fazer algo, se não em virtude de lei, mas cujo conteúdo e sentido legislativo somente é acessado quando lido contextualmente com os precedentes que os interpretaram, de modo que deixar de fazer referência aos precedentes obrigatórios, demandando ou defendendo-se em uma ação judicial, sem valer-se das técnicas da distinção ou da superação, importa em litigância de má-fé.
- É preciso que os processualistas, civis e do trabalho, interpretem o novo art. 80, I, do CPC de 2015 e o novo art. 793-B, I, da CLT, no sentido de que considera-se litigante de má-fé aquele que deduzir pretensão ou defesa contra texto expresso do ordenamento jurídico globalmente considerado, com a interpretação e o alcance que lhes deram os precedentes dos tribunais superiores.

6. REFERÊNCIAS BIBLIOGRÁFICAS

ATAÍDE JÚNIOR, Jaldemiro Rodrigues de. *Precedentes vinculantes e irretroatividade do direito no sistema processual brasileiro.* Os precedentes dos tribunais superiores e sua eficácia temporal. Curitiba: Juruá, 2012.

CABRAL, Antonio do Passo. O contraditório como dever e a boa-fé processual objetiva. *Revista de Processo*, São Paulo, v. 30, n. 126, p. 59/81, agosto de 2005.

CALAMANDREI, Piero. *Eles, os juízes, vistos por nós, os advogados*. 7. ed. Lisboa: Livraria Clássica, 2000.

DIDIER JR., Fredie. *Fundamentos do princípio da cooperação no direito processual civil português.* Coimbra: Coimbra Editora, 2010.

DOTTI, Rogéria Fagundes. A aplicação da boa-fé objetiva no processo civil: o dever de mitigar o dano e a vedação ao *venire contra factum proprium*. *Revista Judiciária do Paraná*, Curitiba, ano IX, n. 7, p. 33/49, maio 2014.

FADEL, Sérgio Sahione. *Código de Processo Civil comentado*. 7. ed. Atualizada por J. E. Carreira Alvim. Rio de Janeiro: Forense, 2003.

GRAU, Eros Roberto. *Ensaio e discurso sobre a interpretação/aplicação do direito*. 4. ed. São Paulo: Malheiros, 2006.

GUASTINI, Riccardo. *Estudios de teoría constitucional*. Edición e presentación Miguel Carbonell. México DF: Fontamara e UNAM, 2001.

KELSEN, Hans. *Teoria pura do direito*. Tradução João Baptista Machado. São Paulo: Martins Fontes, 1999.

LOPES FILHO, Juraci Mourão. *Os precedentes judiciais no constitucionalismo brasileiro contemporâneo*. 2. ed. Salvador: Juspodivm, 2016.

MACÊDO, Lucas Buril de. *Precedentes judiciais e o direito processual civil*. 2. ed. Salvador: Juspodivm, 2016.

MARINONI, Luiz Guilherme. *A ética dos precedentes*: justificativa do novo CPC. 2. ed. São Paulo: RT, 2016.

______. Cultura e previsibilidade do direito. *Revista Jurídica Luso-Brasileira*, Faculdade de Direito da Universidade de Lisboa, ano 3 (2017), n. 1, p. 423/450.

MENEZES CORDEIRO, Antônio Manuel. *Litigância de má-fé, abuso do direito de ação e culpa "in agendo"*. 2. ed. Coimbra: Almedina, 2011.

MITIDIERO, Daniel. *Precedentes*: da persuasão à vinculação. São Paulo: RT, 2016.

MOLINA, André Araújo. *Os direitos fundamentais na pós-modernidade*. O futuro do direito e do processo do trabalho. Rio de Janeiro: Lumen Juris, 2017.

______. *Teoria dos princípios trabalhistas*. A aplicação do modelo metodológico pós-positivista ao direito do trabalho. São Paulo: Atlas, 2013.

______. O novo CPC e o processo do trabalho: pós-modernidade, antinomias, lacunas e o novo microssistema processual trabalhista individual. *Revista do TST*, Brasília, v. 81, n. 3, p. 19/36, jul./set. 2015.

______. A relevância da jurisprudência internacional e estrangeira para o direito do trabalho brasileiro. *Revista Jurídica Luso-Brasileira*, Lisboa, ano 2 (2016).

PIMENTA, José Roberto Freire. A reforma do sistema recursal trabalhista pela Lei n. 13.015/2014 e o novo papel dos precedentes judiciais na justiça brasileira: contexto, premissas e desafios. *Revista do Tribunal Superior do Trabalho*, ano 81, n. 3, p. 95/164, jul./set. 2015.

PINTER, Rafael Wobeto. A boa-fé no processo civil e o abuso de direitos processuais. *Revista de Processo*, São Paulo, v. 41, n. 253, p. 129/160, março 2016.

THEODORO JÚNIOR, Humberto; NUNES, Dierle; BAHIA, Alexandre; PEDRON, Flávio Quinaud. *Novo CPC – fundamentos e sistematização*. Rio de Janeiro: GEN/Forense, 2015.

Honorários Sucumbenciais na Justiça do Trabalho – Aplicações Práticas no Cotidiano da Advocacia Trabalhista

Rafael Lara Martins

Advogado. Bacharel em Direito pela Universidade Federal de Goiás (UFG), especialista em Direito do Trabalho pela Pontifícia Universidade Católica (PUC-GO). Especialista em Direito Civil pela UFG. Especialista em Direito Processual Civil pela UFG. Mestrado em andamento em Direito das Relações Sociais e Trabalhistas pelo Centro Universitário do Distrito Federal (UDF). Conselheiro Estadual da OAB-GO (triênio 2013-2015 e triênio 2016-2018). Diretor-Geral da Escola da Advocacia da OAB-GO (triênio 2016-2018). Ex-Presidente do Instituto Goiano de Direito do Trabalho -IGT (biênio 2012-2013 e biênio 2014-2015). Palestrante e Professor de Direito do Trabalho e de Direito Processual do Trabalho em cursos e pós-graduações.

1. INTRODUÇÃO

Há muito se questiona a existência limitada dos honorários sucumbenciais na Justiça do Trabalho. A advocacia trabalhista lamentavelmente está acostumada a, historicamente, conviver com as pechas e anedotas de desvalorização da classe. Chistes que questionam desde a capacidade técnica até as vestimentas utilizadas nos corredores forenses da Justiça especializada laboral.

A ausência de previsão legal para justificar o pagamento de honorários de sucumbência nas lides decorrentes da relação de emprego certamente era um desses fatores de diminuição da advocacia trabalhista. Por que é que os advogados de tantas outras áreas do direito faziam jus ao recebimento de honorários em virtude do êxito obtido nas demandas e os advogados trabalhistas não?

Independentemente disto, apesar de alguns julgados (minoritários, é verdade) que previam a aplicação dos honorários sucumbenciais nas lides de relação de emprego – sob o argumento da indispensabilidade do advogado na Justiça do Trabalho e fundamentando-se na ofensa ao princípio constitucional da isonomia, como é o caso da Ministra Delaíde Miranda Arantes[(1)] – fato é que o entendimento consolidado do Tribunal Superior do Trabalho era o da inaplicabilidade dos honorários advocatícios às reclamações trabalhistas.

A Súmula n. 219[(2)] do TST – que teve seu entendimento reafirmado pela Súmula n. 329[(3)] do mesmo tribunal – previa expressamente que não havia que se falar em honorários sucumbenciais quando não existentes os requisitos excepcionais de concessão – a assistência sindical profissional e a condição de insuficiência econômica.

Curiosamente, o que se assistia ao longo dos anos era uma verdadeira batalha jurídica entre advogados que patrocinavam os trabalhadores e os advogados que patrocinavam as empresas em torno do tema. Enquanto aqueles postulavam o pagamento dos honorários – inclusive com teses tangenciais, como a indenização do

(1) RR – 563-31.2011.5.04.0241, Relatora Ministra: Delaíde Miranda Arantes Data de Julgamento: 22.04.3015, 2ª Turma, Data de Publicação: 20.04.2015.

(2) Súmula n. 219 do TST – HONORÁRIOS ADVOCATÍCIOS. CABIMENTO (alterada a redação do item I e acrescidos os itens IV a VI em decorrência do CPC de 2015) – Res. n. 204/2016, DEJT divulgado em 17, 18 e 21.03.2016

I – Na Justiça do Trabalho, a condenação ao pagamento de honorários advocatícios não decorre pura e simplesmente da sucumbência, devendo a parte, concomitantemente: a) estar assistida por sindicato da categoria profissional; b) comprovar a percepção de salário inferior ao dobro do salário mínimo ou encontrar-se em situação econômica que não lhe permita demandar sem prejuízo do próprio sustento ou da respectiva família. (art.14, § 1º, da Lei n. 5.584/1970). (ex-OJ n. 305da SBDI-I).

(3) Súmula n. 329 do TST – HONORÁRIOS ADVOCATÍCIOS. ART. 133 DA CF/1988. Mesmo após a promulgação da CF/1988, permanece válido o entendimento consubstanciado na Súmula n. 219 do Tribunal Superior do Trabalho.

art. 404 do Código Civil, tese que por determinada fase teve repercussão bastante razoável, principalmente sob o argumento de que – como defendia o Ministro Dalazen[(4)] – que a redução patrimonial de quem contratava um advogado deveria ser ressarcida de seu ônus com os honorários sucumbenciais.

De toda sorte, a questão dos honorários sucumbenciais – que inequivocamente pertencem ao advogado[(5)] – era duramente combatida pelo patronato, que se socorria às súmulas do TST e na ausência do *jus postulandi* para não permitir a existência. Os honorários sucumbenciais eram vistos simplesmente como um aumento de custo para a classe patronal ante os processos trabalhistas. Exemplo disto é o texto publicado pelo eminente professor Raimundo Simão de Melo em fevereiro de 2015, em que defende:

> Por isso, entendo que está na hora de se repensar essa questão e mudar a clássica jurisprudência. Não dá mais para continuar pensando a atual Justiça do Trabalho como aquela de 1943, quando os pedidos eram simples e poderiam ser feitos pelos trabalhadores num balcão do fórum trabalhista. Não é mais possível continuar pensando assim, principalmente depois da EC n. 45/2004, que ampliou sobremaneira a competência dessa Justiça para apreciar tantas outras questões complexas, que são impossíveis de manejo pelo *jus postulandi*.
>
> (...)
>
> O receio de que o trabalhador possa perder a ação e ser condenado em honorários de advogado não pode ser empecilho à concessão da verba honorária advocatícia na Justiça do Trabalho, pois é escolha dele a contratação de um advogado particular.[(6)]

Com o advento da Lei n. 13.407/2017 – apelidada de "Reforma Trabalhista" – corrigiu-se parcialmente[(7)] essa diferenciação preconceituosa histórica entre os advogados trabalhistas e os demais, que os diminuía, injustamente, em sua qualidade, atuação, esmero e importância profissional[(8)].

Mas, curiosamente, o debate se inverteu e passou-se a observar sindicatos profissionais criticando a medida, enquanto aqueles que representam empregadores comemoram-na efusivamente.

A inversão é compreensível, uma vez que aqueles que defendiam os honorários sucumbenciais jamais pensaram na possibilidade de eles surgirem em texto legal que prevê que os honorários seriam: recíprocos; proporcionais; não compensáveis com honorários da parte adversa; compensáveis com créditos resultados da reclamação trabalhista e ainda sem observância de eventual concessão dos benefícios da Justiça Gratuita.

O professor Raimundo Simão de Melo no mesmo texto acima citado, ao defender os honorários sucumbenciais no processo do trabalho já explanava a respeito que "Depois, ele (o trabalhador" pode pedir o benefício da assistência judiciária gratuita na forma da Lei n. 1.060/1950 — art. 2º, parágrafo único, que inclui os honorários de advogado (art. 3º, inciso V)"[(9)].

É claro que essa mudança de posição no debate tem toda relação com todo o contexto político, social e econômico da Reforma Trabalhista, em que o congresso visava atender às interesses de empregadores. Segundo a crítica que se faz à Lei n. 13.467/2017 os honorários sucumbenciais teriam sido introduzidos ao processo do trabalho como uma das ferramentas destinadas a dificultar o acesso do trabalhador ao Judiciário.

Independentemente do debate político-ideológico, fato é que temos uma lei aprovada e em vigor. A maior parte da advocacia trabalhista se vê – apesar de eventuais predominâncias – em lados diferentes do polo da ação, sendo advogado do reclamante ou do reclamado, como legítimo representante de quem o constituiu e por ele arduamente defenderá seus direitos. Essa é a essência da advocacia – a melhor e mais ética representação que seu cliente pode esperar.

---

(4) DALAZEN, João Oreste. Capacidade postulatória e honorários advocatícios no processo trabalhista. *Revista de Direito do Trabalho,* São Paulo: RT, v. 81, p. 9, mar. 1993.

(5) MEDINA, José Miguel Garcia. *Novo Código de Processo Civil comentado.* São Paulo: RT, 2015. p. 177.

(6) MELO, Raimundo Simão. Questão de honorários na Justiça do Trabalho precisa ser repensada. Disponível em: <https://www.conjur.com.br/2015-fev-13/reflexoes-trabalhistas-questao-honorarios-justica-trabalho-repensada>. Acesso em: 02 mar. 2018.

(7) Parcialmente porque a CLT ainda prevê honorários sucumbenciais menores nas lides trabalhistas do que nas demais lides que tramitam pelo Código de Processo Civil, não havendo motivo para se orientar aplicação de honorários de 5 a 15% para o advogado trabalhista enquanto os demais advogados têm os valores arbitrados entre 10 e 20%.

(8) MARTINS, Rafael Lara. In: *Lei da reforma trabalhista:* comentada artigo por artigo/Coordenador e coautor Deusmar José Rodrigues. – Leme (SP): JH Mizuno, 2017. p. 259.

(9) *Op. cit.*, MELO, 2015.

Nesse contexto, necessário analisar do ponto de vista técnico – e com aplicação prática no exercício profissional – a questão relativa aos honorários sucumbenciais no processo do trabalho. Este trabalho não se prestará a fazer uma análise econômico-social nem se propõe a refletir a respeito do acesso à Justiça, mas sim apresentar um ponto de vista prático-operacional à advocacia.

2. REGULAÇÃO NORMATIVA

Conforme exposto acima, a Lei n. 13.467/2017 introduziu na CLT norma que prevê a existência de honorários sucumbenciais no processo do trabalho e o fez por meio do art. 791-A, que recebeu a seguinte redação:

> Art. 791-A. Ao advogado, ainda que atue em causa própria, serão devidos honorários de sucumbência, fixados entre o mínimo de 5% (cinco por cento) e o máximo de 15% (quinze por cento) sobre o valor que resultar da liquidação da sentença, do proveito econômico obtido ou, não sendo possível mensurá-lo, sobre o valor atualizado da causa.
>
> § 1º Os honorários são devidos também nas ações contra a Fazenda Pública e nas ações em que a parte estiver assistida ou substituída pelo sindicato de sua categoria.
>
> § 2º Ao fixar os honorários, o juízo observará:
>
> I – o grau de zelo do profissional;
>
> II – o lugar de prestação do serviço;
>
> III – a natureza e a importância da causa;
>
> IV – o trabalho realizado pelo advogado e o tempo exigido para o seu serviço.
>
> § 3º Na hipótese de procedência parcial, o juízo arbitrará honorários de sucumbência recíproca, vedada a compensação entre os honorários.
>
> § 4º Vencido o beneficiário da justiça gratuita, desde que não tenha obtido em juízo, ainda que em outro processo, créditos capazes de suportar a despesa, as obrigações decorrentes de sua sucumbência ficarão sob condição suspensiva de exigibilidade e somente poderão ser executadas se, nos dois anos subsequentes ao trânsito em julgado da decisão que as certificou, o credor demonstrar que deixou de existir a situação de insuficiência de recursos que justificou a concessão de gratuidade, extinguindo-se, passado esse prazo, tais obrigações do beneficiário.
>
> § 5º São devidos honorários de sucumbência na reconvenção.

A regulação dos honorários sucumbenciais, além de despertar as paixões já expostas acima, prometem modificar definitivamente a relação entre advogado e seu cliente. Precauções contratuais deverão ser tomadas desde já, inclusive para os processos já em andamento.

Para sua maior proteção, é importante que o advogado destaque em seu contrato de honorários cláusula que preveja expressamente o risco de a parte ser sucumbente e vir a arcar com o custo dos honorários da parte adversa em caso de não deferimento.

Além desse cuidado de advertência contratual, é recomendável que o advogado inclua em seu contrato de honorários previsão clara e expressa a respeito de seu percentual de sucesso, quando aplicável. É necessário deixar claro e transparente no instrumento contratual se os honorários incidirão sobre o valor líquido a ser eventualmente recebido pelo reclamante ou se incidirá sobre a parcela que foi deferida ao reclamante, antes de eventual compensação de honorários sucumbenciais – e, se for o caso, até mesmo os periciais e outras despesas do processo.

Como exemplo de previsão, substancial alteração que está por vir não somente na relação das partes com a Justiça do Trabalho, mas também na relação delas com seu respectivo advogado, temos a doutrina escrita pelo quarteto Antônio Umberto de Souza Júnior, Fabiano Coelho de Souza, Ney Maranhão, Platon Teixeira de Azevedo Neto[(10)] que prevê a redução substancial do *jus postulandi* em face do risco que se corre ante a responsabilidade processual aumentada – o que parece ser bastante razoável.

Outra previsão deles – talvez motivada sob o lupa da magistratura que exercem – é de que haverá mudança na própria negociação de honorários entre cliente e advogado "pois, atualmente vivemos um paradoxo, para o trabalhador ter acesso à gratuidade da justiça, declara-se pobre, entretanto, acaba negociando com seu patrono uma porção dos seus direitos trabalhistas". Essa previsão, além de não ter relação direta – já que honorários contratuais e sucumbenciais absolutamente não se confundem – deve ser rechaçada de plano em qualquer intenção ou proposta da parte em incluir, na pactuação dos honorários contratuais, os honorários sucumbenciais.

---

(10) SOUZA JÚNIOR, Antônio Umberto de... [*et al*]. *Reforma trabalhista: análise comparativa e crítica da Lei n. 13.467/2017*. São Paulo: Rideel, 2017. p. 376.

3. BASE DE CÁLCULO DOS HONORÁRIOS SUCUMBENCIAIS

Para fixação dos honorários advocatícios, dois critérios para aplicação pelo magistrado. O primeiro, previsto no *caput* da norma, determina que os honorários serão fixados em percentual do valor da causa, não podendo ser jamais arbitrados em percentual inferior a cinco ou superior a quinze, quando mensurável o proveito econômico envolvido.

Mas qual critério deverá ser utilizado nesta variação? É aí que entra o segundo critério interpretativo, previsto no parágrafo segundo o mesmo artigo. Segundo a previsão legal, para arbitramento dos honorários sucumbenciais, o magistrado deverá analisar o grau de zelo do profissional; o lugar de prestação do serviço; a natureza e a importância da causa; e, por fim, o trabalho realizado pelo advogado e o tempo exigido para o seu serviço. Como se percebe, há certo caráter de subjetividade na análise para arbitramento dos honorários. De toda forma, qualquer decisão nesse aspecto é passível de objeto de recurso, como qualquer outro pedido formulado na reclamação trabalhista.

Não há óbice para aplicação de eventuais percentuais diferentes de honorários sucumbenciais para o patrono de cada uma das partes do processo. Essa diferenciação, no entanto, deverá ser devidamente motivada, para se justificar a razão pela qual os patronos estão sendo mais bem ou mais mal remunerados que o outro colega que atuou no mesmo feito. Sob o ponto de vista da norma positivada, na grande parte das demandas, tal diferenciação somente poderia ser justificada sob o argumento do "grau de zelo" do advogado, haja vista que na maior parte dos processos, os demais critérios serão comuns a ambos os advogados.

Ocorre que há quem defenda que os honorários sucumbenciais são norma que restringe o acesso ao Judiciário pelo trabalhador, sendo justo constante arbitramento diferenciado. É o caso de Jorge Luis Souto Maior e Valdete Souto Severo que defendem arbitramento constantemente mais vantajoso ao procurador do reclamante[(11)]:

> Os honorários fixados para o advogado da empresa deverão ser de 5%, enquanto aquele a ser reconhecido ao patrono do trabalhador deverá observar o patamar máximo de 15%, em razão da objetiva diferença na capacidade econômica das partes.

Parece cristalino que tal medida é discriminatória e fere os princípios constitucionais da isonomia e não discriminação. A verba honorária – que tem caráter alimentar – é parcela devida ao advogado, seja ele patrono do trabalhador ou do empregador. O advogado não pode, jamais, ser discriminado em razão de seu cliente. Tal assertiva de diferenciação beira a equiparar-se ao absurdo de se pensar que é criminoso o advogado que atua com direito penal. Tais medidas, se não fundamentadas sob a norma do código, deverão ser sempre objeto de recurso específico, inclusive com observância das normas constitucionais infringidas.

4. SUCUMBÊNCIA RECÍPROCA

A sucumbência recíproca é o grande temor da advocacia trabalhista que representa o reclamante – usualmente o polo ativo da demanda. Tradicionalmente as reclamações trabalhistas englobam um número muito grande de pedidos, sendo possível que entre os pedidos estivessem alguns que não obteriam êxito.

Como primeiro juiz da causa, mais do que nunca o advogado deverá refletir a respeito dos pedidos que serão feitos na reclamação. A título de exemplo, não era incomum que se incluísse em quase todas as petições iniciais pedido de regularização de depósitos do FGTS, sem a necessária conferência da existência ou não deles na conta vinculada. Isso porque o trabalhador não entregava o extrato ao seu procurador.

Doravante, pedidos como esses deverão ser repensados, em razão da possibilidade de se gerar sucumbência recíproca. Da mesma sorte, quando representando empregadores, não era impossível que, diante de pedidos evidentemente procedentes fosse providenciada firme negativa pela parte – uma vez que simplesmente reconhecer o pedido ou aguardar a condenação não geraria diferenciação no valor a ser pago. São novos tempos!

A sucumbência recíproca gera uma série de questionamentos e dificuldades que certamente somente após amadurecimento jurisprudencial do Tribunal Superior do Trabalho é que poder-se-á ter completa certeza e segurança na interpretação dos temas que a circundam.

A primeira questão levantada é que a sucumbência recíproca traz consigo outra alteração processual de grande relevância – a liquidação de todos os pedidos, independentemente de rito – nos termos da alteração

(11) MAIOR, Jorge Luiz Souto; SEVERO, Valdete Souto. *O acesso à justiça sob a mira da reforma trabalhista – ou como garantir o acesso à justiça diante da reforma trabalhista*. Disponível em: <https://www.jorgesoutomaior.com/blog/o-acesso-a-justica-sob-a-mira-da--reforma-trabalhista-ou-como-garantir-o-acesso-a-justica-diante-da-reforma-trabalhista>. Acesso em: 10 mar. 2018.

do § 1º do art. 840 da CLT (assunto que não é objeto do presente texto, mas que merece profunda reflexão em foro adequado).

A legislação exige que o pedido seja certo, determinado e com indicação de seu valor. Há caloroso debate doutrinário se essa exigência faz com que a petição inicial deva ser acompanhada (quando não presentes as exceções do art. 324 do CPC) de memória de cálculos apontando o valor exato de cada pedido ou se basta apresentar os valores de cada pedido por estimativa. Independentemente da posição adotada, para fins de análise da sucumbência recíproca, é fato que sem a liquidação dos pedidos, seria quase impossível falar-se em sucumbência.

De toda sorte, o grande questionamento a respeito da sucumbência recíproca é se ela leva em consideração a procedência de cada pedido ou o valor de cada pedido. De forma exemplificativa, o questionamento é se o trabalhador postula 100 horas extras e obtém procedência da metade, ele é sucumbente na metade do valor de seu pedido.

Tem sido comum citar-se a Súmula n. 326 do STJ para justificar a questão, já que esta alta Corte sumulou entendimento de que "Na ação de indenização por dano moral, a condenação em montante inferior ao postulado na inicial não implica sucumbência recíproca". Diversos os doutrinadores que se esteiam nesse verbete para defender a inexistência de sucumbência parcial quando o pedido é parcialmente deferido(12):

> Essa baliza, portanto, pode e deve ser utilizada analogicamente nas lides trabalhistas, não só no que tange às indenizações por danos morais, mas, também, quanto a outros pedidos, uma vez que determina uma premissa importante para a definição de sucumbência recíproca.

Da mesma forma, Mauro Schiavi:

> De nossa parte, a sucumbência a justificar honorários advocatícios ao reclamado tem que ser de improcedência total dos pedidos, ou de algum destes. Por exemplo, o reclamante formulou os pedidos A, B, C, D, mas sucumbiu em parte no pedido A, que se refere a horas extras, já que a jornada acolhida pelo juízo foi inferior à declinada na inicial, não haverá sucumbência recíproca a justificar honorários advocatícios ao reclamado.

O Fórum Nacional de Processo do Trabalho traz na redação do Enunciado n. 183 uma lição semelhante:

> ART. 791-A DA CLT. HONORÁRIOS ADVOCATÍCIOS. INDENIZAÇÃO POR DANOS EXTRAPATRIMONIAIS. RECONHECIMENTO DO DANO COM A REDUÇÃO DA INDENIZAÇÃO PRETENDIDA. AUSÊNCIA DE SUCUMBÊNCIA RECÍPROCA. O reconhecimento do dano extrapatrimonial na Justiça do Trabalho com redução da gravidade atribuída ao dano (no original: do dano pretendida) ou redução do valor apontado na petição inicial não implica em sucumbência recíproca, não sendo devidos honorários sobre a quantia indeferida.

Há forte entendimento doutrinário caminhando para a interpretação de que a reciprocidade dos honorários sucumbenciais depende da procedência de cada pedido, ainda que parcial. Ocorre que apesar de um esforço doutrinário concentrado buscando mitigar efeitos da Lei n. 13.467/2017, fato é que decisões judiciais têm aplicado a lei de forma diferente. É cedo para se falar em jurisprudência advinda dos tribunais regionais, mas somente a título exemplificativo, veja decisão judicial advinda da 8ª Vara do Trabalho da Comarca de Goiânia, capital onde se situa o TRT da 18ª Região, da lavra da Juíza Titular nos autos da RTOrd – 0011514-41.2016.5.18.0008 que diz expressamente: "Condeno a parte reclamante a pagar ao advogado da parte reclamada honorários de sucumbência arbitrados em 5%(cinco por cento) sobre a proporção não deferida de cada pedido julgado improcedente".

Como se percebe, a questão está bem distante de ser pacificada. Mas fato é que para a prática da advocacia é essencial que um cuidado seja tomado pelos procuradores, não importando em que polo se encontrem: esclarecer todos os pontos da sentença que podem ser objeto de discussão posterior.

O que se tem percebido é que muitas sentenças não têm tido o cuidado necessário para esclarecer se os honorários sucumbenciais incidirão levando-se em conta o deferimento de cada pedido ou os valores envolvidos em cada um. Nesses casos é essencial que o advogado apresente Embargos de Declaração. Caso isso não seja feito, há fundado receio de que, após longos anos de duração processual é possível que a efetividade do processo seja comprometida por levar esse debate para a fase de execução.

Em que pese a Reforma Trabalhista ser justificada legislativamente pela necessidade de se trazer segurança

---

(12) ALCÂNTARA, Isabela Márcia de; BENEVIDES, Fabiano Sara Costa. In: *Reforma trabalhista*: principais alterações – atualizado de acordo com a MP n. 808 de 14 de novembro de 2017/Coordenadores Denise Alves Horta... [*et al.*]. – São Paulo: LTr, 2018. p. 337.

jurídica para as relações de trabalho, parece não ter havido a mesma preocupação quando da elaboração do texto legal. A falta de clareza e cuidado com alguns temas, como este, servirá tão somente para perpetuar a duração do processo em discussões tangenciais ao bem da vida reclamado e defendido.

5. COMPENSAÇÃO DOS HONORÁRIOS COM CRÉDITOS DO RECLAMANTE

Nos termos do § 4º do art. 791-A da CLT, o valor dos honorários sucumbenciais será suportado pelos créditos porventura existentes no mesmo ou em outro processo, ainda que a parte seja beneficiária da Justiça gratuita. Alguns argumentos já estão sendo apresentados sobre esse assunto para justificar-se o não pagamento dos honorários sucumbenciais pela parte, que vai desde a inconstitucionalidade do pagamento pela parte, que não deve pagar despesas do processo, até a impossibilidade de haver a compensação com verbas de natureza alimentar.

É indubitável a natureza alimentar das verbas trabalhistas – o que lhes garante ser um crédito privilegiado, protegido. Para tanto, necessário se socorrer, em primeiro lugar, da busca pela fundamentação dessa natureza alimentar. O Estado Social brasileiro privilegia esse *status*, garantindo-se, no art. 6º, que são direitos sociais (portanto fundamentais) "a educação, a saúde, a alimentação, o trabalho, a moradia, o transporte, o lazer, a segurança". Logo em seguida, o diploma constitucional também protege o salário com diversos preceitos protetivos aos trabalhadores e garantias ao salário. Mas é no art. 100, § 1º – ao tratar dos precatórios – que a Constituição Federal diz que:

> Os débitos de natureza alimentícia compreendem aqueles decorrentes de salários, vencimentos, proventos, pensões e suas complementações, benefícios previdenciários e indenizações por morte ou por invalidez, fundadas em responsabilidade civil, em virtude de sentença judicial transitada em julgado.

Esse mesmo sistema constitucional afirma que esses créditos têm privilégios, tanto que prevê no mesmo parágrafo que eles serão "pagos com preferência sobre todos os demais débitos". Reforçando o conceito de que devem ser tratados de forma privilegiada, o art. 102 ainda registra que os "créditos alimentares" gozam de privilégio absoluto, reconhecendo expressamente sua preferência.

Fica afastada qualquer dúvida de que os créditos trabalhistas – alimentares que são – merecem tratamento diferenciado. Agora, ante o disposto na redação proposta no parágrafo quarto do artigo em questão, é necessário se refletir se poderia a legislação infraconstitucional reduzir esse privilégio para pagamento de despesas de processo, como o faz não somente para os honorários sucumbenciais, mas também para outras despesas.

Parece que sim. Apesar do indubitável reconhecimento constitucional do caráter alimentar das verbas trabalhistas e o privilégio com que devem ser tratadas, é na legislação infraconstitucional que se criam regras para regulamentar esse privilégio. Assim já o é na legislação quanto às normas de proteção ao salário – tanto as previstas na CLT como no CPC – e que há tempos já convivem com a legislação em curso. A possibilidade legal trazida pela Reforma Trabalhista de compensar o crédito seria apenas nova regulamentação flexibilizando a proteção do crédito alimentar.

Além disso, uma vez que o debate se circunda a respeito dos honorários sucumbenciais, não se pode ignorar outros relevantes contornos. O Supremo Tribunal Federal já previu expressamente que os honorários advocatícios também têm natureza alimentar, por meio da Súmula Vinculante n. 47.

Em se tratando de Súmula Vinculante, não cabe a qualquer órgão do poder judiciário negar a natureza alimentar deste crédito, assim como não é possível a criação de "castas" de verbas alimentares, considerando-se algumas mais privilegiadas do que outras. A verba tem natureza alimentar ou não – simples assim. Desse modo, as palavras do Ministro Ricardo Lewandowski(13), ao apreciar a proposta formulada pelo Conselho Federal da Ordem dos Advogados do Brasil, demonstraram o quanto está repisada a questão ao dizer que:

> O tema albergado pelo enunciado sob encaminhamento revela-se atual e dotado de nítido efeito multiplicador, porquanto se mostra ainda frequente a necessidade de este Supremo Tribunal repisar que os honorários advocatícios representam verba de natureza alimentar, a qual não se confunde com o débito principal.

Diante disto, estando-se diante de duas verbas de natureza alimentar, como se sopesar o tratamento a cada uma delas? A regulamentação da preferência do crédito de natureza alimentar – como já dito acima – advém da

(13) Recurso Extraordinário 564.132 – RIO GRANDE DO SUL, relator Ministro Eros Grau.

legislação infraconstitucional, sendo plenamente possível que a mesma legislação infraconstitucional alargue ou reduza a proteção. Desta forma, a melhor aplicação do parágrafo quarto é a literal, ou seja, é necessário realizar o desconto da verba honorária sucumbencial, caso exista, de qualquer crédito obtido no mesmo ou em outro processo judicial.

E mesmo que assim não fosse, não se pode ignorar que nem todas as verbas deferidas em uma reclamação trabalhista têm natureza alimentar. Nos termos da redação constitucional, somente o salário e as indenizações decorrentes de acidente de trabalho são dotados dessa natureza.

Dessa forma, o argumento de restrição de desconto por se tratar de verba de natureza alimentar não socorre as verbas de natureza indenizatória – especialmente diante do recebimento de um crédito privilegiado que verdadeiramente tem natureza alimentar já reconhecido em súmula vinculante pelo Supremo Tribunal Federal.

Diante disto quando as parcelas advindas da reclamação trabalhista não tiverem natureza salarial e sim indenizatória – como por exemplo uma indenização por danos materiais, a multa do art. 477 da CLT, o valor do Aviso-prévio indenizado ou até mesmo as férias indenizadas – o desconto da verba honorária deve ser realizado, por se tratar esta última de crédito mais privilegiado do que aquela pertencente ao trabalhador, mas com natureza indenizatória.

A questão ganha colorido diferente, no entanto, quando se fala em compensação ante a existência da gratuidade da Justiça ou assistência judiciária.

Está em tramitação perante o STF – sob a relatoria do Ministro Luís Roberto Barroso, a ADI n. 5.766, proposta pela Procuradoria-Geral da República, que questiona dispositivos da Reforma Trabalhista sob o argumento de que eles impõem "restrições inconstitucionais à garantia de gratuidade judiciária aos que comprovem insuficiência de recursos, na Justiça do Trabalho" e portanto, pugna pela declaração de inconstitucionalidade, entre outros dispositivos, do § 4º do art. 791-A, da CLT, na medida que considera devidos honorários advocatícios de sucumbência por beneficiário de Justiça gratuita, sempre que tenha obtido em juízo, ainda que em outro processo, créditos capazes de suportar a despesa.

Apesar de longos, merecem ser citados os argumentos da ADI n. 5.766:

> (...)
>
> Com propósito desregulamentador e declarado objetivo de reduzir o número de demandas perante a Justiça do Trabalho, a legislação avançou sobre garantias processuais e viola direito fundamental dos trabalhadores pobres à gratuidade judiciária, como pressuposto de acesso à jurisdição trabalhista. Assim o fez ao alterar os arts. 790-B, *caput* e § 4º, e 791-A, § 4º, da Consolidação, e autorizar uso de créditos trabalhistas auferidos em qualquer processo, pelo demandante beneficiário de justiça gratuita, para pagar honorários periciais e advocatícios de sucumbência.
>
> (...)
>
> A Constituição de 1988 consagra a garantia de amplo acesso à jurisdição no art. 5º, XXXV e LXXIV, que tratam dos direitos a inafastabilidade da jurisdição e a assistência judiciária integral aos necessitados. Na contramão dos movimentos democráticos que consolidaram essas garantias de amplo e igualitário acesso à justiça, as normas impugnadas inviabilizam ao trabalhador economicamente desfavorecido assumir os riscos naturais de demanda trabalhista e impõem-lhe pagamento de custas e despesas processuais de sucumbência com uso de créditos trabalhistas auferidos no processo, de natureza alimentar, em prejuízo do sustento próprio e do de sua família.
>
> (...)
>
> Mais grave é isso ocorrer na Justiça do Trabalho, constitucionalmente vocacionada ao atendimento de demandas da grande massa trabalhadora em busca de solução de conflitos decorrentes da violação (não raro sistemática) de seus direitos laborais. A legislação impugnada investe contra garantia fundamental da população trabalhadora socialmente mais vulnerável e alveja a tutela judicial de seus direitos econômicos e sociais trabalhistas, que integram o conteúdo mínimo existencial dos direitos fundamentais, na medida de sua indispensabilidade ao provimento das condições materiais mínimas de vida do trabalhador pobre. Ao impor maior restrição à gratuidade judiciária na Justiça do Trabalho, mesmo em comparação com a Justiça Comum, e ao desequilibrar a paridade de armas processuais entre os litigantes trabalhistas, as normas violam os princípios constitucionais da isonomia (art. 5º, *caput*), da ampla defesa (art. 5º, LV), do devido processo legal (art. 5º, LIV) e da inafastabilidade da jurisdição (art. 5º, XXXV). Em face da intensidade dos obstáculos econômicos impostos aos

direitos fundamentais dos demandantes pobres, as normas impugnadas ainda incorrem em inconstitucionalidade por violação aos princípios da proporcionalidade e da proibição de excesso, configurando desvio de finalidade legislativa.

Em que pese já ter defendido posicionamento contrário, parece de fato padecer de suporte constitucional a previsão de pagamento dos honorários sucumbenciais pela parte necessitada dos benefícios da Justiça gratuita. O acesso ao Judiciário não pode ser tolhido com terror econômico-psicológico. Portanto, é de se reconhecer a impossibilidade de pagamento – mesmo que por compensação – dos honorários sucumbenciais à parte pobre.

Por outro lado, esse tratamento não pode ser dado indistintamente, como há muito tem sido às partes que ajuízam reclamações trabalhistas na Justiça do Trabalho. É essencial analisar a real condição financeira do reclamante para lhe atribuir esse benefício. Não é porque no início do processo ele reunia condições para deferimento da Justiça gratuita que ao final da lide (que atualmente se arrasta por alguns anos) ele reunirá essa mesma condição.

Assim como a Justiça gratuita pode ser deferida a qualquer tempo e grau de jurisdição, ela pode ser igualmente revogada. Trata-se de fato superveniente ao ajuizamento da ação e, por vezes, até da própria sentença.

Essa cautela deve ser presente ao advogado da reclamada em todo momento processual, inclusive nunca deixando de perguntar, na audiência de instrução, ao reclamante em seu depoimento pessoal se ele já está trabalhando e qual sua remuneração atual.

Desta forma, se o trabalhador percebe remuneração inferior a 40% (quarenta por cento) do Regime Geral de Previdência Social, limitação dada pelo § 3º do art. 790 da CLT, ele gozará, automaticamente, do benefício da Justiça gratuita e nenhum valor poderá ser-lhe exigido. De forma diversa, no entanto, se a remuneração do obreiro é superior ao referido percentual e ele deixar de comprovar – nos termos do § 4º do mesmo dispositivo celetista – a insuficiência de recursos para o pagamento das custas do processo, estará o magistrado compelido a providenciar o desconto dos honorários advocatícios de seus créditos, já que estaria afastada – com presunção relativa, frise-se – a condição de insuficiência de possibilidade de custeio processual.

Nada impede, contudo, que nesse momento o advogado do reclamante traga aos autos provas da insuficiência econômica de seu cliente, para justificar o benefício e impedir a compensação do crédito.

De toda forma, independentemente da existência ou não de renda superior ao mínimo percentual de quarenta por cento do RGPS, sempre que houver crédito do reclamante em uma demanda, é essencial analisar se esse crédito é capaz de retirar-lhe da condição de insuficiência financeira.

Ocorre que o legislador não estabeleceu critérios claros para tanto, ficando a cargo do intérprete e pensador do direito. Critério razoável parece ser o de buscar na própria limitação da remuneração para gozo da Justiça gratuita o valor que seria capaz de retirar o trabalhador dessa condição.

Desta forma, sempre que o crédito processual fosse superior a doze vezes o limite de 40% (quarenta por cento) sugerido, presumir-se-ia que ele não é beneficiário da Justiça gratuita, retornando a ele o ônus probatório em sentido contrário. Isso porque com esse crédito estaria o trabalhador garantido por um ano de custeio acima do limite fixado na lei. Por óbvio que o reclamante pode comprovar que a quantia recebida não lhe tiraria dessa condição – o que poderia ser facilmente obtido juntando aos autos eventuais contas vencidas ou comprovação de custeio familiar incompatível.

Conclui-se, portanto, que é inconstitucional a cobrança de honorários advocatícios se a parte é beneficiária da Justiça gratuita, mas essa condição de ser ou não beneficiária exige contornos legais e comprovação da necessidade, nos termos da legislação em vigor.

6. HONORÁRIOS RECURSAIS

O art. 791-A poderia ter sido significativamente mais completo se tivesse, em boa medida, se inspirado no art. 85 do Código de Processo Civil, especialmente nos §§ 1º e 11[(14)], que tratam dos honorários recursais.

Os honorários recursais, além de possuirem absoluto senso de justiça remuneratório, seriam uma boa medida de incentivo à celeridade processual e efetividade da Justiça.

(14) Art. 85. A sentença condenará o vencido a pagar honorários ao advogado do vencedor.
§ 1º São devidos honorários advocatícios na reconvenção, no cumprimento de sentença, provisório ou definitivo, na execução, resistida ou não, e nos recursos interpostos, cumulativamente.
(...)
§ 11. O tribunal, ao julgar recurso, majorará os honorários fixados anteriormente levando em conta o trabalho adicional realizado em grau recursal, observando, conforme o caso, o disposto nos §§ 2º a 6º, sendo vedado ao tribunal, no cômputo geral da fixação de honorários devidos ao advogado do vencedor, ultrapassar os respectivos limites estabelecidos nos §§ 2º e 3º para a fase de conhecimento.

Senso de justiça remuneratório porque o labor do advogado nas instâncias recursais – em algumas vezes até mesmo com maior complexidade que no primeiro grau – é desconsiderado para sua remuneração sucumbencial, pois estaria estagnado – salvo se recorrente por esse objeto, no patamar do percentual arbitrado consoante o labor desenvolvido perante o juízo de piso.

Quanto à ferramenta de celeridade processual e efetividade da justiça, a experiência da Lei n. 9.099/95 e do novo art. 85 do Código de Processo Civil demonstram que a parte repensa o interesse recursal quando ciente de que poderá majorar o valor de sua condenação em razão de potencial majoração da verba honorária.

Particularmente, parece ser perfeitamente aplicáveis os §§ 1º e 11 do CPC ao processo do trabalho, já que há evidente omissão da CLT sobre o tema relativo aos honorários recursais, por aplicação adequada do art. 15 do Código Processual Civilista.

De outra senda, há razoável entendimento de que a omissão de parte do art. 85 do CPC na redação do art. 791-A da CLT não pode ser ignorada, sendo eloquente o silêncio do legislador quando decidiu não regular a matéria relativa aos honorários de sucumbência no processo do trabalho como o fez nas demais áreas. Desta feita, por inexistir lacuna na norma – especialmente se submetida a interpretação conforme – não haveria que se falar na aplicação dos parágrafos em questão.

Do ponto de vista prático, além da argumentação jurídica possível para o advogado de cada parte, parece não haver óbice na majoração dos honorários em fase recursal quando este for objeto recursal para a matéria em segundo grau. Desta feita, o advogado diligente que, satisfeito com o êxito da demanda, não obteve em sentença o teto percentual remuneratório de quinze por cento, pode recorrer desse ponto da decisão. Ainda melhor, acaso não pretenda propor recurso, mas a outra parte o fizer, é de boa medida e estratégica processual recorrer adesivamente no ponto relativo aos honorários, buscando sua majoração e utilizando como principal fundamento a própria necessidade de labor em segundo grau. Afinal, se o trabalho realizado até aquele momento no primeiro grau já havia garantido os honorários arbitrados, muito justo que a necessidade de contrarrazoar a peça recursal adversária, por si só, motive a majoração do que foi arbitrado anteriormente e estava abaixo do teto legal. Nesse caso, não se estará diante da aplicação direta dos parágrafos de honorários recursais do CPC, mas efetivamente rediscutindo matéria decidida pelo juízo de origem.

7. NECESSIDADE DE PEDIDO EXPRESSO E OMISSÃO NA SENTENÇA

Em que pese a reconhecida novidade da verba sucumbencial na Justiça do Trabalho, não se pode ignorar as décadas de amadurecimento interpretativo que o instituto tem no Superior Tribunal de Justiça e no Supremo Tribunal Federal. Desses tribunais há diversos verbetes sumulados a respeito dos honorários que devem ser aproveitados, pelo menos como referência interpretativa, sem esquecer os princípios específicos do direito e processo do trabalho.

Um dos questionamentos próprios da advocacia a respeito da verba honorária sucumbencial é se há necessidade de constar expressamente na petição inicial ou na defesa o pedido de condenação da parte contrária no pagamento da verba honorária. A resposta é negativa.

É imperativo o comando do art. 85 do CPC ao dizer que "A sentença condenará o vencido a pagar honorários ao advogado do vencedor". Em que pese não ser a mesma redação, também se tem a mesma conclusão ante a análise do art. 791-A da CLT: "Ao advogado, ainda que atue em causa própria, serão devidos honorários de sucumbência" com continuação da redação do parágrafo segundo: "Ao fixar os honorários, o juízo observará".

Para pacificar definitivamente a questão, o Supremo Tribunal Federal editou a Súmula n. 256, ainda na vigência do Código de Processo Civil anterior, que não era tão claro quanto o atual: "É dispensável pedido expresso para condenação do réu em honorários, com fundamento nos arts. 63 ou 64 do Código de Processo Civil".

Luiz Henrique Volpe Camargo corrobora doutrinariamente o entendimento: "O deferimento dos honorários de sucumbência decorre de norma imperativa e, por isso, prescinde de pedido expresso do interessado. É um daqueles casos excepcionais em que o deferimento *extra* ou *ultra petita* não será invalidado[(15)]".

Independentemente da existência ou não de pedido, é possível que a sentença judicial não se pronuncie expressamente a respeito dos honorários sucumbenciais, para fins de fixar o percentual e parâmetros de fixação. Nesses casos, é imperioso que o procurador interponha

(15) CAMARGO, Luiz Henrique Volpe. Das despesas dos honorários advocatícios e das multas. In: *Breves comentários ao novo Código de Processo Civil*. WANBIER, Teresa Arruda Alvin; DIDIER JR., Fredie; TALAMINI, Eduardo; DANTAS, Bruno (Coord.). São Paulo: RT, 2015. p. 306.

Embargos de Declaração visando suprir a omissão identificada, sob pena de correr sério risco de não ser agraciado com verba honorária em razão de seu êxito.

O Superior Tribunal de Justiça, por meio da súmula 453, editou entendimento que diz prever o não recebimento de honorários se a sentença não previu expressamente: "Os honorários sucumbenciais, quando omitidos em decisão transitada em julgado, não podem ser cobrados em execução ou em ação própria".

O verbete em questão encontra-se superado pelo § 18 do art. 85 do CPC, que leciona que "Caso a decisão transitada em julgado seja omissa quanto ao direito aos honorários ou ao seu valor, é cabível ação autônoma para sua definição e cobrança". Entretanto, considerando-se a polêmica a respeito da aplicabilidade ou não do art. 85 do CPC ao processo do trabalho, é fortemente recomendável que o advogado busque suprir a omissão pelos Embargos de Declaração, para que não haja risco desnecessário de não receber os honorários que lhe são devidos.

8. CONCLUSÃO

Apesar do debate presente a respeito da intenção legislativa em trazer a previsão de honorários de sucumbência para o processo do trabalho, fato é que a norma está posta e em vigência.

Não há mais tempo para se eternizar em debates ideológicos enquanto os processos estão em tramitação. A advocacia tem um papel fundamental na mobilização social para mudança da lei – sem dúvida – mas isso deve ser feito em foro próprio, com os meios adequados, por meio da mobilização política e social inerente à advocacia.

Paralelamente, sob a ótica processual, a advocacia será a grande protagonista na construção da jurisprudência vindoura da Reforma Trabalhista. Os detalhes deverão estar presentes em todas as peças processuais, em cada inicial, a cada defesa, a cada recurso. Não poderá haver conformismo interpretativo, seja por meio de uma eventual Vara única de uma comarca ou uma súmula de tribunal regional. O exercício da advocacia é a mola propulsora do crescimento do direito e da sociedade.

9. REFERÊNCIAS BIBLIOGRÁFICAS

ALCÂNTARA, Isabela Márcia de; BENEVIDES, Fabiano Sara Costa. In: *Reforma trabalhista*: principais alterações – atualizado de acordo com a MP n. 808 de 14 de novembro de 2017 (Coords.) Denise Alves Horta... [*et al.*]. São Paulo: LTr, 2018.

CAMARGO, Luiz Henrique Volpe. Das despesas dos honorários advocatícios e das multas. In: *Breves comentários ao novo Código de Processo Civil*. WANBIER, Teresa Arruda Alvin; DIDIER JR., Fredie; TALAMINI, Eduardo; DANTAS, Bruno (Coord.). São Paulo: RT, 2015.

DALAZEN, João Oreste. Capacidade postulatória e honorários advocatícios no processo trabalhista. *Revista de Direito do Trabalho*, São Paulo: RT, v. 81, p. 9, mar. 1993.

MACHADO, Hugo de Brito. Vigência da lei processual no tempo e os honorários de sucumbência no Novo CPC. *Revista de Estudos Tributários*, Porto Alegre, n. 110, Edição Especial: Os Impactos do Novo CPC no Processo Tributário, 2016.

MAIOR, Jorge Luiz Souto; SEVERO, Valdete Souto. *O acesso à justiça sob a mira da reforma trabalhista – ou como garantir o acesso à justiça diante da reforma trabalhista*. Disponível em: <https://www.jorgesoutomaior.com/blog/o-acesso-a-justica-sob-a-mira-da-reforma-trabalhista-ou-como-garantir-o--acesso-a-justica-diante-da-reforma-trabalhista>. Acesso em: 10 mar. 2018.

MARTINS, Rafael Lara. In: *Lei da reforma trabalhista: comentada artigo por artigo* / Coordenador e coautor Deusmar José Rodrigues. – Leme (SP): JH Mizuno, 2017.

MELO, Raimundo Simão. *Questão de honorários na Justiça do Trabalho precisa ser repensada*. Disponível em: <https://www.conjur.com.br/2015-fev-13/reflexoes-trabalhistas-questao-honorarios-justica-trabalho-repensada>. Acesso em: 02 mar. 2018.

MEDINA, José Miguel Garcia. *Novo Código de Processo Civil comentado*. São Paulo: RT, 2015.

NERY JÚNIOR, Nelson. *Comentários ao Código de Processo Civil, Novo CPC – Lei 13.105/2015*. São Paulo: RT, 2016.

SOUZA JÚNIOR, Antônio Umberto de... [*et al.*]. *Reforma trabalhista*: análise comparativa e crítica da Lei n. 13.467/2017. São Paulo: Rideel, 2017.

Os Impactos da Reforma Trabalhista no Sistema Recursal

Patrícia Miranda Centeno

Advogada. Bacharel em Direito pela Universidade Federal de Goiás (UFG). Conselheira Estadual OAB-GO (triênio 2013-2015). Palestrante e Professora de Direito do Trabalho da Escola de Direitos Humanos, no curso de pós-graduação de Residência em Trabalho e Previdência. Gestora Jurídica do escritório Miranda Arantes Advogados.

1. INTRODUÇÃO

A Lei n. 13.467/2017 antes de ser analisada em seu conteúdo necessita da análise em seu contexto, sem que isso implique em qualquer juízo de valor quanto ao tema.

O primeiro ponto que chama a atenção é exatamente a velocidade entre a discussão e a aprovação da lei, destoando de "reformas" semelhantes, como por exemplo: a do Código Civil de 2002 e a do Código de Processo Civil de 2015.

Não houve tempo sequer para ouvir a sociedade por meio dos seus entes de representação, e sem dúvida, houve a perda da chance de modernizar e tornar mais eficaz o modelo trabalhista de jurisdição.

Também por essa razão, a reforma por vezes não refletiu fidedignamente a vontade do próprio legislador, trazendo em seu bojo dispositivos discrepantes, em que a aplicação de um, implica na impossibilidade de aplicação do outro, conforme veremos no corpo deste trabalho.

Outro ponto que deve-se considerar é que o Decreto-lei n. 5.452/43 trata-se de dispositivo de hierarquia ordinária, não sendo a única fonte do Direito do Trabalho, que conta com diversas outras:

- OIT Convenções internacionais fundamentais à efetividade de princípios e direitos mínimos aplicáveis ao trabalhador:
  - 29 (1930); 87 (1948); 98 (1949); 100 (1951); 105 (1957); 111 (1958); 138 (1973); 182 (1999).
- Tratados e Normas Internacionais:
  - Declaração de Filadélfia (Constituição da OIT, 1944).
  - Declaração Universal dos Direitos Humanos (1948).
  - Pacto Internacional sobre os Direitos Econômicos, Sociais e Culturais (1966).
  - Pacto de São José da Costa Rica (Convenção Americana sobre Direitos Humanos, 1969).
- Constituição Federal (arts. 7º, 8º, 170), interpretação conforme.
- Consolidação das Leis do Trabalho (arts. 3º, 9º, 468).
- Princípios como os da proteção, vedação ao retrocesso, progressividade social, boa-fé objetiva.
- Direito do Trabalho em diálogo com os demais ramos do Direito: Direito Constitucional, Direito Civil, Direito Comercial, Direito do Consumidor.

Assim, para aplicação da Lei n. 13.467/2017 todo o sistema jurídico trabalhista deverá ser observado, e isso vale para o sistema recursal.

Por se tratar de matéria de cunho processual, muitas vezes, a discussão acerca da aplicabilidade e reflexos das mudanças reformadas fica relegada a segundo plano, o que consiste em um grave erro.

O sistema recursal faz parte da espinha dorsal de direitos constitucionais tutelados, em especial do princípio da garantia da segurança jurídica, que tem o intuito de trazer estabilidade para as relações jurídicas, muito embora não o resuma.

É pela utilização da sistemática recursal que se faz possível estabilizar o entendimento acerca de determinada matéria, evitando que ao longo do país, e até mesmo na mesma região, haja decisões conflitantes acerca da aplicação de um mesmo dispositivo.

Entender as alterações trazidas pela lei da reforma trabalhista, colocá-las em um contexto de constitucionalidade, buscando sua efetiva aplicação, é salutar para o momento, e nos permite contribuir com a atividade-fim de qualquer sistema jurídico: amparar e consolidar o Estado Democrático de Direito.

2. "VIDA" PROCESSUAL RECURSAL

O recurso é um embrião que se instala na lide desde que ela se inicia. Este embrião pode ou não se desenvolver, a depender do que acontece no curso da chamada "fase de conhecimento".

Entretanto, encontra-se apto a nascer a partir da publicação de uma decisão terminativa do feito.

O que pode se dar, em regra, de três maneiras: embargos de declaração, recurso propriamente dito, e agravo de instrumento.

Tais meios processuais de insurgência devem observar requisitos de admissibilidade intrínsecos e extrínsecos, dentre esses últimos estão: <u>tempestividade, regularidade formal e preparo</u>.

> Em linhas gerais, os pressupostos de admissibilidade consistem em obstáculos (condições) que devem ser superados para permitir o julgamento do mérito das razões recursais (1).

Como a reforma trabalhista repercutiu nesses temas, é o que se passa a abordar.

3. TEMPESTIVIDADE: REFORMA TRABALHISTA

Os prazos trabalhistas sempre foram previstos em regulamentação própria, razão pela qual não sofreram impacto pelas alterações trazidas, por exemplo, pelo Código de Processo Civil em 2015.

Em seu art. 775, a CLT deixava claro:

> Art. 775. Os prazos estabelecidos neste Título contam-se com exclusão do dia do começo e inclusão do dia do vencimento, e são contínuos e irrelevá-veis, podendo, entretanto, ser prorrogados pelo tempo estritamente necessário pelo juiz ou tribunal, ou em virtude de força maior, devidamente comprovada. (Redação dada pelo Decreto-lei n. 8.737, de 19.1.1946).

A Lei n. 13.467/2017 trouxe as seguintes alterações ao dispositivo em comento:

> Art. 775. Os prazos estabelecidos neste Título serão contados em dias úteis, com exclusão do dia do começo e inclusão do dia do vencimento.
>
> § 1º Os prazos podem ser prorrogados, pelo tempo estritamente necessário, nas seguintes hipóteses:
>
> I – quando o juízo entender necessário;
>
> II – em virtude de força maior, devidamente comprovada.
>
> § 2º Ao juízo incumbe dilatar os prazos processuais e alterar a ordem de produção dos meios de prova, adequando-os às necessidades do conflito de modo a conferir maior efetividade à tutela do direito.

Da simples leitura comparativa, verificam-se três níveis de alterações significativas:

- <u>Prazo Contado em Dias Úteis</u>:

Previsão existente no art. 219 do CPC, tendo o TST concluído, à época, por sua inaplicabilidade ao processo do trabalho em razão da inexistência de omissão ou por incompatibilidade. Entretanto, a previsão agora é especifica, não havendo qualquer dúvida em sua aplicabilidade a partir de 11.11.2017.

- <u>Prorrogação de Prazos</u>:

Alteração fica por conta do inciso I, do parágrafo primeiro, conferindo ao juiz a liberalidade para prorrogação de prazos.

Segundo tal dispositivo, os prazos podem ser dilatados sempre que "estritamente" necessário, desde que o juiz assim o entenda e por força maior devidamente comprovada.

O legislador, talvez pela falta de tempo para o estudo do sistema processual, esqueceu a definição de prazos peremptórios e dilatórios, e da forma como consta, o juiz poderia, ao seu arbítrio, alterar prazos claramente peremptórios.

Sobre o tema ensina Humberto Theodoro Júnior(2):

> PRAZOS PEREMPTÓRIOS E PRAZOS DILATÓRIOS – Não se pode perder de vista a distinção clássica que a doutrina imprime aos prazos processuais, segundo as respectivas naturezas, assim classificados em legais ou judiciais, sendo os primeiros fixados pela própria lei e os segundos, marcados pelo juiz; como também não se pode desprezar a distinção entre os prazos

(1) FRANZÉ, Luís Henrique. *Teoria geral dos recursos revisitada*. Curitiba: Juruá, 2011. p. 147.

(2) THEODORO, Humberto. *Curso de direito processual civil*: v. 1. Rio de Janeiro: Forense, 1988. p. 260-61.

dilatórios ou peremptórios. "Dilatório é o que, embora fixado na lei, admite ampliação pelo juiz ou que, por convenção das partes, pode ser reduzido ou ampliado. Peremptório é o que a convenção das partes e, ordinariamente, o próprio juiz, não podem alterar".

Sendo assim, embora conste expressamente na CLT tal permissivo, este somente poderá ser aplicado aos prazos de natureza dilatória.

- Prazo e Ordem Processual:

O § 2º é uma reprodução do art. 139, VI, do CPC, o qual já vinha sendo reconhecido como aplicável ao processo do trabalho, por óbvio, considerando a referência aos prazos dilatórios.

Em conclusão, feitas as devidas observações, à luz do art. 22, I da Constituição Federal[3] e a garantia Constitucional da razoável duração do processo (art. 5º, LXXVIII[4]), tais alterações não ferem o que dispõem as fontes do Direito do Trabalho, possuindo plena aplicabilidade e eficácia.

4. PREPARO: REFORMA TRABALHISTA

Para que o recurso seja considerado preparado há necessidade de recolher o depósito recursal e as custas judicias.

São parcelas de naturezas diferentes, e serão tratadas de forma apartada neste trabalho.

4.1. Depósito Recursal

Sua exigência nasce da obrigatoriedade da parte em garantir a execução, ainda que de forma fracionada, sendo o dispositivo, até então, regulamentado pelo art. 899 da CLT e pelo art. 13 da Lei n. 8.036/90[5].

Importante não perder de vista que o objetivo do depósito recursal é garantir o juízo, e por esta razão os importantes entendimentos sumulados sobre o tema.

Veja o que diz, por exemplo, a Súmula n. 128 do Tribunal Superior do Trabalho:

> DEPÓSITO RECURSAL (incorporadas as Orientações Jurisprudenciais ns. 139, 189 e 190 da SBDI-1) – Res. n. 129/2005, DJ 20, 22 e 25.04.2005.
>
> I – É ônus da parte recorrente efetuar o depósito legal, integralmente, em relação a cada novo recurso interposto, sob pena de deserção. Atingido o valor da condenação, nenhum depósito mais é exigido para qualquer recurso.
>
> II – Garantido o juízo, na fase executória, a exigência de depósito para recorrer de qualquer decisão viola os incisos II e LV do art. 5º da CF/1988. Havendo, porém, elevação do valor do débito, exige-se a complementação da garantia do juízo.
>
> III – Havendo condenação solidária de duas ou mais empresas, o depósito recursal efetuado por uma delas aproveita as demais, quando a empresa que efetuou o depósito não pleiteia sua exclusão da lide.

A análise do entendimento sumulado deixa clara a natureza do depósito recursal.

Sobre o assunto também é importante conhecer a Súmula n. 245[6] e OJ n. 140 da SDBI I[7], ambos do TST.

Entre as principais alterações trazidas pela Lei n. 13.467/2017 está a desvinculação do depósito recursal do FGTS, o que é traduzido pela nova redação conferida ao § 4º do art. 899 das CLT:

> § 4º O depósito recursal será feito em conta vinculada ao juízo e corrigido com os mesmos índices da poupança.

Assim, o pagamento deve ser feito em conta judicial, e não em conta vinculada, sendo que os depósitos realizados nesta após 11.11.2017 não têm o efeito de preparar o recurso, sendo este considerado deserto.

Os reflexos da alteração é que o depósito recursal perde a capitalização e 3% ao ano previsto no art. 13 da Lei n. 8.036/90.

Mas essa não é a única alteração. A reforma previu hipóteses em que o valor do depósito recursal seria reduzido pela metade, e outras em que haveria completa

---

(3) Art. 22. Compete privativamente à União legislar sobre: I – direito civil, comercial, penal, processual, eleitoral, agrário, marítimo, aeronáutico, espacial e do trabalho.

(4) LXXVIII – a todos, no âmbito judicial e administrativo, são assegurados a razoável duração do processo e os meios que garantam a celeridade de sua tramitação.

(5) Art. 13. Os depósitos efetuados nas contas vinculadas serão corrigidos monetariamente com base nos parâmetros fixados para atualização dos saldos dos depósitos de poupança e capitalização, juros de 3 (três) por cento ao ano.

(6) DEPÓSITO RECURSAL. PRAZO. O depósito recursal deve ser feito e comprovado no prazo alusivo ao recurso. A interposição antecipada deste não prejudica a dilação legal.

(7) Em caso de recolhimento insuficiente das custas processuais ou do depósito recursal, somente haverá deserção do recurso se, concedido o prazo de 5 (cinco) dias previsto no § 2º do art. 1.007 do CPC de 2015, o recorrente não complementar e comprovar o valor devido.

isenção, e ainda a possibilidade de substituição nos termos dos §§ 9º a 11 do art. 899 da CLT.

- Depósito reduzido pela metade

Automaticamente para entidades sem fins lucrativos, empregadores domésticos, microempresas e empresas de pequeno porte.

- Isenção de Depósito Recursal

São isentos os beneficiários da justiça gratuita, as entidades filantrópicas, e as empresas em recuperação judicial.

- Substituição do Depósito Recursal

Já era admitido pelo TST, tanto que houve a edição da OJ n. 59, da SDI II.

> A carta de fiança bancária e o seguro garantia judicial, desde que em valor não inferior ao do débito em execução, acrescido de trinta por cento, equivalem a dinheiro para efeito da gradação dos bens penhoráveis, estabelecida no art. 835 do CPC de 2015 (art. 655 do CPC de 1973).

Uma problemática já enfrentada é o fator de aplicação no tempo, tendo o Tribunal Superior do Trabalho publicado em 21.06.2018 a Resolução 221 que altera a Resolução 41/2018, e sobre depósito recursal dispõe:

> Art. 20. As disposições contidas nos §§ 4º, 9º, 10 e 11 do art. 899 da CLT, com a redação dada pela Lei n. 13.467/2017, serão observadas para os recursos interpostos contra as decisões proferidas a partir de 11 de novembro de 2017.

O marco para aplicação da nova lei é a data da publicação da decisão, muito embora o texto utilize o termo "decisão proferida".

Isso porque, a decisão é proferida antes de sua publicação, o que poderia deixar uma margem para discussão sobre o tema.

Ocorre que a publicação é o fator que tem o condão de tornar a decisão conhecida da sociedade, e é a partir dela que se inicia a fluência dos prazos. Assim, faz sentido dizer que o início se conta da publicação e não da prolação da decisão.

Entretanto, existem casos que se encontram na zona grise das mudanças. Um exemplo típico é o caso em que a sentença é publicada na vigência da lei antiga, e por essa razão, o depósito recursal é solicitado à empresa por meio de conta vinculada.

Entretanto, são interpostos embargos de declaração, e a decisão é publicada já na vigência da Lei n. 13.467/2017, ou seja, o depósito recursal deveria ser recolhido em conta judicial.

Nesse exemplo, o recurso deve ou não ser considerado preparado com regular recolhimento do depósito recursal?

A princípio parece que a resposta tende a ser negativa, entretanto, o direito do trabalho se rege pelo princípio da informalidade, da celeridade, e todo o direito pelo princípio da boa-fé, e razoabilidade.

Nesse viés, se a lei foi aplicada com maior rigor, a parte deveria ser, ao menos, intimada para regularizar a situação, nos termos do entendimento da OJ n. 140 da SDI I do Colendo TST:

> Em caso de recolhimento insuficiente das custas processuais ou do depósito recursal, somente haverá deserção do recurso se, concedido o prazo de 5 (cinco) dias previsto no § 2º do art. 1.007 do CPC de 2015, o recorrente não complementar e comprovar o valor devido.

Mas esse é só um exemplo, dos muitos pontos que ainda serão enfrentados pelos operadores do direito.

4.2. Custas

Primeiro é preciso entender que se trata de uma parcela com natureza diferente do depósito recursal, tendo típica natureza de tributo, mais especificamente de taxa.

Tanto é verdade que somente deve ser paga uma vez, independentemente de quantas partes estejam envolvidas no polo passivo.

> CUSTAS – CONDENAÇÃO SOLIDÁRIA – EXIGIBILIDADE – ART. 789, § 1º, DA CLT. As custas são pagas uma única vez e, vencedora a parte que realizou seu pagamento, como pressuposto de recorribilidade, é assegurado o seu reembolso, cujo devedor passa a ser quem sucumbiu afinal no processo. Não há, por isso mesmo, fundamento legal para se exigir duplo pagamento das custas, mormente em se tratando de devedores solidários. Pagamento de custas não se confunde com depósito recursal, nos termos da Súmula n. 128 desta Corte, cujo objetivo é garantir a execução, razão pela qual, ainda que as empresas sejam consideradas solidárias, subsiste o ônus de seu depósito por ambas, quando conflitantes seus interesses e uma delas pede, em recurso, sua exclusão da lide. Recurso de embargos provido[(8)].

(8) E-RR-708543/2000.0, Relator Ministro: Milton de Moura França, data de julgamento: 20.2.2006, Subseção I Especializada em Dissídios Individuais, data de publicação: 10.3.2006.

Assim, as custas estão associadas ao serviço que o Estado presta, sendo sua ausência de limitação uma excrescência que a Lei n. 13.467/2017 veio corrigir.

Diz a nova redação do art. 789 da CLT:

> Art. 789. Nos dissídios individuais e nos dissídios coletivos do trabalho, nas ações e procedimentos de competência da Justiça do Trabalho, bem como nas demandas propostas perante a Justiça Estadual, no exercício da jurisdição trabalhista, as custas relativas ao processo de conhecimento incidirão à base de 2% (dois por cento), observado o mínimo de R$ 10,64 (dez reais e sessenta e quatro centavos) e o máximo de quatro vezes o limite máximo dos benefícios do Regime Geral de Previdência Social, e serão calculadas:

Com essas observações, garante-se o cumprimento dos requisitos extrínsecos, na nova lei da reforma.

O fator tempo também foi tratado na Resolução do TST, mais especificamente:

> Art. 4º O art. 789, *caput*, da CLT aplica-se nas decisões que fixem custas, proferidas a partir da entrada em vigor da Lei n. 13.467/2017.

Neste ponto, restam reiteradas as razões expostas no item anterior.

5. RECURSO DE REVISTA

Outro instituto profundamente alterado com a reforma foi o Recurso de Revista.

Em um primeiro olhar, necessário se faz relembrar qual seria a função de existir dessa espécie recursal.

O recurso de revista se presta ao papel fundamental de uniformizar jurisprudência, trazendo para si a função de pacificar o entendimento sobre o mesmo dispositivo, muitas vezes divergentes nos Tribunais Regionais do país, e também é o mecanismo adequado para corrigir decisões violadoras de leis, em sentido amplo.

O cabimento do recurso de revista está previsto no art. 896 da CLT, que diz ser cabível o referido recurso das decisões proferidas em grau de recurso ordinário, em dissídio individual, pelos Tribunais Regionais do Trabalho, quando:

a) derem ao mesmo dispositivo de lei federal interpretação diversa da que lhe houver dado outro Tribunal Regional do Trabalho, no seu Pleno ou Turma, ou a Seção de Dissídios Individuais do Tribunal Superior do Trabalho, ou contrariarem súmula de jurisprudência uniforme dessa Corte ou súmula vinculante do Supremo Tribunal Federal;

b) derem ao mesmo dispositivo de lei estadual, Convenção Coletiva de Trabalho, Acordo Coletivo, sentença normativa ou regulamento empresarial de observância obrigatória em área territorial que exceda a jurisdição do Tribunal Regional prolator da decisão recorrida, interpretação divergente, na forma da alínea *a*;

c) proferidas com violação literal de disposição de lei federal ou afronta direta e literal à Constituição Federal.

A lei ainda específica os pressupostos processuais de conhecimento (§ 1º-A):

> I – indicar o trecho da decisão recorrida que consubstancia o prequestionamento da controvérsia objeto do recurso de revista.
>
> II – indicar, de forma explícita e fundamentada, contrariedade a dispositivo de lei, súmula ou orientação jurisprudencial do Tribunal Superior do Trabalho que conflite com a decisão regional. (Súmula n. 221 e OJ n. 257 SDBI I)
>
> III – expor as razões do pedido de reforma, impugnando todos os fundamentos jurídicos da decisão recorrida, inclusive mediante demonstração analítica de cada dispositivo de lei, da Constituição Federal, de súmula ou orientação jurisprudencial cuja contrariedade aponte. (Súmula n. 422)

E aqui nasce a primeira alteração advinda da nova Lei.

Foi acrescido ao texto legal o inciso IV que diz:

> IV – transcrever na peça recursal, no caso de suscitar preliminar de nulidade de julgado por negativa de prestação jurisdicional, o trecho dos embargos declaratórios em que foi pedido o pronunciamento do tribunal sobre questão veiculada no recurso ordinário e o trecho da decisão regional que rejeitou os embargos quanto ao pedido, para cotejo e verificação, de plano, da ocorrência da omissão.

A exigência de que, quando se tratar de arguição de negativa de prestação jurisdicional, haja a transcrição do trecho da peça de embargos que suscita a omissão jurisdicional, e o trecho dos embargos que rejeitou tal peça, não é novidade, e já era uma exigência jurisprudencial.

> Negativa de prestação jurisdicional alegada em recurso de revista. Cumprimento do disposto no art. 896, § 1º-A, I, da CLT. Transcrição do trecho dos embargos de declaração e do acórdão que os julgou. Necessidade. Princípios da impugnação específica e da dialeticidade recursal. Nos casos em que a parte busca o reconhecimento da negativa de prestação

> jurisdicional no recurso de revista, exige-se, com fulcro no art. 896, § 1º-A, I, da CLT, a transcrição do trecho dos embargos de declaração em que a parte, de forma inequívoca, provoca o Tribunal Regional a se manifestar sobre determinada matéria e, em consequência o acórdão prolatado no julgamento dos aludidos embargos. Tal exigência representa a materialização dos princípios da impugnação específica e da dialeticidade recursal, pois objetiva evitar que seja do órgão julgador a tarefa de interpretar a decisão impugnada, para deduzir a tese nela veiculada e a fundamentação que ampara a pretensão quanto ao atendimento dos pressupostos singulares do recurso interposto, notadamente quanto à indicação do trecho da decisão recorrida que consubstancia o prequestionamento da controvérsia. Sob esses fundamentos, a SBDI-I, em sua composição plena, decidiu, pelo voto prevalente da Presidência, conhecer do recurso de embargos, por divergência jurisprudencial, e, no mérito, negar-lhe provimento. Vencidos os Ministros João Oreste Dalazen, José Roberto Freire Pimenta, Renato de Lacerda Paiva, Emmanoel Pereira, Márcio Eurico Vitral Amaro, Augusto César Leite de Carvalho e Alexandre de Souza Agra Belmonte, os quais proviam os embargos sob o entendimento de que é prescindível a demonstração do prequestionamento no caso da preliminar de nulidade decorrente de suposta negativa de prestação jurisdicional(9).

Dessa forma, a questão foi tão somente formalizada no texto de lei.

A Lei n. 13.467/2017 acresceu ainda ao referido dispositivo a possibilidade de que o relator do recurso de revista denegue seguimento nas hipóteses de intempestividade, deserção, irregularidade de representação ou de ausência de qualquer outro pressuposto extrínseco ou intrínseco de admissibilidade.

Nessas hipóteses, caberia agravo regimental.

Entretanto, a alteração mais significativa está na transcendência, como requisito de admissibilidade.

O TST discutiu a transcendência nos idos do ano 2000, entretanto foi rejeitada por maioria.

Mesmo após a rejeição, em 2001 houve a promulgação de Medida Provisória n. 2.226/2001, que incluiu o art. 896-A na CLT, com a seguinte redação:

> Art. 896-A. O Tribunal Superior do Trabalho, no recurso de revista, examinará previamente se a causa oferece transcendência com relação aos reflexos gerais de natureza econômica, política, social ou jurídica.

O TST, em dezesseis anos, nunca regulamentou ou aplicou o referido dispositivo, sendo tal prerrogativa conferida ao Tribunal Superior, constando no art. 2º da referida MP:

> O Tribunal Superior do Trabalho regulamentará, em seu regimento interno, o processamento da transcendência do recurso de revista, assegurada a apreciação da transcendência em sessão pública, com direito a sustentação oral e fundamentação da decisão.

A lei da reforma retirou do Tribunal Superior do Trabalho a prerrogativa de regulamentação da matéria, o fazendo por si.

Foram acrescidos o § 1º e seus incisos:

> § 1º São indicadores de transcendência, entre outros:
>
> I – econômica, o elevado valor da causa;
>
> II – política, o desrespeito da instância recorrida à jurisprudência sumulada do Tribunal Superior do Trabalho ou do Supremo Tribunal Federal;
>
> III – social, a postulação, por reclamante-recorrente, de direito social constitucionalmente assegurado;
>
> IV – jurídica, a existência de questão nova em torno da interpretação da legislação trabalhista.

Assim, para serem admitidos, a partir de 11.11.2017, os recursos de revista precisam passar pela barreira da transcendência.

A transcendência de forma simples significa demonstrar que o processo em análise não interessa somente à parte, mas à sociedade de uma forma geral, e o faz por meio de aspectos econômicos, políticos, sociais e jurídicos.

Isso é transcender.

O Ministro Ives Gandra Filho resumiu em palestra proferida em dezembro de 2017: "Nosso tribunal é para definir temas e não julgar causas".

Quantos aos aspectos de transcendência têm-se:

- <u>Transcendência Econômica</u>

Em resumo se trataria de um processo de elevado valor econômico. Os critérios para essa análise somente serão possíveis a partir das construções jurisprudenciais.

Alguns autores têm defendido como critério, ações coletivas ou individuais cujo valor impediria a continuidade da atividade do empregador.

(9) TST-E-RR-1522-62.2013.5.15.0064, SBDI I, rel. Min Cláudio Mascarenhas Brandão, 16.03.2017.

- Transcendência Política

Está presente quando ocorre o desrespeito à jurisprudência sumulada do TST ou do STF, e tem como objetivo preservar o princípio da hierarquia dos Tribunais.

- Transcendência Social

Seriam as ações em que se postulam direitos sociais da classe trabalhadora. (art. 7º da CF)

- Transcendência Jurídica

Ocorre quando existe uma nova questão em torno da interpretação da legislação trabalhista. (*leading case*)

As definições são por demais simplistas, e de fato, o aprofundamento será construído a partir da jurisprudência, em especial o direito comparado, uma vez que este também foi o sistema adotado para reduzir o número de causas julgadas nas cortes superiores dos Estados Unidos, da Argentina, da Alemanha e da Espanha.

O Regimento Interno do TST definiu que o critério de transcendência se aplica aos recursos de revista interpostos contra acórdãos prolatados somente após a edição da Lei n. 13.467/2017. Esclareceu também que não é necessária a abertura de tópico destacado para demonstrar a transcendência do recurso de revista, podendo ser constatado de ofício pelo ministro relator:

> Art. 246. As normas relativas ao exame da transcendência dos recursos de revista, previstas no art. 896-A da CLT, somente incidirão naqueles interpostos contra decisões proferidas pelos Tribunais Regionais do Trabalho publicadas a partir de 11.11.2017, data da vigência da Lei n. 13.467/2017.

Sobre a transcendência ainda é importante saber que:

- A transcendência não passa pela admissibilidade do Regional. (§ 6º do art. 896-A da CLT)
- O relator poderá, monocraticamente, negar o seguimento da revista por ausência deste requisito, decisão da qual caberá agravo regimental. (§ 2º do art. 896-A da CLT)
- No julgamento do referido agravo, caberá sustentação oral ao recorrente, pelo prazo de 05 minutos. (§ 3º do art. 896-A da CLT)
- Se a decisão for mantida, não cabe recurso. (§ 4º do art. 896-A da CLT)
- Entretanto, se o julgamento for de agravo de instrumento em recurso de revista, a decisão monocrática que considere ausente o referido requisito é irrecorrível. (§ 5º do art. 896-A da CLT)

Cria-se uma nova irrecorribilidade em decisão monocrática, o que fere o princípio da colegialidade. E é por esse princípio que há o cabimento do agravo interno previsto no CPC.

É fato que o sistema jurisdicional do Brasil passa por um momento que demanda ações rápidas em seus efeitos, uma vez que não há como abarcar a quantidade de processos interpostos todos os dias, ainda mais numa tendência de redução de valores investidos no Judiciário, considerando o polêmico corte orçamentário.

A redução da judicialização passa necessariamente por um sistema recursal mais sistêmico, que consiga atender a seu objetivo de forma célere e eficaz.

A transcendência trabalha nessa seara, e sua eficácia dependerá dos rumos dados a ela pela jurisprudência.

6. UNIFORMIZAÇÃO DE JURISPRUDÊNCIA

Em 2014, por meio da Lei n. 13.015 houve uma reforma na CLT, que, dentre outros temas, incluiu a obrigatoriedade da uniformização da jurisprudência pelos Tribunais Regionais.

Foram acrescidos ao art. 896 da CLT, os seguintes parágrafos:

> § 3º Os Tribunais Regionais do Trabalho procederão, obrigatoriamente, à uniformização de sua jurisprudência e aplicarão, nas causas da competência da Justiça do Trabalho, no que couber, o incidente de uniformização de jurisprudência previsto nos termos do Capítulo I do Título IX do Livro I da Lei n. 5.869, de 11 de janeiro de 1973 (Código de Processo Civil).
>
> § 4º Ao constatar, de ofício ou mediante provocação de qualquer das partes ou do Ministério Público do Trabalho, a existência de decisões atuais e conflitantes no âmbito do mesmo Tribunal Regional do Trabalho sobre o tema objeto de recurso de revista, o Tribunal Superior do Trabalho determinará o retorno dos autos à Corte de origem, a fim de que proceda à uniformização da jurisprudência.
>
> § 5º A providência a que se refere o § 4º deverá ser determinada pelo Presidente do Tribunal Regional do Trabalho, ao emitir juízo de admissibilidade sobre o recurso de revista, ou pelo Ministro Relator, mediante decisões irrecorríveis.
>
> § 6º Após o julgamento do incidente a que se refere o § 3º, unicamente a súmula regional ou a tese jurídica prevalecente no Tribunal Regional do Trabalho e não conflitante com súmula ou orientação jurisprudencial do Tribunal Superior do Trabalho servirá como paradigma para viabilizar o conhecimento do recurso de revista, por divergência.

Nota-se que tais dispositivos impunham aos Tribunais Regionais a obrigatoriedade de uniformizar sua jurisprudência, sob pena de serem coagidos a fazê-lo.

A Lei n. 13.467/2017 revoga os referidos dispositivos, o que significa, em tese, que os Tribunais Regionais não mais detêm a referida obrigação.

Para resolver o problema, o Tribunal Superior do Trabalho publicou em 21.06.2018 a Resolução n. 221 que, fazendo alusão ao art. 926 do CPC, mantém a obrigatoriedade dos Regionais sobre o tema:

> Art. 18. O dever de os Tribunais Regionais do Trabalho uniformizarem a sua jurisprudência faz incidir, subsidiariamente ao processo do trabalho, o art. 926 do CPC, por meio do qual os Tribunais deverão manter sua jurisprudência íntegra, estável e coerente.
>
> § 1º Os incidentes de uniformização de jurisprudência suscitados ou iniciados antes da vigência da Lei n. 13.467/2017, no âmbito dos Tribunais Regionais do Trabalho ou por iniciativa de decisão do Tribunal Superior do Trabalho, deverão observar e serão concluídos sob a égide da legislação vigente ao tempo da interposição do recurso, segundo o disposto nos respectivos Regimentos Internos.
>
> § 2º Aos recursos de revista e de agravo de instrumento no âmbito do Tribunal Superior do Trabalho, conclusos aos relatores e ainda não julgados até a edição da Lei n. 13.467/2017, não se aplicam as disposições contidas nos §§ 3º a 6º do art. 896 da Consolidação das Leis do Trabalho.
>
> § 3º As teses jurídicas prevalecentes e os enunciados de Súmulas decorrentes do julgamento dos incidentes de uniformização de jurisprudência suscitados ou iniciados anteriormente à edição da Lei n. 13.467/2017, no âmbito dos Tribunais Regionais do Trabalho, conservam sua natureza vinculante à luz dos arts. 926, §§ 1º e 2º, e 927, III e V, do CPC.

Assim, ainda que o procedimento previsto nos parágrafos revogados não seja obrigatório, ainda o é proceder a uniformização interna da jurisprudência de cada Tribunal Regional.

Mas não é só.

A Lei n. 13.467/2017 claramente quis tirar do Tribunal Superior a possibilidade de sumular seus entendimentos, o que, salvo melhor juízo, avilta o princípio da segurança jurídica.

Veja o que diz a alteração do art. 702, em seu inciso I, parágrafo *f* da CLT, quanto à competência do Pleno do TST:

> f) estabelecer ou alterar súmulas e outros enunciados de jurisprudência uniforme, pelo voto de pelo menos dois terços de seus membros, caso a mesma matéria já tenha sido decidida de forma idêntica por unanimidade em, no mínimo, dois terços das turmas em pelo menos dez sessões diferentes em cada uma delas, podendo, ainda, por maioria de dois terços de seus membros, restringir os efeitos daquela declaração ou decidir que ela só tenha eficácia a partir de sua publicação no Diário Oficial;

Com isso, aumentou a qualificação para alteração de súmula, impedindo o TST de exercer sua atividade constitucional, exigindo:

- o voto de pelo menos dois terços de seus membros;
- que a matéria já tenha sido decidida de forma idêntica por unanimidade em, no mínimo, dois terços das turmas em pelo menos dez sessões diferentes em cada uma delas;
- podendo, ainda, por maioria de dois terços de seus membros, restringir os efeitos daquela declaração ou decidir que ela só tenha eficácia a partir de sua publicação no Diário Oficial.

E ainda acresceu ao procedimento, as exigências dos §§ 3º e 4º ao referido dispositivo:

> § 3º As sessões de julgamento sobre estabelecimento ou alteração de súmulas e outros enunciados de jurisprudência deverão ser públicas, divulgadas com, no mínimo, trinta dias de antecedência, e deverão possibilitar a sustentação oral pelo Procurador-Geral do Trabalho, pelo Conselho Federal da Ordem dos Advogados do Brasil, pelo Advogado-Geral da União e por confederações sindicais ou entidades de classe de âmbito nacional.
>
> § 4º O estabelecimento ou a alteração de súmulas e outros enunciados de jurisprudência pelos Tribunais Regionais do Trabalho deverão observar o disposto na alínea *f* do inciso I e no § 3º deste artigo, com rol equivalente de legitimados para sustentação oral, observada a abrangência de sua circunscrição judiciária.

Tramita no TST a arguição de constitucionalidade do dispositivo principal (art. 702, I, *f*), ainda pendente de julgamento.

Da forma como foi colocada, se aplicável, nem mesmo as alterações das súmulas em razão da Lei n. 13.467/2017 poderiam ser feitas.

7. CONCLUSÃO

O direito do trabalho é crucial para a sociedade brasileira, assolada não só por grande desigualdade social, mas também pelo ranço escravocrata que tem toda a razão de existir, afinal foram 388 anos de escravidão frente a somente 130 anos de trabalho livre.

Veja que o país é a 7ª economia mundial e o 75º no *ranking* do IDH. Quase 72% dos trabalhadores percebem até dois salários mínimos, conforme dados do IBGE.

Das nossas empresas 52% se enquadram como Micro e Pequenas Empresas, como indica o SEBRAE.

Temos 3 milhões de crianças/adolescentes no trabalho infantil, e somos o 4º país do mundo em acidentes de trabalho, segundo a OIT.

E para finalizar os dados alarmantes, o Brasil tem 167 mil trabalhadores em condições análogas à de escravo.

O direito do trabalho ainda é fundamental para regulação desta sociedade, e deve ser utilizado como ferramenta de igualdade e avanço social. E isso, definitivamente, não significa defender trabalhador, significa aplicar os mecanismos legais com parcimônia e razoabilidade.

Neste contexto, a Lei n. 13.467/2018 deixou muito a desejar, quando poderia ter avançado para modernizar e melhorar a relação patrão/empregado, muitas vezes pareceu um ato de ataque ao Tribunal Superior do Trabalho.

Em contrapartida, tornou mais simples o acesso ao Judiciário por empresas que antes não o detinham, ao reduzir o valor do preparo ou até mesmo ao limitar o valor das custas processuais.

Criou óbices ainda maiores para que as matérias sejam analisadas pelo TST, cujos efeitos sociais serão ditados pelo próprio ao consolidar a jurisprudência.

Mas, principalmente, se mostrou alheio à necessidade de uma sociedade civil de obter provimentos jurisdicionais seguros, dificultando o processo de consolidação da jurisprudência pátria.

Mudar é preciso, mas avançar é necessário.

8. REFERÊNCIAS BIBLIOGRÁFICAS

FRANZÉ, Luís Henrique. *Teoria geral dos recursos revisitada.* Curitiba: Juruá, 2011.

THEODORO, Humberto. *Curso de direito processual civil.* Rio de Janeiro: Forense, 1988. v. 1.

E-RR-708543/2000.0, Relator Ministro: Milton de Moura França, data de julgamento: 20.02.2006, Subseção I Especializada em Dissídios Individuais, data de publicação: 10.03.2006.

TST-E-RR-1522-62.2013.5.15.0064, SBDI I, rel. Min Cláudio Mascarenhas Brandão, 16.03.2017.

Disponível em: <https://www.ibge.gov.br/>.

A Execução de Ofício na Reforma Trabalhista

Ben-Hur Silveira Claus
Juiz do Trabalho no TRT da 4ª Região. Mestre em Direito.

Roberta Ferme Sivolella
Juíza do Trabalho no TRT da 1ª Região. Juíza auxiliar da Vice-Presidência do Tribunal Superior do Trabalho.

1. INTRODUÇÃO

Muito se discute acerca da Reforma Trabalhista e os efeitos decorrentes do advento da Lei n. 13.467/2017, sobretudo na seara processual.

O processo, clara materialização da eficácia e satisfação do Direito positivado pelo ordenamento e reconhecido pelo Poder Estatal, almeja conseguir acompanhar tais relevantes e profundas mudanças, espelhadas na alteração de normas codificadas, precedentes e paradigmas jurídicos. Enquanto "entidade jurídica complexa"(1), o processo envolve tanto elementos *extrínsecos* quanto *intrínsecos*, buscando harmonizar os conflitos de interesse levados ao jugo do Poder Judiciário. Na tentativa de alcançar tal escopo, a relação jurídica processual reveste suas partes de poderes, deveres, faculdades, **ônus** e sujeições, inclusive no tocante ao Estado-Juiz, que *é* cobrado a dar resposta eficaz e precisa às indagações sociais submetidas a seu exame, traduzida em decisões dotadas de segurança jurídica e isonomia.

Cada decisão judicial preenche um momento da história política, econômica e institucional de determinada sociedade, tentando revelar a *melhor* leitura que essa faz de suas próprias práticas sociais. Logo, as decisões judiciais representam o papel do magistrado e dos tribunais como participantes que argumentam com o restante da sociedade, tentando convencê-la de que sua leitura de fato atinge o objetivo de trazer a justiça, ou a *expectativa social do justo*. Uma sociedade justa, assim, associa-se a uma *promessa de emancipação e de dignidade do homem*, garantidas, a princípio, pela ordem jurídica instituída. A aplicação de tal ordem emanada do Estado, sem dúvida, demanda atividade desenvolvida com acuidade pelos Tribunais, em tempo e modo adequados a se atingir os fins colimados de justiça. Seria necessário, portanto, mudar a metodologia de abordagem do direito, substituindo-se a dogmática, fechada à realidade social, política e econômica, por uma metodologia interdisciplinar que (...) abre a possibilidade de estabelecer uma comunicação articulada entre o direito e as outras ciências da realidade social, circunstância a permitir aos magistrados uma permanente harmonização do direito às aspirações da sociedade(2).

Com mais razão no Brasil, onde uma cultura de *non compliance* leva à necessidade de se recorrer a mecanismos que garantam o cumprimento da lei e dos princípios que informam o sistema, principalmente em relação às normas de ordem pública, que irão garantir, em última análise, a verdadeira inclusão social por meio da efetividade dos direitos sociais. O processo de execução, sob tal prisma, possui grande relevância como mecanismo de garantia dos direitos sociais fundamentais, funcionando, portanto, como instrumento essencial para a dita efetividade real do direito do trabalho, "*verdadeiro ramo jurídico dirigido a garantir um aperfeiçoamento constante nas condições de pactuação da força laboral*" (e consequente fonte de subsistência) *na sociedade contemporânea*".(3)

2. A ALTERAÇÃO DO ART. 878 E SEU SIGNIFICADO SIMBÓLICO: VULNERABILIDADE X INTERVENÇÃO

Diante de todo o cenário de alterações significativas nos mundos jurídico, social e político (não só em

---

(1) Conforme a teoria defendida por Foschini. CINTRA, Antonio Carlos de Araujo; GRINOVER, Ada Pellegrini; DINAMARCO, Cândido Rangel. *Teoria geral do processo*. 31. ed. São Paulo: Malheiros, 2015. p. 278.

(2) ROCHA, José de Albuquerque. *Estudos sobre o Poder Judiciário*. São Paulo: Malheiros, 1995. p. 103.

(3) DELGADO, Mauricio Godinho. *Curso de direito do trabalho*. 8. ed. São Paulo: LTr, 2009. p. 47.

âmbito nacional), e sob o pretexto de atrair investimentos capazes de minorar a crise econômica, garantir maior segurança jurídica às relações e resolver o problema do descompasso entre a estrutura do Poder Judiciário e a litigiosidade crescente e discrepante a tal estrutura, importantes alterações são trazidas pela Lei n. 13.467/2017 em âmbito processual.

Nesse cenário, salta aos olhos a nova redação do *caput* do art. 878 da CLT, segundo o qual a execução deve ser promovida e impulsionada pelas partes, com exceção da hipótese de ausência de advogado[(4)], alterando dispositivo que continha norma de caráter principiológico à execução trabalhista.

Por certo que a taxa de litigiosidade, a taxa de recorribilidade e o tempo despendido na fase de execução funcionam como "termômetros" do cumprimento do comando judicial, acabando por se consubstanciarem meio de aferição, em última análise, da inadequação de determinado sistema processual à realidade social.

Logicamente, o processo célere e satisfativo leva, indubitavelmente, ao resultado da efetividade, e irá se desdobrar, por meio do caráter educativo das decisões, em um estímulo à resolução de conflitos extraprocessuais, ou mesmo antecedentes à formação do processo. Sob esse prisma, o princípio da economia processual acaba por ser utilizado como justificativa ao legislador para as alterações procedidas por meio da Lei n. 13.467/2017, por meio de compreensão mais ampla, orientadora da escolha das opções mais céleres e menos dispendiosas para a solução das lides[(5)]. Contudo, tal justificativa, isoladamente considerada, não parece atender ao escopo do processo verdadeiramente efetivo e eficaz.

Não se pode olvidar que, partindo-se de uma interpretação histórico-evolutiva, a previsão do art. 878 da CLT em sua redação originária elevou a *status* de princípio o impulso oficial na execução trabalhista. A dita disposição, existente desde o nascedouro da Consolidação das Leis do Trabalho e sem sofrer qualquer mudança até então, revela muito mais um reconhecimento por parte do Estado da importância do guarnecimento de direitos de vulneráveis calcados em parcelas de caráter alimentar, mesmo em sua época mais intervencionista, do que a faceta controladora do aparato Estatal, símbolo de uma época ditatorial.

Muito mais do que o aspecto vetusto da regra legal pelo tempo de sua criação, a norma inserta na redação originária do art. 878 da CLT, não só *permitia*, mas *determinava* o *impulso oficial do Juiz* na fase de execução, e, portanto *garantia a efetividade do processo* por meio da satisfação e plena realização do direito perseguido, apresentando-se na vanguarda de uma interpretação conforme a Constituição, que elevou a *status* constitucional de princípio inerente ao Estado Democrático de Direito o valor social do trabalho (art. 1º, IV, da CF/88), e a *status* de direito social a dignidade do trabalhador calcada no pleno exercício de suas prerrogativas fundamentais (art. 7º, *caput* e incisos, da Constituição Federal). Sem tal guarnecimento, a função do processo do trabalho torna-se letra morta, e afasta-se de seu escopo primevo de, mais do que garantir o cumprimento de uma determinação judicial, sustentar o arcabouço de direitos sociais fundamentais essenciais a uma sociedade democrática e produtiva, garantindo, inclusive, o princípio da eficiência insculpido no art. 37, *caput,* da Constituição Federal.

3. A EXPERIÊNCIA INTERNACIONAL

Cabe ressaltar, dentro de todo este processo de alteração imposta em relação aos paradigmas de proteção social, que a ideia minimalista do processo advém de tendência mundial, baseada em uma lógica da *máxima utilidade possível com o mínimo de utilização do aparato Estatal necessário*[(6)]. Por certo que há um clamor de resposta ao grande aumento da taxa de litigiosidade e impossibilidade estrutural de acompanhamento pelo Poder Judiciário, conforme já dito, como cenário de demanda social global. Contudo, impõe-se análise crítica e visão ampla em relação aos efeitos futuros que advêm de tal técnica minimalista, sobretudo no âmbito do processo.

Resultado de experiências históricas e culturais diversas, a Europa é grande exemplo de vítima da chamada grande crise econômica do início deste século, e foi a primeira a externar medidas flexibilizadoras e minimalistas dos direitos trabalhistas.

Na Espanha, a reforma laboral de fevereiro de 2012 trouxe alterações que demonstraram flexibilização em vários aspectos. Trata-se do *Real Decreto-Ley n.*

(4) Art. 878. A execução será promovida pelas partes, permitida a execução de ofício pelo juiz ou pelo Presidente do Tribunal apenas nos casos em que as partes não estiverem representadas por advogado.

(5) MENDES, Aluísio Gonçalves de Castro. *Ações coletivas e meios de resolução coletiva de conflitos no direito comparado e nacional*. São Paulo: Revista dos Tribunais, 2014. p. 38.

(6) No mesmo sentido, *vide* as alterações no sistema jurídico inglês na última década. Cf. SLAPPER, Gary e KELLY, David. *O sistema jurídico inglês*. 10. ed. Rio de Janeiro: Forense, 2011. p. 42-46.

3/2012, de 12 de fevereiro de 2012, o qual, sob o pálio de "necessária flexibilização e recessão", instituiu, supostamente segundo seu texto, "medidas para favorecer a empregabilidade dos trabalhadores, o fomento da contratação indefinida e outras medidas para favorecer a criação de emprego", aumentando a possibilidade de contratações temporárias, por exemplo, com a concessão de isenções fiscais.

Texto interessantíssimo, que bem revela os impactos das alterações legislativas de cunho precarizante no direito material do trabalho foi escrito por ADRIÁN TÓDOLI, descrevendo o cenário que se formou:

> *El 2016 termina con 18,3 millones de contratos temporales, la cifra más elevada de la serie histórica. La temporalidad ha experimentado una tendencia al alza durante los últimos cuatro años, aumentando un 8% en 2015 y un 7% durante el 2016. Además, el 93% de los contratos firmados durante el mes de diciembre del pasado año fueron temporales, por lo que el crecimiento económico se está traduciendo en una alta temporalidad.*(7)

O autor segue esclarecendo que o suposto aquecimento econômico imediato (13,2%) acabou por revelar consequências a médio prazo, que já começam a ser vistas: a precarização, sem a inserção e fidelização do empregado, influencia na produtividade e na qualidade do produto, que, por sua vez, influenciará de maneira negativa na procura e no lucro da empresa. De outra parte, a incerteza da renda por parte do trabalhador influencia no seu poder de consumo e, certamente, irá gerar consequências para estas mesmas empresas que apostam nessa forma de contratação como remédio para reerguer sua receita. Conclui que, mais do que precarizar,

> *es necesario dejar atrás las políticas empresariales de bajos salarios y temporalidad, síntomas de un mal mayor: una falta de visión medio-placista, que afecta a todos los sectores por igual. Si las empresas quieren crecer, si el país quiere mejorar su situación a largo plazo, no puede seguir compitiendo en precios bajos y mano de obra barata. Por el contrario, se debe apostar por mano de obra formada y fidelizada mediante contratos indefinidos y salarios que incentiven la productividad.*

O processo de reforma como reação à crise, contudo, já se iniciara antes no âmbito processual, com a *Ley n. 36/2011*, afeta ao regramento da "jurisdición social". Mesmo com todas as alterações procedidas e, nada obstante a necessidade de iniciativa da parte para o *início* da execução da sentença, a dita lei traz previsão em seu art. 239, inciso "3", de que, "iniciada la ejecución, *la misma se tramitará de oficio*, dictándose al efecto las resoluciones necesarias. No será de aplicación el plazo de espera previsto en el artículo 548 de la Ley de Enjuiciamiento Civil" (grifamos), reconhecendo as diferenças inerentes às relações ditadas pela sistemática civil e as trabalhistas, com a peculiaridade da intensa discrepância entre seus sujeitos.

Na França, em 2012 e 2013, um conjunto de leis alterou diversos artigos – alguns, inclusive, suprimidos – do Código do Trabalho francês, em especial a Lei n. 2012-387, de 22.03.2012, e a Lei n. 2013-504, de 14.06.2013, consolidando a também chamada reforma laboral francesa, que flexibilizou os procedimentos para a dispensa, inclusive coletiva, trouxe a redução de salários e aumento de jornada de trabalho, por meio de simples negociação direta com o empregador, atendendo à demanda dos empresários. As alterações se seguiram nos anos seguintes, culminando, recentemente, com o anúncio da "reforma Macrón 2017", aprovada em setembro do mesmo ano, reacendendo a discussão acerca dos limites da flexibilização dos direitos do trabalho em prol da reformulação do mercado econômico. Em sede de direito processual, contudo, muito embora a prescrição para o impulso de pleitos trabalhistas decorrentes da extinção do contrato de trabalho tenha diminuído de 2 anos para 12 meses (**Ordonnance n. 2017-1387 du 22 septembre 2017, article 5**), o Código Civil Francês manteve, em seu art. 2247, a impossibilidade de declaração da prescrição de ofício ("Les juges ne peuvent pas suppléer d'office le moyen résultant de la prescription").

A Itália também viveu os desmandos da flexibilização das leis trabalhistas, por meio das chamadas "Job Acts" desde 2012, e submetidas a referendos para sua adequação (Leis ns. 92/2012, 78 e 183/2014, e Decretos-lei n. 22, 23, 80, 81, 148, 149. 150 e 151/2015/2015; 185/2016 e 81/2017). Contudo, consciente de que a execução célere e eficaz é essencial para que se possa exercer o devido processo legal de forma plena e garantir a eficácia dos direitos fundamentais, em paralelo foi submetida à aprovação uma série de medidas com o

(7) TODOLI, Adrián. *Aprender de la crisis, apostar en la calidad*. Disponível em: <http://www.eldiario.es/cv/arguments/Aprender--crisis-apostar-alidad_6_603049714.html>. Acesso em: 31 jul. 2017.

fito de tornar a execução forçada mais austera, como se pôde observar a partir do Decreto-lei n. 132, de 12 de setembro de 2014, convertido e alterado posteriormente pelo Parlamento na Lei n. 162, de 10 de novembro de 2014. Sobre o assunto, por meio de texto preparado para o I Colóquio Brasil-Itália de Direito Processual Civil e apresentado em São Paulo em agosto de 2014, assim se manifestou o professor Giovanni Bonato[(8)]:

> Não há dúvidas de que é necessário inovar e modernizar o processo de execução forçada, objetivando torná-lo mais rápido, justo e efetivo, consoante os ditames do devido processo legal. Todos reconhecem a importância capital da execução para alcançar uma tutela jurisdicional efetiva e impende recordar a esse respeito o entendimento da Corte Europeia de Direitos Humanos de Strasburgo, expressado no acordão Hornsby contra Grécia, proferido em 19 de março de 1997, para a qual o direito à execução do provimento judicial faz parte das garantias do devido processo legal previstas no art. 6, § 1º, da Convenção Europeia dos Direitos do Homem. Sem um processo de execução efetivo, a sentença condenatória seria apenas uma simples peça literária.

Na Alemanha, na esteira das reformas trabalhistas ocorridas nos outros países, o denominado pacote das "Leis Hartz" de 2002/2003, a Lei n. 92/2012 e, posteriormente, leis com importantes alterações previdenciárias em 2007 e 2014 deram o tom. Contudo, ainda assim a execução forçada continua sendo foco de muita atenção e procedimento detalhado com vistas à satisfação do direito previsto no Código Civil alemão (BGB). Ainda que haja previsão de impulso pela parte, este possui procedimento simples e, dependendo da medida executória, pode ser objeto de simples apresentação do título executivo e documentação pertinente para providências do oficial de justiça. A simplicidade do procedimento é acompanhada de larguíssimo prazo prescricional ao início da execução, sendo de 30 anos, nos termos do art. 197 do Código Civil (BGB). As hipóteses de interrupção e suspensão do prazo prescricional são amplas, e também aqui são aplicadas, tudo como meio de garantir que a perda do direito, mormente de caráter alimentar, somente se apresenta em casos excepcionalíssimos e, assim, guarnece a real satisfatividade oriunda do processo de execução.

Percebe-se, portanto, que mesmo nos países indicados como exemplo a ser seguido por meio da reforma trabalhista, manteve-se uma pertinente e constitucional preocupação com a execução de créditos trabalhistas, ao contrário do que se observa da Lei n. 13.467/2017.

De qualquer forma, não nos parece razoável a comparação com países de tamanhas diferenças culturais e históricas, e que certamente não carregam consigo a histórica carga brasileira de desigualdades sociais, muito embora já revelado que várias experiências não obtiveram o resultado econômico almejado (*vide* o caso espanhol). Registra-se, por oportuno, a pertinente observação realizada por Cássio Casagrande, em artigo denominado "Brasil, campeão de ações trabalhistas: como se constrói uma falácia"[(9)]:

> Qualquer estudioso de direito comparado sabe que a principal dificuldade em comparar sistemas jurídicos é de que eles podem ser estruturados de forma completamente distinta e isto sempre deve ser levado em conta. Também é preciso assumir que algumas comparações são simplesmente inviáveis, pois envolvem o aspecto cultural e sociológico do Direito e do Judiciário de cada país. Sigo, neste particular, as lições do saudoso Professor John Merryman, da Universidade de Stanford, que no seu clássico "A Tradição da *Civil Law*" lembrava que comparar tradições ou sistemas jurídicos pode ser tão enganoso quanto determinar qual a melhor língua, se o inglês ou o francês.
>
> Parece-me que os "especialistas em relações de trabalho" ignoram isto. Mas, em todo o caso, não precisamos esmiuçar as fontes dos dados por eles utilizadas a respeito da litigiosidade laboral no Japão, Alemanha, Itália e França, para perceber que cometem um erro que beira à má-fé: eles estão utilizando dados absolutos. Ao dizer, por exemplo, que a Alemanha tem "apenas" 600 mil ações trabalhistas enquanto o Brasil tem 3,5 ou 4 milhões, eles estão ignorando que qualquer dado sobre litigiosidade laboral só faz sentido se os dados absolutos forem cotejados com a população economicamente ativa.

---

(8) BONATO, Giovani. As reformas da execução na Itália. *Civil Procedure Review*, v. 6, n. 3: 129-158, sept.-dec., 2015. Disponível em: <www.civilprocedurereview.com>.

(9) CASAGRANDE, Cássio. *Brasil, campeão de ações trabalhistas*: como se constrói uma falácia. Disponível em: <https://jota.info/artigos/brasil-campeao-de-acoes-trabalhistas-25062017>.

E isto me parece evidente: o debate quantitativo sobre litigiosidade laboral deve partir da premissa de quantos em cada cem potenciais trabalhadores procuram o Judiciário para resolver disputas com seus patrões. Isto é de uma obviedade total.

Pois bem, incrivelmente, nenhum dos defensores da reforma trabalhista teve o cuidado de fazer esta conta. Não há em toda a internet brasileira qualquer dado ponderado de ações ajuizadas em face da população adulta economicamente ativa. Os dados mostrados pelos pesquisadores pró-reforma são sempre absolutos.

Vamos pegar apenas o caso da Alemanha, que tem uma média de 600 mil ações trabalhistas anuais segundo o Professor Wolfgang Daubler, da Universidade de Bremen. Conforme dados do Banco Mundial, a população economicamente ativa da Alemanha é de 42 milhões de habitantes, o que dá uma taxa de litigiosidade de 1,4% (entre um e dois trabalhadores a cada cem procuram a Justiça para processar o empregador). O Brasil, com uma população economicamente ativa de 102,5 milhões, tem tido uma média de 3,5 milhões de processos trabalhistas ao ano, ou seja, taxa de litigiosidade de 3,4% (entre três e quatro trabalhadores a cada cem ajuizam ações trabalhistas). Nossa taxa é, portanto, ligeiramente maior, sim, mas longe da aberração que se propaga. Eu particularmente suponho que essa diferença decorra do melhor desenvolvimento das instâncias administrativas responsáveis pelo *law enforcement* na Alemanha.

4. A EXPERIÊNCIA BRASILEIRA E AS ANTONOMIAS GERADAS PELA LEI N. 13.467/2017

O impulso do processo do trabalho pelo magistrado é uma característica histórica do sistema processual do trabalho no Brasil. Daí afirmar-se que a execução de ofício é um dos princípios do Direito Processual do Trabalho. A acertada observação é de Homero Batista Mateus da Silva.[10] Eliminar a execução de ofício significa descaracterizar um dos elementos essenciais do direito processual do trabalho.

E não é só o aspecto conceitual da autonomia científica do processo do trabalho que resta mutilado. A alteração trazida pela Lei n. 13.467/2017 em relação ao art. 878 da CLT acaba por enfraquecer o direito processual do trabalho na prática, suprimindo uma das principais virtudes do procedimento trabalhista. Entretanto, foi mantida a possibilidade de execução de ofício do crédito previdenciário.

Tem-se, portanto, antinomia incompatível com a pertinência lógico-sistemática do ordenamento jurídico. O crédito principal não pode ser executado de ofício (o crédito trabalhista), enquanto que o crédito acessório (crédito previdenciário) pode ser executado de ofício (CLT, art. 876, parágrafo único[11]). É um contrassenso. Não é razoável que no mesmo processo se possa executar de ofício o crédito previdenciário acessório e não se possa executar de ofício o crédito trabalhista principal, sobretudo quando se considera que o crédito trabalhista serve de base de cálculo às contribuições previdenciárias.

Outra antinomia se mostra evidente isso porque continua vigente a norma de sobredireito processual do art. 765 da CLT, a qual atribui ao juiz o dever de velar pela rápida solução da causa. Essa mesma norma legal atribui ao magistrado a incumbência de "determinar qualquer diligência necessária". A interpretação desse preceito da CLT deve ser realizada em conformidade com a Constituição Federal. A Constituição estabelece que os cidadãos têm direito à razoável duração do processo (CF, art. 5º, LXXVIII). A interpretação do art. 765 da CLT conforma-se à previsão constitucional apenas quando se assegura às partes a rápida solução da causa em concreto. Daí por que não parece conforme à Constituição a interpretação de que a execução trabalhista seja realizada apenas se houver iniciativa do exequente.

De outra parte, o novo Código de Processo Civil atribui ao juiz a incumbência de adotar todas as medidas necessárias ao cumprimento das determinações judiciais (CPC, art. 139, IV), evidenciando que a sociedade quer o pronto cumprimento das decisões judiciais.

O processo do trabalho apresenta particularidades que motivam a atuação de ofício do juiz do trabalho na execução. Entre essas particularidades está a natureza

(10) *Comentários à reforma trabalhista*. São Paulo: RT, 2017. p. 169.

(11) Art. 876. ...

Parágrafo único. A Justiça do Trabalho executará, de ofício, as contribuições sociais previstas na alínea *a* do inciso I e no inciso II do *caput* do art. 195 da Constituição Federal, e seus acréscimos legais, relativas ao objeto da condenação constante das sentenças que proferir e dos acordos que homologar.

alimentar do crédito trabalhista. A estatura jurídica conferida ao crédito trabalhista na ordem de classificação dos créditos no direito brasileiro levou o Superior Tribunal de Justiça a qualificar o crédito trabalhista como crédito *necessarium vitae.*(12) Posicionado no ápice da classificação de créditos na ordem jurídica nacional (CTN, art. 186), o superprivilégio legal do crédito trabalhista constitui uma expressão pela qual se manifesta o primado da dignidade da pessoa humana no sistema de Direito brasileiro. Trata-se de um tipo de crédito especial, ao qual a ordem jurídica confere primazia ainda quando em cotejo com o crédito fiscal, cuja característica é expressar o superior interesse público que o Estado tem na arrecadação de tributos necessária à consecução da vida em sociedade (CTN, art. 186). Em resumo, a ordem jurídica brasileira confere primazia ao crédito trabalhista no cotejo com o crédito fiscal.

Observa-se que a Lei n. 6.830/80 representou importante passo na desburocratização do processo(13), ao prever que o despacho do juiz que deferir a inicial importa em ordem para citação, penhora, arresto, registro da penhora ou do arresto, independentemente do pagamento de despesas, e avaliação dos bens. Trata-se do art. 7º da Lei n. 6.830/80(14). Deferida a petição inicial – e a regra é o deferimento –, os atos necessários à execução fiscal são realizados automaticamente, de ofício. Salvo a rara hipótese de indeferimento da petição inicial, basta o ajuizamento da ação para que todos os atos necessários à execução fiscal sejam realizados de ofício. A norma visa à concreta realização do crédito fiscal, cuja satisfação atende ao interesse público de prover as políticas de Estado. A simplificação procedimental justifica-se diante do privilégio legal que o crédito fiscal ostenta na ordem jurídica nacional (CTN, art. 186(15)). É intuitiva a conclusão de que ao crédito trabalhista deve ser assegurada sua execução de ofício, à semelhança do que ocorre nos executivos fiscais, na medida em que a ordem jurídica posiciona o crédito trabalhista acima do crédito fiscal na classificação dos créditos, conferindo-lhe o superprivilégio legal que levou o Superior Tribunal de Justiça a identificá-lo como *crédito necessário à vida*.

Têm razão Antonio Umberto de Souza Júnior, Fabiano Coelho de Souza, Ney Maranhão e Platon Teixeira de Azevedo Neto quando ponderam que a Lei n. 13.467/2017 também contraria os arts. 4º e 6º do CPC(16), de aplicação supletiva no processo do trabalho (CLT, art. 769; CPC, art. 15). O art. 4º do CPC é contrariado porque se trata de norma que estabelece o direito das partes de obterem solução integral do mérito em prazo razoável, *incluída a atividade satisfativa*. O art. 6º é contrariado porque estabelece que todos os sujeitos do processo devem cooperar para obter-se uma decisão justa e *efetiva*. Esses dispositivos integram as normas fundamentais do novo CPC, conformando a teoria geral do processo civil.

A aparente antinomia de normas de mesma hierarquia deve ser resolvida por uma interpretação sistemática e por uma hermenêutica principiológica. O acertado magistério é de Antonio Umberto de Souza Júnior, Fabiano Coelho de Souza, Ney Maranhão e Platon Teixeira de Azevedo Neto.(17) Acrescentamos que a teoria do diálogo das fontes pode ser útil à conformação da interpretação sistemática postulada pelos referidos juristas, na medida em que o recurso à norma de ordem pública do art. 186 do Código Tributário Nacional pode permitir conformar interpretação sistemática no sentido de conferir dimensão também processual à primazia do crédito *necessarium vitae*, sobretudo se os juristas trabalharem com interpretação conforme à Constituição, na perspectiva da razoável duração do processo e da eficiência da atividade estatal judicial.

Por derradeiro, uma ponderação de matiz consequencialista.

O impulso da execução de ofício pelo juiz do trabalho não acarretará nulidade processual, mesmo na vigência da Lei n. 13.467/2017. Isso porque a nulidade

---

(12) STJ. 1ª Turma. REsp n. 442.325. Relator Min. Luiz Fux. DJU 25.11.2002, p. 207.

(13) ALBUQUERQUE, Marcos Cavalcanti de. *Lei de execução fiscal*. São Paulo: Madras, 2003. p. 30.

(14) Art. 7º O despacho do Juiz que deferir a inicial importa em ordem para:
I – citação, pelas sucessivas modalidades previstas no art. 8º;
II – penhora, se não for paga a dívida, nem garantida a execução, por meio de depósito ou fiança;
III – arresto, se o executado não tiver domicílio ou dele se ocultar;
IV – registro da penhora ou do arresto, independentemente do pagamento de custas ou outras despesas, observado o disposto no art. 14; e
V – avaliação dos bens penhorados ou arrestados.

(15) Art. 186. O crédito tributário prefere a qualquer outro, seja qual for a sua natureza o tempo de sua constituição, ressalvados os créditos decorrentes da legislação do trabalho ou do acidente do trabalho.

(16) *Reforma Trabalhista – análise comparativa e crítica da Lei n. 13.467/2017*. São Paulo: Rideel, 2017. p. 455.

(17) *Reforma Trabalhista – análise comparativa e crítica da Lei n. 13.467/2017*. São Paulo: Rideel, 2017. p. 455.

processual caracteriza-se quando o ato processual acarretar manifesto prejuízo para a parte. A norma está prevista no art. 794 da CLT.(18) O prejuízo de que ora se cogita é prejuízo de natureza processual. O prejuízo de natureza processual caracteriza-se apenas quando o exercício de determinada faculdade processual da parte lhe for negado pelo juízo. Na medida em que se assegure ao executado – como, aliás, ordinariamente é mesmo assegurado – a faculdade processual de opor embargos à execução após a realização da penhora, não se poderá cogitar de nulidade processual, porquanto nessa situação não se caracterizará o manifesto prejuízo processual de que trata o art. 794 da CLT. Isso porque a faculdade processual do executado é a de se opor à execução mediante a apresentação dos embargos previstos no art. 884 da CLT. Assegurado ao executado o exercício da faculdade processual prevista no art. 884 da CLT, já não mais se poderá cogitar de nulidade processual em decorrência do fato de a execução ter sido impulsionada de ofício diante da ausência de prejuízo processual. E, ainda que se pudesse cogitar de nulidade processual, eventual nulidade processual restaria convalidada por ter sido assegurado ao executado o exercício do contraditório na execução, como, aliás, é da experiência ordinária do foro trabalhista. Incide, aqui, a teoria teleológica das nulidades processuais: se a finalidade foi alcançada, o ato é considerado válido, mesmo que o itinerário processual observado não seja exatamente aquele prescrito em lei.

5. CONCLUSÃO

Sob a justificativa de adequar a legislação às novas formas de trabalho e à tecnologia do mercado atual, além de atuar para uma suposta "correção de excessos de protecionismo" atribuídos ao Judiciário Trabalhista e, também, supostamente, para atingir a segurança jurídica necessária para atrair investimentos capazes de minorar a crise econômica vigente, a denominada Reforma Trabalhista, de supetão, altera grande número de dispositivos da Consolidação das Leis do Trabalho, dentre eles disposições de cunho principiológico, como ocorre com a previsão da execução impulsionada de ofício pelo Juiz.

Não se pode perder de vista, contudo, que a interpretação de determinado preceito celetista de forma isolada e, pior, contrária à Constituição significa não só inverter a ordem da força normativa e do fundamento de validade de determinado sistema jurídico, incorrendo em erro crasso de técnica hermenêutica, como também negar eficácia a uma vontade constitucional que embasa o Estado Democrático de Direito. No caso da execução trabalhista, o impulso oficial do juiz em sede de execução se mostra como medida premente em virtude do caráter alimentar das parcelas, revelando a efetividade da execução como medida necessária para que se possa fazer valer o disposto nos arts. 1º, IV, 5º, LXXVIII e 7º da Constituição Federal.

Impõe-se, ainda, a aplicação de interpretação sistemática, lógica e constitucional às disposições celetistas que permaneceram inalteradas após a Lei n. 13.467/2017 (por exemplo, os arts. 765, 794, 884 da CLT), bem como o exercício de diálogo de fontes com a Lei n. 6.830/80, com o Código de Processo Civil e com o Código Tributário Nacional, a fim de garantir efetividade dos direitos sociais e a real diminuição da desigualdade inerente aos sujeitos das relações abarcadas pelo Direito do Trabalho.

6. REFERÊNCIAS BIBLIOGRÁFICAS

ALBUQUERQUE, Marcos Cavalcanti de. *Lei de execução fiscal*. São Paulo: Madras, 2003.

BONATO, Giovani. As reformas da execução na Itália. *Civil Procedure Review*, v. 6, n. 3: 129-158, sept.-dec., 2015. Disponível em: <www.civilprocedurereview.com>.

CASAGRANDE, Cássio. *Brasil, campeão de ações trabalhistas:* como se constrói uma falácia. Disponível em: <https://jota.info/artigos/brasil-campeao-de-acoes-trabalhistas-25062017>.

CINTRA, Antonio Carlos de Araujo; GRINOVER, Ada Pellegrini; DINAMARCO, Cândido Rangel. *Teoria geral do processo*. 31. ed. São Paulo: Malheiros, 2015.

DELGADO, Mauricio Godinho. *Curso de direito do trabalho*. 8. ed. São Paulo: LTr, 2009.

MENDES, Aluísio Gonçalves de Castro. *Ações coletivas e meios de resolução coletiva de conflitos no direito comparado e nacional*. São Paulo: Revista dos Tribunais, 2014.

ROCHA, José de Albuquerque. *Estudos sobre o poder judiciário*. São Paulo: Malheiros, 1995.

SILVA, Homero Batista Mateus da. *Comentários à reforma trabalhista*. São Paulo: RT, 2017.

SLAPPER, Gary; KELLY, David. *O sistema jurídico inglês*. 10. ed. Rio de Janeiro: Forense, 2011.

SOUZA JUNIOR, Antonio Umberto de; SOUZA, Fabiano Coelho de; MARANHÃO, Ney; AZEVEDO NETO, Platon Teixeira de. *Reforma trabalhista – análise comparativa e crítica da Lei n. 13.467/2017*. São Paulo: Rideel, 2017.

TODOLI, Adrián. *Aprender de la crisis, apostar en la calidad*. Disponível em: <http://www.eldiario.es/cv/arguments/Aprender-crisis-apostar-alidad_6_603049714.html>.

(18) Art. 794. Nos processos sujeitos à apreciação da Justiça do Trabalho só haverá nulidade quando resultar dos atos inquinados manifesto prejuízo às partes litigantes.

A Pronúncia de Ofício da Prescrição no Processo Civil e no Processo do Trabalho

Rodolfo Pamplona Filho

Juiz Titular da 32ª Vara do Trabalho de Salvador/BA. Professor Titular de Direito Civil e Direito Processual do Trabalho da Universidade Salvador – UNIFACS. Professor Associado da graduação e pós-graduação (Mestrado e Doutorado) em Direito da UFBA – Universidade Federal da Bahia. Coordenador dos Cursos de Especialização em Direito Civil e em Direito e Processo do Trabalho da Faculdade Baiana de Direito. Coordenador do Curso de Pós-Graduação on-line em Direito Contratual e em Direito e Processo do Trabalho da Estácio, em parceria tecnológica com o CERS. Mestre e Doutor em Direito das Relações Sociais pela PUC/SP – Pontifícia Universidade Católica de São Paulo. Máster em Estudios en Derechos Sociales para Magistrados de Trabajo de Brasil pela UCLM – Universidad de Castilla-La Mancha/Espanha. Especialista em Direito Civil pela Fundação Faculdade de Direito da Bahia. Membro e Presidente Honorário da Academia Brasileira de Direito do Trabalho (antiga Academia Nacional de Direito do Trabalho – ANDT). Presidente da Academia de Letras Jurídicas da Bahia e do Instituto Baiano de Direito do Trabalho. Membro da Academia Brasileira de Direito Civil, do Instituto Brasileiro de Direito de Família (IBDFam) e do Instituto Brasileiro de Direito Civil (IBDCivil).

Leandro Fernandez

Juiz do Trabalho Substituto no Tribunal Regional do Trabalho da Sexta Região. Mestre em Relações Sociais e Novos Direitos pela Faculdade de Direito da Universidade Federal da Bahia. Especialista em Direito e Processo do Trabalho pelo JusPodivm/BA. Professor Tutor do Curso de Pós-Graduação on-line em Direito Contratual e em Direito e Processo do Trabalho da Estácio, em parceria tecnológica com o CERS. Membro do Instituto Bahiano de Direito do Trabalho (IBDT). Membro do Conselho Fiscal da Associação dos Magistrados da Justiça do Trabalho da Sexta Região – AMATRA VI (gestão 2016/2018).

1. INTRODUÇÃO

A prescrição é, sem exagero, um instituto cercado de divergências desde seus primórdios. Sua definição, a delimitação dos seus efeitos e a fixação de critérios de distinção em relação à decadência são temas que há muito estão presentes na literatura estrangeira e nacional.

Cabe-nos, aqui, analisar o instigante tema da pronúncia *ex officio* da prescrição no âmbito do Processo Civil e do Processo do Trabalho, com especial enfoque na aplicabilidade da disciplina contida no CPC/15.

Para tanto, empreenderemos, previamente, breve exposição a respeito da delimitação conceitual da prescrição e do tratamento conferido ao instituto pelo Código Civil.

2. A PRESCRIÇÃO NO CÓDIGO CIVIL DE 2002

A prescrição consiste em ato-fato jurídico caducificante cujo suporte fático é composto pela inação do titular do direito em relação a pretensão exigível e pelo decurso do tempo fixado em lei[1]. Com a exceção (em sentido material) da prescrição, encobre-se a eficácia da pretensão[2]. Não há, entretanto, extinção do direito, da ação processual ou da própria pretensão.

No Código Civil de 2002, o legislador, de maneira louvável, rejeitou a redação adotada no Estatuto Privado de 1916, que acolhia a noção segundo a qual a prescrição extinguiria a ação processual, visão vinculada à teoria concretista da ação, há muito superada. Em verdade, o direito de ação é o direito público, subjetivo e abstrato de provocar a atuação do Estado para obtenção

(1) MIRANDA, Francisco Cavalcanti Pontes de. *Tratado de direito privado: parte geral*. Tomo VI. Rio de Janeiro: Borsoi, 1955. § 665, 1 e 3.

(2) *Ibidem*, § 691, 1.

da tutela jurisdicional. Não está submetido, ele próprio, a prazo prescricional.

Se andou bem o codificador nesse ponto, falhou, *concessa venia*, ao sugerir, no art. 189, que a prescrição extingue a pretensão.

Conforme demonstrado por Pontes de Miranda, a prescrição apenas encobre a eficácia da pretensão, sem, todavia, importar em sua extinção[(3)]. Raciocínio diverso inviabilizaria a figura da renúncia à prescrição consumada (CC/02, art. 191) e a proibição da restituição do pagamento efetuado para solver dívida prescrita (CC/02, art. 882). Melhor seria, então, que houvesse previsto o novel Código que a prescrição encobre a eficácia da prescrição, até mesmo para garantir a coerência entre os arts. 189, 191 e 882.

Visando a assegurar racionalidade e a concretizar o princípio da operabilidade, optou o legislador, no processo de elaboração do Diploma Civil de 2002, por elencar em seus arts. 205 e 206 as hipóteses de prazos prescricionais, sendo os demais prazos estabelecidos ao longo do Código dotados de natureza decadencial.

Ademais, em consonância com a dinâmica das relações sociais contemporâneas, com a velocidade do tráfego de informações e com a ampliação do acesso à Justiça, o Código Civil de 2002 promoveu a redução dos prazos prescricionais em relação ao quadro normativo estabelecido pelo Diploma de 1916. Tal resultado foi obtido mediante a adoção de duas técnicas: a criação de novos prazos específicos, com duração inferior ao prazo geral, e a própria diminuição de prazos anteriormente previstos.

Assentadas essas premissas, avancemos ao exame da possibilidade de pronúncia de ofício da prescrição na seara do Processo Civil.

3. A PRONÚNCIA DE OFÍCIO DA PRESCRIÇÃO NO PROCESSO CIVIL

Tema dos mais controversos diz respeito à possibilidade de pronúncia da prescrição *ex officio* pelo Magistrado.

O Código Civil de 1916[(4)] autorizava a atuação de ofício do Juiz apenas em casos relativos a direitos extrapatrimoniais.

Seguiu essa trilha o Código de Processo Civil de 1973, em sua redação original[(5)].

Com a superveniência do Diploma Civil de 2002, foi abolida a distinção entre direitos patrimoniais e extrapatrimoniais para fins de identificação da possibilidade de atuação do Judiciário quanto à prescrição sem provocação. Erigiu-se, todavia, a regra de acordo com a qual seria dever do julgador pronunciar a prescrição de ofício apenas quando favorecesse absolutamente incapaz (art. 194[(6)]).

A Lei n. 11.051/2004 alterou a Lei de Execução Fiscal (Lei n. 6.830/80), incluindo em seu art. 40 os §§ 4º e 5º[(7)], passando a prever o reconhecimento de ofício da prescrição intercorrente.

Em fevereiro de 2006, foi publicada a Lei n. 11.280, que revogou o art. 194 do Código Civil e alterou a redação do § 5º do art. 219 do CPC, prevendo, de maneira ampla e sem adstrição à fase de execução, que o "*juiz pronunciará, de ofício, a prescrição*".

Em 2009, o **Superior Tribunal de Justiça** editou o **Enunciado n. 409** da sua Súmula de Jurisprudência Predominante, com o seguinte teor: "*Em execução fiscal, a prescrição ocorrida antes da propositura da ação pode ser decretada de ofício (art. 219, § 5º, do CPC)*".

A orientação legislativa foi mantida no CPC/15, nas fases de conhecimento (art. 487, inciso II e parágrafo

(3) "É erro dizer-se (...) que a renúncia à prescrição faz reviver *a obrigação. Com a prescrição, não se extinguiu a pretensão e, pois, não morreu a obrigação: ambas continuaram. Pretensão e obrigação são efeitos; a prescrição só se passa no plano da eficácia: torna-a encobrível; alegada, encobre-a. Com a renúncia, o devedor fá-la não encobrível. Por isso mesmo, o devedor que paga a dívida não pode repetir o pagamento: tornou não encobrível a eficácia do fato jurídico, ou a descobriu, se já alegada,* e ao mesmo tempo *solveu a dívida, ou satisfez a pretensão. O que apenas renuncia à prescrição faz inencobrível a eficácia; e deixa* para momento posterior *solver a dívida ou satisfazer a pretensão*" (grifos no original) (*Ibidem*, § 695, 6).

(4) Art. 166. O juiz não pode conhecer da prescrição de direitos patrimoniais, se não foi invocada pelas partes.

(5) Art. 219, § 5º Não se tratando de direitos patrimoniais, o juiz poderá, de ofício, conhecer da prescrição e decretá-la de imediato.

(6) Art. 194. O juiz não pode suprir, de ofício, a alegação de prescrição, salvo se favorecer a absolutamente incapaz.

(7) Art. 40, (...) § 4º Se da decisão que ordenar o arquivamento tiver decorrido o prazo prescricional, o juiz, depois de ouvida a Fazenda Pública, poderá, de ofício, reconhecer a prescrição intercorrente e decretá-la de imediato.

§ 5º A manifestação prévia da Fazenda Pública prevista no § 4º deste artigo será dispensada no caso de cobranças judiciais cujo valor seja inferior ao mínimo fixado por ato do Ministro de Estado da Fazenda.

único[8]) e execução (art. 921, §§ 4º e 5º[9]), com a exigência de oitiva das partes, sendo expressamente autorizado, ainda, o julgamento liminar (sem prévia manifestação dos litigantes sobre o tema, portanto) de improcedência do pedido nos casos de constatação, *ictu oculi*, de prescrição ou decadência (art. 332, § 1º[10]).

A alteração promovida pela Lei n. 11.280/2006 rompeu com a tradição jurídica brasileira de necessidade, como regra geral, de arguição da prescrição pelo réu[11].

É bem verdade que sempre vislumbrou-se na prescrição a existência de interesse público. Não à toa há muito o ordenamento veda a renúncia antecipada à prescrição e a negociação direcionada à modificação voluntária dos prazos prescricionais.

Entretanto, reservava-se, como regra, ao campo da autonomia da vontade a decisão quanto à invocação ou não da prescrição.

O motivo para tanto não era apenas de ordem moral, com o propósito de assegurar a (excepcionalíssima) conduta do devedor que, sabendo prescrita a pretensão, a ela renuncia e satisfaz o crédito.

O devedor pode ter interesse em, independentemente de qualquer discussão acerca da observância do prazo legal para exercício de dada pretensão, demonstrar, na seara do mérito propriamente dito, que lhe assiste razão, com vistas, por exemplo, a preservar sua credibilidade perante a comunidade e, de acordo com o caso, parceiros comerciais.

Pode, também, desejar impugnar a validade do próprio negócio jurídico em que se funda a pretensão, buscando o reconhecimento da ocorrência de vício de consentimento[12].

Pode, ainda, ter interesse no prosseguimento da ação, com o propósito de, sendo comprovado que a dívida já havia sido total ou parcialmente paga, postular a indenização prevista no art. 940 do Código Civil[13].

Como se observa, a pronúncia de ofício da prescrição afeta interesses juridicamente tutelados de ambas as partes.

No entanto, a finalidade da modificação legislativa advinda em 2006 e mantida no CPC de 2015 é inequívoca: trata-se de regra processual concebida como instrumento para concretização do princípio da razoável duração do processo (CF/88, art. 5º, inciso LXXVIII)[14].

---

(8) Art. 487. Haverá resolução de mérito quando o juiz: (...) II – decidir, de ofício ou a requerimento, sobre a ocorrência de decadência ou prescrição; (...)

Parágrafo único. Ressalvada a hipótese do § 1º do art. 332, a prescrição e a decadência não serão reconhecidas sem que antes seja dada às partes oportunidade de manifestar-se.

(9) Art. 921 (...) § 4º Decorrido o prazo de que trata o § 1º sem manifestação do exequente, começa a correr o prazo de prescrição intercorrente.

§ 5º O juiz, depois de ouvidas as partes, no prazo de 15 (quinze) dias, poderá, de ofício, reconhecer a prescrição de que trata o § 4º e extinguir o processo.

(10) Art. 332, § 1º O juiz também poderá julgar liminarmente improcedente o pedido se verificar, desde logo, a ocorrência de decadência ou de prescrição.

(11) A própria natureza da prescrição de exceção substancial passou a ser objeto de disputa na doutrina. *Vide*, por exemplo, que Paulo Lôbo sustenta que a "*prescrição, assim, deixou de ser direito individual e converteu-se em dever de natureza pública; deixou de ser exceção de direito material, de meio de defesa, como era de sua natureza. Nesta hipótese, como não é exercida pela parte a quem aproveita, deixa de ser exceção para se converter em objeção substancial*" (LÔBO, Paulo. *Direito civil:* parte geral. 5. ed. São Paulo: Saraiva, 2015. p. 325). A seu turno, afirma Fredie Didier Jr. que a "*prescrição não perdeu a natureza de exceção substancial. Alterou-se o regramento processual da prescrição, que, embora exceção substancial, tem regime jurídico processual de objeção. Não vemos qualquer obstáculo teórico a isso. A possibilidade de conhecimento* ex officio *da prescrição é uma opção legislativa, e não uma exigência teórica*" (DIDIER Jr., Fredie. *Curso de direito processual civil.* v 1: introdução ao direito processual civil, parte geral e processo de conhecimento. 18. ed. Salvador: JusPodivm, 2016. p. 612).

(12) SIMÃO, José Fernando. *Prescrição e decadência: início dos prazos.* São Paulo: Atlas, 2013. p. 233.

(13) Especificamente este aspecto perde relevância na área trabalhista, ao considerar-se que a SDI-I do Tribunal Superior do Trabalho entende ser tal dispositivo incompatível com o Direito do Trabalho. A título ilustrativo, *vide*: "*COBRANÇA DE DÍVIDA JÁ PAGA – INAPLICABILIDADE DO ART. 940 DO CÓDIGO CIVIL ÀS RELAÇÕES DE EMPREGO. A questão restou pacificada no âmbito desta SBDI-1 no sentido da não aplicação do art. 940 do Código Civil às relações de emprego, posto que incompatível com os princípios que norteiam o Direito do Trabalho. Recurso de embargos conhecido e desprovido*" (E-RR 14100-39.2003.5.02.0465, Relator Ministro Renato de Lacerda Paiva, Data de Julgamento: 16/02/2012, Subseção I Especializada em Dissídios Individuais, Data de Publicação: DEJT 03.04.2012).

(14) "*Isso porque a Constituição Federal passou a assegurar como direitos fundamentais o razoável andamento dos processos e a celeridade das ações judiciais (art. 5º, LXXVIII, da CF/1988, introduzido pela EC 45/2004. O reconhecimento da prescrição de ofício foi criado justamente para a tutela desses direitos. Como visto, o Novo CPC reafirma a necessidade dessa agilização dos*

Para resguardar interesses de ambos os litigantes partes, atingidos pela pronúncia *ex officio* da prescrição, a Lei Adjetiva de 2015 fixou, de maneira expressa, a necessidade de sua oitiva prévia antes de ser proferido o julgamento. Com isso, para além de evitar-se a ocorrência de decisão-surpresa, assegura-se ao autor a demonstração da ocorrência de hipóteses de impedimento, interrupção ou suspensão da prescrição, bem como, quanto ao réu, a renúncia a ela.

Nesse sentido, a propósito, é a previsão contida nos **Enunciados ns. 295 e 581 das Jornadas de Direito Civil**:

> *295. A revogação do art. 194 do Código Civil pela Lei n. 11.280/2006, que determina ao juiz o reconhecimento de ofício da prescrição, não retira do devedor a possibilidade de renúncia admitida no art. 191 do texto codificado.*
>
> *581. Em complemento ao Enunciado n. 295, a decretação* ex officio *da prescrição ou da decadência deve ser precedida de oitiva das partes.*

No tocante à hipótese de julgamento liminar de improcedência, com fundamento na ocorrência de prescrição, o contraditório será diferido, vindo a ser exercido com a interposição de apelação (recurso ordinário, na Justiça do Trabalho[(15)]), estando autorizado pelo art. 332, § 3º, do CPC/15 o juízo de retratação.

Nessa ordem de ideias, obtempera Fredie Didier Jr. que essa *"possibilidade de juízo de retratação é o que garante o respeito ao direito do demandante ao contraditório, que, com as razões da apelação, poderá convencer o juiz do equívoco de sua decisão, inclusive com a possibilidade de demonstrar a distinção do seu caso (art. 489, § 1º, VI, do CPC). O juízo de retratação homenageia, também, o princípio da cooperação (art. 6º do CPC), pois permite que o magistrado 'ouça' o que tem a dizer o autor sobre a questão"*[(16)].

Precisamente em razão dos impactos da decisão e das repercussões decorrentes do exercício do juízo de retratação, com indesejável retardamento na tramitação do feito (em aplicação de regra cuja finalidade é assegurar a celeridade), é recomendável que o julgado liminar de improcedência ocorra apenas excepcionalmente, devendo ser privilegiada a prévia oitiva das partes.

Superado o exame do instituto, cumpre-nos perquirir acerca da sua **aplicabilidade** no âmbito **do Processo do Trabalho.**

4. O PROCESSO DO TRABALHO E A PRONÚNCIA *EX OFFICIO* DA PRESCRIÇÃO

De início, é relevante destacar que a Lei n. 13.467/2017 (reforma trabalhista) consagrou a possibilidade de pronúncia de ofício da prescrição intercorrente no Processo do Trabalho (novo art. 11-A da CLT), admitindo, ao menos na fase de execução, a atuação *ex officio* do Poder Judiciário. O tema será objeto de análise adiante, em tópico específico.

Sob a perspectiva jurisprudencial, podemos considerar estar sedimentado o entendimento segundo o qual não seria compatível com a sistemática trabalhista a pronúncia de ofício da prescrição, com fundamento no princípio da proteção e no caráter alimentar do crédito, conforme se extrai de reiteradas decisões da SDI-I do Tribunal Superior do Trabalho[(17)].

Essa compreensão reverbera na redação do parágrafo único do art. 7º da Instrução Normativa n. 39/2016 da Alta Corte Trabalhista.

De fato, o dispositivo, inserido no contexto de explicitação da visão do TST acerca da aplicação do art. 332 do CPC/15 ao Processo do Trabalho, prevê que o *"juiz também poderá julgar liminarmente improcedente o pedido se verificar, desde logo, a ocorrência de*

procedimentos, ganhando força a tese com o seu surgimento" (TARTUCE, Flávio. *O Novo CPC e o direito civil*: impactos, diálogos e interações. 2. ed. rev., atual. e ampl. Rio de Janeiro: Forense; São Paulo: Método, 2016. p. 158).

(15) Na prática, dificilmente haverá decisão de improcedência liminar em âmbito trabalhista, uma vez que, para além da discussão em torno da obrigatoriedade da tentativa de conciliação nesse ramo do Judiciário, a praxe é que o Juiz entre em contato com os autos apenas no momento da audiência inaugural.

(16) DIDIER Jr., Fredie. *Curso de direito processual civil.* v 1: introdução ao direito processual civil, parte geral e processo de conhecimento. 18. ed. Salvador: JusPodivm, 2016. p. 602. No mesmo sentido: MARINONI, Luiz Guilherme; ARENHART, Sérgio Cruz; MITIDIERO, Daniel. *Novo Código de Processo Civil comentado*. 2. ed. rev., atual e ampl. São Paulo: Revista dos Tribunais, 2016. p. 426.

(17) Exemplificativamente: *"RECURSO DE EMBARGOS REGIDO PELA LEI N. 11.496/2007. RECURSO DE REVISTA. PRESCRIÇÃO. PRONÚNCIA DE OFÍCIO. IMPOSSIBILIDADE. INCOMPATIBILIDADE DO ART. 219, § 5º, DO CPC COM O PROCESSO DO TRABALHO. O art. 219, § 5º, do CPC, que possibilita a pronúncia de ofício da prescrição pelo juiz, não se aplica subsidiariamente ao Processo do Trabalho, porque não se coaduna com a natureza alimentar dos créditos trabalhistas e com o princípio da proteção ao hipossuficiente. Precedentes desta Subseção Especializada. Recurso de embargos conhecido e não provido"* (E-RR 82841-64.2004.5.10.0016, Relatora Ministra Dora Maria da Costa, Data de Julgamento: 20.02.2014, Subseção I Especializada em Dissídios Individuais, Data de Publicação: DEJT 07.03.2014).

decadência"[18], nada mencionando a respeito da prescrição, a sugerir, *a contrario sensu*, que a atuação *ex officio* seria inviável neste último caso.

Esposando esse posicionamento, temos a **Súmula n. 50**[19] **do Tribunal Regional do Trabalho da 1ª Região**, a **Súmula n. 34**[20] **do Tribunal Regional do Trabalho da 6ª Região** e a **Orientação Jurisprudencial n. 31**[21] **da Quarta Turma do Tribunal Regional do Trabalho da 9ª Região.**

Doutrinariamente, contudo, o cenário não é pacífico.

Uma primeira corrente entende ser o instituto inaplicável no Processo trabalhista, dela sendo representantes, por exemplo, Mauricio Godinho Delgado[22], Cláudio Brandão[23], Alice Monteiro de Barros[24], Márcio Túlio Viana[25], Jorge Luiz Souto Maior[26] e Mauro Schiavi[27].

A segunda corrente propugna a compatibilidade da figura com o Processo do Trabalho. Perfilham esse entendimento, *v. g.*, Alexandre Agra Belmonte[28], Amauri Mascaro Nascimento[29], José Augusto Rodrigues Pinto[30], Manoel Antônio Teixeira Filho[31], Wagner Giglio[32], Carlos Henrique Bezerra Leite[33], Estêvão Mallet[34], Luciano Martinez[35], Sergio Pinto Martins[36],

---

(18) Saliente-se, por relevante, que, conforme já estudado, apenas a decadência prevista em lei pode ser conhecida de ofício, não a convencional, nos termos do art. 210 do Código Civil de 2002.

(19) 50. Prescrição. Declaração de ofício. A pronúncia de ofício da prescrição, prevista no art. 219, § 5º, do CPC, é incompatível com os princípios que norteiam o Processo do Trabalho.

(20) 34. PRESCRIÇÃO DE OFÍCIO. ESFERA TRABALHISTA. INAPLICABILIDADE. No âmbito do processo trabalhista, a prescrição de ofício é inaplicável. Ressalte-se que o citado verbete é o resultado da tese consagrada em Incidente de Uniformização de Jurisprudência julgado pela Corte: "*PRESCRIÇÃO DE OFÍCIO. ESFERA TRABALHISTA. INAPLICABILIDADE. Não se aplica, na esfera justrabalhista, a norma processual civil que autoriza a prescrição de ofício pelo magistrado, diante da inadequação dessa regra às especificidades inerentes às relações de trabalho. Leva-se em consideração a natureza do direito material protegido. Nesse panorama, é importante destacar a natureza alimentar dos créditos trabalhistas, que prevalece diante do objetivo de segurança ou estabilidade jurídica que a prescrição visa alcançar. Deve ser ressaltado que, não obstante o fundamento da prescrição seja de ordem pública, os seus efeitos, geralmente, são de ordem privada. A ordem jurídica confere ao prescribente o exercício ou não da exceção. Vale dizer, dispõe o devedor de liberdade para invocar o benefício da prescrição, admitindo-se a renúncia expressa ou tácita, conforme previsão insculpida no art. 191 do Código Civil. Interpretação que se alinha à Resolução do C. TST de n. 203, de 15.03.2016, que editou a Instrução Normativa n. 39 do TST*" (IUJ – 0000396-62.2015.5.06.0000, Redatora: Desembargadora Eneida Melo Correia de Araújo, Data de Julgamento: 26.04.2016, Tribunal Pleno, Data de Publicação: DEJT 06.062016).

(21) 31. PRESCRIÇÃO – PRONUNCIAMENTO DE OFÍCIO – INADMISSIBILIDADE – Não se aplica ao processo trabalhista o art. 219, § 5º do Código de Processo Civil.

(22) DELGADO, Mauricio Godinho. *Curso de direito do trabalho*. 15. ed. São Paulo: LTr, 2016. p. 289.

(23) BRANDÃO, Cláudio. *Acidente do trabalho e responsabilidade civil do empregador*. 4. ed. São Paulo: LTr, 2015. p. 412/43.

(24) BARROS, Alice Monteiro de. *Curso de direito do trabalho*. 10. ed. Atualizado por Jessé Claudio Franco de Alencar. São Paulo: LTr, 2016. p. 669.

(25) VIANA, Márcio Túlio. Os paradoxos da prescrição: quando o trabalhador se faz cúmplice involuntário da perda de seus direitos. In: *Revista do Tribunal Regional do Trabalho da 3ª Região*, Belo Horizonte, v. 47, n. 77, jan./jun.2008. p. 170.

(26) MAIOR, Jorge Luiz Souto. Reflexos das alterações do Código de Processo Civil no processo do trabalho. In: *Revista LTr*. São Paulo, LTr, v. 70, n. 8, ago. 2006. p. 920-930.

(27) SCHIAVI, Mauro. *Manual de direito processual do trabalho*. 12. ed. São Paulo: LTr, 2017. p. 519/520.

(28) BELMONTE, Alexandre Agra. *Curso de responsabilidade trabalhista:* danos morais e patrimoniais nas relações de trabalho. 2. ed. São Paulo: LTr, 2009. p. 294.

(29) NASCIMENTO, Amauri Mascaro. Da prescrição no processo trabalhista e suas peculiaridades diferenciadoras do processo comum. In: *Prescrição no Código Civil:* uma análise interdisciplinar. CIANCI, Mirna (Coord.). 3. ed. rev. e atual. São Paulo: Saraiva, 2011. p. 71.

(30) PINTO, José Augusto Rodrigues. Reconhecimento *ex officio* da prescrição e processo do trabalho. In: *Revista LTr*. São Paulo, LTr, v. 70, n. 4, abr. 2006. p. 394.

(31) TEIXEIRA FILHO, Manoel Antônio. *Comentários ao novo Código de Processo Civil sob a perspectiva do processo do trabalho*. 2. ed. São Paulo: LTr, 2015. p. 398.

(32) GIGLIO, Wagner D. *Direito processual do trabalho*. 16. ed. rev., atual. e adap. São Paulo: Saraiva, 2007. p. 190.

(33) LEITE, Carlos Henrique Bezerra. A prescrição *ex officio* e a possibilidade de sua aplicação no processo do trabalho. In: *Revista do Tribunal Superior do Trabalho*, Brasília, v. 74, n. 1, jan./mar. 2008. p. 86.

(34) MALLET, Estêvão. O processo do trabalho e as recentes modificações do Código de Processo Civil. In: *Revista do Tribunal Superior do Trabalho, Brasília*, v. 72, n. 2, maio/ago. 2006. p. 82.

(35) MARTINEZ, Luciano. *Curso de direito do trabalho*: relações individuais, sindicais e coletivas do trabalho. 6. ed. São Paulo: Saraiva, 2015. p. 759.

(36) MARTINS, Sergio Pinto. *Comentários às Súmulas do TST*. 16. ed. São Paulo: Saraiva, 2016. p. 94.

Cléber Lúcio de Almeida(37), Guilherme Guimarães Feliciano(38), Gustavo Filipe Barbosa Garcia(39), Vólia Bomfim Cassar(40), Homero Batista Mateus da Silva(41) e Ari Pedro Lorenzetti(42).

Filiamo-nos ao segundo posicionamento, com o devido respeito àqueles que compreendem a questão de maneira diversa.

O princípio da proteção, caracterizador do Direito do Trabalho, não pode ser transplantado ao campo processual de modo automático, sob o sério de risco de restar comprometida a imparcialidade do órgão julgador.

Não se pode olvidar que a "*imparcialidade do juízo está ligada à ideia da simetria de tratamento processual das partes. Jamais se pode imaginar, dentro de um sistema processual, um tratamento privilegiado a uma das partes*"(43).

O caso hipotético formulado por Gustavo Filipe Barbosa Garcia é elucidativo dessa preocupação: "*Imagine-se a situação em que, se o empregado for credor, não se aplica a prescrição de ofício; no entanto, se ele for devedor, o juiz decreta a inexigibilidade do direito independentemente de arguição do empregador*"(44).

Em nossa perspectiva, os arts. 332, § 1º, e 487, inciso II, contêm regra de natureza processual, destinada a regular a conduta do julgador diante de pretensões prescritas, e cogente, não se tratando de mera faculdade, **devendo, pois, o Magistrado (e o Tribunal Regional do Trabalho**(45)**) pronunciar *ex officio* a prescrição**, adotando, como regra geral, o procedimento de **prévia oitiva dos litigantes**, de modo a permitir ao autor a demonstração de eventuais fatores de impedimento, suspensão ou interrupção, bem como o exercício da renúncia quanto à prescrição consumada por parte do réu.

Esclarecemos, no entanto, por dever de lealdade intelectual, não ser esse o entendimento do **Tribunal Superior do Trabalho**, que **rejeita a atuação de ofício em matéria de prescrição**.

Resta-nos, agora, analisar a delicada questão da prescrição intercorrente na seara trabalhista e da possibilidade de sua pronúncia *ex officio*, especialmente à luz do regramento estabelecido no CPC/15 e na Lei n. 13.467/2017. Será o objeto do tópico a seguir.

5. A PRESCRIÇÃO INTERCORRENTE NO PROCESSO DO TRABALHO

Questão polêmica há décadas (e, aparentemente, sem qualquer perspectiva real de pacificação, mesmo após a edição da Lei n. 13.467/2017) é a de saber se a prescrição intercorrente pode ser aplicada no Processo do Trabalho.

Prescrição intercorrente é a "*que se dá no curso do processo, após a propositura da ação, mais especificamente depois do trânsito em julgado, pois, na fase de conhecimento, se o autor não promover os atos do processo, o juiz o extinguirá sem resolução do mérito*"(46).

Há manifestações doutrinárias que propugnam pela necessidade de distinção entre a **prescrição da pretensão executória** (ou prescrição intermediária, como denominada por Martins Catharino(47)) e a **prescrição intercorrente**.

A primeira ocorreria quando o "*credor deixa escoar* in albis *o prazo de dois anos para dar início à busca da satisfação do julgado*"(48).

A segunda estaria atrelada à ausência da prática de atos sob a responsabilidade do autor no curso da execução.

---

(37) ALMEIDA, Cléber Lúcio. *Direito processual do trabalho*. 6. ed. São Paulo: LTr, 2016. p. 290/291.

(38) FELICIANO, Guilherme Guimarães. O "novíssimo" processo civil e o processo do trabalho – uma outra visão. In: *Revista LTr*. São Paulo, LTr, v. 71, n. 3, mar. 2007. p. 289.

(39) GARCIA, Gustavo Filipe Barbosa. *Curso de direito do trabalho*. 9. ed. rev., atual. e ampl. Rio de Janeiro: Forense, 2015. p. 1.232.

(40) CASSAR, Vólia Bomfim. *Direito do trabalho*. 12. ed. rev., atual. e ampl. São Paulo: Método, 2016. p. 1.224.

(41) SILVA, Homero Batista Mateus da. *Curso de direito do trabalho aplicado*: parte geral. v. 1. 3. ed. rev., atual. e ampl. São Paulo: Revista dos Tribunais, 2015. p. 185/186.

(42) LORENZETTI, Ari Pedro. *A prescrição e a decadência na Justiça do trabalho*. São Paulo: LTr, 2009. p. 280.

(43) PAMPLONA FILHO, Rodolfo; SOUZA, Tercio. *Curso de direito processual do trabalho*. 1. ed. São Paulo: Marcial Pons, 2013. p. 49.

(44) GARCIA, Gustavo Filipe Barbosa. *Op. cit.*, p. 1.232.

(45) *"Assim, como a prescrição pode ser arguida em qualquer fase do processo, inclusive em grau de recurso ordinário, antes de pronunciar, de ofício, decisão sobre a questão da prescrição, deverá abrir vista à parte prejudicada, para o exercício do direito de manifestação e prova sobre a questão antes não suscitada"* (BELMONTE, Alexandre Agra. *Curso de responsabilidade trabalhista:* danos morais e patrimoniais nas relações de trabalho. 2. ed. São Paulo: LTr, 2009. p. 295).

(46) SCHIAVI, Mauro. *Manual de direito processual do trabalho*. 12. ed. São Paulo: LTr, 2017. p. 509.

(47) *Apud* CAVALCANTE, Jouberto de Quadros Pessoa; JORGE NETO, Francisco Ferreira. Ação rescisória em matéria trabalhista perante os Tribunais Superiores. In: *Revista LTr*. São Paulo, LTr, v. 68, n. 1, jan. 2004.

(48) EÇA, Vitor Salino de Moura. *Prescrição intercorrente no processo do trabalho*. São Paulo: LTr, 2008. p. 22.

Neste trabalho, adotaremos a expressão "prescrição intercorrente" para designar ambas as hipóteses(49).

O fundamento da prescrição intercorrente é de ordem lógica: se a legislação fixa um prazo para o exercício de dada pretensão, seria inusitado admitir que, após o trânsito em julgado, poderia o demandante manter-se indefinidamente inerte. É essa a *ratio* que inspirou a edição, em 1963, do **Enunciado n. 150**(50) **da Súmula de Jurisprudência Predominante do Supremo Tribunal Federal**, consoante se infere da leitura dos seus precedentes (RE 52902, RE 49434 e RE 34944).

Na seara trabalhista, há, ademais, a previsão expressa do **art. 804, § 1º, da CLT** no sentido de que uma das matérias arguíveis em embargos à execução é a "prescrição da dívida".

A prescrição mencionada no dispositivo não se refere, decerto, àquela que poderia haver sido alegada na fase de conhecimento, mas deixou de sê-lo, sob pena de ofensa à coisa julgada(51). Trata-se, pois, da prescrição posterior ao trânsito em julgado.

Essa constatação conduziu o Supremo Tribunal Federal à elaboração do **Enunciado n. 327 da sua Súmula de Jurisprudência**, com a seguinte redação: "*O direito trabalhista admite a prescrição intercorrente*".

Sobreleva anotar, ainda, que, em 2004, a Lei n. 11.051 inseriu o § 4º do art. 40(52) da Lei de Execução Fiscal (Lei n. 6.830/80), fonte subsidiária do Processo do Trabalho(53), prevendo o instituto.

O **novo Código de Processo Civil** elenca a prescrição intercorrente como causa de extinção da execução (art. 924, inciso V) e, em seu art. 921, regula o **procedimento** de sua aplicação com os seguintes contornos:

a) Não localizados bens penhoráveis do devedor, suspende-se a execução e a prescrição pelo prazo de 1 ano;

b) Decorrido tal período sem manifestação do exequente, o Juiz determinará o arquivamento dos autos, iniciando-se a contagem do prazo da prescrição intercorrente;

c) Esgotado o prazo da prescrição intercorrente, o Magistrado poderá pronunciar de ofício a prescrição, desde que oportunize prévia manifestação das partes, no prazo de 15 dias, a fim de assegurar a possibilidade de demonstração de fatos suspensivos ou interruptivos ou mesmo a renúncia à prescrição consumada (conduta bem pouco provável, a propósito).

Por medida de segurança jurídica, parece-nos necessária a notificação do exequente em relação à determinação de arquivamento dos autos(54). Tal questão corresponde a um dos temas abordados no primeiro Incidente de Assunção de Competência instaurado no âmbito do Superior Tribunal de Justiça (**IAC no REsp 1604412/SC**(55)),

---

(49) Como se verá adiante, há, para parcela da doutrina e da jurisprudência, interesse prático na distinção. Para essa corrente, a prescrição da pretensão executória seria compatível com o Processo do Trabalho e estaria prevista no art. 884, § 1º, da CLT, o que não ocorreria com a prescrição intercorrente.

(50) 150. Prescreve a execução no mesmo prazo de prescrição da ação.

(51) *"Todavia, de que prescrição cuida o § 1º do art. 884, da CLT, senão da intercorrente, vale dizer, daquela que se forma no curso do processo? Obviamente que não é da prescrição liberatória comum, que deve ser alegada na contestação (processo de conhecimento)"* (TEIXEIRA FILHO, Manoel Antônio. *Comentários ao Novo Código de Processo Civil sob a perspectiva do processo do trabalho*. 2. ed. São Paulo: LTr, 2015. p. 1.033).

(52) Art. 40. O Juiz suspenderá o curso da execução, enquanto não for localizado o devedor ou encontrados bens sobre os quais possa recair a penhora, e, nesses casos, não correrá o prazo de prescrição.

§ 1º Suspenso o curso da execução, será aberta vista dos autos ao representante judicial da Fazenda Pública.

§ 2º Decorrido o prazo máximo de 1 (um) ano, sem que seja localizado o devedor ou encontrados bens penhoráveis, o Juiz ordenará o arquivamento dos autos.

§ 3º Encontrados que sejam, a qualquer tempo, o devedor ou os bens, serão desarquivados os autos para prosseguimento da execução.

§ 4º Se da decisão que ordenar o arquivamento tiver decorrido o prazo prescricional, o juiz, depois de ouvida a Fazenda Pública, poderá, de ofício, reconhecer a prescrição intercorrente e decretá-la de imediato. (Incluído pela Lei n. 11.051, de 2004)

(53) CLT, Art. 889. Aos trâmites e incidentes do processo da execução são aplicáveis, naquilo em que não contravierem ao presente Título, os preceitos que regem o processo dos executivos fiscais para a cobrança judicial da dívida ativa da Fazenda Pública Federal.

(54) Em sentido diverso é o **Enunciado n. 195 do Fórum Permanente de Processualistas Civis**: *"O prazo de prescrição intercorrente previsto no art. 921, § 4º, tem início automaticamente um ano após a intimação da decisão de suspensão de que trata o seu § 1º"*.

(55) *"PROPOSTA DE ASSUNÇÃO DE COMPETÊNCIA. RECURSO ESPECIAL. INCIDENTE INSTAURADO DE OFÍCIO. DIREITO PROCESSUAL CIVIL. PRESCRIÇÃO INTERCORRENTE. INTIMAÇÃO PRÉVIA DO CREDOR. ANDAMENTO DO PROCESSO. RELEVANTE QUESTÃO DE DIREITO. DIVERGÊNCIA ENTRE AS TURMAS DA SEGUNDA SEÇÃO. 1. Delimitação da controvérsia: 1.1. Cabimento, ou não, da prescrição intercorrente nos processos anteriores ao atual CPC; 1.2. Imprescindibilidade de intimação*

pendente de decisão no momento de encerramento da redação deste trabalho. Na execução fiscal, inexiste tal obrigatoriedade, ante o teor do art. 40, § 4º, da Lei n. 6.830/80 (*vide*, ainda, o Enunciado n. 314 da Súmula de jurisprudência do STJ).

A Lei n. 13.467/2017 (reforma trabalhista) acrescentou o **art. 11-A** à **CLT**, que prevê expressamente a possibilidade de reconhecimento (de ofício ou mediante provocação) da prescrição intercorrente na fase de execução, deflagrando-se seu prazo (de dois anos) a partir da inércia do credor/exequente em relação ao cumprimento de determinação judicial. Eis a redação do dispositivo:

> *Art. 11-A. Ocorre a prescrição intercorrente no processo do trabalho no prazo de dois anos.*
>
> *§ 1º A fluência do prazo prescricional intercorrente inicia-se quando o exequente deixa de cumprir determinação judicial no curso da execução.*
>
> *§ 2º A declaração da prescrição intercorrente pode ser requerida ou declarada de ofício em qualquer grau de jurisdição.*

Assim, no atual quadro normativo, temos a consagração da figura na CLT (arts. 11-A e 804, § 1º), na Lei n. 6.830/80 e no CPC, além da manifestação da Suprema Corte sobre tema, que, embora proferida em época de distinto delineamento da competência, não pode ser simplesmente desconsiderada, especialmente diante da constatação de que a evolução legislativa encaminhou-se na direção da admissibilidade do instituto.

No entanto, o **Tribunal Superior do Trabalho** mantém o entendimento consolidado desde 1980 em sua **Súmula n. 114**(56), posicionando-se pela não aplicação da prescrição intercorrente no Processo do Trabalho, independentemente de ter havido ou não inércia do exequente.

Mesmo após o advento do CPC de 2015 tem sido esse o posicionamento reiterado na SDI-I(57) e na SDI-II(58) da Corte, também explicitado no art. 2º, inciso VIII(59), da Instrução Normativa n. 39/2016.

Até o momento de encerramento da redação deste trabalho, inexiste manifestação da Alta Corte Trabalhista sobre o tema à luz do novo art. 11-A celetista.

A principal justificativa para a rejeição da prescrição intercorrente reside no art. 878(60) da CLT, que autoriza (*rectius*: determina) a promoção de ofício da execução pelo Juiz do Trabalho (ao menos anteriormente à Reforma Trabalhista, como veremos adiante).

---

e de oportunidade prévia para o credor dar andamento ao processo. 2. Recurso especial afetado ao rito do art. 947 do CPC/2015" (IAC no REsp 1604412/SC, Rel. Ministro MARCO AURÉLIO BELLIZZE, SEGUNDA SEÇÃO, julgado em 08.02.2017, DJe 13.02.2017).

(56) 114. É inaplicável na Justiça do Trabalho a prescrição intercorrente.

(57) Ilustrativamente: *"EMBARGOS. EXECUÇÃO TRABALHISTA. RECURSO DE REVISTA DA EXEQUENTE CONHECIDO E PROVIDO. INAPLICABILIDADE DA PRESCRIÇÃO INTERCORRENTE NO PROCESSO DO TRABALHO. PRINCÍPIO CONSTITUCIONAL DA COISA JULGADA. A execução na seara trabalhista pode ser promovida de ofício pelo Juiz (art. 878 da CLT), o que impossibilita, como princípio, qualquer imputação de perda do direito à execução por inércia do reclamante. Trata-se de interpretação de matéria que guarda relação direta com a coisa julgada (art. 5º, XXXVI, da Constituição Federal), cuja lesão ou ameaça não pode ser excluída da apreciação do Judiciário, a teor do art. 5º, XXXV, da Constituição Federal. Neste contexto, a análise da matéria tem contorno constitucional, na medida em que ao impedir a execução pelo transcurso do tempo, a negação é ao princípio que norteia a coisa julgada, que deve ser cumprida. Reitera-se, portanto, que não se aplica a prescrição intercorrente na execução trabalhista, nos termos da Súmula n. 114 do TST. Embargos conhecidos e desprovidos"* (E-ED-RR 227500-59.2003.5.05.0011, Relator Ministro Aloysio Corrêa da Veiga, Data de Julgamento: 16.02.2017, Subseção I Especializada em Dissídios Individuais, Data de Publicação: DEJT 24.02.2017).

(58) *"RECURSO ORDINÁRIO EM AÇÃO RESCISÓRIA. ART. 485, V, CPC/73. PRESCRIÇÃO INTERCORRENTE. NÃO APLICAÇÃO NAS EXECUÇÕES TRABALHISTAS. VIOLAÇÃO DO ART. 5º, XXXVI, DA CONSTITUIÇÃO FEDERAL. Hipótese em que houve pronúncia da prescrição intercorrente na ação subjacente. Note-se que a prescrição intercorrente ocorre quando a estagnação processual advém exclusivamente da inércia do exequente, ou seja, nos casos em que a parte abdica de praticar os atos processuais indispensáveis ao andamento e que apenas por ela poderiam ser praticados. E, embora a Súmula n. 327 do STF prescreva a impossibilidade de se admitir a prescrição intercorrente no Direito do Trabalho, a Súmula n. 114 do TST, adotada pela jurisprudência desta Corte Superior, dispõe que: "É inaplicável na Justiça do Trabalho a prescrição intercorrente". Nesse contexto, impende ressaltar que a CLT, em seu art. 878, preconiza o impulso oficial do processo em fase de execução. Dessa forma, não há que falar em inércia da parte que ocasione a prescrição intercorrente na ação subjacente. Ademais, não consta na decisão rescindenda a menção de qual ato a parte teria eximido-se de praticar. Assim, verifica-se que a decisão rescindenda incorreu em violação ao art. 5º, XXXVI, da Constituição Federal. Recurso ordinário a que se dá provimento"* (RO 130-72.2013.5.23.0000, Relatora Ministra Maria Helena Mallmann, Data de Julgamento: 22.11.2016, Subseção II Especializada em Dissídios Individuais, Data de Publicação: DEJT 25.11.2016).

(59) Art. 2º Sem prejuízo de outros, não se aplicam ao Processo do Trabalho, em razão de inexistência de omissão ou por incompatibilidade, os seguintes preceitos do Código de Processo Civil: (...) VIII – arts. 921, §§ 4º e 5º, e 924, V (prescrição intercorrente);

(60) Redação anterior à alteração promovida pela Lei n. 13.467/17: Art. 878. A execução poderá ser promovida por qualquer interessado, ou *ex officio* pelo próprio Juiz ou Presidente ou Tribunal competente, nos termos do artigo anterior.

O argumento é relevante, uma vez que o impulso oficial na execução é (era?), de fato, uma das peculiaridades da Justiça do Trabalho, diretamente vinculada à efetividade dos pronunciamentos judiciais. Deixar de observar o aludido preceito legal importaria em negativa de sua vigência.

Diante do impasse, é possível visualizar **dois caminhos interpretativos** para compatibilização do Enunciado n. 327 do STF com a Súmula n. 114 do TST:

O primeiro consiste em acolher a distinção entre prescrição da pretensão executiva, em relação à qual seria aplicável o Enunciado n. 327 do STF, e prescrição intercorrente, que estaria regida pela Súmula n. 114 do TST. Logo, a inércia passível de ensejar a pronúncia da prescrição seria apenas a relativa à deflagração, pelo reclamante, da execução após o trânsito em julgado.

O segundo caminho, que nos parece mais acertado, parte do reconhecimento de que a ampla maioria das medidas direcionadas à satisfação do crédito do exequente pode ser determinada pelo Magistrado(61), admitindo-se, porém, que há atos processuais cuja realização depende exclusivamente do demandante (o exemplo sempre rememorado é o da apresentação de artigos de liquidação). Em tais hipóteses, ante a inviabilidade concreta de atuação de ofício, estaria autorizada a pronúncia da prescrição intercorrente(62).

Esposando esse entendimento, manifesta-se Manoel Antonio Teixeira Filho: "*Partindo dessa assertiva, aliás, podemos construir a regra doutrinária segundo a qual o processo do trabalho deve admitir a prescrição intercorrente sempre que a prática do ato estivesse, exclusivamente, a cargo do credor*"(63).

Com argúcia, sintetiza Homero Batista Mateus da Silva: "*Então, uma solução intermediária propõe que as duas súmulas sejam lidas sob a mesma premissa. A redação da Súmula n. 114 do TST passaria a ser: 'É inaplicável na justiça do trabalho a prescrição intercorrente', supondo-se que a providência seja concorrente, ao passo que a Súmula n. 327 do STF ficaria assim: 'O direito trabalhista admite a prescrição intercorrente', supondo que a providência seja exclusiva da parte*"(64).

É necessário destacar, entretanto, que o tema recebeu novos contornos com o advento da **Lei n. 13.467/2017 (reforma trabalhista)**, que alterou também o art. 878 celetista, que passa a contar com a seguinte redação: "*A execução será promovida pelas partes, permitida a execução de ofício pelo juiz ou pelo Presidente do Tribunal apenas nos casos em que as partes não estiverem representadas por advogado*".

De acordo com tal dispositivo, a execução de ofício deixa de ser a regra da Justiça do Trabalho, sendo reservada às hipóteses nas quais as partes não estão representadas por advogado. Na prática, elimina-se a atuação *ex officio* na execução, uma vez que o *jus postulandi* é absolutamente excepcional na quase totalidade das regiões do Brasil.

Assim, deixa de existir o principal fundamento que justificou a edição da Súmula n. 114 do TST, corroborando-se, também sob essa perspectiva, a admissibilidade da prescrição intercorrente no processo trabalhista.

A tendência, após a edição da Lei n. 13.467/2017, é o cancelamento da Súmula n. 114 ou, ao menos, a modificação do seu conteúdo, restringindo-se a aplicação do verbete aos casos de ausência de acompanhamento por advogado (excepcionalíssimos, como dito).

Admitida a prescrição intercorrente no Processo do Trabalho, remanescem duas questões: **a)** é possível sua pronúncia *ex officio*? **b)** qual prazo deve ser aplicado?

No tocante ao primeiro questionamento, já manifestamos nosso posicionamento no sentido da **possibilidade de atuação de ofício** para pronúncia da prescrição, aqui corroborado, de maneira específica, pela redação do art. 40, § 4º, da Lei n. 6.830/80, do art. 921, § 5º, do CPC/15 e, agora, do art. 11-A, § 2º, da CLT.

(61) A nova redação do art. 878 da CLT, que será objeto de comentário adiante, altera esse quadro.

(62) É essa a compreensão, por exemplo, do Ministro João Oreste Dalazen, consoante se depreende da leitura da seguinte ementa: "*AGRAVO DE INSTRUMENTO. RECURSO DE REVISTA. FASE DE EXECUÇÃO. JUSTIÇA DO TRABALHO. PRESCRIÇÃO INTERCORRENTE. INAPLICABILIDADE. SÚMULA N. 114 DO TRIBUNAL SUPERIOR DO TRABALHO 1. A jurisprudência do Tribunal Superior do Trabalho consolidou o entendimento de que não se aplica a prescrição intercorrente na Justiça do Trabalho. 2. A diretriz perfilhada na Súmula n. 114 do TST também incide no caso de paralisação do processo decorrente de inércia do exequente. Ressalva de entendimento pessoal do Relator. 3. Agravo de instrumento da Executada de que se conhece e a que se nega provimento*" (AIRR 188100-98.2005.5.02.0060, Relator Ministro João Oreste Dalazen, Data de Julgamento: 24.05.2017, 4ª Turma, Data de Publicação: DEJT 09.06.2017).

(63) TEIXEIRA FILHO, Manoel Antônio. *Execução no processo do trabalho*. 11. ed. São Paulo: LTr, 2013. p. 238.

(64) SILVA, Homero Batista Mateus da. *Curso de direito do trabalho aplicado*: execução trabalhista. v. 10. 2. ed. São Paulo: Revista dos Tribunais, 2015. p. 168.

Quanto à segunda indagação, ressalvada a hipótese de encontrar-se em curso o contrato de trabalho[(65)], **o prazo a ser aplicado é bienal**, por força do disposto na parte final do art. 7º, XXIX, da CF/1988[(66)].

O *caput* do novo art. 11-A da CLT estabelece o prazo de dois anos para a prescrição intercorrente, sem consagrar qualquer ressalva.

Em nossa ótica, o dispositivo deve ser interpretado à luz da Constituição, de modo que, estando vigente o contrato, a prescrição intercorrente referente a determinado processo em fase de execução movido pelo trabalhador em face do empregador (situação normalmente visualizada apenas em demandas que envolvam empregados públicos) terá prazo quinquenal, não bienal.

Quanto ao **procedimento** a ser adotado, registramos que o novo art. 11-A, § 1º, da CLT não exige o arquivamento provisório dos autos para a deflagração do prazo de prescrição intercorrente, sendo suficiente, a partir da sua literalidade, a simples omissão do exequente quanto ao cumprimento de determinação judicial. O dispositivo também não prevê a necessidade de prévia manifestação das partes, em desprestígio ao princípio do contraditório.

Haveria, porém, patente ausência de proporcionalidade (na vertente da vedação à proteção insuficiente[(67)]) em conferir-se tratamento processual menos favorável ao credor de verba de natureza alimentar (e diretamente vinculada à própria concretização da dignidade humana) em relação ao credor comum.

Por isso, ante a existência de evidente lacuna axiológica[(68)], sustentamos que o procedimento a ser utilizado no processo trabalhista é o previsto no art. 921 do CPC/15, sendo necessária, em nossa perspectiva, a notificação do demandante a respeito da determinação de arquivamento, momento em que teremos o termo inicial do prazo prescricional. Há de ser observada, também, a oportunização de prévia manifestação das partes antes da pronúncia de ofício da prescrição intercorrente.

Assim, entendemos **aplicável a prescrição intercorrente ao Processo do Trabalho**, devendo ser **pronunciada *ex officio***, observando-se o procedimento previsto no art. 921 do CPC/15, no **prazo de dois anos** (exceto se ainda vigente o vínculo, hipótese em que será de cinco anos), contados da notificação do exequente acerca da determinação de arquivamento dos autos. Na hipótese de o exequente não encontrar-se representado por advogado, a pronúncia da prescrição intercorrente estará restrita aos casos de atos que somente podem ser praticados pelo credor.

6. REFERÊNCIAS BIBLIOGRÁFICAS

ALMEIDA, Cléber Lúcio. *Direito processual do trabalho*. 6. ed. São Paulo: LTr, 2016.

---

(65) *"A prescrição intercorrente é a que ocorre no curso do processo judicial. Tem cabimento quando a parte deixa de providenciar o andamento do processo, na diligência que lhe competia. Seu prazo é idêntico ao prazo para ajuizar ação. Portanto, é de dois anos para os contratos extintos e de cinco anos se ainda vigente o pacto"* (CASSAR, Vólia Bomfim. *Direito do Trabalho*. 12. ed. rev., atual. e ampl. São Paulo: Método, 2016. p. 1.224).

(66) Em sentido diverso: *"Há, porém e pontualmente, a adoção, pela jurisprudência trabalhista, do prazo bienal de prescrição em temas que não lhe são afetos. Algumas cortes regionais o aplicam, por exemplo, quando pronunciam a prescrição intercorrente ou mesmo a prescrição da pretensão executória (art. 884, § 1º da CLT), a pretexto de que o fazem em razão de a relação jurídica já haver cessado. Adotam a prescrição de dois anos porque o contrato se rompeu, quando a Constituição só a contempla a partir do fim do contrato, não o aplicando pelo fato singelo de o contrato haver terminado. O critério constitucional para a adoção do prazo bienal é alusivo à contagem do prazo, mas a jurisprudência inova um critério de cabimento que a norma constitucional não reconhece"* (CARVALHO, Augusto César Leite de. *Direito do Trabalho:* Curso e Discurso. São Paulo: LTr, 2016. p. 100).

(67) *"Por outro lado, poderá o Estado frustrar seus deveres de proteção atuando de modo insuficiente, isto é, ficando aquém dos níveis mínimos de proteção constitucionalmente exigidos ou mesmo deixando de atuar – hipótese, por sua vez, vinculada (ao menos em boa parte) à problemática das omissões inconstitucionais. É neste sentido que – como contraponto à assim designada proibição de excesso – expressiva doutrina e inclusive jurisprudência tem admitido a existência daquilo que se convencionou chamar de proibição de insuficiência (no sentido de insuficiente implementação dos deveres de proteção do Estado e como tradução livre do alemão Untermassverbot). É por tal razão que também a doutrina brasileira (e, em alguns casos, a própria jurisprudência), em que pese não ser pequena a discussão a respeito, em geral já aceita a ideia de que o princípio da proporcionalidade possui como que uma dupla face, atuando simultaneamente como critério para o controle da legitimidade constitucional de medidas restritivas do âmbito de proteção de direitos fundamentais, bem como para o controle da omissão ou atuação insuficiente do Estado no cumprimento dos seus deveres de proteção. Em suma, desproporções – para mais ou para menos – caracterizam violações ao princípio em apreço e, portanto, antijuridicidade, no sentido de uma inconstitucionalidade da ação estatal"* (SARLET, Ingo Wolfgang; MARINONI, Luiz Guilherme; MITIDIERO, Daniel. *Curso de Direito Constitucional*. 2. ed. rev., atual. e ampl. São Paulo: Revista dos Tribunais, 2013. p. 349/350).

(68) Temos uma lacuna axiológica *"no caso de ausência de norma justa, ou seja, quando existe um preceito normativo, mas, se for aplicado, sua solução será insatisfatória ou injusta"* (DINIZ, Maria Helena. *As lacunas no direito*. 6. ed. São Paulo: Saraiva, 2000. p. 95).

BARROS, Alice Monteiro de. *Curso de direito do trabalho*. 10. ed. Atualizado por Jessé Claudio Franco de Alencar. São Paulo: LTr, 2016.

BELMONTE, Alexandre Agra. *Curso de responsabilidade trabalhista:* danos morais e patrimoniais nas relações de trabalho. 2. ed. São Paulo: LTr, 2009.

BRANDÃO, Cláudio. *Acidente do trabalho e responsabilidade civil do empregador*. 4. ed. São Paulo: LTr, 2015.

CASSAR, Vólia Bomfim. *Direito do trabalho*. 12. ed. rev., atual. e ampl. São Paulo: Método, 2016.

CARVALHO, Augusto César Leite de. *Direito do trabalho:* curso e discurso. São Paulo: LTr, 2016.

CAVALCANTE, Jouberto de Quadros Pessoa; JORGE NETO, Francisco Ferreira. Ação rescisória em matéria trabalhista perante os Tribunais Superiores. In: *Revista LTr*. São Paulo, LTr, v. 68, n. 1, jan. 2004.

DELGADO, Mauricio Godinho. *Curso de direito do trabalho*. 15. ed. São Paulo: LTr, 2016.

DIDIER Jr., Fredie. *Curso de direito processual civil*. v 1: introdução ao direito processual civil, parte geral e processo de conhecimento. 18. ed. Salvador: JusPodivm, 2016.

DINIZ, Maria Helena. *As lacunas no direito*. 6. ed. São Paulo: Saraiva, 2000.

EÇA, Vitor Salino de Moura. *Prescrição intercorrente no processo do trabalho*. São Paulo: LTr, 2008.

FELICIANO, Guilherme Guimarães. O "novíssimo" processo civil e o processo do trabalho – uma outra visão. In: *Revista LTr*. São Paulo, LTr, v. 71, n. 3, mar. 2007.

GARCIA, Gustavo Filipe Barbosa. *Curso de direito do trabalho*. 9. ed. rev., atual. e ampl. Rio de Janeiro: Forense, 2015.

GIGLIO, Wagner D. *Direito processual do trabalho*. 16. ed. rev., atual. e adap. São Paulo: Saraiva, 2007.

LEITE, Carlos Henrique Bezerra. A prescrição *ex officio* e a possibilidade de sua aplicação no processo do trabalho. In: *Revista do Tribunal Superior do Trabalho*, Brasília, v. 74, n. 1, jan./mar. 2008.

LÔBO, Paulo. *Direito civil:* parte geral. 5. ed. São Paulo: Saraiva, 2015.

LORENZETTI, Ari Pedro. *A prescrição e a decadência na justiça do trabalho*. São Paulo: LTr, 2009.

MAIOR, Jorge Luiz Souto. Reflexos das alterações do Código de Processo Civil no processo do trabalho. In: *Revista LTr*. São Paulo, LTr, v. 70, n. 8, ago. 2006.

MALLET, Estêvão. O processo do trabalho e as recentes modificações do Código de Processo Civil. In: *Revista do Tribunal Superior do Trabalho*, Brasília, v. 72, n. 2, maio/ago. 2006.

MARINONI, Luiz Guilherme; ARENHART, Sérgio Cruz; MITIDIERO, Daniel. *Novo Código de Processo Civil comentado*. 2. ed. rev., atual e ampl. São Paulo: Revista dos Tribunais, 2016.

MARTINEZ, Luciano. *Curso de direito do trabalho*: relações individuais, sindicais e coletivas do trabalho. 6. ed. São Paulo: Saraiva, 2015.

MARTINS, Sergio Pinto. *Comentários às Súmulas do TST*. 16. ed. São Paulo: Saraiva, 2016.

MIRANDA, Francisco Cavalcanti Pontes de. *Tratado de direito privado:* parte geral. Tomo VI. Rio de Janeiro: Borsoi, 1955.

NASCIMENTO, Amauri Mascaro. Da prescrição no processo trabalhista e suas peculiaridades diferenciadoras do processo comum. In: *Prescrição no Código Civil*: uma análise interdisciplinar. CIANCI, Mirna, Coord. 3. ed. rev. e atual. São Paulo: Saraiva, 2011.

PAMPLONA FILHO, Rodolfo; SOUZA, Tercio. *Curso de direito processual do trabalho*. 1. ed. São Paulo: Marcial Pons, 2013.

PINTO, José Augusto Rodrigues. Reconhecimento *ex officio* da prescrição e processo do trabalho. In: *Revista LTr*. São Paulo, LTr, v. 70, n. 4, abr. 2006.

SARLET, Ingo Wolfgang; MARINONI, Luiz Guilherme; MITIDIERO, Daniel. *Curso de direito constitucional*. 2. ed. rev., atual. e ampl. São Paulo: Revista dos Tribunais, 2013.

SCHIAVI, Mauro. *Manual de direito processual do trabalho*. 12. ed. São Paulo: LTr, 2017.

SILVA, Homero Batista Mateus da. *Curso de direito do trabalho aplicado*: parte geral. v. 1. 3. ed. rev., atual. e ampl. São Paulo: Revista dos Tribunais, 2015.

______. *Curso de direito do trabalho aplicado*: execução trabalhista (v. 10). 2. ed. São Paulo: Revista dos Tribunais, 2015.

SIMÃO, José Fernando. *Prescrição e decadência:* início dos prazos. São Paulo: Atlas, 2013.

TARTUCE, Flávio. *O novo CPC e o direito civil*: impactos, diálogos e interações. 2. ed. rev., atual. e ampl. Rio de Janeiro: Forense; São Paulo: Método, 2016.

TEIXEIRA FILHO, Manoel Antônio. *Comentários ao novo Código de Processo Civil sob a perspectiva do processo do trabalho*. 2. ed. São Paulo: LTr, 2015.

______. *Execução no processo do trabalho*. 11. ed. São Paulo: LTr, 2013.

VIANA, Márcio Túlio. Os paradoxos da prescrição: quando o trabalhador se faz cúmplice involuntário da perda de seus direitos. In: *Revista do Tribunal Regional do Trabalho da 3ª Região*, Belo Horizonte, v. 47, n. 77, jan./jun.2008.

Enunciados do Fórum Nacional de Processo do Trabalho (Versão Compilada)

Reinaldo Branco de Morais

1) NCPC, ART. 15 E CLT, ART. 769. SUBSISTÊNCIA DESTE, EM SUA PLENITUDE. AUTONOMIA DO PROCESSO DO TRABALHO. *A cláusula de contenção ou norma principiológica, fundamental, do processo do trabalho, prevista no art. 769 da CLT, permanece hígida e incólume até pelo reconhecimento, no art. 15 do NCPC, da autonomia do processo do trabalho ou mesmo pela ausência de revogação expressa ou derrogação tácita daquele comando, notadamente pela impossibilidade de a lei geral revogar a lei especial (CLT).*

2) ART. 769 DA CLT. *O Direito Processual do Trabalho não exige a obrigatoriedade de preenchimento de todas as aparentes lacunas normativas, é instrumental e visa precipuamente a resolução de conflitos sociais. O devido processo legal importa na resposta a pretensão trazida e a satisfação do direito material violado.*

3) ART. 8º DA DUDH, ART. 5º, XXXV DA CF, ART. 839 DA CLT. JUS POSTULANDI. *O jus postulandi é uma característica do processo do trabalho que atende ao art. 5º, XXXV da CF e ao art. 8º da DUDH, independente do meio utilizado para a tramitação da demanda. É a realização do princípio do acesso à justiça. Onde houver dificuldade de acesso digital deverá haver um servidor com atribuição para atermar a reclamação trabalhista em questão, podendo ser oficiado o sindicato profissional, ou a Defensoria Pública da União ou a OAB.*

4) ART. 774 E 769 DA CLT E ART. 15 E 218 DO NCPC. *O art. 218 do NCPC é aplicado ao processo do trabalho, por compatibilidade. Inteligência dos arts. 774 e 769 da CLT e art. 15 e 218 do NCPC.*

5) ART. 775 DA CLT E ART. 219 DO NCPC. CONTAGEM DE PRAZO. *Por haver norma própria na CLT (art. 775) os prazos processuais trabalhistas são contados em dias corridos e não em dias úteis. Aplicação do art. 775 da CLT e art. 219 do NCPC.*

6) CLT, ARTS. 769, 849, 852-C E NCPC, ART. 190 NCPC. NEGÓCIO JURÍDICO PROCESSUAL. INEXISTÊNCIA DE LACUNA ONTOLÓGICA OU AXIOLÓGICA. PREVISÃO NA CLT E NA LEI N. 5.584/70. CELERIDADE DOS RITOS TRABALHISTAS, ORDINÁRIO, SUMARÍSSIMO OU ALÇADA. DURAÇÃO RAZOÁVEL DO PROCESSO. *A previsão contida no art. 190, do NCPC, não se aplica aos processos que envolvam dissídios individuais de relação de trabalho, tendo em vista que a CLT tem rito próprio (ordinário, sumaríssimo ou alçada), conforme arts. 849, 852-C e art. 2º, §§ 3º e 4º, da Lei n. 5.584/70. Aplicação dos arts. 769, 849, 852-C da CLT e NCPC, art. 190.*

7) ART. 764, § 3º DA CLT E ART. 3º, § 3º DO NCPC. *O art. 3º, § 3º do NCPC tem clara inspiração no princípio da conciliação do art. 764, § 3º da CLT, sendo desnecessária sua aplicação por haver norma celetista.*

8) ART. 651, CLT E ART. 147, ECRIAD. ACIDENTE DE TRABALHO. AÇÃO MOVIDA POR CRIANÇA E ADOLESCENTE. COMPETÊNCIA TERRITORIAL CONCORRENTE. LOCAL DO DOMICÍLIO DOS RECLAMANTES OU LOCAIS DA PRESTAÇÃO DO TRABALHO. AUSÊNCIA DE DISCIPLINA LEGAL ESPECÍFICA NA CLT. APLICAÇÃO ANALÓGICA DO DISPOSTO NO ART. 147, I, DO ECRIAD. *1. Na hipótese de julgamento de dissídio individual movido por criança e adolescente, admite-se excepcionalmente a fixação da competência territorial pelo foro do local do domicílio dos reclamantes ou do local de trabalho. 2. Aplicação analógica do disposto no art. 147, I, do Estatuto da Criança e do Adolescente (Ecriad), diante da ausência de disciplina legal específica na CLT.*

9) ART. 651, CLT E ART. 53, III, "E", NCPC C/C ART. 2º DA LEI N. 10.741/2003 (ESTATUTO DO IDOSO). AÇÃO MOVIDA POR IDOSO. PRETENSÃO DEDUZIDA EM NOME PRÓPRIO. COMPETÊNCIA TERRITORIAL CONCORRENTE. LOCAL DO DOMICÍLIO DO RECLAMANTE OU LOCAL DA PRESTAÇÃO DE TRABALHO. AUSÊNCIA DE DISCIPLINA LEGAL ESPECÍFICA NA CLT. APLICAÇÃO ANALÓGICA DO DISPOSTO NO ART. 2º DA LEI N. 10.741/03 (ESTATUTO DO IDOSO) C/C ART. 53, III, E, DO NCPC. *1. Na hipótese de julgamento de dissídio individual movido por idoso, admite-se excepcionalmente a fixação da competência territorial pelo foro do local do domicílio do reclamante. 2. Aplicação analógica do disposto no art. 53, III, e, do NCPC c/c art. 2º da Lei n. 10.741/2003 (Estatuto do Idoso), diante da ausência de disciplina legal específica na CLT. Aplicação do art. 651, CLT e art. 53, III, e, NCPC c/c art. 2º da Lei n. 10.741/2003.*

10) TRABALHO DE PRESO. COMPETÊNCIA MATERIAL DA JUSTIÇA DO TRABALHO E COMPETÊNCIA FUNCIONAL. LOCAL DA PRESTAÇÃO DE SERVIÇOS. *Após a Emenda Constitucional n. 45/2004, a Justiça do Trabalho não está adstrita a controvérsias alusivas às relações de emprego. A discussão salarial decorrente de trabalho de preso deve ser dirimida pela Justiça Especializada, por se tratar de espécie de relação de trabalho, atraindo assim o disposto no art. 651 da CLT para fins de se estabelecer o foro competente para dirimir a controvérsia.*

11) ART. 114 DA CF/1988 E ART. 15 NCPC. EMENDA CONSTITUCIONAL N. 45/2004. COMPETÊNCIA MATERIAL DA JUSTIÇA DO TRABALHO. INTERVENÇÃO JUDICIAL. RELEVÂNCIA SOCIAL. *Após a Emenda Constitucional n. 45/2004, a Justiça do Trabalho não está adstrita a controvérsias alusivas às relações de emprego, comportando a intervenção judicial em empresas e organizações para evitar a dilapidação patrimonial, garantir a manutenção dos postos de trabalho e promover a regularidade das obrigações trabalhistas. Inteligência dos art. 114 da CF/1988 e art. 15 NCPC.*

12) ART. 22 DA CF/1988 E ART. 709 DA CLT. RECLAMAÇÃO CORREICIONAL. REGIMENTO INTERNO DA CORREGEDORIA-GERAL DO TST. AFRONTA AO DISPOSTO NO ART. 22 DA CF/1988. COMPETÊNCIA PRIVATIVA DA UNIÃO PARA LEGISLAR SOBRE MATÉRIA PROCESSUAL. *O art. 22 da Constituição Federal confere privativamente à União a competência para legislar em matéria processual. O ordenamento legal não comporta a criação de remédio jurídico de natureza recursal, denominado de reclamação correicional e disposto em regimento interno de Tribunal. Aplicação dos 22 da CF/1988 e art. 709 DA CLT.*

13) ART. 847 DA CLT E ART. 340 DO NCPC. ARGUIÇÃO DE INCOMPETÊNCIA RELATIVA. *O art. 340 do NCPC, no que diz respeito à arguição de incompetência relativa, não se aplica ao processo do trabalho, na medida em que a resposta deverá ser deduzida em audiência, na forma do art. 847 da CLT, por existir regramento próprio, sendo, portanto, incompatível com a norma processual trabalhista na forma dos arts. 769 da CLT e 15 do NCPC (art. 847 da CLT e art. 340 do NCPC).*

14) ART. 114 DA CF/1988 E ART. 18 DA LEI N. 12.690/2012, E ART. 15 DO NCPC C/C COMPETÊNCIA DA JUSTIÇA DO TRABALHO. DISSOLUÇÃO DE COOPERATIVAS DE TRABALHO. FRAUDES. *Após a Emenda Constitucional n. 45/2004, a Justiça do Trabalho passou a dirimir todas as controvérsias decorrentes de relações de trabalho. A Justiça do Trabalho tem atribuição para dirimir conflito de interesses que diga respeito à atuação de cooperativa de trabalho e, constatada a fraude na atuação do ente cooperativo, cabível o manejo da ação competente para fins de se perseguir a dissolução da cooperativa, tudo nos termos do art. 114 da CF/1988 c/c art. 18 da Lei n. 12.690/2012. Inteligência dos art. 114 da CF/1988 e art. 18 da Lei n. 12.690/2012 e art. 15 do NCPC.*

15) NCPC, ART. 319, §§ 1º, 2º E 3º. RELATIVIZAÇÃO. LACUNA NORMATIVA NA CLT, ART. 840, § 1º C/C ART. 769. PETIÇÃO INICIAL. ELEMENTOS PARA QUALIFICAÇÃO DAS PARTES. COMPATIBILIDADE COM OS PRECEITOS DE ACESSO À JUSTIÇA, SIMPLICIDADE, ECONOMIA PROCESSUAL E CELERIDADE. APLICABILIDADE NO PROCESSO DO TRABALHO. *Aplica-se o disposto nos §§ 1º, 2º e 3º do art. 319, do NCPC, ao processo do trabalho, diante da omissão da CLT sobre as hipóteses que trata (art. 840, § 1º) e considerando a compatibilidade dos ordenamentos.*

Cumprimento dos princípios da simplicidade, informalidade, economia processual e celeridade, conforme preceitua o art. 769 da CLT. Com isso, preserva-se a garantia Constitucional do acesso à Justiça (art. 5º, XXXV). Realização das regras do art. 319, §§ 1º, 2º e 3º NCPC; e art. 840, § 1º c/c art. 769, CLT.

16) CLT, ART. 790, § 3º E NCPC, ART. 99, § 3º. GRATUIDADE JUDICIÁRIA. VERACIDADE DA ALEGAÇÃO DE INSUFICIÊNCIA POR PESSOA NATURAL. PRESUNÇÃO. JUSTIÇA GRATUITA À PESSOA JURÍDICA. NECESSIDADE DE COMPROVAÇÃO DE INSUFICIÊNCIA ECONÔMICA. LACUNA NORMATIVA NA CLT. COMPATIBILIDADE COM OS PRECEITOS QUE REGEM O PROCESSO DO TRABALHO. APLICABILIDADE DO PRECEITO. ACESSO À JUSTIÇA AOS NECESSITADOS. GARANTIA CONSTITUCIONAL ASSEGURADA. *A presunção relativa de veracidade sobre a insuficiência de meios para demandar em juízo, sem prejuízo próprio ou da família, milita em favor da pessoa natural. A pessoa jurídica deverá provar, pelos meios de prova em direito admitidos, que não pode arcar com os custos do processo, sem prejuízo de sua manutenção. Harmonização dos princípios Constitucionais relativos à ordem econômica e financeira (art. 170) e art. 790, § 3º, CLT e art. 99, § 3º, NCPC.*

17) NCPC, ART. 10. ART. 769 DA CLT. PROIBIÇÃO DE FUNDAMENTO "SURPRESA", EM DECISÃO SEM PRÉVIO CONTRADITÓRIO. INAPLICABILIDADE NO PROCESSO DO TRABALHO. PREVALÊNCIA DA SIMPLICIDADE, CELERIDADE E INFORMALISMO. *Não se aplica ao processo do trabalho o art. 10 do NCPC, que veda motivação diversa da utilizada pelas partes, ainda que se trate de matéria sobre a qual deva decidir de ofício. Prevalência dos princípios da simplicidade, da celeridade, da informalidade e do jus postulandi, norteadores do processo do trabalho.*

18) CLT, ART. 769 E NCPC, ART. 343. RECONVENÇÃO. *Diante de lacuna da CLT quanto à reconvenção, a regra do art. 343 que possibilita ao réu apresentar essa ação contra o autor na contestação, aplica-se no processo do trabalho. Não se admite a possibilidade de ampliação subjetiva da lide prevista nos §§ 3º e 4º do art. 343 do NCPC.*

19) CLT, ART. 357, § 9º; ARTS. 765, 813, § 2º, 852-B, III, 852-C E NCPC, ARTS. 334, § 12. AUDIÊNCIAS TRABALHISTAS. INTERVALOS MÍNIMOS. INAPLICABILIDADE AO PROCESSO DO TRABALHO. INDEPENDÊNCIA FUNCIONAL DO MAGISTRADO. AMPLA DIREÇÃO NA CONDUÇÃO DAS CAUSAS. ART. 765, DA CLT. NECESSIDADE DE VERIFICAÇÃO CASO A CASO. INEXISTÊNCIA DE LACUNA ONTOLÓGICA OU AXIOLÓGICA. *Não se aplica ao processo do trabalho a fixação de intervalo mínimo entre as audiências, prevista no NCPC, quer pelas peculiaridades do processo do trabalho, quer pela independência funcional do juiz, que tem ampla liberdade na direção dos processos, conforme preceitua o art. 765 da CLT.*

20) ART. 769 DA CLT E ART. 294/NCPC. TUTELA CAUTELAR. O art. 294, caput e parágrafo único, do NCPC, *é aplicável ao processo do trabalho no que diz respeito à concessão de tutela provisória de urgência cautelar, seja de forma antecedente ou incidental, ou de tutela provisória de urgência antecipada em caráter incidental. Inteligência do art. 769 da CLT e art. 294 do NCPC.*

21) ART. 769 DA CLT E ART. 297 DO NCPC. *Nas tutelas de urgência, autorizado pelo poder geral de cautela, o juiz poderá conceder tutela diversa da pleiteada para assegurar resultado prático à demanda, e, principalmente para asseguração de direitos e garantias fundamentais (art. 769 da CLT c/c art. 297 do NCPC).*

22) ART. 769 DA CLT E ART. 297 NCPC. TUTELA DE URGÊNCIA. *É compatível com o processo do trabalho o art. 297 do NCPC (art. 769 da CLT c/c art. 297 do NCPC).*

23) ART. 769 DA CLT E ART. 298 DO NCPC. TUTELA PROVISÓRIA. FUNDAMENTAÇÃO. *Em razão de norma específica e da compatibilidade de institutos, bem como ante o comando do art. 93, IX, da Constituição Federal, o art. 298 do NCPC, é aplicável ao processo do trabalho, devendo o juiz fundamentar todas as decisões (art. 769 da CLT c/c art. 298 do NCPC).*

24) ART. 769 DA CLT E ART. 299 DO NCPC. COMPETÊNCIA FUNCIONAL. TUTELA PROVISÓRIA. *Diante da lacuna normativa e por compatibilidade, é adequado aplicar ao processo do trabalho as regras do art. 299 do NCPC, que tratam da competência funcional para a apreciação dos requerimentos de tutela provisória. A tutela provisória deverá ser requerida ao juízo da causa e, quando antecedente, ao juízo competente para conhecer do pedido principal. (art. 769 da CLT c/c art. 299 do NCPC).*

25) ART. 769 DA CLT E ART. 300 DO NCPC. TUTELA DE URGÊNCIA. PERIGO DE REVERSIBILIDADE. *A natureza e a relevância do direito em discussão na causa podem afastar o requisito da inexistência de perigo de irreversibilidade dos efeitos da decisão, quando da concessão de tutelas de urgência (art. 769 da CLT c/c art. 300, § 3º do NCPC).*

26) ART. 769 DA CLT E ART. 300, § 1º DO NCPC. TUTELA DE URGÊNCIA. CAUÇÃO. *Para os fins do § 1º do art. 300 do NCPC (exigência de caução), que é aplicável ao processo do trabalho, o trabalhador, em regra, é considerado economicamente hipossuficiente.*

27) ART. 769 DA CLT E ART. 300, § 2º DO NCPC. TUTELA DE URGÊNCIA LIMINAR. *É aplicável ao processo do trabalho o § 2º do art. 300, segundo o qual as tutelas de urgência podem ser concedidas liminarmente ou após justificação prévia.*

28) ART. 769 DA CLT E ART. 305 E A 310 DO NCPC. TUTELA DE URGÊNCIA ANTECEDENTE E INCIDENTAL. *A partir da vigência do NCPC, tanto o pedido de tutela cautelar, quer na modalidade antecedente ou na incidental, como o pedido principal, serão formulados nos mesmos autos (caput dos arts. 305 e 308), podendo ser concedida liminarmente ou após justificação prévia (art. 9º, parágrafo único, I, e art. 300, § 2º). A tutela cautelar, em suas modalidades, é compatível com o processo do trabalho e com as medidas liminares previstas art. 659, IX e X da CLT, devendo o autor indicar, na petição inicial, quando antecedente, "a lide e seu fundamento" e a "exposição sumária do direito que se objetiva assegurar e o perigo de dano ou o risco ao resultado útil do processo" (NCPC, art. 300, caput).*

29) ART. 769 DA CLT E ART. 311 DO NCPC. TUTELA DE EVIDÊNCIA. *A tutela de evidência é compatível com o Direito Processual do Trabalho e deve ser amplamente utilizada. Pode ser requerida na petição inicial junto com o pedido principal, bem como no curso do processo, mas sempre nos mesmos autos do pleito atinente à tutela de mérito (analogia do caput do art. 303, § 1º, II c/c caput dos arts. 305 e 308). A tutela da evidência, que não pressupõe demonstração de perigo de dano ou de risco ao resultado útil do processo, mas apenas de uma das situações legalmente elencadas (NCPC, art. 311, I a IV), pode ser concedida liminarmente nas hipóteses dos incisos II e III do art. 311 do NCPC (arts. 9º, parágrafo único, II, e 311, parágrafo único) e guarda compatibilidade com o processo do trabalho, notadamente por propiciar celeridade, razoável duração do processo e efetividade.*

30) (REVOGADO)

31) CLT, ART. 765 E NCPC, ARTS. 139, VI, E 456, PARÁGRAFO ÚNICO. INVERSÃO DO ÔNUS DA PROVA. *No processo do trabalho a concordância das partes é desnecessária para a inversão da ordem da produção de provas, inclusive depoimentos pessoais, interrogatório e inquirição de testemunhas. Inteligência dos art. 765 da CLT e art. 139, VI, e art. 456, parágrafo único, ambos do NCPC.*

32) CLT, ARTS. 825 E 852-H, § 3º E NCPC, ART. 455, § 4º. ARROLAMENTO DE TESTEMUNHAS. *Na hipótese de arrolamento de testemunhas, aplica-se a sistemática do art. 455, § 4º, do NCPC, mediante prévia cientificação das partes interessadas.*

33) CLT, ART. 769 E NCPC, ART. 345, IV. REVELIA. *Diante de lacuna da CLT quanto ao regramento da revelia, a regra do art. 345, IV, se aplica ao processo do trabalho.*

34) CLT, ART. 769 E NCPC, ART. 95, §§ 1º, 2º E 3º, I E II. PERÍCIA JUDICIAL. PAGAMENTO. *Em se tratando de perícia requerida por ambas as partes ou determinada de ofício pelo Juiz, cabe a elas o pagamento, "pro rata", do adiantamento dos honorários periciais, exceto ao beneficiário da justiça gratuita, sendo plenamente aplicável no processo do trabalho as hipóteses previstas no art. 95, §§ 1º, 2º e 3º, I e II, do NCPC.*

35) CLT, ART. 769 E NCPC: ART. 67. COOPERAÇÃO JUDICIAL. *Os preceitos da cooperação nacional são compatíveis com os princípios do processo do trabalho.*

36) CLT, ART. 769 E NCPC, ART.69, INCISO II C/C ART. 55, § 3º. COOPERAÇÃO NACIONAL. REUNIÃO DE PROCESSOS. APLICABILIDADE AO PROCESSO DO TRABALHO. *O art. 69, II, do NCPC é compatível com o processo do trabalho e, em consonância com a novel racionalidade que decorre dos preceitos de cooperação judiciária, cria uma nova modalidade concertada de modificação de competência, como forma de gestão coletiva dos dissídios, sem os pressupostos clássicos da conexão ou da continência. Aplicação do art. 69, II c/c art. 55, § 3º.*

37) CLT, ART. 769 E NCPC, ART. 34 C/C ART. 237. COOPERAÇÃO INTERNACIONAL PASSIVA – COMPETÊNCIA PROCESSUAL CONCORRENTE. *Compete ao juízo federal comum ou do trabalho apreciar pedido de auxílio direto passivo que demande prestação de atividade jurisdicional (art. 34 c/c art. 237, ambos do NCPC).*

38) CLT, ART. 769 E NCPC, ARTS. 67, 68, 69 E § 2º. COOPERAÇÃO ENTRE ÓRGÃOS. *A cooperação judiciária entre órgãos judiciários, no âmbito dos respectivos Tribunais, regiões ou comarcas, prevista no art. 67 do NCPC compreende: a) a cooperação para a prática de atos processuais (arts. 68 e 69); b) a cooperação destinada à concentração de atos de gestão judiciária e de administração de justiça entre órgãos judiciais concernentes à harmonização, racionalização e agilização de rotinas, procedimentos e práticas comuns (art. 1º, I, Recomendação n. 38, CNJ); c) a cooperação para a gestão coletiva de conflitos e a formulação de políticas jurisdicionais, de gestão judiciária e de administração da justiça (art. 9º, anexo da Recomendação n. 38, CNJ).*

39) CLT, ART. 769 E NCPC, ART. 67. SISTEMA NACIONAL DE COOPERAÇÃO JUDICIAL. *O conjunto de normas legais sobre a cooperação judiciária, incluídas as normas legais e administrativas, compõem o sistema nacional de cooperação judiciária que inclui todos os ramos do poder judiciário e a rede nacional de cooperação judiciária, respondendo pela organização, operacionalidade e definição das estratégias relacionadas à implementação, consolidação e aprimoramento da cooperação judiciária (art. 67 do NCPC).*

40) CLT, ART. 769, ARTS. 6º E 10 DA LEI 12.016/2009 E ART. 321 E 322 NCPC. MANDADO DE SEGURANÇA. INTERPRETAÇÃO SISTEMÁTICA. *São incompatíveis com o Mandado de Segurança as modalidades de emenda e saneamento previstas nos arts. 321 e 932, parágrafo único do NCPC, em virtude da existência de norma especial (art. 6º e art. 10, ambos da Lei n. 12.016/2009).*

41) CLT, ART. 769, ARTS. 6º E 10 DA LEI N. 12.016/2009 E ART. 942 NCPC. MANDADO DE SEGURANÇA E AÇÃO RESCISÓRIA. NÃO SE APLICA NOVO JULGAMENTO EM VIRTUDE DE DECISÃO NÃO UNÂNIME. *Não se aplica a técnica do art. 942 do NCPC no mandado de segurança e na ação rescisória, porque no processo do trabalho está assegurado o recurso ordinário em ambas as hipóteses.*

42) ART. 769 DA CLT E ART. 85 §§ 3º E 4º NCPC. HONORÁRIOS ADVOCATÍCIOS. FAZENDA PÚBLICA. *Nas ações de competência da Justiça do Trabalho por força do art. 114, VII, da Constituição Federal, quando devidos honorários advocatícios pela Fazenda Pública, são aplicáveis os parâmetros previstos no art. 85, §§ 3º e 4º, do NCPC.*

43) ART. 769 DA CLT. LACUNAS. PROCESSO COLETIVO DO TRABALHO. *Mesmo após o advento do NCPC, as lacunas do processo coletivo do trabalho, típico ou atípico, são superadas pela aplicação do chamado microssistema processual coletivo formado, em sua fundação, pela Constituição Federal, Lei n. 7.347/1985 (Lei da Ação Civil Pública – LACP: arts. 1º, IV; 19; e 21) e pela Lei n. 8.078/1990 (Código de Proteção e Defesa do Consumidor – CPDC: arts. 81 a 90).*

44) CLT, ART. 769 E NCPC, ART.138. POSSIBILIDADE DE INTERVENÇÃO DO AMICUS CURIAE NO PROCESSO TRABALHISTA. *O instituto da intervenção do amicus curiae, perante a primeira e as instâncias superiores, contida no art. 138 do NCPC, é compatível com o processo do trabalho, nas hipóteses específicas de sua previsão.*

45) CLT, ART. 769 E ART. 94 DA LEI N. 8.078/90. *Para otimizar o acesso metaindividual ou transindividual à Justiça do Trabalho, os demais juízos deverão ser notificados das decisões proferidas em ações civis públicas e ações coletivas que produzam efeitos em empresas com filiais em outras jurisdições distintas da competência do juízo prolator da decisão. Essa notificação poderá ser realizada por ofício enviado via meio eletrônico.*

46) ART. 769 DA CLT. AÇÃO CIVIL PÚBLICA. AÇÃO CIVIL COLETIVA. CUMPRIMENTO DE SENTENÇA. INTERVENTOR. *No cumprimento de sentença do processo coletivo o magistrado poderá nomear interventor judicial para acompanhar o cumprimento das obrigações de fazer, devendo este ser responsável pela prestação de contas periódica à Justiça do Trabalho no lapso determinado em sentença.*

47) ART. 765 DA CLT E ART. 301 DO NCPC. TUTELA CAUTELAR. ARRESTO. DISSÍDIO COLETIVO DO TRABALHO. VIABILIDADE EXCEPCIONAL. *Em situações excepcionais, após justificação prévia e em caráter incidental, é possível, diante do poder geral de cautela inscrito no art. 765 da CLT e na parte final do art. 301 do NCPC, a concessão de tutela cautelar de arresto em sede de dissídio coletivo de greve fundada no inadimplemento de obrigações fundamentais pelo empregador ou quando fundada em comprovada antissindicalidade patronal.*

48) CLT, 769 E NCPC, ART. 4º. PRINCÍPIO DA PRIMAZIA DO JULGAMENTO. *O princípio da primazia do julgamento de mérito, inserido no sistema processual pelo art. 4º do NCPC tem aplicação no direito processual do trabalho, uma vez que o Poder Judiciário deve buscar a solução definitiva da lide em qualquer espécie de conflito, com o fim de que a jurisdição possa atingir seus escopos jurídicos e sociais. Tal dispositivo se coaduna, ainda, com o princípio da simplicidade que permeia o processo do trabalho, observando, assim, a regra do art. 769 da CLT.*

49) ART. 769 E 840 DA CLT E ART. 322, § 2º DO NCPC. INTERPRETAÇÃO DOS PEDIDOS. SIMPLICIDADE PROCESSUAL. BOA-FÉ. *A regra do art. 322, § 2º, do NCPC é recebida pelo processo do trabalho, pois está de acordo com suas finalidades, pondo fim às interpretações restritivas e impondo nova mentalidade para interpretar observando o conjunto da postulação e boa-fé. Trata-se de adequado preenchimento da lacuna normativa e compatibilidade do instituto.*

50) CLT, § 2º DO ART. 795 E NCPC, § 4º DO ART. 64. INCOMPETÊNCIA. ATOS DECISÓRIOS. *A decisão sobre competência absoluta ou relativa conserva seu efeito até que outra seja proferida pelo juízo competente. Houve mudança de diretriz do legislador no direito processual comum, que aproveita ao direito processual do trabalho, na medida em que é constatado o ancilosamento da norma trabalhista. A norma traz maior efetividade, não sendo prejudicial às partes. Inteligência do art. 795, § 2º, CLT c/c art. 64, § 4º, NCPC.*

51) CLT, ART. 769 E 847; NCPC, ART. 367, §§ 5º E 6º. DIREITO DA PARTE DE GRAVAR INTEGRALMENTE A AUDIÊNCIA EM IMAGEM E EM ÁUDIO, EM MEIO DIGITAL OU ANALÓGICO. *As partes têm direito de gravar integralmente em áudio (digital ou analógico) os atos ocorridos em audiência, assegurado o rápido acesso à parte contrária e aos órgãos julgadores, desde que haja prévia comunicação à autoridade judicial, pois os §§ 5º e 6º do art. 367 são compatíveis com o processo do trabalho, em razão dos princípios da boa-fé, da cooperação, da eficiência e do contraditório.*

52) NCPC, ART. 503, § 1º, I A III, § 2º, E 1.054. RESOLUÇÃO DE QUESTÃO PREJUDICIAL. INCIDÊNCIA DE COISA JULGADA MATERIAL, MESMO SEM PEDIDO NA INICIAL. COMPATIBILIDADE COM O PROCESSO DO TRABALHO. *Presentes os requisitos legais, a resolução de questão prejudicial pode ser realizada ainda sem pedido das partes. A alteração legislativa deve ser aplicada aos processos iniciados apenas após a vigência da Lei n. 13.105/2015. Aplicação harmônica dos art. 503, § 1º, I A III, § 2º, e 1.054, ambos do NCPC.*

53) NCPC, ART. 927, INCISOS III A V. DECISÃO VINCULATIVA. INCONSTITUCIONALIDADE. *Os incisos III, IV e V do art. 927 do NCPC são inconstitucionais, pois somente a Constituição da República Federativa do Brasil pode autorizar um Tribunal a adotar súmula ou construção jurisprudencial vinculativa dos outros órgãos integrantes do Poder Judiciário brasileiro, ou normas de caráter impositivo, genéricas e abstratas.*

54) NCPC, ART. 947, § 3º. DECISÃO VINCULATIVA. INCONSTITUCIONALIDADE. *É inconstitucional o § 3º do art. 947 do NCPC, que determina que o acórdão emitido nos casos de assunção de competência terá efeito vinculativo para todos os juízes e órgãos fracionários, pois somente a Constituição da República pode autorizar a lei a atribuir a um Tribunal a competência para editar súmulas ou adotar decisão com efeito vinculante.*

55) NCPC, ART. 932, INCISOS II, III, IV E V. DECISÃO MONOCRÁTICA DE RELATOR. *São admissíveis as decisões monocráticas dos relatores, nos TRTs, com base nos incisos II, III, IV e V do art. 932, desde que previstas nos regimentos internos, com a ressalva de que não há autorização constitucional para que a norma atribua efeito vinculativo às súmulas simples do STF, do STJ, do próprio Tribunal, ou mesmo do TST.*

56) CLT, ART. 659, VI E § 1º DO ART. 897; NCPC, ART. 1.010, § 3º. DISPENSA DE EXAME DE ADMISSIBILIDADE. INAPLICABILIDADE NO PROCESSO DO TRABALHO EM RECURSOS INTERPOSTOS NA PRIMEIRA INSTÂNCIA (VARA DO TRABALHO). *O art. 1.010, § 3º do NCPC é inaplicável ao processo do trabalho por existir regra própria, art. 659, VI e § 1º do art. 897 da CLT.*

57) (REVOGADO)

58) CLT, ARTS. 893, § 1º E 895, I E NCPC, ART. 356. RECORRIBILIDADE IMEDIATA DA DECISÃO PARCIAL DE MÉRITO. *O recurso ordinário, e não o mandado de segurança é o meio impugnativo adequado para atacar, de imediato, as decisões parciais de mérito.*

59) CLT, ART. 769 E NCPC, ART. 1.013, § 3º, I A IV, E § 4º. RECURSO. CAUSA MADURA. *É compatível com o processo do trabalho a ampliação das hipóteses de cabimento da complementação do ato decisório pelos Tribunais em razão da causa madura (art. 1.013, § 3º, I a IV, e § 4º, NCPC).*

60) CLT, ART. 769 E NCPC, ART. 932, I C/C 938, §§ 1º A 4º. CONVERSÃO DE JULGAMENTO DO RECURSO EM DILIGÊNCIA. *O novo direcionamento do modelo do processo civil para converter o julgamento do recurso em diligência quando houver necessidade de produção de prova é compatível com o processo do trabalho (art. 932, I c/c art. 938, §§ 1º a 4º, NCPC).*

61) ART. 5º, LV, CF; ART. 769, CLT E ARTS. 10, 15, 938, § 1º, NCPC. GUIAS DE PREPARO. DOCUMENTO ILEGÍVEL. NECESSIDADE DE INTIMAÇÃO DA PARTE. *Em caso de problemas na visualização das guias do preparo ou documentos apresentados em sede recursal ou ainda de parte do recurso por problemas do arquivo eletrônico, o relator deve permitir ao recorrente sanar a irregularidade do ato processual antes da decisão, assegurando o exercício do contraditório. Interpretação conforme o art. 5º, LV, CF; art. 769 da CLT e arts. 10, 15, 938, § 1º, todos do NCPC.*

62) CLT, ART. 899, § 1º E NCPC, ART. 1.007, §§ 2º E 4º. DEPÓSITO RECURSAL. *A necessidade de intimação da parte para complementar ou efetuar o preparo recursal prevista no art. 1.007, §§ 2º e 4º, do NCPC é incompatível com o processo do trabalho por existência de regra própria.*

63) CLT, ART. 769 E NCPC, ART. 76, § 2º E 104. REGULARIZAÇÃO DE REPRESENTAÇÃO EM RECURSO. *É admissível, em fase recursal, a regularização da representação processual, na forma do art. 76, § 2º do NCPC, bem como o oferecimento tardio de procuração, nos termos do art. 104 do NCPC.*

64) CLT, ART. 769; NCPC, ART. 1.021, §§ 4º E 5º. MULTA. DISPENSA. *É compatível com o processo do trabalho a dispensa de pagamento da multa como pressuposto recursal pela pessoa jurídica de direito público (art. 1.021, §§ 4º e 5º, do NCPC).*

65) CLT, ARTS. 769 E 899. DIREITO DE PETIÇÃO (ART. 5º, XXXIV, CF). NCPC, ARTS. 15, 1.012, V, ARTS. 294 E SEGUINTES, 1.029, § 5º. TUTELAS PROVISÓRIAS CONCEDIDAS EM SENTENÇA. RECURSO ORDINÁRIO COM EFEITO MERAMENTE DEVOLUTIVO. EXTINÇÃO DA AÇÃO CAUTELAR DISCIPLINADA PELO CPC/1973. *O recurso ordinário trabalhista não tem efeito suspensivo, ainda que a sentença tenha concedido tutela provisória. Inaplicável o previsto no art. 1.012, V, NCPC, ao processo do trabalho. Demonstrando a ausência dos requisitos legais para a concessão da medida ou equívoco em sua concessão, o recorrente deverá solicitar excepcionalmente o efeito suspensivo ao recurso ordinário em razões recursais dirigidas ao Tribunal e requerer em petição, devidamente instruída, o efeito suspensivo ao recurso imediatamente ao Tribunal Regional (incidente de efeito suspensivo) (art. 1.012, § 3º, do NCPC).*

66) CLT, ART. 889; NCPC, ART.15. MANUTENÇÃO DA APLICAÇÃO DAS LEIS QUE REGEM A EXECUÇÃO FISCAL COMO NORMA SUBSIDIÁRIA NA EXECUÇÃO TRABALHISTA. *As leis que regem a execução fiscal continuam a anteceder as normas de execução previstas no NCPC para efeitos de aplicação subsidiária e supletiva ao processo do trabalho à luz do art. 889 da CLT.*

67) CLT, ART. 899; NCPC, ART. 515, II, § 2º. ACORDO JUDICIAL. ENVOLVIMENTO DE TERCEIROS E AMPLITUDE DO OBJETO. *O acordo judicial trabalhista pode envolver sujeito estranho ao processo e objeto mais amplo, sendo-lhe aplicável o disposto no art. 515, II e § 2º, do NCPC.*

68) CLT, ART. 769 E 899; NCPC, ARTS. 772 A 774. APLICAÇÃO SUBSIDIÁRIA DAS NORMAS DO PROCESSO DE CONHECIMENTO. PODERES DO JUIZ NA EXECUÇÃO. ATO ATENTATÓRIO À DIGNIDADE DA JUSTIÇA. COMPATIBILIDADE. *Aplicam-se ao processo do trabalho as disposições dos arts. 772, 773 e 774 do NCPC que tratam dos poderes do juiz na execução e dos atos atentatórios à dignidade da justiça.*

69) CLT, ART. 899; NCPC, ARTS. 139, IV, E 916, § 7º. EXECUÇÃO. PARCELAMENTO DO DÉBITO. POSSIBILIDADE EVENTUAL. *A vedação expressa de parcelamento do débito nas execuções fundadas em título judicial (NCPC, art. 916, § 7º) retira do executado o direito subjetivo líquido e certo a esse modo de facilitação de pagamento. Contudo, dentro da amplitude de poderes conferidos ao juiz do trabalho na execução (NCPC, art. 139, IV), poderá o magistrado, mediante decisão devidamente fundamentada, autorizar o pagamento parcelado do débito, com juros e correção monetária, com ou sem o consentimento do exequente, nas execuções de difícil solução.*

70) CLT, ART. 899; NCPC, ART. 833, § 2º; OJ 153/SDI-2/TST. IMPENHORABILIDADE RELATIVA DOS SALÁRIOS E DA CADERNETA DE POUPANÇA. CRÉDITOS TRABALHISTAS. POSSIBILIDADE DE PENHORA. *O art. 833, § 2º, do NCPC, que autoriza a penhora sobre salários e caderneta de poupança para pagamento de prestação alimentícia, independentemente de sua origem, aplica-se às execuções trabalhistas (art. 899, CLT; art. 833, § 2º, NCPC; e OJ 153/SDI-2/TST).*

71) CLT, ART. 899; NCPC, ARTS. 833, § 2º, E 529, § 3º. PENHORA SOBRE PARTE DOS SALÁRIOS. POSSIBILIDADES. *Nos termos do art. 833, § 2º, do NCPC é admitida em qualquer execução trabalhista, a penhora de salário para as importâncias excedentes a 50 (cinquenta) salários-mínimos, considerada a remuneração bruta recebida pelo executado (art. 899 da CLT; art. 833, § 2º, e art. 529, § 3º, ambos do NCPC).*

72) CLT, ART. 642-A; NCPC, ARTS. 495, 517 E 782, § 3º. PROTESTO DE DECISÃO JUDICIAL, INCLUSÃO DO NOME DO EXECUTADO TRABALHISTA EM CADASTRO DE INADIMPLENTES E HIPOTECA JUDICIÁRIA. VIABILIDADE. *Sem prejuízo da inclusão dos devedores no Banco Nacional de Devedores Trabalhistas (CLT, art. 642-A), são aplicáveis à execução trabalhista os arts. 495, 517 e 782, § 3º, do NCPC, que tratam da hipoteca judiciária, do protesto de decisão judicial e da inclusão do nome do executado em cadastros de inadimplentes (SPC, SERASA, CADIN etc.).*

73) (SUPERADO – ENUNCIADO N. 129)

74) (SUPERADO – ENUNCIADO N. 168)

75) CLT, ART. 899; NCPC, ART. 795. RESPONSABILIDADE SUBSIDIÁRIA PATRIMONIAL DOS SÓCIOS. INCOMPATIBILIDADE. *O § 3º do art. 795 do CPC, que autoriza a execução regressiva do sócio pagador contra a sociedade devedora, não se aplica ao processo do trabalho por incompatibilidade.*

76) CLT, ART. 899; NCPC, ART. 805. REGRA DA MENOR ONEROSIDADE NA EXECUÇÃO. COMPATIBILIDADE. *Desde que o executado requeira, indicando meio mais eficaz para solução da execução, a execução trabalhista correrá pelo meio menos oneroso (NCPC, art. 805, parágrafo único).*

77) CLT, ART. 765; NCPC, ART. 792, I. DEVER DE COOPERAÇÃO NA EXECUÇÃO. OBRIGAÇÃO DE NOTIFICAÇÃO DA EXISTÊNCIA DE AÇÃO JUDICIAL. FRAUDE À EXECUÇÃO. *Em busca da máxima cooperação e da boa-fé objetiva dos litigantes diretos e indiretos, pode o magistrado, de ofício ou a pedido das partes, emitir ordem mandamental com base no art. 765 da CLT, para prevenir ato ilícito na execução e exigir dos sócios das reclamadas que sempre informem ao comprador a existência da ação judicial contra sua empresa e declarem se a alienação poderá reduzi-lo à insolvência.*

78) CLT, ART. 899; NCPC, ART. 676, PARÁGRAFO ÚNICO. EMBARGOS DE TERCEIRO. EXECUÇÃO POR CARTA PRECATÓRIA. COMPETÊNCIA TERRITORIAL. *Nas execuções por carta, os embargos de terceiro serão oferecidos no juízo trabalhista deprecado, salvo se a penhora recair sobre bem indicado pelo juízo deprecante ou se já devolvida a carta (art. 676, parágrafo único, NCPC c/c art. 899 da CLT).*

79) CLT, ART. 878; NCPC, ART. 854. PENHORA EM DINHEIRO. SISTEMA BACEN JUD. EXIGÊNCIA DE REQUERIMENTO DO EXEQUENTE. INCOMPATIBILIDADE COM O PROCESSO DO TRABALHO. *É inaplicável o art. 854 do NCPC, visto que o art. 878 da CLT prevê o impulso de ofício da execução, portanto, após a citação da parte e tendo em vista o caráter primordial da penhora em dinheiro, independe de requerimento da parte a utilização do sistema BACEN JUD.*

80) CLT, ART. 899; NCPC, ART. 835, § 1º; SÚMULA 417/III/TST. PENHORA EM DINHEIRO. EXECUÇÃO PROVISÓRIA. *Por força do disposto no art. 835, § 1º, do NCPC, a penhora em dinheiro é sempre prioritária, inclusive em execução provisória, não estando ao alcance do juiz alterar esta ordem de prioridade para oportunizar constrição sobre outro tipo de bem disponível no patrimônio do devedor (art. 899 da CLT; art. 835, § 1º, do NCPC; Súmula n. 417/III/TST).*

81) CLT, ART. 769 E 888; NCPC, ART. 895. EXPROPRIAÇÃO DE BENS PENHORADOS. AQUISIÇÃO PARCELADA. ART. 895 E PARÁGRAFOS, NCPC. OMISSÃO DA CLT. COMPATIBILIDADE COM O PROCESSO DO TRABALHO. APLICAÇÃO DO PRECEITO CIVIL. *O juiz do trabalho pode deferir a aquisição parcelada do bem penhorado (NCPC, art. 895 e seus parágrafos) uma vez que o art. 888 da CLT não contém correspondente normativo e o preceito se compatibiliza com a efetividade da execução trabalhista.*

82) (SUPERADO)

83) CLT, ART. 899; NCPC, ART. 966, § 2º. AÇÃO RESCISÓRIA. COMPETÊNCIA. *A competência da ação rescisória fundada no art. 966, § 2º, II, do NCPC, é do juízo que proferiu a decisão negativa de admissibilidade do recurso. Nessa hipótese, o Tribunal limita-se a proferir o juízo rescindente.*

84) CLT, ART. 836; NCPC, ART. 968, § 2º. AÇÃO RESCISÓRIA. INAPLICABILIDADE DO § 2º DO ART. 968 DO NCPC AO PROCESSO DO TRABALHO. *O limite de 1.000 salários mínimos ao depósito para ajuizamento da ação rescisória, previsto no § 2º do art. 968 do NCPC não se aplica ao processo do trabalho, pois este contém regra específica acerca do tema (art. 836 da CLT), inexistindo lacuna apta a permitir a aplicação subsidiária ou supletiva do NCPC.*

85) CLT, ART. 769; NCPC, ART. 966, § 2º, I. AÇÃO RESCISÓRIA. APLICAÇÃO DO ART. 966 § 2º, I DO NCPC AO PROCESSO DO TRABALHO. *A decisão rescindenda que extingue o processo sem resolução de mérito por acolhimento da coisa julgada, apesar de possuir conteúdo meramente processual, comporta corte rescisório, pois impede a propositura de nova demanda.*

86) A CLT, ART. 769; N CPC, ART. 966, § 2º, II. AÇÃO RESCISÓRIA. APLICAÇÃO DO ART. 966, § 2º, II DO NCPC NO PROCESSO DO TRABALHO. *A decisão do TST que nega provimento ao agravo de instrumento interposto contra decisão do Regional que não conheceu do recurso de revista é rescindível, ainda que não examine o mérito, uma vez que impede a admissibilidade do recurso correspondente.*

87) CLT, ART. 769; NCPC, ART. 968, §§ 5º E 6º. AÇÃO RESCISÓRIA. APLICAÇÃO DO ART. 968, §§ 5º E 6º DO NCPC AO PROCESSO DO TRABALHO. *Em sede de ação rescisória, o vício de incompetência pode ser solucionado pela intimação do autor para emendar a petição inicial, a fim de adequar o objeto e fundamentos da ação, com posterior remessa dos autos ao juízo competente, não havendo falar em extinção do processo sem resolução do mérito, por inépcia da inicial.*

88) CLT, ART. 769; NCPC, ART. 292, § 3º. AÇÃO RESCISÓRIA. APLICAÇÃO DO ART. 292, § 3º DO NCPC AO PROCESSO DO TRABALHO. *O juiz corrigirá de ofício o valor da causa quando verificar que não corresponde ao conteúdo patrimonial em discussão ou ao proveito econômico perseguido pelo autor.*

89) CLT, ART. 769; CPC, ART. 142. AÇÃO RESCISÓRIA. APLICAÇÃO DO ART. 142 DO NCPC. *Diante da redação do art. 142 do NCPC, antigo art. 129 do CPC/73, acrescentando a expressão "aplicando, de ofício, as penalidades da litigância de má-fé", é possível, inclusive na ação rescisória, a condenação de ofício dos litigantes em colusão.*

90) CLT, ART. 769. *A autonomia do Direito Processual do Trabalho, respeitados os princípios, é compatível com a Teoria do Diálogo das Fontes.*

91) CLT, ARTS. 769 E 889. CPC, ART. 15. *Diante da previsão de aplicação supletiva do CPC ao Processo do Trabalho (art. 15), o requisito da compatibilidade, previsto nos arts. 769 e 889 da CLT, deve ser interpretado no sentido da máxima efetividade da Jurisdição Trabalhista.*

92) CLT, ART. 769. CPC, ART. 15. *Na aplicação supletiva do CPC ao Processo do Trabalho, em caso de omissão parcial, o requisito da compatibilidade é mais relevante que o requisito da omissão, respeitados os princípios do Processo do Trabalho.*

93) O Direito Processual do Trabalho visa ao amplo acesso à Justiça, à celeridade processual, à conciliação, à simplificação dos atos praticados de modo concentrado, à proatividade judicial e à cooperação para a melhor solução da lide.

94) CLT, ART. 769. CPC, ART. 67 E SEGUINTES. *A cooperação judicial nacional é importante para promover o combate ao trabalho em condições análogas a escravo e trabalho infantil.*

95) CLT, ARTS. 846 E 850. CPC, ARTS. 165 E SEGUINTES. CONCILIAÇÃO E MEDIAÇÃO. ARTS. 165 E SEGUINTES DO CPC. INCOMPATIBILIDADE COM O PROCESSO DO TRABALHO. INEXISTÊNCIA DE LACUNA NORMATIVA. ARTS. 846 E 850 DA CLT. *Embora vocacionado à solução negociada dos conflitos, a teor do disposto no art. 764 da CLT, no âmbito do processo do trabalho, não se mostra compatível o regramento inserto nos arts. 165 e seguintes do CPC, porque a conciliação deve ser realizada única e exclusivamente pelo Juiz, inexistindo lacuna normativa a justificar a heterointegração. Inteligência dos arts. 846 e 850 da CLT.*

96) CPC, ART. 334, CLT, ARTS. 764, 846 E 850. IMPOSSIBILIDADE DA AUDIÊNCIA PRÉVIA DE CONCILIAÇÃO OU DE MEDIAÇÃO NOS TERMOS DO ART. 334 DO CPC NO PROCESSO DO TRABALHO. *Tendo em vista que o processo do trabalho já regulamenta a conciliação trabalhista nos arts. 764, 846 e 850 da CLT, tem-se pela incompatibilidade e pela inaplicabilidade do art. 334 do CPC no processo do trabalho, não havendo que se falar em audiência prévia de conciliação.*

97) CPC, ART. 515, § 2º. CLT, ART. 764. AUTOCOMPOSIÇÃO JUDICIAL. APLICABILIDADE AO PROCESSO DO TRABALHO. AUTOCOMPOSIÇÃO JUDICIAL. ART. 515, § 2º DO CPC. APLICABILIDADE AO PROCESSO DO TRABALHO. ART. 764 DA CLT. *O art. 515, § 2º do CPC é compatível com o processo do trabalho, essencialmente vocacionado à solução negociada do conflito, condicionada a validade do ajuste à preservação dos direitos fundamentais e aos limites éticos que norteiam a atividade autocompositiva, e submetida ao crivo do Poder Judiciário.*

98) CPC, ART. 138. CLT, ART. 765. O AMICUS CURIAE NA CONCILIAÇÃO TRABALHISTA. *O amicus curiae, previsto no art. 138, é aplicável no processo do trabalho, conforme art. 765 da CLT, podendo o magistrado admitir a participação no processo, de pessoa física ou jurídica, órgão ou entidade especializada, com o propósito de prestar informações relevantes acerca de matéria técnica e/ou fática relacionada ao objeto da lide, em benefício de um justo juízo conciliatório.*

99) CPC, ARTS. 926 E 988. AUTOMATIZAÇÃO DE ROTINAS E UNIFORMIZAÇÃO DA JURISPRUDÊNCIA. *O princípio da automaticidade que informa o processamento de dados extraídos do processo eletrônico é premissa para o estímulo à uniformização da jurisprudência.*

100) LEI N. 11.419/2006, ART. 1º, § 2º, I. PRINCÍPIOS DA IMATERIALIDADE E INSTANTANEIDADE. FLUXOS QUÂNTICOS. *Os princípios da imaterialidade e instantaneidade vedam que o processo eletrônico trâmite por fluxos estanques, devendo os autos eletrônicos ter a liberdade para estar em mais de uma tarefa ao mesmo tempo, abrindo-se a uma racionalidade em rede, dialógica, fluida e em tempo real, que privilegia a prática de atos por meio dos recursos tecnológicos disponíveis, preferentemente o de menor custo, considerada sua eficiência.*

101) CPC, ARTS. 2º, 371 E 372. CLT, ART. 765. PRODUÇÃO DE PROVA. APLICAÇÃO SUPLETIVA AO PROCESSO DO TRABALHO. *Os arts. 2º, 371 e 372 do CPC reafirmam a dicção do art. 765 da CLT acerca da liberdade do juiz na direção do processo, notadamente na produção das provas. Aplicáveis, portanto, supletivamente, ao Processo do Trabalho.*

102) CLT, ARTS. 765 E 818, § 1º. TEORIA DINÂMICA DO ÔNUS DA PROVA. APLICAÇÃO AO PROCESSO DO TRABALHO. *Reafirmando a essência constante do art. 765 da CLT, aplica-se ao Processo do Trabalho a teoria dinâmica do ônus da prova, consubstanciada no art. 818, § 1º, da CLT.*

103) CLT, ART. 818, § 1º. APTIDÃO PARA A PROVA. SÚMULA 331, ITEM V, DO TST. *O princípio da aptidão para a prova (CLT, art. 818, § 1º) é aplicável à hipótese elencada no item V da Súmula n. 331 do TST, incumbindo ao ente da Administração Pública direta ou indireta a prova de que cumpriu com seu dever de fiscalização do contrato de trabalho do terceirizado.*

104) PSICOTERROR EVIDENCIADO POR ASSÉDIO MORAL DO EMPREGADOR. *Para a caracterização do assédio moral dispensa-se a prova da intenção do assediador, se pretendia ou não comprometer aspectos da personalidade do trabalhador. Todavia, eventual conduta subjetiva pode ser valorada na quantificação da indenização do dano moral.*

105) CPC, ART. 371. CLT, ARTS. 832, CAPUT, E 852-D. SISTEMA DO LIVRE CONVENCIMENTO OU DA PERSUASÃO RACIONAL. MANTENÇA DE SINCRONIA ENTRE PROCESSO CIVIL E PROCESSO LABORAL. *O art. 371 do CPC, tal qual os arts. 832, caput, e 852-D, da CLT, continua consagrando o sistema do livre convencimento ou da persuasão racional, de modo que ao juiz remanesce a liberdade de, fundamentadamente, conferir às provas produzidas no processo o peso que entender devido, tudo a revelar que o processo civil e o processo do trabalho, no particular, prosseguem em perfeita sincronia técnica.*

106) CPC, ARTS. 381 A 383. CLT, ARTS. 769 E 889. AÇÃO PROBATÓRIA AUTÔNOMA. OMISSÃO LEGAL E COMPATIBILIDADE PRINCIPIOLÓGICA. INCIDÊNCIA NO PROCESSO DO TRABALHO. *A ação autônoma probatória, importante medida de redução de litigiosidade prevista nos arts. 381 a 383 do CPC, é aplicável ao processo do trabalho, tendo em vista a omissão da CLT e sua perfeita compatibilidade com os princípios da conciliação responsável, economia processual e efetividade jurisdicional (CLT, arts. 769 e 889).*

107) CLT, ART. 769 E CPC, ART. 372. PROVA EMPRESTADA. *Diante da lacuna da CLT e compatibilidade principiológica com a processualística laboral, o regramento da prova emprestada, disposto no art. 372 do CPC, aplica-se ao processo do trabalho.*

108) AMICUS CURIAE NA CONCILIAÇÃO DO DISSÍDIO COLETIVO. *O amicus curiae, previsto no art. 138 do CPC, é aplicável ao processo do trabalho. Este instituto pode ser utilizado no dissídio coletivo.*

109) AMICUS CURIAE NA CONCILIAÇÃO DAS AÇÕES COLETIVAS. *O sistema de jurisdição metaindividual trabalhista tem como objetivo tutelar os direitos coletivos trabalhistas, abrangendo os direitos coletivos em sentido estrito, individuais homogêneos e difusos, fomentando, assim, o pleno acesso ao Poder Judiciário. Diante da complexidade e pluralidade das matérias envolvidas nas ações coletivas, é permitido ao magistrado de ofício ou a requerimento da parte lançar mão do amicus curiae.*

110) CPC, ART. 932, III, E PARÁGRAFO ÚNICO. FALTA DE ATAQUE A FUNDAMENTOS DA DECISÃO RECORRIDA. VÍCIO NÃO SUPRÍVEL NO PRAZO DE CINCO DIAS PREVISTO NO PARÁGRAFO ÚNICO DO ART. 932 DO CPC. *O momento de o recorrente impugnar "especificamente os fundamentos da decisão recorrida" é o previsto em lei para a interposição do recurso. A intimação prevista no parágrafo único do art. 932 do CPC permite sanar apenas vícios formais do recurso, sem acréscimo de motivação, a tempo e modo, não ofertada.*

111) (REVOGADO)

112) CPC, ARTS. 942, CAPUT. PROSSEGUIMENTO DO JULGAMENTO HAVENDO VOTO VENCIDO ("NOVA TÉCNICA DE JULGAMENTO"). INAPLICABILIDADE NO PROCESSO DO TRABALHO. *A inovação do direito processual civil, que implica na substituição dos embargos infringentes do CPC/1973 por outra técnica de julgamento consistente na continuidade do julgamento mediante convocação de julgadores em número suficiente para garantir a possibilidade de inversão do resultado inicial, não possui aplicação em nenhum dos casos de recorribilidade em dissídio individual trabalhista pela inexistência, no processo laboral, do manuseio dos embargos infringentes do CPC/1973.*

113) CPC, ARTS. 932, I, 938, §§ 1º A 4º C/C 1.013, § 3º, I A IV, E § 4º. CAUSA MADURA. OBRIGATORIEDADE VERSUS FACULDADE DE JULGAMENTO PELO TRIBUNAL ESTANDO O PROCESSO EM CONDIÇÕES DE IMEDIATO JULGAMENTO. *Diferentemente do modelo do CPC/1973, que facultava ao tribunal julgar o mérito quando afastada a sentença terminativa, sendo a matéria exclusivamente de direito (CPC/1973, art. 515, § 3º, cujo parágrafo foi inserido no direito positivo pela Lei n. 10.352/2001), a novel ordem jurídica processual determina, se o processo estiver em condições de imediato julgamento, que o tribunal, desde logo, julgue o mérito (causa madura).*

114) CPC, ART. 1.013, § 3º, III C/C 323 E 505, I. CONTRATO DE TRABALHO VIGENTE. PRESTAÇÕES DE TRATO CONTINUADO. AUSÊNCIA DE CONDENAÇÃO NA ORIGEM. APRECIAÇÃO PELO TRIBUNAL. COMPATIBILIDADE COM O PROCESSO LABORAL. *Em demanda que envolve prestações de trato sucessivo (parcelas vincendas), enquanto vigente a relação objeto da lide, a condenação deve abranger as vencidas até o ajuizamento da ação e as que vencerem durante o processo, competindo ao juízo recursal analisar as prestações vincendas, quando impugnado o pedido principal no apelo (CPC, art. 1.013, caput, in fine), pela ampliação das hipóteses de causa madura (CPC, art. 1.013, § 3º, III). As parcelas vincendas reputar-se-ão incluídas no pedido principal, mesmo quando não expressamente deduzidas (pedido implícito), justamente para evitar a repetição de idêntica ação entre os contendores, a cada inadimplemento, enquanto inalterada a realidade fática relativa à causa (CPC, arts. 323 e 505, I).*

115) CPC, ART. 927. PRECEDENTES. SÚMULAS DO STF E TST ANTERIORES AO NCPC. INAPLICABILIDADE DO CARÁTER OBRIGATÓRIO. *As Súmulas do Supremo Tribunal Federal e do Tribunal Superior do Trabalho anteriores ao início* *de vigência do Novo CPC não se inserem dentro do conceito de precedentes estabelecido pelo art. 927 do CPC.*

116) RECLAMAÇÃO. JUSTIÇA DO TRABALHO. DEVER DE AUTORREFERÊNCIA. RESPEITO AOS PRECEDENTES. CABIMENTO TRT, AINDA QUE CAUSA ESTEJA NO TST. DEVER DE COERÊNCIA. *A reclamação é cabível na Justiça do Trabalho e se apresenta como importante instrumento de proteção da isonomia e dos deveres de coerência e estabilidade, pois é expressão do dever de autorreferência em que os Tribunais devem respeitar os seus próprios precedentes.*

117) (REVOGADO)

118) CPC, ARTS. 179, 947, 976, §2º, 982, III, 984, II, "A". INCIDENTE DE ASSUNÇÃO DE COMPETÊNCIA (IAC). MINISTÉRIO PÚBLICO DO TRABALHO. INTERVENÇÃO OBRIGATÓRIA. FISCAL DA ORDEM JURÍDICA. *O Ministério Público do Trabalho será notificado nos Incidentes de Assunção de Competência, intervindo como fiscal da ordem jurídica e, inclusive, assumindo a titularidade, caso seja necessário (CPC, arts. 179, 947, 976, §2º, 982, III, 984, II, "a").*

119) CPC, ARTS. 932, PARÁGRAFO ÚNICO C/C §§ 2º E 4º DO ART. 1.007. PARTE QUE EXPRESSAMENTE DECLARA O NÃO RECOLHIMENTO DO DEPÓSITO RECURSAL E CUSTAS. DESNECESSIDADE DE INTIMAÇÃO PARA SANAR O VÍCIO. *Não se aplica a regra do art. 932, parágrafo único e §§ 2º e 4º do art. 1007, ambos do CPC, à parte que, em seu recurso, declara expressamente que não recolherá custas e depósito recursal, não cabendo, pois, a intimação para sanar tal vício.*

120) CPC, ART. 517. CLT, ART. 878. PROTESTO EXTRAJUDICIAL DE TÍTULO EXECUTIVO JUDICIAL. ART. 517 DO CPC. COMPATIBILIDADE COM O PROCESSO DO TRABALHO. PRINCÍPIO DO INTERESSE. ART. 878 DA CLT. *O art. 517 do CPC é aplicável ao processo do trabalho, porque lacunosa a CLT, além da sintonia da disposição normativa com os princípios que o formatam, podendo o protesto extrajudicial ser determinado de ofício, nos termos do art. 878 da CLT.*

121) CLT, ART. 765. CPC, ART. 792, IV. DEVER DE COOPERAÇÃO NA EXECUÇÃO. OBRIGAÇÃO DE NOTIFICAÇÃO DA EXISTÊNCIA DE AÇÃO JUDICIAL. FRAUDE À EXECUÇÃO. *Em busca da máxima cooperação e da boa-fé objetiva dos litigantes diretos e indiretos, pode o magistrado, de ofício ou a pedido das partes, emitir ordem mandamental com base no art. 765 da CLT, para prevenir ato ilícito na execução e exigir dos sócios das reclamadas que sempre informem ao comprador a existência da ação judicial contra sua empresa e declarem se a alienação poderá reduzi-lo à insolvência.*

122) CLT, ART. 899; CPC, ART. 805 e 835. DEVER DE COOPERAÇÃO NA EXECUÇÃO. OBRIGAÇÃO DE INDICAÇÃO DE BEM DO MESMO NÍVEL DE PROTEÇÃO AO CREDOR. *O estado de sujeição do devedor ao credor, à sociedade e ao Poder Judiciário impõe ao executado que indique meio mais eficaz e menos gravoso a sua posição jurídica, sempre respeitando, em ordem de prejudicialidade, o art. 835 do CPC.*

123) CLT, ARTS. 765 E 832. CPC, ARTS. 536 E 537. FIXAÇÃO DE MEIOS ADEQUADOS AO CUMPRIMENTO DA SENTENÇA E CONTEMPT OF COURT. *Contemporaneamente, os arts. 765 e 832 da CLT correspondem ao poder geral de cautela dos magistrados para impor meios indiretos e conducentes ao cumprimento da sentença, sendo os arts. 536 e 537 do CPC exemplos não exaurientes de imposição de meios indiretos de execução e satisfação do título, perfeitamente compatíveis com o processo do trabalho.*

124) CPC, ARTS. 139, IV, E 536. AMPLIAÇÃO DOS PODERES CONFERIDOS AO JUIZ DO TRABALHO NA EXECUÇÃO. PRESTAÇÕES PECUNIÁRIAS. MEDIDAS COERCITIVAS. APLICAÇÃO AO PROCESSO DO TRABALHO. *A ampliação dos poderes conferidos ao Juiz do Trabalho na execução, inclusive quanto à imposição de medidas coercitivas para assegurar o cumprimento de obrigação de pagar, aplica-se ao processo do trabalho. A racionalidade da execução das obrigações de fazer, não fazer e dar coisa certa estendeu-se à obrigação de pagar, sendo que a coercitividade deve ser a mesma. Assim, tornou-se possível, inclusive, a imposição de astreintes para forçar o cumprimento de decisão, cujo objeto corresponde à prestação pecuniária (CPC, arts. 139, IV, e 536).*

125) CPC, ART. 139, INCISO IV, E ART. 536. AMPLIAÇÃO DOS PODERES CONFERIDOS AO JUIZ DO TRABALHO NA EXECUÇÃO. OBRIGAÇÃO DE PAGAR. MEDIDAS NECESSÁRIAS À SATISFAÇÃO DO EXEQUENTE. APLICAÇÃO AO PROCESSO DO TRABALHO. *A ampliação dos poderes conferidos ao Juiz do Trabalho na execução, inclusive quanto à imposição de medidas necessárias à satisfação do crédito exequente, plenamente aplicável ao processo do trabalho, faculta ao julgador definir meios efetivos de coerção, desde que respeitados os direitos e garantias previstos na Constituição de 1988 (art. 536 c/c art. 139, IV do CPC; art. 5º da CF/1988). Neste sentido, a inserção do nome do devedor nos cadastros de restrição de crédito, a proibição de participar de licitações e de contrair empréstimos públicos são medidas coercitivas para satisfação do crédito trabalhista, que compõem rol aberto de possibilidades de ampla utilização pelo Juiz do Trabalho.*

126) CPC, ART. 843. CONCEITO DE PARTE ALHEIA E EQUIVALENTE MONETÁRIO. *A penhora de bens indivisíveis somente assegura o direito ao equivalente monetário na alienação, ao quinhão ou a quota-parte, quando se demonstra a inexistência de prática de ato societário e a participação na aquisição com renda própria e alheia à atividade econômica do executado, sendo aplicável o art. 843 do CPC a qualquer forma de copropriedade.*

127) CPC, ART. 678. CLT, ART. 888. INEXISTÊNCIA DE EFEITO SUSPENSIVO INTRÍNSECO AOS EMBARGOS DE TERCEIROS. *A eficácia e autoridade próprias da coisa julgada coloca o exequente em posição proeminente, e somente a demonstração cabal da propriedade ou da posse e da condição de terceiro frente à execução permite a suspensão dos atos executivos, inclusive os alienatórios, como dimana da redação do art. 678 do CPC vigente.*

128) CPC, ART. 840, II. CLT, ART. 883. NOMEAÇÃO DE DEPOSITÁRIO JUDICIAL QUANDO DA PENHORA DE BEM IMÓVEL. *A manutenção do devedor na condição de depositário judicial constitui evidente conflito de interesses e risco para a satisfatividade da execução, podendo o juízo nomear depositário judicial que cuide da conservação e exibição dos imóveis aos potenciais arrematantes ou adquirentes, determinando a desocupação do imóvel pelo devedor, como preconiza o art. 840, inciso II, do CPC.*

129) CLT, ART. 899; CPC, ARTS. 700 E 702, § 6º. AÇÃO MONITÓRIA TRABALHISTA. POSSIBILIDADE. *O art. 700 do CPC, que trata da ação monitória, aplica-se ao processo do trabalho, observado o procedimento especial ali previsto e, convertido o título apresentado em título executivo, o procedimento de cumprimento da sentença próprio da CLT (art. 880 e seguintes).*

130) CPC, ARTS. 674 A 681. EMBARGOS DE TERCEIRO. EXISTÊNCIA DE FRAUDE CONTRA CREDORES. POSSIBILIDADE DE DECLARAÇÃO INCIDENTAL DE NULIDADE DO ATO FRAUDULENTO. ART. 9º DA CLT. DESNECESSIDADE DE AJUIZAMENTO DE AÇÃO PAULIANA PERANTE A JUSTIÇA COMUM. *Com esteio no art. 9º da CLT e com base nos princípios da instrumentalidade, concentração e simplicidade, é plenamente cabível a declaração incidental de fraude contra credores no processo do trabalho pelo julgador que analisa os embargos de terceiro e constata a existência de conluio fraudatório entre devedor e embargante.*

131) CPC, ART. 828, § 4º DA CLT, ARTS. 878 E 889. CTN, ART. 185. INCOMPATIBILIDADE DA PREVISÃO DO § 4º DO ART. 828 DO CPC AOS PRINCÍPIOS DO PROCESSO DO TRABALHO. *O art. 828, § 4º do CPC, não é aplicável ao processo do trabalho. A uma, por alocar a responsabilidade na emissão e apresentações de certidões ao exequente, enquanto a praxe trabalhista, baseada na celeridade e efetividade da satisfação do crédito exequendo, já disponibiliza uma série de ferramentas ao Juiz, para que, à exegese do art. 878 da CLT, os órgãos competentes tenham ciência das restrições impostas pela execução. E, a duas, porque tal previsão do CPC não considera a notificação válida do executado como marco inicial à consubstanciação da fraude à execução, na forma do regime especial previsto no art. 185 do CTN, mais compatível com os princípios basilares do processo do trabalho.*

132) CPC, ART. 835, VII E 826. PENHORA DE SEMOVENTES. AUSÊNCIA DE ALCANCE QUANTO A ANIMAIS DE ESTIMAÇÃO. *A expressa previsão de penhora de semoventes inscrita no inciso VII do art. 835 do CPC alcança apenas os animais submetidos à exploração econômica, não englobando os animais de estimação sem proveito econômico, sob pena de ofensa à dimensão objetiva dos direitos fundamentais e configuração de maus tratos aos animais por retirada de seu "habitat".*

133) CPC, ART. 840, § 1º. DEPÓSITO DE BENS MÓVEIS E IMÓVEIS. PREFERÊNCIA DO EXEQUENTE EM RELAÇÃO AO EXECUTADO. *Na ausência de depositário judicial, o exequente tem preferência em relação ao executado para investidura de depositário de bens móveis e imóveis, na conformidade do art. 840, § 1º, do CPC, compatível com o processo do trabalho, por ser meio de coerção indireta na busca da efetividade processual.*

134) CPC, ART. 161, PARÁGRAFO ÚNICO. DEPOSITÁRIO INFIEL. VEDAÇÃO RESTRITA À PRISÃO CIVIL. POSSIBILIDADE DE CONFIGURAÇÃO DE TIPO PENAL. CRIME DE APROPRIAÇÃO INDÉBITA OU PECULATO. NECESSIDADE DE COMUNICAÇÃO AO ÓRGÃO COMPETENTE. *A proteção supralegal conferida ao depositário infiel não alcança sua responsabilidade criminal, sendo vedada apenas a prisão civil, podendo o magistrado oficiar o órgão policial e/ou o Ministério Público para aferição de cometimento de tipo penal.*

135) CPC, ART. 515, § 5º. EXECUÇÃO DE TÍTULO JUDICIAL EM FACE DO FIADOR, DO COOBRIGADO OU DO CORRESPONSÁVEL. DESNECESSÁRIA A PARTICIPAÇÃO DESTES NA FASE DE CONHECIMENTO. INCOMPATIBILIDADE DO ART. 513, § 5º, DO CPC, COM AS NORMAS DE DIREITO E PROCESSO DO TRABALHO. *Desnecessária é a participação do fiador, do coobrigado ou do corresponsável, na fase de conhecimento, para que se possa promover a execução de título judicial* *em desfavor destes, considerando que, no processo do trabalho, a Lei n. 6.830/1980 constitui a primeira fonte subsidiária do direito processual do trabalho, no que tange à execução, e dita lei não ressalva a necessidade de que tais sujeitos constem no título executivo (Lei n. 6.830/1980, art. 4º).*

136) Enunciado propedêutico – Homenagem ao Professor Wagner D. Giglio. "Objetam alguns que o Direito Processual não poderia tutelar uma das partes, sob pena de comprometer a própria ideia de justiça, posto que o favorecimento afetaria a isenção de ânimo do julgador. Não lhes assiste razão, pois justo é tratar desigualmente os desiguais, na mesma proporção em que se desigualam, e o favorecimento é qualidade da lei e não defeito do juiz, que deve aplicá-la com objetividade, sem permitir que suas tendências pessoais influenciem seu comportamento. Em suma: o trabalhador é protegido pela lei, e não pelo juiz." (Wagner D. Giglio. Direito Processual do Trabalho, 15. ed. São Paulo: Saraiva, 2005. p. 85).

137) A Teoria do Diálogo das Fontes é fundamento para a aplicação da medida legal de indisponibilidade de bens, prevista no art. 185-A do Código Tributário Nacional, ao Processo do Trabalho.

***138) CPC, ARTS. 338 e 339. PRINCÍPIO DA COMPLEMENTARIDADE (AMPLIAÇÃO) OU ALTERABILIDADE (CORREÇÃO) DO POLO PASSIVO APÓS A CONTESTAÇÃO.** A novidade processual civil autorizadora da substituição do demandado ou inclusão de terceiros no polo passivo, após a defesa, em nítida mudança de comportamento com o modelo anterior (CPC/1973, art. 264, caput), está em sintonia com os princípios fundantes do processo laboral, além dos da primazia da integral decisão de mérito (CPC, art. 4º), da cooperação (CPC, art. 6º) e da eficiência (CPC, art. 8º), frente ao máximo aproveitamento dos atos processuais na busca do que realmente interessa à solução da causa (tema de fundo).*

139) Tanto a aplicação subsidiária quanto a aplicação supletiva do CPC ao Direito Processual do Trabalho (CPC, art. 15) submetem-se ao critério normativo da compatibilidade previsto nos arts. 769 e 889 da CLT.

140) (REVOGADO)

141) A supressão proposta para a parte final do parágrafo único ("naquilo em que não for incompatível com os princípios fundamentais deste") e a inclusão do parágrafo terceiro no art. 8º da CLT pelo PLC 38/2017 são inconstitucionais (arts. 1º, 7º, 173 da CF) e incompatíveis com os princípios fundamentais do direito do trabalho, da proteção e da vedação ao retrocesso social.

142) O texto sugerido pelo PLC 38/2017 aos arts. 652, f, e 855-B da CLT é contrário ao princípio da proteção e à própria razão de ser da Justiça da Trabalho, ao estimular o afastamento da jurisdição. Constitui, ainda, estímulo à realização de acordos fora dos parâmetros determinados pelos arts. 100 da CF, 1.707 do CC e 9º da CLT.

143) O processo do trabalho é incompatível com a noção de sucumbência recíproca, que inibe as formulações dos reclamantes. A proposta contida no PLC 38/2017, nesse aspecto, é inconstitucional, desfigura o processo do trabalho, inclui em suas regras algo que lhe é avesso, autorizando, inclusive, compensação com o crédito alimentar obtido no processo, o que ofende a intangibilidade de salário e seu caráter alimentar, via de regra auferidos em demanda trabalhista. É o fim da assistência ao trabalhador. É a adoção da lógica civil, na qual se presume igualdade entre as partes e, portanto, não pode ser aceita no âmbito do processo do trabalho.

144) A literalidade do art. 39 da Lei n. 8.177/1991 não indica a TR como fator de correção monetária, mas sim como de juros de mora. Não há outra razão para correção monetária que não a reposição efetiva das perdas sofridas pelo trabalhador. Deve ser aplicado o IPCA- E como critério para a atualização dos créditos trabalhistas.

145) O depósito recursal é medida que atende à efetividade do processo, não se confunde com custas processuais e, portanto, em nada diz com o benefício da assistência judiciária gratuita. Sua mitigação ou mesmo supressão, como autoriza a proposta de redação do PLC 38/2017, constitui desnaturação do processo do trabalho, com vistas à legitimação do discurso de extinção da Justiça do Trabalho e, portanto, deve ser rechaçada.

***146) ARTS. 3º E 13 DA LEI N. 7.347/1985 E ART. 832 DA CLT.** Nas ações coletivas a reparação dos bens públicos lesados deve ter como escopo a recuperação do local da lesão e permitir a visibilidade da reparação pela comunidade, dotando-a de equipamentos de uso comum ou especial que viabilize o desenvolvimento local, em regime de cooperação com o Ministério Público.*

***147) ACESSO À JUSTIÇA E PODER GERAL DE CAUTELA DA JURISDIÇÃO. ART. 765 DA CLT, ARTS. 8º E 139 DO CPC.** Na reparação aos bens públicos lesados e na sanção por dano moral coletivo a destinação de recursos ao Fundo de Amparo do Trabalhador constitui meio inadequado e ineficaz de reconstituição dos bens lesados e de visibilidade do caráter pedagógico da sanção por dano moral coletivo, devendo os Tribunais Regionais do Trabalho e o Ministério Público do Trabalho destinar as reparações aos bens públicos das localidades atingidas, a equipamentos públicos de educação e saúde, ou a instituições da sociedade civil que desenvolvam atividades com pertinência temática ao objeto da tutela coletiva.*

***148) RESPONSABILIDADE AMBIENTAL TRABALHISTA.** Por força do disposto nos arts. 769 da CLT e 15 do CPC, a tutela coletiva vocacionada à proteção do meio ambiente de trabalho deve seguir os preceitos de responsabilidade objetiva e dosimetria da sanção da Lei n. 6.938/1981, inclusive para estabelecer a intensidade do relacionamento econômico, jurídico e organizacional dos integrantes de uma cadeia de valor.*

***149) CLT, ART. 896-C, § 4º.** Na escolha dos casos paradigmas, devem ser preferidas, como representativas da controvérsia, demandas coletivas às individuais, observados os requisitos do art. 896-C da CLT.*

***150) ARTS. 297, 520 E 537 DO CPC; ART. 12, § 2º, LEI N. 7.347/1985.** Pode incidir o cumprimento provisório da decisão judicial proferida no processo trabalhista coletivo, quanto à fixação de multa de natureza coercitiva.*

***151) CPC, ARTS. 8º E 11.** As ações coletivas trabalhistas devem ser objeto, tanto no ajuizamento quanto no julgamento, da mais ampla divulgação e publicidade, com a finalidade de acesso das coletividades envolvidas.*

***152) ARTS. 333 E 139, X, DO CPC.** A técnica processual da conversão da ação individual em coletiva foi vetada no CPC, contudo no processo coletivo trabalhista se aplica o dever do juízo, diante de demandas individuais repetitivas ou também denominados de litigantes em massa, de oficiar ao rol de legitimados ativos estabelecidos na ação civil pública, em especial ao Ministério Público do Trabalho e sindicato profissional, para que promova a ação coletiva respectiva.*

***153) ARTS. 138 E 15 DO CPC.** O processo coletivo no âmbito trabalhista deve adotar, como regra, sempre que possível, o caminho de abertura e pluralidade, empregando a intervenção do amicus curiae, na forma do art. 138 do CPC, bem como audiências públicas ou outros meios, para a ampla participação da coletividade envolvida, não ficando restrito à atuação dos legitimados ativos.*

***154) CLT, ART. 765. CPC, ARTS. 15 e 139, IV.** No exercício da tutela coletiva, o magistrado deve empregar quaisquer medidas indutivas, coercitivas, mandamentais ou sub-rogatórias necessárias para o adimplemento da ordem judicial, e não apenas a fixação de multa (astreintes).*

***155) CPC, ART. 372. TUTELA COLETIVA E PROVA EMPRESTADA.** A tutela coletiva, na seara trabalhista, pode valer-se do instituto da prova emprestada, desde que respeitada a norma processual fundamental do contraditório (CPC, art. 9º).*

***156) AÇÃO COLETIVA. SINDICATO. SUBSTITUIÇÃO PROCESSUAL PLENA. LIQUIDAÇÃO E EXECUÇÃO. ART. 8º, III, DA CRFB/88; ARTS. 81, 82, 97 e 98 DO CDC.** Os sindicatos possuem ampla e irrestrita legitimidade para também promoverem a liquidação e a execução decorrentes das ações coletivas por eles propostas. Inexiste dispositivo legal no ordenamento jurídico brasileiro que retire a legitimidade ativa da entidade sindical, mediante necessidade de apresentação de procuração individualizada, por substituído, por ocasião do início da liquidação ou da execução. Aplicação dos arts. 97 e 98 do CDC.*

157) É cabível o regramento da ação monitória (art. 700 e seguintes do CPC) às ações civis públicas que tiverem por base autos de infração lavrados por autoridade administrativa competente, bem como com base em decisões judiciais transitadas em julgado proferidas em dissídios individuais.

***158) EXECUÇÃO INDIRETA. SANÇÕES RESTRITIVAS. PRINCÍPIO DA SUPREMACIA DO CRÉDITO TRABALHISTA. ART. 186 DO CÓDIGO TRIBUTÁRIO NACIONAL.** Sendo o crédito trabalhista prioritário em relação aos demais créditos exigíveis do mesmo devedor, as normas restritivas de direitos não podem ser menos rigorosas aos devedores trabalhistas que aos demais devedores.*

***159) NCPC, ARTS 139, IV, E 536. DIVULGAÇÃO DE LISTA DE DEVEDORES TRABALHISTAS NAS REDES SOCIAIS.** As informações acerca da execução trabalhista são públicas e comportam divulgação em meio hábil a atingir o seu desiderato maior: compelir o devedor a satisfazer o crédito trabalhista, não podendo ser considerado meio de cobrança vexatória, uma vez que se trata de simples ato de divulgação do cadastro de devedores trabalhistas.*

***160) CLT, ART. 765. NCPC, ARTS. 139, IV, E 536. AMPLIAÇÃO DOS PODERES CONFERIDOS AO JUIZ DO TRABALHO NA EXECUÇÃO. OBRIGAÇÃO DE PAGAR. MEDIDAS NECESSÁRIAS À SATISFAÇÃO DO EXEQUENTE. APLICAÇÃO AO PROCESSO DO TRABALHO.** A ampliação dos poderes conferidos ao Juiz do Trabalho na execução, inclusive quanto à imposição de medidas necessárias à satisfação do exequente, plenamente aplicável ao processo do trabalho, impõe ao julgador definir meios efetivos de coerção, desde que respeitados os direitos e garantias previstos na Constituição de 1988 (arts. 536 c/c 139, IV, do NCPC; art. 5º da CRFB/88). Neste sentido, a inserção do nome do devedor nos cadastros de restrição de crédito, a proibição de participar de licitações e de contrair empréstimos públicos, através de ofício ao BNDES são medidas coercitivas para satisfação do crédito* *trabalhista, que compõem rol aberto de possibilidade de ampla utilização pelo Juiz do Trabalho.*

161) (SUPERADO)

162) CF, ART. 114; CLT, ART 877; LEI N. 6.015/73, ART. 197. *As discussões acerca da legalidade da averbação de atos de constrição ou registro de propriedade decorrente de execução trabalhista são de competência do Juízo Trabalhista e não do Juiz Corregedor dos Cartórios, visto que este exerce atividade administrativa, que não se sobrepõe à atividade jurisdicional do magistrado trabalhista.*

163) CPC, ART. 332. IMPROCEDÊNCIA LIMINAR. EMBARGOS DE TERCEIRO. CABIMENTO. *A ação de embargos de terceiro admite o julgamento de improcedência liminar previsto no art. 332 do CPC.*

164) O crédito trabalhista de natureza jurídica remuneratória preenche o suporte fático correspondente ao "crédito de natureza alimentar, independentemente de sua origem", previsto no art. 521, I, do CPC para efeito de dispensa de caução na execução provisória ("Art. 521. A caução prevista no inciso IV do art. 520 poderá ser dispensada nos casos em que: I – o crédito for de natureza alimentar, independentemente de sua origem;").

165) O crédito trabalhista, inclusive de alimentos indenizativos da responsabilidade civil, preenche o suporte fático correspondente à "prestação alimentícia, independentemente de sua origem", previsto no art. 833, § 2º, do CPC, para o efeito de admitir-se a penhora de salário e de quantia depositada em caderneta de poupança ("Art. 833. São impenhoráveis: IV – os vencimentos, os subsídios, os soldos, os salários...; X – a quantia depositada em caderneta de poupança, até o limite de 40 (quarenta) salários mínimos. § 2º – O disposto nos incisos IV e X do caput não se aplica à hipótese de penhora para pagamento de prestação alimentícia, independentemente de sua origem...").

166) Diante da frustração das medidas típicas executivas, a apreensão de passaporte é medida eficaz e autorizada pelos arts. 765 da CLT e 139, IV, do CPC, desde que o documento não constitua instrumento indispensável para o exercício das atividades profissionais do executado.

167) Por aplicação supletiva do art. 523 do CPC/2015 e como autoriza o art. 765 da CLT, cabe a intimação do executado, por meio de seu advogado, para pagar ou garantir a execução no prazo fixado pelo juiz.

168) CLT, ART. 889; CTN, ART. 185. NCPC, ART. 792, V; CPC/1973, ART. 593, III. FRAUDE À EXECUÇÃO. REGIME DO ART. 185 DO CTN. TERMO INICIAL DA FRAUDE À EXECUÇÃO TRABALHISTA. *O marco inicial da fraude à execução trabalhista é o protocolo da petição inicial – fase de conhecimento, segundo a inteligência do CPC/1973, art. 263, e do NCPC, art. 312 –, até pela inexistência da constituição do crédito trabalhista em fase anterior à judicial, como ocorre com o crédito tributário (CTN, art. 185). Entendimento que visa, de um lado, à necessária coerência do conjunto de normas reguladoras do mesmo instituto processual (fraude à execução) a credores com preferência especial (fiscal e trabalhista) e, por outro, a dar efetividade ao cumprimento da sentença trabalhista.*

169) EXCEÇÃO DE INCOMPETÊNCIA EM RAZÃO DO LUGAR. PRESTAÇÃO DE SERVIÇOS NO EXTERIOR. INEXISTÊNCIA DE INDICAÇÃO EM EXCEÇÃO DE INCOMPETÊNCIA DE QUAISQUER DAS HIPÓTESES DO ART. 651 DA CLT. INAPLICABILIDADE DO CPC. COMPETÊNCIA RELATIVA. PRORROGAÇÃO DA COMPETÊNCIA POR ELEIÇÃO DE FORO PELO AUTOR DA AÇÃO. *Em ação que discute aplicação da legislação brasileira, decorrente de alegado vínculo mantido em razão de trabalho prestado no exterior por trabalhador contratado no território nacional, caso apresentada exceção de incompetência, sem que haja indicação de quaisquer das hipóteses do art. 651 da CLT, com negativa de prestação de serviços em território nacional, o foro competente para apreciar a lide será aquele eleito pela parte autora que lhe proporcione pleno acesso à justiça.*

170) TUTELA PROVISÓRIA. TUTELA ANTECIPADA ANTECEDENTE. ESTABILIZAÇÃO DA DEMANDA. ADAPTAÇÃO AO PROCESSO DO TRABALHO. ART. 304 DO CPC. ARTS. 795 E 893, § 1º, DA CLT. *Não sendo possível recorrer contra decisões interlocutórias de imediato, na Justiça do Trabalho, e considerando que a estabilização da demanda em que seja concedida tutela antecipada antecedente não exige o provimento, mas a mera interposição de agravo de instrumento, a parte reclamada poderá evitar a estabilização mediante simples registro de protesto na primeira oportunidade que lhe caiba falar nos autos.*

171) SUSPENSÃO DO PROCESSO. ART. 313, IX E X e §§ 6º e 7º DO CPC. APLICAÇÃO AO PROCESSO DO TRABALHO. *Suspende-se o processo por trinta dias pelo parto ou pela concessão de adoção, quando a advogada responsável pelo processo for a única patrona da causa, bem como, por oito dias, quando o advogado responsável pelo processo constituir o único patrono da causa e tornar-se pai.*

172) Na hipótese de julgamento de dissídio individual no qual figure como parte empregados hipervulneráveis (idosos, crianças e adolescentes, submetidos a condições análogas à de escravo, trabalhador com deficiência, índio em vias de integração e o não integrado (isolado), trabalhador arregimentado de um local a outro do território, mulher em situação de violência doméstica e familiar), admite-se, excepcionalmente, a fixação da competência territorial pelo foro do local do domicílio deles (art. 5º, XXXV, da Constituição Federal).

173) ÔNUS DA PROVA. DISTRIBUIÇÃO DINÂMICA. REGRA DE INSTRUÇÃO. ART. 373, § 1º, DO CPC. RESPONSABILIDADE CIVIL SUBJETIVA DA ADMINISTRAÇÃO PÚBLICA TOMADORA DE SERVIÇOS NA TERCEIRIZAÇÃO. *A afirmação da impossibilidade de responsabilização automática da Administração Pública, nos casos em que promova a terceirização de serviços, conduz à exigência de prova de culpa da tomadora no controle e fiscalização da empresa contratada. Pela evidente maior aptidão da tomadora na obtenção das provas de sua diligência na execução do contrato de prestação de serviços, é lícito imputar-lhe, previamente, antes do início da instrução processual, o ônus da respectiva prova, cabendo ao julgador examinar as provas produzidas ou considerar a inércia probatória, conforme o caso.*

174) A competência territorial prevista no art. 651 da CLT pode ser abrandada quando o trabalhador comprovar a inviabilidade de deslocamento até o local de prestação dos serviços, em razão da efetividade do princípio constitucional do amplo acesso à justiça e do princípio de proteção do hipossuficiente, reconhecendo-se a competência do local da residência do trabalhador.

175) RECONHECIMENTO DO VÍNCULO DE EMPREGO PELA INSTÂNCIA RECURSAL. TEORIA DA CAUSA MADURA. APLICAÇÃO. *Provido o recurso ordinário da parte reclamante e reconhecido o vínculo de emprego na instância recursal, deve o Colegiado aplicar a Teoria da Causa Madura (art. 1.013, § 3º, III, do CPC) e imediatamente julgar todos os pedidos decorrentes do reconhecimento do vínculo de emprego.*

176) PARTE PESSOA NATURAL RESIDENTE NO EXTERIOR. AUSÊNCIA JUSTIFICADA AO ATO MEDIANTE INCIDÊNCIA DO ART. 843, § 2º, DA CLT. POSSIBILIDADE DE COLHEITA DO DEPOIMENTO PESSOAL POR MEIO DE QUALQUER RECURSO TECNOLÓGICO. APLICAÇÃO DO ART. 385, § 3º, DO CPC C/C ART. 769 DA CLT E ART. 15 DO CPC. *Quando a parte pessoa natural residir no exterior ao tempo da audiência de instrução, o depoimento poderá ser colhido por videoconferência, ou, inexistindo recurso habilitado em quaisquer das comarcas, poderá o juiz adotar o uso de outros recursos tecnológicos, tais como Skype, WhatsApp e Face Time.*

177) É cabível no processo do trabalho o julgamento antecipado do mérito (art. 355, I, do CPC), que deve ser oportunamente avaliado na abertura da audiência em relação à prescrição arguida a fim de já restringir a produção desnecessária de provas para a sempre desejável celeridade do procedimento.

178) ART. 790-B DA CLT. LEI N. 13.467/2017. ARTS. 5º, XXXV, E 8º, DA CF/1988. ACESSO À JUSTIÇA. LEGITIMIDADE SINDICAL. *O sindicato profissional é legítimo para propor ação coletiva em nome dos substituídos de um setor da empresa, por exemplo, ou de toda ela, para verificação de agentes nocivos à saúde. Com a reforma trabalhista a medida constitui economia processual e maior acessibilidade à Justiça, em especial quanto à nova regra de pagamento de custas, honorários sucumbenciais e periciais.*

179) ACESSO À JUSTIÇA. ART. 840, § 1º, DA CLT. ATRIBUIÇÃO DE VALOR DO PEDIDO. *Quando a determinação do valor depender de documento ou ato da parte contrária ou, ainda, de prova pericial, é lícito ao autor formular pedido certo e determinado, porém sem indicação do valor deste ou com indicação por estimativa, por aplicação supletiva do inciso III do § 1º do art. 324 do CPC.*

180) VALOR DO PEDIDO. LIMITAÇÃO. *O valor atribuído ao pedido por força do art. 840, § 1º, da CLT, por corresponder à sua expressão monetária aproximada, não representa o limite de eventual condenação. A sentença será liquidada nos termos do art. 879 da CLT.*

181) SUCUMBÊNCIA RECÍPROCA. CUSTAS. INAPLICABILIDADE. *Por falta de previsão legal, não se estende às custas o regime de sucumbência recíproca aplicável aos honorários advocatícios (CLT, art. 791-A, § 3º).*

182) HONORÁRIOS PERICIAIS. ACESSO À JUSTIÇA. ART. 790-B DA LEI N. 13.467/2017. *Quando da ação resultarem verbas de caráter alimentar que não alterem a condição da parte de beneficiária da justiça gratuita, caso esta reste sucumbente no objeto da perícia, a União responderá pelo encargo, nos termos do § 4º do art. 790-B da CLT e do art. 5º, XXXV e LXXIV, da Constituição Federal.*

183) ART. 791-A DA CLT. HONORÁRIOS ADVOCATÍCIOS. INDENIZAÇÃO POR DANOS EXTRAPATRIMONIAIS. RECONHECIMENTO DO DANO COM A REDUÇÃO DA INDENIZAÇÃO PRETENDIDA. *AUSÊNCIA DE SUCUMBÊNCIA RECÍPROCA. O reconhecimento do dano extrapatrimonial na Justiça do Trabalho com redução da gravidade atribuída ao dano (no original: do dano pretendida) ou redução do valor apontado na petição inicial não implica em sucumbência recíproca, não sendo devidos honorários sobre a quantia indeferida.*

184) HONORÁRIOS ADVOCATÍCIOS. EXTINÇÃO DO PROCESSO SEM RESOLUÇÃO DO MÉRITO. INEXIGIBILIDADE. *Não transpondo o legislador todas as disposições do CPC referentes aos honorários advocatícios de sucumbência para a CLT, em típica hipótese de silêncio eloquente, não será exigível do reclamante tal verba quando o processo seja arquivado ou extinto sem resolução do mérito por outra causa (CLT, art. 791-A; CPC, arts. 85, § 2º, e 90).*

185) HONORÁRIOS ADVOCATÍCIOS DE SUCUMBÊNCIA. HOMOLOGAÇÃO DE ACORDO JUDICIAL OU EXTRAJUDICIAL. *Por não haver sucumbência nos acordos judiciais ou extrajudiciais (CLT, arts. 846 e 855-B), não são exigíveis os respectivos honorários, salvo se em sentido diverso convencionarem as partes e independentemente dos honorários contratuais.*

186) EXCEÇÃO DE INCOMPETÊNCIA TERRITORIAL. CANCELAMENTO DA AUDIÊNCIA DESIGNADA. NECESSIDADE DE DECISÃO JUDICIAL. ART. 800, § 1º, DA CLT. *Não será automático o cancelamento da audiência designada caso o reclamado apresente, no prazo de cinco dias úteis, contados de sua notificação inicial, a exceção de incompetência territorial. A medida somente deve ser adotada pelo juiz quando o necessário tempo de tramitação da exceção comprometer a realização da audiência, podendo a data inicialmente designada ser aproveitada para realização do ato caso haja ciência da decisão acerca da exceção de incompetência com observância do prazo do art. 841, caput, da CLT.*

187) HONORÁRIOS SUCUMBENCIAIS. SUCUMBÊNCIA PARCIAL. APLICAÇÃO SOMENTE QUANDO OCORRE SUCUMBÊNCIA INTEGRAL DO PEDIDO. LEI N. 13.467/2017. *A hipótese que trata o § 3º do art. 791 introduzido à CLT pela Lei n. 13.467/2017 não será aplicada em caso de condenação parcial em cada pedido separadamente.*

188) HONORÁRIOS ADVOCATÍCIOS. OMISSÃO EM DECISÃO. ART. 791-A DA CLT. *Aplica-se ao Processo do Trabalho o entendimento de que "os honorários sucumbenciais, quando omitidos em decisão transitada em julgado, não podem ser cobrados em execução ou em ação própria" (Súmula n, 453 do STJ).*

189) LITIGÂNCIA DE MÁ-FÉ. DESLEALDADE PROCESSUAL. ART. 793-B DA CLT. DEMONSTRAÇÃO DE DOLO.

I – Não configura litigância de má-fé a formulação de pleito cuja procedência em juízo dependa da interpretação da legislação trabalhista;

II – Deve haver demonstração inequívoca da existência de dolo ou de desvio de conduta processual, no sentido de que a parte agiu com deslealdade processual, para a caracterização da litigância de má-fé prevista no art. 793-B da CLT.

III – A mera utilização de todos os recursos e meios legais cabíveis para a discussão do direito das partes não caracteriza, por si só, a litigância de má-fé, mesmo sendo sucumbente o litigante.

190) COOPERAÇÃO INTERINSTITUCIONAL. PROCESSO DO TRABALHO. ARTS. 67, 68 E 69 DO CPC E 769 DA CLT. *É possível a cooperação interinstitucional no processo do trabalho (CPC, arts. 67, 68 e 69; CLT, art. 769).*

191) TEORIA DO DIÁLOGO DAS FONTES. *A teoria do diálogo das fontes é aplicável na interpretação da Reforma Trabalhista.*

192) DIREITO INTERTEMPORAL PROCESSUAL. ART. 14 DO CPC. APLICAÇÃO DA NOVA LEGISLAÇÃO (LEI N. 13.467/2017) ÀS NORMAS EXCLUSIVAMENTE DE CUNHO PROCESSUAL E NÃO ÀQUELAS DE CARÁTER HÍBRIDO OU BIFRONTE. *Diploma legal em matéria processual que altera o anterior, como regra, tem aplicação imediata a atos processuais futuros, exceto quanto a efeitos híbridos ou bifrontes (natureza de direito processual e material).*

193) LEI N. 13.467/2017. HERMENÊUTICA APLICÁVEL. INTERPRETAÇÃO SISTEMÁTICA E CONFORME A CONSTITUIÇÃO. *A Lei n. 13.467/2017 demanda a aplicação concomitante de método interpretativo sistemático e conforme a constituição em cada um de seus preceitos, sob pena de (i) consagrar dispositivos contraditórios dentro da própria CLT, considerando-se aqueles que permaneceram inalterados e aqueles que foram acrescidos ou modificados, e (ii) inverter a ordem da força normativa e do fundamento de validade de determinado sistema jurídico, incorrendo em erro crasso de técnica hermenêutica, como também negar eficácia a uma vontade constitucional que embasa o Estado Democrático de Direito.*

194) APLICAÇÃO SUPLETIVA DO CPC. ART. 15 DO CPC. *A expressão "ausência de normas" do art. 15 do CPC deve ser interpretada quanto à aplicação supletiva não apenas como a inexistência de lei que regule o processo do trabalho, como também a ausência de colisão entre o CPC e a norma trabalhista específica.*

195) CONTROLE DIFUSO DE CONSTITUCIONALIDADE. RESERVA DE PLENÁRIO. INTERPRETAÇÃO CONFORME A CONSTITUIÇÃO. *A interpretação conforme a constituição, como interpretação sistemática e dever do juiz, não se submete ao procedimento do art. 97 da Constituição Federal. Observância dos arts. 8º e 139 do CPC, 5º do Decreto-lei n. 4.657/42 e 8º, caput, e 769 da CLT.*

196) EXECUÇÃO DE OFÍCIO. *A teor do art. 794 da CLT, não há nulidade processual quando o juízo realiza a execução de ofício, desde que assegurado às partes o contraditório, uma vez que nessa hipótese não se caracteriza manifesto prejuízo processual.*

197) EXECUÇÃO DE OFÍCIO. INTERPRETAÇÃO SISTÊMICA DO CONJUNTO DE NORMAS. ARTS. 765, 769 e 878 DA CLT E 114, VIII, DA CONSTITUIÇÃO FEDERAL. *Embora o art. 878 da CLT determine que a execução trabalhista seja iniciada preferencialmente pela parte, quando possuir advogado constituído no processo, a interpretação sistêmica do conjunto de normas, inclusive com apelo constitucional, afasta apontado dispositivo. A norma do art. 765 da CLT se sobrepõe ao comando do art. 878 do mesmo diploma, inclusive se analisado em conjunto com a disposição do art. 114, VIII, da CF, que permanece hígido e determina a promoção da execução de ofício em relação às contribuições sociais incidentes sobre os créditos trabalhistas reconhecidos em juízo, que possuem caráter acessório.*

198) EXECUÇÃO DE OFÍCIO. ART. 878 DA CLT. DISTINÇÃO ENTRE AUTOR EM "JUS POSTULANDI" DAQUELE QUE CONSTITUI ADVOGADO. CRÉDITO TRIBUTÁRIO VERSUS TRABALHISTA. PREFERÊNCIA DESTE ÀQUELE. ÓBICE À EFETIVIDADE DO CRÉDITO TRIBUTÁRIO EM DETRIMENTO DO TRABALHISTA. *A apuração das contribuições sociais incidentes sobre verba trabalhista de natureza salarial impõe a liquidação completa da sentença. Sendo a execução do crédito tributário realizada de ofício (CLT, art. 876, parágrafo único) e não tendo este preferência em relação ao do trabalhador (CTN, art. 186), de rigor cabe a execução também de ofício do crédito trabalhista, sob pena de ofensa ao privilégio e à efetividade deste relativamente ao tributário.*

199) PRESCRIÇÃO INTERCORRENTE. PRAZO DE DOIS ANOS. INTERPRETAÇÃO CONFORME A CONSTITUIÇÃO. *De acordo com o art. 7º, XXIX, da Constituição Federal, o prazo prescricional no âmbito trabalhista é de cinco anos, limitados aos dois anos do encerramento do contrato de trabalho. Por outro lado, a prescrição intercorrente segue o mesmo prazo do direito material invocado, conforme expressa a Súmula n. 150 do STF. Deste modo, o prazo de prescrição intercorrente, fixado no art. 11-A da CLT pela Lei n. 13.467/2017, aplica-se apenas às execuções que envolvam lide oriunda de relação de emprego extinta. Tratando-se de execução de sentença relacionada a contrato de trabalho em curso, a prescrição intercorrente aplicável é a quinquenal.*

200) PRESCRIÇÃO INTERCORRENTE. INSTITUTO JURÍDICO QUE RESTRINGE DIREITOS. INTERPRETAÇÃO ESTRITA. *A prescrição intercorrente é instituto jurídico que restringe direitos, razão por que deve ser interpretada de forma estrita.*

201) PRESCRIÇÃO INTERCORRENTE. FLUÊNCIA DO PRAZO PRESCRICIONAL. VIGÊNCIA DA LEI N. 13.467/2017. APLICAÇÃO RETROATIVA. IMPOSSIBILIDADE. *A fluência do prazo prescricional intercorrente na execução trabalhista somente pode ter início a partir da vigência da Lei n. 13.467/2017, sendo impossível sua aplicação retroativa.*

202) PRESCRIÇÃO INTERCORRENTE. ART. 11-A, § 1º, DA CLT. INTERPRETAÇÃO DA LOCUÇÃO DETERMINAÇÃO JUDICIAL. INTERPRETAÇÃO ESTRITA. ATO DA INICIATIVA EXCLUSIVA DO EXEQUENTE, DESDE QUE O CUMPRIMENTO EFETIVO SEJA POSSÍVEL. *Na aplicação da prescrição intercorrente, a locução determinação judicial deve ser interpretada de forma estrita, de modo que a determinação judicial esteja dirigida à prática de ato da iniciativa exclusiva do exequente, desde que o cumprimento efetivo seja possível, do que é exemplo a apresentação de artigos de liquidação.*

203) PRESCRIÇÃO INTERCORRENTE. ART. 11-A, § 1º, DA CLT. INTERPRETAÇÃO DA LOCUÇÃO DETERMINAÇÃO JUDICIAL. INTERPRETAÇÃO ESTRITA. ATO DA INICIATIVA EXCLUSIVA DO EXEQUENTE. INTIMAÇÃO DO EXEQUENTE PARA INDICAÇÃO DE BENS À PENHORA. EVENTUAL NÃO ATENDIMENTO À INDICAÇÃO. NÃO CARACTERIZAÇÃO DE DESCUMPRIMENTO DE DETERMINAÇÃO JUDICIAL. ACESSO DO ESTADO-JUIZ ÀS FERRAMENTAS ELETRÔNICAS DE PESQUISA PATRIMONIAL. *Eventual não atendimento à ordem para indicação de bens à penhora, pelo exequente, não caracteriza descumprimento de determinação judicial para os efeitos do § 1º do art. 11-A da CLT, uma vez que a providência não é de iniciativa exclusiva do exequente, sobretudo quando o sistema de direito processual está estruturado no pressuposto de que é o Estado-Juiz que tem acesso às ferramentas eletrônicas de pesquisa patrimonial.*

204) PRESCRIÇÃO INTERCORRENTE. PRONÚNCIA DE OFÍCIO. ESTABELECIMENTO PRÉVIO DE CONTRADITÓRIO. *A declaração de ofício da prescrição intercorrente, autorizada pelo art. 11-A, § 2º, da CLT (acrescido pela Lei n. 13.467/2017), pressupõe o estabelecimento de contraditório prévio das partes de modo a evitar a prática de decisão-surpresa. Aplicação subsidiária e supletiva das regras do processo comum, constantes dos arts. 9º, 10 e 921 do CPC e 40, § 4º, da Lei n. 6.830/80, conforme autorizam os arts. 769 e 889 da CLT e 15 do CPC.*

205) PRESCRIÇÃO INTERCORRENTE. CONTAGEM DO PRAZO. INTIMAÇÃO ESPECÍFICA. *Para o início da contagem do prazo da prescrição intercorrente, nas execuções em curso, o exequente deve ser intimado para dar andamento ao feito, em respeito aos princípios constitucionais da segurança jurídica e do devido processo legal.*

206) PRESCRIÇÃO INTERCORRENTE. SUSPENSÃO. *Devem ser aplicadas à execução trabalhista as hipóteses de suspensão da execução estabelecidas no caput do art. 40 da Lei n. 6.830/80 e incisos I a V do art. 921 do CPC c/c os arts. 769 e 889 da CLT.*

207) RESPONSABILIDADE PATRIMONIAL DO SÓCIO RETIRANTE PELO MERO INADIMPLEMENTO DO CRÉDITO TRABALHISTA. INTELIGÊNCIA DO ART. 10-A DA CLT, ACRESCIDO PELA LEI N. 13.467/2017. *A Lei n. 13.467/2017 definiu como único requisito para a responsabilização patrimonial do sócio retirante a observância da ordem de preferência executória, pela qual a execução recai primeiro sobre a empresa devedora, em seguida sobre os sócios atuais e, por último, sobre os sócios retirantes. Deste modo, a matéria está integralmente regulamentada no Direito do Trabalho, não demandando prova de conduta ilícita do sócio ou demais hipóteses previstas no art. 50 do Código Civil.*

208) SUCESSÃO TRABALHISTA. *A teor do art. 1.146 do Código Civil, aplicável ao Direito do Trabalho (CLT, art. 8º), é solidária a responsabilidade do sucedido e do sucessor pelos créditos trabalhistas constituídos antes do trespasse do estabelecimento, independentemente da caracterização de fraude.*

209) EXECUÇÃO DEFINITIVA. GARANTIA DO JUÍZO. DINHEIRO. PREFERÊNCIA. ARTS. 769 e 882 DO CPC, 15 E 835, I, DO CPC. *A hipótese de que trata o art. 882 da CLT, em execução definitiva, não autoriza que o executado eleja por liberalidade o não depósito da importância em dinheiro. Devem ser observadas as hipóteses do art. 835 do CPC, inclusive mediante preferência de garantia da execução em dinheiro.*

210) ÍNDICE DA ATUALIZAÇÃO MONETÁRIA. TAXA REFERENCIAL. ART. 879, § 7º, DA CLT. INCONSTITUCIONALIDADE. *A utilização da TR – Taxa Referencial como índice de atualização monetária é inconstitucional por significar "restrição desproporcional ao direito de propriedade (CF, art. 5º, XXII), uma vez que não se qualifica como medida adequada a capturar a variação de preços da economia, sendo inidônea a promover os fins a que se destina" (Tese fixada pelo STF em 20/9/2017 quanto ao tema 810 de Repercussão Geral).*

211) INCIDENTE DE DESCONSIDERAÇÃO DA PERSONALIDADE JURÍDICA CONDICIONADO À MANIFESTAÇÃO DAS PARTES. INCOMPATIBILIDADE COM A EXECUÇÃO TRABALHISTA. RAZOÁVEL DURAÇÃO DO PROCESSO. *A regra constante do art. 855-A da CLT, ao condicionar a instauração do incidente da desconsideração da personalidade jurídica ao requerimento das partes ou do Ministério Público, afigura-se contraditória com a norma do art. 765 da CLT e com o princípio da razoável duração do processo, insculpido no art. 5º, LXXVIII, da Constituição Federal.*

212) EDIÇÃO DE SÚMULAS. RITO DO ART. 702, f, DA CLT. *Por ser juridicamente impossível alterar norma legal revogada, é inaplicável o disposto no art. 702, f, da CLT, pois tal preceito foi tacitamente revogado pela Lei n. 7.701/88 (Lei Complementar n. 95/98, art. 10, I e II).*

213) EDIÇÃO DE SÚMULAS. LIMITES AO PODER LEGISLATIVO. RESERVA CONSTITUCIONAL DE REGIMENTO INTERNO DOS TRIBUNAIS. *É da competência exclusiva dos tribunais a edição de normas de organização interna, competência e funcionamento dos respectivos órgãos jurisdicionais e administrativos (CF, art. 96, I, a e b). Consequentemente, não pode a lei disciplinar o modo de tramitação e deliberação das propostas de edição, revisão e cancelamento de súmulas e outros indicativos de uniformização jurisprudencial.*

214) PRESSUPOSTOS DE ADMISSIBILIDADE DOS RECURSOS. PREPARO. ISENÇÃO E REDUÇÃO DO DEPÓSITO RECURSAL. INCOMUNICABILIDADE COM A OBRIGAÇÃO DE RECOLHER CUSTAS. *Não sendo possível emprestar interpretação ampliativa às regras de exoneração de despesas processuais, por serem excepcionais, as regras de redução e isenção de depósito recursal (CLT, art. 899, §§ 9º e 10) não dispensam nem aliviam seus beneficiários do recolhimento das custas, salvo se forem beneficiários da justiça gratuita.*

215) PRAZO PARA IMPUGNAÇÃO. PRECLUSÃO. ART. 879, § 2º, DA CLT. PRAZO PARA IMPUGNAÇÃO. PRECLUSÃO. *O § 2º do art. 879 da CLT determina expressamente que o juiz conceda prazo para a impugnação. Se a parte, intimada para impugnar os cálculos, não o fizer ou o fizer sem fundamentação (impugnação genérica), não poderá arguir a matéria em outro momento processual face à preclusão.*

216) PERÍCIA. ASSISTENTE TÉCNICO. FORMAÇÃO PROFISSIONAL. *Na perícia trabalhista o perito judicial não pode impedir o acesso e o acompanhamento das diligências e dos exames que realizar pelos assistentes técnicos das partes, ainda que estes tenham formação profissional distinta, desde que dentro da respectiva área de conhecimento (CPC, art. 466, § 2º).*

217) PRESCRIÇÃO. CAUSAS INTERRUPTIVAS. IMPOSSIBILIDADE DE INTERRUPÇÃO "SOMENTE" PELO AJUIZAMENTO DE AÇÃO TRABALHISTA. LEI N. 13.467/2017. ART. 11, § 3º, DA CLT. *O disposto no § 3º do art. 11 da CLT não obsta o uso de outros instrumentos legais previstos em outras fontes normativas como o Código Civil, em razão da interpretação sistemática e da teoria do diálogo das fontes.*

218) INTIMAÇÃO À FAZENDA PÚBLICA. FLEXIBILIZAÇÃO PROCEDIMENTAL. ART. 190 DO CPC. *Em caráter excepcional, é cabível a celebração de negócio jurídico processual pela fazenda pública para dispor sobre as formas para sua intimação pessoal.*

219) PROVA DOCUMENTAL. INTERNET. DESNECESSIDADE DE REGISTRO, ATA NOTARIAL OU CERTIFICAÇÃO DIGITAL. ART. 422, § 1º, DO CPC. *É possível a utilização, no processo do trabalho, de prova documental obtida na rede mundial de computadores, independentemente de registro, ata notarial ou certificação digital, observadas as disposições do art. 422, § 1º, do CPC.*

220) PEDIDO CERTO, DETERMINADO E COM INDICAÇÃO DE SEU VALOR. LEI N. 13.467/2017. ART. 840, § 1º, DA CLT. EXIGÊNCIA EXCLUSIVAMENTE PARA AS AÇÕES AJUIZADAS A CONTAR DO INÍCIO DA VIGÊNCIA DA REFERIDA LEI. DIREITO PROCESSUAL INTERTEMPORAL (CPC, ART. 14). *Os requisitos da petição inicial são os previstos na lei processual vigente à data do ingresso da demanda, sob pena de aplicação retroativa da nova lei processual e, ainda, de exigência inexistente quando do exercício do direito de ação e da provocação da jurisdição. Inteligência do art. 14 do CPC.*

221) DESISTÊNCIA DA AÇÃO. NECESSIDADE DE CONSENTIMENTO DO RÉU. INTERPRETAÇÃO DA EXPRESSÃO "OFERTAR A CONTESTAÇÃO". LEI N. 13.467/2017. CLT, ART. 841, § 3º. *A parte demandada só pode validamente "ofertar a contestação" quando a audiência atinge o estágio processual para a prática desse ato. Em consequência, até esse momento, o autor pode desistir da ação, sem necessidade de consentimento do réu, mesmo porque não pode a parte alterar o rito procedimental da audiência (inteligência dos arts. 846 e 847 da CLT).*

222) SENTENÇA SEM EXAME DO MÉRITO. EMENDA DA PETIÇÃO INICIAL. OMISSÃO VERSUS SILÊNCIO ELOQUENTE. PRINCÍPIO DA PRIMAZIA DA INTEGRAL DECISÃO DE MÉRITO. LEI N. 13.467/2017. ART. 840, § 3º, DA CLT. SUBSISTÊNCIA DO ENUNCIADO 48 DO FNPT. *A CLT continua omissa sobre emenda da exordial, não se tratando de silêncio eloquente. A petição inicial que não atende os requisitos legais enseja emenda e não imediata sentença sem exame do mérito, sob pena de obstar o direito autoral à integral análise do mérito (CPC, arts. 4º, 6º, 317, 319 e 321; TST, Súmula n. 263).*

223) PEDIDO QUE NÃO OBSERVA REQUISITO DA PETIÇÃO INICIAL. SENTENÇA SEM EXAME DO MÉRITO APENAS QUANTO ÀQUELE PEDIDO. LEI N. 13.467/2017. ART. 840, § 3º, DA CLT. *Em processo com tramitação pelo rito ordinário, haverá sentença sem exame do mérito unicamente quanto ao "pedido" que não atenda os requisitos do § 1º do art. 840 da CLT.*

224) PEDIDO CERTO, DETERMINADO E COM INDICAÇÃO DE SEU VALOR. DEFINIÇÃO DE CADA EXPRESSÃO. LEI N. 13.467/2017. ART. 840, § 1º, DA CLT. *Pedido certo corresponde a pedido escrito em contraposição ao implícito. A determinação do pedido diz respeito aos limites ou extensão da pretensão. A "indicação de seu valor" tem relação com o montante pretendido. Cada requisito do pedido (certeza, determinação e indicação de seu valor) possui definição própria. Deixa o legislador de cometer a impropriedade no rito sumaríssimo ao aludir a pedido "certo ou determinado" (CLT, art. 852-B), ponto em que repetia expressão equivocada do CPC/1973 (art. 286, caput).*

225) PEDIDO: CERTO, DETERMINADO E COM INDICAÇÃO DE SEU VALOR. CABIMENTO DE PEDIDO GENÉRICO. LEI N. 13.467/2017. ART. 840, § 1º, DA CLT. *Apesar das exigências legais quanto à apresentação do pedido na petição inicial pelo rito ordinário trabalhista (certeza, determinação e indicação de seu valor), nada obsta a formulação de pedido genérico. Pode o autor deixar de apontar o "valor pretendido" quando for o caso de pedido genérico, nas hipóteses autorizadas pela lei processual civil (CPC, art. 324, § 1º, I a III c/c CLT, art. 769).*

226) RECLAMADO AUSENTE E PRESENTE SEU ADVOGADO. ACEITAÇÃO DA CONTESTAÇÃO E DOCUMENTOS. AUSÊNCIA DE REVELIA. PENA DE CONFISSÃO FICTA. LEI N. 13.467/2017. ART. 844, § 5º, DA CLT. *Mantida a redação do caput do art. 844 da CLT, o acréscimo a este dispositivo (§ 5º) afasta a declaração da revelia quando prevê que serão aceitos a defesa e os documentos acaso apresentados quando, ausente o reclamado à audiência, estiver presente o seu advogado. Contudo, não obsta a "confissão quanto à matéria de fato". O caput do art. 844 da CLT continua tendo dois comandos atrelados à presença do réu: a) revelia (afastada na forma do § 5º); b) confissão a respeito dos fatos.*

227) DILATAÇÃO DE PRAZOS PROCESSUAIS EM RAZÃO DAS NECESSIDADES DO

CONFLITO. ABRANGÊNCIA DE PRAZOS PEREMPTÓRIOS. LEI N. 13.467/2017. ARTS. 775, § 2º, DA CLT E 222, § 1º, DO CPC. *Os prazos processuais que podem ser ampliados pelo juiz a fim de adequá-los às necessidades do conflito, visando conferir maior efetividade à tutela do direito (CLT, art. 775, § 2º), abrangem também os peremptórios. Inteligência do § 1º do art. 222 do CPC.*

228) DETERMINAÇÃO DE CORREÇÃO DO POLO ATIVO PELO JUIZ PREVENINDO SENTENÇA SEM EXAME DO MÉRITO. PRINCÍPIO DA COOPERAÇÃO VISANDO DECISÃO DE MÉRITO. ARTS. 4º, 6º, 139, IX, 317, 338, 339 e 485, VI, DO CPC. *As mesmas razões que justificam a correção do polo passivo, mesmo após apresentada a contestação (CPC, art. 338 e 339), permitem ao juiz a intimação do advogado da parte autora a fim de regularizar o polo ativo, percebendo, a partir da narrativa fática e pedido, que haverá sentença sem exame do mérito (CPC, art. 485, VI), porquanto "todos os sujeitos do processo devem cooperar entre si" na obtenção da tutela estatal meritória "justa e efetiva" (CPC, arts. 4º e 6º). Exemplo típico da viúva em busca de pensão pelo falecimento do marido-trabalhador mediante petição inicial que tenha o espólio como reclamante.*

229) ARQUIVAMENTO. VIOLAÇÃO AOS PRINCÍPIOS DA ISONOMIA E DO DEVIDO PROCESSO LEGAL. *As regras constantes do art. 844, §§ 2º e 3º, da CLT, não são compatíveis com os princípios da isonomia e do acesso à justiça (CF, arts. 5º, caput e XXXV).*

230) EXISTÊNCIA DE PEDIDO CERTO E DETERMINADO. DESNECESSIDADE DE LIQUIDAÇÃO DE TODOS OS PEDIDOS. ARTS. 769 e 840, § 1º, DA CLT, E 15 e 324 DO CPC. *Nas reclamações trabalhistas, a indicação do valor a que refere o § 1º do art. 840 da CLT não se traduz na necessidade de liquidação de todos os pedidos da petição inicial.*

231) GRUPO ECONÔMICO E APTIDÃO PARA A PROVA. ARTS. 2º E 818 DA CLT. *Os instrumentos jurídicos para fazerem atuar o grupo econômico não se confundem com aquisição societária, bastando a simples afetação para atuar conjuntamente e produzir sinergia entre as organizações, com incidência no processo produtivo, uso de bens de capital e prática de atividades utilizando os mesmos recursos humanos para configurar a universalidade de fato descrita no art. 2º § 2º, da CLT. Diante de indícios relevantes acerca de tais elementos, é lícito atribuir aos reclamados o ônus da prova acerca da inexistência da sinergia própria da universalidade de fato.*

232) TEMPO À DISPOSIÇÃO DO EMPREGADOR. ARTS. 4º E 818 DA CLT. LIVRE-INICIATIVA E FUNÇÃO SOCIAL DA PROPRIEDADE. *A prova dos fatos impeditivos descritos no art. 4º, § 2º, da CLT é encargo do empregador já que a relação entre empregados e empregadores não constitui motivação para anular a vida civil de qualquer cidadão, sendo a empresa sujeito passivo das obrigações jurídicas vocacionadas à preservação dos direitos fundamentais dos trabalhadores que nela adentram.*

233) ÔNUS DA PROVA E AFERIBILIDADE DA JORNADA NO TELETRABALHO. ARTS. 62, III, E 818 DA CLT. *A própria regulação do teletrabalho menciona o uso de meios telemáticos e de comunicação (CLT, art. 75-B, caput), nos quais se podem inserir os instrumentos de telemetria, o que torna amplo e eficaz o controle do trabalho em suas dimensões quantitativas e qualitativas. Assim, constatada a amplitude do uso dos meios de aferibilidade da jornada prestada à distância, somente se aplica o disposto no art. 62, III, da CLT se o empregador demonstrar que não havia aferição da jornada.*

234) DISTRIBUIÇÃO DINÂMICA DO ÔNUS DA PROVA, TELETRABALHO E BOA-FÉ OBJETIVA DOS CONTRATANTES. *A documentação da relação de emprego é dever e prerrogativa do empregador, o que o torna responsável pela apresentação dos documentos relacionados com as cláusulas essenciais do contrato, nos termos do art. 818 da CLT. O teletrabalho pressupõe a existência de contrato escrito (CLT, art. 75-C, caput). Ausente a solenidade prevista em lei, consideram-se aplicáveis ao contrato de emprego as regras do regime de controle de jornada, independentemente da demonstração de sua aferibilidade.*

235) MÍDIAS DIGITAIS. VALOR PROBANTE. ARTS. 818 DA CLT E 408 E 411 DO CPC. *As mídias digitais como o e-mail, WhatsApp, Telegram e Facebook são consideradas documentos particulares e seu valor probante deve ser considerado sem a necessidade de certificação do tabelião (CPC, art. 411). Se suscitada a falsidade, cumpre ao suscitante o ônus de comprovar a fraude da mídia digital.*

236) MÍDIAS ELETRÔNICAS. CONCILIAÇÃO. UTILIDADE. ARTS. 794 E 795 DA CLT E 283 DO CPC. *Além das ligações telefônicas, outras mídias eletrônicas podem ser utilizadas nas audiências para a facilitação da conciliação entre as partes.*

237) PJE – SISTEMA ÚNICO DE TRAMITAÇÃO ELETRÔNICA DE AUTOS DO PODER JUDICIÁRIO BRASILEIRO. PRINCÍPIO DA DESMATERIALIZAÇÃO. TRANSIÇÃO DOS AUTOS FÍSICOS AOS DIGITALIZADOS E AOS DIGITAIS. ARTS. 5º, LXXVIII, DA CF, 8º, CAPUT, DA LEI N. 11.419/2006, 12, § 1º, DA RESOLUÇÃO CSJT N. 185/2017 E 1º DA RESOLUÇÃO CNJ 185/2013. *O PJe é o sistema de tramitação eletrônica de autos de todo o Poder Judiciário brasileiro. O princípio da desmaterialização é norma que impõe a evolução dos documentos que compõem os autos: da matéria para a digitalização e desta para metadados (autos totalmente digitais), propiciando a justa, célere e efetiva entrega da prestação jurisdicional.*

238) PROCESSO ELETRÔNICO E INSTRUMENTALIDADE SUBSIDIÁRIA. ARTS. 5º, LXXVIII, DA CF E 8º, § 2º, LEI N. 11.419/2006. *O processo eletrônico é instrumento que se vale da informática para otimizar o desencadeamento dos atos processuais. Do mesmo modo, o Direito Processual é meio de que se vale o Direito Material na busca de sua satisfação. Sendo o processo eletrônico "meio do meio", sua instrumentalidade é subsidiária, razão pela qual, se for inviável o uso do PJe para a realização de atos processuais, estes poderão ser praticados segundo as regras ordinárias legalmente previstas.*

239) PRINCÍPIO DA CONEXÃO. PRINCÍPIOS DA INTERAÇÃO E DA VEDAÇÃO DA DECISÃO SURPRESA. *Nos termos do art. 13 da Lei n. 11.419/2006, ao juiz é dado valer-se, de ofício ou a requerimento das partes, de informações, dados e de documentos necessários à instrução do processo, constantes da rede mundial de computadores sempre que tais elementos probatórios sejam submetidos a prévia interação com as partes.*

240) PROCESSO ELETRÔNICO. PRINCÍPIO DA DESTERRITORIALIZAÇÃO. *O meio eletrônico funciona como comando de otimização para a prática de atos processuais à distância, independentemente de expressa previsão legal, respeitado o disposto no art. 93, VII, da CF.*

241) PROCESSO ELETRÔNICO. PRINCÍPIO DA ORALIDADE. VIDEOCONFERÊNCIA. *A oralidade, própria do processo do trabalho, induz a limitação da prática de atos processuais escritos, até mesmo da defesa, mormente a partir da instalação de ferramentas que permitam a gravação das audiências em sistema de videoconferência ou outro recurso tecnológico de transmissão de sons e imagens em tempo real, observado o art. 23 da Resolução CSJT n. 185/17.*

242) HOMOLOGAÇÃO JUDICIAL DE ACORDO EXTRAJUDICIAL. LIMITES. *A homologação de eventual avença extrajudicial deve estar limitada, obrigatoriamente, às parcelas expressamente consignadas no requerimento pertinente, devidamente fundamentado pelos interessados, com quitação por títulos e valores.*

243) NORMA PROCESSUAL. ADOÇÃO DE MEDIDA PROVISÓRIA PARA EDIÇÃO OU ALTERAÇÃO DE NORMA PROCESSUAL. INCONSTITUCIONALIDADE. ART. 1º DA MEDIDA PROVISÓRIA N. 808/2017. *Conforme disposto no art. 62, § 1º, b, da CF, é vedada a edição de medida provisória sobre matéria processual. Deste modo, é inconstitucional, por vício formal, a regra do § 5º do art. 611-A da CLT, com a redação dada pelo art. 1º da Medida Provisória n. 808/2017, ao tratar de regra pertinente a litisconsórcio necessário dos sindicatos subscritores de convenção ou acordo coletivo em ação coletiva que tenha por objeto a anulação de cláusulas destes instrumentos e vedar a apreciação da matéria pela via da ação individual.*